Manusmṛti

मनुस्मृतिः

(Text with Kullukbhatta Commentary, English Translation, Śloka Index and Word Index)

VOL. I

By

Maiteryee Deshpande

NEW BHARATIYA BOOK CORPORATION

DELHI (INDIA)

Published by :
New Bhartiya Book Corporation
208, 2nd Floor, Prakashdeep Building,
4735/22, Ansari Road, Daryaganj,
New Delhi-110002
Phone : 011-23280214, 011-23280209,
E-mail : deepak.nbbc@yahoo.in

Edition : 2020

ISBN : 81-8315-033-0

Printed by :
Jain Amar Printing Press
New Delhi

Introduction

Indian tradition lays down four fold sources of Dharma viz., the Śruti, the Smṛti, good conduct and self complacency of one's own. The Vedas are called Śrutis as they are direct revelation by the God to the sages when they were absorbed in contemplation. So they are considered as number one authority on Dharma. The knowledge transmitted by the Vedas is classified as a Pramāṇa or valid means of testimony. The second source is Smṛti which denotes that knowledge which is based on the previous knowledge. In this sense Smṛti reproduced in different words the knowledge as propounded in the Vedas. In other words the smṛtis of Manu, Yājñavalkya etc., preserve the traditions, precepts, customs and rules of conduct and rites in the Vedas. The term Dharmaśāstra is generally applied to both the Dharmasūtras and the metrical codes otherwise known as smṛtis. The Taittirīya Āraṇyaka, describes smṛti as one of the sources of Dharma. According to Śaṅkara the word smṛti denotes the Mahābhārata or the Manusmṛti. The smṛti came into existence to satisfy the demand of the society for new provisions in matters of Dharma, religious and secular.

Dharmaśāstra means 'the teaching (or science) of righteousness and includes law. In India there is the belief that righteousness is an independent science of greater importance than mere day-to-day administration, and that the teacher's duty is to exhort, and to set standards of conduct, based overtly upon transcendental considerations, recognizing that decisions will be reached by judges, arbitrators, or others, upon principles of ethics, custom, or policy, but hoping that they would, if properly educated in righteousness, tend or endeavour to give just decision.The Indian teacher of the techniques of dispute-settlement would indeed be a specialist in a branch of the śāstra; but unless he projected his study as a facet of the attainment fo truth and enhancement of a supernatural order (not the mere quietening of complaints or enforcement of a royal policy) he would not be a dharmaśāstrī.

In the early stages of the development, the smṛtis were regarded less authoritative than Śrutis; still in actual practice, they were regarded as supreme in their own sphere. All smṛtis are not of all equal authority. Most of them are indeed obscure and rarely cited in the ancient commentaries.

Dharma (from the root *dhṛ-*, 'to hold') comprehends acts which a person is under any duty to fulfil (*iti-kartavyatā*), provided that it has a moral, social, or superstitious significance, and does not arise from mere convenience. The occult value of each performance is also within *dharma. Dharma* comprehends crisis. Methods of adjustment of rights in use in various regions may attain honour of being incorporated in statements of *dharma;* but they may not, there are many obvious gaps. *Dharma* long preceded a literature devoted to it. The reflecting classifying of actions arose first in Vedic times when intellectuals first became self-conscious about the variety of ritual performances. Ideas originally related only to occult matters, or secular matters which were thought to have a great occult signficance, and therefore required meticulous attention. When the results of an act could be fully demonstrated (a 'seen' act) no intellectual effort was called for. It was with regard to the so-called 'unseen' acts that sentiments and usages needed to be put down in solemn form before doubt fragmented them or reform overtook them. The earliest surviving texts containing legal rules appear to be the brāhmaṇas and upaniṣads. Here the rules are only alluded to. *Dharma* was amongst their topics, and the commentators, who were concerned with law, often treated them as sources of authority. The latest texts in this śāstra appear about the mid-nineteenth century.

Among the eighteen smṛtis, the most important are that of Manu, Yājñavalkya, Parāśara, Bṛhaspati and Nārada. Of these Manusmṛti is considered the most important one. Aṅgirasa says that smṛtis which goes against the injunction of the Manusmṛti is not good. It is also the most of quoted text in the other smṛti texts.

The Dharma-sūtras possess a considerable antiquity, dating between 600-200 B.C., the metrical Smṛtis cannot be equally ancient because there is much in their form that is modern, and especially bcause the epic Anuṣṭubh Śloka, in which they are written, was not used for continuous composition during the Sūtra period. As the metrical Smṛtis are later that the Dharma-sūtras, it is, under the circumstances stated, very probable, that each of them is based on a particular Dharma-sūtra. The Mānava Dharmasūtra in particular may be considered as a recast and verification of the Dharma-sūtra of the Mānava-Sūtracaraṇa, a subdivision of the Maitrayaṇīya school, which adheres to a redaction of the Black Yajurveda.

The oldest and the recognized of the smṛtis, is that of Manu also called Mānava-Saṁhitā or Mānava-Dharmaśāstra. It is the most famous of the lawbooks. Its unique quality is its combination of all features beloved by Hindu society in a treaties on Duty. Manu remains the priciple dharmaśāstra though no legal commentary accepts it as exhaustive or final. Its age perhaps between 200 B.C. and A.D. 100, was not yet one of compulsive encyclopedism, such as is reflected in the purāṇas, to the fascination of which medieval digest writers succumbed. It is a standard and the most authoritative work on Hindu law and presents the normal form of Hindu society and civilization. It is a storehouse of information on social, cultural, religious, ethical, educational, political, judicial and geographical life of the period and this is perfectly natural.

Tradition ascribed the primary authorship of the Manusmṛti to sage Manu, whose name occurs right from the Vedas down to pre-smṛti literature. The Manusmṛti, itself refers to Bhṛgu as the second author. Scholars traditionally have regarded the composition of the Manusmṛti as a gradual process at the hands of anonymous and successive compilers, editors and copyists lasting for several centuries. These compilers and editors gathered together proverbial sayings, moral maxims and legal axioms that were floating in the mouths of people and handed down from generation to generation. This is the view of E. Washburn Hopkins. Bühler too agrees to this opinion. Olivelle however opines that because of its unique and symmetrical structure it must have been created by a single gifted individual. If not by an individual then it must have been composed by a "strong chairman of a committee" with the help of research assistants who carried out this plan.

The Manusmṛti consists of twelve books. Book One opens the mythical encapsulation, the Creation, told in two stories; the universe and transmigration are thus harnessed to the story of dharma which is to unfold. Bhṛgu tells a third story of creation, this time cyclic. Another myth explains the origin of the four varṇas. This book ends with a summary of the rest of the work.

Book Two concerns the student. Its sources are the Veda, the Smṛti, the example of those that know it, and the customs of the good.

Book Three is devoted to the householder, marriage, and śrāddhas.

Book Four describes the householder's means of livelihood; miscellaneous rules of daily life; vedic study; the moral framework of life; the avoidance of sin; and preparation for the hermit's stage of life.

Book Five deals with information concerning forbidden food; ritual impurity and mourning; purification of people and things; and the duties of women.

Book six introduces the hermit and ascetic, and ways in which the supreme Brahma may be attained; the search to escape transmigration; the housholder's responsibilities and privilege in the search for 'liberation'.

Book Seven concentrates on the king and his liability to be corrupted. Taxation, peace and war, and the king's daily rountine end this tightly packed little treatise connected with kingship.

Book Eight deals with judicial administration, procedure, the topics of litigation, some of which resemble criminal procedure, topics of litigation, some of which resemble criminal prosecutions; miscellaneous social rules figure; some classes are exempt from taxes; washermen are enjoined to wash clothes gently; the king should fix tolls at ferries; etc.

Book Nine deals with husband and wife, including *niyoga* (levirate); discipline to be administered to a wife; and the marriage engagements. In this book Manu recognizes the practice of taking bride-prices amongst Śūdras, which he condemned in Book Three. Next comes inheritance, and partition of estates, with alternative rules showing that Manu approved different practices, perhaps from different regions. Gambling and betting, the mortal sins, some miscellaneous rules authorizing the king to act against rogues, an encomium of the king and advice to show deference to Brahmins, complete this Book.

Book Ten tediously informs us about the mixture of

various varṇas, allotting occupations to mixed castes. It ends with the dharma of a Śūdra, whose duty it is to serve Brahmins.

Book Eleven is devoted to penances, which have appeared very briefly before, but begins anomalously with religious gifts and the duty of a king to see that a Brahmins' wants are supplied. There is much unresolved conflict between the various forms and prescripions of penances for various sins - the notions of various communities evidently find expression here.

Book Twelve deals, less satisfactorily than any other Book, with sins, the philosophic identification of the individual soul and the fruit of sins, judgement, rebirth and related matters, such as the three qualities (*guṇas*) of existence, action and abstention from action, the authority of the Veda, the belief that the Self pervades everything - this brings Bhṛgu to a mythical evocation of Brahma, so that the encapsulation within a mythical and religious framework is rounded off.

The name of Manu has nothing to do with his fame. The compiler's achievement has brought luster to the name. System, enthusiasm, an overarching concept of the world and of man and duty are found, and the meeting of poetic and dramatic gifts with a sense of definite statement. Compromise, accumulation of material, all with restraint, urge upon any student of the Śāstra, the advntages of attempting to comprehend the work.

Literature cannot be isolated from the lives of the people. Manusmṛti too has influenced the social and political orders of countries like Myanmar and Indonesia. The Indian society has been developed and moulded on the lines laid down in the Manusmṛti. By agreement smṛtis and dicta opposed to it are rejected. Even in the west, its wisdom and foresight have attracted the attention of man not borne down by convention and habits like

Neitzsche, who looked for new light. Its dicta have been cited as authority in the literature of Indian philosophy.

Manu's importance in Indian history lies in the fact that it was he who gave the stamp of sanctity and permanence to socio-political institutions of the land and left to Indian world the first code of civil and criminal laws. Manusmṛti commanded great respect and authority in this country for centuries and is still an indispensable guide to the understanding of ancient Indian social order.

The period represented by Manu has a crucial epoch in ancient Indian history. It saw significant social and economic developments, remarkable religious efflorescence and political kaleidoscope characterized by foreign invasions and the settlement of the foreigners as a domain section of the ruling aristocracy which exercised a considerable impact on the existing social order. In fact the period holds the key to the understanding of the entire earlier and subsequent social history of India. The Manusmṛti was formulated partly under the impact of the contemporary conditions, a system of norm and values of life, which remained closely connected with the efforts to regulate Indian society for centuries to come. On account of its elasticity, vigour and adaptability, Manu's society stood the test of external pressures and retained its distinctive character in trying political and economic conditions.

Some of the important commentaries on the Manusmṛti are: Manubhāṣya by Medhātithi, Manvarthamuktāvalī by Kullūkabhaṭṭa, Manuṭikā by Govindarāja, Manvartha-candrikā by Rāghavānanda Sarasvatī and an anonymous Tippaṇa in the Kashmir manuscript of the Manusmṛti.

The popularity of Manusmṛti can be gauged from the fact that Sir William Jones, the great pioneer of Sanskrit studies, chose this text as the first text on Dharma, for translating into English. He translated it in 1794. Its translation opened for the first time the world of non-European law and religion to a western audience. George Bühler's translation and study, which has remained the standard for over a century, appeared in the famous Oxford University Press series, Sacred Book of the East, edited by Max Müller, in 1886. It has been translated into English by many Indian and western scholars, the latest in the list being its critical edition and translation by Patrick Olivelle. It has also been translated into other European languages.

Shri. M.N. Dutt brought out an English translation of the smṛtis including the Manusmṛti. This translation included notes and also referred to the interpretations of the other writers and commentators. This edition however did not carry a text. Taking this need into account the present edition has been brought forth. This edition has the Sanskrit text, Kullūkabhaṭṭa's commentary and translation and notes of Shri. M.N. Dutt. Since this edition is user-friendly it will surely have more takers especially from amongst students and teachers of Sanskrit.

Dr. Deshpande

CONTENTS

VOl. II

।।श्रीः।।

अथ मनुस्मृतिः

प्रथमोऽध्यायः

Chapter I

मनुमेकाग्रमासीनमभिगम्य महर्षयः।
प्रतिपूज्य यथान्यायमिदं वचनमब्रुवन्।।१।।

मुक्ता०ः– श्रीगणेशाय नमः।

गौडे नन्दनवासिनाम्नि सुजनैर्वन्द्ये वरेन्द्र्यां कुले
श्रीमद्भट्टदिवाकरस्य तनयः कुल्लूकभट्टोऽभवत्।
काश्यामुत्तरवाहिजह्नुतनयातीरे समं पण्डितै-
स्तेनेयं क्रियते हिताय विदुषां मन्वर्थमुक्तावली ।।१।।

सर्वज्ञस्य मनोरसर्वविदपि व्याख्यामि यद्वाङ्मयं
युक्त्या तद्बहुभिर्यतो मुनिवरैरेतद्बहु व्याहृतम्।
तां व्याख्यामधुनातनैरपि कृतां न्याय्यां ब्रुवाणस्य मे
भक्त्या मानववाङ्मये भवभिदे भूयादशेषेश्वरः ।।२।।

मीमांसे बहु सेवितासि सुहृदस्तर्काः समस्ताः स्थ मे
वेदान्ताः परमात्मबोधगुरवो यूयं मयोपासिताः।
जाता व्याकरणानि बालसखिता युष्माभिरभ्यर्थये
प्राप्तोऽयं समयो मनूक्तविवृतौ साहाय्यमालम्ब्यताम् ।।३।।

द्वेषादिदोषरहितस्य सतां हिताय मन्वर्थतत्त्वकथनाय ममोद्यतस्य।
दैवाद्यदि क्वचिदिह स्खलनं तथापि निस्तारको भवतु मे जगदन्तरात्मा ।।४।।

मानववृत्तावस्यां ज्ञेया व्याख्या नवा मयोद्भिन्ना।
प्राचीना अपि रुचिरा व्याख्यातॄणामशेषाणाम् ।।५।।

अत्र महर्षीणां धर्मविषयप्रश्ने मनोः श्रूयतामित्युत्तरदानपर्यंतश्लोचतुष्टयेनैतस्यशास्त्रस्य प्रेक्षावत्प्रवृत्त्युपयुक्तानि विषयसंबन्धप्रयोजनान्युक्तानि। तत्र धर्म एव विषयः। तेन सह वचनसंदर्भरूपस्य मानवशास्त्रस्य प्रतिपाद्यप्रतिपादकलक्षणः सम्बन्धः। प्रमाणान्तरासन्निकृष्टस्य स्वर्गापवर्गादिसाधनस्य धर्मस्य शास्त्रैकगम्यत्वात्। प्रयोजनं तु स्वर्गापवर्गादि। तस्य धर्माधीनत्वात्। यद्यपि पत्न्युपगमनादिरूपः कामोऽप्यत्राभिहितस्तथापि "ऋतुकालभिगामी स्यात्स्वदारनिरतः सदा" (अ० ३ श्लो० ४५) इत्यृतुकालादिनियमेन सोऽपि धर्म एव। एवं चार्थार्जनमपि "ऋतामृताभ्यां जीवेत" (अ० ४ श्लो० ४) इत्यादिनियमेन धर्म एवेत्यवगन्तव्यम्। मोक्षोपायत्वेनाभिहितस्यात्मज्ञानस्यापि धर्मत्वाद्धर्मविषयत्वं मोक्षोपदेशकत्वं चास्य शास्त्रस्योपपन्नम्। पौरुषेयत्वेऽपि मनुवाक्यानामविगीतमहाजनपरिग्रहाच्छ्रुत्युपग्रहाच्च वेदमूलकतया प्रामाण्यम्। तथा च छान्दोग्यब्राह्मणे श्रूयते-"मनुर्वै यत्किंचिदवदत्तद्भेषजं भेषजतायाः" इति। बृहस्पतिरप्याहु-"वेदार्थोपनिबद्धत्वात्प्राधान्यं हि मनोः स्मृतम्। मन्वर्थविपरीता तु या स्मृतिः सा न शेस्यते।। तावच्छास्त्राणि शोभन्ते तर्कव्याकरणानि च। धर्मार्थमोक्षोपदेष्टा मनुर्यावन्न दृश्यते।।" महाभारतेऽप्युक्तम्- "पुराणं मानवो धर्मः साङ्गो वेदश्चिकित्सितम्। आज्ञासिद्धानि चत्वारि न हन्तव्यानि हेतुभिः।।" विरोधिबौद्धादितर्कैर्न हन्तव्यानि। अनुकूलस्तु मीमांसादितर्कः प्रवर्तनीय एव। अतएव वक्ष्यति-"आर्षं धर्मोपदेशं च वदेशास्त्रोविरोधिना। यस्तर्केणानुसंधत्ते स धर्मं वेद नेतरः" (अ० १२ श्लो० १०६) इति। सकलवेदार्थादिमनननान्मनुं महर्षय इदं द्वितीयश्लोकवाक्यरूपमुच्यतेऽनेनेति वचनमब्रुवन्। श्लोकस्यादौ मनुनिर्देशो मङ्गलार्थः। परमात्मन एव संसारस्थितये सार्वज्ञैश्वर्यादिसंपन्नमनुरूपेण प्रादुर्भूतत्वात्तदभिधानस्य मङ्गलातिशयत्वात्। वक्ष्यति हि-"एनमेके वदन्त्यग्निं मनुमन्ये प्रजापतिम्" (अ० १२ श्लो० १२३) इति। एकाग्रं विषयान्तराव्याक्षिप्तचित्तम्। आसीनं सुखोपविष्टम्। ईदृशस्यैव महर्षिप्रश्नोत्तरदानयोग्यत्वात्। अभिगम्य अभिमुखं गत्वा महर्षयो महान्तश्च ते ऋषयश्चति तथा। प्रतिपूज्य पूजयित्वा। यद्वा मनुना पूर्वं स्वागतासनदानादिना पूजितास्तस्य पूजां कृत्वेति प्रतिशब्दादुन्नीयते। यथान्यायं येन न्यायेन विधानेन प्रश्नः कर्तुं युज्यते प्रणतिभक्तिश्रद्धातिशयादिना। वक्ष्यति च-"नापृष्टः कस्यचिद्ब्रूयान्न चान्यायेन पृच्छतः" (अ० २ श्लो० ११०) इति। "अभिगम्य प्रतिपूज्य, अब्रुवन्निति" क्रियात्रयेऽपि मनुमित्येव कर्म। अब्रुवन्नित्यत्राकथितकर्मता। ब्रुविधातोर्द्विकर्मकत्वात् ।।१।।

स्वयंभुवे नमस्कृत्य ब्रह्मणेऽमिततेजसे।
मनुप्रणीतान्विविधान् धर्मान्वक्ष्यामि शाश्वतान्।।१।।

(UNTO) Manu, blissfully seated with his mind abstracted from the world of the senses, came the great sages. Having worshipped him, they, conformably to reason and propriety, interrogated him in the following manner. (1)

किमब्रुवन्नित्यपेक्षायामाह–

भगवन्सर्ववर्णानां यथावदनुपूर्वशः।

अन्तरप्रभवाणां च धर्मान्नो वक्तुमर्हसि॥२॥

मुक्ता०:–

ऐश्वर्यादीनां भगशब्दो वाचकः। तदुक्तं विष्णुपुराणे–"ऐश्वर्यस्य समग्रस्य वीर्यस्य यशसः श्रियः। ज्ञानवैराग्ययोश्चैव षण्णां भग इतीङ्गना॥" मतुबन्तेन संबोधन भगवन्निति। वर्णा ब्राह्मणाक्षत्रियवैश्यशूद्राः सर्वे च ते वर्णाश्चेति सर्ववर्णाः तेषामन्तरप्रभवाणां च संकीर्णजातीनां चापि अनुलोमप्रतिलोमजातानां अम्बष्ठक्षत्तृकर्णप्रभृतीनां तेषां विजातीयमैथुनसंभवत्वेन खरतुरगीयसंपर्काज्जाताश्वतरवज्जात्यन्तरत्वाद्वर्णशब्देनाग्रहणात्पृथक् प्रश्नः। एतेनास्य शास्त्रस्य सर्वोपकारकत्वं दर्शितम्। यथावत् यो धर्मो यस्य वर्णस्य येन प्रकारेणार्हतीत्यनेनाश्रमधर्मादीनामपि प्रश्नः। अनुपूर्वशः क्रमेण जातकर्म, तदनु नामधेयमित्यादिना। धर्मान्नोऽस्मभ्यं वक्तुमर्हसि सर्वधर्माभिधाने योग्यो भवसि तस्माद्ब्रूहीत्यध्येषणमध्याहार्यम्। यत्तु ब्रह्महत्यादिरूपाधर्मकीर्तनमप्यत्र तत्प्रायश्चित्त-विधिरूपधर्मविषयत्वेन न स्वतन्त्रतया ॥२॥

Be pleased, O thou, who art possessed of the six kinds of opulence, to expound to us, in due order, the duties of all the (four) social orders, as well as those of the members of the mixed castes. (2)

सकलधर्माभिधानयोग्यत्वे हेतुमाह–

त्वमेको ह्यस्य सर्वस्य विधानस्य स्वयंभुवः।

अचिन्त्यस्याप्रमेयस्य कार्यतत्त्वार्थवित्प्रभो॥३॥

मुक्ता०:–हिशब्दो हेतौ। यस्मात्त्वमेकोऽद्वितीयः अस्य सर्वस्य प्रत्यक्षश्रुतस्य स्मृत्याद्यनुमेयस्य च विधानस्य विधीयन्तेऽनेन कर्माण्यग्निहोत्रादीनीति विधानं वेदस्तस्य स्वयंभुवोऽपौरुषेयस्याचिन्त्यस्य बहुशाखाविभिन्नत्वादियत्तया परिच्छेत्तुमयोग्यस्य अप्रमेयस्य मीमांसादिन्यायनिरपेक्षतयानवगम्यमानप्रमेयस्य। कार्यमनुष्ठेयमग्निष्टोमादि, तत्त्वं ब्रह्म "सत्यं ज्ञानमनन्तं ब्रह्म" (तैत्ति.उ. २-१-१) इत्यादि वेदान्तवेद्यं तदेवार्थः प्रतिपाद्यभागस्तं वेत्तीति कार्यतत्त्वार्थवित्। मेधातिथिस्तु कर्ममीमांसावासनया वेदस्य कार्यमेव तत्त्वरूपोऽर्थस्तं वेत्तीति कार्यतत्त्वार्थविदिति व्याचष्टे। तन्न। वेदानां ब्रह्मण्यपि प्रामाण्याभ्युपगमान्न कार्यमैव तत्त्वरूपोऽर्थः। धर्माधर्मव्यवस्थापनसमर्थत्वात्प्रभो इति सम्बोधनम् ॥३॥

Thou alone art cognisant, O lord, of the imports and regulations; of the self-originated Vedas, incomprehensible in (their meaning) and innumerable (in their ramifications), as well as of the rites (enjoined to be performed), and truths inculcated (therein). (3)

स तैः पृष्टस्तथा सम्यगमितौजा महात्मभिः।
प्रत्युवाचार्च्य तान्सर्वान्महर्षीञ्छ्रूयतामिति॥४॥

मुक्ता०ः—स मनुस्तैर्महर्षिभिस्तथा तेन प्रकारेण पूर्वोक्तेन न्यायेन प्रणतिभक्तिश्रद्धातिशयादिना पृष्टस्तान्सम्यग्यथातत्त्वं प्रत्युवाच श्रूयतामित्युपक्रम्य। अमितमपरिच्छेद्यमोजः सामर्थ्यं ज्ञानतत्त्वाभिधानादौ यस्य स तथा। अत एव सर्वज्ञसर्वशक्तितया महर्षीणामपि प्रश्नविषयः। महात्मभिर्महानुभावैः आर्च्य पूजयित्वा। आङ्पूर्वस्यार्चतेर्ल्यबन्तस्य रूपमिदम्। धर्मस्याभिधानमपि पूजनपुरःसरमेव कर्तव्यमित्यनेन फलितम्। ननु मनुप्रणीतत्वेऽस्य शास्त्रस्य 'स पृष्ठः प्रत्युवाच' इति न युक्तम्। अहं पृष्टो ब्रवीमीति युज्यते, अन्यप्रणीतत्वे च कथं मानवीयसंहितेति। उच्यते-प्रायेणाचार्याणामियं शैली यत्स्वाभिप्रायमपि परोपदेशमिव वर्णयन्ति। अत एव "कर्माण्यपि जैमिनिः फलार्थत्वात्" इति जैमिनेरेव सूत्रम्। अत एव "तदुपर्यपि बादरायणः संभवात्" (व्या.सू. १-३-२६) इति बादरायणस्यैव शारीरकसूत्रम्। अथवा मनूपदिष्टा धर्मास्तच्छिष्येण भृगुणा तदाज्ञयोपनिबद्धाः। अत एव वक्ष्यति-"एतद्वोऽयं भृगुः शास्त्रं श्रावयिष्यत्यशेषतः" (अ. १ श्लो. ५९) इत्यतो युज्यत एव स पृष्टः प्रत्युवाचेति। मनूपदिष्टधर्मोपनिबद्धत्वाच्च मानवीयसंहितेति व्यपदेशः ॥४॥

He, of imponderable prowess, being thus interrogated by the magnanimous Ṛṣis, replied, hear, O ye great sages.(4)

श्रूयतामित्युपक्षिप्तमर्थाह—

आसीदिदं तमोभूतमप्रज्ञातमलक्षणम्।
अप्रतर्क्यमविज्ञेयं प्रसुप्तमिव सर्वतः॥५॥

मुक्ता०ः—ननु मुनीनां धर्मविषयप्रश्ने तत्रैवोत्तरं दातुमुचितं तत्कोऽयमप्रस्तुतः प्रलयदशायां कारणलीनस्य जगतः सृष्टिप्रकरणावतारः। अत्र मेधातिथिः समादधे;- शास्त्रय महाप्रयोजनत्वमनेन सर्वेण प्रतिपाद्यते। ब्रह्माद्याः स्थावरपर्यन्ताः संसारगतयो धर्माधर्मनिमित्ता अत्र प्रतिपाद्यन्ते। "तमसा बहुरूपेण वेष्टिताः कर्महेतुना" (अ.१ श्लो. ४१) इति। वक्ष्यति च "एता दृष्ट्वास्य जीवस्य गतीः स्वेनैव चेतसा। धर्मतोऽधर्मतश्चैव धर्मे दध्यात्सदा मनः" (अ० १२ श्लो० २३ इति। ततश्च निरतिशयैश्वर्य- हेतुधर्मस्तद्विपरीतश्चाधर्मस्तद्रूपपरिज्ञानार्थमिदं शास्त्रं महाप्रयोजन-मध्येतव्यमित्य- ध्यायतात्पर्यमित्यन्तेन। गोविन्दराजस्यापीदमेव समाधानम्। नैतन्मनोहरम्।

धर्मस्वरूपप्रश्ने यद्धर्मस्य फलकीर्तनं तदप्यप्रस्तुतम्। धर्मोक्तिमात्राद्धि शास्त्रमर्थवत्। किंच "कर्मणां फलनिर्वृत्तिं शंसेत्युक्ते महर्षिभिः। द्वादशे वक्ष्यमाणा सा वक्तुमादौ न युज्यते।।" इदं तु वदामः मुनीनां धर्मविषये प्रश्ने जगत्कारणतया ब्रह्मप्रतिपादनं धर्मकथनमेवेति नाप्रस्तुताभिधानम्। आत्मज्ञानस्यापि धर्मरूपत्वात्। मनुनैव "धृतिः क्षमा दमोऽस्तेयं शौचमिन्द्रियनिग्रहः। धीर्विद्या सत्यमक्रोधो दशकं धर्मलक्षणम्" (अ. ६-श्लोक १२) इति दशविधधर्माभिधाने विद्याशब्दवाच्यमात्मज्ञानं धर्मत्वेनोक्तम्। महाभारतेऽपि-"आत्मज्ञानं तितिक्षा च धर्मः साधारणो नृप" इत्यात्मज्ञानं धर्मत्वेनोक्तम्। याज्ञवल्क्येन तु परमधर्मत्वेन यदुक्तम्-"इज्याचारदमाहिंसा दानं स्वाध्यायकर्म च। अयं तु परमो धर्मो यद्योगेनात्मदर्शनम्" (अ. १ श्लोक. ८) इति। जगत्कारणत्वं च ब्रह्मलक्षणम्। अत एव ब्रह्ममीमांसायाम्-"अथातो ब्रह्मजिज्ञासा" (व्या.सू. १-१-१) इति सूत्रान्तरं ब्रह्मलक्षणकथनाय "जन्माद्यस्य तयः" (व्या. सू. १-१-२) इति द्वितीयसूत्रं भगवान्बादरायणः प्रणिनाय। अस्य जगतो यतो जन्मादि सृष्टिस्थितिप्रलयमिति सूत्रार्थः। तथाच श्रुतिः-"यतो वा इमानि भूतानि जायन्ते। येन जातानि जीवन्ति। यत्प्रयन्त्यभिसंविशन्ति। तद्विजिज्ञासस्व। तद्ब्रह्म" इति प्राधान्येन जगदुत्पत्तिस्थितिलयनिमित्तोपादानब्रह्मप्रतिपादनम्। आत्मज्ञानरूप- परमधर्मावगमाय प्रथमाध्यायं कृत्वा संस्कारादिरूपं धर्मं तदङ्गतया द्वितीयाध्यायादिक्रमेण वक्ष्यतीति न कश्चिद्विरोधः।। किंच प्रश्नोत्तरवाक्यानामेव स्वरसादयं मदुक्तोऽर्थो लभ्यते। तथा हि; "धर्मे पृष्टे मनुर्ब्रह्म जगतः कारणं ब्रुवन्। आत्मज्ञानं परं धर्मं वित्तेति व्यक्तमुक्तवान्।। प्राधान्यात्प्रथमाध्याये साधु तस्यैव कीर्तनम्। धर्मोऽन्यस्तु तदङ्गत्वाद्युक्तो वक्तुमनन्तरम्।।" इदमित्यध्यक्षेण सर्वस्य प्रतिभासमानत्वाज्जगन्निर्दिश्यते। इदं जगत् तमोभूतं तमसि स्थितं लीनमासीत्। तमःशब्देन गुणवृत्त्या प्रकृतिर्निर्दिश्यते तम इव तमः। यथा तमसि लीनाः पदार्था अध्यक्षेण न प्रकाश्यन्त एवं प्रकृतिलीना अपि भावा नावगम्यन्त इति गुणयोगः। प्रलयकाले सूक्ष्मरूपतया प्रकृतौ लीनमासीदित्यर्थः। तथाच श्रुतिः-"तम आसीत्तमसा गूह्ळमग्रे" इति। प्रकृतिरपि ब्रह्मात्मनाऽव्याकृतासीत्। अतएव अप्रज्ञातमप्रत्यक्षं सकलप्रमाणश्रेष्ठतया प्रत्यक्षगोचरः प्रज्ञात इत्युच्यते तन्न भवतीत्यप्रज्ञातं अलक्षणमननुमेयं लक्ष्यतेऽनेनेति लक्षणं लिङ्गं तदस्य नास्तीति अलक्षणं अप्रतर्क्यं तर्कयितुमशक्यं तदानीं वाचकस्थूल- शब्दाभावाच्छब्दतोऽप्यविज्ञेयम्। एतदेव च प्रमाणत्रयं सतर्कं द्वादशाध्याये मनुनाभ्युपगतं अतएवाविज्ञेय-मित्यर्थापत्त्याद्यगोचरमिति धरणीधरस्यापि व्याख्यानम्। नच नासीदेवेति वाच्यम्। तदानीं श्रुतिसिद्धत्वात्। तथाच श्रूयते-"तद्धेदं तर्ह्यव्याकृतमासीत्" छान्दोग्योपनिषच्च - "सदेव सोम्येदमग्र आसीत्" (६.२.१) इदं जगत्सदेवासीत्। ब्रह्मात्मना आसीदित्यर्थः। सच्छब्दो ब्रह्मवाचकः। अतएव प्रसुप्तमिव सर्वतः। प्रथमार्थे तसिः। स्वकार्याक्षममित्यर्थः ।।५।।

(Originally) was this universe enveloped in darkness, invisible to the sight, without any sign to indicate its existence, unknowable, beyond the inference of reasoning or logic—as if hushed all round in one universal sleep. (5)

अथ किमभुदित्याह—

ततः स्वयंभूर्भगवानव्यक्तो व्यञ्जयन्निदम्।
महाभूतादि वृत्तौजाः प्रादुरासीत्तमोनुदः॥६॥

मुक्ता०:—ततः प्रलयावसानानन्तरं स्वयंभूः परमात्मा स्वयं भवति स्वेच्छया शरीरपरिग्रहं करोति, न त्वितरजीववत्कर्मायत्तदेहः। तथाच श्रुतिः-"स एकधा भवति द्विधा भवति"। भगवानैश्वर्यादिसंपन्नः। अव्यक्तो बाह्यकरणागोचरः। योगाभ्यासावसेय इति यावत्। इदं महाभूतादि। आकाशादीनि महाभूतानि। आदिग्रहणान्महदादीनि च व्यञ्जयन्नव्यक्तावस्थं प्रथमं सूक्ष्मरूपेण ततः स्थूलरूपेण प्रकाशयन्। वृत्तौजाः वृत्तमप्रतिहातमुच्यते। अतएव "वृत्तिसर्गतायनेषु क्रमः" (पा.सू. १।३।३८) इत्यत्र वृत्तिरप्रतिघात इति व्याख्यातं जयादित्येन। वृत्तमप्रतिहतमोजः सृष्टिसामर्थ्यं यस्य स तथा। तमोनुदः प्रकृतिप्रेरकः। तदुक्तं भगवद्गीतायाम्-"मयाध्यक्षेण प्रकृतिः सूयते सचराचरम्" (अ. ९ श्लो. १०) इति। प्रादुरासीत्प्रकाशितो बभूव। तमोनुदः प्रलयावस्थाध्वंसक इति तु मेधातिथिगोविन्दराजौ॥६॥

After that, the self-origined Deity, though unmanifest himself, caused this universe to be gradually manifested, by transmuting his energy to the twenty-four categories such as, the primordial elements of indomitable prowess etc., and gave the first impetus to Nature to be evolved out. (6)

योऽसावतीन्द्रियग्राह्यः सूक्ष्मोऽव्यक्तः सनातनः।
सर्वभूतमयोऽचिन्त्यः स एव स्वयमुद्बभौ॥७॥

मुक्ता०:—योऽसाविति सर्वनामद्वयेन सकललोकवेदपुराणेतिहासादिप्रसिद्धं परमात्मानं निर्दिशति। अतीन्द्रियग्राह्यः इन्द्रियमतीत्य वर्तत इत्यतीन्द्रियं मनस्तद्ग्राह्य इत्यर्थः। यदाह व्यासः-"नैवासौ चक्षुषा ग्राह्यो न च शिष्टैरपीन्द्रियैः। मनसा तु प्रयत्नेन गृह्यते सूक्ष्मदर्शिभिः॥" सूक्ष्मो बहिरिन्द्रियागोचरः। अव्यक्तो व्यक्तिरवयवस्तद्रहितः। सनातनो नित्यः। सर्वभूतमयः सर्वभूतात्मा। अतएवाचिन्त्य इयत्तया परिच्छेत्तुमशक्यः। स एव स्वयं उद्बभौ महदादिकार्यरूपतया प्रादुर्बभूव। उत्पूर्वो भातिः प्रादुर्भावे वर्तते। धातूनामनेकार्थत्वात् ॥७॥

He, who is beyond the cognisance of the senses, subtile, unmanifest, eternal, and imponderable, and who runs through all created things, originated by himself. (7)

सोऽभिध्याय शरीरात्स्वात्सिसृक्षुर्विविधाः प्रजाः।
अप एव ससर्जादौ तासु बीजमवासृजत्॥८॥

मुक्ता०:–स परमात्मा नानाविधाः प्रजाः सिसृक्षुरभिध्यायापो जायन्तामित्यभिध्यानमात्रेणाप एव ससर्ज। अभिध्यानपूर्विकां सृष्टिं वदतो मनोः प्रकृतिरेवाचेतनाऽस्वतन्त्रा परिणमत इत्ययं पक्षो न संमतः, किंतु ब्रह्मैवाव्याकृतशक्त्यात्मना जगत्कारणमिति त्रिदण्डिवेदान्तसिद्धान्त एवाभिमतः प्रतिभाति। तथा च छान्दोग्योपनिषत्-"तदैक्षत बहु स्यां प्रजायेय" इति। अतएव शारीरकसूत्रकृता व्यासेन सिद्धान्तितम् "ईक्षतेर्नाशब्दम्" (व्या.सू. १।१।५) इति। ईक्षतेरीक्षणश्रवणान्न प्रधानं जगत्कारणम्। अशब्दं न विद्यते शब्दः श्रुतिर्यस्य तदशब्दमिति सूत्रार्थः। स्वाच्छरीरादव्याकृतरूपादव्याकृतमेव भगवद्भास्करीयवेदान्तदर्शने प्रकृतिः, तदेव तस्य च शरीरं अव्याकृतशब्देन पञ्चभूतबुद्धीन्द्रियकर्मेन्द्रियप्राणमनःकर्माविद्यावासना एव सूक्ष्मरूपतया शक्त्यात्मना स्थिता अभिधीयन्ते। अव्याकृतस्य च ब्रह्मणा सह भेदाभेदस्वीकाराद्ब्रह्माद्वैतं, शक्त्यात्मना च ब्रह्म जगद्रूपतया परिणमत इत्युभयमप्युपपद्यते। आदौ स्वकार्यभूमिब्रह्माण्डसृष्टेः प्राक्। अपां सृष्टिश्चेयं महदहंकारतन्मात्रक्रमेण बोद्धव्या। महाभूतादि व्यञ्जयन्निति पूर्वाभिधानादनन्तरमपि महदादिसृष्टेर्वक्ष्यमाणत्वात्। तास्वप्सु बीजं शक्तिरूपं आरोपितवान् ॥८॥

He, wishing to create various kinds of creatures from out of his own body, first created water, and cast his seed therein. (8)

तदण्डमभवद्धैमं सहस्रांशुसमप्रभम्।
तस्मिञ्जज्ञे स्वयं ब्रह्मा सर्वलोकपितामहः॥९॥

मुक्ता०:–तद्बीजं परमेश्वरेच्छया हैममण्डमभवत्। हैममिव हैम शुद्धिगुणयोगान्न तु हैममेव। तदीयैकशकलेन भूमिनिर्माणस्य वक्ष्यमाणत्वात्। भूमेश्चाहैमत्वस्य प्रत्यक्षत्वादुपचाराश्रयणम्। सहस्रांशुरादित्यस्तत्तुल्यप्रभं तस्मिन्नण्डे हिरण्यगर्भो जातवान्। येन पूर्वजन्मनि हिरण्यगर्भोऽहमस्मीति भेदाभेदभावनया परमेश्वरोपासना कृता तदीयं लिङ्गशरीरावच्छिन्नजीवमनुप्रविश्य स्वयं परमात्मैव हिरण्यगर्भरूपतया प्रादुर्भूतः। सर्वलोकानां पितामहो जनकः, सर्वलोकपितामह इति वा तस्य नाम ॥९॥

That egg had a golden colour, resplendant like the (aggregative) effulgence of a thousand suns. In that (egg) Brahmā himself was born, *Brahmā,* the grandfather (progenitor) of all creatures and *regions.* (9)

इदानीमागमप्रसिद्ध नारायणशब्दार्थनिर्वचनेनोक्तमेवार्थं दृढयति–

आपो नारा इति प्रोक्ता आपो वै नरसूनवः।
ता यदस्यायनं पूर्वं तेन नारायणः स्मृतः॥१०॥

मुक्ता०ः—आपो नाराशब्देनोच्यन्ते। अप्सु नाराशब्दस्याप्रसिद्धेस्तदर्थमाह-यतस्ता नराख्यस्य परमात्मनः सूनवोऽपत्यानि। "तस्येदम्" (पा.सू. ४।३।१२०) इत्यण्प्रत्ययः। यद्यपि अणि कृते ङीप्प्रत्ययः प्राप्तस्तथापि छान्दसलक्षणैरपि स्मृतिषु व्यवहारात् "सर्वे विधयश्छन्दसि विकल्प्यन्ते" इति पाक्षिको ङीप्प्रत्ययस्तस्याभावपक्षे सामान्यलक्षणप्राप्ते टापि कृते नारा इति रूपसिद्धिः। आपोऽस्य परमात्मनो ब्रह्मरूपेणावस्थितस्य पूर्वमयनमाश्रय इत्यसौ नारायण इत्यागमेष्वाम्नातः। गोविन्दराजेन तु आपो नरा इति पठितं व्याख्यातं च-नरायण इति प्राप्ते "अन्येषामपि दृश्यते" (पा.सू. ६।३।१३७) इति दीर्घत्वेन नारायण इति रूपम्। अन्ये त्वापो नारा इति पठन्ति ॥१०॥

The water is called *Nārā,* inasmuch as it is the first offspring of *Nārā* (the supreme self) and inasmuch as water was the first receptacle of the Supreme Self, manifested as *Brahmā*, the Supreme Self is called *Nārāyaṇa.* (10)

यत्तत्कारणमव्यक्तं नित्यं सदसदात्मकम्।
तद्विसृष्टः स पुरुषो लोके ब्रह्मेति कीर्त्यते॥११॥

मुक्ता०ः—यत्तदितिसर्वनामभ्यां लोकवेदादिसर्वप्रसिद्धं परमात्मनं निर्दिशति। कारणं सर्वोत्पत्तिमतां। अव्यक्तं बहिरिन्द्रियागोचरं। नित्यं उत्पत्तिविनाशरहितम्। वेदान्तसिद्धत्वात्सत्स्वभावं प्रत्यक्षाद्यगोचरत्वादसत्स्वभावमिव। अथवा सद्भावजातं असदभावस्तयोरात्मभूतम्। तथाच श्रुतिः-"ऐतदात्म्यमिदं सर्वम्" इति। तद्विसृष्टस्तेनोत्पादितः स पुरुषः सर्वत्र ब्रह्मेति कीर्त्यते ॥११॥

That which is primal, unmanifest, eternal (principle), encompassing both the real and the phenomenal, the individual created by the principle is called *Brahmā.* (11)

तस्मिन्नण्डे स भगवानुषित्वा परिवत्सरम्।
स्वयमेवात्मनो ध्यानात्तदण्डमकरोद् द्विधा॥१२॥

मुक्ता०ः—तस्मिन् पूर्वोक्तेऽण्डे स ब्रह्मा वक्ष्यमाणब्रह्ममानेन संवत्सरमुषित्वा स्थित्वा आत्मनैवाण्डं द्विधा भवत्वित्यात्मगतध्यानमात्रेण तदण्डं द्विखण्डं कृतवान् ॥१२॥

In that egg that divinity, having lived for one (*Brāhma*) year, thought, "let the egg be broken in halves," and the egg was so divided. (12)

ताभ्यां स शकलाभ्यां च दिवं भूमिं च निर्ममे।
मध्ये व्योम दिशश्चाष्टावपां स्थानं च शाश्वतम्॥१३॥

मुक्ता०:—शकलं खण्डं ताभ्यामण्डशकलाभ्यां उत्तरेण दिवं स्वर्लोकमधरेण भूर्लोकं उभयोर्मध्य आकाशं दिशश्चान्तरालदिग्भिः सहाष्टौ समुद्राख्यं अपां स्थानं स्थिरं निर्मितवान् ॥१३॥

Out of those two parts he created the heaven and the earth, and in their midst he eternally placed the sky and the eight quarters, and the seas all around. (13)

इदानीं महदादिक्रमेणैव जगन्निर्माणमिति दर्शयितुं तत्तत्सृष्टिमाह—

उद्बबर्हात्मनश्चैव मनः सदसदात्मकम्।
मनसश्चाप्यहंकारमभिमन्तारमीश्वरम्॥१४॥

मुक्ता०:—ब्रह्मा आत्मनः परमात्मनः सकाशात्तेन रूपेण मन उद्धृतवान्। परमात्मन एव ब्रह्मास्वरूपेणोत्पन्नत्वात्परमात्मन एव च मनःसृष्टिर्वेदान्तदर्शने न प्रधानात्। तथाच श्रुतिः-"एतस्माज्जायते प्राणो मनः सर्वेन्द्रियाणि च। खं वायुर्ज्योतिरापश्च पृथ्वी विश्वस्य धारिणी॥" मनश्च श्रुतिसिद्धत्वाद्युगपज्ज्ञानानुत्पत्तिलिङ्गाच्च सत् अप्रक्षत्वादसदिति। मनसः पूर्वमहंकारतत्त्व अहमित्यभिमानाख्यकार्ययुक्तं ईश्वरं स्वकार्यकरणक्षमम् ॥१४॥

He recovered the mind, which partakes of the nature of the *Supreme Self,* and embraceth both the character of the noumenon and the phenomenon. Prior to the evolution of the mind. (he recovered) the *principle* of *Egoism*, the real incentive to all works. (14)

महान्तमेव चात्मानं सर्वाणि त्रिगुणानि च।
विषयाणां ग्रहीतॄणि शनैः पञ्चेन्द्रियाणि च॥१५॥

मुक्ता०:—महान्तमिति महदाख्यतत्त्वमहंकारात्पूर्वं परमात्मन एवाव्याकृतशक्ति-रूपप्रकृतिसहितादुद्धृतवान्। आत्मन उत्पन्नत्वात् आत्मानमात्मोपकारकत्वाद्वा। यान्यभिहितानि अभिधास्यन्ते च तान्युत्पत्तिमन्ति सर्वाणि सत्त्वरजस्तमोगुणयुक्तानि विषयाणां शब्दस्पर्शरूपरसगन्धानां ग्राहकाणि शनैः क्रमेण वेदान्तसिद्धेन श्रोत्रादीनि द्वितीयाध्यायवक्तव्यानि पञ्च बुद्धीन्द्रियाणि, चशब्दात्पञ्च पाय्वादीनि कर्मेन्द्रियाणि शब्दतन्मात्रादीनि च पञ्चोत्पादितवान्। नन्वभिध्यानपूर्वकसृष्ट्यभिधानाद्वेदान्तसिद्धान्त एव मनोरभिमत इति प्रागुक्तं संगच्छते। इदानीं महदादिक्रमेण सृष्ट्यभिधानाद्वेदान्तदर्शनेन च परमात्मन एवाकाशादिक्रमेण सृष्टिरुक्ता। तथाच तैत्तिरीयोपनिषत्-"तस्माद्वा एतस्मादात्मन आकाशः संभूतः। आकाशाद्वायुः। वायोरग्निः। अग्नेरापः। अद्भ्यः

पृथिवी" (२।१।१) इति। उच्यते-प्रकृतितो महदादिक्रमेण सृष्टिरिति भगवद्भास्करीयदर्शनेऽप्युपद्यत इति तद्विदो व्याचक्षते। अव्याकृतमेव प्रकृतिरिष्यते तस्य च सृष्ट्युन्मुखत्वं सृष्ट्याद्यकालयोगरूपं तदेव महत्तत्त्वं, ततो बहु स्यामित्यभिमानात्मकेक्षणकालयोगित्वमव्याकृतस्याहंकारतत्त्वम्। तत आकाशादिपञ्चभूत सूक्ष्माणि क्रमेणोत्पन्नानि पञ्च तन्मात्राणि ततस्तेभ्य एवं स्थूलान्युत्पन्नानि पञ्च महाभूतानि सूक्ष्मस्थूलक्रमेणैव कार्योदयदर्शनादिति न विरोधः। अव्याकृतगुणत्वेऽपि सत्वरजस्तमसां सर्वाणि त्रिगुणानीत्युपपद्यते। भवतु वा सत्त्वरजस्तमःसमतारूपैव मूलप्रकृतिः, भवन्तु च तत्त्वान्तराण्येव महदहंकारतन्मात्राणि, तथापि प्रकृतिर्ब्रह्मणोऽनन्येति मनोः स्वरसः। यतो वक्ष्यति-"सर्वभूतेषु चात्मानं सर्वभूतानि चात्मनि" (अ०१२ श्लो०९१) इति। तथा "एवं यः सर्वभूतेषु पश्यत्यात्मानमात्मना। स सर्वसमतामेत्य ब्रह्माभ्येति परं पदम्" (अ०१२ श्लो०१२५) इति ।।१५।।

Prior to the *evolution* of the principle of Egoism, was evolved the principle of *Mahat* (principle of apprehension). All these categories (products of evolution) are possessed of the three qualities (of *Sattva, Rajas and Tamas*). Gradually he created (caused to be evolved out) the five cognitive senses, the recipients of the sound, light, taste, and smell. (15)

तेषां त्ववयवान्सूक्ष्मान्षण्णामप्यमितौजसाम्।
सन्निवेश्यात्ममात्रासु सर्वभूतानि निर्ममे।।१६।।

मुक्ता०:—तेषां षण्णां पूर्वोक्ताहंकारस्य तन्मात्राणां च ये सूक्ष्मा अवयवास्तान् आत्ममात्रासुषण्णां स्वविकारेषु योजयित्वा मनुष्यतिर्यक्स्थावरादीनि सर्वभूतानि परमात्मा निर्मितवान्। तत्र तन्मात्राणां विकारः पञ्चमहाभूतानि अंहकारस्येन्द्रियाणि पृथिव्यादिभूतेषु शरीररूपतया परिणतेषु तन्मात्राहंकारयोजनां कृत्वा सकलस्य कार्यजातस्य निर्माणम्। अतएवामितौजसामनन्तकार्यनिर्माणेनातिवीर्यशालिनाम्। ।।१६।।

By combining the subtlest parts of the principle of *Egoism,* and the five *Tanmātrās*, with their modifications, the senses, and the five material elements, he created all creatures. (16)

यन्मूर्त्यवयवाः सूक्ष्मास्तस्येमान्याश्रयन्ति षट्।
तस्माच्छरीरमित्याहुस्तस्य मूर्तिं मनीषिणः।।१७।।

मुक्ता०:—यस्मान्मूर्तिः शरीरं तत्संपादका अवयवाः सूक्ष्मास्तन्मात्राहंकाररूपाः षट् तस्य ब्रह्मणः सप्रकृतिकस्य इमानि वक्ष्यमाणानि भूतानीन्द्रियाणि च पूर्वोक्तानि

कार्यत्वेनाश्रयन्ति। तन्मात्रेभ्यो भूतोत्पत्तेः अहंकाराञ्च इन्द्रियोत्पत्तेः। तथाच पठन्ति-"प्रकृतेर्महांस्ततोऽहंकारस्तस्माद्गणश्च षोडशकः। तस्मादपि षोडशकात्पञ्चभ्यः पञ्च भूतानि।।" (सांख्यकारिका २२) तस्मात्तस्य ब्रह्मणो या मूर्तिः स्वभावस्तां तथा परिणतामिन्द्रियादिशालिनीं लोका शरीरमिति वदन्ति। षडाश्रयणाच्छरीरमिति शरीरनिर्वचनेनानेन पूर्वोक्तोत्पत्तिक्रम एव दृढीकृतः ।।१७।।

Inasmuch as the subtle particles of these six principles (*Egoism* and the five *Tanmātrās*), which contrive to compose the body of Brahma, enfolded by *Prakṛti* (Nature), are connected with the five elements as their effect, the wise call the person of Brahma as his body (*Śarīram*), from the fact of its being composed of these six (ṣaṭ) principles. (17)

तदाविशन्ति भूतानि महान्ति सह कर्मभिः।
मनश्चावयवैः सूक्ष्मैः सर्वभूतकृदव्ययम्।।१८।।

मुक्ता०:–पूर्वश्लोके तस्येति प्रकृतं ब्रह्मात्र तदिति परामृश्यते। तद्ब्रह्म शब्दादिपञ्चतन्मात्रात्मनावस्थितं महाभूतान्याकाशादीनि आविशन्ति तेभ्य उत्पद्यन्ते। सह कर्मभिः स्वकार्यैस्तत्राकाशस्यावकाशदानं कर्म वायोर्व्यूहनं विन्यासरूपं तेजसः पाकोऽपां संग्रहणं पिण्डीकरणरूपं पृथिव्या धारणं। अहंकारात्मनावस्थितं ब्रह्म मन आविशति। अहं कारादुत्पद्यत इत्यर्थः। अवयवैः स्वकार्यैः शुभाशुभसंकल्पसुखदुःखादिरूपैः सूक्ष्मैर्बहिरिन्द्रियागोचरैः सर्वभूतकृत्सर्वोत्पत्तिनिमित्तं मनोजन्यशुभाशुभकर्मप्रभवत्वाज्जगतः अव्ययमविनाशि ।।१८।।

From *Brahma*, manifested in the form of the five *Tanmātrās*, were produced the great (material) elements, together with their functions, (and, deathless Mind, which is the procreating cause of all creations, together with its subtle functions of inclination, antipathy, etc. was produced from *Brahma*, evolved out as the principle of Egoism. (18)

तेषामिदं तु सप्तानां पुरुषाणां महौजसाम्।
सूक्ष्माभ्यो मूर्तिमात्राभ्यः संभवत्यव्ययाद् व्ययम्।।१९।।

मुक्ता०:–तेषां पूर्वप्रकृतीनां महदहंकारतन्मात्राणां सप्तसंख्यानां पुरुषादात्मन उत्पन्नत्वात्तद्वृत्तिग्राह्यत्वाच्च पुरुषाणां महौजसां स्वकार्यसंपादनेन वीर्यवतां सूक्ष्मा या मूर्तिमात्राः शरीरसंपादकभागास्ताभ्य इदं जगन्नश्वरं संभवत्यनश्वराद्यत्कार्यं तद्विनाशि स्वकारणे लीयते। कारणं तु कार्यापेक्षया स्थिरम्। परमकारणं तु ब्रह्म नित्यमुपासनीयमित्येतद्दर्शयितुमयमनुवादः ।।१९।।

From the subtle particles of these seven *Puruṣa-like principles* of irrepressible energy viz., the principles of Mahat, *Egoism* and the five *Tanmātrās* has originated this universe. From the real has proceeded the phenomenal. (19)

आद्याद्यस्य गुणं त्वेषामवाप्नोति परः परः।
यो यो यावतिथश्चैषां स स तावद्गुणः स्मृतः॥२०॥

मुक्ता०:—एषामिति पूर्वतरश्लोके "तदाविशन्ति भूतानि" (अ. १ श्लो. १८) इत्यत्र भूतानां परामर्शः। तेषां चाकाशादिक्रमेणोत्पत्तिक्रमः, शब्दादिगुणवत्ता च वक्ष्यते। तत्राद्याद्यस्याकाशादेर्गुणं शब्दादिकं वाय्वादि परः परः प्राप्नोति। एतदेव स्पष्टयति- यो य इति॥ एषां मध्ये यो यो यावतां पूरणो यावतिथः "वतोरिथुक्" (पा.सू. ५।२।५३) स स द्वितीयादिः द्वितीयो द्विगुणः तृतीयस्त्रिगुण इत्येवमादिर्मन्वादिभिः स्मृतः। एतेनैतदुक्तं भवति। आकाशस्य शब्दो गुणः, वायोः शब्दस्पर्शौ, तेजसः शब्दस्पर्शरूपाणि, अपां शब्दस्पर्शरूपरसाः, भूमेः शब्दस्पर्शरूपरसगन्धाः। अत्र यद्यपि "नित्यवीप्सयोः" (पा.सू. ८।१।४)। इति द्विर्वचनेनाद्यस्याद्यस्येति प्राप्तं तथापि स्मृतीनां छन्दःसमानविषयत्वात् "सुपां सुलुक्" (पा.सू.७।१।३९) इति प्रथमाद्यस्य सुब्लुक् तेनाद्याद्यस्येति रूपसिद्धिः ॥२०॥

Of these elements, each successive one partakes of the virtues of the preceding elements, or in other words, the virtues of an element is corresponding to the number which is placed against it in the list. (20)

सर्वेषां तु स नामानि कर्माणि च पृथक्पृथक्।
वेदशब्देभ्य एवादौ पृथक्संस्थाश्च निर्ममे॥२१॥

मुक्ता०:—स परमात्मा हिरण्यगर्भरूपेणावस्थितः सर्वेषां नामानि गोजातेर्गौरिति अश्वजातेरश्व इति। कर्माणि ब्राह्मणस्याध्ययनादीनि, क्षत्रियस्य प्रजारक्षादीनि। पृथक् पृथक् यस्य पूर्वकल्पे यान्यभूवन्। आदौ सृष्ट्यादौ वेदशब्देभ्य एवावगम्य निर्मितवान्। भगवता व्यासेनापि वेदमीमांसायां वेदपूर्विकैव जगत्सृष्टिर्व्युत्पादिता। तथा च शारीरकसूत्रम्-"शब्द इति चैन्नात:प्रभवात्प्रत्यक्षानुमानाभ्याम्" (व्या.सू. १।३।२८) अस्यार्थाः। देवतानां विग्रहवत्त्वे वैदिके वस्वादिशब्दे देवतावाचिनि विरोधः स्याद्वेदस्यादिमत्त्वप्रसङ्गादिति चैन्नास्ति विरोधः। कस्मात् अतः शब्दादेव जगत प्रभवादुत्पत्तेः प्रलयकालेऽपि सूक्ष्मरूपेण परमात्मनि वेदराशिः स्थितः स इह कल्पादौ हिरण्यगर्भस्य परमात्मन एव प्रथमदेहिमूर्त्तेर्मनस्यवस्थान्तरमनापन्नः सुप्तप्रबुद्धस्येव प्रादुर्भवति। तेन प्रदीपस्थानीयेन सुरनरतिर्यगादिप्रविभक्तं जगदभिधेयभूतं

निर्मिमीते। कथमिदं गम्यते प्रत्यक्षानुमानाभ्यां श्रुतिस्मृतिभ्यामित्यर्थ:। प्रत्यक्षं श्रुतिरनपेक्षत्वात्। अनुमानं स्मृतिरनुमीयमानश्रुतिसापेक्षत्वात्। तथाच श्रुति:-"एत इति वै प्रजापतिर्देवानसृजतासृजद्रग्रमिति मनुष्यानिन्दव इति पितृंस्तिर:पवित्रमिति ग्रहानाशव इति स्तोत्रं विश्वानीति शस्त्रमभिसौभगेत्यन्या: प्रजा:"। स्मृतिस्तु "सर्वेषां तु स नामानि" (अ.१ श्लो.२१) इत्यादिका मन्वादिप्रणीतैव। पृथक्संस्थाश्चेति। लौकिकीश्च व्यवस्था: कुलालस्य घटनिर्माणं कुविन्दस्य पटनिर्माणमित्यादिकविभागेन निर्मितवान् ॥२१॥

The name and functions and professions of all creatures he (*Hiraṇyagarbha*) separately created according to the directions of the *Vedas*. (21)

कर्मात्मनां च देवानां सोऽसृजत्प्राणिनां प्रभु:।

साध्यानां च गणं सूक्ष्मं यज्ञं चैव सनातनम्॥२२॥

मुक्ता०:—स ब्रह्मा देवानां गणमसृजत्। प्राणिनामिन्द्रादीनां कर्माणि आत्मा स्वभावो येषां तेषामप्राणिनांच ग्रावादीनां देवानां साध्यानां च देवविशेषाणां समूहं यज्ञं च ज्योतिष्टोमादिकं कल्पान्तरेऽप्यनुमीयमानत्वान्नित्यम्। साध्यानां च गणस्य पृथग्वचनं सूक्ष्मत्वात् ॥२२॥

The Lord created the *Devas*, who formed the limbs (as it were) of the *religious* rites, and the Devas possessed of life, the hosts of subtle *Devas, the Sādhyas*, and the eternal sacrifice. (22)

अग्निवायुरविभ्यस्तु त्रयं ब्रह्म सनातनम्।

दुदोह यज्ञसिद्ध्यर्थमृग्यजु:सामलक्षणम्॥२३॥

मुक्ता०:—ब्रह्म ऋग्यजु:सामसंज्ञं वेदत्रयं अग्निवायुरविभ्य आकृष्टवान्। सनातनं नित्यम्। वेदापौरुषेयत्वपक्ष एव मनोरभिमत:। पूर्वकल्पे ये वेदास्त एव परमात्ममूर्तेर्ब्रह्मण: सर्वज्ञस्य स्मृत्यारुढा:। तानेव कल्पादौ अग्निवायुरविभ्य आचकर्ष। श्रौतश्चायमर्थो न शङ्कनीय:। तथाच श्रुति:-"अग्नेर्ऋग्वेदो वायोर्यजुर्वेद आदित्यात्सामवेद:" इति। आकर्षणार्थत्वाहुहिधातोर्नाग्निवायुरवीणामकथितकर्मता किंत्वपादानतैव। यज्ञसिद्ध्यर्थं त्रयीसंपाद्यत्वाद्यज्ञानां आपीनस्थक्षीरवद्विद्यमानानामेव वेदानामभिव्यक्तिप्रदर्शनार्थमाकर्षण-वाचको गौणो दुहि: प्रयुक्त: ॥२३॥

The three *Vedas,* distinguished by the names of *Ṛk, Yayuṣ* and Sāman, he milched from the fire, air and the sun for the performances of *religious* sacrifices. (23)

कालं कालविभक्तीश्च नक्षत्राणि ग्रहांस्तथा।

सरितः सागराञ्छैलान्समानि विषमाणि च॥२४॥

मुक्ता०:—अत्र ससर्जेत्युत्तरश्लोकवर्तिनी क्रिया संबध्यते आदित्यादिक्रियाप्रचय-रूपं कालं कालविभक्तीर्मासर्त्वयनाद्याः नक्षत्राणि कृत्तिकादीनि ग्रहन्सूर्यादीन् सरितो नदीः सागरान्समुद्रान् शैलान्पर्वतान् समानि समस्थानानि विषमाणि उच्चनीचरूपाणि॥२४॥

He created Time, the divisions of *Time,* the stars, the planets, the rivers, the seas, the mountains, the plains, and the uneven grounds. (24)

तपो वाचं रतिं चैव कामं च क्रोधमेव च।

सृष्टिं ससर्ज चैवेमां स्त्रष्टुमिच्छन्निमाः प्रजाः॥२५॥

मुक्ता०:—तपः प्राजापत्यादि वाचं वाणीं रतिं चेतः परितोषं काममिच्छां क्रोध चेतोविकारं इमामेतच्छ्लोकोक्तां पूर्वश्लोकोक्ताञ्च सृष्टिं चकार। सृज्यत इति सृष्टिः। कर्मणि क्तिन्। इमाः प्रजा वक्ष्यमाणा देवादिकाः कर्तुमिच्छन् ॥२५॥

Contemplation *(Tapas)*, speech satisfaction of the mind, desire and anger. Wishing to create these creatures, he thus created this creation. (25)

कर्मणां च विवेकार्थं धर्माधर्मो व्यवेचयत्।

द्वन्द्वैरयोजयच्चेमाः सुखदुःखादिभिः प्रजाः॥२६॥

मुक्ता०:—धर्मो यज्ञादिः स च कर्तव्यः अधर्मौ ब्रह्मवधादिः स न कर्तव्यः इति कर्मणां विभागाय धर्माधर्मौ व्यवेचयत्पृथक्त्वेनाभ्यधात्। धर्मस्य फलं सुखं, अधर्मस्य फलं दुःखम्। धर्माधर्मफलभूतैर्द्वन्द्वैः परस्परविरुद्धैः सुखदुःखादिभिरिमाः प्रजा योजितवान्। आदिग्रहणात्कामक्रोधरागद्वेषक्षुत्पिपासाशोकमोहादिभिः ॥२६॥

For the Classification of acts, he distinguished *virtue* from vice, and connected the creatures with the pairs of opposite, such as pleasure and pain (heat and cold), etc. (26)

अण्व्यो मात्रा विनाशिन्यो दशार्धानां तु याः स्मृताः।

ताभिः सार्धमिदं सर्वं संभवत्यनुपूर्वशः॥२७॥

मुक्ता०:—दशार्धानां पञ्चानां महाभूतानां याः सूक्ष्माः पञ्चतन्मात्ररूपा विनाशिन्यः पञ्चमहाभूतरूपतया विपरिणामिन्यः ताभिः सह उक्तं वक्ष्यमाणं चेदं सर्वमुत्पद्यते। अनुपूर्वशः क्रमेण। सूक्ष्मात्स्थूलं स्थूलात्स्थूलतरमित्येन सर्वशक्तेर्ब्रह्मणो मानससृष्टिः कदाचित्तत्त्वनिरपेक्षा स्यादितीमां शङ्कामपनिनीषंस्तदद्वारेणैवेयं सृष्टिरिति मध्ये पुनः पूर्वोक्तं स्मारितवान् ॥२७॥

With the five subtile and transforming *tanmātrās*, he created this universe, in due order, (from the subtile to the gross, and from the gross to the grosser, and so on). (27)

यं तु कर्मणि यस्मिन्स न्ययुङ्क्त प्रथमं प्रभुः।

स तदेव स्वयं भेजे सृज्यमानः पुनः पुनः॥२८॥

मुक्ता०:—स प्रजापतिर्यं जातिविशेषं व्याघ्रादिकं यस्यां क्रियायां हरिणमारणादिकायां सृष्ट्यादौ नियुक्तवान् स जातिविशेषः पुनःपुनरपि सृज्यमानः स्वकर्मवशेन तदेवाचरितवान्। एतेन प्राणिकर्मसापेक्षं प्रजापतेरुत्तमाधमजातिनिर्माणं न रागद्वेषाधीनमिति दर्शितम्। अतएव वक्ष्यति "यथाकर्म तपोयोगात्सृष्टं स्थावरजङ्गमम्" (अ०१ श्लो०४१) इति ॥२८॥

To the work, for which He, the lord, ordained a creature in the beginning, it spontaneously reverted in its *successive* incarnations. (28)

एतदेव प्रपञ्चयति—

हिंस्राहिंस्रे मृदुक्रूरे धर्माधर्मावृतानृते॥

यद्यस्य सोऽदधात्सर्गे तत्तस्य स्वयमाविशत्॥२९॥

मुक्ता०:—हिंस्रं कर्म सिंहादेः करिमारणादिकम्। अहिंस्रं हरिणादेः। मृदु दयाप्रधानं विप्रादेः। क्रूरं क्षत्रियादेः। धर्मो यथा ब्रह्मचार्यादेः गुरुशुश्रूषादिः। अधर्मो यथा तस्यैव मांसमैथुनसेवनादिः। ऋतं सत्यं, तच्च प्रायेण देवानाम्। अनृतमसत्यं तदपि प्रायेण मनुष्याणाम्। तथाच श्रुतिः-"सत्यवाचो देवा अनृतवाचो मनुष्याः" इति। तेषां मध्ये यत्कर्म स प्रजापतिः सर्गादौ यस्याधारयत्सृष्ट्युत्तरकालमपि स तदेव कर्म प्राक्तनादृष्टवशात्स्वयमेव भेजे ॥२९॥

To acts of love or creulty, of mildness or ferocity, or of virtue or vice, it should spontaneously revert, which he ordained or it in the beginning. (29)

अत्र दृष्टान्तमाह—

यथर्त्तुलिङ्गान्यृतवः स्वयमेवर्तुपर्यये।

स्वानि स्वान्यभिपद्यन्ते तथा कर्माणि देहिनः॥३०॥

मुक्ता०:—यथा वसन्तादिऋतव ऋतुचिह्नानि चूतमञ्जर्यादीनि ऋतुपर्यये स्वकार्यावसरे स्वयमेवाप्नुवन्ति तथा देहिनोऽपि हिंस्रादीनि कर्माणि ॥३०॥

As the characteristic features of a season of the year appear at the advent of that season, so the acts of embodied creatures spontaneously assail them (in the proper time). (30)

लोकानां तु विवृद्ध्यर्थं मुखबाहूरुपादतः।
ब्राह्मणं क्षत्रियं वैश्यं शूद्रं च निरवर्त्तयत्॥३१॥

मुक्ता०ः—भूरादीनां लोकानां बाहुल्यार्थं मुखबाहूरुपादेभ्यो ब्राह्मणक्षत्रियवैश्यशूद्रान्यथाक्रमं निर्मितवान्। ब्राह्मणादिभिः सायंप्रातारग्नावाहुतिः प्रक्षिप्ता सूर्यमुपतिष्ठते सूर्याद्वृष्टिवृष्टेरन्नमन्नात्प्रजाबाहुल्यम्। वक्ष्यति च-"अग्नौ प्रास्ताहुतिः सम्यगादित्यम्" (अ.१ श्लो.७६) इत्यादि। दैव्या च शक्त्या मुखादिभ्यो ब्राह्मणादिनिर्माणम्। ब्राह्मणो न विशङ्कनीयः श्रुतिसिद्धत्वात्। तथाच श्रुतिः"ब्राह्मणोऽस्य मुखमासीत्" इत्यादि ॥३१॥

For the furtherance of the (good of the) *world,* he created Brāhmaṇa, *Kṣatriya, Vaiśya,* and *Śūdra* from his *mouth, arms, thighs, and legs.* (31)

द्विधा कृत्वाऽऽत्मनो देहमर्धेन पुरुषोऽभवत्।
अर्धेन नारी तस्यां स विराजमसृजत्प्रभुः॥३२॥

मुक्ता०ः—स ब्रह्मा निजदेहं द्विखण्डं कृत्वा अर्धेन स्त्री तस्यां मैथुनधर्मेण विराट्संज्ञं पुरुषं निर्मितवान्। श्रुतिश्च-"ततो विराडजायत" (वाज० सं० ३१.५) इति ॥३२॥

Having divided his body into two parts, He, the lord (*Brahmā*), became male by means of the (one half, and female by means of the other), and on that femal he begot *Viraj*. (32)

तपस्तप्त्वाऽसृजद्यं तु स स्वयं पुरुषो विराट्।
तं मां वित्तास्य सर्वस्य स्रष्टारं द्विजसत्तमाः॥३३॥

मुक्ता०ः—स विराट् तपो विधाय यं निर्मितवान् तं मां मनुं जानीत अस्य सर्वस्य जगतः स्रष्टारं भो द्विजसत्तमाः। एतेन स्वजन्मोत्कर्षसामर्थ्यातिशयावभिहितवान् लोकानां प्रत्ययितप्रत्ययार्थम् ॥३३॥

Having practised *Tapas,* whom the *Virāṭ*-Individual himself created, him, O ye, foremost of the twice-born ones, know to be *Manu*, my (humble) self, the (second) or immediate creator of all (things and beings). (33)

अहं प्रजाः सिसृक्षुस्तु तपस्तप्त्वा सुदुश्चरम्।
पतीन्प्रजानामसृजं महर्षीनादितो दश॥३४॥

मुक्ता०ः—अहं प्रजाः स्रष्टुमिच्छन् सुदुश्चरं तपस्तप्त्वा दश प्रजापतीन्प्रथमं सृष्टवान्। तैरपि प्रजानां सृज्यमानत्वात् ॥३४॥

मरीचिमत्र्यङ्गिरसौ पुलस्त्यं पुलहं क्रतुम्।
प्रचेतसं वसिष्ठं च भृगुं नारदमेव च॥३५॥

मुक्ता०:—त एते दश प्रजापतयो नामतो निर्दिष्टाः ॥३५॥

I, having wished to progenerate creatures, practised the most austere *Tapas*, and at first created the ten great *Ṛṣis*, the lords of creatures, (named as) *Marīchi, Atri, Aṅgirasa, Pulasta, Pulaha, Kratu, Prachetas, Vaśiṣṭha, Bhṛigu and Nārada*. (34-35)

एते मनूंस्तु सप्तान्यानसृजन्भूरितेजसः।
देवान्देवनिकायांश्च महर्षींश्चामितौजसः॥३६॥

मुक्ता०:—एते मरीच्यादयो दश भूरितेजसो बहुतेजसोऽन्यान् सप्तापरिमिततेजस्कान् मनून्देवान् ब्रह्मणाऽसृष्टान् देवनिवासस्थानाति स्वर्गादीन्महर्षींश्च सृष्टवन्तः। मनुशब्दोऽयमधिकारवाची। चतुर्दशसु मन्वन्तरेषु यस्य यत्र सर्गाद्यधिकारः स तस्मिन्मन्वन्तरे स्वायंभुवस्वारोचिषादिनामभिर्मनुरिति व्यपदिश्यते ॥३६॥

These (*Ṛṣis*) of indomitable prowess created, in their turn, seven other *Manus*, and divinities other than those whom *Brahmā* had created, together with their celestial abodes, and great sages of irresistible prowess. (36)

यक्षरक्षःपिशाचांश्च गन्धर्वाप्सरसोऽसुरान्।
नागान्सर्पान्सुपर्णांश्च पितॄणां च पृथग्गणान्॥३७॥

मुक्ता०:—एतेऽसृजन्निति पूर्वस्यैवात्रानुषङ्गः उत्तरत्र श्लोकद्वये च। यक्षो वैश्रवणस्तदनुचराश्च। रक्षांसि रावणादीनि। पिशाचास्तेभ्योऽपकृष्टा अशुचिमरुदेशनिवासिनः। गन्धर्वाश्चित्र रथादयः। अप्सरस उर्वश्याद्याः। असुरा विरोचनादयः। नागा वासुक्यादयः। सर्पास्ततोऽपकृष्टा अलगर्दादयः। सुपर्णा गरुडादयः। पितॄणामाज्यपादीनां गणः समूहः। एषां च भेद इतिहासादिप्रसिद्धो नाध्यक्षदिगोचरः ॥३७॥

[And] *Yakṣas, Rākṣas, Piśāchas, Gandharvas, Apsaras, Asuras, Nāgas, serpents, birds* (such as *Garuḍa*) and the several classes of *Pitṛs*. (37)

विद्युतोऽशनिमेघांश्च रोहितेन्द्रधनूंषि च।
उल्कानिर्घातकेतूंश्च ज्योतींष्युच्चावचानि च॥३८॥

मुक्ता०:—मेघेषु दृश्यं दीर्घाकारं ज्योतिर्विद्युत्। मेघादेव यज्ज्योतिर्वृक्षादिविनाशकं तदशनिः। मेघाः प्रसिद्धाः। रोहितं दण्डाकारम्। नानावर्णं दिवि दृश्यते यज्ज्योतिस्तदेव

वक्रमिन्द्रधनुः। उल्का रेखाकारमन्तरिक्षात्पतज्ज्योतिः। निर्घातो भूम्यन्तरिक्षगत उत्पातध्वनिः। केतवः शिखावन्ति ज्योतींषि उत्पातरूपाणि। अन्यानि ज्योतींषि ध्रुवागस्त्यादीनि नानाप्रकाराणि ॥३८॥

Lightnings, thunders, *clouds,* shafts of varied coloured light, *rainbows*, falling meteors, meteoric claps or reports, luminous bodies with trailing banners of light and other luminous bodies. (38)

किन्नरान्वानरान्मत्स्यान्विविधांश्च विहङ्गमान्।
पशून्मृगान्मनुष्यांश्च व्यालांश्चोभयतोदतः॥३९॥

मुक्ता०:—किन्नरा अश्वमुखा देवयोनयो नरविग्रहाः। वानराःप्रसिद्धा। मत्स्या रोहितादयः। विहङ्गमाः पक्षिणः। पशवो गवाद्याः। मृगा हरिणाद्याः। व्यालाः सिंहाद्याः। उभयतोदतः द्वे दन्तपङ्क्ती येषां उत्तराधरे भवतः ॥३९॥

Kinnaras, monkeys, fish, various species of birds, beasts, *deer,* men, and beasts with two rows of *teeth.* (39)

कृमिकीटपतङ्गांश्च यूकामक्षिकमत्कुणम्।
सर्वं च दंशमशकं स्थावरं च पृथग्विधम्॥४०॥

मुक्ता०:—कीटाः कृमिभ्यः किंचित्स्थूलाः। पतङ्गाः शलभाः। यूकादयः प्रसिद्धाः। "क्षुद्रजन्तवः" (पा.सू. २।४।८) इत्यनेन एकवद्भावः। स्थावरं वृक्षलतादिभेदेन विविधप्रकारम् ॥४०॥

Insects, worms, flees, lice, parasites, all kinds of gnats and stinging flies, and the different kind of trees and climbing plants. (40)

एवमेतैरिदं सर्वं मन्नियोगान्महात्मभिः।
यथाकर्म तपोयोगात्सृष्टं स्थावरजङ्गमम्॥४१॥

मुक्ता०:—एवमित्युक्तप्रकारेण एतैर्मरीच्यादिभिरिदं सर्वं स्थावरजङ्गमं सृष्टम्। यथाकर्म यस्य जन्तोर्यादृशं कर्म तदनुरूपम्। तस्य देवमनुष्यतिर्यगादियोनिषूत्पादनं मन्नियोगान्मदाज्ञया। तपोयोगान्महत्तपः कृत्वा। सर्वमैश्वर्यं तपोधीनमिति दर्शितम् ॥४१॥

Thus these (*Manus*), through the merits of the *Tapas* they has practised, and in conformity with my ordination, created all the mobile and immobile things, each in the womb, best suited to it in consideration of the mission of its life. (41)

येषां तु यादृशं कर्म भूतानामिह कीर्तितम्।
तत्तथा वोऽभिधास्यामि क्रमयोगं च जन्मनि॥४२॥

मुक्ता०:–येषां पुनर्यादृशं कर्म इह संसारे पूर्वाचार्यैः कथितम्। यथा "ओषध्यः फलपाकान्ता बहुपुष्पफलोपगाः"(अ.१ श्लो.४६) ब्राह्मणादीनां चाध्ययनादिकर्मं तत्तथैव वो युष्माकं वक्ष्यामि। जन्मादिक्रमयोगं च ॥४२॥

Now I shall relate to you the work and the nature of origin of each of these creatures, as narrated (by the masters of old). (42)

पशवश्च मृगाश्चैव व्यालाश्चोभयतोदतः।
रक्षांसि च पिशाचाश्च मनुष्याश्च जरायुजाः॥४३॥

मुक्ता०:–जरायुर्गर्भावरणचर्म तत्र मनुष्यादयः प्रादुर्भवन्ति पश्चान्मुक्ता जायन्ते। एषामेव जन्मक्रमः प्रागुक्तो विवृतः। दन्तशब्दसमानार्थो दच्छब्दः प्रकृत्यन्तरमस्ति तस्येदं प्रथमाबहुवचने रूपमुभयतोदत इति ॥४३॥

Quadrupeds, deer, wild beasts, those provided with two rows of teeth, *Rākṣasas, Piśācas* and men, who are *viviparous* (placental) in their origin. (43)

अण्डजाः पक्षिणः सर्पा नक्रा मत्स्याश्च कच्छपाः।
यानि चैवं प्रकाराणि स्थलजान्यौदकानि च॥४४॥

मुक्ता०:–अण्ड आदौ संभवन्ति ततो जायन्त इति एषां जन्मक्रमः। नक्राः कुम्भीराः। स्थलजानि कृकलासादीनि। औदकानि शङ्खादीनि ॥४४॥

All birds, serpents, alligators, turtles, and fish and their like, whether amphibious or aquatic in their habits are oviparous. (44)

स्वेदजं दंशमशकां यूकामक्षिकमत्कुणम्।
ऊष्मणश्चोपजायन्ते यच्चान्यत्किंचिदीदृशम्॥४५॥

मुक्ता०:–स्वेदः पार्थिवद्रव्याणां तापेन क्लेदः ततो दंशमशकादिर्जायते। ऊष्मणश्च स्वेदहेतुतापादपि अन्यद्दंशादिसदृशं पुत्तिकापिपीलिकादि जायते ॥४५॥

Gnats, mosquitos, lice, flies, and such other insects, which originate from heat (decomposed matter) are called Svedaja. (45)

उद्भिज्जाः स्थावराः सर्वे बीजकाण्डप्ररोहिणः।
ओषध्यः फलापाकान्ता बहुपुष्पफलोपगाः॥४६॥

मुक्ता०:—उद्‌भेदनमुद्भित्। भावे क्विप्। ततो जायन्ते ऊर्ध्वं बीजं भूमिं च भित्त्वेत्युद्भिज्जा वृक्षाः ते च द्विधा। केचितद्बीजादेव जायन्ते। केचित्काण्डात् शाखा एव रोपिता वृक्षतां यान्ति। इदानीं येषां यादृशं कर्म तदुच्यते-ओषध्य इति ।। ओषध्यो व्रीहियावदयः फलपाकेनैव नश्यन्ति बहुपुष्पफलयुक्ताश्च भवन्ति। ओषधिशब्दादेव "कृदिकारादक्तिनः" इति ङीपि दीर्घत्वे ओषध्य इति रूपम् ।।४६।।

All vegetables, which sprout from seeds or graftings, are called *Udbhit* (lit. busting out of the earth), while those (plants), which die as their fruit (corns) are ripe and bear a large number of flowers and ears, are called *Oṣadhis* (cereals). (46)

अपुष्पाः फलवन्तो ये ते वनस्पतयः स्मृताः।
पुष्पिणः फलिनश्चैव वृक्षास्तूभयतः स्मृताः।।४७।।

मुक्ता०:—नास्य श्लोकस्याभिधानकोशवत्संज्ञासंज्ञिसंबन्धपरत्वमप्रकृतत्वात् किंतु "क्रमयोगं च जन्मनि" (अ.१ श्लो.४२) इति प्रकृतं तदर्थमिदमुच्यते। ये वनस्पतयस्तेषां पुष्पमन्तरेणैव फलजन्म, इतरेभ्यस्तु पुष्पाणि जायन्ते तेभ्यः फलानीति। एवं वृक्षा उभयरूपाः। प्रथमान्तात्तसिः ।।४७।।

Those trees, which bear fruit without blossoming, are called *Vanaspatis*, while those which bear both fruits and flowers are called *Vṛkṣas*. (47)

गुच्छगुल्मं तु विविधं तथैव तृणजातयः।
बीजकाण्डरुहाण्येव प्रताना वल्ल्य एव च।।४८।।

मुक्ता०:—मूलत एव यत्र लतासमूहो भवति न च प्रकाण्डानि ते गुच्छा मल्लिकादयः। गुल्मा एकमूलाः संघातजाताः शरेक्षुप्रभृतयः। तृणजातय उलपाद्याः। प्रतानास्तन्तुयुक्तास्त्रपुबालाबूप्रभृतयः। वल्ल्यो गुडूच्यादयः या भूमेर्वृक्षमारोहन्ति। एतान्यपि बीजकाण्डरुहाणि। "नपुंसकमनपुंसकेनैकवच्चास्यान्यतरस्याम्" (पा.सू. १।२।६९) इति नपुंसकत्वम् ।।४८।।

There are various kinds of shrubs and bushy *plants*, and various kinds of weeds and grass, creepers and trailing plants, some of which grow from seeds and others from grafts. (48)

तमसा बहुरूपेण वेष्टिताः कर्महेतुना।
अन्तःसंज्ञा भवन्त्येते सुखदुःखसमन्विताः।।४९।।

मुक्ता०:—एते वृक्षादयस्तमोगुणेन विचित्रदु:खफलेनाधर्मकर्महेतुकेन व्याप्ता अन्त:चैतन्या भवन्ति। यद्यपि सर्वे चान्तरेव चेतयन्ते तथापि बहिर्व्यापारादिकार्यविरहात्तथा व्यपदिश्यन्ते। त्रिगुणारब्धत्वेऽपि चैषां तमोगुणबाहुल्यात्तथा व्यपदेश:। अतएव सुखदु:खसमन्विता:। सत्त्वस्यापि भावात्कदाचित्सुखलेशोऽपि जलधरजनितजलसंपर्कादेषां जायते ॥४९॥

Variously enshrouded by the quality of *Tamas*, (ignorance, or Non-consciousness) the effects of their own acts, they retain their consciousness inward, susceptible to pleasure and pain. (49)

एतदन्तास्तु गतयो ब्रह्माद्याः समुदाहृता:।
घोरेऽस्मिन्भूतसंसारे नित्यं सततयायिनि॥५०॥

मुक्ता०:—स्थावरपर्यन्ता ब्रह्मोपक्रमा गतय उत्पत्तय: कथिता:। भूतानां क्षेत्रज्ञानां जन्ममरणप्रबन्धे दु:खबहुलतया भीषणे सदा विनश्वरे ॥५०॥

Thus (I have) related the origin of all forms of existence from *Brahmā* downward, which occur in this miserable world of constant change, tossing with its waves of birth and death. (50)

इत्थं सर्गमभिधाय प्रलयदशामाह—

एवं सर्वं स सृष्ट्वेदं मां चाचिन्त्यपराक्रमः।
आत्मन्यन्तर्दधे भूयः कालं कालने पीडयन्॥५१॥

मुक्ता०:—एवं उक्तप्रकारेण। इदं सर्वं स्थावरजङ्गमं जगत्सृष्ट्वा स-प्रजापतिरचिन्त्यशक्तिरात्मनि शरीरत्यागरूपमन्तर्धानं कृतवान्। सृष्टिकालं प्रलयकालेन नाशयन्प्राणिनां कर्मवशेन पुन: पुन: सर्गप्रलयान्करोतीत्यर्थ: ॥५१॥

Having thus created me and all (the universe), He of imponderable prowess vanished in Himself, by oppressing (destroying) the time of evolution with the time of dissolution.(51)

अत्र हेतुमाह—

यदा स देवो जागर्ति तदेदं चेष्टते जगत्।
यदा स्वपिति शान्तात्मा तदा सर्वं निमीलति॥५२॥

मुक्ता०:—यदा स प्रजापतिर्जागर्ति सृष्टिस्थिती इच्छति तदेदं जगत् श्वासप्रश्वासाहारादिचेष्टां लभते। यदा स्वपिति निवृत्तेच्छो भवति शान्तात्मा उपसंहारमनास्तदेदं जगत्प्रलीयते ॥५२॥

When that effulgent Being awakes, the universe is animated; when He of reposeful mind sleeps, the universe is folded up (vanishes). (52)

पूर्वोक्तमेव स्पष्टयति–

तस्मिन्स्वपति तु स्वस्थे कर्मात्मानः शरीरिणः।

स्वकर्मभ्यो निवर्त्तन्ते मनश्च ग्लानिमृच्छति॥५३॥

मुक्ता०:–तस्मिन्प्रजापतौ निवृत्तेच्छे सुस्थे उपसंहतदेहमनोव्यापारे कर्मलब्धदेहाः क्षेत्रज्ञाः स्वकर्मभ्यो देहग्रहणादिभ्यो निवर्तन्ते। मनः सर्वेन्द्रियसहितं वृत्तिरहितं भवति ॥५३॥

When he reposes in himself, the self-conscious, embodied selves, with their bodies, the fruits of their acts, cease their respective and the mind, divested of its functions, reposes languid. (53)

इदानीं महाप्रलयमाह–

युगपत्तु प्रलीयन्ते यदा तस्मिन्महात्मनि।

तदाऽयं सर्वभूतात्मा सुखं स्वपिति निर्वृतः॥५४॥

मुक्ता०:–एकस्मिन्नेव काले यदा तस्मिन्परमात्मनि सर्वभूतानि प्रलयं यान्ति तदायं सर्वभूतानामात्मा निर्वृतः निवृत्तजाग्रत्स्वप्नव्यापारः सुखं स्वपिति सुषुप्त इव भवति। यद्यपि नित्यज्ञानानन्दस्वरूपे परमात्मनि न सुष्वापस्तथापि जीवधर्मोऽयमुपचर्यते ॥५४॥

When the all (whole universe) is simultaneously merged in it, then this universal spirit, divested of all its works, happily sleeps the dreamless sleeps. (54)

इदानीं प्रलयप्रसंगेन जीवस्योत्क्रमणमपि श्लोकद्वयेनाह–

तमोऽयं तु समाश्रित्य चिरं तिष्ठति सेन्द्रियः।

न च स्वं कुरुते कर्म तदोत्क्रामति मूर्तितः॥५५॥

मुक्ता०:–अयं जीवस्तमो ज्ञाननिवृत्तिं प्राप्य बहुकालमिन्द्रियादिसहितस्तिष्ठति। न चात्मीयं कर्म श्वावसप्रश्वासादिकं करोति तदा मूर्तितः पूर्वदेहादुत्क्रामति अन्यत्र गच्छति। लिङ्गशरीरावच्छिन्नस्य जीवस्य उद्गमात्तद्गमनमप्युपपद्यते। तथाचोक्तं बृहदारण्यके- "तमुत्क्रामन्तं प्राणोऽनूत्क्रामति। प्राणमनूत्क्रमन्तं सर्वे प्राणा अनूत्क्रामन्ति" (४।४।२)। प्राणा इन्द्रियाणि ॥५५॥

The individualised Self, with its senses, long continues in a state of unconsciousness, ceases to perform any act, then it passes over from its former body in its true appearance. (55)

कदा देहान्तरं गृह्णातीत्याह–

यदाणुमात्रिको भूत्वा बीजं स्थास्नु चरिष्णु च।
समाविशति संसृष्टस्तदा मूर्ति विमुञ्चति॥५६॥

मुक्ता०:–अणवो मात्राः पुर्यष्टकरूपा यस्य सोऽणुमात्रिकः। पुर्यष्टकशब्देन भूतादीन्यष्टावुच्यन्ते। तदुक्तं सनन्देन–"भूतेन्द्रियमनोबुद्धिवासनाकर्मवायवः। अविद्या चाष्टकं प्रोक्तं पुर्यष्टमृषिसत्तमैः॥" ब्रह्मपुराणेऽप्युक्तम्–"पुर्यष्टकेन लिङ्गेन प्राणाद्येन स युज्यते। तेन बद्धस्य वै बन्धो मोक्षो मुक्तस्य तेन तु॥" यदाणुमात्रिको भूत्वा संपद्य स्थास्तु वृक्षादिहेतुभूतं, चरिष्णु मानुषादिकारणं बीजं प्रविशत्यधितिष्ठति तदा संसृष्टः पुर्यष्टक युक्तो मूर्तिं स्थूलदेहान्तरं कर्मानुरूपं विमुञ्चति गृह्णाति ॥५६॥

When being extremely attenuated (subtile) in form, the individual self (Jīva), in combination with the (eight categories), enters into the seed of a mobile or immobile being, then it is said to assume a gross form. (56)

प्रासंगिकं जीवस्योत्क्रमणमभिधाय प्रकृतमुसंहरति–

एवं स जाग्रत्स्वप्नाभ्यामिदं सर्वं चराचरम्।
संजीवयति चाजस्त्रं प्रमापयति चाव्ययः॥५७॥

मुक्ता०:–प्रासङ्गिकं जीवस्योत्क्रमणमभिधाय प्रकृतमुपसंहरति–

स ब्रह्मा अनेन प्रकारेण स्वीयजाग्रत्स्वप्नाभ्यामिदं स्थावरजङ्गमं संजीवयति मारयति च। अजस्त्रं सततम्। स अव्ययः अविनाशी ॥५७॥

And thus he (Brahmā) though himself deathless, by his wakening and sleep, is constantly vitalising and killing all the mobile and immobile (creatures). (57)

इदं शास्त्रं तु कृत्वाऽसौ मामेव स्वयमादितः।
विधिवद् ग्राहयामास मरीच्यादींस्त्वहं मुनीन्॥५८॥

मुक्ता०:–असौ ब्रह्मा इदं शास्त्रं कृत्वा सृष्ट्यादौ मामेव विधिवच्छास्त्राक्ताङ्ग-

जातानुष्ठानेनाध्यापितवान्। अहं तु मरीच्यादीनध्यापितवान्।। ननु ब्रह्मकृतत्वेऽस्य शास्त्रस्य कथं मानवव्यपदेशः। अत्र मेधातिथिः-शास्त्रशब्देन शास्त्रार्थो विधिनिषेधसमूह उच्यते। तं ब्रह्मा मनुं ग्राहयामास। मनुस्तु तत्प्रतिपादकं ग्रन्थं कृतवानिति न विरोधः। अन्ये तु ब्रह्मकृतत्वेऽप्यस्य मनुना प्रथमं मरीच्यादिभ्यः स्वरूपतोऽर्थतश्च प्रकाशितत्वानन्मानवव्यपदेशः वेदापौरुषेयत्वेऽपि काठकादिव्यपदेशवत्। इदं तूच्यते। ब्रह्मणा शतसाहस्रमिदं धर्मशास्त्रं कृत्वा मनुरध्यापित आसीत्ततस्तेन च स्ववचनेन संक्षिप्य शिष्येभ्यः प्रतिपादितमित्यविरोधः। तथाच नारदः "शतसाहस्रोऽयं ग्रन्थ" इति स्मरति स्म ।।५८।।

Having framed this, (code) at the beginning of creation, he (*Brahmā*) taught it to me in conformity with the *rites* laid down in the *Śāstras*; and I, in my turn, communicated it to *Marici* and other Munis. (58)

एतद्वोऽयं भृगुः शास्त्रं श्रावयिष्यत्यशेषतः।
एतद्धि मत्तोऽधिजगे सर्वमेषोऽखिलं मुनिः।।५९।।

मुक्ता०:—एतच्छास्त्रमयं भृगुः युष्माकमखिलं कथयिष्यति। यस्मादेषोऽशेषमेतन्मत्तोऽधीतवान् ।।५९।।

This sage *Bhṛgu* will narrate to you the code, inasmuch as he has learnt it in entirety from my own self. (59)

ततस्तथा स तेनोक्तो महर्षिर्मनुना भृगुः।
तानब्रवीदृषीन्सर्वान्प्रीतात्मा श्रूयतामिति।।६०।।

मुक्ता०:—स भृगुर्मनुना तथोक्तोऽयं श्रावयिष्यतीति यस्मादेषोऽधिजग इत्युक्तस्ततोऽनन्तरमनेकमुनिसंनिधौ गुरुसंभावनया प्रीतमनास्तानृषीन्प्रत्युवाच श्रूयतामिति ।।६०।।

Having been thus commanded by him (*Manu*), the great sage *Bhṛgu* complacently told then all, hear, O ye *Ṛṣis*. (60)

स्वायंभुवस्यास्य मनोः षड्वंश्या मनवोऽपरे।
सृष्टवन्तः प्रजाः स्वाः स्वा महात्मानो महौजसः।।६१।।

मुक्ता०:—ब्रह्मपुत्रस्यास्य मनोः षड्वंशप्रभवा अन्ये मनवः। एवं कार्यकारिणः स्वस्वकाले सृष्टिपालनादावधिकृताः स्वाः स्वाः प्रजा उत्पादितवन्तः ।।६१।।

In the line of this *Manu,* the son of the self-begotten one (Brahmā), six other Manus were born; those magnanimous Manus of great prowess procreated their respective progenies. (61)

स्वारोचिषश्चोत्तमश्च तामसो रैवतस्तथा।

चाक्षुषश्च महातेजा विवस्वत्सुत एव च॥६२॥

मुक्ता०:—एते भेदेन मनवः षट् नामतो निर्दिष्टाः ॥६२॥

Svarociṣa, Auttami, Tāmasa, Raivata, Cākṣusa of great energy and the son of *Vivasvān* (Vaivasvat) (these are the six *Manus*). (62)

स्वायंभुवाद्याः सप्तैते मनवो भूरितेजसः।

स्वे स्वेऽन्तरे सर्वमिदमुत्पाद्यापुश्चराचरम्॥६३॥

मुक्ता०:—स्वायंभुवमुखाः सप्तामी मनवः स्वीयस्वीयाधिकारकाले इदं स्थावरजङ्गममुत्पाद्य पालितवन्तः ॥६३॥

These seven *Manus* of great prowess, beginning with Svayaṁbhuva, in their respective cycles, created all this universe (lit.) mobile and immobile things). (63)

इदानीमुक्तमन्वन्तरसृष्टिप्रलयादिकालपरिमाणपरिज्ञानायाह—

निमेषा दश चाष्टौ च काष्ठा त्रिंशत्तु ताः कला।

त्रिंशत्कला मुहूर्त्तः स्यादहोरात्रं तु तावतः॥६४॥

मुक्ता०:—अक्षिपक्ष्मणोः स्वाभाविकस्य उन्मेषस्य सहकारी निमेषः। तेऽष्टादश काष्ठा नाम कालः त्रिंशञ्च काष्ठाः कलासंज्ञकः। त्रिंशत्कलाः मुहूर्ताख्यः कालः। तावन्त्रिंशन्मुर्हूतान् अहोरात्रं कालं विद्यात्। तावत इति द्वितीयानिर्देशाद्विद्यादित्यध्याहारः ॥६४॥

Eighteen *Nimeṣas* (twinkles of the eye) make one *Kāṣṭhā,* thirty *Kāṣṭhās,* make one *Kalā,* thirty *Kalās* make one *Muhūta* (forty-eight minutes), and thirty *Muhūrtas* make one day and night. (64)

अहोरात्रे विभजते सूर्यो मानुषदैविके।

रात्रिः स्वप्नाय भूतानां चेष्टायै कर्मणामहः॥६५॥

मुक्ता०:—मानुषदैवसंबन्धिनौ दिनरात्रिकालावादित्यः पृथक्करोति। तयोर्मध्ये भूतानां स्वप्नार्थं रात्रिर्भवति, कर्मानुष्ठानार्थं च दिनम् ॥६५॥

The sun divided the day and night of the *Devas* and men. The night is for the sleep of creatures, and the day is for the perfomance of works. (65)

पित्र्ये रात्र्यहनी मासः प्रविभागस्तु पक्षयोः।

कर्मचेष्टास्वहः कृष्णः शुक्लः स्वप्नाय शर्वरी॥६६॥

मुक्ता०:—मानुषाणां मासः पितृणामहोरात्रे भवतः। तत्र पक्षद्वयेन विभागः। कर्मानुष्ठानाय पूर्वपक्षोऽहः। स्वापार्थं शुक्लपक्षो रात्रिः ॥६६॥

One month of men makes one day and night of the *Pitṛs,* each fortnight of men being equal to a day or a night of theirs. The dark fortnight of men is the working time (day) of the *Pitṛs*, the light fortnight is the time for their sleep (night of the manes). (66)

दैवे रात्र्यहनी वर्षं प्रविभागस्तयोः पुनः।

अहस्तत्रोदगयनं रात्रिः स्याद्दक्षिणायनम्॥६७॥

मुक्ता०:—मानुषाणां वर्षं देवानो रात्रिदिने भवतः। तयोरप्ययं विभागः। नराणामुदगयनं देवानामहः। तत्र प्रायेण दैवकर्मणामनुष्ठानं। दक्षिणायनं तु रात्रिः ॥६७॥

One full year of men makes one day and night of the Devas. The Northern solstice is their day, the Southern Solstice is their night. (67)

ब्राह्मस्य तु क्षपाहस्य यत्प्रमाणं समासतः।

एकैकशो युगानां तु क्रमशस्तन्निबोधत॥६८॥

मुक्ता०:—ब्रह्मणोऽहोरात्रस्य यत्परिमाणं प्रत्येक युगानां च कृतादीनां तत्क्रमेण समासतः संक्षेपतः शृणुत। प्रकृतेऽपि कालविभागे यद्ब्रह्मणोऽहोरात्रस्य पृथक् प्रतिज्ञानं तत्तदीयज्ञानस्य पुण्यफलज्ञानार्थम्। वक्ष्यति च "ब्राह्मं पुण्यमहर्विदुः" (अ. १ श्लो.७३) इति। तद्वेदनात्पुण्यं भवतीत्यर्थः ॥६८॥

The duration of one day and night of *Brahmā,* as well as that of each cycle of time such as the *Satyam,* etc., now hear me briefly narrate in succession. (68)

चत्वार्याहुः सहस्राणि वर्षाणां तत्कृतं युगम्।

तस्य तावच्छती संध्या संध्यांशश्च तथाविधः॥६९॥

मुक्ता०:—चत्वारि वर्षसहस्राणि कृतयुगकालं मन्वादयो वदन्ति। तस्य तावद्वर्षशतानि संध्या संध्यांशश्च भवति। युगस्य पूर्वा संध्या उत्तरश्च संध्यांशः। तदुक्तं विष्णुपुराणे-"तत्प्रमाणैः शतैः संध्या पूर्वा तत्राभिधीयते। संध्यांशकश्च तत्तुल्यो

युगस्यानन्तरो हि यः।। संध्यासंध्यांशयोरन्तर्यः कालो मुनिसत्तम। युगाख्यःस तु विज्ञेयः कृतत्रेतादिसंज्ञकः।" वर्षसंख्या चेयं दिव्यमानेन तस्यैवानन्तरप्रकृतत्वात्। "दिव्यैर्वर्ष सहस्रैस्तु कृतत्रेतादिसंज्ञितम्। चतुर्युगं द्वादशभिस्तद्विभागं निबोध मे।।" इति विष्णुपुराणवचनाच्च ।।६९।।

The *Kṛta* yuga consists of four thousand years (of the Devas); four hundred such years form the *Sandhyā* (dawn) of that cycle, and four hundred such years form its *Sandhyāṁśa* (eve). (69)

इतरेषु संसध्येषु संसध्यांशेषु च त्रिषु।
एकापायेन वर्तन्ते सहस्राणि शतानि च।।७०।।

मुक्ता०:—अन्येषु त्रेताद्वापरकलियुगेषु संध्यासंध्यांशसहितेषु एकहान्या सहस्राणि शतानि च भवन्ति। तेनैवं संपद्यते। त्रीणि वर्षसहस्राणि त्रेतायुगं, तस्य त्रीणि वर्षशतानि संध्या संध्यांशश्च। एवं द्वे वर्षसहस्रे द्वापरः, तस्य द्वे वर्षशते संध्या संध्यांशश्च। एवं वर्षसहस्रं कलिः, तस्यैकवर्षशतं संध्या संध्यांशश्च ।।७०।।

Of the remaining *yugas,* the duration of each succeeding yuga and its *Sandhyā* and *Sandhydāṁśa*, are respectively less than those of its predecessor by one thousand and one hundred years. (70)

यदेतत्परिसंख्यातमादावेव चतुर्युगम्।
एतद्द्वादशसाहस्रं देवानां युगमुच्यते।।७१।।

मुक्ता०:—एतस्य श्लोकस्यादौ यदेतन्मानुषं चतुर्युगं परिगणितं एतद्देवानां युगमुच्यते। चतुर्युगशब्देन संध्यासंध्यांशयोरप्राप्तिशङ्कायामाह- एतद् द्वादशसाहस्रमिति। स्वार्थेऽण्। चतुर्युगैरेव द्वादशसंख्यैर्दिव्यं युगमिति तु मेधातिथेर्भ्रमो नादर्तव्यः। मनुनानन्तरं दिव्ययुगसहस्रेण ब्रह्माहस्याप्यभिधानात्। विष्णुपुराणे च मानुषचतुर्युगसहस्रेण ब्रह्माहकीर्तनान्मानुषचतुर्युगेनैव दिव्ययुगानुगमनात्। तथाच विष्णुपुराणम् "कृतं त्रेता द्वापरंच कलिश्चेति चतुर्युगम्। प्रोच्यते तत्सहस्रं तु ब्रह्मणो दिवसो मुने" ।।७१।।

Twelve thousands of such four *Yugas*, as computed before in their order of enumeration, count as one Yuga of the Devas. (71)

दैविकानां युगानां तु सहस्रं परिसंख्यया।
ब्राह्ममेकमहर्ज्ञेयं तावतीं रात्रिमेव च।।७२।।

मुक्ता०:—देवयुगानां सहस्रं ब्राह्मं दिनं ज्ञातव्यम्। सहस्रमेव रात्रिः। परिसंख्ययेति श्लोकपूरणोऽर्थानुवादः ।।७२।।

A thousand yugas of the *Devas* count as one day of *Brahmā* and his night is of a similar duration. (72)

तद्वै युगसहस्रान्तं ब्राह्मं पुण्यमहर्विदुः।
रात्रिं च तावतीमेव तेऽहोरात्रविदो जनाः॥७३॥

मुक्ता०:—युगसहस्रेणान्तः समाप्तिर्यस्य तद्ब्राह्ममहस्तत्परिमाणां च रात्रिं ये जानन्ति तेऽहोरात्रज्ञा इति स्तुतिरियम्। स्तुत्या च ब्राह्ममहोरात्रं ज्ञातव्यमिति विधिः परिकल्प्यते। अत एतत्पुण्यहेतुत्त्वापुण्यमिति विशेषणं कृतम् ॥७३॥

[The wise], who know such a thousand *yugas* to be a day of *Brahmā* and another such a thousand yugas to be his night, are called the knowers of true day and night. (73)

तस्य सोऽहर्निशस्यान्ते प्रसुप्तः प्रतिबुध्यते।
प्रतिबुद्धश्च सृजति मनः सदसदात्मकम्॥७४॥

मुक्ता०:—स ब्रह्मा तस्य पूर्वोक्तस्य स्वीयाहोरात्रस्य समाप्तौ प्रतिबुद्धो भवति प्रतिबुद्धश्च स्वीयं मनः सृजति भूर्लोकादित्रयसृष्ट्ये नियुङ्क्ते न तु जनयति। तस्य महाप्रलयान्तरं जातत्वादनष्टत्वाच्च। अवान्तरप्रलये भूर्लोकादित्रयमात्रनाशात्सृष्ट्यर्थं मनोनियुक्तिरेव मनः सृष्टिः। तथाच पुराणे श्रूयते "मनः सिसृक्षया युक्तं सर्गाय निदधे पुनः" इति। अथवा मनः शब्दोऽयं महत्तत्त्वपर एव। यद्यपि तन्महाप्रलयानन्तरमुत्पन्नं, महान्तमेव चेत्यादिना सृष्टिरपि तस्योक्ता तथाप्यनुक्तं भूतानामुत्पत्तिक्रमं तद्गुणांश्च कथयितुं महाप्रलयानन्तरितामेव महदादिसृष्टिं भूतसृष्टिं च हिरण्यगर्भस्यापि परमार्थत्वात्तत्कर्तृतामनुवदति। एतेनेदमुक्तं भवति। ब्रह्मा महाप्रलयानन्तरितसृष्ट्यादौ परमात्मरूपेण महदादितत्त्वानि जगत्सृष्ट्यर्थं सृजति। अतएव शेषे वक्ष्यति" "इत्येषा सृष्टिरादितः" (अ.१७८) इति अवान्तरप्रलयानन्तरं तु मनःप्रभृतिसृष्टावभिधानक्रमेणैव प्राथम्यप्राप्तिरित्येषा सृष्टिरादित इति निष्प्रयोजनोऽनुवादः स्यात् ॥७४॥

At the expiry of his day and night, he wakes up from his sleep, and awake, creates the mind, which partakes of the nature of both the real and the phenomenal. (74)

मनः सृष्टिं विकुरुते चोद्यमानं सिसृक्षया।
आकाशं जायते तस्मात्तस्य शब्दं गुणं विदुः॥७५॥

मुक्ता०:—मनो महान् सृष्टिं करोति परमात्मनःस्त्रष्टुमिच्छया प्रेर्यमाणं तस्मादाकाशमुत्पद्यते। च पूर्वोक्तानुसारादहंकारतन्मात्रक्रमेणाकाशस्य शब्दं गुणं विदुर्मन्वादयः॥७५॥

Impelled by (its) desire of creation, the mind (or *Mahat,* creates (begins the work of creation), and the *Ākāśa* (ether) is created thereform (in the order described before) whose property is sound. (75)

आकाशात्तु विकुर्वाणात्सर्वगन्धवहः शुचिः।
बलवाञ्जायते वायुः स वै स्पर्शगुणो मतः॥७६॥

मुक्ता०:—आकाशात्तु विकारजनकात्सुरभ्यसुरभिगन्धवहःपवित्रो बलबांश्च वायुरुत्पद्यते। स च स्पर्शाख्यगुणवान्मन्वादीनां संमतः ॥७६॥

From the modification of the ether is born the pure, mighty air, the carrier of all kinds of smell, and whose property is touch. (76)

वायोरपि विकुर्वाणाद्विरोचिष्णु तमोनुदम्।
ज्योतिरुत्पद्यते भास्वत्तद्रूपगुणमुच्यते॥७७॥

मुक्ता०:—वायोरपि तेज उत्पद्यते। विरोचिष्णु परप्रकाशकं तमोनाशनं भास्वत्प्रकाशकम्। तच्च गुणरूपमभिधीयते ॥७७॥

From the modification of the air is born the illuminant, gloom-dispelling, effulgent light, whose property is sight. (77)

ज्योतिषश्च विकुर्वाणादापो रसगुणाः स्मृताः।
अद्भ्यो गन्धगुणा भूमिरित्येषा सृष्टिरादितः॥७८॥

मुक्ता०:—तेजस आप उत्पद्यन्ते। ताश्च रसगुणयुक्ता अद्भ्यो गन्धगुणयुक्ता भूमिरित्येषा महाप्रलयान्तरसृष्ट्यादौ भूतसृष्टिः। तैरेव भूतैरवान्तरप्रलयानन्तरमपि भूरादिलोकत्रयनिर्माणम् ॥७८॥

From the modification of light (heat) was born the water, whose property is taste, (and) from the water was born the Earth whose property is smell. This was the creation at the outset. (78)

यत्प्राग्द्वादशसाहस्रमुदितं दैविकं युगम्।
तदेकसप्ततिगुणं मन्वन्तरमिहोच्यते॥७९॥

मुक्ता०:—यत्पूर्वं द्वादशवर्षसहस्रपरिमाणं संध्यासंध्यांशसंहितं मनुष्याणां चतुर्युगं देवानामेकं युगमुक्तं तदेकसप्ततिगुणितं मन्वन्तराख्यः काल इह शास्त्रेऽभिधीयते। तत्रैकस्य मनोः सर्गाद्यधिकारः ॥७९॥

Seventy one of such Divine yugas, each consisting of twelve thousand years as mentioned before, constitute the period of a Manvantara (the ruling time of a Manu). (79)

मन्वन्तराण्यसंख्यानि सर्गः संहार एव च।
क्रीडन्निवैतत्कुरुते परमेष्ठी पुनः पुनः॥८०॥

मुक्ता०:—यद्यपि चतुर्दशमन्वन्तराणि पुराणेषु परिगण्यन्ते, तथापि सर्गप्रलयानामानन्त्यादसंख्यानि। आवृत्त्या सर्गः संहारश्चासंख्यः। एतत्सर्वं क्रीडन्निव प्रजापतिः पुनः पुनः कुरुते। सुखार्था हि प्रवृत्तिः क्रीडा। तस्य चाप्तकामत्वान्न सुखार्थितेति इवशब्दः प्रयुक्तः। परमे स्थानेऽनावृतलक्षणे तिष्ठतीति परमेष्ठी। प्रयोजनं विना परमात्मनः सृष्ट्या कथं प्रवृत्तिरिति चेल्लीलयैव एवं स्वभावत्वादित्यर्थः। व्याख्यातुरिव करताडनादौ। तथाच शारीरसूत्रं-"लोकवत्तु लीलाकैवल्यम्" (२।१।३३)॥८०॥

Innumerable such Manvantaras, innumerable creations and dissolutions of the universe, the Supreme Being makes out of sport. (80)

चतुष्पात्सकलो धर्मः सत्यं चैव कृते युगे।
नाधर्मेणागमः कश्चिन्मनुष्यान्प्रति वर्त्तते॥८१॥

मुक्ता०:—सत्ययुगे सकलो धर्मश्चतुष्पात्सर्वाङ्गसंपूर्ण आसीत्। धर्मे मुख्यपादासंभवात्। "वृषो हि भगवान्धर्मः" इत्याद्यागमे वृषत्वेन कीर्तनात्तस्य पादचतुष्टयेन संपूर्णत्वात्सत्ययुगेऽपि धर्माणां सर्वैरङ्गैः समग्रत्वात्संपूर्णत्वपरोऽयं चतुष्पाच्छब्दः। अथवा तपः परमित्यत्र मनुनैव तपोज्ञानयज्ञदानानां चतुर्णां कीर्तनात्तस्य पादचतुष्टयेन संपूर्णत्वात्पादत्वेन निरूपिताः सत्युगे समग्रा इत्यर्थः। तथा सत्यं च कृतयुगमासीत्। सकलधर्मश्रेष्ठत्वात्सत्यस्य पृथग्ग्रहणम्। तथा न शास्त्रातिक्रमेण धनविद्यादेरागमउत्पत्तिर्मनुष्यान्प्रति संपद्यते ॥८१॥

Virtue was four footed and *Truth*, in special, was entire in the *Kṛta yuga*. (In that age) men did not earn anything by vicious means. (81)

इतरेष्वागमाद्धर्मः पादशस्त्ववरोपितः।
चौरिकानृतमायाभिर्धर्मश्चापैति पादशः॥८२॥

मुक्ता०:—सत्ययुगादन्येषु त्रेतादिषु आगमादधर्मेण धनविद्यादेरर्जनात्तस्यैव पूर्वश्लोके प्रकृतत्वात्। आगमाद्वेदादिति तु गोविन्दराजो मेधातिथिश्च। धर्मो: यागादिः यथाक्रमं प्रतियुगं पादंपादमवरोपितो हीनः कृतस्तथा धनविद्यार्जितोऽपि यो धर्मः प्रचरति

सोऽपि चौर्यासत्यच्छअभि: प्रतियुगं पादशो ह्रासाद्व्यपगच्छति। त्रेतादियुगै: सह चौरिकानृतच्छद्मनां न यथासंख्यम्। सर्वत्र सर्वेषा दर्शनात् ॥८२॥

In the other *yugas, Virtue*, on account of the foulness of means by which money or knowledge was acquired in them, became successively divested of its one foot in each. On account of theft, untruthfulness and dissimulation, the virtue, which is earned by pursuing an honest profession, successively became less by a quarter (in each yuga). (82)

अरोगा: सर्वसिद्धार्थाश्चतुर्वर्षशतायुष:।

कृते त्रेतादिषु ह्येषामायुर्ह्रसति पादश:॥८३॥

मुक्ता०:—रोगनिमित्ताधर्माभावादरोगा:सर्वसिद्धकाम्यफला: प्रतिबन्धकाधर्माभावाच्चतुर्वर्षशतायुष्ट्वं च स्वाभाविकम्। अधिकायु: प्रापकधर्मवशादधिकायुषोऽपि भवन्ति। तेन "दशवर्षसहस्राणि रामो राज्यमकारयत्" इत्याद्यविरोध:। "शतायुर्वै पुरुष:" इत्यादिश्रुतौ तु शतशब्दो बहुत्वपर: कलिपरो वा। एवंरूपा मनुष्या: कृते भवन्ति। त्रेतादिषु पुन: पादं पादमायुरल्पं भवतीति ॥८३॥

In the *Kṛta yuga* (golden age) men knew no disease, and used to witness the *realisation* of all their desires. The duration of human life was four hundred years. In each of the (three succeeding ages) such as the *Tretā,* etc., the life duration of man respectively became less by a quarter. (83)

वेदोक्तमायुर्मर्त्यानामाशिषश्चैव कर्मणाम्।

फलन्त्यनुयुगं लोके प्रभावश्च शरीरिणाम्॥८४॥

मुक्ता०:—"शतायुर्वै पुरुष:" इत्यादि वेदोक्तमायु:, कर्मणां च काम्यानां फलविषया: प्रार्थना: ब्राह्मणादीनां च शापानुग्रहक्षमत्वादिप्रभावा युगानुरूपेण फलन्ति ॥८४॥

The duration of human life, the fruits of act done by the mortals, and the energies (moral force) of embodied creatures are proportionate (to the ethical forces) of each age. (84)

अन्ये कृतयुगे धर्मास्त्रेतायां द्वापरेऽपरे।

अन्ये कलियुगे नृणां युगह्रासानुरूपत:॥८५॥

मुक्ता०:—कृतेयुगेऽन्ये धर्मा भवन्ति। त्रेतादिष्वपि युगापचयानुरूपेणाधर्मवैलक्षण्यम्॥८५॥

Of one kind is the virtue in the *Kṛta yuga*, different is it in the Tretā. Of one kind is it in the *Dvāpara* and different is it in the *Kali* yuga, successively and proportionately decreasing according (to the spirit of) each age. (85)

तपः परं कृतयुगे त्रेतायां ज्ञानमुच्यते।
द्वापरे यज्ञमेवाहुर्दानमेकं कलौ युगे॥८६॥

मुक्ता०:—यद्यपि तपः प्रभृतीनि सर्वाणि सर्वयुगेष्वनुष्ठेयानि तथापि सत्ययुगे तपः प्रधानं महाफलमिति ज्ञाप्यते। एवमात्मज्ञानं त्रेतायुगे, द्वापरे यज्ञः दानं कलौ ॥८६॥

The practice of *Tapas* (divine contemplation and communion) was the greatest virtue in the age of *Kṛta;* knowledge (of self) was the highest virtue in the age of *Tretā* (the age of three-quarter virtue); performance of religious sacrifices was the highest virtue in the *Dvāpara* (age of two-quarter virtue), and gift-making or charity is the highest virtue in the *Kali yuga*. (86)

सर्वस्यास्य तु सर्गस्य गुप्त्यर्थं स महाद्युतिः।
मुखबाहूरुपज्जानां पृथक्कर्माण्यकल्पयत्॥८७॥

मुक्ता०:—स ब्रह्मा महातेजा अस्य सर्गस्य समग्रस्य "अग्नौ प्रास्ताहुतिः" (अ.३ श्लो.७६) इति न्यायेन रक्षार्थं मुखादिजातानां ब्राह्मणादीनां विभागेन कर्माणि दृष्टादृष्टार्थानि निर्मितवान् ॥८७॥

For the preservation of all this creation, He of great effulgence, laid down separate duties for those originated from his mouth (*Brāhmaṇas*), from His arms (*Kṣatriyas*), from His thighs (*Vaiśyas* and from His legs (*Śūdras*). (87)

अध्यापनमध्ययनं यजनं याजनं तथा।
दानं प्रतिग्रहं चैव ब्राह्मणानामकल्पयत्॥८८॥

मुक्ता०:—अध्यापनादीनामिह सृष्टिप्रकरणे सृष्टिविशेषतयाभिधानं विधिस्तेषामुत्तरत्र भविष्यति। अध्यापनादीनि षट् कर्माणि ब्राह्मणानां कल्पितवान् ॥८८॥

Study (of the vedas), teaching, performance of *sacrifices,* officiating as priests at other men's sacrifices, gift-making and acceptance of gifts are the duties of Brāhmaṇas. (88)

प्रजानां रक्षणं दानमिज्याध्ययनमेव च।
विषयेष्वप्रसक्तिश्च क्षत्रियस्य समासतः॥८९॥

मुक्ता०:—प्रजारक्षणादीनि क्षत्रियस्य कर्माणि कल्पितवान्। विषयेषु गीतनृत्यवनितोपभोगादिष्वप्रसक्तिस्तेषां पुनरनासेवनम्। समासतः संक्षेपेण ॥८९॥

Protection of the people, gift-making, performance of *sacrifices*, study of the *Vedas*, and abstention from luxury are, in general the duties of *Kṣatriyas*. (89)

पशूनां रक्षणं दानमिज्याध्ययनमेव च।
वणिक्पथं कुसीदं च वैश्यस्य कृषिमेव च॥९०॥

मुक्ता०:—पशूनां पालनादीमि वैश्यस्य कल्पितत्वान्। वणिक्पथं स्थलजलादिना वाणिज्यम् कुसीदं वृद्ध्या धनप्रयोगः ॥९०॥

Rearing of cattle (sheep, etc.) gift-making, performance of *sacrifices*, study (of the *Vedas*), merchandise, *money-lending* and *agriculture* are the duties of *Vaiśyas*. (90)

एकमेव तु शूद्रस्य प्रभुः कर्म समादिशत्।
एतेषामेव वर्णानां शुश्रूषामनसूयया॥९१॥

मुक्ता०:—प्रभुर्ब्रह्मा शूद्रस्य ब्राह्मणादिवर्णत्रयपरिचर्यात्मकं कर्म निर्मितवान्। एकमेवेति प्राधान्यप्रदर्शनार्थं। दानादेरपि तस्य विहितत्वात्। अनसूयया गुणानिन्दया ॥९१॥

Only one work did the lord ordain for *Śūdras,* viz, to ungrudgingly serve the three above-said social orders. (91)

इदानीं प्राधान्येन सर्गरक्षार्थत्वाद्ब्राह्मणस्य तदुपक्रमधर्माभिधानत्वाच्चास्य शास्त्रस्य ब्राह्मणस्य स्तुतिमाह—

ऊर्ध्वं नाभेर्मेध्यतरः पुरुषः परिकीर्तितः।
तस्मान्मेध्यतमं त्वस्य मुखमुक्तं स्वयंभुवा॥९२॥

मुक्ता०:—सर्वत एव पुरुषो मेध्यः, नाभेरूर्ध्वमतिशयेन मेध्यः, ततोऽपि सुखमस्य मेध्यतमं ब्रह्मणोक्तम् ॥९२॥

Sacred is the whole person of a man, more sacred is the part of his body, which lies above his navel and most sacred is his face (head); this is what the self origined (*Brahmā*) has said. (92)

ततः किमत आह—

उत्तमाङ्गोद्भवाज्ज्यैष्ठ्याद्ब्रह्मणश्चैव धारणात्।
सर्वस्यैवास्य सर्गस्य धर्मतो ब्राह्मणः प्रभुः॥९३॥

मुक्ता०:–उत्तमाङ्गं मुखं तदुद्भवत्वात् क्षत्रियादिभ्यः पूर्वोत्पन्नत्वादध्यापन-व्याख्यानादिना युक्तस्यातिशयेन वेदधारणात्सर्वस्यास्य जगतो धर्मानुशासनेन ब्राह्मणः प्रभुः। "संस्कारस्य विशेषात्तु वर्णानां ब्राह्मणः प्रभुः" ॥९३॥

From the fact of his having originated from the mouth, for the reason of his being the eldest born of *Brahmā,* for the reason of his being the repository of the *Vedas, Brāhmaṇa* is the ruler of all the creation, in asmuch as he lays down the duties (of all the social orders). (93)

कस्योत्तमाङ्गादयमुद्धत इत्यत आह–

तं हि स्वयंभूः स्वादास्यात्तपस्तप्त्वादितोऽसृजत्॥

हव्यकव्याभिवाह्याय सर्वस्यास्य च गुप्तये॥९४॥

मुक्ता०:–तं ब्राह्मणं ब्रह्म आत्मीयमुखाद्दैवपित्र्ये हविः कव्ये (योः २) वहनाय तपः कृत्वा सर्वस्य तस्य जगतो रक्षायै च क्षत्रियादिन्यः प्रथमं सृष्टवान् ॥९४॥

Him, the self origined one having practised *Tapas,* created from out of his mouth, for the preservation of creation, and in order that the *Pitṛs* (manes) and the *Devas* (celestials) might obtain their (portions of the sacrificial) oblation. (94)

पूर्वोक्तहव्यकव्यहवनं स्पष्टयति–

यास्यास्येन सदाश्नन्ति हव्यानि त्रिदिवौकसः।

कव्यानि चैव पितरः किं भूतमधिकं ततः॥९५॥

मुक्ता०:–यस्य विप्रस्य मुखेन श्राद्धादौ सर्वदा देवा हव्यानि पितरश्च कव्यानि भुञ्जते ततोऽन्यत्प्रकृष्टतमं भूतं किं भवेत् ॥९५॥

Through the mouth of this (*Brāhmaṇa*), the celetials eat their *Havyas* (oblations), and the manes, their *Kavyas* (oblations). (95)

भूतानां प्राणिनः श्रेष्ठाः प्राणिनां बुद्धिजीविनः।

बुद्धिमत्सु नराः श्रेष्ठा नरेषु ब्राह्मणाः स्मृताः॥९६॥

मुक्ता०:–भूतारब्धानां स्थावरजङ्गमानां मध्ये प्राणिनः कीटादयः श्रेष्ठाः। कदाचित्सुखलेशात्। तेषामपि बुद्धिजीविनः सार्थनिरर्थदेशोपसर्पणापसर्पणकारिणः पश्वादयः। तेभ्योऽपि मनुष्याः। प्रकृष्टज्ञानसंबन्धात्। तेभ्योऽपि ब्राह्मणाः सर्वपूज्यत्वादवर्गाधिकारयोग्यत्वाच्च ॥९६॥

Of the created things the animate creatures are the highest; of the animate creatures the intelligent ones are the highest, of the intelligent creatures men are the highest, and among men the Brāhmaṇas are the highest. (96)

ब्राह्मणेषु च विद्वांसो विद्वत्सु कृतबुद्धयः।
कृतबुद्धिषु कर्त्तारः कर्तृषु ब्रह्मवेदिनः॥९७॥

मुक्ता०:–ब्राह्मणेषु तु मध्ये विद्वांसो महाफलज्योतिष्टोमादिकर्माधिकारित्वात्। तेभ्योऽपि कृतबुद्धयः अनागतेऽपि कृतं मयेति बुद्धिर्येषाम्। शास्त्रोक्तानुष्ठानेषूत्पन्नकर्तव्यताबुद्धय इत्यर्थः। तेभ्योऽपि अनुष्ठातारः हिताहितप्राप्तिपरिहारभागित्वात्। तेभ्योऽपि ब्रह्मविदः मोक्षलाभात् ॥९७॥

Among *Brāhmaṇas* the erudite ones are the highest, among the erudite Brāhmaṇas those, who think it their duty to perform the *Śāstric* rites, are the highest, among the latter those, who perform such rits, are the highest, and among the performers of rites the knowers of *Brahma* are the highest. (97)

उत्पत्तिरेव विप्रस्य मूर्तिधर्मस्य शाश्वती।
स हि धर्मार्थमुत्पन्नो ब्रह्मभूयाय कल्पते॥९८॥

मुक्ता०:–ब्राह्मणदेहजन्ममात्रमेव धर्मस्य शरीरमविनाशि। यस्मादसौ धर्मार्थं जातः धर्मानुगृहीतात्मज्ञानेन मोक्षाय संपद्यते ॥९८॥

The *Brāhmaṇa* has originated as the eternal embodiment oivirtue. His origin is for the furtherance of virtue; he becomes of the essence, of *Brahma*. (98)

ब्राह्मणो जायमानो हि पृथिव्यामधिजायते।
ईश्वरः सर्वभूतानां धर्मकोशस्य गुप्तये॥९९॥

मुक्ता०:–यस्माद्ब्राह्मणो जायमानः पृथिव्यामधि उपरि भवति श्रेष्ठ इत्यर्थः। सर्वभूतानां धर्मसमूहरक्षायै प्रभुः। ब्राह्मणोपदिष्टत्वात्सर्वधर्माणाम् ॥९९॥

Born as a *Brāhmaṇa*, he wields the supremacy of the world, the ruler of all creatures, the custodian of the treasure of virtue. (99)

सर्वं स्वं ब्राह्मणस्येदं यत्किंचिज्जगतीगतम्।
श्रेष्ठ्येनाभिजनेनेदं सर्वं वै ब्राह्मणोऽर्हति॥१००॥

मुक्ता०:—यत्किंचिज्जगद्वर्ति धनं तद्ब्राह्मणस्य स्वमिति स्तुत्योच्यते। स्वमिव स्वं न तु स्वमेव। ब्राह्मणस्यापि मनुना स्तेयस्य वक्ष्यमाणत्वात्। तस्माद्ब्रह्ममुखोद्भवत्वेनाभिजनेन श्रेष्ठतया सर्वं ब्राह्मणोऽर्हति सर्वग्रहणयोग्यो भवत्येव। वै अवधारणे ॥१००॥

Whatever property (wealth) is in this world belongs to the *Brāhmaṇa*. For the fact of his being the eldest born (of the creator), all wealth legitimately belongs to the *Brāhmaṇa*. (100)

स्वमेव ब्राह्मणो भुङ्क्ते स्वं वस्ते स्वं ददाति च।

आनृशंस्याद्ब्राह्मणस्य भुञ्जते हीतरे जनाः॥१०१॥

मुक्ता०:—यत्परस्याप्यन्नं ब्राह्मणो भुङ्क्ते, परस्य च वस्त्रं परिधत्ते, परस्य गृहीत्वान्यस्मै ददाति तदपि ब्राह्मणस्य स्वमिव। पूर्ववत्स्तुतिः। एवं सति ब्राह्मणस्य कारुण्यादन्य भोजनादि कुर्वन्ति ॥१०१॥

Whatever does a *Brāhmaṇa* eat, whatever does a Brāhmaṇa wear, whatever does a Brāhmaṇa receive, is his own property, even if it belongs to another, in as much as it is through the kindness of Brāhmaṇas do the other castes enjoy. (101)

इदानीं प्रकृष्टब्राह्मणकर्माभिधयकतया शास्त्रप्रशंसां प्रक्रमते—

तस्य कर्मविवेकार्थं शेषाणामनुपूर्वशः।

स्वायंभुवो मनुर्धीमानिदं शास्त्रमकल्पयत्॥१०२॥

मुक्ता०:—ब्राह्मणस्य कर्मज्ञानार्थं शेषाणां क्षत्रियादीनां च स्वायंभुवो ब्रह्मपुत्रो धीमान्सर्वविषयज्ञानवान्मनुरिदं शास्त्रं विरचितवान् ॥१०२॥

For the classification of the works (duties) of the Brāhmaṇa and other castes of society in the order of their enumeration, the wise *Manu,* the grandson of the self-origined one, framed this code. (102)

विदुषा ब्राह्मणनेदेमध्येतव्यं प्रयत्नतः।

शिष्येभ्यश्च प्रवक्तव्यं सम्यक् नान्येन केनचित्॥१०३॥

मुक्ता०:—एतच्छास्त्राध्ययनफलज्ञेन ब्राह्मणेन एतस्य शास्त्रस्य व्याख्यानाध्यापनोचितं प्रयत्नतोऽध्ययनं कर्तव्यं शिष्येभ्यश्चेदं व्याख्यातव्यं नान्येन क्षत्रियादिना। अध्ययनमात्रं तु व्याख्यानाध्यापनरहितं क्षत्रियवैश्ययोरपि "निषेकादिश्मशानान्तैः" (अ.२ श्लो.१६) इत्यादिना विधास्यते। अनुवादमात्रमेतदिति

मेधातिथिमतम्। तत्र मनोहरम्। द्विजैरध्ययनं ब्राह्मणेनैवाध्यापनव्याख्याने इत्यस्यालाभात्। यत्तु "अधीयीरंस्त्रयो वर्णा" (अ.१० श्लो.१) इत्यादि तद्वेदविषयमिति वक्ष्यति। विप्रेणैवाध्यापनमिति विधानेन संभवत्यप्यनुवादत्वमस्येति वृथा मेधातिथेर्ग्रहः ।।१०३।।

This code should be diligently read and taught in its entirety to his pupils by an erudite *Brāhmaṇa*, and not by (a member of) any other caste. (103)

इदं शास्त्रमधीयानो ब्राह्मणः शंसितव्रतः।
मनोवाग्देहजैर्नित्यं कर्मदोषैर्न लिप्यते।।१०४।।

मुक्ता०:—इदं शास्त्रं पठन्नेतदीयमर्थं ज्ञात्वा शंसितव्रतोऽनुष्ठितव्रतः मनोवाक्कायसंभवैः पापैर्न संबध्यते ।।१०४।।

A *Brāhmaṇa*, who, while observing the vow of self-control, continence, etc., reads this code, is not tainted by the daily acts of iniquity done by his mind, speech and body. (104)

पुनाति पङ्क्तिं वंश्यांश्च सप्त सप्त परावरान्।
पृथिवीमपि चैवेमां कृत्स्नामेकोऽपि सोऽर्हति।।१०५।।

मुक्ता०:—इदं शास्त्रमधीयान इत्यनुवर्तते। अपाङ्क्त्योपहतां पङ्क्तिमानुपूर्व्या निविष्टजनसमूहं पवित्रीकरोति। वंशभवांश्च सप्त परान्पित्रादीन्, अवरांश्च पुत्रादीन्। पृथिवीमपि सर्वां सकलधर्मज्ञतया पात्रत्वेन गृहीतुं योग्यो भवति ।।१०५।।

He sanctifies the row (*Paṅkti*) and the seven generations of his ancestors and descendants. He is fit to be honoured even with the gift of the whole earth. (105)

इदं स्वस्त्ययनं श्रेष्ठमिदं बुद्धिविवर्द्धनम्।।
इदं यशस्यमायुष्यमिदं निःश्रेयसं परम्।।१०६।।

मुक्ता०:—अभिप्रेतार्थस्याविनाशः स्वस्ति तस्यायनं प्रापकं एतच्छास्त्रस्याध्ययनं स्वस्त्ययनं जपहोमादिबोधकत्वाच्च श्रेष्ठं स्वस्त्ययनान्तराप्रकृष्टं बुद्धिविवर्धनम्। एतच्छास्त्राभ्यासेनाशेषविधिनिषेधपरिज्ञानात्। यशसे हितं यशस्यं विद्वत्तया ख्यातिलाभात्परं प्रकृष्टम्। निःश्रेयसं निःश्रेयसस्य मोक्षस्योपायोपदेशकत्वात् ।।१०६।।

This code (i.e., the reading of this code) is the greatest of all auspicious rites. It improves the intellect (of its reader), imparts fame and longevity, and is superlatively auspicious. (106)

अस्मिन्धर्मोऽखिलेनोक्तो गुणदोषौ च कर्मणाम्।
चतुर्णामपि वर्णानामाचारश्चैव शाश्वतः।।१०७।।

मुक्ता०:—अस्मिन्कात्स्न्र्येन धर्मोऽभिहित इति शास्त्रप्रशंसा। कर्मणां च विहितनिषिद्धानामिष्टानिष्टफले। वर्णचतुष्टयस्यैव पुरुषधर्मरूप आचारः शाश्वतः पारम्पर्यागतः। धर्मत्वेऽप्याचारस्य प्राधान्यख्यापनाय पृथङ्निर्देशः ।।१०७।।

In this (code) are described virtues (duties) in their entirety, merits and demerits of acts, and the eternal rules of conduct, which govern the four social orders. (107)

प्राधान्यमेव स्पष्टयति—

आचारः परमो धर्मः श्रुत्युक्तः स्मार्त्त एव च।
तस्मादस्मिन्सदा युक्तो नित्यं स्यादात्मवान्द्विजः।।१०८।।

मुक्ता०:—युक्तो यत्नवान् आत्महितेच्छुः। सर्वस्यात्मास्तीति आत्मशब्देन आत्महितेच्छा लक्ष्यते ।।१०८।।

Conduct is the highest virtue, as inculcated by the *Smṛti* and the *Śruti (Vedas)*. Hence, a *Brāhmaṇa,* with the senses under control, shall always conform to rules of conduct. (108)

आचाराद्विच्युतो विप्रो न वेदफलमश्नुते।
आचारेण तु संयुक्तः संपूर्णफलभाग्भवेत्।।१०९।।

मुक्ता०:—आचाराद्विच्युतो विप्रो न वैदिकं फलं लभेत्। आचारयुक्तः पुनः समग्रफलभाग्भवति ।।१०९।।

Devoid of conduct, a *Brāhmaṇa* does not obtain the merit of reading the *Vedas*. Possessed of (good) conduct, he reaps the entire fruit (of such study). (109)

एवमाचारतो दृष्ट्वा धर्मस्य मुनयो गतिम्।
सर्वस्य तपसो मूलमाचारं जगृहुः परम्।।११०।।

मुक्ता०:—उक्तप्रकारेणाचाराद्धर्मप्राप्तिमृषयो बुध्वा तपसश्चान्द्रायणादेः समग्रस्य कारणमाचारमनुष्ठेयतया गृहीतवन्तः। उत्तरत्र वक्ष्यमाणस्याचारस्येह स्तुतिः शास्त्रस्तुत्यर्था ।।११०।।

Having thus observed the origin of virtue from (good) conduct, the sages accepted conduct as the basis of all austerities. (110)

इदानीं शिष्यस्य सुखप्रतिपत्तये वक्ष्यमाणार्थानुक्रमणिकामाह—

जगतश्च समुत्पत्तिं संस्कारविधिमेव च।
व्रतचर्योपचारं च स्नानस्य च परं विधिम्।।१११।।

मुक्ता०:—पाषण्डगणधर्मांश्चेत्यन्तं जगदुत्पत्तिर्यथोक्ता। ब्राह्मणस्तुतिश्च सर्गरक्षार्थत्वेन। ब्राह्मणस्य शास्त्रस्तुत्यादिकं च सृष्टावेवान्तर्भवति। एतत्प्रथमाध्यायप्रमेयम्। संस्काराणां जातकर्मादीनां विधिमनुष्ठानं, ब्रह्मचारिणो व्रताचरणमुपचारं च गुर्वादीनामभि-वादनोपासनादि। "सर्वो द्वन्द्वो विभाषयैकवद्भवति" इत्येकवद्भावः। एतत्तद्वितीया ध्यायप्रमेयम्। स्नानं गुरुकुलान्निवर्तमानस्य संस्कारविशेषस्तस्य प्रकृष्टं विधानम् ।।१११।।

The origin of the universe (*Jagat*), the sacramental rites (*saṁskāras*), the performance of vows (*vratas*) and the rules of ceremonial ablutions. (111)

दाराधिगमनं चैव विवाहानां च लक्षणम्।
महायज्ञविधानं च श्राद्धकल्पं च शाश्वतम्।।११२।।

मुक्ता०:—दाराधिगमनं विवाहः तद्विशेषाणां ब्राह्मणदीनां च लक्षणम्। महायज्ञाः पञ्च वैश्वदेवादयः। श्राद्धस्य विधिः शाश्वतः प्रतिसर्गमनादिप्रवाहप्रवृत्त्या नित्यः। एष तृतीयाध्यायार्थः ।।११२।।

Rules as to visiting one's wife, conditions and forms of marriage the mode of performing the great sacrifices (*Mahā-Yajñas*) and the eternal *Śrāddha*. (112)

वृत्तीनां लक्षणं चैव स्नातकस्य व्रतानि च।
भक्ष्याभक्ष्यं च शौचं च द्रव्याणां शुद्धिमेव च।।११३।।

मुक्ता०:—वृत्तीनां जीवनोपायानां ऋतादीनां लक्षणं। स्नातकस्य गृहस्थस्य व्रतानि नियमाः। एतच्चतुर्थाध्यायप्रमेयम्। भक्ष्यं दध्यादि, अभक्ष्यं लशुनादि, शौचं मरणादौ ब्राह्मणादेर्दशाहादिनां। द्रव्याणां शुद्धिमुदकादिना ।।११३।।

Descriptions of professions, the vows of *Snātakas*, articles which ought or ought not to be eaten, purification of articles. (113)

स्त्रीधर्मयोगं तापस्यं मोक्षं संन्यासमेव च।
राज्ञश्च धर्ममखिलं कार्याणां च विनिर्णयम्।।११४।।

मुक्ता०:—स्त्रीणां धर्मयोगं धर्मोपायं एतत्पाञ्चमिकम्। तापस्यं तपसे वानप्रस्थाय हितं तस्य धर्मम्। मोक्षहेतुत्वान्मोक्षं यतिधर्मम्। यतिधर्मत्वेऽपि संन्यासस्य पृथगुपदेशः प्राधान्यज्ञापनार्थः। एष षष्ठाध्यायार्थः। राज्ञोऽभिषिक्तस्य सर्वो दृष्टादृष्टार्थो धर्मः। एष सप्तमाध्यायार्थः। कार्याणामृणादीनामर्थिप्रत्यर्थिसमर्पितानां [illegible] ।।११४।।

Means by which females can earn virtue, petential austerities, emancipation of the Self, asceticism, duties of kings, and laws relating to money debts. (114)

साक्षिप्रश्नविधानं च धर्मं स्त्रीपुंसयोरपि।
विभागधर्मं द्यूतं च कण्टकानां च शोधनम्॥११५॥

मुक्ता०:—साक्षिणां च प्रश्ने यद्विधानं। व्यवहाराङ्गत्वेऽपि साक्षिप्रश्नस्य विधाननिर्णयोपायत्वात्पृथङ्निर्देश:। द्यूतविषयो विधिर्द्यूतशब्देनोच्यते। कण्टकानां चौरादीनां शोधनं निरसनम् ॥११५॥

The mode of examining witnesses, duties of wives and husbands, divisions of shares, laws of gambling, and the punishment of thieves, etc. (115)

वैश्यशूद्रोपचारं च संकीर्णानां च संभवम्।
आपद्धर्मं च वर्णानां प्रायश्चित्तविधिं तथा॥११६॥

मुक्ता०:—वैश्य शूद्रोपचारं स्वधर्मानुष्ठानम्। एतन्नवमे। एवं संकीर्णानां अनुलोमप्रतिलोमजानामुत्पत्तिं आपदि च जीविकोपदेशं आपद्धर्मम्। एतद्दशमे। प्रायश्चित्तविधिमेकादशे ॥११६॥

The specific duties (works) of *Vaiśyas and Śūdras*, as well as those of the members of mixed castes, duties in times of distress, and the mode of performing expiatory penances. (116)

संसारगमनं चैव त्रिविद्यं कर्मसंभवम्।
निःश्रेय सं कर्मणां च गुणदोष परीक्षणम्॥११७॥

मुक्ता०:—संसारगमनं देहान्तरप्राप्तिरूपं उत्तममध्यमाधमभेदेन त्रिविधं शुभाशुभकर्महेतुकम्। निःश्रेयसमात्मज्ञानं सर्वोत्कृष्टमोक्षलक्षणस्य श्रेयोहेतुत्वात्। कर्मणां च विहितनिषिद्धानां गुणदोषपरीक्षणम् ॥११७॥

Re-births according to the merits of three kinds of works, means of self-emancipation, and the ascertainment of goodness and badness of acts. (117)

देशधर्माञ्जातिधर्मान्कुलधर्मांश्च शाश्वतान्।
पाषण्डगणधर्मांश्च शास्त्रेऽस्मिन्नुक्तवान्मनुः॥११८॥

मुक्ता०:—प्रतिनियतदेशेऽनुष्ठीयमाना देशधर्माः, ब्राह्मणादिजातिनियता जातिधर्माः, कुलविशेषाश्रयाः कुलधर्माः, वेदबाह्यागमसमाश्रया प्रतिषिद्धव्रतर्या पाषण्डं, तद्योगात्पुरुषोऽपि पाषण्डः तन्निमित्ता ये धर्माः "पाषण्डिनो विकर्मस्थान्" (अ.४ श्लो. ३०) इत्यादयः तेषां पृथग्धर्मानभिधानात्। गणः समूहो वणिगादीनाम् ॥११८॥

The duties of citizenship, duties peculiar to one's caste, and the eternal family-duties, and the duties of Pāṣaṇḍas-these are the subjects Lord Manu described in this code. (118)

यथेदमुक्तवाञ्छास्त्रं पुरा पृष्टो मनुर्मया।
तथेदं यूयमप्यद्य मत्सकाशान्निबोधत॥११९॥

मुक्ता०:—पूर्वं मया पृष्टो मनुर्यथेदं शास्त्रमभिहितवांस्तथैवान्यूनानतिरिक्तं मत्सकाशच्छृणुतेति ऋषीणां श्रद्धातिशयार्थं पुनरभिधानम् ॥११९॥ क्षे० ॥११॥

The code, as *Manu*, interrogated by me first narrated, that you shall hear from me today. (119)

इति श्रीमानवे धर्मशास्त्रे भृगुप्रोक्तायां संहिताया
प्रथमोऽध्याय:॥१॥

इति श्रीकुल्लूकभट्टकृतायां मन्वर्थमुक्तावल्यां मनुवृत्तौ प्रथमोध्याय: ॥१॥

द्वितीयोऽध्यायः

Chapter - 2

प्रकृष्टपरमात्मज्ञानरूपधर्मज्ञानाय जगत्कारणं ब्रह्म प्रतिपाद्याधुना ब्रह्मज्ञानाङ्गभूतं संस्कारादिरूपं धर्मं प्रतिपिपादयिषुर्धर्मसामान्यलक्षणं प्रथममाह-

विद्वद्भिः सेवितः सद्भिर्नित्यमद्वेषरागिभिः।

हृदयेनाभ्यनुज्ञातो यो धर्मस्तं निबोधत॥१॥

मुक्ता०:—विद्वद्भिर्वेदविद्भिः सद्भिर्धार्मिकैः रागद्वेषशून्यैरनुष्ठितो हृदयेनाभिमुख्येन ज्ञात इति अनेन श्रेयःसाधनमभिहितम्। तत्र हि स्वरसान्मनोऽभिमुखीभवति। वेदविद्भिर्ज्ञात इति विशेषणोपादानसामर्थ्याज्ज्ञातस्य वेदस्यैव श्रेयःसाधनज्ञाने कारणत्वं विवक्षितम्। खड्गधारिणा हत इत्युक्ते धृतखड्गस्यैव हनने प्राधान्यम्। अतो वेदप्रमाणकः श्रेयःसाधनं धर्म इत्युक्तं। एवंविधो यो धर्मस्तं निबोधत। उक्तार्थसंग्रहश्लोकाः-"वेदविद्भिर्ज्ञात इतिप्रयुञ्जानो विशेषणम्। वेदादेव परिज्ञातो धर्म इत्युक्तवान्मनुः॥ हृदयेनाभिमुख्येन ज्ञात इत्यपि निर्दिशन्। श्रेयःसाधनमित्याह तत्र ह्यभिमुखं मनः॥ वेदप्रमाणकः श्रेयः साधनं धर्म इत्यतः। मनूक्तमेव मुनयः प्रणिन्युर्धर्मलक्षणम्॥" अत एव हारीतः-"अथातो धर्मं व्याख्यास्यामः। श्रुतिप्रमाणको धर्मः। श्रुतिश्च द्विविधा वैदिकी तान्त्रिकी च।" भविष्यपुराणे च "धर्मःश्रेयः समुद्दिष्टं श्रेयोऽभ्युदयलक्षणम्। स तु पञ्चविधः प्रोक्तो वेदमूलः सनातनः॥ अस्य सम्यगनुष्ठानात्स्वर्गो मोक्षश्च जायते। इह लोके सुखैश्वर्यमतुलं च खगाधिप॥" श्रेयःसाधनमित्यर्थः। जैमिनिरपि इदमपि धर्मलक्षणमसूत्रयत्,- "चोदनालक्षणोऽर्थो धर्म" (जै. सू. १/१/२) इति। उभयं चोदनया लक्ष्यते, अर्थः श्रेयःसाधनं ज्योतिष्टोमादिः। अनर्थः प्रत्यवायसाधनं श्येनादिः। तत्र वेदप्रमाणकं श्रेयःसाधनं ज्योतिष्टोमादि धर्म इति सूत्रार्थः। स्मृत्यादयोऽपि वेदमूलत्वेनैव धर्मे प्रमाणमिति दर्शयिष्यामः। गोविन्दराजस्तु हृदयेनाभ्यनुज्ञात इत्यन्तःकरणविचिकित्साशून्य इति व्याख्यातवान्। तन्मते वेदविद्भिरनुष्ठितः संशयरहितश्च धर्म इति धर्मलक्षणं स्यात्। एवं च दृष्टार्थग्रामगमनादिसाधारणं धर्मलक्षणं विचक्षणा न श्रद्दधते। मेधातिथिस्तु हृदयेनाभ्यनुज्ञात इति यत्र चित्तं प्रवर्तयतीति व्याख्याय, अथवा हृदयं वेदः स ह्यधीतो भावनारूपेण हृदयस्थितो हृदयमित्युच्यते इत्युक्तवान्॥१॥

The virtue, which pious men, well read (in the Vedas) and free from attachment and aversion, have followed from time immemorial, (for the reason of its being based on the *Vedas,* the eternal repository of truth), and as to the truth or falsity of which the dictates of the heart are the concluding proof: now hear me describe that virtue. (1)

कामात्मता न प्रशस्ता न चैवेहास्त्यकामता।
काम्यो हि वेदाधिगमः कर्मयोगश्च वैदिकः॥२॥

मुक्ता०:–फलाभिलाषशीलत्वं पुरुषस्य कामात्मता। सा न प्रशस्ता बन्धहेतुत्वात्। स्वर्गादिफलाभिलाषेण काम्यानि कर्माण्यनुष्ठीयमानानि पुनर्जन्मने कारणं भवन्ति। नित्यनैमित्तिकानि त्वात्मज्ञानसहकारितया मोक्षाय कल्पन्ते। न पुनरिच्छामात्रमनेन निषिध्यते। तदाह "न चैवेहास्त्यकामता" इति। यतो वेदस्वीकरणं वैदिकसकल-धर्मसंबन्धश्चेच्छाविषयावेव॥२॥

Not commendable is the spirit of desire in man, nor the total absence of such a spirit (in him) is detected in this world. The study of the Vedas and the performance of the Vaidic rites and sacrifices fall within the boundary of acts with a desire. (2)

अत्रोपपत्तिमाह–

संकल्पमूलः कामो वै यज्ञाः संकल्पसंभवाः।
व्रतानि यमधर्माश्च सर्वे संकल्पजाः स्मृताः॥३॥

मुक्ता०:–अनेन कर्मणेदमिष्टं फलं साध्यत इत्येवंविषया बुद्धिः संकल्प, तदनन्तरमिष्टसाधनतयावगते तस्मिन्निच्छा जायते, तदर्थं प्रयत्नं कुरुते चेत्येवं यज्ञाः संकल्पप्रभवाः, व्रतानि, यमरूपाश्च धर्माश्चतुर्थाध्याये वक्ष्यमाणाः। सर्व इत्यनेन पदेन अन्येऽपि शास्त्रार्थाः संकल्पादेव जायन्ते। इच्छामन्तरेण तान्यपि न संभवन्तीत्यर्थः। गोविन्दराजस्तु व्रतान्यनुष्ठेयरूपाणि यमधर्माः प्रतिषेधार्थका इत्याह॥३॥

Desire is based on volition or determination and the religious sacrifices are based on solemn determinations. All vows *Niyamas* (self-control), and religious duties are said to be born of desire or determination. (3)

अत्रैव लौकिकं नियमं दर्शयति–

अकामस्य क्रिया काचिद् दृश्यते नेह कर्हिचित्।
यद्यद्धि कुरुते किंचित्तत्तत्कामस्य चेष्टितम्॥४॥

मुक्ता०:—लोके या काचिद्भोजनगमनादिक्रिया साप्यनिच्छतो न कदाचिद्दृश्यते। ततश्च सर्वं कर्म लौकिकं वैदिकं च यद्यत्पुरुषः कुरुते तत्तदिच्छाकार्यम्।।४।।

No action is found in this world, of a man without desire. Whatever act a person does is but the effort of his desire. (4)

संप्रति पूर्वोक्तं फलाभिलाषनिषेधं नियमयति—

तेषु सम्यग्वर्तमानो गच्छत्यमरलोकताम्।
यथा संकल्पितांश्चेह सर्वान्कामान्समश्नुते।।५।।

मुक्ता०:—नात्रेच्छा निषिध्यते किंतु शास्त्रोक्तकर्मसु सम्यग्वृत्तिर्विधीयते। बन्धहेतुफलाभिलाषं विना शास्त्रीयकर्मणामनुष्ठानं तेषु सम्यग्वृत्तिः सम्यग्वर्तमानोऽमरलोकताममरधर्मकं ब्रह्मभावं गच्छति, मोक्षं प्राप्नोतीत्यर्थः। तथाभूतश्च सर्वेश्वरत्वादिहापि लोके सर्वानभिलषितान्प्राप्नोति। तथाच छान्दोग्ये "स यदि पितृलोककामो भवति संकल्पादेवास्य पितरः समुत्तिष्ठन्ति" (८।२।१) इत्यादि।।५।।

A man, by properly doing the acts enjoined to be performed in the Vedas, attains to the state of *Brahma,* even in this world he may obtain all his wished-for objects. (5)

इदानीं धर्मप्रमाणान्याह—

वेदोऽखिलो धर्ममूलं स्मृतिशीले च तद्विदाम्।
आचारश्चैव साधूनामात्मनस्तुष्टिरेव च।।६।।

मुक्ता०:—वेद ऋग्यजुःसामाथर्वलक्षणः सः सर्वो विध्यर्थवादमन्त्रात्मा धर्मे मूलं प्रमाणम्। अर्थवादानामपि विध्येकवाक्यतया स्तावकत्वेन धर्मे प्रामाण्यात्। यदाह जैमिनिः "विधिनात्वेकवाक्यत्वात्स्तुत्यर्थेन विधीनां स्युः" (जै. स. १/२२७) मन्त्रार्थवादानामपि विधिवाक्यैकवाक्यतयैव धर्मे प्रामाण्यं, प्रयोगकाले चानुष्ठेयस्मारकत्वं, वेदस्य च धर्मे प्रामाण्यं यथानुभवकरणत्वरूपं न्यायसिद्धम्। स्मृत्यादीनामपि तन्मूलत्वेनैव प्रामाण्यप्रतिपादनार्थमनूद्यते। मन्वादीनां च वेदविदां स्मृतिर्धर्मे प्रमाणम्। वेदविदामिति विशेषणोपादानाद्वेदमूलत्वेनैव स्मृत्यादीनां प्रामाण्यमभिमतम्। शीलं ब्रह्मण्यतादिरूपम्। तदाह हारीतः "ब्रह्मण्यता देवपितृभक्तता सौम्यता अपरोपतापिता अनसूयता मृदुता अपारुष्यं मैत्रता प्रियवादित्वं कृतज्ञता शरण्यता कारुण्यं प्रशान्तिश्चेति त्रयोदशविधं शीलम्।" गोविन्दराजस्तु शीलं रागद्वेषपरित्याग इत्याह। आचारः कम्बलवल्कलाद्याचरणरूपः, साधूनां धार्मिकाणां आत्मतुष्टिश्च वैकल्पिकपदार्थविषया धर्मे प्रमाणम्। तदाह गर्गः "वैकल्पिके आत्मतुष्टिः प्रमाणम्"।।६।।

The entire Vedas, the law codes framed by men, well versed in the Vedas, from their recollections, as well as the rules of life observed by them, the costumes etc., of the pious and the feeling of self complacency are the proofs of virtue. (6)

वेदादन्येषां वेदमूलत्वेन प्रामाण्येऽभिहितेऽपि मनुस्मृतेः सर्वोत्कर्षज्ञापनाय विशेषेण वेदमूलतामाह

यः कश्चित्कस्यचिद्धर्मो मनुना परिकीर्त्तितः।
स सर्वोऽभिहितो वेदे सर्वज्ञानमयो हि सः॥७॥

मुक्ता०:—यः कश्चित्कस्यचिद्ब्राह्मणादेर्मनुना धर्म उक्तः स सर्वो वेदे प्रतिपादितः। यस्मात्सर्वज्ञोऽसौ मनुः सर्वज्ञतया चोत्सन्नविप्रकीर्णपठ्यमानवेदार्थं सम्यग्ज्ञात्वा लोकहितायोपनिबद्धवान्। गोविन्दराजस्तु सर्वज्ञानस्य इत्यस्य सर्वज्ञानलब्ध इव वेद इन्ति वेदविशेषणतामाह॥७॥

The duties, which *Manu* has described as obligatory on any particular person, have been so ordained in the *Vedas* for the (Manu) is omniscient. (7)

सर्वं तु समवेक्ष्येदं निखिलं ज्ञानचक्षुषा।
श्रुतिप्रामाण्यतो विद्वान्स्वधर्मे निविशेत वै॥८॥

मुक्ता०:—सर्वं शास्त्रजातं वेदार्थावगमोचितं ज्ञानं मीमांसाव्याकरणादिकं ज्ञानमेव चक्षुस्तेननिखिलं तद्विशेषेण पर्यालोच्य वेदप्रामाण्येनानुष्ठेयमवगम्य स्वधर्मेऽवतिष्ठेत॥८॥

Having observed all the *Śāstras*, allied with the Vedas with the eye of knowledge, the erudite one shall perform the duties (Peculiar to his order) in conformity with the proofs of the *Śruti*. (8)

श्रुतिस्मृत्युदितं धर्ममनुतिष्ठन् हि मानवः।
इह कीर्तिमवाप्नोति प्रेत्य चानुत्तमं सुखम्॥९॥

मुक्ता०:—श्रुतिस्मृत्युदितं धर्ममनुतिष्ठन्मानव इह लोके धार्मिकत्वेनानुषङ्गिकीं कीर्तिं परलोके च धर्मफलमुत्कृष्टं स्वर्गापवर्गादिसुखरूपं प्राप्नोति। अनेन वास्तवगुणकथनेन श्रुतिस्मृत्युदितं धर्ममनुतिष्ठेदिति विधिः कल्प्यते॥९॥

By practising pieties inculcated in the *Śruti* and the *Smṛti*, a person acquires fame in this life and excellent happiness in the next. (9)

श्रुतिस्तु वेदो विज्ञेयो धर्मशास्त्रं तु वै स्मृतिः।
ते सर्वार्थेष्वमीमांस्ये ताभ्यां धर्मो हि निर्बभौ॥१०॥

मुक्ता०ः—लोकप्रसिद्धसंज्ञासंज्ञिसंबन्धानुवादोऽयं श्रुतिस्मृत्योः प्रतिकूलतर्केणा-मीमांस्यत्वविधानार्थम्, स्मृतेः श्रुतितुल्यत्वबोधनेनाचारादिभ्यो बलवत्त्वप्रतिपादनार्थं च। तेन स्मृतिविरुद्धाचारो हेय इत्यस्य फलम्। श्रुतिर्वेदः मन्वादिशास्त्रं स्मृतिः, ते उभे प्रतिकूलतर्कैर्नविचारयितव्ये। यतस्ताभ्यां निःशेषण धर्मो निर्बभौ प्रकाशतां गतः॥१०॥

The *Veda* is called the *Śruti* and the *Dharma Śāstra* is called the *Smṛti*. Their teachings should not be put to the test of logic, for virtue has emanated from these two. (10)

योऽवमन्येत ते मूले हेतुशास्त्राश्रयाद्द्विजः।
स साधुभिर्बहिष्कार्यो नास्तिको वेदनिन्दकः॥११॥

मुक्ता०ः—पुनस्ते द्वे श्रुतिस्मृती द्विजोऽवमन्येत स शिष्टैर्द्विजानुष्ठेयाध्ययनादिकर्मणो निःसार्यः। पूर्वश्लोके सामान्येनामीमांस्ये इति सामान्यतो मीमांसानिषेधादनुकूल-मीमांसाऽपि न प्रवर्तनीयेति भ्रमो माभूदिति विशेषयति, हेतुशास्त्राश्रयात् वेदवाक्यप्रमाणं वाक्यत्वात् विप्रलम्भकवाक्यवदित्यादिप्रतिकूलतर्कावष्टम्भेन चार्वाकादिनास्तिक इव नास्तिकः। यतो वेदनिन्दकः॥११॥

The *Brāhmaṇa,* who by dint of logic, tries to bring these Śāstras into disrepute, shall be excommunicated from the society, as a *heretical* calumniator of the Vedas. (11)

वेदः स्मृतिः सदाचारः स्वस्य च प्रियमात्मनः।
एतच्चतुर्विधं प्राहुः साक्षाद्धर्मस्य लक्षणम्॥१२॥

मुक्ता०ः—वेदो धर्मप्रमाणं स क्वचित्प्रत्यक्षः क्वचित्स्मृत्यनुमित इत्येवं तात्पर्यं न तु प्रमाणपरिगणने। अतएव "श्रुतिस्मृत्युदितं धर्म" (मनु० अ०२ श्लो०९) इत्यत्र द्वयमेवाभिहितवान्। सदाचारः शिष्टाचारः स्वस्य चात्मनः प्रियमात्मतुष्टिः॥१२॥

The Vedas, the Smṛti, good conduct, and self complacency of one's own, the wise call these four as the positive proofs of virtue. (12)

अर्थकामेष्वसक्तानां धर्मज्ञानं विधीयते।
धर्मं जिज्ञासमानानां प्रमाणं परमं श्रुतिः॥१३॥

मुक्ता०ः—अर्थकामेष्वसक्तानां अर्थकामलिप्साशून्यानां धर्मोपदेशोऽयम्। ये त्वर्थकामसमीहया लोकप्रतिपत्त्यर्थं धर्ममनुतिष्ठन्ति न तेषां कर्मफलमित्यर्थः। धर्मं

च ज्ञातुमिच्छतां प्रकृष्टं प्रमाणं श्रुतिः। प्रकर्षबोधनेन च श्रुतिस्मृतिविरोधे स्मृत्यर्थो नादरणीय इति भावः। अतएव जाबालः "श्रुतिस्मृतिविरोधे तु श्रुतिरेव गरीयसी। अविरोधे सदा कार्यं स्मार्तं वैदिकवत्सता।।" भविष्यपुराणेऽप्युक्तम् "श्रुत्या सह विरोधे तु बाध्यते विषयं विना।" जैमिनिरप्याह "विरोधे त्वनपेक्षं स्यादसति ह्यनुमानकम्।" श्रुतिविरोधे स्मृतिवाक्यमनपेक्ष्यमप्रमाणमनादरणीयम्। असति विरोधे मूलवेदानुमानमित्यर्थः।।१३।।

The sense of virtue germinates in those, who are non-attached to desire and wealth. To all enquirers of virtue the *Śruti* is the highest (conclusive) proof. (13)

श्रुतिद्वैधं तु यत्र स्यात्तत्र धर्मावुभौ स्मृतौ।
उभावपि हि तौ धर्मौ सम्यगुक्तौ मनीषिभिः।।१४।।

मुक्ता०:—यत्र पुनः श्रुत्योरेव द्वैधं परस्परविरुद्धार्थप्रतिपादनं तत्र द्वावपि धर्मौ मनुना स्मृतौ। तुल्यबलतया विकल्पानुष्ठानविधानेन च विरोधाभावः। यस्मान्मन्वादिभ्यः पूर्वतरैरपि विद्वद्भिः सम्यक् समीचीनौ द्वावपि तौ धर्मावुक्तौ। समानन्यायतया स्मृत्योरपि विरोधे विकल्प इति प्रकृतोपयोगस्तुल्यबलत्वाविशेषात्। तदाह गौतमः-"तुल्यबलविरोधे विकल्पः" (गौ. स. १/४) ।।१४।।

In a case of two conflicting Śrutis, both of which are equally authoritative, the wise have called both of them as virtues of equal authority. (14)

अत्र दृष्टान्तमाह—

उदितेऽनुदिते चैव समयाध्युषिते तथा।
सर्वथा वर्त्तते यज्ञ इतीयं वैदिकी श्रुतिः।।१५।।

मुक्ता०:—सूर्यनक्षत्रवर्जितः कालः समयाध्युषितशब्देनोच्यते। उदयात्पूर्वमरुणकिरणवान्प्रविरलतारकोऽनुदितकालः। परस्परविरुद्धकालश्रवणेऽपि सर्वथा विकल्पेनाग्निहोत्रहोमः प्रवर्तते। देवतोद्देशेन द्रव्यत्यागगुणयोगाद्यज्ञशब्दोऽत्र होमे गौणः। "उदिते होतव्यम्" (ऐ. ब्रा. ५.१९) (ऐ. ब्रा. ५.१९) इत्यादिका वैदिकी श्रुतिः।।१५।।

[As for example, there are two] Vedic Śrutis that, *Homas* should be performed before sunrise, and Homas should be performed after sunrise. These two times are different, but Homas may be performed at either of them [according to the privilege of the offerer and nature of the deity to whom the libations are offered.] (15)

निषेकादिश्मशानान्तो मन्त्रैर्यस्योदितो विधिः।
तस्य शास्त्रेऽधिकारोऽस्मिन् ज्ञेयो नान्यस्य कस्यचित्॥१६॥

मुक्ता०:—गर्भाधानादिरन्त्येष्टिपर्यन्तो यस्य वर्णस्य मन्त्रैरनुष्ठानकलाप उक्तो द्विजातेरित्यर्थः। तस्यास्मिन्मानवधर्मशास्त्रेऽध्ययने श्रवणेऽधिकारः, न त्वन्यस्य कस्यचिच्छूद्रादेः। एतच्छास्त्रानुष्ठानं च यथाधिकारं सर्वैरेव कर्त्तव्यं, प्रवचनं त्वस्याध्यापनं व्याख्यानरूपं ब्राह्मणकर्तृकमेवेति विदुषा ब्राह्मणेनेत्यत्र व्याख्यातम्॥१६॥

He, whose all life from the rite of Niṣeka to that of funeral, is governed by the regulations of the Śāstras, is alone competent to read, or to hear thists *Śāstra*, and no other. (16)

धर्मस्य स्वरूपं प्रमाणं परिभाषां चोक्त्वा इदानीं धर्मानुष्ठानयोग्यदेशानाह–

सरस्वतीदृषद्वत्योर्देवनद्योर्यदन्तरम्।
तं देवनिर्मितं देशं ब्रह्मावर्तं प्रचक्षते॥१७॥

मुक्ता०:—सरस्वतीदृषद्वत्योर्नद्योरुभयोर्मध्यं ब्रह्मावर्तं देशमाहुः। देवनदीदेव-निर्मितशब्दौ नदीदेशप्राशस्त्यार्थौ॥१७॥

The tract of country, which lies between the Sarasvatī and the *Dṛṣadvatī*, the two celestial rivers, that good-built country is called *Brahmāvartam.* (17)

तस्मिन्देशे य आचारः पारंपर्यक्रमागतः।
वर्णानां सान्तरालानां स सदाचार उच्यते॥१८॥

मुक्ता०:—तस्मिन्देशे प्रायेण शिष्टानां संभवात्तेषां ब्राह्मणादिवर्णानां संकीर्ण-जातिपर्यन्तानां य आचारः पारंपर्यक्रमागतो न त्विदानींतनः स सदाचारोऽभिधीयते॥१८॥

The conduct of life, as it obtains from generation to generation in that country among the twice-born and the mixed castes, is called Sadācārā (good conduct). (18)

कुरुक्षेत्रं च मत्स्याश्च पञ्चालाः शूरसेनकाः।
एष ब्रह्मर्षिदेशो वै ब्रह्मावर्तादनन्तरः॥१९॥

मुक्ता०:—मत्स्यादिशब्दाः बहुवचनान्ता एव देशविशेषवाचकाः। पञ्चालाः कान्यकुब्जदेशाः। शूरसेनका मथुरादेशाः। एष ब्रह्मर्षिदेशो ब्रह्मावर्तात्किञ्चिदूनः॥१९॥

Kurukṣhetra, Matsya, Pāñcñcāla and Śūrasenaka are called the *land of the Brahmarṣis*, they are inferior to Brahmāvartam (in respect of sanctity). (19)

एतद्देशप्रसूतस्य सकाशादग्रजन्मनः।
स्वं स्वं चरित्रं शिक्षेरन्पृथिव्यां सर्वमानवाः।।२०।।

मुक्ता०:—कुरुक्षेत्रादिदेशजातस्य ब्राह्मणस्य सकाशात्सर्वे मनुष्या आत्मीयमात्मीयमाचारं शिक्षेरन्।।२०।।

From a *Brāhmaṇa,* born in this country, every one in this world should learn his own proper duties. (20)

हिमवद्विन्ध्ययोर्मध्यं यत्प्राग्विनशनादपि।
प्रत्यगेव प्रयागाच्च मध्यदेशः प्रकीर्तितः।।२१।।

मुक्ता०:—उत्तरदक्षिणादिगवस्थितौ हिमवद्विन्ध्यौ पर्वतौ तयोर्यन्मध्यं विनशनात्सरस्वत्यन्तर्धानदेशाद्यत्पूर्वं प्रयागाच्च यत्पश्चिमं स मध्यदेशनामा देशः कथितः।।२१।।

The tract of land, which extends between the Vindhya and the Himālaya, and lies to the east of Vinaśana, and west of Prayāga, is called Madhya Deśa (central country). (21)

आ समुद्रात्तु वै पूर्वादासमुद्रात्तु पश्चिमात्।
तयोरेवान्तरं गिर्योरार्यावर्तं विदुर्बुधाः।।२२।।

मुक्ता०:—आ पूर्वसमुद्रात् आ पश्चिमसमुद्राद्धिमवद्विन्ध्ययोश्च यन्मध्यं तमार्यावर्तदेशं पण्डिता जानन्ति। मर्यादायामयमाङ् नाभिविधौ। तेन समुद्रमध्यद्वीपानां नार्यावर्तता। आर्या अत्रावर्तन्ते पुनःपुनःरुद्भवन्तीत्यार्यावर्तः।।२२।।

The tract of land, lying between the eastern and the western seas and included between the *Vindhya* and the Himālaya, is called Āryāvarta (the country of the Āryans) by the wise. (22)

कृष्णसारस्तु चरति मृगो यत्र स्वभावतः।
स ज्ञेयो यज्ञियो देशो म्लेच्छदेशस्त्वतः परः।।२३।।

मुक्ता०:—कृष्णसारो मृगो यत्र स्वभावतो वसति न तु बलादानीतः स यज्ञार्हो देशो ज्ञातव्यः। अन्यो म्लेच्छदेशो न यज्ञार्ह इत्यर्थः।।२३।।

The country, in which *black antelopes* are found to roam about in nature, should be understood as a sacrificial country, the rest is the country of the Mlecchas. (23)

एतान्द्विजातयो देशान्संश्रयेरन्प्रयत्नतः।
शूद्रस्तु यस्मिन्कस्मिन्वा निवसेद्वृत्तिकर्शितः।।२४।।

मुक्ता०:—अन्यदेशोद्भवा अपि द्विजातयो यज्ञार्थत्वाददृष्टार्थत्वाच्चैतान्देशा-न्प्रयत्नादाश्रयेरन्। शूद्रस्त वृत्तिपीडितो वृत्त्यर्थमन्यदेशमप्याश्रयेत्।।२४।।

These countries, the twice-born ones shall be careful to make their home, a *Śūdra,* in quest of a living may adopt any country as his own. (24)

एषा धर्मस्य वो योनिः समासेन प्रकीर्तिता।

संभवश्चास्य सर्वस्य वर्णधर्मान्निबोधत।।२५।।

मुक्ता०:—एषा युष्माकं धर्मस्य योनिः संक्षेपेणोक्ता। योनिर्ज्ञप्तिकारणं "वेदोऽखिलो धर्ममूलम्" (अ०२ श्लो०६) इत्यादिनोक्तमित्यर्थः। गोविन्दराजस्त्विह धर्मशब्दो-ऽपूर्वाख्यात्मकधर्मे वर्तत इति "विद्वद्भिः सेवित" (अ०२ श्लो०१) इत्यत्र तत्कारणेऽष्टकादौ वाऽपूर्वाख्यस्य धर्मस्य योनिरिति व्याख्यातवान्। संभवश्चोत्पत्ति-र्जगतइत्युक्ता। इदानीं वर्णधर्माच्छृणुत। वर्णधर्मशब्दश्च वर्णधर्माश्रमधर्मवर्णाधर्मगुण-धर्मनैमित्तिकधर्माणामुपलक्षकः। ते च भविष्यपुराणोक्ताः "वर्णधर्मः स्मृतस्त्वेक आश्रमाणामतः परम्। वर्णाश्रमस्तृतीयस्तु गौणो नैमित्तिकस्था।। वर्णत्वमेकमाश्रित्य यो धर्मः संप्रवर्तते। स खल्वाश्रमधर्मस्तु भिक्षादण्डादिको यथा।। वर्णत्वमाश्रमत्वं च योऽधिकृत्य प्रवर्तते। वर्णधर्मः स उक्तस्तु यथोपनयनं नृप।। यस्त्वाश्रमं समाश्रित्य अधिकारः प्रवर्तते। स वर्णाश्रमधर्मस्तु मौञ्जीया मेखला यथा।। यो गुणेन प्रवर्तेत गुणधर्मः स उच्यते। यथा मूर्धाभिषिक्तस्य प्रजानां परिपालनम्।। निमित्तमेकमाश्रित्य यो धर्मः संप्रवर्तते। नैमित्तिकः सः विज्ञेयः प्रायश्चित्तविधिर्यथा"।।२५।।

Thus has been briefly described the source of virtue, as well as the origin of all (the universe). Now hear me describe the respective duties of the different social orders. (25)

वैदिकैः कर्मभिः पुण्यैर्निषेकादिर्द्विजन्मनाम्।

कार्यः शरीरसंस्कारः पावनः प्रेत्य चेह च।।२६।।

मुक्ता०:—वेदमूलत्वाद्वैदिकैः पुण्यैः शुभैर्मन्त्रयोगादिकर्मभिर्द्विजातीनां गर्भाधानादिशरीरसंस्कारः कर्तव्यः। पावनः पापक्षयहेतुः। प्रेत्य परलोके संस्कृतस्य यागादिफलसंबन्धात्, इह लोके च वेदाध्ययनाद्यधिकारात्।।२६।।

With the auspicious *Vedic rites*, the purification of the bodies of twice-born ones shall be effected, as (exemplified in) the rites of *Garbhādhānam*, etc. These Vedic rites are purifying both in this life and the next. (26)

कुतः पापसंभवो येनैषां पापक्षयहेतुत्वमत आह-

गार्भैर्होमैर्जातकर्मचौडमोञ्जीनिबन्धनैः।
बैजिकं गार्भिकं चैनो द्विजानामपमृज्यते॥२७॥

मुक्ता०:—ये गर्भशुद्धये क्रियन्ते ते गार्भाः। होमग्रहणमुपलक्षणम्। गर्भाधानादेरहोमरूपत्वात् जातस्य यत्कर्म मन्त्रवत्सर्पिःप्राशनादिरूपं तज्जातकर्म। चौडं चूडाकरणकर्म। मौञ्जीनिबन्धनमुपनयनम्। एतैर्बैजिकं प्रतिषिद्धमैथुनसंकल्पादिना च पैतृकरेतोदोषाद्यत्पापं गार्भिकं चाशुचिमातृगर्भवासजं तद्द्विजातीनामपमृज्यते॥२७॥

By means of the *Vedic rites* of consecration of the womb, post-natal purification, tonsure, and initiation with the thread, the sin of the twice-born ones, pertaining to the seed and womb (of their parents), is absolved. (27)

स्वाध्यायेन व्रतैर्होमस्त्रैविद्येनेज्यया सुतैः।
महायज्ञैश्च यज्ञैश्च ब्राह्मीयं क्रियते तनुः॥२८॥

मुक्ता०:—वेदाध्ययनेन। व्रतैर्मधुमांसवर्जनादिनियमैः। हौमैः सावित्रचरुहोमादिभिः। सायंप्रातर्होमैश्च। त्रैविद्याख्येन च। व्रतेष्वप्राधान्यादस्य पृथगुपन्यासः। इज्यया ब्रह्मचर्यावस्थायां देवर्षिपितृतर्पणरूपया, गृहस्थावस्थायां पुत्रोत्पादनेन। महायज्ञैःपञ्चभिर्ब्रह्मयज्ञादिभिः। यज्ञैर्ज्योतिमादिभिः। ब्राह्मी ब्रह्मप्राप्तियोग्येयं तनुः तन्ववच्छिन्न आत्मा क्रियते। कर्मसहकृतब्रह्मज्ञानेन मोक्षावाप्तेः॥२८॥

The study of the three Vedas, vows, burnt offerings, Ijās, sons, the great sacrifices and sacrifices make the soul of a man competent to attain to *Brahma.* (28)

प्राङ्नाभिवर्धनात्पुंसो जातकर्म विधीयते।
मन्त्रवत्प्राशनं चास्य हिरण्यमधुसर्पिषाम्॥२९॥

मुक्ता०:—नाभिच्छेदनात्प्राक् पुरुषस्य जातकर्माख्यः संस्कारः क्रियते। तदा तास्य स्वगृह्योक्तमन्त्रैः स्वर्णमधुघृतानां प्राशनम्॥२९॥

The right of *Jātakarma* (post-natal purification) shall be done unto a male child before the cutting of its umbilical cord; and at that time, it should be fed with honey, clarified butter, and gold-leaf. (29)

नामधेयं दशम्यां तु द्वादश्यां वाऽस्य कारयेत्।
पुण्ये तिथौ मुहूर्ते वा नक्षत्रे वा गुणान्विते॥३०॥

मुक्ता०:—जातकर्मेति पूर्वश्लोके जन्मनः प्रस्तुतत्वाज्जन्मापेक्षयैव दशमे द्वादशे वाऽहनि अस्य शिशोर्नामधेयं स्वयमसंभवे कारयेत्। अथवा "आशौचे तु व्यतिक्रान्ते

नामकर्म विधीयते" इति शङ्खवचनाद्दशमेऽहन्यतीते एकादशाह इति व्याख्येयम्। तत्राप्यकरणे प्रशस्ते तिथौ प्रशस्त एव मुहूर्ते नक्षत्रे च गुणवत्येव ज्योतिषावगते कर्तव्यम्। वाशब्दोऽवधारणे।।३०।।

The *rite of nomenclature* shall be done unto it, in the tenth or twelfth month, on a day maked by an auspicious star, or by an auspicious phase of the moon, or by a good Muhūrta. (30)

माङ्गल्यं ब्राह्मणस्य स्यात्क्षत्रियस्य बलान्वितम्।
वैश्यस्य धनसंयुक्तं शूद्रस्य तु जुगुप्सितम्।।३१।।

मुक्ता०:–ब्राह्मणादीनां यथाक्रमं मङ्गलबलधननिन्दावाचकानि शुभबल-वसुदीनादीनि नामानि कर्तव्यानि।।३१।।

The name of a *Brāhmaṇa* shall be a term of blissful import, that of a *Kṣatriya* shall be one denoting strength, that of a *Vaiśya* shall be one connected with a term denoting wealth, (and) the name of a *Śūdra* shall be a term implying vileness. (31)

इदानीमुपपदनियमार्थमाह-

शर्मवद्ब्राह्मणस्य स्याद्राज्ञो रक्षासमन्वितम्।
वैश्यस्य पुष्टिसंयुक्तं शूद्रस्य प्रैष्यसंयुतम्।।३२।।

मुक्ता०:–एषां यथाक्रमं शर्मरक्षापुष्टिप्रैष्यवाचकानि कर्तव्यानि, शर्मवर्मभूतिदासदीनि उपपदानि कार्याणि। उदाहरणानि नु शुभशर्मा, बलवर्मा, वसुभुतिः, दीनदास, इति। तथा च यमः "शर्म देवश्च विप्रस्य वर्म त्राता च भूभुजः। भूतिदत्तश्च वैश्यस्य दासः शूद्रस्य कारयेत्।।" विष्णुपुराणेऽप्युक्तम् "शर्मवद्ब्राह्मणस्योक्तं वर्मेति क्षत्रसंयुतम्। गुप्तदासात्मकं नाम प्रशस्तं वैश्यशूद्रयोः"।।३२।।

The name of a *Brāhmaṇa* shall be prefixed to Śarman, that of a *Kṣatriya* shall be coupled with a term denoting protection, the name of a Vaiśya shall be prefixed to a term denoting prosperity, and that of a Śūdra shall be a term prefixed to one denoting service. (32)

स्त्रीणां सुखोद्यमक्रूरं विस्पष्टार्थं मनोहरम्।
मङ्गल्यं दीर्घवर्णान्तमाशीर्वादाभिधानवत्।।३३।।

मुक्ता०:–सुखोच्चार्यमक्रूरार्थवाचि व्यक्ताभिधेयं मनःप्रीतिजननं मङ्गलवाचि दीर्घस्वरान्तं आशीर्वाचकेनाभिधानेन शब्देनोपेतं स्त्रीणां नाम कर्तव्यम्। यथा यशोदादेवीति।।३३।।

Of women, the names shall be terms which can be easily pronounced, not of any cruel import, explicit in their meanings, sweet, of auspicious significations, ending in long sounds and coupled with terms implying bliss or benediction. (33)

चतुर्थे मासि कर्त्तव्यं शिशोर्निष्क्रमणं गृहात्।

षष्ठेऽन्नप्राशनं मासि यद्वेष्टं मङ्गलं कुले।।३४।।

मुक्ता०:—चतुर्थे मासे बालस्य जन्मग्रहान्निष्क्रमणमादित्यदर्शनार्थं कार्यम्। अन्नप्राशनं च षष्ठे मासे, अथवा कुलधर्मत्वेन यन्मङ्गलमिष्टं तत्कर्तव्यं तेनोक्तकालादन्यकालेऽपि निष्क्रमणम्। तथा च यमः "ततस्तृतीये कर्तव्यं मासि सूर्यस्य दर्शनम्" सकलसंस्कारशेषश्चायम्। तेन नाम्नां शर्मादिकमप्युपपदं कुलाचारेण कर्तव्यम्।।३४।।

In the fourth month shall be done the rite of showing the child to the sun; in the sixth month, the rite of feeding the child with boiled rice, or according to the custom obtaining in the family. (34)

चूडाकर्म द्विजातीनां सर्वेषामेव धर्मतः।

प्रथमेऽब्दे तृतीये वा कर्त्तव्यं श्रुतिचोदनात्।।३५।।

मुक्ता०:—चूडाकरणं प्रथमे वर्षे तृतीये वा द्विजातीनां धर्मतो धर्मार्थं कार्यम्। श्रुतिचोदनात्। "यत्र बाणाः संपतन्ति कुमारा विशिखा इव" इति मन्त्रलिङ्गात्कुलधर्मानुसारेणायं व्यवस्थितविकल्पः। अत एवाश्वलायनगृह्यसूत्रम् "तृतीये वर्षे चौलं यथाकुलधर्मं वा" (अ०१ खं०१७)।।३५।।

For virtue, the *rite of tousure,* in respect of all the twice-born orders, shall be done unto the child in its first or third year, as ordained by the *Śruti*. (35)

गर्भाष्टमेऽब्दे कुर्वीत ब्राह्मणस्योपनयनम्।

गर्भादेकादशे राज्ञो गर्भात्तु द्वादशे विशः।।३६।।

मुक्ता०:—गर्भवर्षादष्टमे वर्षे ब्राह्मणस्योपनयनं कर्तव्यम्। उपनयनमेवोपनायनम्। "अन्येषामपि दृश्यते" (पा०सू० ६।३।१३७) इति दीर्घः। गर्भैकादशे क्षत्रियस्य गर्भद्वादशे वैश्यस्य।।३६।।

The *rite of initiation* with the thread shall be done unto a Brāhmaṇa boy in his eight year unto a Kṣatriya boy in his eleventh year, and unto a Vaiśya boy in his twelfth year, counted from the day of conception. (36)

ब्रह्मवर्चसकामस्य कार्यं विप्रस्य पञ्चमे।

राज्ञो बलार्थिनः षष्ठे वैश्यस्येहार्थिनोऽष्टमे॥३७॥

मुक्ता०:—वेदाध्ययनतदर्थज्ञानादिप्रकर्षकृतं तेजो ब्रह्मवर्चसं तत्कामस्य ब्राह्मणस्य गर्भपञ्चमे वर्षे उपनयनं कार्यम्। क्षत्रिस्य हस्त्यश्वादिराज्यबलार्थिनो गर्भषष्ठे। वैश्यस्य बहुकृत्यादिचेष्टार्थिनो गर्भाष्टमे गर्भवर्षाणामेव प्रकृतत्त्वात्। यद्यपि बालस्य कामना न संभवति तथापि तत्पितुरेव तद्गतफलकामना तस्मिन्नुपचर्यते॥३७॥

Wishing the energy of Brahma, a Brāhmaṇa (boy) should be initiated with the thread in his fifth year; wishing strength a Kṣatriya boy should be so initiated in his sixth year; and wishing wealth, a Vaiśya boy should be intiated with the thread in his eighth year. (37)

आषोडशाद्ब्राह्मणस्य सावित्री नातिवर्तते।

आद्वाविंशात्क्षत्रबन्धोराचतुर्विंशतेर्विशः॥३८॥

मुक्ता०:—अभिविधावाङ्। ब्राह्मणक्षत्रियविशामुक्ताष्टमैकादशद्वादशवर्षद्वैगुण्यस्य विवक्षितत्वात् षोडशवर्षपर्यन्तं ब्राह्मणस्य सावित्र्यर्थे वचनमुपनयनं नातिक्रान्तकालं भवति। क्षत्रियस्य द्वाविंशतिवर्षपर्यन्तम्। वैश्यस्य चतुर्विंशतिवर्षपर्यन्तम्। अत्र मर्यादायामाङ्। केचिद्व्याख्यापयन्ति यमवचनदर्शनात्। तथा च यमः-"पतिता यस्य सावित्री दश वर्षाणि पञ्च च। ब्राह्मणस्य विशेषेण तथा राजन्यवैश्ययोः॥ प्रायश्चित्तं भवेदेषां प्रोवाच वदतां वरः। विवस्वतः सुतः श्रीमान्यमो धर्मार्थतत्त्ववित्॥ सशिखं वपनं कृत्वा व्रतं कुर्यात्समाहितः। हविष्यं भोजयेदन्नं ब्राह्मणान्सप्त पञ्च वा"॥३८॥

The time for initiation with the thread (Sāvitrī) in respect of a Brāhmaṇa lasts till his sixteenth year; that of a Kṣatriya, till his twenty-second year; and that of a Vaiśya, till his twentyfourth year. (38)

अत ऊर्ध्वं त्रयोऽप्येते यथाकालमसंस्कृताः।

सावित्रीपतिता व्रात्या भवन्त्यार्यविगर्हिताः॥३९॥

मुक्ता०:—एते ब्राह्मणादयो यथाकालं यो यस्यानुकल्पिकोऽप्युपनयनकाल उक्तः षोडशवर्षादिपर्यन्तं तत्रासंस्कृतास्तदूर्ध्वं सावित्रीपतिता उपनयनहीनाः शिष्टगर्हिता व्रात्यसंज्ञा भवन्ति। संज्ञाप्रयोजनं च 'व्रात्यानां याजनं कृत्वा' (मनु० अ०११ श्लो०१९७) इत्यादिना व्यवहारसिद्धिः॥३९॥

Henceforth (beyond these age-limits) these three twice born ones, not duly initiated with the thread, become Vrātyas (of broken vows), and are degraded from the society of the Āryans. (39)

नैतैरपूतैर्विधिवदापद्यपि हि कर्हिचित्।
ब्राह्मान्यौनांश्च संबन्धान्नाचरेद्ब्राह्मणः सह॥४०॥

मुक्ता०:—एतैरपूतैर्व्रात्यैर्यथाविधिप्रायश्चित्तमकृतवद्भिः सह आपत्कालेऽपि कदाचिदध्यापनकन्यादानादीन् संबन्धान्ब्राह्मणो नानुतिष्ठेत्॥४०॥

A *Brāhmaṇa* even in the time of distress, must not hold any connection with these Vrātyas, not duly expiated according to the regulation, either by marriage, or by (Vedic) study. (40)

कार्ष्णरौरवबास्तानि चर्माणि ब्रह्मचारिणः।
वसीरन्नानुपूर्वेण शाणक्षौमादिकानि च॥४१॥

मुक्ता०:—कार्ष्ण इति विशेषानभिधानेऽपि मृगविशेष रुरुसाहचर्यात्। "हारिणमैणेयं वा कार्ष्णं वा ब्राह्मणस्य" इत्यापस्तम्बवचनाच्च कृष्णमृगो गृह्यते। कृष्णमृगरुरुच्छाग-चर्माणि ब्रह्मचारिण उत्तरीयाणि वसीरन्। "चर्माण्युत्तरीयाणि" इति गृह्यवचनात्। तथा शणक्षुमामेषलोमभवान्यधोवसनानि ब्राह्मणादयः क्रमेण परिदधीरन्॥४१॥

The *Bramacārins* (of the three social orders) shall respectively wear hempen, silken, and woolen cloths, and put on upper sheets (uttariyas) respectively made of the skins of the antelope, *Ruru* (a species of deer) and goat. (41)

मौञ्जी त्रिवृत्समा श्लक्ष्णा कार्या विप्रस्य मेखला।
क्षत्रियस्य तु मौर्वी ज्या वैश्यस्य शणतान्तवी॥४२॥

मुक्ता०:—मुञ्जमयी त्रिगुणा समगुणत्रयनिर्मिता सुखस्पर्शा ब्राह्मणस्य मेखला कर्तव्या। क्षत्रियस्य मूर्वामयी ज्या धनुर्गुणरूपा मेखला। अतो ज्यात्वविनाशापत्तेस्त्रिवृत्त्वं नास्तीति मेधातिथिगोविन्दराजौ। वैश्यस्य शणसूत्रमयी। अत्र त्रैगुण्यमनुवर्तत एव। "त्रिगुणाः प्रदक्षिणा मेखला" इति सामान्येन प्रचेतसा त्रैगुण्याभिधानात्॥४२॥

The girdle of a Brāhmaṇa (student) shall be made of three strings of *Muñjā grass,* evenly and smoothly tied, that of a *Kṣatriya* shall be made of hemp-twists. (42)

मुञ्जालाभे तु कर्त्तव्याः कुशाश्मन्तकबल्वजैः।
त्रिवृता ग्रन्थिनैकेन त्रिभिः पञ्चभिरेव वा॥४३॥

मुक्ता०ः—कर्तव्या इति बहुवचननिर्देशाद्ब्रह्मचारित्रयस्य प्रकृतत्वान्मुख्यालाभे त्रिष्वप्यपेक्षायाः समत्वात्कौशादीनां च तिसृणां विधानान्मुञ्जाद्यलाभ इति बोद्धव्यम्। कर्तव्या इति बहुवचनमुपपन्नतरम्। भिन्नजातिसंबन्धितयेति ब्रुवाणस्य मेधातिथेरपि बहुवचनपाठः संमतः। मुञ्जाद्यलाभे ब्राह्मणादीनां त्रयाणां यथाक्रमं कुशादिभिस्तृणविशेषैर्मेखलाः कार्याः। त्रिगुणेनैकग्रन्थिना युक्तास्त्रिभिर्वा पञ्चभिर्वा। अत्र च वा शब्दनिर्देशाद्ग्रन्थानां न विप्रादिभिः क्रमेण संबन्धः किंतु सर्वत्र यथाकुलाचारं विकल्पः। ग्रन्थिभेदश्चायं मुख्यामुख्यापेक्षासंभवाद्ग्रहीतव्यः॥४३॥

In the absence of *Muñjā grass*, etc., the girdles of (*Brāhmaṇas, Kṣatriyas* and Vaiśyas) shall be respectively made of the fibres of *Kuśa, Aṣmantuka* and *Valvaja*, consisting of one, three, or five ties, (according to the family-custom, each tie being tied with three strings of such fibre-thread. (43)

कार्पासमुपवीतं स्याद्विप्रस्योर्ध्ववृतं त्रिवृत्।
शणसूत्रमयं राज्ञो वैश्यस्याविकसौत्रिकम्॥४४॥

मुक्ता०ः—यदीयविन्यासविशेषस्योपवीतसंज्ञां वक्ष्यति तद्धर्मिब्राह्मणस्य कार्पासम्, क्षत्रियस्य शणसूत्रमयम्, वैश्यस्य मेषलोमनिर्मितम्। त्रिवृदिति त्रिगुणं कृत्वा ऊर्ध्ववृतं दक्षिणावर्तितम्। एतच्च सर्वत्र संबध्यते। यद्यपि गुणत्रयमेवोर्ध्ववृतं मनुनोक्तं तथापि तन्त्रिगुणीकृत्य त्रिगुणं कार्यम्। तदुक्तं छन्दोगपरिशिष्टे-"ऊर्ध्वं तु त्रिवृतं कार्यं तन्तुत्रयमधोवृतम्। त्रिवृतं चोपवीतं स्यात्तस्यैको ग्रन्थिरिष्यते॥" देवलोऽप्याह-"यज्ञोपवीतं कुर्वीत सूत्राणि नवतन्तवः"॥४४॥

The holy thread of a *Brāhmaṇa* shall be made with three strings of cotton thread, that of a *Kṣatriya* with three strings of hempen thread, and that of a *Vaiśya* with three strings of woolen thread, suspended from the upper (part of the body). (44)

ब्राह्मणो बैल्वपालाशौ क्षत्रियो वाटखादिरौ।
पैलवौदुम्बरौ वैश्यो दण्डानर्हन्ति धर्मतः॥४५॥

मुक्ता०ः—यद्यपि द्वन्द्वनिर्देशेन समुच्चयावगमाद्धारणमपि समुच्चितस्यैव प्राप्तं तथापि "केशान्तिको ब्राह्मणस्य दण्डः कार्य" (मनु० अ०२ श्लो०४६) इति, तथा "प्रतिगृह्येप्सितं दण्डम्" (मनु० अ०२ श्लो०४८) इति विधावेकत्वस्य विवक्षितत्वात्

"बैल्वः पालाशो वा दण्डः" इति वासिष्ठे विकल्पदर्शनादेकस्यैव दण्डस्य धारणविकल्पितयोरेवैकब्राह्मणसंबन्धात्समुच्चयो द्वन्द्वेनानूद्यते ब्राह्मणादयो विकल्पेन द्वौ द्वौ दण्डौ वक्ष्यमाणकार्ये कर्तुमर्हन्ति।।४५।।

For virtue, a *Brāhmaṇa* shall carry a staff made of the Vilva or the *Palāśa* wood, a *Kṣatriya*, one made of the *Vaṭa* or the *Catecu* wood; and a *Vaiśya* one made of the *Pilu* or the *Audumvara* wood. (45)

केशान्तिको ब्राह्मणस्य दण्डः कार्यः प्रमाणतः।
ललाटसंमितो राज्ञः स्यात्तु नासान्तिको विशः।।४६।।

मुक्ता०:—केशललाटनासिकापर्यन्तपरिमाणक्रमेण ब्राह्मणादीनां दण्डाः कर्तव्याः।।४६।।

The staff of a Brāhmaṇa (religious student) shall be made of a height so as to reach to the hair of his head, that of a Kṣatriya (student) shall of a height so as to reach his forehead, while that of a Vaiśya (student) shall be of a height so as to reach up to the tip of his nose. (46)

ऋजवस्ते तु सर्वे स्युरव्रणाः सौम्यदर्शनाः।
अनुद्वेगकरा नृणां सत्त्वचोऽनाग्निदूषिताः।।४७।।

मुक्ता०:—ये दण्डाः अव्रणा अक्षताः शोभनदर्शनाः सवल्कला अग्निदाहरहिता भवेयुः।।४७।।

The staff shall be straight, whole barked, not eaten into by worms (lit. unulcerated), beautiful to look at, unburnt, and uncreative of terror to any person. (47)

न च तैः प्राणिजातमुद्वेजनीयमित्याह-

प्रतिगृह्येप्सितं दण्डमुपस्थाप्य च भास्करम्।
प्रदक्षिणं परीत्याग्निं चरेद्भैक्षं यथाविधि।।४८।।

मुक्ता०:—उक्तलक्षणं प्राप्तुमिष्टं दण्डं गृहीत्वा आदित्याभिमुखं स्थित्वाग्निं प्रदक्षिणीकृत्य यथाविधि भैक्षं याचेत्।।४८।।

With such a desirable staff in his hand, and having worshipped the sun and thrice circumambulated the fire, he (a religious student) shall go forth asking for alms, as laid down in the regulation. (48)

भवत्पूर्वं चरेद्भैक्षमुपनीतो द्विजोत्तमः।
भवन्मध्यं तु राजन्यो वैश्यस्तु भवदुत्तरम्।।४९।।

मुक्ता०:—ब्राह्मणो भवति भिक्षां देहीति भवच्छब्दपूर्वं भिक्षां याचन्वाक्यमुच्चारयेत्। क्षत्रियो भिक्षां भवति देहीति भवन्मध्यम्। वैश्यो भिक्षां देहि भवतीति भवदुत्तरम्।।४९।।

The foremost of the twice-born ones (a Brāhmaṇa student), duly initiated with the thread, shall beg alms bypronouncing the term "*Bhavat*" in the first part, a *Kṣatriya*, by uttering it in the middle part, and a *Vaiśya* by uttering it at the end, (of his begging formula). (49)

मातरं वा स्वसारं वा मातुर्वा भगिनीं निजाम्।
भिक्षेत भिक्षां प्रथमं या चैनं नावमानयेत्।।५०।।

मुक्ता०:—उपनयनाङ्गभूतां भिक्षां प्रथमं मातरं भगिनीं वा मातुर्वा भगिनीं सहोदरां याचेत् चैन ब्रह्मचारिणं प्रत्याख्यानेन नावमन्येत। पूर्वासंभव उत्तरापरिग्रहः।।५०।।

He shall beg alms first of his own mother, or sister, or mother's sister or of any other woman, who might not insult him with a refusal. (50)

समाहृत्य तु तद्भैक्षं यावदन्नममायया।
निवेद्य गुरवेऽश्नीयादाचम्य प्राङ्मुखः शुचिः।।५१।।

मुक्ता०:—तद्भैक्षं बहुभ्य आहृत्य यावदन्नं तृप्तिमात्रोचितं गुरवे निवेद्य, निवेदनं कृत्वा अमायया न कदन्नेन सदन्नं प्रच्छाद्यैवमेतद्गुरुर्ग्रहीष्यतीत्यादिमायाव्यतिरेकेण तदनुज्ञात आचमनं कृत्वा, शुचिः सन् भुञ्जीत प्राङ्मुखः।।५१।।

Having collected so much alms as necessary and undeceitfully made over the same to his preceptor, he shall sip water; and pure in body, he shall eat his meal, sitting with his face towards the east. (51)

इदानीं काम्यभोजनमाह-

आयुष्यं प्राङ्मुखो भुङ्क्ते यशस्यं दक्षिणामुखः।
श्रियं प्रत्यङ्मुखो भुंक्ते ऋतं भुंक्ते ह्युदङ्मुखः।।५२।।

मुक्ता०:—आयुषे हितमन्नं प्राङ्मुखो भुङ्क्ते। आयुःकामः प्राङ्मुखो भुङ्क्ते इत्यर्थः। यशसे हितं दक्षिणामुखः। श्रियमिच्छन्प्रत्यङ्मुखः। ऋतं—सत्यं तत्फलमिच्छन्नुदङ्मुखो भुञ्जीत।।५२।।

He, who eats his meal with his face towards the east,

acquires longevity, by eating his meal with his face towards the south, a person acquires fame. He, who eats his meal with his face towards the west, acquires opulence; by eating with his face towards the north, he acquires truthfulness. (52)

उपस्पृश्य द्विजो नित्यमन्नमद्यात्समाहितः।
भुक्त्वा चोपस्पृशेत्सम्यगद्भिः खानि च संस्पृशेत्॥५३॥

मुक्ता०:–'निवेद्य गुरवेऽश्नीयादाचम्य' (म० अ०२ श्लो०५१) इति यद्यपि भोजनात्प्रागाचमनं विहितं तथाप्यद्भिः खानि च संस्पृशेदिति गुणविधानार्थोऽनुवादः। नित्यं ब्रह्मचर्यानन्तरमपि द्विज आचम्यान्नं भुञ्जीत। समाहितोऽनन्यमनाः भुक्त्वा चाचामेदिति। सम्यग्यथाशास्त्रम्। तेन "प्रक्षाल्य हस्तौ पादौ च त्रिः पिबेदम्बु वीक्षितम्" इत्यादि दक्षाद्युक्तमपि संगृह्णाति। जलेन खानीन्द्रियाणि षट् छिद्राणि च स्पृशेत्, तानि च शिरःस्थानि घ्राणचक्षुःश्रोत्रादीनि ग्रहीतव्यानि। "खानि चोपस्पृशेच्छीर्षण्यानि" इति गौतमवचनात्। उपस्पर्शनं कृत्वा खानि संस्पृशेदिति पृथग्विधानन्त्रिरब्भक्षणमात्रमाचमनम्, खस्पर्शनादिकमितिकर्तव्यतेति दर्शितम्॥५३॥

Having sipped water, a twice-born one shall eat his meal, each day, self-controlled; having eaten, he shall again sip water and touch the external orifices of his organs with water. (53)

पूजयेदशनं नित्यमद्याच्चैतदकुत्सयन्।
दृष्ट्वा हृष्येत्प्रसीदेच्च प्रतिनन्देच्च सर्वशः॥५४॥

मुक्ता०:–सर्वदा अन्नं पूजयेत्प्राणार्थत्वेन ध्यायेत्। तदुक्तमादिपुराणे "अन्नं विष्णुः स्वयं प्राह" इत्यनुवृत्तौ "प्राणार्थं मां सदा ध्यायेत्स मां संपूजयेत्सदा। अनिन्दंश्चैतदद्यात्तु दृष्ट्वा हृष्येत्प्रसीदेच्च।" इति। हेत्वन्तरमपि खेदमन्नदर्शनेन त्यजेत्। प्रतिनन्देत् नित्यमस्माकमेतदस्त्वित्यभिधाय वन्दनं प्रतिनन्दनम्। तदुक्तमादिपुराणे–"अन्नं दृष्ट्वा प्रणम्यादौ प्राञ्जलिः कथयेत्ततः। अस्माकं नित्यमस्त्वेतदिति भक्त्या स्तुवन्नमेत्॥" सर्वशः सर्वमन्नम्॥५४॥

Each day, having worshipped it, and without speaking ill of it, he shall eat his food. Let him rejoice at the sight of his entire food (lit. boiled rice), and propitiate it, and pray it to be available, each day. (54)

पूजितं ह्यशनं नित्यं बलमूर्जं च यच्छति।
अपूजितं तुं तद्भुक्तमुभयं नाशयेदिदम्॥५५॥

मुक्ता०:—यस्मात्पूजितमन्नं सामर्थ्यं वीर्यं च ददाति। अपूजितं पुनरेतदुभयं नाशयति। तस्मात्सर्वदाऽन्नं पूजयेदिति पूर्वेणैकवाक्यतापन्नमिदं फलश्रवणम्। स्तुत्यर्थं संध्यावन्दनादावुपात्तदुरितक्षयवन्नित्यं कामनाविषयत्वेनापि नित्यश्रुतिरविहता। नित्यश्रुतिविरोधात् फलश्रवणं स्तुत्यर्थमिति तु मेधातिथिगोविन्दराजौ।।५५।।

Food, daily worshipped gives strength and vitality. Unworshipped food destroys both the worlds of its partaker. (55)

नोच्छिष्टं कस्यचिद्दद्यान्नाद्याच्चैव तथान्तरा।
न चैवात्यशनं कुर्यान्न चोच्छिष्टः क्वचिद्व्रजेत्।।५६।।

मुक्ता०:—भुक्तावशेषं कस्यचिन्न दद्यात्। चतुर्थ्यां प्राप्तायां संबन्धमात्रविवक्षया षष्ठी। अनेनैव सामान्यनिषेधेन शूद्रस्याप्युच्छिष्टदाननिषेधे सिद्धे "नोच्छिष्टं न हविष्कृतम्" इति शूद्रगोचरनिषेधश्चातुर्थः स्नातकव्रतत्वार्थः। दिवासायंभोजनयोश्च मध्ये न भुञ्जीत वारद्वयेऽप्यतिभोजनं न कुर्यान्नातिसौहित्यमाचरेदिति चातुर्थं स्नातकव्रतार्थम्। उच्छिष्टः सन् क्वचिन्न गच्छेत्।।५६।।

Let him not eat the leaving of any body's (food) nor take a (third) meal during the interval of his morning and evening ones. Let him avoid over-eating. He must not go anywhere without washing his mouth after eating. (56)

अतिभोजने दोषमाह—

अनारोग्यमनायुष्यमस्वर्ग्यं चातिभोजनम्।
अपुण्यं लोकविद्विष्टं तस्मात्तत्परिवर्जयेत्।।५७।।

मुक्ता०:—अरोगो रोगाभावस्तस्मै हितमारोग्यं, आयुषे हितमायुष्यम्। यस्मादतिभोजनमनानारोग्यमनायुष्यं च भवति अजीर्णजनकत्वेन रोगमरणहेतुत्वात्। अस्वर्ग्यं च स्वर्गहेतुयागादिविरोधित्वात्। अपुण्यमितरपुण्यप्रतिपक्षत्वात्। लोकविद्विष्टं बहुभोजिया लोकैर्निन्दनात्। तस्मात्तन्न कुर्यात्।।५७।।

Over-eating brings on ill health, shortens the duration of life, proves hostile to acts (sacrifices) which lead to heaven, is sinful and condemned by men. Hence, let him avoid over-eating. (57)

ब्राह्मेण विप्रस्तीर्थेन नित्यकालमुपस्पृशेत्।
कायत्रैदशिकाभ्यां वा न पित्र्येण कदाचन।।५८।।

मुक्ता०:–ब्राह्मादिसंज्ञेयं शास्त्रे संव्यवहारार्था च। न तु मुख्यं ब्रह्मदेवताकत्वं संभवति। अयागरूपत्वात्। तीर्थशब्दोऽपि पावनगुणयोगाद्ब्राह्मेण तीर्थेन सर्वदा विप्रादिराचमेत्। कः प्रजापतिस्तदीयः, "तस्येदम्" (पा०सू० ४।३।१२०) इत्यण् इकारश्चान्तादेशः। त्रैदशिको देवस्ताभ्यां वा। पित्र्येण तु तीर्थेन न कदाचिदाचामेत्। अप्रसिद्धत्वात्।।५८।।

Always shall a *Brāhmaṇa* sip water with the Brahma-tirtham, with the *Kāya,* or with the *Daivatīrtham,* but never with the pitṛ-tīrtham. (58)

ब्राह्मादितीर्थान्याह–

अङ्गुष्ठमूलस्य तले ब्राह्मं तीर्थं प्रचक्षते।
कायमङ्गुलिमूलेऽग्रे दैवं पित्र्यं तयोरधः।।५९।।

मुक्ता०:–अङ्गुष्ठमूलस्याधोभागे ब्राह्मं, कनिष्ठाङ्गुलिमूले कायं, अङ्गुलीनामग्रे दैवं, अङ्गुष्ठप्रदेशिन्योर्मध्ये पित्र्यं तीर्थं मन्वादय आहुः। यद्यपि "कायमङ्गुलिमूलेऽग्रे दैवं पित्र्यं, तयोरधः" इत्यत्र चाङ्गुलिमात्रं श्रुतं तथापि स्मृत्यन्तराद्विशेषपरिग्रहः। तथाच याज्ञवल्क्यः "कनिष्ठादेशिन्यङ्गुष्ठमूलान्यग्रं करस्य च। प्रजापतिपितृब्रह्म-देवतीर्थान्यनुक्रमात्।।" (अ०१ श्लो०१९)।।५९।।

The region about the ball of the thumb is called the Brahma-tīrtham, the Kāya-tīrtham lies at the root of the small finger, the Daivam-tīrtham lies at the tips of the fingers, and the Pitṛ-tīrtham (sacred to the manes) lies between the middle parts of the index and the small fingers. (59)

सामान्येनोपदिष्टस्याचमनस्यानुष्ठानक्रममाह–

त्रिराचामेदपः पूर्वं द्विः प्रमृज्यात्ततो मुखम्।
खानि चैव स्पृशेदद्भिरात्मानं शिर एव च।।६०।।

मुक्ता०:–पूर्वं ब्राह्मादितीर्थेन जलगण्डूषत्रयं पिबेत्। अनन्तरं संवृत्यौष्ठाधरौ वारद्वयमङ्गुष्ठमूलेन संभृज्यात्। "संवृत्याङ्गुष्ठमूलेन द्विः प्रमृज्यात्ततो मुखम्" इति दक्षेण विशेषाभिधानात्। खानि चेन्द्रियाणि जलेन स्पृशेत्। मुखस्य सन्निधानान्मुखान्येव। गोतमोऽप्याह–"खानि चोपस्पृशेच्छीर्षण्यानि"। हृद्यन्तर्ज्योतिः पुरुषः" (बृह०४।३।७) इत्युपनिषत्सु हृदयदेशत्वेनात्मनः श्रवणादात्मानं हृदयं शिरश्चाद्भिरेव स्पृशेत्।।६०।।

First, let him thrice sip water, and then twice rub his closed lips with the tip of his wet thumb. After that, let him touch his organs, chest and head with water. (60)

अनुष्णाभिरफेनाभिरद्भिस्तीर्थेन धर्मवित्।
शौचेप्सुः सर्वदाचामेदेकान्ते प्रागुदङ्मुखः॥६१॥

मुक्ता०ः—अनुष्णीकृताभिः फेनवर्जिताभिर्ब्राह्माादितीर्थेन शौचमिच्छन्नेकान्ते जनैरनाकीर्णे शुचिदेश इत्यर्थः। प्राङ्मुख उदङ्मुखो वा सर्वदाऽऽचामेत्। आपस्तम्बेन "तप्ताभिश्च कारणात्" इत्यभिधानाद्याध्यादिकारण्व्यतिकेण नाचामेत्। व्याध्यादौ तु उष्णीकृताभिरप्याचमने दोषाभावः। तीर्थव्यतिरेकेणाचमने शौचाभाव इति दर्शयितुमुक्तस्यापि तीर्थस्य पुनर्वचनम्॥६१॥

A person, conversant with virtue, and seeking purification, shall sit in a lonely place, facing towards the east or the north and constantly do the rite of *Ācamanam* (sipping water) with cool, frothless water by the aid of the (above-said) Tīrthas. (61)

आचमनजलपरिमाणमाह—

हृद्गाभिः पूयते विप्रः कण्ठगाभिस्तु भूमिपः।
वैश्योऽद्भिः प्राशिताभिस्तु शूद्रः स्पृष्टाभिरन्ततः॥६२॥

मुक्ता०ः—ब्राह्मणो हृदयगामिनीभिः क्षत्रियः कण्ठगामिनिभिः, वैश्योऽन्तरास्यप्रविष्टाभिः कण्ठमप्राप्ताभिरपि, शूद्रो जिह्वौष्ठान्तेनापि स्पृष्टाभिरद्भिः पूतो भवति। अन्तंत इति तृतीयार्थे तसिः॥६२॥

[In connection with the rite of Ācamanam] a *Brāhmaṇa* is purified by sipping water enough to reach down to (the region of) his heart; a *Kṣatriya*, by sipping water enough to moisten his throat; a *Vaiśya* by sipping enough water moisten his mouth; and a *Śūdra*, by sipping a quantity sufficient to moisten his lips and the tip of his tongue. (62)

उद्धृते दक्षिणे पाणावुपवीत्युच्यते द्विजः।
सव्ये प्राचीनआवीती निवीती कण्ठसज्जने॥६३॥

मुक्ता०ः—दक्षिणे पाणावुद्धृते वामस्कन्धस्थिते दक्षिणस्कन्धावलम्बे यज्ञसूत्रे वस्त्रे वोपवीती द्विजः कथ्यते। वामपाणावुद्धृते दक्षिणस्कन्धस्थिते वामस्कन्धावलम्बे प्राचीनावीती भण्यते। सव्ये प्राचीनआवीतिति छन्दोऽनुरोधादुक्तम्। तथाच गोभिलः-"दक्षिणबाहुमृद्धृत्य शिरोऽवधाय सर्व्येऽसे प्रतिष्ठापयति दक्षिणस्कन्धमवलम्बनं भवत्येवं यज्ञोपवीती भवति,। सव्यं बाहुमुद्धृत्य शिरोऽवधाय दक्षिर्णेऽसे प्रतिष्ठापयति सव्यं कक्ष। मवलम्बनं भवत्येवं प्राचीनावीति भवति।" निवीती कण्ठसज्जन इति

शिरोवधाय दक्षिणपाण्यादावप्यनुद्धृते कण्ठादेव सज्जन ऋजुप्रालम्बे यज्ञसूत्रे वस्त्रे च निवीती भवति॥६३॥

A twice-born one is said to be Upavīti (wearing the holy thread in the usual way) when the holy thread or the upper sheet lies suspended from his left shoulder on his right hip, leaving the right arm untouched and (free). Similarly, when the same lies suspended from his left shoulder, he is called *Prācin āvītī*, when it hangs round his neck (like a necklace), he is called *Nivīti*. (63)

मेखलामजिनं दण्डमुपवीतं कमण्डलुम्।
अप्सु प्रास्य विनष्टानि गृह्णीतान्यानि मन्त्रवत्॥६४॥

मुक्ता०:—मेखलादीनि विनष्टानि भिन्नानि छिन्नानि च जले प्रक्षिप्यान्यानि, स्वस्वगृह्योक्तमन्त्रैर्गृह्णीयात्॥६४॥

A torn girdle (Mekhalā), antelope-skin (Ajina), or holy thread, as well as a broken staff, or ewer should be cast in the water, and a new one should be taken by consecrating it with the Mantra. (64)

केशान्तः षोडशे वर्षे ब्राह्मणस्य विधीयते।
राजन्यबन्धोर्द्वाविंशे वैश्यस्य द्व्यधिके ततः॥६५॥

मुक्ता०:—केशान्ताख्यो गृह्योक्तसंस्कारो "गर्भादिसंख्या वर्षाणाम्" इति बौधायनवचनाद्गर्भषोडशे वर्षे ब्राह्मणस्य, क्षत्रिस्य गर्भद्वाविंशे, वैश्यस्य ततोभ्यद्यधिके गर्भचतुर्विंशे कर्तव्यः॥६५॥

The rite of Keśānta should be done unto a *Brāhmaṇa* in his sixteenth year, unto a Kṣatriya in his twenty-second year, and unto a *Vaiśya* in his twenty-fourth year. (65)

अमन्त्रिका तु कार्येयं स्त्रीणामावृदशेषतः।
संस्कारार्थं शरीरस्य यथाकालं यथाक्रमम्॥६६॥

मुक्ता०:—इयमावृदयं जातकर्मादिक्रियाकलापः समग्र उक्तकालक्रमेण शरीरसंस्कारर्थं स्त्रीणाममन्त्रकः कार्यः॥६६॥

For the purification of their persons, these rites, excepting that of initiation with the thread, shall be done unto women, in due time and in due order, without any Vedic Mantras. (66)

अनेनोपनयनेऽपि प्राप्ते विशेषमाह–

वैवाहिको विधिः स्त्रीणां संस्कारो वैदिकः स्मृतः।
पतिसेवा गुरौ वासो गृहार्थोऽग्निपरिक्रिया।।६७।।

मुक्ता०:–विवाहविधिरेव स्त्रीणां वैदिकः संस्कार उपनयनाख्यो मन्वादिभिः स्मृतः। पतिसेवैव गुरुकुले वासो वेदाध्ययनरूपः। गृहकृत्यमेव सायंप्रातः समिद्धोमरूपोऽग्निपरिचर्या। तस्माद्विवाहादेरुपनयनस्थाने विधानादुपनयनादेर्निवृत्तिरिति।।६७।।

The sacrament of marriage is to a female, what initiation with the thread is to a male. The service of the husband is to the wife, what his residence in the preceptor's house, as a religious student, is to the husband; the household duty is to a woman, what the making of burnt offerings is to a man. (67)

एष प्रोक्तो द्विजातीनामौपनायनिको विधिः।
उत्पत्तिव्यञ्जकः पुण्यः कर्मयोगं निबोधत।।६८।।

मुक्ता०:–उपनायनिक इत्यनुशतिकादित्वादुभयपदवृद्धिः। अयं द्विजातीनामुपनयन सम्बन्धी कर्मलाप उक्त उत्पत्तेद्वितीयजन्मनो व्यञ्जकः ।।६८।।

Thus is described the regulation of initiation with the thread in respect of the twice-born ones, the sacred initiation which is as a second birth unto them. Now hear me describe the acts and duties (*Karma-Yoga*) which are obligatory on them, after initiation. (68)

उपनीय गुरुः शिष्यं शिक्षयेच्छौचमादितः।
आचारमग्निकार्यं च संध्योपासनमेव च।।६९।।

मुक्ता०:–गुरुः शिष्यमुपनीयः प्रथमम् "एकां लिङ्गे तिस्रः" (मनु - ५-१३७) इत्यादि वक्ष्यमाण शौचम्, स्नानाचमनाद्याचारम्, अग्नौ सायंप्रातः समिद्धोमानुष्ठानम्, समन्त्रकसंध्योपासनविधिमेव च शिक्षयेत्।।६९।।

Having initiated a pupil, let the preceptor teach him the rules of purification and good conduct, as well as the mode of doing burnt offerings and *Sandhyās*. (69)

अध्येष्माणस्त्वाचान्तो यथाशास्त्रमुदङ्मुखः।
ब्राह्माञ्जलिकृतोऽध्याप्यो लघुवासा जितेन्द्रियः।।७०।।

मुक्ता०:–अध्ययनं करिष्यमाणः शिष्यो यथाशास्त्रं कृताचमन उत्तराभिमुखः

कृताञ्जलिः पवित्रवस्त्रः कृतेन्द्रियसंयमो गुरुणा अध्याप्यः। "प्राङ्मुखो दक्षिणतः शिष्य उदङ्मुखो वा" इति गोतमवचनात्प्राङ्मुखस्याप्यध्ययनम्। ब्रह्माञ्जलिकृत इति "वाहिताग्न्यादिषु" (पा०सू०२।२३७) इत्यनेन कृतशब्दस्य परनिपातः॥७०॥

For the end of studying the *Vedas*, let a student, self-controlled, clad in a light garment, and looking towards the north, do the rite of *Ācamanam*, and unite his palms in the manner of a *Brahmāñjali* after which, lessons shall be given to him. (70)

ब्रह्मारम्भेऽवसाने च पादौ ग्राह्यौ गुरोः सदा।
संहत्य हस्तावध्येयं स हि ब्रह्माञ्जलिः स्मृतः॥७१॥

मुक्ता०:—वेदाध्ययनस्यारम्भे कर्तव्ये समापने च कृते गुरोः पादोपसंग्रहणं कर्तव्यम्। हस्तौ संहत्य संश्लिष्टौ कृत्वाऽध्येतव्यं। स एव ब्रह्माञ्जलिः स्मृत इति पूर्वश्लोकोक्तब्रह्माञ्जलिशब्दार्थव्याकारः॥७१॥

At the commencement and at the close if his Vedic study, a student shall catch hold of the feet of his preceptor. He shall read with the palms of his hands united. This is called Brahmāñjali (the united palms of Brahma or Vedic study. (71)

व्यत्यस्तपाणिना कार्यमुपसंग्रहणं गुरोः।
सव्येन सव्यः स्प्रष्टव्यो दक्षिणेन च दक्षिणः॥७२॥

मुक्ता०:—पादोपसंग्रहणं कार्यमित्यनन्तरमुक्तं तदव्यत्यस्तपाणिना कार्यमिति विधीयते। कीदृशो व्यत्यासः कार्य इत्यत आह–सव्येन पाणिना सव्यः पादः, दक्षिणेन पाणिना दक्षिणः पादो गुरोः स्प्रष्टव्यः। उत्तानहस्ताभ्यां चेदं पादयोः स्पर्शनं कार्यम्। यदाह पैठीनसिः "उत्तानाभ्यां हस्ताभ्यां दक्षिणेन दक्षिणम्, सव्यं सव्येन पादावभिवादयेत्।" दक्षिणोपरिभावेन व्यत्यासो वाऽयं शिष्टसमाचारात्"॥७२॥

With his arms parallelly outstretched, he shall make obeisance unto his preceptor, by touching his (preceptor's) right-foot with the right, and his left-foot with the left hand of his own. (72)

अध्येष्यमाणं तु गुरुर्नित्यकालमतन्द्रितः।
अधीष्व भो इति ब्रूयाद्विरामोऽस्त्विति चारमेत्॥७३॥

मुक्ता०:—अध्ययनं करिष्यमाणं शिष्यं सर्वदा अनलसो गुरुरधीष्व भो इति प्रथमं वदेत्। शेषे विरामोऽस्त्वित्यभिधाय विरमेन्निवर्तत॥७३॥

Let the preceptor, free from laziness, address his pupil, at the time of teaching, as "O, do you read now," and end his (day's) lesson by saying, let there be a stop here." (73)

ब्रह्मणः प्रणवं कुर्यादादावन्ते च सर्वदा।

स्रवत्यऽनोङ्कृतं पूर्वं पुरस्ताच्च विशीर्यति॥७४॥

मुक्ता०:—ब्रह्मणो वेदस्याध्ययनारम्भे अध्ययनसमाप्तौ चोंकारं कुर्यात्। यस्मात्पूर्वं यस्योऽङ्कारो न कृतस्तत्स्नवति शनैःशनैर्नश्यति। यस्य पुरस्तान्न कृतस्तद्विशीर्यति अवस्थितिमेव न लभते॥७४॥

Let a *Brāhmaṇa* utter *Praṇava* at the commencement and at the end of his study. Praṇava, not uttered at the commencement, leads to the destruction of the reading; not pronounced at the close, it kills the remembrance of the studied subject. (74)

प्राक्कूलान्पर्युपासीनः पवित्रैश्चैव पावितः।

प्राणायामैस्त्रिभिः पूतस्तत ओंकारमर्हति॥७५॥

मुक्ता०:—प्राक्कूलान्प्रागग्रान्दर्भानध्यासीनः पवित्रैः कुशैः करद्वयस्थैः पवित्रीकृतः "प्राणायामास्त्रयः पञ्चदशमात्राः" (१.१९) इति गौतमस्मरणात्पञ्चदशमात्रैस्त्रिभिः प्राणायामैः प्रयतः। अकारादिलध्वक्षरकालश्च मात्रा। ततोऽध्ययनार्थमोंकारमर्हति॥७५॥

Seated on a (mattress) of *Kuśa grass*, with their tops directed towards the east, and purified by taking hold of the *Kuśa blades* in his hands, let him purify himself by practising three Prāṇāyāmas, after which he shall become competent to utter the Praṇava. (75)

अकारं चाप्युकारं च मकारं च प्रजापतिः।

वेदत्रयान्निरदुहद्भूर्भुवः स्वरितीति च॥७६॥

मुक्ता०:—"एतदक्षरमेतां च" (मनु० अ०२ श्लो०७४) इति वक्ष्यति तस्यायं शेषः। अकारमुकारं मकारं च प्रणवावयवभूतं ब्रह्मा वेदत्रयादृग्यजुःसामलक्षणाद्भूर्भुवः स्वरिति व्याहृतित्रयं च क्रमेण निरदुहदुद्धृतवान्॥७६॥

Akāra (A, Ukāra (U) and Makāra (M), (the component letters of the Mantra, Om), *Prajāpati*, (the creator of the universe), milched from the three *Vedas*, together with the (Vyāhṛti Mantras) *Bhūrbhuvaḥ* and *Svaḥ*. (76)

त्रिभ्य एव तु वेदेभ्यः पादं पादमदूदुहत्।
तदित्यृचोऽस्याः सावित्र्याः परमेष्ठी प्रजापतिः॥७७॥

मुक्ता०:–तथा त्रिभ्य एव वेदेभ्य ऋग्यजुःसामभ्यः 'तदित्यृचः' इति प्रतीकेनानूदितायाः सावित्र्याः पादं पादमिति त्रीन्पादान्ब्रह्मा चकर्ष। परमे स्थाने तिष्ठतीति परमेष्ठी॥७७॥

Prājapati, the immate of the supreme sphere, recovered each (of the three feet of the) Gāyatrī consisting of the *Ṛks* running as Tad, etc, from the three Vedas. (77)

यत एवमत आह–

एतदक्षरमेतां च जपन्व्याहृतिपूर्विकाम्।
संध्ययोर्वेदविद्विप्रो वेदपुण्येन युज्यते॥७८॥

मुक्ता०:–एतदक्षरमोंकाररूपम्, एतां च त्रिपदां सावित्रीं व्याहृतित्रयपूर्विकां संध्याकाले जपन्वेदज्ञो विप्रादिर्वेदत्रयोऽध्ययनपुण्येन युक्तो भवति। अतः संध्याकाले प्रणवव्याहृतित्रयोपेतां सावित्रीं जपेदिति विधिः कल्प्यते॥७८॥

The Veda-knowing *Brāhmaṇa*, who mutters this three-footed (Tripāda) Gāyatrī, preceded by the Praṇava and Vyāhṛti Mantras, at meetings of the day and night becomes associated with (obtains) the merit of reading the entire *Vedas*. (78)

सहस्रकृत्वस्त्वभ्यस्य बहिरेतत्त्रिकं द्विजः।
महतोऽप्येनसो मासात्त्वचेवाहिर्विमुच्यते॥७९॥

मुक्ता०:–संध्यायामन्यत्र काल एतत्प्रकृतं प्रणवव्याहृतित्रयसावित्र्यात्मकं त्रिकं ग्रामाद्बहिर्नदीतीरारण्यादौ सहस्रावृत्तिं जपित्वा महतोऽपि पापात्सर्प इव कंचुकान्मुच्यते। तस्मात्पापक्षयार्थमिदं जपनीयमित्यप्रकरणेऽपि लाघवार्थमुक्तम्। अन्यत्रैतन्त्रयोच्चारणमपि पुनः कर्तव्यं स्यात्॥७९॥

A twice born-one, who mutters these three Ṛks a thousand times, each day, is able to cast off all sins within a month, as a snake casts off its slought. (79)

एतयर्चा विसंयुक्तः काले च क्रियया स्वया।
ब्रह्मक्षत्रियविड्योनिर्गर्हणां याति साधुषु॥८०॥

मुक्ता०:–संध्यायामन्यत्रच समये ऋचैतया सावित्र्या विसंयुक्तस्त्यक्तसावित्रीजपः स्वकीयया क्रियया सायंप्रातर्होमादिरूपया स्वकाले त्यक्तो ब्राह्मणः क्षत्रियो वैश्योऽपि सज्जनेषु निन्दां गच्छति। तस्मात्स्वकाले सावित्रीजपं स्वक्रिया च न त्यजेत्॥८०॥

A *Brāhmaṇa, Kṣatriya, or a Vaiśya* who becomes dissociated with this Ṛc (Gāyatrī), or deviates from performing his religious duties in proper times, is condemned by the virtuous. (80)

ओंकारपूर्विकास्तिस्रो महाव्याहृतयोऽव्ययाः।
त्रिपदा चैव सावित्री विज्ञेयं ब्रह्मणो मुखम्॥८१॥

मुक्ता०:—ओंकारपूर्विकास्तिस्रो व्याहृतयो—भूर्भुवःस्वरित्येता अक्षरब्रह्मावाप्ति-फलत्वेनाव्ययाः त्रिपदा च सावित्री ब्रह्मणो वेदस्य मुखमाद्यम्। तत्पूर्वकवेदाध्ययनारम्भात्। अथवा ब्रह्मणः परमात्मनः प्राप्तेर्द्वारमेतत्। अध्ययनजपादिना निष्पापस्य ब्रह्मज्ञानप्रकर्षेण मोक्षावाप्तेः॥८१॥

The Three great eternal Vyāhṛtis, appended to the Oṁkāra, and the three-footed *Gāyatrī* from the mouth of *Brahmā.* (81)

योऽधीतेऽहन्यहन्येतांस्त्रीणि वर्षाण्यतन्द्रितः।
स ब्रह्म परमभ्येति वायुभूतः खमूर्तिमान्॥८२॥

मुक्ता०:—यः प्रत्यहमनलसः सन्सावित्रीं प्रणवव्याहृतियुक्तां वर्षत्रयमधीते स परं ब्रह्माभिमुखेन गच्छति। स वायुभूतो वायुरिव कामचारी जायते। खं ब्रह्म तदेवास्य मूर्तिरिति खमूर्तिमान् भवति, शरीरस्यापि नाशाद्ब्रह्मैव संपद्यते॥८२॥

He, who unremitingly mutters these Mantras for three years in succession, attain to the *Supreme Brahma,* becoming all-coursing like the air, and unaffected and all-embracing like the universal expanse of ether. (82)

एकाक्षरं परं ब्रह्म प्राणायामः परं तपः।
सावित्र्यास्तु परं नास्ति मौनात्सत्यं विशिष्यते॥८३॥

मुक्ता०:—एकाक्षरमोंकारः परं ब्रह्म परब्रह्मावाप्तिहेतुत्वात्। ओंकारस्य जपेन तदर्थस्य च परब्रह्मणो भावनया तदवाप्तेः। प्राणायामाः सप्रणवसव्याहृतिसशिरस्क-गायत्रीस्त्रिरावृत्तिभिः कृताश्चान्द्रायणादिभ्योऽपि परं तपः। प्राणायामा इति बहुवचनानिर्देशान्त्रयोऽवश्यं कर्तव्या इत्युक्तम्। सावित्र्याः प्रकृष्टमन्यनामन्त्रजातं नास्ति। मौनादपि सत्यं वाग्विशिष्यते। एषां चतुर्णां स्तुत्या 'चत्वार्येतान्युपासनीयानीति' विधिः कल्प्यते। धरणीधरेण तु "एकाक्षरपरं ब्रह्म प्राणायामपरमिति। मेधातिथिप्रभृतिभिर्वृद्धैरलिखितं यतः। लिखनात्पाठान्तरं तत्र स्वतन्त्रो धरणीधरः॥८३॥

The single-lettered (Mantra, Om) is the Supreme Brahma,

Prāṇāyāmas are the highest austerity, there is nothing greater than the Sāvitrī (Gayatrī) Mantra, and truthfulness is greater than silence. (83)

क्षरन्ति सर्वा वैदिक्यो जुहोतियजतिक्रियाः।
अक्षरं दुष्करं ज्ञेयं ब्रह्म चैव प्रजापतिः॥८४॥

मुक्ता०:—सर्वा वेदविहिता होमयागादिरूपाः क्रियाः स्वरूपतः फलतश्च विनश्यन्ति। अक्षरं तु प्रणवरूपमक्षयं ब्रह्मप्राप्तिहेतुत्वातत् फलद्वारेणाक्षरं ब्रह्मीभावस्याविनाशात्। कथमस्य ब्रह्मप्राप्तिहेतुत्वमत आह, ब्रह्म चैवेति। चशब्दो हेतौ। यस्मात्प्रजानामधिपतिर्यद्ब्रह्म तदेवायमोंकारः। स्वरूपतो ब्रह्मप्रतिपादकत्वेन चास्य ब्रह्मत्वम्। उभयथाऽपि ब्रह्मत्वप्रतिपादकत्वेन वायमुपासितो जपकालेमोक्षहेतुरित्यनेन दर्शितम्॥८४॥

All the Vedic rites such as, the *Japas, Homas*, etc., do perish in time, but eternal (lit. decayless) is the *Praṇava,* since Praṇava is identical with *Brahma Prajāpati*. (84)

विधियज्ञाज्जपयज्ञो विशिष्टो दशभिर्गुणैः।
उपांशुः स्याच्छतगुणः सहस्रो मानसः स्मृतः॥८५॥

मुक्ता०:—विधिविषयो यज्ञो, विधियज्ञो दर्शपौर्णमासादिस्तस्मात्प्रकृतानां प्रणवादीनां जपयज्ञो दशगुणाधिकः। सोऽप्युपांशुश्चेदनुष्ठितस्तदा शतगुणाधिकः। यत्समीपस्थोऽपि परो न शृणोति तदुपांशु। मानसस्तु जपः सहस्रगुणाधिकः। यत्र जिह्वौष्ठं मनागपि न चलति स मानसः॥८५॥

A *Japa-yajña* (muttering of a Mantra) is ten times more meritorious than a *Vidhi-yajña* (Ritualistic sacrifice). The muttering of a Mantra in a low or inaudible tone (upāṁśu japa) is a hundred times, and a *Mānasa Japa* (mental repetition of a Mantra) is a thousand times as much meritorious. (85)

ये पाकयज्ञाश्चत्वारो विधियज्ञसमन्विताः।
सर्वे ते जपयज्ञस्य कलां नार्हन्ति षोडशीम्॥८६॥

मुक्ता०:—ब्रह्मयज्ञादन्ये ये पञ्चमहायज्ञान्तर्गता वैश्वदेवहोमबलिकर्मनित्यश्राद्धातिथिभोजनात्मकाश्चत्वारः पाकयज्ञाः। विधियज्ञा दर्शपौर्णमासादयस्तैः सहिता जपयज्ञस्य षोडशीमपि कलां न प्राप्नुवन्ति। जपयज्ञस्य षोडशांशेनापि न समा इत्यर्थः॥८६॥

The four *Pāka-yajñas*, if added to the Vidhi-yajñas cannot count a sixteenth part of a Japa-yajña in respect of merit. (86)

जप्येनैव तु संसिध्येद् ब्राह्मणो नात्र संशयः।
कुर्यादन्यन्न वा कुर्यान्मैत्रो ब्राह्मण उच्यते॥८७॥

मुक्ता०:—ब्राह्मणो जप्येनैव निःसंदेहां सिद्धिं लभते, मोक्षप्राप्तियोग्यो भवति। अन्यद्वैदिकं यागादिकं करोतु न करोतु वा यस्मान्मैत्रो ब्राह्मणो ब्रह्मणः संबन्धी ब्रह्माणि लीयत इत्यागमेषूच्यते। मित्रमेव मैत्रः, स्वार्थेऽण्। यागादिषु पशुबीजादिवधात्र सर्वप्राणिप्रियता संभवति। तस्माद्यागादिना विनाऽपि प्रणवादिजपनिष्ठो निस्तरतीति जपप्रशंसा न तु यागादीनां निषेधस्तेषामपि शास्त्रीयत्वात्॥८७॥

Undoubtedly by means of Japa alone, a *Brāhmaṇa* achieves success (becomes liberated), no matter a whether he performs any other Vedic sacrifice or not since a Brāhmaṇa is said to be a friend of *Brahma*. (87)

इदानीं सर्ववर्णानुष्ठेयं सकलपुरुषार्थोपयुक्तमिन्द्रियसयंममाह—

इन्द्रियाणां विचरतां विषयेष्वपहारिषु।
संयमे यत्नमातिष्ठेद्विद्वान्यन्तेव वाजिनाम्॥८८॥

मुक्ता०:—इन्द्रियाणां विषयेष्वपहरणशीलेषु वर्तमानानां क्षयित्वादिविषय-दोषाज्ञानन्संयमे यत्नं कुर्यात्सारथिरिव रथनियुक्तानामश्वानाम्॥८८॥

The senses, spontaneously running towards their attractive objects of gratification, the erudite one shall control, as a charioteer controls his (harnessed) horses. (88)

एकादशेन्द्रियाण्याहुर्यानि पूर्वे मनीषिणः।
तानि सम्यक्प्रवक्ष्यामि यथावदनुपूर्वशः॥८९॥

मुक्ता०:—पूर्वपण्डिता यान्येकादशेन्द्रियाण्याहुस्तान्यर्वाचां शिक्षार्थं सर्वाणि कर्मतो नामतश्च क्रमाद्वक्ष्यामि॥८९॥

Of the eleven senses, enumerated by the sages of yore, I shall discourse on each of them in detail and in due order. (89)

श्रोत्रं त्वक्चक्षुषी जिह्वा नासिका चैव पञ्चमी।
पायूपस्थं हस्तपादं वाक्चैव दशमी स्मृता॥९०॥

मुक्ता०:—तेष्वेकादशसु श्रोत्रादीनि दशैतानि बहिरिन्द्रियाणि नामतो निर्दिष्टानि। पायुपस्थं हस्तपादमिति "द्वन्द्वश्च प्राणितूर्यसेनाङ्गानाम्" (पा०सू० २-४-२.) इति प्राण्यङ्गद्वन्द्वत्वादेकवद्भावः॥९०॥

The ears, the skin, the eyes, the tongue, the nose which is the fifth, the anus, the reproductive organ, the hands, the legs, and the speech which is the tenth, (these are the ten senses). (90)

बुद्धीन्द्रियाणि पञ्चैषां श्रोत्रादीन्यनुपूर्वशः।
कर्मेन्द्रियाणि पञ्चैषां पाय्वादीनि प्रचक्षते॥९१॥

मुक्ता०:—एषां दशानां मध्ये श्रोत्रादीनि पञ्च क्रमोक्तानि बुद्धेः करणत्वात् बुद्धीन्द्रियाणि पाय्वादीनि चोत्सर्गादिकर्मकरणत्वात्कर्मेन्द्रियाणि तद्विदो वदन्ति॥९१॥

The first five, in due succession, commencing with the ears, are called the cognitive senses (Buddhindriyāṃ), the (second) five, commencing with the anus, are called the operative senses (Karmendriyāni). (91)

एकादशं मनो ज्ञेयं स्वगुणेनोभयात्मकम्।
यस्मिन् जिते जितावेतौ भवतः पञ्चकौ गणौ॥९२॥

मुक्ता०:—एकादशसंख्यापूरकं च मनोरूपमन्तरिन्द्रियं ज्ञातव्यम्। स्वगुणेन संकल्परूपेणोभयरूपेन्द्रियगणप्रवर्तकस्वरूपम्। अतएव यस्मिन्मनसि जिते उभावपि पञ्चकौ बुद्धीन्द्रियकर्मेन्द्रियगणौ जितौ भवतः। पञ्चकाविति "तदस्य परिमाणम्" (पा०सू० ५।१।५७) इत्यनुवृतौ "संख्यायाः संज्ञाससङ्घसूत्राध्ययनेषु (पा०सू० ५।१।५८) इति पञ्चसंख्यापरिमितसंङ्घार्थे कः॥९२॥

The mind is known as the eleventh (sense, which partakes of the nature of both the cognitive and the operative senses, and by conquering which one is enabled to conquer the (other) ten (senses). (92)

मनोधर्मसंकल्पमूलत्वादिन्द्रियाणां प्रायेण प्रवृत्तेः किमर्थमिन्द्रियनिग्रहः कर्तव्य इत्यत आह-

इन्द्रियाणां प्रसंगेन दोषमृच्छत्यसंशयम्।
संनियम्य तु तान्येव ततः सिद्धिं नियच्छति॥९३॥

मुक्ता०:—यस्मादिन्द्रियाणां विषयेषु प्रसक्त्या दृष्टादृष्टं च दोषं निःसंदेहं प्राप्नोति। तान्येव पुनरिन्द्रियाणि सम्यङ्नियम्य सिद्धिं मोक्षादिपुरुषार्थयोग्यतारूपां लभते। तस्मादिन्द्रियसंयमं कुर्यादिति शेषः॥९३॥

(A person), through the contact of his senses (sense organs) with their objects of gratification, undoubtedly acquires sin. Hence, by controlling them, one achieves success (obtains liberation). (93)

किमिन्द्रियसंयमेन विषयोपभोगदेरलब्धकामो निवर्त्स्यतीत्याशङ्क्याह-

न जातु कामः कामानामुपभोगेन शाम्यति।
हविषा कृष्णवर्त्मेव भूय एवाभिवर्धते॥९४॥

मुक्ता०:—न कदाचित्कामोऽभिलाषः काम्यन्त इति कामा विषयास्तेषामुपभोगेन निवर्तते, किंतु घृतेनाग्निरिवाधिकतममेव वर्धते। प्राप्तभोगस्यापि प्रतिदिनं तदधिकभोगवाञ्छादर्शनात्। अतएव विष्णुपुराणे ययातिवाक्यम् "यत्पृथिव्यां व्रीहियवं हिरण्यं पशवः स्त्रियः। एकस्यापि न पर्याप्तं तदित्यतितृषं त्यजेत्॥" तथा "पूर्णं वर्षसहस्रं मे विषयासक्तचेतसः। तथाप्यनुदिनं तृष्णा ममैतेष्वेव हि जायते"॥९४॥

Never is desire extinguished by enjoying the objects of desire; like the fire fed with libations, of clarified butter, it doubly burns up. (94)

यश्चैतान्प्राप्नुयात्सर्वान्यश्चैतान्केवलांस्त्यजेत्।
प्रापणात्सर्वकामानां परित्यागो विशिष्यते॥९५॥

मुक्ता०:—य एतान्सर्वान्विषयान्प्राप्नुयाद्यश्चैतान्कामानुपेक्षते तयोर्विषयोपेक्षकः श्रेयान् स्मात्सर्वकामप्राप्तेस्तदुपेक्षा प्रशस्या। तथाहि विषयलोलुपस्य तत्साधनाद्युत्पादनेः, कष्टसंभवो विपत्तौ च क्लेशातिशवो न तु विषयविरसस्य॥९५॥

Of one who has obtained all the objects of his desire and the other who has renounced all the objects of desire, the man of renunciation is superior to him of enjoyment. (95)

इदानीमिन्द्रियसंयमापायमाह

न तथैतानि शक्यन्ते संनियन्तुमसेवया।
विषयेषु प्रजुष्टानि यथा ज्ञानेन नित्यशः॥९६॥

मुक्ता०:—एतानीन्द्रियाणि विषयेषु प्रसक्तानि तथा नासेवया विषयसन्निधिवर्जनरूपया नियन्तुं न शक्यन्ते, दुर्निवारत्वात्। यथा सर्वदा विषयाणां क्षयित्वादिदोषज्ञानेन शरीरस्य चास्थिस्थूलमित्यादिवक्ष्यमाणदोषचिन्तनेन। तस्माद्विषयदोषज्ञानादिना बहिरिन्द्रियाणि मनश्च नियच्छेत्॥९६॥

These senses, attached to their respective objects, cannot be so effectively controlled by means of inanition (i.e. by withholding them from their objects) as by the cultivation of knowledge. (96)

यस्मादनियमितं मनो विकारस्य हेतुः स्यादत आह–

वेदास्त्यागश्च यज्ञाश्च नियमाश्च तपांसि च।
न विप्रदुष्टभावस्य सिद्धिं गच्छन्ति कर्हिचित्॥९७॥

मुक्ता०:–वेदाध्ययनदानयज्ञनियमतपांसि भोगादिविषयसेवासंकल्पशीलिनो न कदाचित्फलसिद्धये प्रभवन्ति॥९७॥

The study of the (Vedas), renunciation, the performance of religious sacrifices, self-control and devotional austerities, made by him, O *Brāhmaṇa*, who is wicked at heart, can never be successful. (97)

जितेन्द्रियस्य स्वरूपमाह–

श्रुत्वा स्पृष्ट्वा च दृष्ट्वा च भुक्त्वा घ्रात्वा च यो नरः।
न हृष्यति ग्लायति वा स विज्ञेयो जितेन्द्रियः॥९८॥

मुक्ता०:–स्तुतिवाक्यं, निन्दावाक्यं च श्रुत्वा, सुखस्पर्शं दुकूलादि, दुःखस्पर्शं मेषकम्बलादि स्पृष्ट्वा, सुरूपं कुरूपं च दृष्ट्वा, स्वादु अस्वादु च भुक्त्वा, सुरभिमसुरभिं च घ्रात्वा यस्य न हर्षविषादौ स जितेन्द्रियो ज्ञातव्यः॥९८॥

The man, who having heard, touched, seen, eaten or smelled anything (whether good or bad), does not feel pleasure or pain, is said to have conquered his senses. (98)

एकेन्द्रियासंयमोऽपि निवार्य इत्याह–

इन्द्रियाणां तु सर्वेषां यद्येकं क्षरतीन्द्रियम्।
तेनास्य क्षरति प्रज्ञा दृतेः पात्रादिवोदकम्॥९९॥

मुक्ता०:–सर्वेषामिन्द्रियाणां मध्ये यद्येकमपीन्द्रियं विषयप्रवणं भवति, ततोऽस्य विषयपरस्य इन्द्रियान्तरैरपि तत्त्वज्ञानं क्षरति न व्यवतिष्ठते। चर्मनिर्मितोदक-पात्रादिवैकेनापिः छिद्रेण सर्वस्थानस्थमेवोदकं न व्यवतिष्ठते॥९९॥

Of all the senses (of a man), if only one sense manages to leak out, thereby all his wisdom leaks out, like the water of a water-bladder (through its only outlet). (99)

इन्द्रियसंयमस्य सर्वपुरुषार्थहेतुतां दर्शयति–

वशे कृत्वेन्द्रियग्रामं संयम्य च मनस्तथा।
सर्वान्संसाधयेदर्थानक्षिण्वन्योगतस्तनुम्॥१००॥

मुक्ता०:—बहिरिन्द्रियगणमायत्तं कृत्वा मनश्च संयम्य सर्वान् पुरुषार्थन्सम्यक्साधयेत्। योगत उपायेन स्वदेहमपीडयन् यः सहजसुखी संस्कृतान्नादिकं भुङ्क्ते, सः क्रमेण तं त्यजेत्।।१००।।

Having controlled the concourse of (the external) sense organs and having subdued the mind, let him work out all his ends, averting the pain of the body by means of yoga. (100)

पूर्वां संध्यां जपंस्तिष्ठेत्सावित्रीमार्कदर्शनात्।
पश्चिमां तु समासीनः सम्यगृक्षविभावनात्।।१०१।।

मुक्ता०:—पूर्वां संध्यां पश्चिमामिति च कालध्वनोरत्यन्तसंयोगे (पा.सू. २।३।५) इति द्वितीया। प्रथमसंध्यं सूर्यदर्शनपर्यन्तं सावित्रीं जपंस्तिष्ठेत्-आसनादुत्थाय निवृत्तगतिरेकत्र देशे कुर्यात्। पश्चिमं तुं संध्यां सावित्रीं जपन्सम्यङ्नक्षत्रदर्शनपर्यन्त-मुपविष्टः स्यात्। अत्र च फलत्त्वाज्जपः प्रधानं स्थानासने त्वङ्गे। "फलवत्सन्निधावफलं तदङ्गम्" इति न्यायात्। "संध्ययोर्वेदविद्विप्रो वेदपुण्येन युज्यते।" (अ०२ श्लो०७८) "सहस्रकृत्वस्त्वभ्यस्य" (अ०२ श्लो०७९) इति च पूर्वं जपात्फलमुक्तम्।। मेधातिथिस्तु स्थानासनयोरेव प्राधान्यमाह। संध्याकालश्च मुहूर्तमात्रम्। तदाह याज्ञवल्क्यः "ह्रासवृद्धी तु सततं दिवसानां यथाक्रमम्। संध्या मुहूर्तमात्रं तु ह्रासे वृद्धौ च सा स्मृता"।।१०१।।

During the morning *Sandhyā,* he (the votary) shall mutter the *Sāvitrī* (Mantra), standing, until the sun is seen (on the horizon). During the evening Sandhyā he shall mutter the Mantra, in a *sitting posture,* until the stars do appear (in the heaven). (101)

पूर्वां संध्यां जपंस्तिष्ठन्नैशमेनो व्यपोहति।
पश्चिमां तु समासीनो मलं हन्ति दिवाकृतम्।।१०२।।

मुक्ता०:—पूर्वसंध्यायां तिष्ठन् जपं कुर्वाणो निशासंचितं पापं नाशयति। पश्चिमसंध्यायां तूपविष्टो जपं कुर्वन्दिवार्जितं पापं निहन्ति। तत्रापि जपात्फलमुक्तम्। एतच्चाज्ञानादिकृतपापविषयम्। अत एव याज्ञवल्क्यः "दिवा वा यदि वा रात्रौ यदज्ञानकृतं भवेत्। त्रिकालसंध्याकरणात्तत्सर्वं विप्रणश्यति"।।१०२।।

By muttering the Mantra in a standing position during the rite of morning Sandhyā, one is absolved of the sin accumulated in the night. By muttering it in a sitting posture in the evening, one is absolved of the sin acquired during the day. (102)

न तिष्ठति तु यः पूर्वां नोपास्ते यश्च पश्चिमाम्।
स शूद्रवद्बहिष्कार्यः सर्वस्माद्द्विजकर्मणः॥१०३॥

मुक्ता०:—यः पुनः पूर्वसंध्यां नानुतिष्ठति, पश्चिमां च नोपास्ते—तत्तत्कालविहितं जपादि न करोतीत्यर्थः॥ स शूद्र इव सर्वस्माद्द्विजातिकर्मणोऽतिथिसत्कारादेरपि बाह्यः कार्यः। अनेनैव प्रत्यवायेन संध्योपासनस्य नित्यतोक्ता। नित्यत्वेऽपि सर्वदाऽपेक्षितपापक्षयस्य फलत्वमविरुद्धम्॥१०३॥

He, who does not stand by his morning Sandhyā, or worship in the evening, shall be disqualified from performing all Brahmanic rites, like unto a *Śūdra*. (103)

अपां समीपे नियतो नैत्यकं विधिमास्थितः।
सावित्रीमप्यधीयीत गत्वाऽरण्यं समाहितः॥१०४॥

मुक्ता०:—ब्रह्मयज्ञरूपमा बहुवेदाध्ययनाशक्तौ सावित्रीमात्राध्ययनमपि विधीयते। अरण्यादिनिर्जनदेशं गत्वा नद्यादिजलसमीपे नियतेन्द्रियः समाहितोऽनन्यमना नैत्यकं विधिं ब्रह्मयज्ञरूपमास्थितोऽनुतिष्ठासुः सावित्रीमपि प्रणवव्याहृतित्रययुतां यथोक्तामधीयीत॥१०४॥

Incapable of reading a large portion of the Vedas, he conforming to the regulation of daily reading the Vedas, shall mutter, self-controlled and with undivided attention, the Sāvitrī Mantra, coupled with the *Vyāhṛtis*, on the shore of a river or pool in a lonely forest. (104)

वेदोपकरणे चैव स्वाध्याये चैव नैत्यके।
नानुरोधोऽस्त्यनध्याये होममन्त्रेषु चैव हि॥१०५॥

मुक्ता०:—वेदोपकरणे वेदाङ्गे-शिक्षादौ-नैत्यके-नित्यानुष्ठेये च स्वाध्याये-ब्रह्मयज्ञरूपे होममन्त्रेषु चानध्यायादरो नास्ति॥१०५॥

There is no prohibition in respect of reading the allied branches of the Vedic study (such as, the prosody, *Grammar,* rules of pronounciation, etc.,) or in respect of the *Homa Mantras*, or in respect of the portion of the Veda which should be read each day (i.e. the Sandhyā Mantras) during the period in which the study of the Vedas is ordinarily interdicted. (105)

नैत्यके नास्त्यनध्यायो ब्रह्मसत्रं हि तत्स्मृतम्।

ब्रह्माहुतिहुतं पुण्यमनध्यायवषट्कृतम्।।१०६।।

मुक्ता०:—पूर्वोक्तनैत्यकस्वाध्यायस्यायमनुवाद:। नैत्यके जपयज्ञेऽनध्यायो नास्ति। यत: सततभवत्वात्। ब्रह्मसत्रं तन्मन्वादिभि: स्मृतम्। ब्रह्मैवाहुतिर्ब्रह्माहुतिर्हविस्तस्यां हुतमनध्यायाध्ययनमध्ययनरूपमनध्यायवषट्कृतमपि पुण्यमेव भवति।।१०६।।

This prohibition does not extend to the daily rites of (Japas, Homas, etc), inasmuch as they are called the *Brahma Satram* (the offerring of Vedic recitation, made during the continuance of the period of non-study, which is symbolised by the Mantra, Vaṣaṭ, produces auspicious fruits. (106)

य: स्वाध्यायमधीतेऽब्दं विधिना नियत: शुचि:।

तस्य नित्यं क्षरत्येष पयो दधि घृतं मधु।।१०७।।

मुक्ता०:—अब्दमित्यत्यन्तसंयोगे द्वितीया। यो वर्षमप्येकं स्वाध्यायमहरहर्विहिताङ्गयुक्तं नियतेन्द्रिय: प्रयतो जपति तस्यैव स्वाध्यायो जपयज्ञ: क्षीरादीनि क्षरति—क्षीरादिभिर्देवान्पितृंश्च प्रीणति। ते च प्रीता: सर्वकामर्जपयज्ञकारिणस्तर्पयन्तीत्यर्थ:। अत एव याज्ञवल्क्य: "मधुना पयसा चैव स देवांस्तर्पयेद्द्विज:। पितृन्मधुघृताभ्यां च ऋचोऽधीते हि योऽन्वहम्।।" (अ०१ श्लो०४१) इत्युपक्रम्य चतुर्णामेव वेदानां पुराणानां जपस्य च देवपितृतृप्तिफलमुक्त्वा, शेषे "ते तृप्तास्तर्पयन्त्येनं सर्वकामफलै: शुभै:" (अ०१ श्लो०४७) इत्युक्तवान्।।१०७।।

Unto him, who, pure and self-controlled, studies the Vedas, according to the regulation, continuously for a year, (the study) sheds, milk, milk-curd, clarified butter and honey each day. (107)

अग्नीन्धनं भैक्षचर्यामध:शय्यां गुरोर्हितम्।

आसमावर्तनात्कुर्यात्कृतोपनयनो द्विज:।।१०८।।

मुक्ता०:—सायंप्रात: समिद्धोमं भिक्षासमूहाहरणमखट्वाशयनरूपामध:शय्यां न तु स्थण्डिलशयित्वमेव। गुरोरुदककुम्भाद्याहरणरूपं हितं कृतोपनयनो ब्रह्मचारी समावर्तनपर्यन्तं कुर्यात्।।१०८।।

A Vedic student (Brahmacārin), until he returns to his father's house, shall kindle the fire at morning and evening, beg alms, lie on the bare ground, and do what is conducive to the good of his preceptor, each day. (108)

कीदृशः शिष्योऽध्याप्य इत्याह-

आचार्यपुत्रः शुश्रूषुर्ज्ञानदो धार्मिकः शुचिः।
आप्तः शक्तोऽर्थदः साधुः स्वोऽध्याप्या दश धर्मतः॥१०९॥

मुक्ता०:—आचार्यपुत्रः परिचारकः, ज्ञानान्तरदाता, धर्मवित्, मृद्वार्यादिषु शुचिः, बान्धवः, ग्रहणधारणसमर्थः, धनदाता, हितेच्छुः, ज्ञातिः, दशैते धर्मेणाध्याप्याः॥१०९॥

The son of the preceptor, one who is devoted to service, a virtuous person, one who is pure, a relation, one who is capable of comprehending the (meaning of the Vedas), an honest youth, a son, and a paying student these ten are fit to be taught. (109)

नापृष्टः कस्यचिद् ब्रूयान्न चान्यायेन पृच्छतः।
जानन्नपि हि मेधावी जडवल्लोक आचरेत्॥११०॥

मुक्ता०:—यदन्येनाल्पाक्षरं विस्वरं चाधीतं तस्य तत्त्वं न वदेत्। शिष्यस्य त्वपृच्छतोऽपि वक्तव्यम्। भक्तिश्रद्धादिप्रश्नधर्मोल्लङ्घनमन्यायस्तेन पृच्छतो न ब्रूयात्। जानन्नपि हि प्राज्ञो लोके मूक इव व्यवहरेत्॥११०॥

Without being asked one must not speak anything to any person nor should he speak if any question is put to him without decorum. In such cases, the intelligent one shall behave like a dumb person. (110)

उक्तप्रतिषेधद्वयातिक्रमे दोषमाह-

अधर्मेण च यः प्राह यश्चाधर्मेण पृच्छति।
तयोरन्यतरः प्रैति विद्वेषं वाऽधिगच्छति॥१११॥

मुक्ता०:—अधर्मेण पृष्टोऽपि यो यस्य वदति, यश्चान्यायेन यं पृच्छति, तयोरन्यतरो व्यतिक्रमकारी म्रियते, विद्वेषं वा तेन सह गच्छति॥१११॥

He, who puts an improper question, or he who answers an inproper one, either of them meets his doom, or incurs the enmity of the either. (111)

धर्मार्थौ यत्र न स्यातां शुश्रूषा वाऽपि तद्विधा।
तत्र विद्या न वक्तव्या शुभं बीजमिवोषरे॥११२॥

मुक्ता०:—यस्मिन् शिष्येऽध्यापिते धर्मार्थौ न भवतः। परिचर्या वाऽध्ययनानुरूपा

तत्र विद्या नार्पणीया। सुष्ठु व्रीह्यादिबीजमिवोषरे। यत्र बीजमुप्तं न प्ररोहति स ऊषरः। न चार्थग्रहणे भृतकाध्यापकत्वमाशङ्कनीयम्, यद्येतावन्मह्यं दीयते तदैतावदध्यापयामीति नियमाभावात्।।११२।।

Where there is no virtue or gain, or where there is no prospect of a counter balancing service, there knowledge should not be imparted, like a good seed in a barren soil. (112)

विद्ययैव समं कामं मर्तव्यं ब्रह्मवादिना।
आपद्यपि हि घोरायां न त्वेनामिरिणे वपेत्।।११३।।

मुक्ता०:—विद्ययैव सह वेदाध्यापकेन वरं मर्तव्यम् न तु सर्वथाऽध्यापनयोग्यशिष्येभावे चापात्रायैव तां प्रतिपादयेत्। तथा छान्दोग्यब्राह्मणम् "विद्यया सार्धं म्रियेत, न विद्यामूषरे वपेत्"।।११३।।

Even in the absence of a means of livelihood, rather let a Vedic preceptor die with his knowledge than impart it to an unworthy recipient (pupil). (113)

अस्यानुवादमाह—

विद्या ब्राह्मणमेत्याह शेवधिस्तेऽस्मि रक्ष माम्।
असूयकाय मां मा दास्तथा स्यां वीर्यवत्तमा।।११४।।

मुक्ता०:—विद्याधिष्ठात्री देवता कश्चिदध्यापकं ब्राह्मणमागत्यैवमवदत्—तवाहं निधिरस्मि। मां रक्ष। असूयकादिदोषवते न मां वदेः। तथा सत्यतिशयेन वीर्यवती भूयासम्। तथा च छान्दोग्यब्राह्मणम्-"विद्या ह वै ब्राह्मणमाजगाम, तवाहमस्मि, त्वं मां पालयानर्हते मानिने चैव मादाः, गोपाय मां श्रेयसी तथाहमस्मि" इति।।११४।।

The presiding deity of knowledge came to a Brāhmaṇa and said, "Preserve me, I am thy highest treasure. Do not impart me to a malicious person, there by my potency will be kept unimpugned. (114)

यमेव तु शुचिं विद्यान्नियतब्रह्मचारिणम्।
तस्मै मां ब्रूहि विप्राय निधिपायाप्रमादिने।।११५।।

मुक्ता०:—यमेव पुनः शिष्यं शुचिं नियतेन्द्रियं ब्रह्मचारिणं जानासि, तस्मै विद्यारूपनिधिरक्षकाय प्रमादरहिताय मां वद।।११५।।

To him whom thou shalt know to be pure perfectly continent, and free from the follies of the world, to that Brāhmaṇa, to that custodian of the treasure of knowledge, shalt thou impart me." (115)

ब्रह्म यस्त्वननुज्ञातमधीयानादवाप्नुयात्।
स ब्रह्मस्तेयसंयुक्तो नरकं प्रतिपद्यते॥११६॥

मुक्ता०:—यः पुनरभ्यासार्थमधीयानादन्यं वा कञ्चिदध्यापयतस्तदनुमतिरहितं वेदं गृह्णाति स वेदस्तेययुक्तो नरकं गच्छति तस्मादेतन्न कर्तव्यम्॥११६॥

He, who acquires the knowledge of the Vedas (lessons in the Vedas) from a studying pupil, or from a teaching preceptor, without his permission, stands guilty of the theft of *Brahma* and goes to hell for his crime. (116)

लौकिकं वैदिकं वाऽपि तथाऽऽध्यात्मिकमेव च।
आददीत यतो ज्ञानं तं पूर्वमभिवादयेत्॥११७॥

मुक्ता०:—लौकिकमर्थशास्त्रादिज्ञानं, वैदिकं वेदार्थज्ञानं, आध्यात्मिकं ब्रह्मज्ञानं यस्मात्तु गृह्णाति, तं बहुमान्यमध्ये स्थितं प्रथममभिवादयेत्। लौकिकादिज्ञानदातृणामेव त्रयाणां समवाये यथोत्तरं मान्यत्वम्॥११७॥

Him, from whom one has acquired any secular, Vedic, or spirtual knowledge, he shall reverentially accost without waiting to be first spoken to. (117)

सावित्रीमात्रसारोऽपि वरं विप्रः सुयन्त्रितः।
नायन्त्रितस्त्रिवेदोऽपि सर्वाशी सर्वविक्रयी॥११८॥

मुक्ता०:—सावित्रीमात्रवेत्ताऽपि वरं सुयन्त्रितः शास्त्रनियमितो विप्रादिर्मान्यः। नायन्त्रितो वेदत्रयवेत्ताऽपि निषिद्धभोजनादिशीलः प्रतिषिद्धविक्रेता च। एतच्च प्रदर्शनमात्रम्। सुयन्त्रितशब्देन विधिनिषेधनिष्ठत्वस्य विवक्षितत्वात्॥११८॥

A *Brāhmaṇa,* who knowing only the *Gāyatrī Mantra,* conforms to the rules of conduct as laid down in the Ordinance, is superior to Brāhmaṇa who although well versed in the three Vedas eats forbidden food and sells things which ought not to be sold. (118)

शय्यासनेऽध्याचरिते श्रेयसा न समाविशेत्।
शय्यासनस्थश्चैवैनं प्रत्युत्थायाभिवादयेत्॥११९॥

मुक्ता०:–शय्यां चासनं च शय्यासनं, "जातिरप्राणिनाम्" (पा०सू० २।४।६) इति द्वन्द्वैकवद्भावः। तस्मिञ्छ्रेयसा विद्याद्यधिकेन गुरुणा चाध्याचरिते साधारण्येन स्वीकृते च तत्कालमपि नासीत्। स्वयं च शय्यासनस्थो गुरावागते उत्थायाभिवादनं कुर्यात्।।११९।।

He, who sits on a bed or a cushion on which his preceptor (or superior) is used to sit, shall find no good (prosperity) in this world. Happening to sit on a bed or cushion (at the time), he shall stand up, leaving his bed or cushion, and accost his preceptor at his advent. (119)

अस्यार्थवादमाह–

ऊर्ध्वं प्राणा ह्युत्क्रामन्ति यूनः स्थविर आयति।
प्रत्युत्थानाभिवादाभ्यां पुनस्तान्प्रतिपद्यते।।१२०।।

मुक्ता०:–यस्माद्यूनोऽल्पवयसो वयोविद्यादिना स्थविरे आयति आगच्छति सति प्राणा ऊर्ध्वमुत्क्रामन्ति देहाद्बहिर्निर्गन्तुमिच्छन्ति तान्वृद्धस्य प्रत्युथानाभिवादाभ्यां पुनः सुस्थान् करोति। तस्माद्वृद्धस्य प्रत्युत्थायाभिवादनं कुर्यात्।।१२०।।

At the advent of an old man, old in years and wisdom, the *vital airs* of a youth heave up and attempt to leap over to him; they are restored to their normal condition by his rising up from his seat and duly welcoming him in. (120)

इतश्च फलमाह–

अभिवादनशीलस्य नित्यं वृद्धोपसेविनः।
चत्वारि तस्य वर्धन्ते आयुर्विद्यायशोबलम्।।१२१।।

मुक्ता०:–उत्थाय सर्वदा वृद्धाभिवादनशीलस्य वृद्धसेविनश्च आयुःप्रज्ञायशोबलानि चत्वारि सम्यक् प्रकर्षेण वर्धन्ते।।१२१।।

The duration of life, fame and bodily strength, these four (things) of him who sits in the assembly of the old and serves them faithfully, each day, are bound to increase. (121)

संप्रत्यभिवादनविधिमाह–

अभिवादात्परं विप्रो ज्यायांसमभिवादयन्।
असौ नामाऽहमस्मीति स्वं नाम परिकीर्तयेत्।।१२२।।

मुक्ता०:–वृद्धमभिवादयन् विप्रादिरभिवादात्परं 'अभिवादये' इति

शब्दोच्चारणानन्तरममुकनामाहमस्मीति स्वं नाम परिकीर्तयेत्। अतो नामशब्दस्य विशेषपरत्वात्स्वनामविशेषोच्चारणानन्तरमभिवादनवाक्ये नामशब्दोऽपि प्रयोज्य इति मेधातिथिगोविन्दाराजयोरभिवादनप्रमाणम्। अतएव गौतमः-"स्वनामप्रोच्याहमभिवादय इत्यभिवदेत्।" साङ्ख्यायनोऽपि "असावहं भो इत्यात्मनो नामादिशेत्" इत्युक्तवान्। यदि च नामशब्दश्रवणात्तस्य प्रयोगस्तदा "अकारश्चास्य नाम्नोऽन्ते" (मनु० अ०२ श्लो०१२५) इत्यभिधानात्प्रत्यभिवादनवाक्ये नामशब्दोच्चारणं स्यान्न च तत्कस्यचित्संमतम्।।१२२।।

Having accosted an elderly person, a *Brāhmaṇa,* after the accosting, shall enumerate his own name as, I am that so and so who accost you. (122)

नामधेयस्य ये केचिदभिवादं न जानते।

तान्प्राज्ञोऽहमिति ब्रूयात्स्त्रियः सर्वास्तथैव च।।१२३।।

मुक्ता०:—नामधेयस्य उच्चारितस्य सतो ये केचिदभिवाद्याः संस्कृतानभिज्ञतया-ऽभिवादमभिवादार्थं न जानन्ति तान्प्रत्यभिवादनेऽप्यसमर्थत्वात्प्राज्ञ इत्यभिवाद्यशक्तिविज्ञो-ऽभिवादयिताभिवादयेऽहमित्येवं ब्रूयात्। स्त्रियः सर्वास्तथैव ब्रूयात्।।१२३।।

If the person, accosted, chances not to know *Sanskrit* (the usual language of accosting), then the accoster shall address him as, I am so and so; likewise ladies in general should be thus accosted. (123)

भोःशब्दं कीर्तयेदन्ते स्वस्य नाम्नोऽभिवादने।

नाम्नां स्वरूपभावो हि भोभाव ऋषिभिः स्मृतः।।१२४।।

मुक्ता०:—अभिवादने यन्नाम प्रयुक्तं तस्यान्ते भोः शब्दं कीर्तयेदभिवाद्यसंबोधनार्थम्। अतएवाह-नाम्नामिति। भो इत्यस्य यो भावः सत्ता सोऽभिवाद्य नाम्नां स्वरूपभाव ऋषिभिः स्मृतः। तस्मादेवमभिवादनवाक्यम् "अभिवादये शुभशर्माहमस्मि भोः"।।१२४।।

At the time of accosting one shall utter the term "Bho" (O) at the end of his name, inasmuch as that term, in common with the name of a person, signifies the fact of addressing. (124)

आयुष्मान्भव सौम्येति वाच्यो विप्रोऽभिवादने।

अकारश्चास्य नाम्नोऽन्ते वाच्यः पूर्वाक्षरः प्लुतः।।१२५।।

मुक्ता०:—अभिवादने कृते प्रत्यभिवादयित्रा अभिवादको विप्रादिः "आयुष्मान्भव

सौम्य" इति वाच्यः। अस्य चाभिवादकस्य यन्नाम तस्यान्ते योऽकरादिः स्वरो नाम्नामकारान्तत्वनियमाभावात् स प्लुतः कार्यः। स्वरापेक्षं चेदकारान्तत्वं व्यञ्जनान्तेऽपि नाम्नि संभवति। पूर्वं नामगतमक्षरं संश्लिष्टं यस्य स पूर्वाक्षरस्तेन नागन्तुरपकृष्य चाकारादिः स्वरः प्लुतः कार्यः। एतच्च "वाक्यस्य टेः प्लुत उदात्तः" (पा०सू० ८।२।८२) इत्यस्यानुवृत्तौ "प्रत्यभिवादेऽशूद्रे" (पा०सू०८।२।८३) इति प्लुतं स्मरन्पाणिनिः स्फुटमुक्तवान्। व्याख्यातं च वृत्तिकृता वामनेन "टेरिति किम्, व्यञ्जनान्तस्यैव टेः प्लुतो यथा स्यात्" इति। तस्मादीदृशं प्रत्यभिवादनवाक्यं "आयुष्मान्भव सौम्य शुभशर्मन्" एवं क्षत्रिपस्य "बलवर्मन् एवं वैश्यस्य वसुभूते।" "प्लुतो राजन्यविशां वा" इति कात्यायनवचनात्क्षत्रियवैश्ययोः पक्षे प्लुतो न भवति। शूद्रस्य प्लुतो न कार्यः, "अशूद्रे" इति पाणिनिवचनात्। "स्त्रियामपि निषेधः" इति कात्यायनवचनात्स्त्रियामपि प्रत्यभिवादनवाक्ये न प्लुतः। गोविन्दरास्तु ब्राह्मणस्य नाम्नि शर्मोपपदं नित्यं प्रागभिधाय प्रत्यभिवादनवाक्ये "आयुष्मान् भव सौम्य भद्र" इति निरुपपदोदाहरणसोपपदोदाहरणानभिज्ञत्त्वमेव निजं ज्ञापयति। धरणीधरोऽपि आयुष्मान् भव सौम्य, इति संबुद्धिविभक्त्यन्तं मनुवचनं पश्यन्नप्यसंबुद्धिप्रथमैकवचनान्तममुकशर्मेत्युदाहरन्विचक्षणैरप्युपेक्षणीय एव॥१२५॥

A *Brāhmaṇa* accoster shall be re-accosted as, "be long-lived, O you, handsome looking one" and the last vowel sound of his name, in the event of its ending in a *vowel sound,* shall be pronounced in a *Pluta voice.* (125)

यो न वेत्यभिवादस्य विप्रः प्रत्यभिवादनम्।
नाभिवाद्यः स विदुषा यथा शूद्रस्तथैव सः॥१२६॥

मुक्ता०:—यो विप्रोऽभिवादनस्यानुरूपं प्रत्यभिवादनं न जानात्यसावभिवादनविदुषाऽपि स्वनामोच्चारणाद्युक्तविधिना शूद्र इव नाभिवाद्यः। अभिवादयेऽहमिति शब्दोच्चारणमात्रं तु चरणग्रहणादिशून्यमनिषिद्धम्, प्रागुक्तत्वात्॥१२६॥

A Brāhmaṇa, who having been accosted, does not know how to return it (*i.e.,* does not know the formula of re-accosting), shall not be accosted at all by the erudite. He is like unto a *Śūdra.* (126)

ब्राह्मणं कुशलं पृच्छेत्क्षत्रबन्धुमनामयम्।
वैश्यं क्षेमं समागम्य शूद्रमारोग्यमेव च॥१२७॥

मुक्ता०:—समागम्य समागमे कृते अभिवादकमवरवयस्कं समानवयस्कमनभिवादकमपि ब्राह्मणं कुशलं, क्षत्रियमनामयं, वैश्यं क्षेमं, शूद्रमारोग्यं पृच्छेत्। अतएवापस्तम्बः

"कुशलमवरवयसं समानवयसं वा विप्रं पृच्छेत्, अनामयं क्षत्रियं, क्षेमं वैश्यं, आरोग्यं शूद्रम्" अवरवयसमभिवादकं वयस्यमनभिवादकमपीति मन्वर्थमेवापस्तम्बः स्फुटयति स्म। गोविन्दराजस्तु प्रकरणात्प्रत्यभिवादकस्यैव कुशलादिप्रश्नमाह। तत्र, अभिवादकेन सह समागमस्यानुप्राप्तत्वात्, समागम्येति निष्प्रयोजनानुवादप्रसङ्गात्। अतः कुशलक्षेमशब्दयोरनामयारोग्यपदयोश्च समानार्थत्वाच्छब्दविशेषोच्चारणमेव विवक्षितम्।।१२७।।

In meeting a *Brāhmaṇa*, his spiritual good will be the first thing that shall be enquired; similarly, the worldly peace of a *Kṣatriya*, the opulence of a *Vaiśya* and the good health of a Śūdra are the things that shall be asked after the first meeting. (127)

अवाच्यो दीक्षितो नाम्ना यवीयानपि यो भवेत्।
भोभवत्पूर्वकं त्वेनमभिभाषेत धर्मवित्।।१२८।।

मुक्ता०:—प्रत्यतभिवादनकाले अन्यदा च दीक्षणीयातः प्रभृत्यावभृथस्नानात्क-निष्ठोऽपि दीक्षितो नाम्ना न वाच्यः, किंतु भोभवच्छब्दपूर्वकं दीक्षितादिशब्दैरुत्कर्षाभिधा-यिभिरेव धार्मिकोऽभिभाषेत। भो दीक्षित, इदं कुरु, भवता यजमानेन इदं क्रियतामिति।।१२८।।

A virtuous man shall not address a person, engaged in celebrating a sacrifice, although his younger in years, by his own name. He shall address him as, "*Bho*" (O), "*Bhabat*" (revered one), etc. (128)

परपत्नी तु या स्त्री स्यादसंबन्धा च योनितः।
तां ब्रूयाद्भवतीत्येवं सुभगे भगिनीति च।।१२९।।

मुक्ता०:—या स्त्री परपत्नी भवति, असंबन्धा च योनित इति स्वस्रादिर्न भवति तामनुपयुक्तसंभाषणकाले भवति, सुभगे, भगिनीति वा वदेत्। परपत्नी-ग्रहणात्कन्यायां नैष विधिः। स्वसुः कन्यादेस्त्वायुष्मतीत्यादिपदैरभिभाषणम्।।१२९।।

One shall address another man's wife, not related to him by marriage, as *Bhabati* (revered lady), etc., he shall address his younger sister as, O thou *fortunate* one (Subhage). (129)

मातुलांश्च पितृव्यांश्च श्वशुरानृत्विजो गुरून्।
असावहमिति ब्रूयात्प्रत्युत्थाय यवीयसः।।१३०।।

मुक्ता०:—मातुलादीनागतान्कनिष्ठानासनादुत्थाय असावहमिति वदेत् नाभिवादयेत्।

असाविति स्वनामनिर्देश:। "भूयिष्ठाः खलु गुरवः" इत्युपक्रम्यज्ञानवृद्धतपोवृद्धयोरपि हारीतेन गुरुत्वकीर्तनात्तयोश्च कनिष्ठयोरपि संभवात्तद्विषयोऽयं गुरुशब्द:।।१३०।।

One shall stand up in the presence of one's uncles, father-in-law, maternal uncles, *priests* (Ṛtviks) and *preceptors,* although younger than him in year, and welcome them as, I am that so and so, etc., (that accost you). (130)

मातृष्वसा मातुलानी श्वश्रूरथ पितृष्वसा।

संपूज्या गुरुपत्नीवत्समास्ता गुरुभार्यया।।१३१।।

मुक्ता०:—मातृष्वस्रादयो गुरुपत्नीवत्प्रत्युत्थानाभिवादनासनदानादिभिः संपूज्या:। अभिवादनप्रकरणादभिवादनमेव संपूजनं विज्ञायत इति समास्ता इत्यवोचत्। गुरुभार्यासमानत्वात्प्रत्युत्थानादिकमपि कार्यमित्यर्थ:।।१३१।।

A mother's sister, the wife of a maternal uncle, or a father's sister shall be revered as the wife of a Guru. All these are equally *venerable* as the preceptor's wife. (131)

भ्रातुर्भार्योपसंग्राह्या सवर्णाऽहन्यहन्यपि।

विप्रोष्य तूपसंग्राह्या ज्ञातिसंबन्धियोषित:।।१३२।।

मुक्ता०:—भ्रातुः सजातीया भार्या ज्येष्ठा पूजाप्रकरणादुपसंग्राह्या पादयोरभिवाद्या। अहन्यहनिप्रत्यहमेंव। अपिरेवार्थे। ज्ञातयः पितृपक्षाः पितृव्यादय:, संबन्धिनो मातृपक्षाः श्वशुरादयश्च, तेषां पत्न्यः पुनर्विप्रोष्य प्रवासात्प्रत्यागतेनैवाभिवाद्याः न तु प्रत्यहं नियम:।।१३२।।

One shall accost a wife of his elder brother, belonging to his own caste, by clasping her feet, on returning from a distant country; one shall accost his aunt and mother-in-law by clasping their feet. (132)

पितुर्भगिन्यां मातुश्च ज्यायस्यां च स्वसर्यपि।

मातृवद्वृत्तिमातिष्ठेन्माता ताभ्यो गरीयसी।।१३३।।

मुक्ता०:—पितुर्मातुश्च भगिन्यां ज्येष्ठायां चात्मनो भगिन्यां मातृवद्वृत्तिमातिष्ठेत्। माता पुनस्ताभ्यो गुरुतमा। ननु मातृष्वसा मातुलानीत्यनेनैव गुरुपत्नीवत्पूज्यत्वमुक्तं किमधिकमनेन बोध्यते। उच्यते इदमेव, माता ताभ्यो गरीयसीति। तेन पितृष्वस्राऽनुज्ञायां दत्तायां मात्रा च विरोधे मातृराज्ञा अनुष्ठेयेति अथवा पूर्वं पितृष्वस्रादेर्मातृवत्पूज्यत्वमुक्तम्। अनेन तु स्नेहादिवृत्तिरप्यतिदिश्यत इत्यपुनरुक्ति:।।१३३।।

One shall behave unto his elder sister, mother's sister, or father's sister as his own mother; but his mother is the most venerable of them all. (133)

दशाब्दाख्यं पौरसख्यं पञ्चाब्दाख्यं कलाभृताम्।
त्र्यब्दपूर्वं श्रोत्रियाणां स्वल्पेनापि स्वयोनिषु॥१३४॥

मुक्ता०:—दश अब्दा आख्या यस्य तद्दशाब्दाख्यं पौरसख्यम्। अयमर्थः, एकपुरवासिनां वक्ष्यमाणविद्यादिगुणरहितानामेकस्य दशभिरब्दैर्ज्येष्ठत्वे सत्यपि सख्यमाख्यायते। पुरग्रहणं प्रदर्शनार्थं तेनैकग्रामादिनिवासिनामपि स्यात्। गीतादिकलाभिज्ञानां पञ्चवर्षपर्यन्तं सख्यं, श्रोत्रियाणां त्र्यब्दपर्यन्तं, सपिण्डेष्वत्यन्ताल्पेनैव कालेन सह सख्यम्। अपिरेवार्थे। सर्वत्रोक्तकालदूर्ध्वं ज्येष्ठव्यवहारः॥१३४॥

Among inmates of the same village or town, persons younger than one another even by ten years are equal; among professional dancers and musicians, persons younger than one another even by five years are equal. Among Brāhmaṇas well-versed in the Vedas, even three years youngers shall be treated as equals. Among *blood-relations* it is only a small disparity of age that makes one entitled to respect and veneration. (134)

ब्राह्मणं दशवर्षं तु शतवर्षं तु भूमिपम्।
पितापुत्रौ विजानीयाद्ब्राह्मणस्तु तयोः पिता॥१३५॥

मुक्ता०:—दशवर्षं ब्राह्मणं शतवर्षं पुनः क्षत्रियं पितापुत्रौ जानीयात्। तयोर्मध्ये दशवर्षोऽपि ब्राह्मण एव क्षत्रियस्य शतवर्षस्यापि पिता। तस्मात्पितृवदसौ तस्य (राज्ञः) मान्यः॥१३५॥

A *Brāhmaṇa,* ten years old, and a *Kṣatriya* of a hundred years of age, shall be considered as a father and a son; the Brāhmaṇa shall be treated as the father of the Kṣatriya. (135)

वित्तं बन्धुर्वयः कर्म विद्या भवति पञ्चमी।
एतानि मान्यस्थानानि गरीयो यद्यदुत्तरम्॥१३६॥

मुक्ता०:—वित्तं न्यायार्जितं धनं, बन्धुः पितृव्यादिः, वयोऽधिकवयस्कता, कर्म श्रौतं स्मार्तं च, विद्या वेदार्थतत्त्वज्ञानं, एतानि पञ्च मान्यत्वकारणनि। एषां मध्ये यद्यदुत्तरं तत्तत्पूर्वस्माच्छ्रेष्ठमिति बहुमान्यमेलके बलाबलमुक्तम्॥१३६॥

Wealth (honestly acquired), friends (relations), age, work and erudition (knowledge) which forms the fifth, these are the *sources of honour*, each succeeding one being more honourable than the one preceding it in the (order of enumeration). (136)

पञ्चानां त्रिषु वर्णेषु भूयांसि गुणवन्ति च।

यत्र स्युः सोऽत्र मानार्हः शूद्रोऽपि दशमीं गतः॥१३७॥

मुक्ता०:—त्रिषु वर्णेषु ब्राह्मणदिषु पञ्चानां वित्तदीनां मध्ये यत्र पुरुषे पूर्वमप्यनेकं भवति स एवोत्तरस्मादपि मान्यः। तेन वित्तबन्धुयुक्तो वयोधिकान्मान्यः। एवं वित्तादित्रययुक्तः कर्मवतो मान्यः। वित्तादिचतुष्टययुक्तो विदुषो मान्यः। गुणवन्ति चेति प्रकर्षवन्ति तेन द्वयोरेव विद्यादिसत्वे प्रकर्षो मानहेतुः। शूद्रोऽपि दशमीमवस्थां नवत्यधिकां गतो द्विजन्मनामपि मानार्हः। शतवर्षाणां दशधा विभागे दशम्यवस्था नवत्यधिका भवति॥१३७॥

Among members of the three castes, he, who has the best of the five above said qualifications, is entitled to the highest honour. Even a *Śūdra* of ninety years complete shall be respected by the twice-born ones. (137)

अयमपि पूजाप्रकारः प्रसङ्गादुच्यते-

चक्रिणो दशमीस्थस्य रोगिणो भरिणः स्त्रियाः।

स्नातकस्य च राज्ञश्च पन्था देयो वरस्य च॥१३८॥

मुक्ता०:—चक्रयुक्तरथादियानारूढस्य, नवत्यधिकवयसः, रोगार्तस्य, भारपीडितस्य, स्त्रियाः, अचिरनिवृत्तसमावर्तनस्य, देशाधिपस्य, विवाहाय प्रस्थितस्य पन्थास्त्यक्तव्यः। त्यागार्थत्वाच्च ददातेर्न चतुर्थी॥१३८॥

[On the road] one must give way to a carter, to a man of more than ninety years of age, to a sick folk, to a carrier of weights, to a woman, to a *Snātaka,* to the king and to a bridegroom. (138)

तेषां तु समवेतानां मान्यौ स्नातकपार्थिवौ।

राजस्नातकयोश्चैव स्नातको नृपमानभाक्॥१३९॥

मुक्ता०:—तेषामेकत्र मिलितानां देशाधिपस्नातकौ मान्यौ। राजस्नातकयोरपि स्नातक एव राजापेक्षया मान्यः। अतो राजशब्दोऽत्र पूर्वश्लोके न केवलजातिवचनः किन्त्वभिषिक्तक्षत्रियजातिवचनः क्षत्रियजात्यपेक्षया "ब्राह्मणं दशवर्षं तु" (अ०२ श्लो०१३५) इत्यनेन ब्राह्मणमात्रस्य मान्यत्वाभिधानात्स्नातकग्रहणवैयर्थ्यात्॥१३९॥

When all these meet together (on the road), greatest preference shall be shown to the king and the *Snātaka*. Of a king and a Snātaka the first shall give way (show respect) to the last. (139)

आचार्यादिशब्दार्थमाह तैः शब्दैरिह शास्त्रे प्रायो व्यवहारात्।

उपनीय तु यः शिष्यं वेदमध्यापयेद्द्विजः।

सकल्पं सरहस्यं च तमाचार्यं प्रचक्षते॥१४०॥

मुक्ता०:—यो ब्राह्मणः शिष्यमुपनीय कल्परहस्यसहितां वेदशाखां सर्वामध्यापयति तमाचार्यं पूर्वे मुनयो वदन्ति। कल्पो यज्ञविद्या, रहस्यमुपनिषत्। वेदत्वेऽप्युपनिषदां प्राधान्यविवक्षया पृथङ्निर्देशः॥१४०॥

A *Brāhmaṇa* who having initiated a pupil with the thread teaches him the *Vedas* with all its mysteries and ceremonials, is said to be a *Ācārya* unto that pupil. (140)

एकदेशं तु वेदस्य वेदाङ्गान्यपि वा पुनः।

योऽध्यापयति वृत्त्यर्थमुपाध्यायः स उच्यते॥१४१॥

मुक्ता०:—वेदस्यैकदेशं मन्त्रं ब्राह्मणं च वेदरहितानि व्याकरणादीन्यङ्गानि यो वृत्त्यर्थमध्यापयति स उपाध्याय उच्यते॥१४१॥

He, who in consideration of fees, teaches a portion of the Vedas and any of the *Vedāṅgas* (allied branches of Vedic study) to a pupil, is said to be the *Upādhyāya* of the latter. (141)

निषेकादीनि कर्माणि यः करोति यथाविधि।

संभावयति चान्नेन स विप्रो गुरुरुच्यते॥१४२॥

मुक्ता०:—निषेको गर्भाधानं तेन पितुरयं गुरुत्वोपदेशः। गर्भाधानादीनि संस्कारकर्माणि पितुरुपदिष्टानि यथाशास्त्रं यः करोति, अन्नेन च संवर्धयति स विप्रो गुरुरुच्यते॥१४२॥

He, who does the (consecrating) rites of *Niṣeka* etc., unto a child according to the ordinance, and maintains him with food (and raiment), is said to be his *Guru* (father). (142)

अग्न्याधेयं पाकयज्ञानग्निष्टोमादिकान्मखान्।

यः करोति वृतो यस्य स तस्यर्त्विगिहोच्यते॥१४३॥

मुक्ता०:—आहवनीयाद्यग्न्युत्पादकं कर्माग्न्याधेयं, अष्टकादीन्पाकयज्ञान्, अग्निष्टोमादीन्यज्ञान्कृतवरणो यस्य करोति स तस्यर्त्विगिह शास्त्रेऽभिधीयते। ब्रह्मचारिधर्मेष्वनुपयुक्तमप्यृत्विग्लक्षणमाचार्यादिवदृत्विजोऽपि मान्यत्वं दर्शयितुं प्रसङ्गादुक्तम्।।१४३।।

A *Brāhmaṇa* who being appointed by another, does for him the religious sacrifices, called the *Agnyādheyam Pāka-yajña, Agni-Sṭoma*, etc., is said to be his *Ṛttvik* (priest). (143)

य आवृणोत्यवितथं ब्राह्मणः श्रवणावुभौ।
स माता स पिता ज्ञेयस्तं न द्रुह्येत्कदाचन।।१४४।।

मुक्ता०:—य उभौ कर्णौ अवितथमिति वर्णस्वरवैगुण्यरहितेन सत्यरूपेण वेदेनापूरयति स माता पिता च ज्ञेयः। महोपकारकत्वगुणयोगादयमध्यापको मातापितृशब्दवाच्यस्तं नापकुर्यात्, कदाचनेति गृहीते वेदे।।१४४।।

He, who fills the ears of a person with the eternal truths of the *Vedic Mantras,* is said to be his father and mother; against him he shall not rebel. (144)

उपाध्यायान्दशाचार्य आचार्याणां शतं पिता।
सहस्रं तु पितृन्माता गौरवेणातिरिच्यते।।१४५।।

मुक्ता०:—दशोपाध्यायानपेक्ष्य आचार्यः, आचार्यशतमपेक्ष्य पिता, सहस्रं पितृनपेक्ष्य माता गौरवेणातिरिक्ता भवति। अत्रोपनयनपूर्वकसावित्रीमात्राध्यापयिता आचार्योऽभिप्रेतस्तमपेक्ष्य पितुरुष्कर्षः। "उत्पादकब्रह्मदात्रोः" (अ०२ श्लो०१४६) इत्यनेन मुख्याचार्यस्य पितरमपेक्ष्योत्कर्षं वक्ष्यतीत्यविरोधः।।१४५।।

An *Ācārya* excels ten *Upādhyāyas*, a father excels a hundred *Ācāryas*, and a mother excels a thousand fathers, in respect of veneration. (145)

उत्पादकब्रह्मदात्रोर्गरीयान्ब्रह्मदः पिता।
ब्रह्मजन्म हि विप्रस्य प्रेत्य चेह च शाश्वतम्।।१४६।।

मुक्ता०:—जनकाचार्यौ द्वावपि पितरौ, जन्मदातृत्वात्। तयोराचार्यः पिता गुरुतरः। यस्माद्विप्रस्य ब्रह्मग्रहणार्थं जन्मोपनयनजन्मसंस्काररूपं परलोके इहलोके च शाश्वतं नित्यम्, ब्रह्मप्राप्तिफलकत्वात्।।१४६।।

Of one's own progenitor and imparter (teacher) of the

Vedas, he, who teaches him the Vedas, is superior to his progenitor, since the birth of a *Brāhmaṇa* through the Vedas is his eternal existence both in this world and the next. (146)

कामान्माता पिता चैनं यदुत्पादयतो मिथः।

संभूतिं तस्य तां विद्याद्यद्योनावभिजायते॥१४७॥

मुक्ता०:—मातापितरौ यद्येनं बालकं कामवशेनान्योन्यमुत्पादयतः संभवमात्रं तत्तस्य पश्वादिसाधारणम्। यद्योनौ मातृकुक्षावभिजायतेऽङ्गप्रत्यङ्गानि लभते॥१४७।

The birth of a man through the lustful meeting of his parents in his mother's womb is the birth which he has in common with the beasts. (147)

आचार्यस्त्वस्य यां जातिं विधिवद्वेदपारगः।

उत्पादयति सावित्र्या सा सत्या साऽजराऽमरा॥१४८॥

मुक्ता०:—आचार्यः पुनर्वेदज्ञोऽस्य माणवकस्य यां जातिं य जन्म विद्यिवत्सावित्र्येति साङ्गोपनयनपूर्वकसावित्र्यनुवचनेनोत्पादयति सा जातिः सत्या अजराऽमरा च। ब्रह्मप्राप्तिफलत्वात्। उपनयनपूर्वकस्य वेदाध्ययनतदर्थज्ञानानुष्ठानै-र्निष्कामस्य मोक्षलाभात्॥१४८॥

The birth, which the *Ācārya*, well conversant with the Vedas procreates for him through the *Sāvitrī initiation,* according to the Regulation, is his real decayless, immortal birth (*i.e.*birth in immortality). (148)

अल्पं वा बहु वा यस्य श्रुतस्योपकरोति यः।

तमपीह गुरुं विद्याच्छ्रुतोपक्रियया तया॥१४९॥

मुक्ता०:—श्रुतस्य श्रुतेनेत्यर्थः। उपाध्यायो यस्य शिष्यस्याल्पं वा बहु वा कृत्वा श्रुतेनोपकरोति तमपीह शास्त्रे तस्य गुरुं जानीयात्। श्रुतमेवोपक्रिया तया श्रुतोपक्रियया॥१४९॥

Him, who benefits a man by imparting to him a lesser or greater amount of *Vedic knowledge*, let that man revere as his preceptor (Guru), on account of imparting that much knowledge of the Vedas. (149)

ब्राह्मस्य जन्मनः कर्त्ता स्वधर्मस्य च शासिता।

बालोऽपि विप्रो वृद्धस्य पिता भवति धर्मतः॥१५०॥

मुक्ता०:—ब्रह्मश्रवणार्थं जन्म ब्राह्ममुपनयनम्। स्वधर्मस्य शासिता वेदार्थव्याख्याता तादृशोऽपि बालो वृद्धस्य ज्येष्ठस्य पिता भवति। धर्मत इति पितृधर्मास्तस्मिन्ननुष्ठातव्या:।।१५०।।

A *Brāhmaṇa,* who, although of a tender age, causes the initiation of an old man in the Vedas, and teaches him his religious duties (by explaining their true import), him such an old man is in duty bound to venerate as his own father. (150)

प्रकृतानुरूपार्थवादमाह–

अध्यापयामास पितॄन् शिशुराङ्गिरसः कविः।
पुत्रका इति होवाच ज्ञानेन परिगृह्य तान्।।१५१।।

मुक्ता०:—अङ्गिरसः पुत्रो बालः कविर्विद्वान् पितृन्गौणान् पितृव्यतत्पुत्रादीनधिकवयसोऽध्यापितवान्। ताञ्ज्ञानेन परिगृह्य शिष्यान्कृत्वा पुत्रका इति आजुहाव। 'इति ह' इत्यव्ययं पुरावृत्तसूचनार्थम्।।१५१।।

Even the infant son of *Aṅgirā*, whose vision extended far into the depths of the unseen mysteries, taught his own fathers and used to address them as sons. (151)

ते तमर्थमपृच्छन्त देवानागतमन्यवः।
देवाश्चैतान्समेत्योचुर्न्याय्यं वः शिशुरुक्तवान्।।१५२।।

मुक्ता०:—ते पितृतुल्याः पुत्रका इत्युक्ता अनेन जातक्रोधाः पुत्रकशब्दार्थं देवान्पृष्टवन्तः। देवाश्च पृष्टा मिलित्वा एतानवोचन्। युष्मान्यच्छिशुः पुत्रशब्देनोक्तवांस्तद्युक्तम्।।१५२।।

Having been thus addressed by Āṅgirasa, they, mad with rage, demanded its reason of the Devas, and the assembled Devas said unto them, "the boy has not spoken in decorum." (152)

अज्ञो भवति वै बालः पिता भवति मन्त्रदः।
अज्ञं हि बालमित्याहुः पितेत्येव तु मन्त्रदम्।।१५३।।

मुक्ता०:—वैशब्दोऽवधारणे। अज्ञ एव बालो भवति न त्वल्पवयाः। मन्त्रदः पिताभवति। मन्त्रग्रहणं वेदोपलक्षणार्थम्। यो वेदमध्यापयति व्याचष्टे स पिता। अत्रैव हेतुमाह– यस्मात्पूर्वेऽपि मुनयोऽज्ञं बालमित्यूचुः, मन्त्रदं च पितेत्येवाब्रुवन्नित्याह।।१५३।।

An ignoramus is veritably a boy, the imparter of the Mantras is like unto a father, for since the ancient time it has been the practice to a call an ignoramus a boy and an imparter of the Mantras a father. (153)

न हायनैर्न पलितैर्न वित्तेन न बन्धुभिः।
ऋषयश्चक्रिरे धर्मं योऽनूचानः स नो महान्॥१५४॥

मुक्ता०:—न बहुभिर्वर्षैः, न केशश्मश्रुलोमभिः शुक्लैः, न बहुना धनेन, न पितृव्यत्वादिभिर्बन्धुभावैः समुदितैरप्येतैर्न महत्त्वं भवति, किंतु ऋषय इमं धर्मं कृतवन्तः, यः साङ्गवेदाध्येता सोऽस्माकं महान् संमतः॥१५४॥

Neither by years (age) nor by grey hairs, neither by wealth nor by friends (relation) does one become great. The *Ṛṣis* made a compact of yore that, "he of us who will study the entire Veda with the allied branches of study will be called great. (154)

विप्राणां ज्ञानतो ज्येष्ठ्यं क्षत्रियाणां तु वीर्यतः।
वैश्यानां धान्यधनतः शूद्राणामेव जन्मतः॥१५५॥

मुक्ता०:—ब्राह्मणानां विद्यया, क्षत्रियाणां पुनर्वीर्येण, वैश्यानां धान्यवस्त्रादिधनेन, शूद्राणामेव पुनर्जन्मना श्रेष्ठत्वम्। सर्वत्र तृतीयार्थे तसिः॥१५५॥

(Elderliness) among the Brāhmaṇas is according to knowledge, that among the Kṣatriyas is proportionate to prowess, that among the Vaiśyas is proportionate to wealth, and that among the Śūdras is proportionate to age (lit. date of birth). (155)

न तेन वृद्धो भवति येनास्य पलितं शिरः।
यो वै युवाऽप्यधीयानस्तं देवाः स्थविरं विदुः॥१५६॥

मुक्ता०:—न तेन वृद्धो भवति येनास्य शुक्लकेशं शिरः किंतु युवाऽपि सन्यो विद्वान् तं देवाः स्थविरं जानन्ति॥१५६॥

Grey hairs do not make an old man; a young man who has studied, the Devas designate him is really old. (156)

यथा काष्ठमयो हस्ती यथा चर्ममयो मृगः।
यश्च विप्रोऽनधीयानस्त्रयस्ते नाम बिभ्रति॥१५७॥

मुक्ता०:—यथा काष्ठघटितो हस्ती, यथा चर्मनिर्मितो मृगः, यश्च विप्रो नाधीते त्रय एते नाममात्रं दधति न तु हस्त्यादिकार्यं शत्रुवधादिकं कर्तुं क्षमन्ते॥१५७॥

Like unto a *wooden elephant* or a *leathern deer*, a *Brāhmaṇa,* who has not studied, bears only the name of a Brāhmaṇa. (157)

यथा षण्ढोऽफलः स्त्रीषु यथा गौर्गवि चाफला।

यथा चाज्ञेऽफलं दानं तथा विप्रोऽनृचोऽफलः॥१५८॥

मुक्ता०:—यथा नंपुसकः स्त्रीषु निष्फलः, तथा च स्त्रीगवी गव्यामेव निष्फला, यथा चाज्ञे दानमफलं, तथा ब्राह्मणोऽप्यनधीयानो निष्फलः श्रौतस्मार्तकर्मानर्हतया तत्फलरहितः॥१५८॥

As enunuch is (sexually) fruitless (unsuccessful) in respect of a woman, as (sexually) fruitless is the meeting of two cows, as fruitless is the gift to an ignoramus, so fruitless (is the life of a) Brāhmaṇa who has not studied the *Ṛks* (i.e., the Vedas). (158)

अहिंसयैव भूतानां कार्यं श्रेयोऽनुशासनम्।

वाक् चैव मधुरा श्लक्ष्णा प्रयोज्या धर्ममिच्छता॥१५९॥

मुक्ता०:—भूतानां शिष्याणां प्रकरणाच्छ्रेयोऽर्थमनुशासनमनतिहिंसया कर्तव्यम्। "रज्ज्वा वेणुदलेन वा" (अ०८.श्लो०९९.) इत्यल्पहिंसाया अभ्यनुज्ञानात्। वाणी मधुरा प्रीतिजननी श्लक्ष्णा या नोच्चैरुच्यते सा शिष्यशिक्षायै धर्मबुद्धिमिच्छता प्रयोक्तव्या॥१५९॥

The good of creatures should be effected with kind and sympathetic means, desiring virtue, one shall use sweet and gentle words under the circumstances. (159)

इदानीं पुरुषमात्रस्य फलं धर्मं वाङ्मनःसंयमो नाध्यापयितुरेवेत्याह—

यस्य वाङ्मनसी शुद्धे सम्यग्गुप्ते च सर्वदा।

स वै सर्वमवाप्नोति वेदान्तोपगतं फलम्॥१६०॥

मुक्ता०:—यस्य वाङ्मनश्चोभयं शुद्धं भवति। वागनृतादिभिरदुष्टा मनश्च रागद्वेषादिभिरदूषितं भवति। एते वाङ्मनसी निषिद्धविषयप्रकरणे सर्वदा यस्य पुंसः सुरक्षिते भवतः स वेदान्तेऽवगतं सर्वं फलं सर्वज्ञत्वं सर्वेशानादिरूपं मोक्षलाभादवाप्नोति॥१६०॥

He, whose speech and mind are always pure and fully restrained, derives all the benefits enumerated in the *Vedānta.* (160)

नारुन्तुदः स्यादार्त्तोऽपि न परद्रोहकर्मधीः।
ययाऽस्योद्विजते वाचा नालोक्यां तामुदीरयेत्॥१६१॥

मुक्ता०:—अयमपि पुरुषमात्रस्यैव धर्मो नाध्यापकस्य। आर्तः पीडितोऽपि नारुंतुदः स्यात् न मर्मपीडाकरं तत्त्वदूषणमुदाहरेत्। तथा परस्य द्रोहोऽपकारस्तदर्थं कर्म बुद्धिश्च न कर्तव्या। तथा यया वाचाऽस्य परो व्यथते तां मर्मस्पृशमथालोक्यां स्वर्गादिप्राप्ति विरोधिनीं न वदेत्॥१६१॥

Persecuted or oppressed, one must not hurt the feelings of others. Let him wish or do no injury to any body. Let him not use a *harsh word,* that bars the gate of heaven, to any body. (161)

सम्मानाद्ब्राह्मणो नित्यमुद्विजेत विषादिव।
अमृतस्येव चाकाङ्क्षेदवमानस्य सर्वदा॥१६२॥

मुक्ता०:—ब्राह्मणः सम्मानाद्विषादिव। सर्वदोद्विजेत सम्माने प्रीतिं न कुर्यात्। अमृतस्येव सर्वस्माल्लोकादवमानमाकाङ्क्षेत्। अवमाने परेण कृतेऽपि क्षमावांस्तत्र खेदं न कुर्यात्। मानावमानद्वन्द्वसहिष्णुत्वमनेन विधीयते॥१६२॥

Let a *Brāhmaṇa* shun worldly honours, like a poison, throughout his life. Desiring immortality, let him court humiliation all through his days. (162)

अवमानासहिष्णुत्वे हेतुमाह—

सुखं ह्यवमतः शेते सुखं च प्रतिबुध्यते।
सुखं चरति लोकेऽस्मिन्नवमन्ता विनश्यति॥१६३॥

मुक्ता०:—यस्मादवमाने परेण कृते तत्र खेदमकुर्वाणः सुखं निद्राति। अन्यथाववमानदुःखेनदह्यमानः कथं निद्रां लभते। कथं च सुखं प्रतिबुध्यते। प्रतिबुद्धश्च कथं सुखं कार्येषु चरति। अवमानकर्ता तेन पापेन विनश्यति॥१६३॥

He, who habituates himself to bear humiliation, happily sleeps, happily wakes (from sleep) and travels on the path of duty. The humiliator suffers a double death. (163)

अनेन क्रमयोगेन संस्कृतात्मा द्विजः शनैः।
गुरौ वसन् संचिनुयाद्ब्रह्माधिगमिकं तपः॥१६४॥

मुक्ता०:—अनेन क्रमकथितोपायेन जातकर्मादिनोपनयनपर्यन्तेन संस्कृतो द्विजो

गुरुकुले वसन् शनैरत्वरया वेदग्रहणार्थं तपोऽभिहिताभिधास्यमाननियमकलाप-रूपमनुतिष्ठेत्। सिद्धान्तरसिद्धस्याप्ययमर्थवादोऽध्ययनाङ्गत्वबोधनाय।।१६४।।

Let a duly initiated *Brāhmaṇa,* by dint of gradual practice, acquire, while residing in the house of his preceptor, this *Tapas* (penitential austerity), which would enable him to fully comprehend the import of the *Vedas.* (164)

अध्ययनाङ्गत्वमेव स्पष्टयति–

तपोविशेषैर्विविधैर्व्रतैश्च विधिचोदितैः।

वेदः कृत्स्नोऽधिगन्तव्यः सरहस्यो द्विजन्मना।।१६५।।

मुक्ता०:–तपोविशेषैर्नियमकलापैर्विविधैर्बहुप्रकारैश्च "अध्येष्यमाणस्त्वाचान्तः" (अ०२ श्लो०७०) इत्यादिनोक्तैः, "सेवेतेमांस्तु नियमान्" (अ०२श्लो०१७५) इत्यादिभिर्वक्ष्यमाणैरपि, व्रतैश्चोपनिषन्महानाम्निकादिभिर्विधिचोदितैः स्वगृह्यविहितैः समग्रवेदोः मन्त्रब्राह्मणात्मकः सोपनिषत्कोऽप्यध्येतव्यः। रहस्यमुपनिषदः। प्राधान्यख्यापनाय पृथङ् निर्देशः।।१६५।।

By means of special austerities and various (other) vows practised according to the *Regulation*, a twice-born one (Brāhmaṇa) shall master all the Vedas with their *Rahasyas* (*i.e.,* the mystic transcendentalism as inculcated in the *Upaniṣads.* (165)

वेदमेव सदाभ्यस्येत्तपस्तपस्यन्द्विजोत्तमः।

वेदाभ्यासो हि विप्रस्य तपः परमिहोच्यते।।१६६।।

मुक्ता०:–यत्र नियमानामङ्गत्वमुक्तं तत्कृत्स्नस्वाध्यायाध्ययनमनेन विधत्ते। तपस्तपस्यचरिष्यन्द्विजो वेदमेव ग्रहणार्थमावर्तयेत्। तस्माद्वेदाभ्यास एव विप्रादेरिह लोके प्रकृष्टं तपो मुनिभिरभिधीयते।।१६६।।

Let the foremost of the twice-born ones (Brāhmaṇas) constantly commit the *Vedas* to memory, inasmuch as the study (recitation) of the Vedas is said to be the highest *Tapasyā* for a Brāhmaṇa. (166)

आ हैव स नखाग्रेभ्यः परमं तप्यते तपः।

यः स्रग्व्यपि द्विजोऽधीते स्वाध्यायं शक्तितोऽन्वहम्।।१६७।।

मुक्ता०:–स्वाध्यायाध्ययनस्तुतिरियम्। हशब्दः परमशब्दविहितस्यापि प्रकर्षस्य

सूचकः। स द्विज आ नखाग्रेभ्य एव चरणनखपर्यन्तं सर्वदेहव्यापकमेव प्रकृष्टतमं तपस्तप्यते। यः स्रग्व्यपि कुसुममालाधार्यपि प्रत्यहं यथाशक्ति स्वाध्यायमधीते। स्रग्व्यपीत्यनेन वेदाध्ययनाय ब्रह्मचारिनियमत्यागमपि स्तुत्यर्थं दर्शयति। तप्यत इति "तपस्तपःकर्मकस्यैव" (पा०सू० ३।१।८८) इति यगात्मनेपदे भवतः॥१६७॥

Even he, who indulges in such *articles of luxury* as, the garland of flowers, etc., by studying the *Vedas,* each day, according to his might, acquires such an efficiency in *Tapas* that its (energy) surcharges his whole body from the tips of his finger-nails to the crown of his head. (167)

योऽनधीत्य द्विजो वेदमन्यत्र कुरुते श्रमम्।
स जीवन्नेव शूद्रत्वमाशु गच्छति सान्वयः॥१६८॥

मुक्ता०ः—यो द्विजो वेदमनधीत्यान्यत्रार्थशास्त्रादौ श्रमं यत्नातिशयं करोति स जीवन्नेव पुत्रपौत्रादिसहितः शीघ्रं शूद्रत्वं गच्छति। वेदमनधीत्यापि स्मृतिवेदाङ्गाध्ययने विरोधाभावः। अतएव शङ्खलिखितौ " वेदमनधीत्यान्यां विद्यामधीयीतान्यत्र वेदाङ्गस्मृतिभ्यः"॥१६८॥

A *Brāhmaṇa*, who not having studied the *Vedas* tries to acquire other forms of (secular) learning, is degraded to the status of a *Śūdra* with all his progeny, even in his life-time. (168)

द्विजानां तत्राधिकारश्रुतेर्द्विजत्वनिरूपणार्थमाह–

मातुरग्रेऽधिजननं द्वितीयं मौञ्जीबन्धने।
तृतीयं यज्ञदीक्षायां द्विजस्य श्रुतिचोदनात्॥१६९॥

मुक्ता०ः—मातुः सकाशदादौ पुरुषस्य जन्म। द्वितीयं मौञ्जिबन्धने उपनयने। "ङ्यापोः संज्ञाछन्दसोर्बहुलम्" (पा०सू० ६।३।६३) इति ह्रस्वः। तृतीयं ज्योतिष्टोमादियज्ञदीक्षायां वेदश्रवणात्। तथाच श्रुतिः "पुनर्वा यदृत्विजो यज्ञियं कुर्वन्ति यद्दीक्षयन्ति" इति। प्रथमद्वितीयतृतीयजन्मकथनं चेदं द्वितीयजन्मस्तुत्यर्थं, द्विजस्यैव यज्ञदीक्षायामप्यधिकारात्॥१६९॥

The first birth of a Brāhmaṇa is in the womb of his mother, his second birth is through his initiation with the holy thread, and his third birth lies through his initiation in the *Vedic sacrifices* (Jyotiṣṭoma, etc.) as ordained by the *Śruti*. (169)

तत्र यद्ब्रह्मजन्मास्य मौञ्जीबन्धनचिह्नितम्।
तत्रास्य माता सावित्री पिता त्वाचार्य उच्यते॥१७०॥

मुक्ता०:—तेषु त्रिषु जन्मसु मध्ये यदेतद्ब्रह्मग्रहणार्थं जन्मोपयनसंस्काररूपं मेखलाबन्धनोपलक्षितं तत्रास्य माणवकस्य सावित्री माता, आचार्यश्च पिता मातृपितृसंपाद्यत्वात्जन्मन:॥१७०॥

In respect of the birth of a *Brāhmaṇa* in *Brahma,* of which the wearing of the *holy girdle* (Mekhalā) is the symbol, the *Sāvitrī* (Gāyatrī Mantra) is his mother and the *preceptor* (Ācārya) is his father. (170)

वेदप्रदानादाचार्यं पितरं परिचक्षते।
न ह्यस्मिन्युज्यते कर्म किंचिदामौञ्जिबन्धनात्॥१७१॥

मुक्ता०:—वेदाध्यापनादाचार्यं पितरं मन्वादयो वदन्ति। पितृवन्महोपकारफलद्गौणं पितृत्वम्॥ महोपकारमेव दर्शयति- न ह्यस्मिन्निति। यस्मादस्मिन्माणवके प्रागुपनयनात्किंचित्कर्म श्रौतं स्मार्तं च न संबध्यते। न तत्राधिक्रियत इत्यर्थ:॥१७१॥

Before his initiation with the thread, a Brāhmaṇa is not competent to perform any kind of *religious rites*, hence, for the fact that, the *Ācārya* imparts to him the knowledge of the *Vedas,* the *Ācārya* is his called father. (171)

नाभिव्याहारयेद्ब्रह्म स्वधानिनयानादृते।
शूद्रेण हि समस्तावद्यावद्वेदे न जायते॥१७२॥

मुक्ता०:—आमौञ्जिबन्धनादित्यनुवर्तते प्रागुपनयनाद्वेदं नोच्चारयेत्। स्वधाशब्देन श्राद्धमुच्यते। निनीयते निष्पाद्यते येन मन्त्रजातेन तद्वर्जयित्वा मृतपितृको नवश्राद्धादौ मन्त्रमोच्चारयेत्। तद्व्यतिरिक्तं वेदं नोदाहरेत्। यस्माद्यावद्वेदे न जायते तावदसौ शूद्रेण तुल्य:॥१७२॥

A Brāhmaṇa until he is again born in the Vedas, continues like unto a *Śūdra*. Let him not utter any *Vedic Mantras* except those of the *Śrāddha*, before his initiation with the thread. (172)

कृतोपनयनस्यास्य व्रतादेशनमिष्यते।
ब्रह्मणो ग्रहणं चैव क्रमेण विधिपूर्वकम्॥१७३॥

मुक्ता०:—यस्मादस्य माणवकस्य "समिधमाधेहि" (गृ०सू०१।२२।६) "दिवा

मा स्वाप्सीः" (गृ०सू०१।२२।२) इत्यादिव्रतादेशनं वेदस्याध्ययनं मन्त्रब्राह्मणक्रमेण "अध्येष्यमाणस्त्वाचान्तः" (अ०२श्लो०७०) इत्यादिविधिपूर्वकमुपनीतस्योपदिश्यते, तस्मादुपनयनात्पूर्वं न वेदमुदाहरेत्।।१७३।।

To a *Brāhmaṇa,* duly initiated with the thread, shall be given instructions, regarding the practice of vows, gradually and in conformity with the *Regulation;* he shall be made to get by heart the (different portions of the) *Vedas*. (173)

यद्यस्य विहितं चर्म यत्सूत्रं या च मेखला।

यो दण्डो यच्च वसनं तत्तदस्य व्रतेष्वपि।।१७४।।

मुक्ता०:—यस्य ब्रह्मचारिणो यानि चर्मसूत्रमेखलादण्डवस्त्राण्युपनयनकाले गृह्येण विहितानि, गोदानादिव्रतेष्वपि तान्येव नवानि कर्तव्यानि।।१७४।।

The kinds of skin, thread, staff and girdle, which have been ordained for a (Brahmacārī) at the time of initiation with the thread, shall be likewise used by him in connection with practising a vow. (174)

सेवेतेमांस्तु नियमान्ब्रह्मचारी गुरौ वसन्।

सन्नियम्येन्द्रियग्रामं तपोवृद्ध्यर्थमात्मनः।।१७५।।

मुक्ता०:—ब्रह्मचारी गुरुसमीपे वसन्निन्द्रियसंयमं कृत्वाऽनुगतादृष्टवृद्ध्यर्थ-मिमान्नियमाननुतिष्ठेत्।।१७५।।

A *Brahmacārī,* while residing with his preceptor, shall control his senses and observe these rules of conduct for the augmentation of his *psychic power*. (175)

नित्यं स्नात्वा शुचिः कुर्याद्देवर्षिपितृतर्पणम्।

देवताभ्यर्चनं चैव समिदाधानमेव च।।१७६।।

मुक्ता०:—प्रत्यहं स्नात्वा देवर्षिपितृभ्य उदकदानं, प्रतिमादिषु हरिहरादिदेवपूजनं, सायंप्रातश्च समिद्धोमं कुर्यात्। यस्तु गौतमीये स्नाननिषेधो ब्रह्मचारिणः स सुखस्नानविषयः। अतएव बौधायनः "नाप्सु श्लाघमानः स्नायात्"। विष्णुनाऽत्र "कालद्वयमभिषेकाग्निकार्यकरणमप्सु दण्डवन्मज्जनम्" इति ब्रुवाणेन वारद्वयं स्नानमुपदिष्टम्।।१७६।।

Let him be pure, let him bathe each day, propitiate the gods and manes with libations of water, worship the deities and cast *sacrifical twigs* (samidh) in the fire, each morning and evening. (176)

वर्जयेन्मधु मांसं च गन्धं माल्यं रसान्स्त्रियः।
शुक्तानि यानि सर्वाणि प्राणिनां चैव हिंसनम्॥१७७॥

मुक्ता०:—क्षौद्रं मांसं च न खादेत्। गन्धं च कर्पूरचन्दनकस्तूरिकादि वर्जयेत्। एषां च गन्धानां यथासंभवं भक्षणमनुलेपनं च निषिद्धम्। माल्यं च न धारयेत्। उद्रिक्तरसांश्च गुडादीन्न खादेत्। स्त्रियश्च नोपेयात्। यानि स्वभावतो मधुरादिरसानि कालवशेनोदकवासादिना चाम्लयन्ति (मदिरादि) तानि शुक्तानि न खादेत्। प्राणिनां हिंसां न कुर्यात्॥१७७॥

Let him forswear the use of honey, meat, scents, garlands of flowers, and articles of sweet taste which acquire an acid flavour when stale. Let him refrain from visiting women and killing animals. (177)

अभ्यङ्गमञ्जनं चाक्ष्णोरुपानच्छत्रधारणम्।
कामं क्रोधं च लोभं च नर्त्तनं गीतवादनम्॥१७८॥

मुक्ता०:—तैलादिना शिरःसहितदेहमर्दनलक्षणं, कज्जलादिभिश्च चक्षुषोरञ्जनं, पादुकायाश्छत्रस्य च धारणं कामं मैथुनातिरिक्तविषयाभिलाषातिशयम्। मैथुनस्य स्त्रिय इत्यनेनैव निषिद्धत्वात्। क्रोधलोभनृत्यगीतवीणापणवादि वर्जयेत्॥१७८॥

Let him forswear the use of *anointments* (unguents), collyriums, shoes, and umbrella; let him renounce lust, anger, greed, dancing singing and music. (178)

द्यूतं च जनवादं च परिवादं तथाऽनृतम्।
स्त्रीणां च प्रेक्षणालम्भमुपघातं परस्य च॥१७९॥

मुक्ता०:—अक्षक्रीडां, जनैः सह निरर्थकवाक्कलहं, परस्य दोषवादं, मृषाऽभिधानं, स्त्रीणां च मैथुनेच्छया सानुरागेण प्रेक्षणालिङ्गनं, परस्य चापकारं वर्जयेत्॥१७९॥

Gambling with dice, idle gossips, scandal, falsehood, embracing and casting lustful eyes on females, and doing injury to others. (179)

एकः शयीत सर्वत्र न रेतः स्कन्दयेत्क्वचित्।
कामाद्धि स्कन्दयन्रेतो हिनस्ति व्रतमात्मनः॥१८०॥

मुक्ता०:—सर्वत्र नीचशय्यादावेकाकी शयनं कुर्यात्। इच्छया न स्वशुक्रं पातयेत्। यस्मादिच्छया स्वमेहनाच्छुकं पातयन्स्वकीयव्रतं नाशयति। व्रतलोपे चावकीर्णिप्रायश्चितं कुर्यात्॥१८०॥

He must sleep always alone and, let him not cast his seed (by any unnatural means). A lustful casting of seed kills one's vow. (180)

स्वप्ने सिक्त्वा ब्रह्मचारी द्विजः शुक्रमकामतः।

स्नात्वाऽर्कमर्चयित्वा त्रिः पुनर्मामित्यृचं जपेत्॥१८१॥

मुक्ता०:—ब्रह्मचारी स्वप्नादावनिच्छया रेतः सिक्त्वा कृतस्नानश्चन्दनाद्यनुलेपन-पुष्पधूपादिभिः सूर्यूमभ्यर्च्य "पुनर्मामेत्विन्द्रियम्" इत्येतामृचं वारत्रयं पठेत्। इदमत्र प्रायश्चित्तम्॥१८१॥

A *Brāhmaṇa* religious student, who has unintentionally spent himself in sleep, shall bathe and worship the son and thrice mutter the *Ṛk* running as *Punarmām*. (181)

उदकुम्भं सुमनसो गोशकृन्मृत्तिकाकुशान्।

आहरेद्यावदर्थानि भैक्षं चाहरहश्चरेत्॥१८२॥

मुक्ता०:—जलकलशपुष्पगोमयमृत्तिकाकुशान्यावदर्थानि यावद्भिः प्रयोजनानि आचार्यस्य तावन्त्याचार्यार्थमाहरेत्। अतएवोदकुम्भमित्यत्रैकत्वमप्यविवक्षितम्। प्रदर्शनं चैतत्। अन्यदप्याचार्योपयुक्तमुपाहरेद्भैक्षं च प्रत्यहमर्जयेत्॥१८२॥

He shall fetch pitchers-ful of water, flowers, cowdung, clay and *Kuśa grass* asmuch as his preceptor right require, and beg alms every day. (182)

वेदयज्ञैरहीनानां प्रशस्तानां स्वकर्मसु।

ब्रह्माचार्यहरेद्भैक्षं गृहेभ्यः प्रयातोऽन्वहम्॥१८३॥

मुक्ता०:—वेदयज्ञैश्चात्यक्तानां स्वकर्मसु दक्षाणां गृहेभ्यः प्रत्यहं ब्रह्मचारी सिद्धान्नभिक्षासमूहमाहरेत्॥१८३॥

Of house-holders, who celebrate the *Vedic sacrifices* and complacently perform the duties peculiar to their order, a Brahmacārin, pure in body and spirit, shall beg alms, each day. (183)

गुरोः कुले न भिक्षेत न ज्ञातिकुलबन्धुषु।

अलाभे त्वन्यगेहानां पूर्वं पूर्वं विवर्जयेत्॥१८४॥

मुक्ता०:—आचार्यस्य सपिण्डेषु, बन्धुषु, मातुलादिषु च न भिक्षेत। तद्गृहव्यतिरिक्तभिक्षायोग्यगृहाभावे चोक्तेभ्यः पूर्वं पूर्वं वर्जयेत्। ततश्च प्रथमं बन्धून्भिक्षेत। तत्रालाभे ज्ञातीन्। तत्रालाभे गुरोरपि ज्ञातीन्भिक्षेत॥१८४॥

He shall not beg alms of his preceptor's family nor of his cognates and relations. In the absence of any other householder, he shall beg alms, leaving each preceding one of these persons. (184)

सर्वं वाऽपि चरेद्ग्रामं पूर्वोक्तानामसम्भवे।
नियम्य प्रयतो वाचमभिशस्तांस्तु वर्जयेत्॥१८५॥

मुक्ता०:—पूर्वं "वेदयज्ञैरहीनानाम्" (अ.२ श्लो.१८३) इत्यनेनोक्तानामसंभवे सर्वं वा ग्राममुक्तगुणरहितमपि शुचिर्मौनी भिक्षेत। महापातकाद्यभिशस्तांस्त्यजेत्॥१८५॥

In the absence of (fit persons of whom the Vedas gives a Brahmacārin the sanction to beg alms), let him, silent and self-controlled, beg alms of the whole village (*i.e.* of all the four castes) without repeating the proper formula of begging. (185)

दूरादाहृत्य समिधः सन्निदध्याद्विहायसि।
सायं प्रातश्च जुहुयात्ताभिरग्निमतन्द्रितः॥१८६॥

मुक्ता०:—दूराद्दिग्भ्यः परिगृहीतवृक्षेभ्यः समिध आनीय आकाशे धारणाशक्तः पटलादौ स्थापयेत्। ताभिश्च समिद्भिः सायंप्रातरग्नौ होमं कुर्यात्॥१८६॥

Let him collect fuels (Samidhā) for the sacrificial fire from a distant forest and place them in the open; with them he must punctually offer the burnt offerings, morning and evening, each day. (186)

अकृत्वा भैक्षचरणमसमिध्य च पावकम्।
अनातुरः सप्तरात्रमवकीर्णिव्रतं चरेत्॥१८७॥

मुक्ता०:—भिक्षाहारं, सायंप्रातः समिद्धोमं, अरोगो नैरन्तर्येण सप्तरात्रमकृत्वा लुप्तव्रतो भवति। ततश्चावकीर्णिप्रायश्चित्तं कुर्यात्॥१८७॥

In health, if a Brahmacārin fails to beg alms, or to kindle the *sacrificial fire* with the fuel of Samidhā twigs, for seven days in succession, he must do the penance of an Avakīrṇi (of broken vow). (187)

भैक्षेण वर्त्तयेन्नित्यं नैकान्नादी भवेद्व्रती।
भैक्षेण व्रतिनो वृत्तिरुपवाससमा स्मृता॥१८८॥

मुक्ता०:—ब्रह्मचारी न एकान्नमद्यात्किंतु बहुगृहाहृतभिक्षासमूहेन प्रत्यहं जीवेत्। यस्माद्भिक्षासमूहेन ब्रह्मचारिणो वृत्तिरुपवासतुल्या मुनिभिः स्मृता॥१८८॥

व्रतवद्देवदैवत्ये पित्र्ये कर्मण्यथर्षिवत्।

काममभ्यर्थितोऽश्नीयाद् व्रतमस्य न लुप्यते॥१८९॥

मुक्ता०:—पूर्वनिषिद्धस्यैकान्नभोजनस्यायं प्रतिप्रसवः। देवदैवत्ये कर्मणि देवतोद्देशेनाभ्यर्थितो ब्रह्मचारीव्रतदिति व्रतविरुद्धमधुमांसादिवर्जितमेकस्याप्यन्नं यथेप्सितं भुञ्जीत। अथ पित्र्युद्देशेनाभ्यर्थितो भवति तदा ऋषिर्यतिः सम्यग्दर्शनसंपन्नत्वात्स इव मधुमांसवर्जितमेकस्याप्यन्नं यथेप्सितं भुञ्जीत इति स एवार्थो वैदग्ध्येनोक्तः तथापि भैक्षवृत्तिनियमरूपं व्रतमस्य लुप्तं न भवति। याज्ञवल्क्योऽपि श्राद्धेऽभ्यर्थितस्यैकान्नभोजनमाह "ब्रह्मचर्ये स्थितो नैकमन्नमद्यादनापदि। ब्राह्मणः काममश्नीयाच्छ्राद्धे व्रतमपीडयन्॥" (अ०१ श्लो०३२) इति। विश्वरूपेण तु "व्रतमस्य न लुप्यते" इति पश्यता ब्रह्मचारिणो मांसभक्षणमनेन मनुवचनेन विधीयत इति व्याख्यातम्॥१८९॥

A Brahmacārin, having been invited to a repast given in connection with a *Śrāddha* offered to the *deities*, may take to his satisfaction (articles of food) which do not soil the vow; of a vowist; invited to a repast in connection with a Śrāddha offered to the manes, he may take to his satisfaction such food, which a *Ṛṣi* may eat without impugnity, even if without incurring the sin of eating the food given by one and the same person; there by his vow is not nullified. (188-189)

ब्राह्मणस्यैव कर्मैतदुपदिष्टं मनीषिभिः।

राजन्यवैश्ययोस्त्वेवं नैतत्कर्म विधीयते॥१९०॥

मुक्ता०:—ब्राह्मणक्षत्रियविशां त्रयाणामेव ब्रह्मचारिणां भैक्षाचरणविधानात् "व्रतवत्" (अ०२ श्लो०१८९) इत्यनेन तदपवादरूपमेकान्नभोजनमुपदिष्टं क्षत्रियवैश्ययोरपि पुनरुक्तेन पर्युदस्यते। एतदैकान्नभोजनरूपं कर्म तद्ब्राह्मणस्यैव देवार्थविद्भिर्विहितं क्षत्रियवैश्ययोः पुनर्न चैतत्कर्मेति ब्रूते॥१९०॥

Wise men have ordained alms-begging as equally obligatory on Brahmacārins of all the twice-born castes (*Brāhmaṇa, Kṣatriya*, and *Vaiśya*), but a Kṣatriya or a Vaiśya Brahmacārin is not authorised to partake of a Śrāddha repast given by a single person. (190)

चोदितो गुरुणा नित्यमप्रचोदित एव वा।

कुर्यादध्ययने यत्नमाचार्यस्य हितेषु च॥१९१॥

मुक्ता०:—आचार्येण प्रेरितो न प्रेरितो वा स्वयमेव प्रत्यहमध्ययने गुरुहितेषु चोद्योगं कुर्यात्॥१९१॥

Goaded by his preceptor or not, he shall take special care of his lessons and evidence a special interest in things conducive to his preceptor's benefit, each day. (191)

शरीरं चैव वाचं च बुद्धीन्द्रियमनांसि च।

नियम्य प्राञ्जलिस्तिष्ठेद्वीक्षमाणो गुरोर्मुखम्॥१९२॥

मुक्ता०:—देहवाग्बुद्धीन्द्रियमनांसि नियम्य कृताञ्जलिर्गुरुमुखं पश्यंस्तिष्ठेन्नोपविशेत्॥१९२॥

Controlling his body (physical propulsions), speech, intellect, senses and mind, let him sit with the palms of his hands, united together, looking at the face of his preceptor. (192)

नित्यमुद्धृतपाणिः स्यात्साध्वाचारः सुसंयतः।

आस्यतामिति चोक्तः सन्नासीताभिमुखं गुरोः॥१९३॥

मुक्ता०:—सततमुत्तरीयाद्बहिष्कृतदक्षिणबाहुः शोभनाचारः, वस्त्रावृतदेहः, आस्यतामिति गुरुणोक्तः सन् गुरोरभिमुखं यथा भवति तथा आसीत॥१९३॥

Covering his body with the upper sheet (of garment in a manner so as to leave) the right arm free and uncovered, let him sit, meek and self-controlled, each day, in the front of his preceptor, after being told by him, "sit down here." (193)

हीनान्नवस्त्रवेषः स्यात्सर्वदा गुरुसन्निधौ।

उत्तिष्ठेत्प्रथमं चास्य चरमं चैव संविशेत्॥१९४॥

मुक्ता०:—सर्वदा गुरुसमीपे गुर्वपेक्षया त्वपकृष्टान्नवस्त्रप्रसाधनो भवेत्। गुरोश्च प्रथमं रात्रिशेषे शयनादुत्तिष्ठेत्, प्रदोषे च गुरौ सुप्ते पश्चाच्छयीत॥१९४॥

By the side of his preceptor he shall eat food and wear garments inferior to those of his preceptor. After him he shall go to, and prior to him he shall leave his bed. (194)

प्रतिश्रवणसम्भाषे शयानो न समाचरेत्।

नासीनो न च भुञ्जानो न तिष्ठन्न पराङ्मुखः॥१९५॥

मुक्ता०:—प्रतिश्रवणमाज्ञाङ्गीकरणं, संभाषणं च गुरोः शय्यायां सुप्तः,

आसनोपविष्टो, भुञ्जानः, तिष्ठन्, विमुखश्च न कुर्यात्॥१९५॥

Comfortably lying in bed or seated on a cushion, or with his face turned back, he must not here his preceptor's order nor speak to him. (195)

कथं तर्हि कुर्यात्तदाह-

आसीनस्य स्थितः कुर्यादभिगच्छंस्तु तिष्ठतः।

प्रत्युद्गम्य त्वाव्रजतः पश्चाद्धावंस्तु धावतः॥१९६॥

मुक्ता०:—आसनोपविष्टस्य गुरोराज्ञां ददतः स्वयमासनादुत्थितः, तिष्ठतो गुरोरादिशतस्तदभिमुखं कतिचित्पदानि गत्वा, यथा गुरुरागच्छति तथाप्यभिमुखं गत्वा, यदा तु गुरुर्धावन्नादिशति तदा तस्य पश्चाद्धावन्प्रतिश्रवणसंभाषे कुर्यात्॥१९६॥

If his *preceptor* orders him for anything when he is seated, he shall rise up; if he does that standing, he shall advance a few steps towards him; if he does that while strolling, he shall follow him; and if he does that while going away, he shall run after him and receive that order or speak to him. (196)

पराङ्मुखस्याभिमुखो दूरस्थस्यैत्य चान्तिकम्।

प्रणम्य तु शयानस्य निदेशे चैव तिष्ठतः॥१९७॥

मुक्ता०:—पराङ्मुखस्य वाऽऽदिशतः (गुरोः) संमुखस्थो, (भूत्वा) दूरस्थस्य गुरोः समीपमागत्य, शयानस्य गुरोः प्रणम्य प्रह्वो भूत्वा, निर्देशे निकटेऽवतिष्ठतो गुरोरादिशतः प्रह्वीभूयैव प्रतिश्रवणसंभाषे कुर्यात्॥१९७॥

The preceptor happening to look at any other side, he shall stand in front of him; the preceptor happening to be at a little distance, he shall go unto him; and his preceptor happening to be in bed or seated, he shall hung down his head and receive his order and speak unto him. (197)

नीचं शय्यासनं चास्य सर्वदा गुरुसन्निधौ।

गुरोस्तु चक्षुर्विषये न यथेष्टासनो भवेत्॥१९८॥

मुक्ता०:—गुरुसमीपे चास्य गुरुशय्यासनापेक्षया नीचे एव शय्यासने नित्यं स्याताम्। यत्र च देशे समासीनं गुरुः पश्यति न तत्र यथेष्टचेष्टां चरणप्रसारादिकां कुर्यात्॥१९८॥

By the side of his preceptor he shall always occupy a lower bed or seat; within the sight of his preceptor he must not sit in an easy or careless posture. (198)

नोदाहरेदस्य नाम परोक्षमपि केवलम्।

न चैवास्यानुकुर्वीत गतिभाषितचेष्टितम्॥१९९॥

मुक्ता०:—अस्य गुरोः परोक्षमपि उपाध्यायाचार्यादिपूजावचनोपपदशून्यं नाम नोच्चारयेत्। न तु गुरोर्गमनभाषितचेष्टितान्यनुकुर्वीत गुरुगमनादिसदृशान्यात्मनो गमनादीन्युपहासबुद्ध्या न कुर्वीत॥१९९॥

He shall not utter his preceptor's name even at his back. He must not mimick his gait, speech or voice. (199)

गुरोर्यत्र परीवादो निन्दावाऽपि प्रवर्तते।

कर्णौ तत्र पिधातव्यौ गन्तव्यं वा ततोऽन्यतः॥२००॥

मुक्ता०:—विद्यमानदोषस्याभिधानं परीवादः अविद्यमानदोषाभिधानं निन्दा। यत्र देशे गुरोः परीवादो निन्दा च वर्तते तत्र स्थितेन शिष्येण कर्णौ हस्तादिना पिरोधातव्यौ। तस्माद्वा देशाद्देशान्तरं गन्तव्यम्॥२००॥

Let him shut up the ducts of his ears in a place where his preceptor is calumnised or spoken ill of, or he must go elsewhere from that place. (200)

परीवादात्खरो भवति श्वा वै भवति निन्दकः।

परिभोक्ता कृमिर्भवति कीटो भवति मत्सरी॥२०१॥

मुक्ता०:—गुरोः परीवादाच्छिष्यो भृतः खरो भवति। गुरोर्निन्दकः कुक्कुरो भवति। परिभोक्ता अनुचितेन गुरुधनेनोपजीवकः कृमिर्भवति। मत्सरी गुरोरुत्कर्षासहनः कीटो भवति। कीटः कृमिभ्यः किंचित्स्थूलो भवति॥२०१॥

A calumniator of his Guru shall be born as an ass, and a vilifier of his Guru shall be a dog, in his next birth. For having wrongfully enjoyed the property of his Guru, he shall be born as a worm; one envious of his Guru's excellence shall take birth as an insect in his next incarnation. (201)

दूरस्थो नार्चयेदेनं न क्रुद्धो नान्तिके स्त्रियाः।

यानासनस्थश्चैवैनमवरुह्याभिवादयेत्॥२०२॥

मुक्ता०:—दूरस्थःशिष्योऽन्यं नियुज्य माल्यवस्त्रादिना गुरुं नार्चयेत्। स्वयं

गमनाशक्तौ त्वरोष:। क्रुद्धः कामिनीसमीपे च स्थितं स्वयमपि नार्चयेत्। यानासनस्थश्च शिष्यो यानासनादवतीर्य गुरुमभिवादयेत्। यानासनस्थश्चैवैनं प्रत्युत्थायेत्यनेन यानासनादुत्थानं विहितमनेन तु यानासनत्याग इत्यपुनरुक्तिः।।२०२।।

He shall not worship his Guru (with garlands of flowers, sandal pastes, etc.,) from a distance, nor when angry or in the company of ladies. Happening to meet his Guru from a car or from raised seat, he shall get down and pay him respect. (202)

प्रतिवातेऽनुवाते च नासीत गुरुणा सह।
असंश्रवे चैव गुरोर्न किंचिदपि कीर्तयेत्।।२०३।।

मुक्ता०:—प्रतिगतोऽभिमुखीभूतः शिष्यस्तदा गुरुदेशाच्छिष्यदेशमागच्छति स प्रतिवातः, यः शिष्यदेशाद्गुरुदेशमागच्छति सोऽनुवातः, तत्र गुरुणा समं नासीत। तथाऽविद्यमानः संश्रवो यत्र तस्मिन्नसंश्रवे। गुरुर्यत्र न शृणोतीत्यर्थः। तत्र गुरुगतमन्यगतं वा न किंचित्कथयेत्।।२०३।।

He must not sit with his Guru when the wind will be blowing from his direction to that of his Guru, or the country; while in his company he must not say anything which is inaudible to his Guru. (203)

अपवादमाह—

गोऽश्वोष्ट्रयानप्रासादस्त्रस्तरेषु कटेषु च।
आसीत गुरुणा सार्धं शिलाफलकनौषु च।।२०४।।

मुक्ता०:—यानशब्दः प्रत्येकमभिसंबध्यते। बलीवर्दयाने, घोटकप्रयुक्ते याने, उष्ट्रयुक्तयाने रथकाष्ठादौ, प्रासादोपरि, स्त्रस्तरे, कटे च तृणादिकृते वीरणादिनिर्मिते, शिलायां, फलके च दारुघटितदीर्घासने, नौकायां च गुरुणा सह आसीत।।२०४।।

In a bullock cart, in a cart drawn by a horse or a camel, on the terrace of a building, in a courtyard, on a large mattress or reeds, on a stone-slab, in a boat he may sit by the side of his preceptor (Guru). (204)

गुरोर्गुरौ सन्निहिते गुरुवद्वृत्तिमाचरेत्।
न चातिसृष्टो गुरुणा स्वान्गुरूनभिवादयेत्।।२०५।।

मुक्ता०:—आचार्यस्याचार्ये सन्निहिते आचार्यं इव तस्मिन्नप्यभिवादनादिकां

वृत्तिमनुतिष्ठेत् तथा गुरुगृहे वसन् शिष्य आचार्येणानियुक्तो स्वान्गुरून्मातृपितृव्यादीनभिवादयेत्।।२०५।।

In the event of the (preceptor) of his preceptor being near, he must behave unto him as unto his own receptor; while residing in his preceptor's house, he (the pupil) shall not accost even his own parents without first having obtained the preceptor's permission. (205)

विद्यागुरुष्वेतदेव नित्या वृत्तिः स्वयोनिषु।

प्रतिषेधत्सु चाधर्मान्हितं चोपदिशत्स्वपि।।२०६।।

मुक्ता०ः—आचार्यव्यतिरिक्ता उपाध्याया विद्यागुरवः तेष्वेतदेवेति सामान्योपक्रमः। कि तदाचार्य इव नित्या सार्वकालिकी वृत्तिर्विधेया। तथा स्वयोनिष्वपि पितृव्यादिषु तद्वृत्तिः तथा अधर्मान्निषेधत्सु धर्मतत्त्वं चोपदिशत्सु गुरुवद्वर्तितव्यम्।।२०६।।

Unto his preceptor, (teacher) and superior relations (such as uncles, etc.), unto counsellors of good, and unto those who dissuade him from evil ways, he shall always thus behave. (206)

श्रेयस्सु गुरुवद्वृत्तिं नित्यमेव समाचरेत्।

गुरुपुत्रेषु चार्येषु गुरोश्चैव स्वबन्धुषु।।२०७।।

मुक्ता०ः—श्रेयस्सु विद्यातपस्समृद्धेषु, आर्येष्विति गुरुपुत्रविशेषणम्। समानजातिगुरुपुत्रेषु गुरोश्च ज्ञातिष्वपि पितृव्यादिषु सर्वदा गुरुवद्वृत्तिमनुतिष्ठेत्। गुरुपुत्रश्चात्र शिष्याधिकवयाश्च बोद्धव्यः। शिष्यबालसमानवयसामनन्तरं शिष्यस्य वक्ष्यमाणत्वात्।।२०७।।

As well as unto his elders in virtue and wisdom: likewise unto his preceptor's sons and friends and relations thus he shall constantly behave. (207)

बालः समानजन्मा वा शिष्यो वा यज्ञकर्मणि।

अध्यापयन्गुरुसुतो गुरुवन्मानमर्हति।।२०८।।

मुक्ता०ः—कनिष्ठः सवया वा ज्येष्ठोपि वा शिष्योऽध्यापयनध्यापनसमर्थः। गृहीतवेद इत्यर्थः। स यज्ञकर्मणि ऋत्विगनृत्विग्वा यज्ञदर्शनार्थमागतो गुरुवत्पूजामर्हति।।२०८।।

A preceptor's son if he be his younger or equal in age,

or if he be a disciple of his in respect of the celebration of a religious sacrifice, he (the pupil) shall respect as his own preceptor, in the event of that (son) having taught him the *Vedas*. (208)

आचार्यवदित्यविशेषेण पूजायां प्राप्तायां विशेषमाह-

उत्सादनं च गात्राणां स्नापनोच्छिष्टभोजने।

न कुर्याद्गुरुपुत्रस्य पादयोश्चावनेजनम्।।२०९।।

मुक्ता०:—गात्राणामुत्सादनमुद्वर्तनं, उच्छिष्टस्य भक्षणं, पादयोश्च प्रक्षालनं गुरुपुत्रस्य न कुर्यात्।।२०९।।

He shall not rub the person of his preceptor's son, nor help him in bathing, nor eat the leaving of his food, (as he shall do in the case of his preceptor). (209)

गुरुवत्प्रतिपूज्याः स्युः सवर्णा गुरुयोषितः।

असवर्णास्तु संपूज्याः प्रत्युत्थानाभिवादनैः।।२१०।।

मुक्ता०:—सवर्णा गुरुपत्न्यः गुरुवदाज्ञाकरणादिना पूज्या भवेयुः। असवर्णाः पुनः केवलप्रत्युत्थानाभिवादनैः।।२१०।।

The wives of a preceptor of his own caste shall be revered (by a pupil) as the preceptor himself. His wives of different castes shall be honoured with more accosting and by raising from the seat. (210)

अभ्यञ्जनं स्नापनं च गात्रोत्सादनमेव च।

गुरुपत्नया न कार्याणि केशानां च प्रसाधनम्।।२११।।

मुक्ता०:—तैलादिना देहाभ्यङ्गः, स्नापनं, गात्राणां चोद्वर्तनं, केशानां च मालादिना प्रसाधनमेतानि गुरुपत्न्या न कर्तव्यानि। केशानामिति प्रदर्शनमात्रार्थं देहस्यापि चन्दनादिना प्रसाधनं न कुर्यात्।।२११।।

A pupil, shall not anoint the person of his preceptor's wife, nor help her in her bath, nor rub her person, nor comb her hair. (211)

गुरुपत्नी तु युवतिर्नाभिवाद्येह पादयोः।

पूर्णविंशतिवर्षेण गुणदोषौ विजानता।।२१२।।

मुक्ता०ः—युवतिर्गुरुपत्नी पादयोरुपसंगृह्य अभिवादनदोषगुणज्ञेन यूना नाभिवाद्या। पूर्णविंशतिवर्षत्वं यौवनप्रदर्शनार्थम्। बालस्य पादयोरभिवादनमनिषिद्धम्। यूनस्तु भूमावभिवादनं वक्ष्यति॥२१२॥

A pupil, twenty years old, (or) who has attained the age of discretion, shall not accost his preceptor's wife, if she be a youthful one, by clasping her feet. (212)

स्वभाव एष नारीणां नराणामिह दूषणम्।
अतोऽर्थान्न प्रमाद्यन्ति प्रमदासु विपश्चितः॥२१३॥

मुक्ता०ः—स्त्रीणामयं स्वभावः यदिह शृङ्गारचेष्टया व्यामोह्य पुरुषाणां दूषणम्। अतोऽर्थादस्माद्धेतोः पण्डिताः स्त्रीषु न प्रमत्ता भवन्ति॥२१३॥

To defile men is the nature of women, hence the wise are never infatuated nor un-circumspect about them. (213)

अविद्वांसमलं लोके विद्वांसमपि वा पुनः।
प्रमदा ह्युत्पथं नेतुं कामक्रोधवशानुगम्॥२१४॥

मुक्ता०ः—विद्वानहं जितेन्द्रिय इति बुद्धया न स्त्रीसन्निधिर्विधेयः। यस्मादविद्वांसं विद्वांसमपि वा पुनः पुरुषं देहधर्मात्कामक्रोधवशानुयायिनं स्त्रिय उत्पथं नेतुं समर्थाः॥२१४॥

Man, by nature, is subject to lust and anger; women are quite competent to lead even the wise men astray, not to speak of fools (their easy victims). (214)

अत आह-

मात्रा स्वस्रा दुहित्रा वा न विविक्तासनो भवेत्।
बलवानिन्द्रियग्रामो विद्वांसमपि कर्षति॥२१५॥

मुक्ता०ः—मात्रा, भगिन्या, दुहित्रा, निर्जनगृहादौ नासीत। यतोऽतिबल इन्द्रियगणः शास्त्रनियमितात्मानमपि पुरुषं परवशं करोति॥२१५॥

One shall not reside in a solitary place even with his own mother, sister or daughter. Powerful are the passions (lit. senses) of a man, and they sometimes overwhelm even the wise. (215)

कामं तु गुरुपत्नीनां युवतीनां युवा भुवि।
विधिवद्वन्दनं कुर्यादसावहमिति ब्रुवन्॥२१६॥

मुक्ता०:—कामं तु गुरुपत्नीनां युवतीनां स्वयमपि युवा यथोक्तविधिना "अभिवादयेऽमुकशर्माहं भो:" इति ब्रुवन्पादग्रहणं विना यथेष्टमभिवादनं कुर्यात्।।२१६।।

If desired, the young pupil may accost a youthful wife of his preceptor, according to the *Regulation*, by mentioning his name as I am so and so (that accost you). (216)

विप्रोष्य पादग्रहणमन्वहं चाभिवादनम्।

गुरुदारेषु कुर्वीत सतां धर्ममनुस्मरन्।।२१७।।

मुक्ता०:—प्रवासादागत्य सव्येन सव्यं दक्षिणेन च दक्षिणमित्युक्तविधिना पादग्रहणं प्रत्यहं भूमावभिवादनं च गुरुपत्नीषु युवा कुर्यात्। शिष्टानामयमाचार इति जानन्तु।।२१७।।

Having returned from a distant country, he bearing in mind the rules of good couduct, shall accost (an elderly wife of his Guru by clasping her feet, on the first day; on all subsequent days, he shall simply accost her without clasping her feet). (217)

उक्तस्य शुश्रूषविधेः फलमाह-

यथा खनन्खनित्रेण नरो वार्यधिगच्छति।

तथा गुरुगतां विद्यां शुश्रूषुरधिगच्छति।।२१८।।

मुक्ता०:—यथा कश्चिन्मनुष्यः खनित्रेण भूमिं खनन् जलं प्राप्नोति, एवं गुरौ स्थितां विद्यां गुरुसेवापरः शिष्यः प्राप्नोति।।२१८।।

As by digging (the earth) with a digging instrument, one gets water, so by faithfully serving him, a pupil acquires (all) the knowledge which is contained in his Guru (preceptor). (218)

ब्रह्मचारिणः प्रकारणयमाह-

मुण्डो वा जटिलो वा स्यादथवा स्याच्छिखाजटः।

नैनं ग्रामेऽभिनिम्लोचेत्सूर्यो नाभ्युदियात्क्वचित्।।२१९।।

मुक्ता०:—मुण्डितमस्तकः शिरःकेशो जटावान्वा, शिखैव वा जटा जाता यस्य, एनं ब्रह्मचारिणं क्वचिद्ग्रामे निद्राणं, उत्तरत्र शयानामिति दर्शनात्सूर्यो नाभिनिम्लोचेन्नास्तमियात्।।२१९।।

A *Brahmacārin*, whose head is clean shaved, or who

wears clotted hair, or grows a single tuft of clotted hair on his crown, let not the rising or setting sun find within the precincts of a village. (219)

अत्र प्रायश्चित्तमाह-

तं चेदभ्युदियात्सूर्यः शयानं कामचारतः।
निम्लोचेद्वाऽप्यविज्ञानाज्जपन्नुपवसेद्दिनम्॥२२०॥

मुक्ता०:—तंचेत्कामतो निद्राणं निद्रोपवशत्वेन सूर्योऽभ्युदियादस्तमियात्तदा सावित्रीं जपन्नुभयत्रापि दिनमुपवसन् रात्रौ भुञ्जीत। अभिनिम्लुक्तस्योत्तरेऽहनि उपवासजपौ। "अभिरभागे" (पा०सू०१।४।९१) इति कर्मप्रवचनीयसंज्ञा, ततः कर्मप्रवचनीययुक्ते द्वितीया। सावित्रीजपं तु गोतमवचनात्। तदाह गोतमः "सूर्याभ्युदितो ब्रह्मचारी तिष्ठेदहरभुञ्जानोऽभ्यस्तमितश्च रात्रिं जपन्सावित्रीम्।" ननु गोतमवचनात्सूर्याभ्युदितस्यैव दिवाभोजनजपावुक्तौ, अभ्यस्तमितस्य तु रात्र्यभोजनजपौ, नैतत्। अपेक्षायां व्याख्यासंदेहे वा मुन्यन्तरविवृतमर्थमन्वयं वाऽऽश्रयामहे न तु स्फुटं मन्वर्थं स्मृत्यन्तरदर्शनादन्यथा कुर्मः। अतएव जपापेक्षायां गोतमवचनात्सावित्रीजपोऽभ्युपेय एव न तूभयत्र स्फुटं मनूक्तं दिनोपवासजपावपाकुर्मः। तस्मादभ्यस्तमितस्य मानवगोतमीयप्रायश्चित्तविकल्पः॥२२०॥

If the sun rises, seeing him asleep, out of wilful laziness, or goes down finding him resting in bed out ignorance, let him mutter the *Gāyatrī Mantra* and fast for a whole day. (220)

अस्यु तु प्रायश्चित्तविधेरर्थवादमाह-

सूर्येण ह्यभिनिर्मुक्तः शयानोऽभ्युदितश्च यः।
प्रायश्चित्तमकुर्वाणो युक्तः स्यान्महतैनसा॥२२१॥

मुक्ता०:—यस्मात्सुर्येणाभिनिर्मुक्तोऽभ्युदितश्च निद्राणः प्रायश्चित्तमकुर्वन्महता पापेन युक्तो नरकं गच्छति। तस्माद्यथोक्तप्रायश्चित्तं कुर्यात्॥२२१॥

A sleeping (Brahmacārin), roused up from his sleep by the sun, if he fails to do this penance, is associated with a great sin. (221)

यस्मादुक्तप्रकारेण संध्याऽतिक्रमे महत्पापमतः-

आचम्य प्रयतो नित्यमुभे संध्ये समाहितः।
शुचौ देशे जपञ्जप्यमुपासीत यथाविधि॥२२२॥

मुक्ता०:—आचम्य च पवित्रो नित्यममन्यमनाः शुचिदेशे सावित्रीं जपन्नुभे संध्ये विधिवदुपासीत॥२२२॥

Both in the morning and evening, let him, pure and self-controlled, mutter the *Gāyatrī*, and pray, sitting in a holy place, as laid down in the *Regulation*. (222)

यदि स्त्री यद्यवरजः श्रेयः किंचित्समाचरेत्।
तत्सर्वमाचरेद्युक्तो यत्र वाऽस्य रमेन्मनः॥२२३॥

मुक्ता०:—यदि स्त्री शूद्रो वा किंचिच्छ्रेयोऽनुतिष्ठति तत्सर्वं युक्तोऽनुतिष्ठेत्। यत्र च शास्त्रानिषिद्धे मनोऽस्य तुष्यति तदपि कुर्यात्॥२२३॥

Even if a woman or a *Śūdra* advises him to do any good act, let him do that, or whatever his mind approves of, (if that is not hostile to the Śāstra). (223)

श्रेय एव हि धर्मार्थौ तद्दर्शयति—

धर्मार्थावुच्यते श्रेयः कामार्थौ धर्म एव च।
अर्थ एवेह वा श्रेयस्त्रिवर्ग इति तु स्थितिः॥२२४॥

मुक्ता०:—धर्मार्थौ श्रेयोऽभिधीयते कामहेतुत्वादिति केचिदाचार्या मन्यन्ते। अन्ये त्वर्थकामौ सुखहेतुत्वाच्छ्रेयोऽभिधीयते। धर्म एवेत्यपरे। अर्थकामयोरप्युपायत्वात्। अर्थ एवेह लोके श्रेय इत्यन्ये। धर्मकामयोरपि साधनत्वात्। संप्रति स्वमतमाह—धर्मार्थकामात्मकः परस्पराविरुद्धस्त्रिवर्ग एव पुरुषार्थतया श्रेय इति विनिश्चयः। एवं च बुभुक्षून्प्रत्युपदेशो न मुमुक्षून्। मुमुक्षूणां तु मोक्ष एव श्रेय इति षष्ठे वक्ष्यते॥२२४॥

Some say that virtue and wealth are the only good in life others, aver that wealth and desire are the highest good, some hold that virtue is the only good, others say that wealth is the only good in life: virtue wealth and desire combindly from the good in life. This is the conclusion. (224)

आचार्यश्च पिता चैव माता भ्राता च पूर्वजः।
नार्तेनाप्यवमन्तव्या ब्राह्मणेन विशेषतः॥२२५॥

मुक्ता०:—आचार्यो जनको जननी च भ्राता च सगर्भो ज्येष्ठः पीडितेनाप्यमी नावमाननीयाः। विशेषतो ब्राह्मणेन॥२२५॥

The *preceptor* is the living image or Brahma, the father is that of *Prajāpati* (creator); the mother is the living image of the earth, and the uterine brother is one's own image (second self). (225)

आचार्यो ब्रह्मणो मूर्तिः पिता मूर्तिः प्रजापतेः।
माता पृथिव्या मूर्त्तिस्तु भ्राता स्वो मूर्तिरात्मनः॥२२६॥

मुक्ता०:—आचार्यो वेदान्तोदितस्य ब्रह्मणः परमात्मनो मूर्तिः शरीरं, पिता हिरण्यगर्भस्य, माता च धारणात्पृथिवीमूर्तिः, भ्राता च स्वः सगर्भः क्षेत्रज्ञस्य। तस्माद्देवतारूपा एता नावमन्तव्याः॥२२६॥

Hence, a man, and specially a Brāhmaṇa, even being hardly oppressed by them, shall not insult a father, a mother, or an elder brother. (226)

यं मातापितरौ क्लेशं सहेते संभवे नृणाम्।
न तस्य निष्कृतिः शक्या कर्त्तुं वर्षशतैरपि॥२२७॥

मुक्ता०:—नृणामपत्यानां संभवे गर्भाधाने सति अनन्तरं यं क्लेशं मातापितरौ सहेते तस्य वर्षशतैरप्यनेकैरपि जन्मभिरानृण्यं कर्तुमशक्यम्। मातुस्तावत्कुक्षौ धारणदुःखं, प्रसववेदनाऽतिशयो, जातस्य रक्षणवर्धनकष्टं च पितुरधिकान्येव। रक्षासंवर्धनदुःखं, उपनयनात्प्रभृति वेदतदङ्गाध्यानादिक्लेशातिशय इति सर्वसिद्धं॥२२७॥

Even in the course of a hundred years, a son cannot repay the trouble which his parents have undergone for the purpose of bringing him up. (227)

तस्मात्—

तयोर्नित्यं प्रियं कुर्यादाचार्यस्य च सर्वदा।
तेष्वेव त्रिषु तुष्टेषु तपः सर्वं समाप्यते॥२२८॥

मुक्ता०:—तयोर्मातापित्रोः प्रत्यहमाचार्यस्य च. सर्वदा प्रीतिमुत्पादयेत्। यस्मात्तेष्वेव त्रिषु प्रीतेषु सर्वं तपश्चान्द्रायणादिकं फलद्वारेण सम्यक्प्राप्यते मात्रादित्रयतुष्टयैव सर्वस्य तपसः फलं प्राप्यत इत्यादि॥२२८॥

Let him constantly do what is good to his parents, and specially what conduces to the comfort of his preceptor. The satisfaction of these three is the consummation of all Tapas (penitential austerities). (228)

तेषां त्रयाणां शुश्रूषा परमं तप उच्यते।
न तैरभ्यननुज्ञातो धर्ममन्यं समाचरेत्॥२२९॥

मुक्ता०:—तेषां मातापित्राचार्याणां परिचर्या सर्व तपोमयं श्रेष्ठमित एव सर्वतपःफलप्राप्तेर्यद्यन्यमपि धर्मं कथंचित्करोति तदप्येतत्त्रयानुमतिव्यतिरेकेण न कुर्यात्॥२२९॥

Serving these three constitutes the highest *Tapas*; without their permission, let him not practise any other piety. (229)

त एव हि त्रयो लोकास्त एव त्रय आश्रमाः।
त एव हि त्रयो वेदास्त एवोक्तास्त्रयोऽग्नयः॥२३०॥

मुक्ता०:—यस्मात्त एव मातापित्राचार्यास्त्रयो लोकाः लोकत्रयप्राप्तिहेतुत्वात्। कारणे कार्योपचारः। त एव ब्रह्मचर्यादिभावत्रयरूपा आश्रमाः। गार्हस्थ्याद्याश्रमत्रय-प्रदायकत्वात्। त एव त्रयो वेदाः। वेदत्रयजपफलोपायत्वात्। त एव हि त्रयोऽग्नयोऽभिहि-तास्त्रेतासंपाद्ययज्ञादिफलदातृत्वात्॥२३०॥

These three represent the three Regions, the three orders of the society. They are the three Vedas, they are the three fires. (230)

पिता वै गार्हपत्योऽग्निर्मातााग्निर्दक्षिणः स्मृतः।
गुरुराहवनीयस्तु साऽग्नित्रेता गरीयसी॥२३१॥

मुक्ता०:—वैशब्दोऽवधारणे। पितैव गार्हपत्योऽग्निः, माता दक्षिणाग्निः, आचार्य आहवनीयः। सेयमग्नित्रेता श्रेष्ठतरा। स्तुत्यर्थत्वाच्चास्य न वस्तुविरोधोऽत्र भावनीयः॥२३१॥

The father is the *household* fire, the mother is the *southern fire*, and the preceptor is the *sacrificial fire*. These three fires are the most glorious in the world. (231)

त्रिष्वप्रमाद्यन्नेतेषु त्रींल्लोकान्विजयेद्गृही।
दीप्यमानः स्ववपुषा देववद्दिवि मोदते॥२३२॥

मुक्ता०:—एतेषु त्रिषु प्रमादकुर्वन्ब्रह्मचारी तावज्जयत्येव गृहस्थोऽपि त्रींल्लोकान्विजयते। संज्ञापूर्वकस्यात्मनेपदविधेरनित्यत्वान्न "विपराभ्यां जेः" (पा०सू० १।३।१९) इत्यात्मनेपदम्। त्रींल्लोकान्विजयेदिति त्रिष्वाधिपत्यं प्राप्नोति। तथा स्ववपुषा प्रकाशमानः सूर्यादिदेववद्दिवि हृष्टो भवति॥२३२॥

A house-holder, who does not commit any folly in respect of these, conquers the three regions; effulgent as a god, he even in his mortal frame, is enabled to enjoy the felicity of heaven. (232)

इमं लोकं मातृभक्त्या पितृभक्त्या तु मध्यमम्।
गुरुशुश्रूषया त्वेवं ब्रह्मलोकं समश्नुते॥२३३॥

मुक्ता०:—इमं भूर्लोकं मातृभक्त्या, पितृभक्त्या मध्यममन्तरिक्षम्, आचार्यभक्त्या तु हिरण्यगर्भलोकमेव प्राप्नोति॥२३३॥

By means of devotion to his mother one conquers this world, by devotion to his father he conquers the midddle world (firmament), and by devotion to his *preceptor* he attains to the *region of Brahma.* (233)

सर्वे तस्यादृता धर्मा यस्यैते त्रय आदृताः।
अनादृतास्तु यस्यैते सर्वास्तस्याफलाः क्रियाः॥२३४॥

मुक्ता०:—यस्यैते त्रयो मातृपित्राचार्या आदृताः सत्कृतास्तस्य सर्वे धर्माः फलदा भवन्ति। यस्यैते त्रयोऽनादृतास्तस्य सर्वाणि श्रौतस्मार्तकर्माणि निष्फलानि भवन्ति॥२३४॥

He adores all the virtues, who adores all these three; He, who belittles these three, belittles all the virtues. (234)

यावत्त्रयस्ते जीवेयुस्तावन्नान्यं समाचरेत्।
तेष्वेव नित्यं शुश्रूषां कुर्यात्प्रियहिते रतः॥२३५॥

मुक्ता०:—ते त्रयोयावज्जीवन्ति तावदन्यं धर्मं स्वातन्त्र्येण नानुतिष्ठेत्। तदनुज्ञया तु धर्मानुष्ठानं प्राग्विहितमेव। किंतु तेष्वेवं प्रत्यहं प्रियहितपरः शुश्रूषां तदर्थे प्रीतिसाधनं प्रियम्। भेषजपानादिवदायत्त्यामिष्टसाधनं हितम्॥२३५॥

So long as these three live, let him not practise any other virtue (piety); let him tenderly serve them and always do whatever is good and pleasant to them. (235)

तेषामनुपरोधेन पारत्र्यं यद्यदाचरेत्।
तत्तन्निवेदयेत्तेभ्यो मनोवचनकर्मभिः॥२३६॥

मुक्ता०:—तेषां शुश्रूषाया अविरोधेन तदनुज्ञातो यद्यन्मनोवचनकर्मभिः परलोकफलं कर्मानुष्ठितं तन्मयैतदनुष्ठिमिति पश्चात्तेभ्यो निवेदयेत्॥२३६॥।

Whatever other virtues does he practise by mind, speech and acts, for his good in the other world, he shall inform them thereof. (236)

त्रिष्वेतेष्वितिकृत्यं हि पुरुषस्य समाप्यते।
एष धर्मः परः साक्षादुपधर्मोऽन्य उच्यते॥२३७॥

मुक्ता०:–इतिशब्द: कात्स्न्यें। हिशब्दो हेतौ। यस्मादेतेषु त्रिषु शुश्रूषितेषु पुरुषस्य सर्वं श्रौतस्मार्तं कर्तव्यं संपूर्णमनुष्ठितं भवति तत्फलावाप्ते:। तस्मादेव श्रेष्ठो धर्म: साक्षात्सर्वपुरुषार्थसाधन:। अन्यस्त्वग्निहोत्रादिप्रतिनियतस्वर्गादिहेतुरूपधर्मो जघन्यधर्मं इति शुश्रूषास्तुति:।।२३७।।

To serve them tenderly is the highest and most manifest consummation of his duty, all other pieties are minor virtues. (237)

श्रद्दधान: शुभां विद्यामाददीतावरादपि।

अन्त्यजादपि परं धर्मं स्त्रीरत्नं दुष्कुलादपि।।२३८।।

मुक्ता०:–श्रद्धायुक्त: शुभां दृष्टशक्तिं गारुडादिविद्यामवराच्छूद्रादपि गृह्णीयात्। अन्त्यश्चाण्डालस्तस्मादपि जातिस्मरादेर्विहितयोगप्रकर्षात् दुष्कृतशेषोपभोगार्थम- वाप्तचाण्डालजन्मन: परं धर्मं मोक्षोपायमात्मज्ञानमाददीत। तथा अज्ञानमेवोपक्रम्य मोक्षधर्मे "प्राप्यज्ञानं ब्राह्मणात्क्षत्रियाद्वैश्याच्छूद्रादपि नीचादभीक्ष्णं श्रद्धातव्यं श्रद्दधानेन नित्यम्।" न श्रद्धिनं प्रति जन्ममृत्युविशेषता। मेधातिथिस्तु "श्रुतिस्मृत्यपेक्षया परो धर्मो लौकिक:। धर्मशब्दो व्यवस्थायामपि युज्यते। यदि चाण्डालोऽपि 'अत्र प्रदेशे मा चिरं स्था मा चास्मिन्नम्भसि स्नासी:' इति वदति तमपि धर्ममनुतिष्ठेत्।" "प्रागल्भ्याल्लौकिकं वस्तु परं धर्ममिति ब्रुवन्। चित्रं तथापि सर्वत्र श्लाघ्यो मेधातिथि: सताम्।।" स्त्रीरत्नं आत्मापेक्षया निकृष्टकुलादपि परिणेतुं स्वीकुर्यात्।।२३८।।

Respectful, let him acquire an auspicious knowledge even from a *Śūdra;* the highest virtue even from a man of vile caste; and a good wife, even from a bad family. (238)

विषादप्यमृतं ग्राह्यं बालादपि सुभाषितम्।

अमित्रादपि सद्वृत्तममेध्यादपि काञ्चनम्।।२३९।।

मुक्ता०:–विषं यद्यमृतसंयुक्तं भवति तदा विषमपसार्य तस्मादमृतं ग्राह्यम्। बालदपि हितवचनं ग्राह्यं, शत्रुतोऽपि सज्जनवृत्तं, अमेध्यादपि सुवर्णादिकं ग्रहीतव्यम्।।२३९।।

Ambrosia may be taken even out of poison; a good word, even from an infant; a good conduct, even from an enemy, and gold, even from an unhallowed person. (239)

स्त्रियो रत्नान्यथो विद्या धर्म: शौचं सुभाषितम्।

विविधानि च शिल्पानि समादेयानि सर्वत:।।२४०।।

मुक्ता०ः—अत्र स्त्र्यादीनामुक्तानामपि दृष्टान्तत्वेनोपादानम्। यथा स्त्र्यादयो निकृष्टकुलादिभ्यो गृह्यन्ते तथा अन्यान्यपि हितानि चित्रलिलेखनादीनि सर्वतः प्रतिग्रहीतव्यानि॥२४०॥

Women (wives), gems, knowledge, virtue, purity, good words (counsels), and the various kinds of art may be acquired from anywhere. (240)

अब्राह्मणादध्ययनमापत्काले विधीयते।

अनुव्रज्या च शुश्रूषा यावदध्ययनं गुरोः॥२४१॥

मुक्ता०ः—ब्राह्मणादन्यो यो द्विजः क्षत्रियस्तदभावे वैश्यो वा तस्मादध्ययनमापत्काले ब्राह्मणाध्यापकासंभवे ब्रह्मचारिणो विधीयते। अनुव्रज्यादिरूपा गुरोः शुश्रूषा यावदध्ययनं तावत्कार्या। गुरुपादप्रक्षालनोच्छिष्टप्राशानादिरूपा शुश्रूषाऽप्रशस्ता सा न कार्या। तदर्थमनुव्रज्या चेति विशेषितम्। गुरुत्वमपि यावदध्ययनमेव क्षत्रियस्याह व्यासः "मन्त्रदः क्षत्रियो विप्रैः शुश्रूषानुगमादिना। प्राप्तविद्यो ब्राह्मणस्तु पुनस्तस्य गुरुः स्मृतः"॥२४१॥

In the times of distress, a *Brāhmaṇa* student may take his lessons from a non-Brāhmaṇa preceptor, and he shall serve his *Guru* (teacher) only so long as he shall actually study. (241)

ब्रह्मचारित्वे नैष्ठिकस्यापि अब्राह्मणादध्ययनं प्रसक्तं प्रतिषेधयति—

नाब्राह्मणे गुरौ शिष्यो वासमात्यन्तिकं वसेत्।

ब्राह्मणे चाननूचाने काङ्क्षन् गतिमनुत्तमाम्॥२४२॥

मुक्ता०ः—आत्यन्तिकं वासं यावज्जीविकं ब्रह्मचर्यं क्षत्रियादिके गुरौ ब्राह्मणे साङ्गवेदानध्येतरि अनुत्तमां गतिं मोक्षलक्षणामिच्छन् शिष्यो नावतिष्ठेत॥२४२॥

Wishing the most exalted existance (*i.e.,* liberation of self), after death, let not a Brāhmaṇa student live for good in the house of a non-Brāhmaṇa *preceptor,* or in the house of a Brāhmaṇa who has foresworn good conduct, and renounced his function of a *Vedic teacher.* (242)

यदि त्वात्यन्तिकं वासं रोचयेत गुरोः कुले।

युक्तः परिचरेदेनमाशरीरविमोक्षणात्॥२४३॥

मुक्ता०ः—यदि तु गुरोः कुले नैष्ठिब्रह्मचर्यात्मकमात्यन्तिकं वासमिच्छेत्तदा यावज्जीवनमुद्युक्तो गुरुं शुश्रूषयेत्॥२४३॥

A (ritualistic) *Brahmacārin*, if he desires to live for good in the house of his *preceptor*, must render him services to the last day of his life. (243)

अस्य फलमाह-

आसमाप्तेः शरीरस्य यस्तु शुश्रूषते गुरुम्।

स गच्छत्यञ्जसा विप्रो ब्रह्मणः सद्म शाश्वतम्॥२४४॥

मुक्ता०ः—समाप्तिः शरीरस्य जीवनत्यागस्तत्पर्यन्तं यो गुरुं परिचरति स तत्त्वतो ब्रह्मणः सद्मरूपमविनाशि प्राप्नोतिः। ब्रह्मणि लीयत इत्यर्थः॥२४४॥

A *Brāhmaṇa* who, to the last day of his life, thus serves his *preceptor*, attains by his own spiritual energy to the eternal abode of *Brahma*. (244)

न पूर्वं गुरवे किञ्चिदुपकुर्वीत धर्मवित्।

स्नास्यंस्तु गुरुणाऽऽज्ञप्तः शक्त्या गुर्वर्थमाहरेत्॥२४५॥

मुक्ता०ः—उपकुर्वाणस्यायं विधिः नैष्ठिकस्य स्नानासंभवात्। गुरुदक्षिणादानं धर्मज्ञो ब्रह्मचारी स्नानात्पूर्वं किंचिद्गोवस्त्रादि धनं गुरवे नावश्यं दद्यात्। यदि तु यदृच्छातो लभते तदा गुरवे दद्यादेव। अतएव स्नानात्पूर्वं गुरवे दानमाहापस्तम्बः "यदन्यानि द्रव्याणि यथालाभमुपहरति दक्षिणा एव ताः स एव ब्रह्मचारिणो यज्ञो नित्यव्रतम्" इति। स्नास्यन्पुनर्गुरुणा दत्ताज्ञो यथाशक्ति धनिनं याचित्वापि प्रतिग्रहादिनापि गुरवेऽर्थमाहृत्यावश्यं दद्यात्॥२४५॥

Let not a virtuous Vedic student pay any (money) to his preceptor ere he returns from his house after finishing his career. After having bathed with the permission of his *Guru*, he must pay him a honorarium according to his pecuniary circumstances. (245)

क्षेत्रं हिरण्यं गामश्वं छत्रोपानहमासनम्।

धान्यं शाकं च वासांसि गुरवे प्रीतिमावहेत्॥२४६॥

मुक्ता०ः—किं तत्तदाह-

"शक्त्या गुर्वर्थमाहरेत्" (अ०२श्लो०२४५) इत्युक्तत्वात्क्षेत्रहिरण्यादिकं यथासामर्थ्यं विकल्पितं समुदितं वा गुरवे दत्वा ततप्रीतिमर्जयेत्। विकल्पपक्षे चान्ततोऽन्यासंभवे छत्रोपानहमपि दद्यात् द्वन्द्वनिर्देशात्। समुदितदानं प्रदर्शनार्थं चैतत्। संभवेऽन्यदपि दद्यात्। अतएव लघुहारीतः-"एकमप्यक्षरं यस्तु गुरुः शिष्ये निवेदयेत्। पृथिव्यां नास्ति तद्द्रव्यं यद्दत्वा चानृणी भवेत्॥" असम्भवे शाकमपि दद्यात्॥२४६॥

A plot of land, gold, a cow, a horse, an umbrella, a pair of shoes, paddy, vegetables, clothes or whatever he is capable of giving him with that he shall evoke the pleasure of his *preceptor.* (246)

आचार्ये तु खलु प्रेते गुरुपुत्रे गुणान्विते।।

गुरुदारे सपिण्डे वा गुरुवद्वृत्तिमाचरेत्।।२४७।।

मुक्ता०:—नैष्ठिकस्यायमुपदेशः। आचार्ये मृते तत्सुते विद्यादिगुणयुक्ते,तदभावे गुरुपत्न्यां, तदभावे गुरोः सपिण्डे पितृव्यादौ गुरुवच्छुश्रूषामनुतिष्ठेत्।।२४७।।

On the death of his preceptor, unto a qualified son of his, or unto his (widowed) wife, or unto a cognate of his, he shall behave as his preceptor. (247)

एतेष्वविद्यमानेषु स्नानासनविहारवान्।।

प्रयुञ्जानोऽग्निशुश्रूषां साध्येद्देहमात्मनः।।२४८।।

मुक्ता०:—एतेषु त्रिष्वविद्यमानेषु सततमाचार्यस्यैवाग्नेः समीपे स्नानासनविहारैः सायंप्रातरादौ समिद्धोमादिना चाग्नेः शुश्रूषां कुर्वन्नात्मनो देहमात्मदेहावच्छिन्नं जीवं ब्रह्मप्राप्तियोग्यं साधयेत्।।२४८।।

In the absence of all these three, let him, making use of his preceptor's seat and cushion, offer burnt offerings, (morning and evening, each day), and there by make his Self competent to attain to *Brahma*. (248)

एवं चरति यो विप्रो ब्रह्मचर्यमविप्लुतः।।

स गच्छत्युत्तमस्थानं न चेह जायते पुनः।।२४९।।

मुक्ता०:—"आ समाप्तेः शरीरस्य" (अ०२श्लो०२४४) इत्यनेन यावज्जीवमाचार्यशुश्रूषाया मोक्षलक्षणं फलम्। इदानीमाचार्ये मृतेऽपि एवमित्यनेनानन्तरोक्तविधिना आचार्यपुत्रादीनामप्यग्निपर्यन्तानां शुश्रूषको यो नैष्ठिकब्रह्मचर्यमखण्डितव्रतोऽनुतिष्ठति स उत्तमं स्थानं ब्रह्मण्यात्यन्तिकलक्षणं प्राप्नोति। न चेह संसारे कर्मवशादुत्पत्तिं लभते।।२४९।। क्षे०।।११।।

A *Brāhmaṇa*, who thus undeviatingly practises the vow of a ritualisitic Brahmacārin, obtains an excellent status after death, and stands not under the necessity of reverting to human existence. (249)

इति मानवे धर्मशास्त्रे भृगुप्रोक्तायां संहिताया द्वितीयोऽध्यायः।।

इति श्रीकुलूकभट्टकृतायां मन्वर्थमुक्तावल्यां मनुवृत्तौ द्वितीयोऽध्यायः।।२।।

अथ तृतीयोऽध्यायः

Chapter - III

मुक्ता०ः–पूर्वत्र "आ समाप्तेः शरीरस्य" (अ. २ श्लो. २४४) इत्यनेन नैष्ठिकब्रह्मचर्यमुक्तं न तत्रावध्यपक्षां। आ समावर्तनादित्यनेन चोपकूर्वाणकस्य सावधिब्रह्मचर्यमुक्तम्। अतस्तस्यैव गार्हस्थ्याधिकारः। तत्र कियदवधिविधौ ब्रह्मचर्ये तस्य गार्हस्थ्यमित्यपेक्षायामाह–

षट्त्रिंशदाब्दिकं चर्यं गुरौ त्रैवेदिकं व्रतम्।
तदर्धिकं पादिकं वा ग्रहणान्तिकमेव वा॥१॥

त्रयो वेदा ऋग्यजःसामाख्यास्तेषां समाहारस्त्रिवेदी तद्विषयं व्रतं स्वगृह्योक्तनियमसमूहरूपं षट्त्रिंशद्वर्षं यावद्गुरुकुले चरितव्यम्। षट्त्रिंशदाब्दिकमिति षट्त्रिंशदब्दशब्दात् "कालाट्ठञ्" (पा. सू. ४।३।११) अस्मिंश्च पक्षे "समं स्यादश्रुतत्वात्" इति न्यायेनन प्रतिवेदशास्त्रं द्वादशवर्षाणि व्रताचरणम्। तदर्धिकमष्टादश वर्षाणि। तत्र प्रतिवेदशाखं षट्। पादिकं नव वर्षाणि। तत्र प्रतिवेदशाखं त्रीणि। यावता कालेनोक्तावधेरूर्ध्वमधो वा वेदान्गृह्णाति तावत्कालं वा व्रताचरणम्। विषमशिष्टत्वेऽपि पक्षाणामेका देयास्तिस्त्रो देयाः षड्देया इतिवन्नियमफले न्यूनापेक्षोविकल्पः। तथा च श्रुतिः–"नियमेनाधीतं वीर्यवत्तरं भवति" इति। ग्रहणान्तिकपक्षसंदर्शनात्पूर्वोक्तपक्षत्रये ग्रहणादूर्ध्वमपि व्रतानुष्ठानमवगम्यते। अथर्ववेदस्यर्ग्वेदांशत्वेऽपि "ऋग्वेदं यजुर्वेदं सामवेदमथर्वाणं चतुर्थम्" इति छान्दोग्योपनिषदि चतुर्थवेदत्वेन कीर्तनात्। "अङ्गानि वेदाश्चत्वारः" इति विष्णुपुराणादिवाक्येषु च पृथङ्निर्देशाच्चतुर्थ–वेदत्वेऽपि प्रायेणाभिचाराद्यर्थत्वाद्यज्ञविद्यायामनुपयोगाच्चानिर्देशः। तथाहि 'ऋग्वेदेनैव होत्रं कुर्वन्यजुर्वेदेनाध्वर्यवं सामवेदेनौद्गात्रं यदेव त्रय्यै विद्यायै सूक्तं तेन ब्रह्मत्वम्" इति श्रूतेस्त्रयीसंपाद्यत्वं यज्ञानां ज्ञायते। अयं च मानवस्त्रैवेदिकव्रतचर्याविधिर्नाथर्ववेदव्रतचर्यां निषेधयति। तत्परत्वे वाक्यभेदप्रसङ्गाच्छुत्यन्तरे वेदमात्रे व्रतश्रवणाच्च। यदाह योगियाज्ञवल्क्यः–"प्रतिवेदं ब्रह्मचर्यं द्वादशाब्दानि पञ्च वा" (अ. १ श्लो. ३६)॥१॥

In his preceptor's house, a *Brahmacārin*, having practised the vow of (studying) the three Vedas for thirty six years, or for a half or a quarter of that period, or for a period neceassary to fully comprehend them. (1)

वेदानधीत्य वेदौ वा वेदं वापि यथाक्रमम्।
अविप्लुतब्रह्मचर्यो गृहस्थाश्रममावसेत्॥२॥

मुक्ता०:—वेदशब्दोऽयं भिन्नवेदशाखापरः। स्वशाखाध्ययनपूर्वकवेदशाखात्रयं द्वयमेकां वा शाखां मन्त्रब्राह्मणकमेणाधीत्य गृहस्थाश्रमं गृहस्थविहितकर्मकलापरूपमनुतिष्ठेत्। कृतदारपरिग्रहोगृहस्थः। गृहशब्दस्य दारवचनत्वात्। अविप्लुतब्रह्मचर्य इति पूर्वविहितस्त्रीसंयोगमधुमांसभक्षणवर्जनरूपब्रह्मचर्यानुवादोऽयं प्रकृष्टाध्ययनाङ्गत्वख्यापनार्थः पुरुषशक्त्यपेक्षश्चायमेकद्वित्रिशाखाध्ययनविकल्पः। यद्यपि व्रतानि वेदाध्ययनं च नित्यवदुपदिशता मनुनोभयस्नातक एव श्रेष्ठत्वादभिहितस्तथापि स्मृत्यन्तरादन्यस्नातकोऽपि बोद्धव्यः। तदाह हारीतः—त्रयः स्नातका भवन्ति विद्यास्नातको व्रत स्नातको विद्याव्रतस्नातकश्च" इति। यः समाप्य वेदमसमाप्य व्रतानि समावर्तते स विद्यास्नातकः। यः समाप्य व्रतान्यसमाप्य वेदं समावर्तते स व्रतस्नातकः। उभयं समाप्य समावर्तते य स विद्याव्रतस्नातकः। याज्ञवल्क्योऽप्याह—"वेदं व्रतानिवा पारं नीत्वा ह्युभयमेव वा" (अ. १ श्लो. ५१) इति॥२॥

Or having studied (all) the *Vedas,* or two Vedas, or a single Veda in the proper order of Mantra, Brāhmaṇas etc., without the least deviation from his vows, shall enter the order of the householder. (2)

तं प्रतीतं स्वधर्मेण ब्रह्मदायहरं पितुः।
स्त्रग्विणं तल्प आसीनमर्हयेत्प्रथमं गवा॥३॥

मुक्ता०:—तं ब्रह्मचारिधर्मानुष्ठानेन ख्यातं, दीयत इति दायः ब्रह्मैव दायो ब्रह्मदायः तं हरतीति ब्रह्मदायहरं, पितुः पितृतो गृहीतवेदमित्यर्थः। पितृतोऽध्ययनं मुख्यमुक्तं, पितुरभाव आचार्यदेरप्यधीतवेदं मालयालंकृतं उत्कृष्टशयनोपविष्टं गोसाधनमधुपर्केण पिता आचार्यो वा विवाहात्प्रथमं पूजयेत्॥३॥

A (youthful) *Brahmacārin* renowned for the completion of his vow of a *Vedic study,* and who has studied the Vedas from his father or preceptor, and is about to enter the order of the householder, shall be presented with a cow, and a cup of honey, when he, decorated with garlands of flowers, will be found seated in his bed. (3)

गुरुणानुमतः स्नात्वा समावृत्तो तथाविधि।
उद्वहेत द्विजो भार्यां सवर्णां लक्षणान्विताम्॥४॥

मुक्ता०:—गुरुणाः दत्तानुज्ञः स्वगृह्योक्तविधिना कृतस्नानसमावर्तनः समानवर्णां शुभलक्षणां कन्यां विवहेत्॥४॥

Having bathed with the permission of his *Guru* at the termination of his vow, a *Brāhmaṇa* shall marry a wife of his own caste, possessed of auspicious signs. (4)

असपिण्डा च या मातुरसगोत्रा च या पितुः।
सा प्रशस्ता द्विजातीनां दारकर्मणि मैथुने॥५॥

मुक्ता०:–मातुर्या सपिण्डा न भवति। सप्तमपुरुषपर्यन्तं वक्ष्यति "सपिण्डता तु पुरुषे सप्तमे विनिवर्तते" (अ. ५ श्लो. ६१) इति तेन मातामहादिवंशजा जाया न भवतीत्यर्थः। चशब्दान्मातृसगोत्रापि मातृवंशपरंपराजन्मनाम्नोः प्रत्यभिज्ञाने सति न विवाह्या, तदितरा तु मातृसगोत्रा विवाह्येति संगृहीतं तथाच व्यासः-"सगोत्रां मातुरप्येके नेच्छन्त्युद्वाहकर्मणि। जन्मनाम्नोरविज्ञाने उद्वहेदविशङ्कितः॥" यत्तु मेधातिथिना वसिष्ठनाम्ना मातृसगोत्रानिषेधवचनं लिखितम्-"परिणीय सगोत्रां तु समानप्रवरां तथा। तस्यां कृत्वा समुत्सर्गं द्विजश्चान्द्रायणं चरेत्। मातुलस्य सुतां चैव मातृगोत्रां तथैव च" इति। तदपि मातृवंशजन्मनामपरिज्ञानविषयमेव। असगोत्रा च या पितुरीति पितुर्या सगोत्रा न भवति। चकारात्पितृसपिण्डापि। पितृव्यादिसंततिभवा या न भवतीत्यर्थः। सा द्विजातीनां दारत्वसंपादके विवाहे प्रशस्ता मैथुनसाध्ये अग्न्याधानकर्मपुत्रोत्पादनादौ चेति॥५॥

For the purposes of marriage and sexual intercourses, a girl, not related to his mother by the tie of Sapiṇḍa relationship, nor to his father as a Sagotra (cognate), is as well recommended in respect of a Brāhmaṇa. (5)

महान्त्यपि समृद्धानि गोजाविधनधान्यतः।
स्त्रीसंबन्धे दशैतानि कुलानि परिवर्जयेत्॥६॥

मुक्ता०:–उत्कृष्टान्यपि गवादिभिः समृद्धान्यपि इमानि दश कुलानि विवाहे त्यजेत्॥६॥

However great (illustrious), or opulent with (the possession of kine, goats, sheep, money and paddy), the might be, (the following) ten families should be avoided in respect of taking a bride from (any of) them. (6)

हीनक्रियं निष्पुरुषं निश्छन्दोरोमशार्शसम्।
क्षय्यामयाव्यपस्मारिश्वित्रिकुष्ठिकुलानि च॥७॥

मुक्ता०:–तानि कानीत्याह-

जातकर्मादिक्रियारहितं, स्त्रीजनकं, वेदाध्यापनशून्यं, बहुदीर्घरोमान्वितं, अर्शोनामव्याधियुक्तं, क्षयो राजयक्ष्मा मन्दानलापस्मारश्वित्रकुष्ठयुक्तानां च कुलानि वर्जयेदिति पूर्वक्रियासंबन्धः। दृष्टमूलता चास्य प्रतिषेधस्य मातुलवदुत्पन्ना अनुवहन्ते। तेन हीनक्रियादिकुलात्परिणीतायां संततिरपि तादृशी स्यात्। "व्याधयः संचारिणः" इति वैद्यकाः पठन्ति-"सर्वे संक्रामिणो रोगा वर्जयित्वा प्रवाहिकाम्" इति। अवेदमूला कथमियं प्रमाणमिति चेन्न। दृष्टार्थतयैव प्रामाण्यसंभवात्। तदुक्तं भविष्यपुराणे-"सर्वा एता वेदमूला दृष्टार्थाः परिहृत्य तु"। मीमांसाभाष्यकारेणापि स्मृत्यधिकरणेभिहितम् "ये दृष्टार्थास्ते तत्प्रमाणं, येत्वदृष्टार्थास्तेषु वैदिकशब्दानुमानम्" इति।।७।।

A family of doers of mean acts, a family in which no male child is born, a family of men devoid of Vedic *knowledge*, a family of hairy men and women, and a family in which consumptive, epileptic, leprous or leucodermic members are born, these are the ten families in which one is forbidden to marry. (7)

नोद्वहेत्कपिलां कन्यां नाधिकाङ्गीं न रोगिणीम्।
नालोमिकां नातिलोमां न वाचाटां न पिङ्गलाम्।।८।।

मुक्ता०:—कुलाश्रयं प्रतिषेधमभिधाय कन्यास्वरूपाश्रयप्रतिषेधमाह-

कपिलकेशां नित्यव्याधितामविद्यमानलोमां प्रचुरलोमां बहुपरुषभाषिणीं पिङ्गलाक्षीं कन्यां नोपयच्छेत्।।८।।

Let him not marry a girl of brown complexion, or one with a limb in less or excess, or one who is a pronounced invalid, or a hairy one, or one devoid of hairs on her body, or a garrullous one, or one whose eye balls are brown or yellow. (8)

नर्क्षवृक्षनदीनाम्नीं नान्त्यपर्वतनामिकाम्।
न पक्ष्यहिप्रेष्यनाम्नीं न च भीषणनामिकाम्।।९।।

मुक्ता०:—ऋक्षं नक्षत्रं तन्नामिकां आर्द्रारेवतीत्यादिकाम्। एवं तरुनदीम्लेच्छपर्वत-पक्षिसर्पदासभयानकनामिकां कन्यां नोद्वहेत्।।९।।

Nor a girl who has a name implying a star, tree, river, mountain, bird, serpent or servilence, nor one whose name denotes a dreadful object. (9)

अव्यङ्गाङ्गीं सौम्यनाम्नीं हंसवारणगामिनीम्।
तनुलोमकेशदशनां मृद्वङ्गीमुद्वहेत्स्त्रियम्।।१०।।

मुक्ता०:–अविकलाङ्गीं मधुरसुखोद्यनाम्नीं हंसगजरुचिरगमनां अनतिस्थूल-लोमकेशदशनां कोमलाङ्गी कन्यामुद्वहेत्।।१०।।

A well-formed girl, without hairs on her limbs, and having a sweet name and a gait resembling that of a swan or an elephant, slender, with small pearly teeth, and a crown of thin, silky hair, he shall take for his wife. (10)

अत्र विधिनिषेधयोरभिधानमनिषिद्धविहितकन्यापरिणयनमभ्यु- दयार्थामिति दर्शयितुमाह–

यस्यास्तु न भवेद्भ्राता न विज्ञायेत वा पिता।
नोपयच्छेत तां प्राज्ञः पुत्रिकाधर्मशङ्कया।।११।।

मुक्ता०:–यस्याः पुनर्भ्राता नास्ति तां पुत्रिकाशङ्कया नोद्वहेत्। "यदपत्यं भवेदस्यास्तन्मम स्यात्स्वधाकरम्" (अ. ९ श्लो.१२) इत्यभिसंधानमात्रादपि पुत्रिका भवति। "अभिसंधिमात्रात्पुत्रिकेत्येके" इति गोतमस्मरणात्। यस्या वा विशेषेण पिता न ज्ञायतेऽनेनेयमुत्पन्नेति तामपि नोद्वहेत्। अत्र च पुत्रिकाधर्मशङ्कयेति न योजनीयमिति केचित्। गोविन्दराजस्त्वाह–"भिन्नपितृकयोरप्येकमातृकयोर्भ्रातृत्वप्रसिद्धेः सभ्रातृकत्वेऽपि यस्या विशेषेण पिता न ज्ञायते तामपि पुत्रिकाशङ्कयैव नोद्वहेत्" इति। मेधातिथिस्त्वेकमेवेमं पक्षमाह। यस्यास्तु भ्राता नास्ति तां पुत्रिकाशङ्कया नोपपच्छेत्। पिता चेन्न ज्ञायते प्रोषितो मृतो वा। वाशब्दश्चेदर्थे। पितरि तु विद्यमाने तदीयवाक्यादेव पुत्रिकात्वाभावमवगम्याभ्रातृकापि वोढव्येति। अस्माकं तु विकल्पस्वरसादिदं प्रतिभाति। यस्या विशेषेण पिता न ज्ञायते तामपि जारजत्वेनाधर्मशङ्कया नोद्वहेत्। अत्र च पक्षे पुत्रिकाधर्मशङ्कयेति पुत्रिका चाधर्मश्च तयोः शङ्का पुत्रिकाधर्मशङ्का तयेति यथासंख्यं योजनीयम्। अत्र च प्रकरणे सगोत्रपरिणयने "सगोत्रां चेदमत्योपयच्छेन्मातृवदेनां बिभृयात्" इति परित्यागश्रवणात् "परिणीय सगोत्रां च" इति प्रायश्चित्तश्रवणाच्च। तत्र तत्समभिव्याहृते च मातृसपिण्डापरिणयनादौ भार्यात्वमेव च भवति भार्याशब्दस्याहवनीयादिवत्संस्कारवचनत्वात्। येषां पुनर्दृष्टगुणदोषमूलके विधिनिषेधाभिधाने यथा हीनक्रियमिति, न तदतिक्रमे भार्यात्वाभावः। अत एव मनुना "महान्त्यपि समृद्धानि" (अ. ३ श्लो. ६) इत्यादि पृथक्करणं कृतम्। एतन्मध्यपतितश्च "नर्क्षवृक्षनदीनाम्नीम्" (अ. २ श्लो. ९) इत्यादिप्रतिषेधोऽपि न भार्यात्वाभावफलकः, किंत्वत्र शास्त्रातिक्रमात्प्रायश्चित्तमात्रम्।।११।।

A girl, who has no uterine brother of her own, or whose father's name is unknown, shall not be married out of the apprehension of a *Putrikā* campact. (11)

सवर्णाग्रे द्विजातीनां प्रशस्ता दारकर्मणि।

कामतस्तु प्रवृत्तानामिमाः स्युः क्रमशो वराः॥१२॥

मुक्ता०:—ब्राह्मणक्षत्रियवैश्यानां प्रथमे विवाहे कर्तव्ये सवर्णा श्रेष्ठा भवति। कामतः पुनर्विवाहे प्रवृत्तानामेता वक्ष्यमाणा आनुलोम्येन श्रेष्ठा भवेयुः॥१२॥

A girl belonging to his own caste is recommended to a *Brāhmaṇa* for holy wedlock; for desire, a wife he may take from any of the three remaining castes, her precedence being according to her caste. (12)

शूद्रैव भार्या शूद्रस्य सा च स्वा च विशः स्मृते।

ते च स्वा चैव राज्ञश्च ताश्च स्वा चाग्रजन्मनः॥१३॥

मुक्ता०:—शूद्रस्य शूद्रैव भार्या भवति न तूत्कृष्टा वैश्यादयस्तिस्रः। वैश्यस्य च शूद्रा वैश्या च भार्या मन्वादिभिः स्मृता। क्षत्रिस्य वैश्याशूद्रे क्षत्रिया च। ब्राह्मणस्य क्षत्रिया वैश्या शूद्रा ब्राह्मणी च। वसिष्ठोऽपि "शूद्रामप्येके मन्त्रवर्जम्" इति द्विजातीनां मन्त्रवर्जितं शूद्राविवाहमाह॥१३॥

A *Śūdra* woman is the wife of a Śūdra; a *Vaiśya* can marry a Śūdra or a Vaiśya wife, a Kṣatriya can take a Śūdra, a Vaiśya or a *Kṣatriya* wife; and a *Brāhmaṇa* can marry a Śūdra, Vaiśya, Kṣatriya or a Brāhmaṇa wife. (13)

न ब्राह्मणक्षत्रिययोरापद्यपि हि तिष्ठतोः।

कस्मिंश्चिदपि वृत्तान्ते शूद्रा भार्योपदिश्यते॥१४॥

मुक्ता०:—ब्राह्मणक्षत्रिययोर्गार्हस्थ्यमिच्छतोः सर्वथा सवर्णालाभे कस्मिंश्चिदपि वृत्तान्ते इतिहासाख्यानेऽपि शूद्रा भार्या नाभिधीयेते। पूर्वसवर्णानुक्रमेणानुलोम्येन विवाहाद्यनुज्ञानादयं निषेधः प्रातिलोम्येन विवाहविषयो बोद्धव्यः। ब्राह्मणक्षत्रियग्रहणं चेदं दोषभूयस्त्वार्थम्। अनन्तरं द्विजातय इति बहुवचनात्, वैश्यगोचरनिषेधस्यापि वक्ष्यमाणत्वात्॥१४॥

In no history or chronicles can be found that, even in the time of distress, a Brāhmaṇa or a Kshatriya has (lawfully) married a Śūdra wife. (14)

हीनजातिस्त्रियं मोहादुद्वहन्तो द्विजातयः।

कुलान्येव नयन्त्याशु ससंतानानि शूद्रताम्॥१५॥

मुक्ता०:—सवर्णामपि परिणीय हीनजाति शूद्रा शास्त्राविवेकात्परिणयन्तो ब्रह्मक्षत्रियवैश्यास्तत्रोत्पन्नपुत्रपौत्रादिक्रमेण कुलान्येव ससंततिकानि शूद्रतां गमयन्ति। अत्र द्विजातय इति बहुवचननिर्देशान्निन्दया वैश्यस्यापि निषेधः कल्प्यते। ब्राह्मणक्षत्रिययोस्तु पूर्वत्रैव निषेधकल्पनात्तन्निन्दामात्रार्थतैव॥१५॥

By marrying a low caste woman, through the intoxication of desire (passion), a twice-born one degrades himself, with the nine generations of his progeny, to the status of a Śūdra. (15)

शूद्रावेदी पतन्यत्रेरुतथ्यतनयस्य च।
शौनकस्य सुतोत्पत्त्या तदपत्यतया भृगोः॥१६॥

मुक्ता०:—शूद्रां विन्दति परिणयतीति शूद्रावेदी सः पतति पतित इव भवति। इदमत्रेर्मतमुतथ्यतनयस्य गौतमस्य च। अत्र्यादिग्रहणमादरार्थम्। एतद्ब्राह्मणविषयम्। "शूद्रायां सुतोत्पत्त्या पतति" इति शौनकस्य मतमेतत्क्षत्रियविषयम्। "शूद्रासुतोत्पत्त्या पतति" इति भृगोर्मतम् एतद्वैश्यविषयम्। एतस्य महर्षिमतत्रयस्य व्यवस्थासंभवे विसदृशपतनविकल्पायोगात्। मेधातिथिगोविन्दराजयोस्तु मतं शूद्रावेदी पततीति पूर्वोक्तशूद्राविवाहनिषेधविशेषः सुतोत्पत्त्या पततीति दैवाज्जातशूद्राविवाहे ऋतौ नोपेयादिति विधानार्थम्। ऋतुकालगमने सुतोत्पत्तेः तदपत्यतयेति तु तान्येव शूद्रोत्पन्नान्यपत्यानि यस्य स तदपत्यस्तस्य भावस्तदपत्यता तया पतति। एतेनेदमुक्तं भवति ऋतावुपयन्नितरासु जातापत्य उपेयात् ॥१६॥

He, who marries a Śūdra woman, becomes degraded. This is the opinion of *Atri* and of (Gautama) the son of *Utathya*. By visiting a Śūdra wife for the purpose of begetting offspring on her, a twice-born one becomes degraded; this is the opinion of *Śanaka*. The fathership of his Śūdra children degrades a twice-born one. This is the opinion of *Bhṛgu*. (16)

शूद्रां शयनमारोप्य ब्राह्मणो यात्यधोगतिम्।
जनयित्वा सुतं तस्यां ब्राह्मण्यादेव हीयते॥१७॥

मुक्ता०:—सवर्णामपरिणीय दैवात्स्नेहाद्वा शूद्रापरिणेतुर्ब्राह्मणस्य शयननिषधोऽयं निन्दया निषेधस्मृत्यनुमानाच्छूद्रां गत्वा ब्राह्मणो नरकं गच्छति। जनयित्वा सुतं तस्यामित्यृतुकालगमननिषेधपरम्। ब्राह्मण्यादेव हीयत इति दोषभूयस्त्वार्थम्॥१७॥

By lying with a *Śūdra* woman in his ged, a *Brāhmaṇa* falls into a degraded existence; by begetting a child on her, he stands divested of his Brahmanism. (17)

दैवपित्र्यातिथेयानि तत्प्रधानानि यस्य तु।

नाश्नन्ति पितृदेवास्तन्न च स्वर्गं स गच्छति॥१८॥

मुक्ता०:—यदि कथंचित्सवर्णानुक्रमेण क्रमेण वा शूद्रापि परिणीयते तदा भार्यात्वेन प्रसक्तानि तत्कर्तृकानि दैवेत्यनेन निषिध्यन्ते। दैवं होमादि, पित्र्यं श्राद्धादि, आतिथेयमतिथिभोजनादि, एतानि यस्य शूद्रासंपाद्यानि तद्धव्यं कव्यं पितृदेवा नाश्नन्ति। नच तेनातिथ्येन स गृही स्वर्गं याति। "यस्तु तत्कारयेन्मोहात्सजात्या स्थितयान्यपा" (अ. ९ श्लो. ८७) इति सवर्णायां सन्निहितायां निषेधं वक्ष्यति। अयं त्वसन्निहितायामपीत्यपुनरुक्तिः॥१८॥

The oblations, offered by a twice-born one who is assisted by a Śūdra woman in the capacity of his principal married wife in the rite of a Pitṛ or *Daiva Srāddha* ceremony, neither the manes, nor the divinities partake of. Even by practising hospitality to *Atithis*, he cannot ascend to heaven , after death. (18)

वृषलीफेनपीतस्य निःश्वासोपहतस्य च।

तस्यां चैव प्रसूतस्य निष्कृतिर्न विधीयते॥१९॥

मुक्ता०:—वृषलीफेनोऽधररसः स पीतो येन स वृषलीफेनपीतः। "वाहिताग्न्यादिषु" (पा.सू.२।२।३७) इत्यनेन समासः। अनेन शूद्राया अधररसपानं निषिध्यते। निःश्वासोपहतस्य चेति तया सहैकशय्यादौ शयननिषेधः। तस्यां जातापत्यस्य शुद्धिर्नोपदिश्यत इत्यृतुकालगमननिषेधानुवादः॥१९॥

By sucking the lips of a Śūdra wife, by inhaling her breath, or by begetting children on her person, a twice-born one can never find any succour. (19)

चतुर्णामपि वर्णानां प्रेत्य चेह हिताहितम्।

अष्टाविमान्समासेन स्त्रीविवाहान्निबोधत॥२०॥

मुक्ता०:—चतुर्णामपि वर्णानां ब्राह्मणादीनां परलोके इहलोके च कांश्चिद्धितान्कांश्चिदहिता निमानभिधास्यमानानष्टौ संक्षेपेण भार्याप्राप्तिहेतून्विवाहान् शृणुत॥२०॥

Now hear me discourse on the *eight forms of marriage,*

which contribute to the good, or to the evil of the four castes of men in the next world. (20)

ब्राह्मो दैवस्तथैवार्षः प्राजापत्यस्तथाऽसुरः।
गान्धर्वो राक्षसश्चैव पैशाचश्चाष्टमोऽधमः॥२१॥

मुक्ता०ः—त एते नामतो निर्दिश्यन्ते। ब्राह्मराक्षसादिसंज्ञा चेयं शास्त्रसंव्यवहारार्था स्तुतिनिन्दाप्रदर्शनार्था च। ब्रह्मण इवायं ब्राह्मः। रक्षस इवायं राक्षसः। न तु ब्रह्मादिदेवतात्वं विवाहानां संभवति। पैशचस्याधमत्वाभिधानं निन्दातिशयार्थम्॥२१॥

They are known as the *Brāhma, Daiva, Ārṣa, Prājāpatya, Āsura, Gāndharva, Rākṣasa and Paiśāca,* which forms the eighth. (21)

यो यस्य धर्म्यो वर्णस्य गुणदोषौ च यस्य यौ।
तद्वः सर्वं प्रवक्ष्यामि प्रसवे च गुणागुणान्॥२२॥

मुक्ता०ः—धर्मादनपेतो धर्म्यः। यो विवाहो धर्म्यो यस्य विवाहस्य यौ गुणदोषौ इष्टानिष्टफले तत्तद्विवाहोत्पन्नापत्येषु ये गुणागुणास्तत्सर्वं युष्माकं प्रकर्षेणामिधास्यामि वक्ष्यमाणानुकीर्तनमिदं शिष्याणां सुखग्रहणार्थम्॥२२॥

Now I shall discuss all the forms of marriage which are proper for each of the social orders, the merit and demerit which appertain to each such form, and the benefit or otherwise which the offspring of each form can accord (to its parents). (22)

षडानुपूर्व्या विप्रस्य क्षत्रस्य चतुरोऽवरान्।
विट्शूद्रयोस्तु तानेव विद्याद्धर्म्यानराक्षसान्॥२३॥

मुक्ता०ः—ब्राह्मणस्य ब्राह्मादिक्रमेण षट्। क्षत्रियस्यावरानुपरितनानासुरादींश्चतुरः। विट्शूद्रयोस्तु तानेव राक्षसवर्जितानासुरगान्धर्वपैशाचान् धर्म्यान्धर्मादनपेताञ्जानीयात्॥२३॥

The six forms (of marriage) commencing with the first one (Brāhma) are proper for Brāhmaṇas; the four forms counted from the end (Paiśāca) are not sinful for Kṣatriyas, and the same set excepting that the Rākṣasas shall be regarded as proper for Vaiśyas, and Śūdras. (23)

चतुरो ब्राह्मणस्याद्यान्प्रशस्तान्कवयो विदुः।
राक्षसं क्षत्रियस्यैकमासुरं वैश्यशूद्रयोः॥२४॥

मुक्ता०ः—ब्राह्मणस्य प्रथमं पठितान्ब्राह्मादींश्चतुरः। क्षत्रियस्य राक्षसमेकमेव।

वैश्यशूद्रयोरासुरम्। एताच्छ्रेष्ठान् ज्ञातारो जानन्ति। अत एव ब्राह्मणादिष्वासुरादीनां पूर्वविहितानामप्यत्राप्युपादानं जघन्यत्वज्ञापनार्थम्। तेन प्रशस्तविवाहासंभवे जघन्यस्यापि पीरग्रह इति दर्शितम्। एवमुत्तरत्रापि विगर्हितपरित्यागो बोद्धव्य:।।२४।।

The four forms (of Marriage) the seers have ordained as proper for Brāhmaṇas; only the *Rākṣasa form* as proper for *Kṣatriyas* and the *Āsura form* as proper for Vaiśyas and Śūdras. (24)

पञ्चानां तु त्रयो धर्म्या द्वावधर्म्यौ स्मृताविह।
पैशाचश्चासुरश्चैव न कर्त्तव्यो कदाचन।।२५।।

मुक्ता०:—इह पैशाचप्रतिबेधादुपरितनानां पञ्चानां प्राजापत्यादीनां ग्रहणं, तेषु मध्ये प्राजापत्यगान्धर्वराक्षसास्त्रयो धर्मादनमेतास्तत्र प्राजापत्य: क्षत्रियादीनामप्राप्तो विधीयते। ब्राह्मणस्य विहितत्वादनूद्यते। गान्धर्वस्य च चतुर्णामेव प्राप्तत्वादनुवाद:। राक्षसोऽपिवैश्यशूद्रयोर्विधीयते। ब्राह्मणस्य क्षत्रियवृत्त्यवस्थितस्याप्यासुरपैशाचौ च कर्तव्यौ। कदाचनेत्यविशेषाच्चतुर्णामेव निषिध्यते। अत्र यं वर्णं प्रति यस्य विवाहस्य विधिनिषेधौ तस्य तं प्रति विकल्प: स च विहितासंभवे बोद्धव्य:२५।।

Thus out of these five forms, of marriage three, are lawful, and two are sinful (unlawful). Let a man never marry a wife either in the Piśāca or in the Āsura form, since these two forms are prohibited. (25)

पृथक्पृथग्वा मिश्रौ वा विवाहौ पूर्वचोदितौ।
गान्धर्वो राक्षसश्चैव धर्म्यौ क्षत्रस्य तौ स्मृतौ।।२६।।

मुक्ता०:—पृथक्पृथगिति प्राप्तत्वादनूद्यते। मिश्राविति विधीयते। पृथक्पृथग्विमिश्रौ वा पूर्वविहितौ गान्धर्वराक्षसौ क्षत्रस्य धर्म्यौ मन्वादिभि: स्मृतौ। यदा स्त्रीपुंसयोरन्योन्यानुरागपूर्वकसंवादेन परिणेता युद्धादिना विजित्य तामुद्वहेत्तदा गान्धर्वराक्षसौ मिश्रौ भवत:।।२६।।

A marriage, whether effected in the pure *Gāndharva* or in the pure *Rākṣasa form*, as described before, or in a mode which is a combination of both of them, is (primarily) lawful for a *Kṣatriya*. (26)

आच्छाद्य चार्चयित्वा च श्रुतिशीलवते स्वयम्।
आहूय दानं कन्याया ब्राह्मो धर्मः प्रकीर्तितः।।२७।।

मुक्ता०:—आच्छादनमात्रस्यैवौचित्यप्राप्तत्वात्सविशेषवाससा कन्यावरावाच्छा-

द्यालंकारादिना च पूजयित्वा विद्याचारवन्तमप्रार्थकवरमानीय तस्मै कन्यादानं ब्राह्मो विवाहोमन्वादिभिरुक्त:।।२७।।

The form (of marriage) in which a well-attired bride, decorated with ornaments, is given in marriage to an erudite, good charactered bridegroom, especially invited by the bride's father himself to receive he is called *Brāhma*. (27)

यज्ञे तु वितते सम्यगृत्विजे कर्म कुर्वते।
अलङ्कृत्य सुतादानं दैवं धर्मं प्रचक्षते।।२८।।

मुक्ता०:–ज्योतिष्टोमादियज्ञे प्रारब्धे यथाविधि ऋत्विजे कर्मकर्त्रे अलंकृत्य कन्यादानं दैवं विवाहं मुनयो ब्रुवते।।२८।।

The form of marriage in which the bride is gifted (i.e., given in marriage) to the person duly officiating as a priest at a *Vedic sacrifice*, which is being celebrated, is called *Daiva* by the holy sages. (28)

एकं गोमिथुनं द्वे वा वरादादाय धर्मतः।
कन्याप्रदानं विधिवदार्षो धर्मः स उच्यते।।२९।।

मुक्ता०:–स्त्रीगवी पुंगौश्च गोमिथुनं। तदेकं द्वे वा वराद्धर्मतो धर्मार्थ यागादिसिद्धये कन्यायै वा दातु नतु शुल्कबुद्ध्या गृहीत्वा यद्यथाशास्त्रं कन्यादानं स आर्षो विवाहो विधीयते।।२९।।

The lawful form (of marriage) in which a bride, on the receipt if an ox and a cow, or of two oxen and two kine for the performance of religious sacrifices, is duly given in marriage to the bridegroom, according to the ordinance, is called *Ārṣa* (by the wise). (29)

सहोभौ चरतां धर्ममिति वाचानुभाष्य च।
कन्याप्रदानमभ्यर्च्य प्राजापत्यो विधिः स्मृतः।।३०।।

मुक्ता०:–सह युवां धर्मं कुरुतमिति सुताप्रदानकाले वचसा पूर्वं नियम्यार्चयित्वा यत्कन्यादानं स प्राजापत्यो विवाहः स्मृतः।।३०।।

The form, in which after having worshipped the bridegroom, the bride is given to him in marriage with the injunction, "let both of you jointly discharge the duties of a house-holder, is called *Prājāpatya*". (30)

ज्ञातिभ्यो द्रविणं दत्वा कन्यायै चैव शक्तितः।

कन्याऽऽप्रदानं स्वाच्छन्द्यादासुरो धर्म उच्यते॥३१॥

मुक्ता०ः—कन्याया ज्ञातिभ्यः पित्रादिभ्यः कन्यायै यद्यथाशक्ति धनं दत्त्वा कन्याया आप्रदानमादानं स्वीकारः स्वाच्छन्द्यात्स्वेच्छया न त्वार्ष इव शास्त्रीयधनजातिपरिमाणनियमेन स आसुरो विवाह उच्यते॥३१॥

The form, in which the bridegroom, on paying money to her father and to herself, out of the promptings of his own desire, receives the bride in marriage, is called *Āsura*. (31)

इंच्छयान्योन्यसंयोगः कन्यायाश्च वरस्य च।

गान्धर्वः स तु विज्ञेयो मैथुन्यः कामसंभवः॥३२॥

मुक्ता०ः—कन्याया वरस्य चान्योन्यानुरागेण यः परस्परसंयोग आलिङ्गनादिरूपः स गान्धर्वो ज्ञातव्यः। संभवत्यस्मादिति संभवः। यस्मात्कन्यावरयोरभिलाषादसौ संभवति। अत एव मैथुन्यो मैथुनाय हितः। सर्वविवाहानामेव मैथुन्यत्वेन यदस्य मैथुन्यत्वाभिधानं तत्सत्यपि मैथुने न विरोध इति प्रदर्शनार्थम्॥३२॥

The form, in which for the reason of a reciprocal marriage of hearts the bridegroom is mated with the bride, is called *Gāndharva*. It originates from a couple's passionate desire of being united with each other. (32)

हत्वा छित्त्वा च भित्त्वा च क्रोशंतीं रुदतीं गृहात्।

प्रसह्य कन्याहरणं राक्षसो विधिरुच्यते॥३३॥

मुक्ता०ः—प्रसह्य बलात्कारेण कन्याया हरणं राक्षसो विवाह इत्येव लक्षणम्। यदा तु हर्तुः शक्त्यतिशयं ज्ञात्वा पित्रादिभिरुपेक्ष्यते तदा नावश्यकं हननादि। यदि कन्यापक्षः प्रतिपक्षतां याति तदा हननादिकमपि कर्तव्यमित्यर्थप्राप्तमनूद्यते कन्यापक्षान्विनाश्य तेषामङ्गच्छेदं कृत्वा प्राकारादीन्भित्वा "हा पितर्भ्रातरनाथाहं ह्रिये" इति वदन्तीमश्रूणि मुञ्चन्तीं यत्कन्यां गृहादपहरति। अनेन कन्यायामनिच्छोक्ता गान्धर्वाद्विवेकार्थम्॥३३॥

The form of marriage, in which the bridegroom, by killing or hurting the guardians or relations of the bride, and by forcing open the door of her house, forcibly carries her away, weaping and screaming is called Rākṣasa. (33)

सुप्तां मत्तां प्रमत्तां वा रहो यत्रोपगच्छति।

स पापिष्ठो विवाहानां पैशाचश्चाष्टमोऽधमः॥३४॥

मुक्ता०:—निद्राभिभूतां मद्यमदविह्वलां शीलसंरक्षणेन रहितां विजनदेशे यत्र विवाहे मैथुनधर्मेण प्रवर्तते स पापहेतुर्विवाहानां मध्येऽधमः पेशाचः ख्यातः॥३४॥

The form in which the bride, when alone, asleep, senseless, intoxicated, or delirious with wine, is ravished by the bridegroom, is called Piśāca, the eighth and the most sinful form of marriage. (34)

अद्भिरेव द्विजाग्र्याणां कन्यादानं विशिष्यते।
इतरेषां तु वर्णानामितरेतरकाम्यया॥३५॥

मुक्ता०:—उदकदानपूर्वकमेव ब्राह्मणानां कन्यादानं प्रशस्तम्। क्षत्रियादीनां पुनर्विनाप्युरकं परस्परेच्छया वाङ्मात्रेणपि कन्यादानं भवति। उदकपूर्वकमपीत्यनियम॥३५॥

The marriage of a *Brāhmaṇa* must be preceded by the rite of water-gifting, the marriage of a member of any other caste may be preceded by (negotiated with) a formal betrothel, if the parties mutually desire it so. (35)

यो यस्यैषां विवाहानां मनुना कीर्तितो गुणः।
सर्वं शृणुत तं विप्राः सम्यक् कीर्तयतो मम॥३६॥

मुक्ता०:—यद्यपि "गुणदोषो च यस्य यो" (अ. ३ श्लो. २२) इति गुणभिधानमपि प्रतिज्ञातमेव तथापि बहूनामर्थानां तत्र वक्तव्यतया प्रतिज्ञातत्वाद्विशेषज्ञापनार्थः पुनरुपन्यासः। एषां विवाहानामिति निर्धारणे षष्ठी। एषां मध्ये यस्य विवाहस्य यो गुणो मनुना कथितस्तत्सर्वं हेविप्राः मम कथयतः शृणुत॥३६॥

O Brāhmaṇas, now hear me fully describe the virtues (merits) of these different forms of marriage as narrated by Manu of yore. (36)

दश पूर्वान्परान्वंश्यानात्मानं चैकविंशकम्।
ब्राह्मीपुत्रः सुकृतकृन्मोचयेदेनसः पितॄन्॥३७॥

मुक्ता०:—दश पूर्वान्पित्रादीन्वंश्यान्, परान्पुत्रादीन्दश, आत्मानं चैकविंशकं ब्राह्मविवाहोढापुत्रो यदि सुकृतकृद्भवति तदा पापान्मोचयति पित्रादीन्नरकादुद्धरति, पुत्रादयश्च तस्य कुले निष्पापा जायन्त इति मोचनार्थः। तेषामनुत्पत्तेः पापध्वंसस्याशक्यत्वात्॥३७॥

The male offspring of a *Brāhma* form of marriage, if he does good works, succours his own self, as well as his ten ancestors and ten descendants (from the effects of) sin. (37)

दैवोढाजः सुतश्चैव सप्त सप्त परावरान्।

आर्षोढाजः सुतस्त्रींस्त्रीन्षट् षट् कायोढजः सुतः॥३८॥

मुक्ता०:—दैवविवाहोढायाः पुत्राः सप्त परान्पित्रादीन्सप्तावरान्पुत्राददींश्च। आर्षविवाहोढायाः पुत्रस्त्रीन्पित्रादींस्त्रींश्च पुत्रादीन्। प्राजापत्यविवाहोढायाः पुत्रः षट् पित्रादीन् षट् पुत्रादीन् आत्मानं चैनसो मोचयतीति पूर्वस्यैव सर्वत्रानुषङ्गः। कायोढज इति "ङ्यापोः संज्ञाछन्दसोर्बहुलम्" (पा. सू. ६।३।६३) इति ह्रस्वत्वम्। ब्राह्माद्यष्टविवाहोद्देशक्रमानुसारेण मन्दफलस्यार्षस्येह बहुफलप्राजापत्यात्पूर्वाभिधानम्। ब्राह्मादिविवाहोद्देशश्लोक एव कथमयं क्रम इति चेत् "पञ्चानां तु त्रयो धर्म्याः (अ. ३ श्लो. २५) इत्यत्र प्राजापत्यग्रहणार्थम्। अन्यथा त्वार्षस्यैव ग्रहणं स्यात्॥३८॥

The male offspring of a *Daiva* form of marriage succours (his own self and) his seven ancestors and seven discendants; and that of an Ārṣa form of marriage succours (his own self) and his three ancestors and three descendants, while that of a *Prājāpatya* form of marriage succours (his own self) and his six ancestors and six descendants, (from the effects of) sin. (38)

"प्रसवे च गुणागुणान्" इति यदुक्तं तदुच्यते-

ब्राह्मादिषु विवाहेषु चतुर्ष्वेवानुपूर्वशः।

ब्रह्मवर्चस्विनः पुत्रा जायन्ते शिष्टसंमताः॥३९॥

मुक्ता०:—ब्राह्मादिषु चतुर्षु विवाहेषु क्रमावस्थितेषु श्रुताध्ययनसंपत्तिकतेजोयुक्ताः पुत्राः शिष्टप्रिया जायन्ते। प्रियार्थत्वाच्च संमतशब्स्य "क्तेन च पूजायाम्" (पा. सू. २।२।१२) इति न षष्ठीसमासप्रतिषेधः। संबन्धसामान्यविषया षष्ठीयं समस्यते॥३९॥

Sons born of the four forms of marriage, consecutively counted from the *Brāhma* form, become possessed of the energy of Brāhma and are recognised (as well-born) by honest men. (39)

रूपसत्त्वगुणोपेता धनवन्तो यशस्विनः।

पर्याप्तभोगा धर्मिष्ठा जीवन्ति च शतं समाः॥४०॥

मुक्ता०:–रूपं मनोहराकृतिः, सत्त्वं द्वादशाध्याये वक्ष्यमाणं, गुणा दयादयः तैर्युक्ता धनिनः ख्यातिमन्तो यथेप्सितवस्त्रस्रग्गन्धलेपनादिभोगशालिनो धार्मिकाश्च पुत्रा जायन्त इति पूर्वमनुवर्तते। शतं च वर्षाणि जीवन्ति।।४०।।

Handsome looking, wealthy, renowned, possessed of fortitude and good qualities, virtuous and amply provided with all the objects of enjoyment, these sons live for a hundred years. (40)

इतरेषु तु शिष्टेषु नृशंसानृतवादिनः।
जायन्ते दुर्विवाहेषु ब्रह्मधर्मद्विषः सुताः।।४१।।

मुक्ता०:–ब्राह्मादिभ्यश्चतुर्भ्योऽन्येष्वासुरादिषु चतुर्ष विवाहेषु क्रूरकर्माणो मृषावादिनो वेदद्वेषिणो यागादिधर्मद्वेषिणः पुत्रा जायन्ते।।४१।।

Sons of the remaining (four) low (forms of marriage) are born cruel, untruthful, and hostile to the religion of *Brahma* (*i.e.,* to the Vedas). (41)

अनिन्दितैः स्त्रीविवाहैरनिन्द्या भवति प्रजा।
निन्दितैर्निन्दिता नृणां तस्मान्निन्द्यान्विवर्जयेत्।।४२।।

मुक्ता०:–संक्षेपेण विवाहानां फलकथनमिदम्। अगर्हितैर्भार्याप्राप्तिहेतु-र्विवाहैरगर्हिता मनुष्याणां संततिर्भवति। गर्हितैस्तु गर्हितां तस्माद्गर्हितविवाहान्न कुर्यात्।।४२।।

Sons begotten on commendable wives are born with commendable traits (in their character); sons the offspring of unions with condemnable wives, are born with condemnable traits in their character. Hence, let a man avoid a vile form of matrimony. (42)

पाणिग्रहणसंस्कारः सवर्णासूपदिश्यते।
असवर्णास्वयं ज्ञेयो विधिरुद्वाहकर्मणि।।४३।।

मुक्ता०:–समानजातीयासु गृह्यमाणासु हस्तग्रहणलक्षणः संस्कारो गृह्यादिशास्त्रेण विधीयते। विजातीयासु पुनरुह्यमानासु विवाहकर्मणि पाणिग्रहणस्थानेऽयमनन्तरश्लोके वक्ष्यमाणो विधिर्ज्ञेयः।।४३।।

In a marriage between a man and a woman of the same caste they shall join their hands, while in the one contracted between a bride and bridegroom of different castes the following rules should be observed. (43)

शरः क्षत्रियया ग्राह्यः प्रतोदो वैश्यकन्यया।

वसनस्य दशा ग्राह्या शूद्रयोत्कृष्टवेदने।।४४।।

मुक्ता०:—क्षत्रियया पाणिग्रहणस्थाने ब्राह्मणविवाहे ब्राह्मणहस्तपरिगृहीतकाण्डैकदेशो ग्राह्यः। वैश्या ब्राह्मणक्षत्रियविवाहे ब्राह्मणक्षत्रियावधृतप्रतोदैकदेशो ग्राह्यः। शूद्रया पुनर्द्विजातित्रयविवाहे प्रावृतवसनदशा ग्राह्या।।४४।।

In her marriage with a *Brāhmaṇa, a Kṣatriya* girl shall clasp a shaft; a *Vaiśya* girl, a goading stick, and a *Śūdra*, the frill of his cloth with her hand, during the ceremony. (44)

ऋतुकालाभिगामी स्यात्स्वदारनिरतः सदा।

पर्ववर्जं व्रजेच्चैनां तद्व्रतो रतिकाम्यया।।४५।।

मुक्ता०:—ऋतुर्नाम शोणितदर्शनोपलक्षितो गर्भधारणयोग्यः स्त्रीणामवस्थाविशेषः। तत्कालाभिगामी स्यादित्ययं नियमविधिः[१] नतु परिसंख्या। स्वार्थहानिपरार्थकल्पना-प्राप्तबाधात्मकदोषत्रयदुष्टत्वात्। ऋतुकालेऽपि रागतः पक्षे गमनप्रप्तौ यस्मिन्पक्षेऽप्राप्तिस्तत्र विधिः "समे यजेत" इतिवत्। अतएव ऋतावगमने दोषमाह पराशरः- "ऋतुस्नातां तु यो भार्यां सन्निधौ नोपगच्छति। घोरायां भ्रूणहत्यायां पतते नात्र संशयः।।" अनुत्पन्नपुत्रस्य चायं नियमः। "ब्राह्मणो ह वै जायमानस्त्रिभिर्ऋणैर्ऋणवा जायते यज्ञेन देवेभ्यः प्रजया पितृभ्यः स्वाध्यायेनऋषिभ्यः" इत्येतत्प्रत्यक्षश्रुतिमूलत्वेऽस्य संभवति मूलान्तरकल्पनस्यायुक्तत्वात्। "तस्माद्युग्मासु पुत्रार्थी संविशेदार्तवे स्त्रियम्" (अ. ३ श्लो. ४८) इति च वक्ष्यति। ततोऽप्येतच्छ्रुतिमूलत्वमवगम्यते। पुत्रोत्पादनशास्त्रस्य चैकपुत्रोत्पादनेनैव चरितार्थत्वात् "कामजानितरान्विदुः" (अ. ९ श्लो. १०७) इति दर्शनादजातपुत्रस्यैव नियमः। "दशास्यां पुत्रानाधेहि" इति मन्त्रस्तु बहुपुत्रप्रशंसापरः। जातपुत्रस्याप्यृतुकालगमननियमो न दशस्वेवावनिष्ठते स्वदारनिरतः सदेति नित्यं स्वदारसंतुष्टः स्यान्नान्यभार्यामुपगच्छेदिति विधानत्परिसंख्यैव। वाक्यानर्थक्यात्स्वदारगमनस्य प्रशस्तत्वात्। ऋतावगमेन दोषाश्रवणाच्च न नियमविधिः। पर्ववर्जं व्रजेच्चैनामिति। पर्वाण्यमावास्यादीनि वक्ष्यन्ते। तानि वर्जयित्वा भार्याप्रीतिव्रतं यस्य स तद्व्रतोऽनृतावप्युपेयात्। अतएव रतिकाम्यया नतु पुत्रोत्पादनशास्त्रबुद्धया। तस्माद्विधित्रयमिदं-ऋतावुपेयादेव, अन्यभार्यां नोपगच्छेत्, अनृतावपि भार्याप्रीतये गच्छेदिति। अत्रच गोतमः "ऋतावुपेयादनृतौ च पर्ववर्जम्"। याज्ञवल्क्योऽप्याह- "यथाकामी भवेद्वापि स्त्रीणां वरमनुस्मरन्" (अ. १ श्लो. ८१)। पर्ववर्जमिति ऋतावनृतौ चोभयत्र संबध्यते।।४५।।

Always faithful to her, for sexual pleasures, let him visit his wife during her menstrual period avoiding the days of the Parva and when not observing a vow. (45)

ऋतुः स्वाभाविकः स्त्रीणां रात्रयः षोडश स्मृताः।
चतुर्भिरितरैः सार्धमहोभिः सद्विगर्हितैः॥४६॥

मुक्ता०:—अत्र रात्र्यहःशब्दावहोरात्रपरौ। शोणितदर्शनात्प्रभृति स्त्रीसंपर्कगमनादौ शिष्टनिन्दितैश्चतुर्भिरन्यैरहोरात्रैः सह षोडशाहोरात्राणि मासि मासि स्त्रीणामृतुः। स्वभावे भवः स्वाभाविकः। व्याध्यादिना तु न्यूनाधिककालोऽपि भवति॥४६॥

The menstrual period of a woman naturally lasts for sixteen nights (days) inclusive of the four days of flow, which are condemned by the wise. (46)

तासमाद्याश्चतस्त्रस्तु निन्दितैकादशी च या।
त्रयोदशी च शेषास्तु प्रशस्ता दश रात्रयः॥४७॥

मुक्ता०:—तासां पुनः षोडशानां रात्रीणां शोणितदर्शनात्प्रभृति आद्याश्चतस्त्रो रात्रय एकादशी त्रयोदशी च रात्रिर्गमने निन्दिता। अवशिष्टा दशः रात्रयः प्रशस्ता भवेयुः॥४७॥

Of these (sixteen days), the first four and the eleventh and the thirteenth are condemned by the wise for sexual purposes, the rest ten days are commended. (47)

युग्मासु पुत्रा जायन्ते स्त्रियोऽयुग्मासु रात्रिषु।
तस्माद्युग्मासु पुत्रार्थी संविशेदार्तवे स्त्रियम्॥४८॥

मुक्ता०:—पूर्वोक्तास्वपि दशसु षष्ठयष्टम्याद्यासु रात्रिषु गमने पुत्रा उत्पद्यन्ते। अयुग्मासु पञ्चमीसप्तम्यादिषु दुहितरः। अतः पुत्रार्थी युग्मासु ऋतुकाले भार्यां गच्छेत्॥४८॥

Sons are born on the even days and daughters on the odd ones (of the menstrual period). Hence, one desiring the birth of a son, shall visit his wife on an even day. (48)

पुमान्पुंसोऽधिके शुक्रे स्त्री भवत्यऽधिके स्त्रियाः।
समेऽपुमान्पुंस्त्रियौ वा क्षीणेऽल्पे च विपर्ययः॥४९॥

मुक्ता०:—पुंसो बीजेऽधिकेऽयुग्मास्वपि पुत्रो जायते। स्त्रीबीजेऽधिके युग्मास्वपि

दुहितैव। अतो वृष्याहारादिना निजबीजाधिक्यं भार्यायाश्चाहारलाघवादिना बीजाल्पत्वमवगम्य युग्मास्वपि पुत्रार्थिना गन्तव्यमिति दर्शितम्। स्त्रीपुंसयोस्तु बीजसाम्येऽपुमान्नपुंसकं जायते। पुंस्त्रियाविति यमौ च। निःसारेऽल्पे चोभयोरेव बीजे गर्भस्यासंभवः।।४९।।

Even on an odd day, a comparative excess of the paternal element gives rise to the birth of a male child, a comparative excess of the maternal element gives rise to the birth of a daughter. A sexless child, or a twin (a son and a daughter) is born when the paternal element is equal to the maternal one. (49)

निन्द्यास्वष्टासु चान्यासु स्त्रियो रात्रिषु वर्जयन्।
ब्रह्मचार्येव भवति यत्र तत्राश्रमे वसन्।।५०।।

मुक्ता०:—निन्द्यासु पूर्वोक्तासु षट्सु रात्रिषु अन्यासु च निन्द्यास्वपि यासु कासुचिदष्टासु स्त्रियो वर्जयन्द्वे रात्री अवशिष्टे पर्ववर्जिते व्रजन्नखण्डितब्रह्मचार्येव भवति। यत्रतत्राश्रमे वसन्निति वानप्रस्थापेक्षया। तस्य हि भार्यया सह गमनपक्षे ऋतुगमनं प्रसक्तम्। नच वनस्थभार्याया ऋतुर्न भवतीति वाच्यम्। "वनं पञ्चाशतो व्रजेत्" इति, "वर्षैरेकगुणां भार्यामुद्वहेद्द्विगुणः पुमान्" इत्यादिशास्त्रपर्यालोचनया तत्संभवात्। मेधातिथिस्तु "यत्रतत्राश्रमे वसन्नित्यनुवाद। गृहस्थेतराश्रमत्रये जितेन्द्रियत्वविधानाद्रात्रिद्वयाभ्यनुज्ञानासंभवात्" इत्याह। गोविन्दराजस्तु "उत्पन्नविनष्टपुत्रस्याश्रमान्तरस्थस्यापीच्छया पुत्रार्थं रात्रिद्वयगमने दोषाभावप्रतिपादनार्थमेतत्। यत्रतत्राश्रमे वसन्निति वचनात्पुत्रार्थी संविशेदिति च प्रस्तुतत्वात्पुत्रस्य च महोपकारकत्वात्" इत्याह। "हन्त गोविन्दराजेन विशेषविवृण्वता। व्यक्तमङ्गीकृतमृतौ स्वदारसुरतं यतेः"।।५०।।

Leaving these (six condemned days) and eight days out of the commended ten days, a person, to whatsoever order he might belong, who visits his wife on these two days alone, shall be regarded as a Brahmacārin. (50)

न कन्यायाः पिता विद्वान्गृह्णीयाच्छुल्कमण्वपि।
गृह्णंश्छुल्कं हि लोभेन स्यान्नरोऽपत्यविक्रयी।।५१।।

मुक्ता०:—कन्यायाः पिता धनग्रहणदोषज्ञोऽल्पमपि धनं कन्यादाननिमित्तकं न गृह्णीयात्। यस्माल्लोभेन तद्गृहणान्नरपत्यविक्रयी भवति।।५१।।

An erudite father of a girl shall not take anything by way

of *Śu!ka* from her bridegroom. By taking a dowry out of greed, he becomes the seller of his offspring. (51)

स्त्रीधनानि तु ये मोहादुपजीवन्ति बान्धवाः।
नारी यानानि वस्त्रं वा ते पापा यान्त्यधोगतिम्॥५२॥

मुक्ता०:—कन्यादाननिमित्तकशुल्कग्रहणनिषेधप्रसङ्गान्नवमाध्यायाभिधेयस्त्रीधन-ग्रहणनिषेधोऽयम्। ये बान्धवाः पतिपित्रादयः कलत्रदुहित्रादिधनानि गृह्णन्ति। नारी स्त्री, यानान्यश्वादीनि, वस्त्रं चेति प्रदर्शनार्थम्। सर्वमेव धनं न ग्राह्यम्। ते गृह्णानाः पापकारिणो नरकं गच्छन्ति॥५२॥

The friends and relations of a woman, who, out of folly or avarice, live upon the property belonging to her, or the wicked ones who oust her of the enjoyment of her own belongings such as cloth, etc. go to hell (after death). (52)

आर्षे गोमिथुनं शुल्कं केचिदाहुर्मृषैव तत्।
अल्पोऽप्येवं महान्वापि विक्रयस्तावदेव सः॥५३॥

मुक्ता०:—आर्षे विवाहे गोमिथुनं शुल्कं वराद्ग्राह्यमिति केचिदाचार्या वदन्ति तत्पुनरसत्यम्। यस्मादल्पमूल्यसाध्यत्वादल्पो वा भवतु, बहुमूल्यसाध्यत्वान्महान्वा भवतु, स तावद्विक्रयो भवत्येव। यत्पुनः "एकं गोमिथुनम्" (अ. ३ श्लो. २९) इति पूर्वमुक्तं तत्परमतमिति गोविन्दराजस्तदयुक्तम्। मनुमते लक्षणमार्षस्य न स्यादेव। वराद्गोमिथुनग्रहणपूर्वककन्यादानस्यैवार्षविवाहलक्षणत्वात्। मन्वभिमतमन्यदेवार्षलक्षणम्, एकं गोमिथुनमिति परमतमिति चेत् "एकं गोमिथुनं द्वे चेत्येतत्परमतं यदि। तदा मनुमतेनार्षलक्षणं किं तदुच्यताम्॥ अष्टौ विवाहान्कथयन्नार्षोढासंततेर्गुणान। मनुः किं स्वमतेनार्षलक्षणं वक्तुमक्षमः॥" मेधातिथिस्तु पूर्वापरविरोधोपन्यासनिरासमेव न कृतवान्। तस्मादस्माभिरित्थं व्याख्यायते-आर्षे विवाहे गोमिथुनं शुल्कमुत्कोचरूपमिति केचिदाचार्या वदन्त, मनोस्तु मतं नेदं शास्त्रनियमितजातिसंख्याकं ग्रहणं न शुल्करूपम्। शुल्कत्वे मूल्याल्पत्वमहत्वे अनुपयोगिनी विक्रय एव तदा स्यात्। किंत्वार्षविवाहसंपत्त्यै अवश्यकर्तव्ययागादिसिद्धये कन्यायै वा दातुं शास्त्रीयं धर्मार्थमेव गृह्यते। अतएवार्षलक्षणश्लोके "वरादादाय धर्मतः" (अ. ३ श्लो. २९) इति धर्मतो धर्मार्थमिति तस्यार्थः। भोगलोभेन तु धनग्रहणं शुल्करूपमशास्त्रीयम्। अतएव "गृह्णन् शुल्कं हि लोभेन" (अ. ३ श्लो. ५१) इति निन्दामुक्तमान्। तस्मात्पौर्वापर्यपर्यालोचनादार्षे धर्मार्थं गोमिथुनं ग्राह्यं नतु भोगार्थमिति मनुना स्वमतमनुवर्णितम्॥५३॥

Even the acceptance of a bovine pair (by the father of the bride from the bridegroom) is designated as a dowry by certain authorities, (the acceptance of) a *dowry* be it costly, or be it of insignificant value, constitutes the sale of the girl. (53)

आर्षे गोमिथुनं शुल्कमित्युक्तं, इदानीं कन्यार्थमपि धनस्य दानं न शुल्कमित्याह–

यासां नाददते शुल्कं ज्ञातयो न स विक्रयः।

अर्हणं तत्कुमारीणामानृशंस्यं च केवलम्।।५४।।

मुक्ता०:–यासां कन्यानां प्रीत्या वरेण दीयमानं धनं पित्रादयो न गृह्णन्ति किंतु कन्यायै समपर्यन्ति सोऽपि न विक्रयः यस्मात्कुमारीणां पूजनं तदानृशंस्यमहिंसकत्वं केवलं तदनुकम्पारूपम्।।५४।।

A marriage in which the bride's relations do accept the *dowry* (voluntarily presented by the bridegroom's father, etc.) is no sale (of the bride), since such a present is but an adoration of the bride, done out of love or affection. (54)

पितृभिर्भ्रातृभिश्चैताः पतिभिर्देवरैस्तथा।

पूज्या भूषयितव्याश्च बहुकल्याणमीप्सुभिः।।५५।।

मुक्ता०:–न केवलं विवाहकाले वरेण दत्तं धनं पित्रादयो न गृह्णन्ति किंतु कन्यायै समपर्यन्ति सोऽपि न विक्रयः यस्मात्कुमारीणां पूजनं तदानृशंस्यमहिंसकत्वं केवलं तदनुकंम्पारूपम्।।५५।।

Seeking many a blessing (*i.e.*, God's gifts) in life, her father, mother, husband, or husband's younger brother shall maintain a bride with a respectful love, and give her ornaments for the decoration of her person. (55)

यत्र नार्यस्तु पूज्यन्ते रमन्ते तत्र देवताः।

यत्रैतास्तु न पूज्यन्ते सर्वास्तत्राफलाः क्रियाः।।५६।।

मुक्ता०:–यत्र कुले पित्रादिभिः स्त्रियः पूज्यन्ते तत्र देवताः प्रसीदन्ति। यत्र पुनरेता न पूज्यन्ते तत्र देवताप्रसादाभावाद्यागादिक्रियाः सर्वा निष्फला भवन्तीति निन्दार्थवादः।।५६।।

[The deities smile on the family] where the females are honoured (held in respect); fruitless are the acts (in the family) where they are dishonoured. (56)

शोचन्ति जामयो यत्र विनश्यत्याशु तत्कुलम्।

न शोचन्ति तु यत्रैता वर्धते तद्धि सर्वदा॥५७॥

मुक्ता०:—"जामिः स्वसृकुलस्त्रियोः" इत्याभिधानिकाः (अमरेकोशे नानार्थः श्लो. १४२) यस्मिन्कुले भगिनीगृहपतिसंवर्धनीयसन्निहितसपिण्डस्त्रियश्च पत्नीदुहितृस्नुषाद्याः परितापादिना दुःखिन्यो भवन्ति तत्कुलं शीघ्रं निर्धनीभवति दैवराजादिना च पीड्यते। यत्रैता न शोचन्ति तद्धनादिना नित्यं वृद्धिमेति। मेधातिथिगोविन्दराजौ तु "नवोढादुहितृस्नुषाद्याः जामयः" इत्याहतुः॥५७॥

Prosperity reigns supreme in the family where females do not grieve; the family, in which they grieve, suffers a speedy destruction. (57)

जामयोयानि गेहानि शपन्त्यप्रतिपूजिताः।

तानि कृत्याहतानीव विनश्यन्ति समन्ततः॥५८॥

मुक्ता०:—यानि गेहानि भगिनीपत्नीदुहितृस्नुषाद्या अपूजिताः सत्योऽभिशपन्ति "इदमनिष्टमेषामस्तु" इति तान्यभिचारहतानि धनपश्वादिसहितानि नश्यन्ति॥५८॥

Like a fiend cursed home, utterly perisheth the house, which its daughters, through suffering mortifications, do but (sadly) imprecate. (58)

तस्मादेताः सदा पूज्या भूषणाच्छादनाशनैः।

भूतिकामैर्नरैर्नित्यं सत्कारेषूत्सवेषु च॥५९॥

मुक्ता०:—यस्मादेवं तस्मात्कारणादेता भूषणाच्छादनाशनैर्नित्यं सत्कारेषु कौमुद्यादिषु, उत्सवेषूपनयनादिषु समृद्धिकामैर्नृभिः सदा पूजनीयाः॥५९॥

Hence they should be satisfied with presents of food, raiments, ornaments, etc., by men seeking prosperity, on festive and ceremonial, occasions. (59)

संतुष्टो भार्यया भर्ता भर्त्रा भार्या तथैव च।

यस्मिन्नेव कुले नित्यं कल्याणं तत्र वै ध्रुवम्॥६०॥

मुक्ता०:—भार्यया भर्त्रा इति हेतौ तृतीया। यत्र कुले भार्यया भर्ता प्रीतो भवति स्त्र्यन्तराभिलाषादिकं न करोति, भार्या च स्वामिना प्रीता भवति तस्मिन्कुले चिरं श्रेयो भवति। कुलग्रहणान्न केवलं भार्यापती एव, पुत्रपौत्रादिसंततिः श्रेयोभागिनि भवति॥६०॥

In the family where the husband is contended with the wife, and the wife with the husband, steadfast is the blessing of deity. (60)

यदि ही स्त्री न रोचेत पुमांसं न प्रमोदयेत्।

अप्रमोदात्पुनः पुंसः प्रजनं न प्रवर्तते।।६१।।

मुक्ता०:—दीप्त्यर्थोऽत्र रुचिः। यदि स्त्री वस्त्राभरणदिना शोभाजनकेन दीप्तिमती न स्यात्तदा स्वामिनं पुनर्न हर्षयेदेव। हिशब्दोऽधारणे। अप्रहर्षात्पुनः स्वामिनः प्रजनं गर्भधारणं न संपद्यते।।६१।।

If even with garments and ornaments the wife fails to be attractive, or if the husband does not find any pleasure in her, no progeny of the husband is possible on account of the lack of that pleasure. (61)

स्त्रियां तु रोचमानायां सर्वं तद्रोचते कुलम्।

तस्यां त्वरोचमानायां सर्वमेव न रोचते।।६२।।

मुक्ता०:—स्त्रियां मण्डनादिना कान्तिमत्यां भर्तृस्नेहविषयतया परपुरुषसंपर्कविरहात्तत्कुलं दीप्तं भवतिं। तस्यां पुनररोचमानायां भर्तृविद्विष्टतया नरान्तरसंपर्कात्सकलमेव कुलं मलिनं भवति।।६२।।

A charming wife lends her charm to everything and makes the whole world look attractive to her husband, a charmless wife robs the world of its charm. (62)

कुविवाहैः क्रियालोपैर्वेदानध्ययनेन च।

कुलान्यकुलतां यान्ति ब्राह्मणातिक्रमेण च।।६३।।

मुक्ता०:—आसुरादिविवाहैर्यथावर्णनिषिद्धैर्जातकर्मादिक्रियालोपैर्वेदापाठेन ब्राह्मणापूजनेन प्रख्यातकुलान्यपकर्षं गच्छन्ति।।६३।।

By a bad marriage, by the extinction of religious ceremonies, by the non-study of the *Vedas,* and by insulting a *Brāhmaṇa*, the prestige of a good family is annihilated. (63)

शिल्पेन व्यवहारेण शूद्रापत्यैश्च केवलैः।

गोभिरश्वैश्च यानैश्च कृष्या राजोपसेवया।।६४।।

मुक्ता०:—चित्रकर्मादिशिल्पेन कलया धनप्रयोगात्मकव्यवहारेण केवलशूद्रापत्येन गवाश्वरथक्रयविक्रयादिना कृषिराजसेवाभ्यं कुलानि विनश्यन्तीत्युत्तरेण संबन्धः॥६४॥

अयाज्ययाजनैश्चैव नास्तिक्येन च कर्मणाम्।
कुलान्याशु विनश्यन्ति यानि हीनानि मन्त्रतः॥६५॥

मुक्ता०:—अयाज्यव्रात्यादियाजनैः कर्मणां श्रौतस्मार्तादीनां नास्तिक्येन "शास्त्रीयफलवत्कर्मसु फलाभावबुद्धिर्नास्तिक्यम्"। वेदाध्ययनशून्यानि कुलानि क्षिप्रमपकर्षं गच्छन्ति। अत्र च विवाहप्रकरणे विवाहनिन्दाप्रसङ्गेन क्रियालोपादयो निन्दिताः। निन्दया चैतन्न कर्तव्यमिति सर्वत्र निषेधः कल्प्यते॥६५॥

By pursuing handy craft or agriculture, by begetting children on a Śūdra wife, by trafficking in cows, horses, or carts, by entering the king's service, by officiating as a priest at the sacrifice of one who ought not to be so served, by living in open hostility to the *Vedas*, and by their non-study, men (Brāhmaṇas) degrade their families. (64-65)

मन्त्रतस्तु समृद्धानि कुलान्यल्पधनान्यपि।
कुलसंख्यां च गच्छन्ति कर्षन्ति च महद्यशः॥६६॥

मुक्ता०:—इदानीं क्रियालोपादिगतप्रासङ्गिककुलनिन्दानुप्रसक्त्या कुलोत्कर्षमाह-

यद्यपि "धनेन कुलं" इति लोके प्रसिद्धं तथाप्यल्पधनान्यपि कुलानि वेदाध्ययनतदर्थज्ञानानुष्ठानप्रसक्तान्युत्कृष्टकुलगणनायां गण्यन्ते महतीं च ख्यातिमर्जयन्ति॥६६॥

Families, rich in the opulence of Vedic studies and in the performance of Vedic sacrifices, even if they be poor in the riches of the world, are counted among the illustrious families (of the land) in point of renown and dignity. (66)

विवाहप्रकरणमतिकान्तम्। इदानीं वैवाहिकाग्नौ संपाद्यं महायज्ञविधानं चेति वक्तव्यतया प्रतिज्ञातं महायज्ञाद्यनुष्ठानमाह-

वैवाहिकेऽग्नौ कुर्वीत गृह्यं कर्म यथाविधि।
पञ्चयज्ञविधानं च पक्तिं चान्वाहिकीं गृही॥६७॥

मुक्ता०:—विवाहे भवो वैवाहिकः। अध्यात्मादित्वाट्ठञ्। तस्मिन्नग्नौ गृह्योक्तं कर्म सायंप्रातर्होमाष्टकादि यथाशास्त्रमग्निसंपाद्यं च पञ्चमहायज्ञान्तर्गतवैश्वदेवाद्यनुष्ठानं, प्रतिदिनसंपाद्यं च पाकं गृहस्थः कुर्यात्॥६७॥

In the *nuptial fire* a house-holder shall perform, according to the ordinance, all the household rites, as well as the five great sacrifices, likewise over that fire shall be cooked the (daily) food of the household. (67)

पञ्च सूना गृहस्थस्य चुल्ली पेषण्युपस्करः।
कण्डनी चोदकुम्भश्च बध्यते यास्तु वाहयन्॥६८॥

मुक्ता०:—पशुवधस्थानं सूना। सूना इव सूना हिंसास्थानगुणयोगाच्चुल्ल्यादयः पञ्च गृहस्थस्य हिंसाबीजानि हिंसास्थानानि। चुल्ली उद्वाहनी, पेषणी दृषदुपलात्मिका, उपस्करो गृहोपकरणकुण्डसंमार्जन्यादिः, कण्डनी उलूखलमुसले, उदकुम्भो जलाधारकलशः। याः स्वकार्ये योजयन्पापेन संबध्यते॥६८॥

A house-holder has five places where animal lives are destroyed they are the hearth, the grinding stone, the broom-stick, the pestle and mortar, and the stool for the water-pitcher. These five, when performing their proper functions, kill animal life. (68)

तासां क्रमेण सर्वासां निष्कृत्यर्थं महर्षिभिः।
पञ्च क्लृप्ता महायज्ञाः प्रत्यहं गृहमेधिनाम्॥६९॥

मुक्ता०:—तांसा चुल्ल्यादिस्थानानां यथाक्रमं निष्कृत्यर्थमुत्पन्नपापनाशार्थं गृहस्थानां पञ्चमहायज्ञाः प्रतिदिनं मन्वादिभिरनुष्ठेयतया स्मृताः। एवंच निष्कृत्यर्थमित्यभि-धानाद्धिंसास्थानत्वेन च कीर्तनात् "सूनादोषैर्न लिप्यते" (अ. ३ श्लो. ७१) इति वक्ष्यमाणत्वात्पञ्चसूनानां पापहेतुकत्वं, पञ्चयज्ञानां च तत्पापनाशकत्वमवगम्यते। प्रत्यहमित्यभिधानात्प्रतिदिनं तत्पापक्षयस्यापेक्षितत्वात्संध्यावन्दनादिवन्नित्यत्वमपि न विरुध्यते॥६९॥

For the expiation of the sin committed by him in each of these five places, the great sages have ordained that, the householder celebrants of sacrifices (*i.e.*, house-holders) shall daily perform the five great sacrifices (Pañca-yajñas). (69)

अध्यापनं ब्रह्मयज्ञः पितृयज्ञस्तु तर्पणम्।
होमो दैवो बलिर्भौतो नृयज्ञोऽतिथिपूजनम्॥७०॥

मुक्ता०:—अध्यापनशब्देनाध्ययनमपि गृह्यते। जपोऽहुतमिति वक्ष्यमाणत्वात्। अतोऽध्यापनमध्ययनं च ब्रह्मयज्ञः। "अन्नाद्येनोदकेन वा" (अ. ३ श्लो. ८२) इति

तर्पणं वक्ष्यति स पितृयज्ञः। अग्नौ होमो वक्ष्यमाणो देवयज्ञः। भूतबलिर्भूतयज्ञः। अतिथिपूजनं मनुष्ययज्ञः। अध्यापनादिषु यज्ञशब्दो महच्छब्दश्च स्तुत्यर्थं गौणः।।७०।।

The sacrifice of *Brāhma* consists in teaching the *Vedas,* offering oblations or libations to the manes is called a *Pitṛ yajña*, burnt offerings to the deities constitue a *Daiva-yajña;* offering oblations (food) to the animals is called a *Bhūta yaj ña,* while hospitality to chance-guests is called a *Nṛ-yajña*. (70)

पञ्चैतान्यो महायज्ञान्न हापयति शक्तितः।

स गृहेऽपि वसन्नित्यं सूनादोषैर्न लिप्यते।।७१।।

मुक्ता०:—शक्तित इत्येतद्विधानार्थोऽयमनुवादः। अनुकल्पेनापि यथासंभवमेते कर्तव्याः। हापयतीति प्रकृत्यर्थ एव छान्दसत्वाण्णिच्। जहातीत्यर्थः।।७१।।

By not suffering the daily performance of these five sacrifices to be omitted, a householder, even living in his house, is not associated with the sin committed in the five life-killing places in the household (Pancasunā). (71)

देवतातिथिभृत्यानां पितृणामात्मनश्च यः।

न निर्वपति पञ्चानामुच्छ्वसन्न स जीवति।।७२।।

मुक्ता०:—देवताशब्देन भूतानामपि ग्रहणम्। तेषामपि बलिहरणे देवतारूपत्वात्। भृत्या वृद्धमातापित्रादयोऽवश्यं संवर्धनीयाः। "सर्वत एवात्मानं गोपायेत्" इति श्रुत्या आत्मपोषणमप्यवश्यं कर्तव्यम्। देवतादीनां पञ्चानां योऽन्नं न ददाति स श्वसन्नपि जीवितकार्याकरणान्न जीवतीति निन्दयावश्यकर्तव्यता बोध्यते।।७२।।

He who does not feed the deities, the chance-guests, the beasts, the manes, and his own self, each day, by performing the five great sacrifices, is a dead man, even though he breathes. (72)

अहुतं च हुतं चैव तथा प्रहुतमेव च।

ब्राह्म्यं हुतं प्राशितं च पञ्चयज्ञान्प्रचक्षते।।७३।।

मुक्ता०:—नामभेदेऽपि वाक्यभेद इति दर्शयितुं पञ्चमहायज्ञानां मुन्यन्तरकृतान्यहुतादीनि संज्ञान्तराण्यभिधेयानि तानि स्वयं व्याचष्टे।।७३।।

The five great sacrifices are called *Ahutam, Hutam, Prahutam, Brāhma-hutam and Prāsitam.* (73)

तानि स्वयं व्याचष्टे–

जपोऽहुतो हुतो होमः प्रहुतो भौतिको बलिः।
ब्राह्मयं हुतं द्विजान्यार्चा प्राशितं पितृतर्पणम्॥७४॥

मुक्ता०ः–अहुतशब्देन ब्रह्मयज्ञाख्यो जप उच्यते। हुतशब्देन देवयज्ञाख्यो होमः। प्रहुतशब्देन भूतयज्ञाख्यो भूतबलिः। ब्राह्मयहुतशब्देन मनुष्ययज्ञाख्यो ब्राह्मणश्रेष्ठस्यार्चा। प्राशितशब्देन पितृयज्ञाख्यं नित्यश्राद्धम्॥७४॥

A *Brāhma yajña* or muttering of mantras is called Ahutam, offering oblations (food) to the beasts is called Prahutam, hospitality to men, chance-guests and *Brāhmaṇas,* in special is called Brāhma-hutam and offering oblations to the manes (in connection with the daily Śrāddha) is called Prāśitam. (74)

स्वाध्याये नित्ययुक्तः स्याद्दैवे चैवेह कर्मणि।
दैवकर्मणि युक्तो हि बिभर्तीदं चराचरम्॥७५॥

मुक्ता०ः–यदि दारिद्र्यादिदोषेणातिथिभोजनादिकं कर्तुं न क्षमते तदा ब्रह्मयज्ञे नित्ययुक्तो भवेत्। दैवे कर्मण्यग्नौ होमे च। होमस्य स्तुतिमाह। यतो दैवकर्मपर इदं स्थावरजङ्गमं धारयति॥७५॥

[In the event of his incapacity of practising hospitality to chance guests, etc.] let him be constantly engaged in studying the *Vedas*, and in making burnt offerings to the divinities. He who constantly engages himself in doing the works of the deities, supports all the universe. (75)

अग्नौ प्रास्ताहुतिः सम्यगादित्यमुपतिष्ठते।
आदित्याज्जायते वृष्टिर्वृष्टेरन्नं ततः प्रजाः॥७६॥

मुक्ता०ः–कुत एतदित्याह-

यजमानेनाग्नावाहुतिः सम्यक् क्षिप्ता रसाहरणकारित्वादादित्यस्यादित्यं प्राप्नोति। स चाहुतिरस आदित्याद्वृष्टिरूपेण जायते। ततोऽन्नम्। तदुपभोगेन जायन्ते प्रजाः॥७६॥

Libations of clarified butter duly cast in the sacrificial fire ascent to the sun; from the sun originates the rain; from the rain, do the provisions; and from the provisions, the creatures. (76)

यथा वायुं समाश्रित्य वर्त्तन्ते सर्वजन्तवः।

तथा गृहस्थमाश्रित्य वर्त्तन्ते सर्वे आश्रमाः॥७७॥

मुक्ता०:—यथा प्राणाख्यवाय्वाश्रयेण सर्वप्राणिनो जीवन्ति तथा गृहस्थाश्रमेण सर्वाश्रमिणो निर्वहन्ति॥७७॥

As all creatures live by taking recourse to the air, so all the different orders (of mendicants, forest-dwellers and anchories) depend upon the house-holder for their existence. (77)

गृहस्थः प्राणतुल्यः सर्वाश्रमिणामित्युक्तं तदेवोपपादयति—

यस्मात्त्रयोऽप्याश्रमिणो ज्ञानेनान्नेन चान्वहम्।

गृहस्थेनैव धार्यन्ते तस्माज्ज्येष्ठाश्रमो गृही॥७८॥

मुक्ता०:—गृहस्थः प्राणतुल्यः सर्वाश्रमिणामित्युक्तं तदेवोपपादयति-

यस्माद्गृहस्थव्यतिरिक्तास्त्रयोऽप्याश्रमिणो वेदार्थव्याख्यानान्नदानाभ्यां नित्यं गृहस्थैरेवोपक्रियन्ते तस्माज्ज्येष्ठाश्रमो गृहस्थः। ज्येष्ठ आश्रमो यस्य स तथेति बहुव्रीहिः॥७८॥

As the three orders of ascetics are maintained by the householder with the gifts of food and knowledge of the eternal *Vedas*, the house-holder is the foremost of all the four orders. (78)

स संधार्यः प्रयत्नेन स्वर्गमक्षयमिच्छता।

सुखं चेहेच्छता नित्यं योऽधार्यो दुर्बलेन्द्रियैः॥७९॥

मुक्ता०:—यत एवमतः स गृहस्थाश्रमः स्वर्गसुखमिच्छता अनन्तमिव चिरस्थायित्वात्। इह लोके च स्त्रीसंभोगस्वाद्वन्नादिभोजनसुखं संततमिच्छता प्रयत्नेनानुष्ठेयः। योऽसंयतेन्द्रियैर्धारयितुं न शक्यते॥७९॥

Desiring eternal heaven, and happiness in this life, one shall assiduously discharge the duties of a house-holder. A week mind and the uncontrolled senses are the barriers against the proper discharge of these duties. (79)

ऋषयः पितरो देवा भूतान्यतिथयस्तथा।

आशासते कुटुम्बिभ्यस्तेभ्यः कार्यं विजानता॥८०॥

मुक्ता०:—एते गृहस्थेभ्यः सकाशात्प्रार्थयन्ते। अतः शास्त्रज्ञेन तेभ्यः कर्तव्यम्॥८०॥

The *Ṛṣis*, manes, animals, guests and relations expectantly look upon the house-holder (for maintenance, etc.) Hence, a wise house-holder shall properly discharge the duties he owes to them. (80)

स्वाध्यायेनार्चयेतर्षीन्होमैर्देवान्यथाविधि।

पितॄन् श्राद्धैश्च नृनन्नैर्भूतानि बलिकर्मणा॥८१॥

मुक्ता०:–किं तत्तदाह–

नानाप्रकारत्वादर्चनस्य स्वाध्यायादेरर्चनार्थत्वमुचितम्। महायज्ञान्तर्गतैः स्वाध्यायादिभिः ऋषिदेवपित्रतिथिभूतानि यथाशास्त्रं पूजयेत्॥८१॥

Let him satisfy the Ṛṣis with his Vedic studies; the deities with the proper burnt offerings; the manes, with the *Śrāddha offerings;* the guests, with food; and the animals with oblations offered unto them. (81)

कुर्यादहरहः श्राद्धमन्नाद्येनोदकेन वा।

पयोमूलफलैर्वापि पितृभ्यः प्रीतिमावहन्॥८२॥

मुक्ता०:–तत पितृयज्ञं तावदाह–

प्रत्यहं यथासंभवं श्राद्धं कुर्यात्। श्राद्धशब्दोऽयं कर्मविधिवाक्यवर्ती कौण्डपायिनामयनीयाग्निहोत्रशब्दवद्वक्ष्यमाणपार्वणश्राद्धधर्मातिदेशार्थः। अन्नाद्येनेति तिलैर्व्रीहिभिर्यवैरित्यादेरुपादानम्। पयः क्षीरम्॥८२॥

Let him constantly celebrate the (Parvana) *Śrāddha ceremonies* by offering fruit, edible roots,boiled rice, water and vegetables, etc., unto his manes and evoke their satisfaction in special. (82)

पार्वणधर्मग्रहणाच्च वैश्वदेवब्राह्मणभोजनप्राप्तावाह–

एकमप्याशयेद्विप्रं पित्रर्थे पाञ्चयज्ञिके।

न चैवात्राशयेत्किंचिद्वैश्वदेवं प्रतिद्विजम्॥८३॥

मुक्ता०:–पितृप्रयोजने पञ्चयज्ञान्तर्गते एकमपि ब्राह्मणं भोजयेत्। अपिशब्दात्संभवे बहूनपि। पार्वणधर्मग्रहणाच्च वैश्वदेवब्राह्मणभोजनप्राप्तावाह–न कंचिद्वैश्वदेवार्थं ब्राह्मणमत्र भोजयेत्॥८३॥

In connection with the celebration of a Śrāddha ceremony

included within the five daily sacrifices, let him feed a single Brāhmaṇa; he need not feed any Brāhmaṇa in connection with the celebration of a Vaiśvadeva sacrifice. (83)

वैश्वदेवस्य सिद्धस्य गृह्येऽग्नौ विधिपूर्वकम्।
आभ्यः कुर्याद्देवताभ्यो ब्राह्मणो होममन्वहम्॥८४॥

मुक्ता०:–विश्वदेवार्थः सर्वदेवतार्थो वैश्वदेवस्तस्य पक्वस्यान्नस्यावसथ्याग्नौ स्वगृह्यविहितपर्युक्षणादीतिकर्तव्यतापूर्वकमाभ्यो वक्ष्यमाणदेवताभ्यो ब्राह्मणः प्रत्यहं होमं कुर्यात्। ब्राह्मणग्रहणं द्विजातिप्रदर्शनार्थम्। त्रयाणां प्रकृतत्वात्॥८४॥

Let a *Brāhmaṇa* offer, each day, oblations of consecrated boiled rice, cooked over the household fire, unto the following deities according to the *Regulation*, (viz.) (84)

अग्नेः सोमस्य चैवादौ तयोश्चैव समस्तयोः।
विश्वेभ्यश्चैव देवेभ्यो धन्वन्तरय एव च॥८५॥
कुह्वै चैवानुमत्यै च प्रजापतय एव च।
सहद्यावापृथिव्योश्च तथा स्विष्टकृतेऽन्ततः॥८६॥

मुक्ता०:–वचनद्वयम् "स्वाहारकारप्रदानहोमः" इति कात्यायनस्मरणादादावग्नये स्वाहा सोमाय स्वाहेहि निरपेक्षदेवताकं होमद्वयं कृत्वा अग्नीषोमाभ्यां स्वाहेति समस्तदेवताकं होमं कुर्यात्। ततो विश्वेभ्यो देवेभ्यो धन्वन्तरये॥८५॥

मुक्ता०:–कुह्वा अनुमत्यै प्रजापतये द्यावापृथिवीभ्यामग्नये स्विष्टकृता विधानत्केवलं स्विष्टकृन्निर्देशेऽप्यग्निविशेषणत्वेनैव प्रयोगः। पाठादेवान्तत्वे सिद्धे स्विष्टकृतेऽन्तत इत्यभिधानं स्मृत्यन्तरीयहोमसमुच्चयेऽप्यन्तत्वज्ञापनार्थम्॥८६॥

Unto *Agni,* unto *Soma,* unto *Agni* and Soma combined, unto all the deities, unto *Dhanvantari*, unto *Kuhu,* unto *Anumati,* unto *Prajāpati*, unto the earth and firmament, and unto Sviṣṭakṛt at the end. (85-86)

एवं सम्यग्हविर्हुत्वा सर्वदिक्षु प्रदक्षिणम्।
इन्द्रान्तकाप्पतीन्दुभ्यः सानुगेभ्यो बलिं हरेत्॥८७॥

मुक्ता०:–एवमुक्तप्रकारेण सम्यगनन्यचित्तो देवताध्यानपर एव होमान्कृत्वा सर्वासु प्राच्यादिषु दिक्षु प्रदक्षिणमिन्द्रादिभ्यः सपुरुषेभ्यो बलिं हरेत्। तथा प्राच्यामिन्द्राय नमः, इन्द्रपुरुषेभ्यो नमः। दक्षिणस्यां यमाय नमः, यमपुरुषेभ्यो नमः। पश्चिमायां वरुणाय नमः, वरुणपुरुषेभ्यो नमः। उत्तरस्यां सोमाय नमः, सोमपुरुषेभ्यो नमः।

यद्यपि शब्दावगम्यत्वाद्देवतात्वस्यान्तकाप्पतीन्दुशब्दैरेवोद्देशो युक्तस्तथापि बह्वृचानुष्ठानसंवादाद्बह्वृचगृह्ये च "यमाय यमपुरुषेभ्यो वरुणाय वरुणपुरुषेभ्यः सोमाय सोमपुरुषेभ्यः इति प्रतिदिशम्" (अ. १ खं २) इति पाठाद्यथोक्त एव प्रयोगाः॥८७॥

Having thus duly offered oblations unto each of these deities, he shall circumambulate them from the east by the south and west to the north as follows :—

Obeisance to *Indra* and obeisance to the attendants of Indra in the east, obeisance to the attendants of Indra in the east, obeisance to *Yama* and obeisance to *Varuṇa* and obeisance to the attendants of Varuṇa in the west, and obeisance to Soma and obeisance to the attendants of Soma in the north. (87)

मरुद्भ्य इति तु द्वारि क्षिपेदप्स्वद्भ्य इत्यपि।
वनस्पतिभ्य इत्येवं मुसलोलूखले हरेत्॥८८॥

मुक्ता०:—इतिशब्दः स्वरूपविवक्षार्थः। मरुभ्यो नमः इति द्वारे बलिं दद्यात्, जलेऽद्भ्य इति। मुसलोलूखल इति द्वन्द्वनिर्देशात्सहयुक्तयोरन्यतरत्र वनस्पतिभ्य इति बलिं दद्यात्। गुणानुरोधेन प्रधानबलिकर्मावृत्तेरन्याय्यत्वात्॥८८॥

Then at the threshold of the sacrificial chamber he shall offer oblations unto the *Maruts,* unto the 'water' in the water, and unto the *Vanaspatis* (lords of the forest) in the pestle and mortar. (88)

उच्छीर्षके श्रियै कुर्याद्भद्रकाल्यै च पादतः।
ब्रह्मवास्तोष्पतिभ्यां तु वास्तुमध्ये बलिं हरेत्॥८९॥

मुक्ता०:—वास्तुपुरुषस्य शिरःप्रदेश उत्तरपूर्वस्यां दिशि श्रियै बलिं दद्यात्। तस्यैव पाददेशे दक्षिणपश्चिमायां दिशि भद्रकाल्यै। अन्ये तु उच्छीर्षकं गृहस्थशयनस्य शिरःस्थानभूभागं पादत इति तस्यैव चरणभूप्रदेशमाहुः। ब्रह्मणे वास्तोष्पतय इति गृहमध्ये। द्वन्द्वनिर्देशेऽपि ब्रह्मवास्तोष्पत्योः पृथगेव देवतात्वम्। यत्र द्वन्द्वे मिलितस्य देवतात्वमपेक्षितं तत्र सहादिशब्दं करोति। यथा सहद्यावापृथिव्योश्चेति॥८९॥

On the head of the *Vāstupuruṣa* he shall offer oblations unto the godddess. *Śrī*, by saying, "obeisance unto Śrī", at his foot to the goddess *Bhadrakālī,* by saying "obeisance unto Bhadrakālī," unto *Brahma* inside the chamber, by saying "obeisance unto *Brahma,*" and finally unto the presiding deity of the household, by saying, "obeisance unto *Vāstudevatā.*" (89)

विश्वेभ्यश्चैव देवेभ्यो बलिमाकाश उत्क्षिपेत्।
दिवाचरेभ्यो भूतेभ्यो नक्तंचारिभ्य एव च॥९०॥

मुक्ता०:–विश्वेभ्यश्चैव देवेभ्य इति शब्दादेकेयमाहुतिः। विश्वेभ्यो देवेभ्यो नम इति गृहाकाशे बलिं दद्यात्। दिवाचरेभ्यो भूतेभ्य इति दिवा, नक्तं चारिभ्य इति नक्तम्। "दिवाचारिभ्यो दिवा" (अ. १ खं. २) इत्यादि बह्वृचगृह्यदर्शनादियं व्यवस्था॥९०॥

Unto all the deities, unto ghosts that are abroad by day, and unto those that roam about in the night he shall offer oblations in the sky. (90)

पृष्ठवास्तुनि कुर्वीत बलिं सर्वात्मभूतये।
पितृभ्यो बलिशेषं तु सर्वं दक्षिणतो हरेत्॥९१॥

मुक्ता०:–गृहस्योपरि यद्गृहं तत्पृष्ठवास्तु बलिं दातुः पृष्ठदेशे भूभागे वा तत्र सर्वात्मभूतये नम इत्येव बलिं दद्यात्। उत्तबलिदानावशिष्टं सर्वमन्नं दक्षिणस्यां दिशि दक्षिणामुखः स्वधा पितृभ्य इति बलिं हरेत्। प्राचीनावीतिना चायं बलिर्देयः। "स्वधा पितृभ्य इति प्राचीनावीती शेषं दक्षिणमुखो निनयेत्" (अ. १ खं २) इति बह्वृचगृह्यवचनात्॥९१॥

On the ground, at his back, he shall offer oblations unto all the ghosts, by saying, "oblations unto all the spirits," and the residue of the food (boiled rice), thus offered unto the ghosts, he shall collect, and offer to the manes in the south, by saying, "obeisance to the manes." (91)

शुनां च पतितानां च श्वपचां पापरोगिणाम्।
वायसानां कृमीणां च शनकैर्निर्वपेद्भुवि॥९२॥

मुक्ता०:–अन्यदन्नं पात्रे समुद्धृत्य श्वपतितादिभ्यः शनकैर्यथा रजसा न संगृह्यते तथा भुवि दद्यात्। पापरोगी कुष्ठी क्षयरोगी वा॥९२॥

Unto dogs, unto the degraded, unto Caṇḍālas and persons

afflicted with diseases which are the outcome of sin, and unto crows and worms he shall offer oblations of boiled rice on the ground taking care that they may not be soiled with dust. (92)

एवं यः सर्वभूतानि ब्राह्मणो नित्यमर्चति।
स गच्छति परं स्थानं तेजोमूर्तिपथर्जुना॥९३॥

मुक्ता०:—एवमुक्तप्रकारेण यः सर्वभूतान्यन्नदानादिना नित्यं पूजयति स परं स्थानं ब्रह्मात्मकं तेजोमूर्ति प्रकाशं अवक्रेण वर्त्मनार्चिरादिमार्गेण प्राप्नोति। ब्रह्मणि लीयत इत्यर्थः। ज्ञानकर्मभ्यां मोक्षप्राप्तेः। तेजोमूर्तिरिति सविसर्गपाठे प्रकृष्टब्रह्मबोधस्वभावो भूत्वेति व्याख्या॥९३॥

A *Brāhmaṇa*, who thus daily worships all creatures with food, assumes a resplendent body, and goes by the straightest road to the abode of supreme bliss. (93)

कृत्वैतद्बलिकर्मैवमतिथिं पूर्वमाशयेत्।
भिक्षां च भिक्षवे दद्याद्विधिवद्ब्रह्मचारिणे॥९४॥

मुक्ता०:—एवमुक्तप्रकारेणैतद्बलिकर्म कृत्वा गृहभोक्तृभ्यः पूर्वमतिथिं भोजयेत्। भिक्षवे परिव्राजे ब्रह्मचारिणं प्रथमाश्रमिणे च विधिवत्स्वस्तिवाच्य भिक्षादानमप्यूर्ध्वमिति गौतमाद्युक्तविधिना भिक्षां दद्यात्। ग्रासप्रमाणा च भिक्षा भवति। "ग्रासमात्रा भवेद्भिक्षा" इति शातातपवचनात्। संभवे त्वधिकमपि देयम्॥९४॥

After offering these oblations, a house-holder shall first feed the *Atithi* guests arrived at his house, and then dole out alms to Brahmacārins and mendicants. (94)

यत्पुण्यफलमाप्नोति गां दत्त्वा विधिवद्गुरोः।
तत्पुण्यफलमाप्नोति भिक्षां दत्त्वा द्विजो गृही॥९५॥

मुक्ता०:—गुरवे गां दत्त्वा विधिवत्स्वर्णशृङ्गिकादिविधानेन यत्फलं प्राप्नोति तद्गृहस्थो विधिना भिक्षादानात्प्राप्नोति॥९५॥

A Brāhmaṇa house-holder obtains the same merit by giving alms to beggars as a *Brahmacārin* does by making the gift of a cow to his preceptor in conformity with the ordinance. (95)

भिक्षामप्युदपात्रं वा सत्कृत्य विधिपूर्वकम्।
वेदतत्वार्थविदुषे ब्राह्मणायोपपादयेत्॥९६॥

मुक्ता०:—प्रचुरान्नाभावे ग्रासप्रमाणां भिक्षामपि व्यञ्जनादिना सत्कृत्य तदभावे जलपूर्णं पात्रमपि फलपुष्पादिना सत्कृत्य तत्त्वतो वेदतदर्थज्ञानवते ब्राह्मणाय स्वस्तिवाच्येत्यादिविधिपूर्वकं दद्यात्॥९६॥

Let alms, or pitchers, full of water, be gifted to a *Brāhmaṇa* thoroughly conversant with the meanings of the *Vedas,* by one duly worshipping him, and muttering words of benediction. (96)

नश्यन्ति हव्यकव्यानि नराणामविजानताम्।
भस्मीभूतेषु विप्रेषु मोहाद्दत्तानि दातृभिः॥९७॥

मुक्ता०:—मोहाद्यत्पात्रानभिज्ञतया देवपित्रुद्देशेनान्नानि वेदाध्ययनतदर्थज्ञानानुष्ठान-तेजःशून्यतया भस्मरूपेष्विव पात्रेषु दत्तनि दातृभिर्निष्फलानि भवन्ति॥९७॥

Oblations offered unto the *manes and deities* by men, who, ignorant of the true spirit of gift-making make gift unto burnt out Brāhmaṇas, certainly do perish. (97)

विद्यातपःसमृद्धेषु हुतं विप्रमुखाग्निषु।
निस्तारयति दुर्गाच्च महतश्चैव किल्बिषात्॥९८॥

मुक्ता०:—विद्यातपस्तेजःसंपन्नविप्राणां मुखानि होमाधिकरणत्वेनाग्नितया निरूपितानि। हव्यकव्यादि प्रक्षिप्तमिह लोके दुस्तराद्व्याधिशत्रुराजपीडादिभयान्महतश्च पापादमुत्र नरकात्त्रायते॥९८॥

Oblations cast in the mouth fire of a Brāhmaṇa, kindled with the energy of *Vedic study* and penitential austerities, succour one from great danger and from great sin as well. (98)

संप्राप्ताय त्वतिथये प्रदद्यादासनोदके।
अन्नं चैव यथाशक्ति सत्कृत्य विधिपूर्वकम्॥९९॥

मुक्ता०:—स्वयमागताय त्वतिथये आसनं पादप्रक्षालनाद्युदकं यथासंभव व्यञ्जनादिभिः सत्कृतं चान्नम् "आसनावासथौ"(अ. ३ श्लोक १०७,) इत्यादिवक्ष्माणविधिपूर्वकं दद्यात्॥९९॥

Let a householder give a cushion, and water for washing his feet unto an *Atithi*, arrived at his house (without invitation), and duly offer him cooked rice with curries etc., according to his might. (99)

शिलावप्युञ्छतो नित्यं पञ्चाग्नीनपि जुह्वतः।
सर्वं सुकृतमादत्ते ब्राह्मणोऽनर्चितो वसन्॥१००॥

मुक्ता०:—लूनकेदारशेषधान्यानि शिलस्तानप्युच्चिन्वतो वृत्तिसंयमान्वितस्य, त्रेता आवसथ्यः, सम्भश्चेति पञ्चाग्नयः। सभ्यो नामाग्निः शीतापनोदाद्यर्थं यस्तत्र प्रणीयते। पञ्चष्वग्निषु होमं कुर्वाणस्यापि सर्वं वृत्तिसंकोचेन पञ्चाग्निहोमार्जित-पुण्यमनर्चितोऽतिथिर्वसन्गृह्णाति। अनया च निन्दयातिथ्यर्चनस्य नित्यतावगम्यते॥१००॥

A *Brāhmaṇa* guest, happening to remain unfed and unattended to even in the house of a house-holder, who daily lives upon the picking of the field, or worships the five fires, carries away the merit of all his pious acts. (100)

तृणानि भूमिरुदकं वाक्चतुर्थी च सूनृता।
एतान्यपि सतां गेहे नोच्छिद्यन्ते कदाचन॥१०१॥

मुक्ता०:—अन्नासंभवे पुनस्तृणविश्रामभूमिपादप्रक्षालनाद्यर्थजलप्रियवचनान्यपि धार्मिकगृहेष्वतिथ्यर्थं न कदाचिदुच्छिद्यन्ते अवश्यदेयानीति विधीयते। तृणग्रहणं शयनीयोपलक्षणार्थम्॥१०१॥

Hays, ground, water, and a sweet word, which forms the fourth (in the list), are never wanting in the houses of the good. (101)

एकरात्रं तु निवसन्नतिथिर्ब्राह्मणः स्मृतः।
अनित्यं हि स्थितो यस्मात्तस्मादतिथिरुच्यते॥१०२॥

मुक्ता०:—अप्रसिद्धत्वादतिथिलक्षणमाह-

एकरात्रमेव परगृहे निवसन्ब्राह्मणोऽतिथिर्भवति। अनित्यावस्थानान्न विद्यते द्वितीया तिथिरस्येत्यतिथिरुच्यते॥१०२॥

A *Brāhmaṇa* who resides for a single night in the house (of another), is called an Atithi (chance-guest); since there is no certainty of his staying (there), the next day he is called an Atithi. (102)

नैकग्रामीणमतिथिं विप्रं साङ्गतिकं तथा।
उपस्थितं गृहे विद्याद्भार्या यत्राग्न्योऽपि वा॥१०३॥

मुक्ता०:—एकग्रामनिवासिनं लोकेषु विचित्रपरिहासकथादिभिः संगत्या वृत्त्यर्थिनं भार्याग्नियुक्तो गृहे वैश्वदेवकालोपस्थितमपि नातिथिं विद्यात्। एतेन भार्याग्निरहितस्य प्रवासिनो नातिथित्वमिति बोधितम्॥१०३॥

A *Brāhmaṇa* living in the same village with him, or one who lives on his wits, even if he calls at the house of a man living with his wife and (sacred) fire therein, must not be called an Atithi. (103)

उपासते ये गृहस्थाः परपाकमबुद्धयः।
तेन ते प्रेत्य पशुतां व्रजन्त्यन्नादिदायिनाम्॥१०४॥

मुक्ता०:—अतिथिप्रकरणादातिथ्यलोभेन ये गृहस्थाः ग्रामान्तराणि गत्वा परान्नं सेवन्ते ते निषिद्धपरान्नदोषानभिज्ञाः तेन परान्नभोजनेनन जन्मान्तरे अन्नादिदायिनां पशुतां व्रजन्ति। तस्मादिदं न कुर्यादिति निषेधः कल्प्यते॥१०४॥

House-holders, who, ignorant of the demerit of eating food given by others, stroll about in a village other than his own, out of a greed for sharing other men's hospitalities, become the domestic beasts, of those whose hospitalities they then partake of. (104)

अप्रणोद्योऽतिथिः सायं सूर्योढो गृहमेधिना।
काले प्राप्तास्त्वकाले वा नास्यानश्नगृहे वसन्॥१०५॥

मुक्ता०:—सूर्येऽस्तमिते गृहस्थेनातिथिर्न प्रत्याख्येयः। सूर्योणोढः प्रापितो रात्रौ स्वगृहगमनाशक्तेः। द्वितीयवैश्वदेवकाले प्राप्तः। अकाले वा सायंभोजने निवृत्तेऽपि नास्य गृहेऽतिथिरनश्नन्वसेदवश्यमस्मै भोजनं देयम्। प्रत्याख्याने प्रायश्चित्तगौरवार्थोऽयमारम्भः। अतएव विष्णुपुराणे "दिवाऽतिथौ तु विमुखे गते यत्पातकं नृप। तदेवाष्टगुणं प्रोक्तं सूर्योढे विमुखे गते॥" गोविन्दराजस्तु प्रतिषिद्धातिथिप्रतिप्रसवार्थत्वमस्याह॥१०५॥

An *Atithi* arrived after sunset at the house must not be discarded under any circumstances. An Atithi (guest), whether arrived at the house in the proper or improper time, must not be kept unfed. (105)

न वै स्वयं तदश्नीयादतिथिं यन्न भोजयेत्।
धन्यं यशस्यमायुष्यं स्वर्ग्यं वातिथिपूजनम्॥१०६॥

मुक्ता०ः—यद्धतदध्याद्युत्कृष्टमतिथिर्न प्रत्याचष्टे तत्तस्मै अदत्त्वा न स्वयं भोक्तव्यम्। धनाय हितं धनस्य निमित्त वा धन्यम्। एवं यशस्यादयोऽपि शब्दाः। अतिथिभोजनफलकथनमिदम्। न चानावश्यकतापत्तिः। "सर्वं सुकृतमादत्ते" (अ. ३ श्लो. १००) इत्यादिदोषश्रवणात्॥१०६॥

Let not (a house-holder) eat that himself which his Atithi has not partaken of; hospitality to an Atithi brings on wealth, fame, and longevity, and ensures heaven to him who practises it. (106)

आसनावसथौ शय्यामनुव्रज्यामुपासनाम्।
उत्तमेषूत्तमं कुर्याद्धीने हीनं समे समम्॥१०७॥

मुक्ता०ः—आसनं पीठं चर्म वा, आवसथो विश्रामस्थानम्, शय्या खट्वादि, अनुव्रज्या गच्छतोऽनुगमनम्, उपासना परिचर्या। एतत्सर्वं बहुष्वतिथिषु युगपदुपस्थितेष्वितरेतरापक्षेयोत्कृष्टापकृष्टमध्यमं कुर्यान्न पुनः सर्वेषां समम्॥१०७॥

Cushions, bedsteads, beddings, following and worship should differ according to the stations of Atithis. Better cushions, etc., should be given to Atithis of superior status, ordinary ones to Atithis of equal rank with the host, and inferior ones to Atithis of inferior ranks (in life). (107)

वैश्वदेवे तु निवृत्ते तु यद्यन्योऽतिथिराव्रजेत्।
तस्याप्यन्नं यथाशक्ति प्रदद्यान्न बलिं हरेत्॥१०८॥

मुक्ता०ः—अन्यशब्दनिर्देशादतिथिभोजनपर्यन्तं वैश्वदेवे कृते यद्यपरोऽतिथिगच्छेत्तदा तदर्थं पुनः पाकं कृत्वा तस्यान्नं दद्यात्। बलिहरणं ततो नात्र कुर्यात्। बलिनिषेधादन्नसंस्काराभावो वैश्वदेवस्यावगम्यते। अन्नसंस्कारपक्षे कथमसंस्कृतान्न-भोजनमनुजानीयात्॥१०८॥

If a guest (Atithi) arrives at his house after the completion of the *Vaiśvadeva* offering, and after another guest has previously arrived, he shall duly cook and offer food (boiled rice) to the second Atithi, of making a second offering to the Vaiśvadevas. (108)

न भोजनार्थं स्वे विप्रः कुलगोत्रे निवेदयेत्।
भोजनार्थं हि ते शंसन्वान्ताशीत्युच्यते बुधैः॥१०९॥

मुक्ता०:–भोजनलाभार्थं ब्राह्मणः स्वकुलगोत्रे न निवेदयेत्। यस्माद्भोजनार्थं ते कथयन्नुदीर्णाशीति पण्डितैः कथ्यते॥१०९॥

Let not a *Brāhmaṇa* mention his own name and family for enjoying one's hospitality; he, who eats by giving out the name of his own self and family, eats egesta. (109)

न ब्राह्मणस्य त्वतिथिर्गृहे राजन्य उच्यते।
वैश्यशूद्रौ सखा चैव ज्ञातयो गुरुरेव च॥११०॥

मुक्ता०:–ब्राह्मणस्य क्षत्रियादयोऽतिथयो न भवन्ति क्षत्रियादीनां ब्राह्मणस्योत्कृष्टजातित्वात्। मित्रज्ञातीनामात्संबन्धाद्गुरोः प्रभुत्वात्। अनेनैव न्यायेन क्षत्रिस्य उत्कृष्टो ब्राह्मणः सजातीयश्च क्षत्रियोऽतिथिः स्यान्नापकृष्टौ वैश्यशूद्रौं। एवं वैश्यस्यापि द्विजातयोऽतिथयो न शूद्रः॥११०॥

A *Kṣatriya, Vaiśya*, or *Śūdra* guest in the house of a *Brāhmaṇa*, as well as a preceptor or a relation, happening to call at his house, is not called an *Atithi*. (110)

यदि त्वतिथिधर्मेण क्षत्रियो गृहमाव्रजेत्।
भुक्तवत्सु च विप्रेषु कामं तमपि भोजयेत्॥१११॥

मुक्ता०:–यदि ग्रामान्तरागतत्वादतिथिकालोपस्थितत्वादतिथिधर्मेण क्षत्रियो विप्रगृहमागच्छेत्तदा विप्रगृहोपस्थितविप्रेषु कृतभोजनेषु स्थितेष्विच्छातस्तमपि भोजयेत्।१११॥

But even if a Kṣatriya calls (at the house of a Brāhmaṇa) as an Atithi, the master of the house shall feed him sumptuously after the Brāhmaṇa Atithis have been repasted. (111)

वैश्यशूद्रावपि प्राप्तौ कुटुम्बेऽतिथिधर्मिणौ।
भोजयेत्सह भृत्यैस्तावानृशंस्यं प्रयोजयन्॥११२॥

मुक्ता०:–यदि वैश्यशूद्रावपि ब्राह्मणस्य कुटुम्बे गृहे प्राप्तौ ग्रामान्तरादागतत्वाद्यतिथिधर्मशालिनौ तदा तावपि क्षत्रियभोजनकालात्परतो दम्पतीभोजनात्पूर्वं दासभोजनकाले अनुकम्पामाश्रयन्भोजयेत्॥११२॥

If Vaiśyas and Śūdras arrive at his (Brāhmaṇa's) house as Atithis, he, out of compassion, shall feed them in the company of his own servants. (112)

इतरानपि सख्यादीन्संप्रीत्या गृहमागतान्।

सत्कृत्यान्नं यथाशक्ति भोजयेत्सह भार्यया॥११३॥

मुक्ता०:—उक्तभोजनकाले क्षत्रियादिव्यतिरिक्तान्सखिसहाध्यायिप्रभृतीन्संप्रीत्या गृहमागतान् न त्वतिथिभावेन। तस्य प्रतिषेधात्। यथाशक्ति प्रकृष्टमन्नं कृत्वा भार्याया भोजनकाले भोजयेत्। गृहस्थस्यापि स एव भोजनकालः। "अवशिष्टं तु दम्पती" (अ. ३ श्लो. ११६)इति वक्ष्यमाणत्वात्। आत्मना सहेति वक्तव्ये वचनवैचित्रीयमाचार्यस्य। गुरोस्तु भोजनकालानभिधानं प्रभुत्वेन स्वाधीन-कालत्वात्॥११३॥

His friends and relations happening to be guests in his house out of love or affection, he (Brāhmaṇa) shall feed them with cooked food, as his circumstances would admit of, in the company of his own wife. (113)

सुवासिनीः कुमारोश्च रोगिणो गर्भिणीस्त्रियः।

अतिथिभ्योऽग्र एवैतान्भोजयेदविचारयन्॥११४॥

मुक्ता०:—सुवासिन्यो नवोढाः स्त्रियः स्नुषा दुहितरश्च ताः, कुमारीर्गर्भिणीश्चातिथिभ्योऽग्ने पूर्वमेवातिथिभ्यो भोजयेत्। कथमतिथिष्वभोजितेषु भोजनमेषामिति विचारमकुर्वन्। मेधातिथिस्त्वन्वगेवेति पठित्वानुगतानेवैतान्भोजयेदतिथि-समकालमिति व्याख्याय अन्ये तु अग्र इति पठन्तीत्युक्तवान्॥११४॥

Newly married daughters and daughters-in-law, infants, sick folks and pregnant women in the house he shall unhesitatingly feed before feeding the Atithis. (114)

अदत्वा तु य एतेभ्यः पूर्वं भुंक्ते विचक्षणः।

स भुञ्जानो न जानाति श्वगृध्रैर्जग्धिमात्मनः॥११५॥

मुक्ता०:—एतेभ्योऽतिथ्यादिभृत्यपर्यन्तेभ्योऽन्नमदत्त्वा व्यतिक्रमभोजनदोषमजानन्यः पूर्वं भुङ्क्ते स मरणानन्तरं श्वगृध्रैरात्मनो भक्षणं न जानाति। व्यतिक्रमस्येदं फलमिति वचनवैदग्ध्येनोक्तम्॥११५॥

He, who without having fed the above named person and the Atithis in the house, first eats anything himself, does not know that, his body will be devoured by dogs and vultures, after death. (115)

भुक्तवत्स्वथ विप्रेषु स्वेषु भृत्येषु चैव हि।

भुञ्जीयातां ततः पश्चादवशिष्टं तु दम्पती॥११६॥

मुक्ता०:—विप्रेष्वतिथिषु, स्वेषु ज्ञातिषु, भृत्येषु दासादिषु कृतभोजनेषु ततोऽन्नादवशिष्टं भार्यापती पश्चादश्नीयाताम्॥११६॥

Let the master and mistress of the house eat what remains after feeding the Brāhmaṇas (guests), relations and servants. (116)

देवानृषीन्मनुष्यांश्च पितॄन्गृह्याश्च देवताः।

पूजयित्वा ततः पश्चाद्गृहस्थः शेषभुग्भवेत्॥११७॥

मुक्ता०:—गृह्याश्च देवता इत्यनेन भूतयज्ञ उक्तः। पञ्चयज्ञानुष्ठानस्य "अवशिष्टं तु दम्पती" (अ. ३ श्लो. ११६) इत्यनेन शेषभोजनस्य च विहितत्वात्। वक्ष्यमाणदोषकथनार्थोऽमयनुवादः। अथवा देवानित्यनेनैव भूतयज्ञस्यापि संग्रहः। गृहे भवा गृह्या देवताः पूजयित्वेति वासुदेवादिप्रतिकृतिपूजाविधानार्थत्वमस्य॥११७॥

After worshipping the deities, *Ṛṣis*, guests, manes and the house-holder divinities with oblations of boiled rice, let a house-holder eat his food at the end. (117)

अघं स केवलं भुङ्क्ते यः पचत्यात्मकारणात्।

यज्ञशिष्टानं ह्येतत्सतामन्नं विधीयते॥११८॥

मुक्ता०:—यस्त्वात्मार्थमेवान्नं पक्त्वा भुङ्क्ते देवादिभ्यो न ददाति स पापहेतुत्वात्पापमेव केवलं भुङ्क्ते नान्नम्। तथाच श्रुतिः-"केवलाद्यो भवति केवलादी"। यस्माद्यदेव पाकयज्ञावशिष्टमशनमन्नमन्यत् एतदेव साधूनामन्नमुपदिश्यते इति॥११८॥

He, who cooks food for his own sole use, eats sin; food, which is the residue of sacrificial oblations, is recommended by the virtuous. (118)

राजर्त्विक्स्नातकगुरून्प्रियश्वशुरमातुलान्।

अर्हयेन्मधुपर्केण परिसंवत्सरात्पुनः॥११९॥

मुक्ता०:—अतिथिपूजाप्रसङ्गेन राजादीनामपि गृहागतानां पूजाविशेषमाह- राज्याभिषिक्तः क्षत्रियो राजा, ऋत्विक् यज्ञे येन यस्यार्त्विज्यं कृतम्, स्नातको

विद्याव्रताभ्याम्, प्रियो जामाता। राजादीनेतान्गृहागतान्सप्त गृह्योक्तेन मधुपर्काख्येन कर्मणा पूजयेत्। परिसंवत्सरादिति संवत्सरं वर्जयित्वा तदूर्ध्वं गृहागतान्पुनर्मधुपर्केण पूजयेत्। "पञ्चम्यपाङ्परिभि: (पा. सू. २।३।१०) इति सूत्रेण वर्जनार्थपरियोगेनेयं पञ्चमी। अतएवैतत्सूत्रव्याख्याने जयादित्येनोक्तं "अपेन साहचर्यात्परेवर्जनार्थस्य ग्रहणम्" इति। मेधातिथिस्तु परिसंवत्सरानिति पठित्वा परिगतो निष्क्रान्त: संवत्सरो येषां तान्पूजयेदिति व्याख्यातवान्। उभयत्रापि पाठे संवत्सरमध्यागमने न मधुपर्कार्हता।।११९।।

One's king, *Ṛtvika, Snātaka*, preceptor, son-in-law, father-in-law or maternal uncle, happening to call at his house after the lapse of a year, he shall welcome by first offering him a cup of honey (Madhuparkam). (119)

राजस्नातकयो: पूजासंकोचार्थमाह-

राजा च श्रोत्रियश्चैव यज्ञकर्मण्युपस्थितौ।
मधुपर्केण संपूज्यौ न त्वयज्ञ इति स्थिति:।।१२०।।

मुक्ता०:—राजस्नातकौ संवत्सरादूर्ध्वमपि यज्ञकर्मण्येव प्राप्तौ मधुपर्केण पूजनीयौ नतु यज्ञव्यतिरेकेण। जामात्रादयस्तु संवरत्सरादूर्ध्वं यज्ञं विनापि मधुपर्कार्हा: संवत्सरमध्ये तु सर्वेषां यज्ञविवाहयोरेव मधुपर्क:। तदाह गौतम:-"ऋत्विगाचार्यश्वशुरपितृव्यमातुलादीनामुपस्थाने मधुपर्क:। संवत्सरे पुनर्यज्ञविवाहयोरर्वाक् राज्ञ: श्रोत्रियस्य च"।।१२०।।

A King or a Snātaka, happening to call at his house even within a year (of the last visit) on the occasion of a sacrificial ceremony, he shall welcome in the method of *Madhuparkam,* and not otherwise; this is the conclusion. (120)

सायं त्वन्नस्य सिद्धस्य पत्न्यमन्त्रं बलिं हरेत्।
वैश्वदेवं हि नामैतत्सायंप्रातर्विधीयते।।१२१।।

मुक्ता०:—दिनान्ते सिद्धस्यान्नस्य पत्नी अमन्त्रं बलिहरणं कुर्यात्, इन्द्राय नम: इति मन्त्रपाठवर्जम्। मानसस्तु देवतोद्देशो न निषिध्यते। यत एतद्वैश्वदेवं नामान्नसाध्यं होमबलिदानातिथिभोजनात्मकं तत्सायंप्रातर्गृहस्थपोपदिश्यते।।१२१।।

Each evening, the housewife shall offer oblations of cooked rice, without muttering any Mantras, to the Vaiśvedevas, inasmuch as such offerings are enjoined to be made, each morning and evening. (121)

पितृयज्ञं तु निर्वर्त्य विप्रश्चेन्दुक्षयेऽग्निमान्।
पिण्डान्वाहार्यकं श्राद्धं कुर्यान्मासानुमासिकम्।।१२२।।

मुक्ता०:—"श्राद्धकल्पंच शाश्वतम्" (अ. १ श्लो. ११२) इत्यनुक्रमणिकायां प्रतिज्ञातं श्राद्धकल्पमुपक्रमते-

साग्निरमावास्यायां पिण्डपितृयज्ञाख्यं कर्म कृत्वा श्राद्धं कुर्यात्। पितृयज्ञपिण्डानामनु पश्चदाह्रियत इति पिण्डान्वाहार्यकं श्राद्धं मासानुमासिकं मासाश्चानुमासश्च तयोर्भवम्। प्रतिमासं कर्तव्यमित्यर्थः। अनेनास्य नित्यत्वमुक्तम्। विप्रग्रहणं द्विजातिपरम्। त्रयाणां प्रकृत्वात्।।१२२।।

Let a *Brāhmaṇa*, who is a keeper of (the Sacred) fire, offer a *Piṇḍa Śrāddha* to his manes on the day of the new moon, and after that perform the *Piṇḍānvahāryakam Śrāddha* from month to month. (122)

पितृणां मासिकं श्राद्धमन्वाहार्यं विदुर्बुधाः।
तच्चामिषेण कर्तव्यं प्रशस्तेन प्रयत्नतः।।१२३।।

इदानीं नामनिर्वचनेनोक्तमेव पितृयज्ञानन्तर्यं दृढयति-

मुक्ता०:—इदं मासिकं प्रतिमासभवं श्राद्धं यस्मात्पितृयज्ञपिण्डानामनु पश्चादाह्रियते तेन पिण्डान्वाहार्यकमिदं पण्डिता जानन्ति। ततो युक्तं पितृयज्ञानन्तर्यमस्य। तच्चामिषेण वक्ष्यमाणमांसेन प्रशस्तेन मनोहरेण पूतिगन्धादिराहितेन प्रयत्नतः कर्तव्यम्। "पिण्डानां मासिकं श्राद्धम्" इति वा पाठः। पिण्डानां पितृयज्ञपिण्डानां। शेषं तुल्यम्।।१२३।।

Monthly Śrāddhas offered by men to their manes are called *Anvahāryam* by the wise; commendable meat-offerings should be made to them on these occasions. (123)

तत्र ये भोजनीयाः स्युर्ये च वर्ज्या द्विजोत्तमाः।
यावन्तश्चैव यैश्चान्नैस्तान्प्रवक्ष्याम्यशेषतः।।१२४।।

मुक्ता०:—तस्मिन् श्राद्धे ये भोजनीया ये च त्याज्या यत्संख्याका यैश्चान्नैस्तत्सर्वं प्रवक्ष्यामि।।१२४।।

O ye foremost of Brāhmaṇas, now I shall fully describe who shall be invited to, and who shall be avoided in, a Śrāddha repast, as well as the number (of Brāhmaṇas) to be invited and the nature of food with which they are to be fed. (124)

अत्र यद्यप्युद्देशक्रमेण ये भोजनीया इति वक्तुमुचितं तथाप्यल्पवक्तव्यत्वाद्ब्राह्मणसंख्यामाह-

द्वौ दैवे पितृकार्ये त्रीनेकैकमुभयत्र वा।
भोजयेत्सुसमृद्धोऽपि न प्रसज्जेत विस्तरे॥१२५॥

मुक्ता०:—देवश्राद्धे द्वौ ब्राह्मणौ पितृपितामहप्रपितामहानां त्रीन्ब्राह्मणान् अथवा दैवे एकं पित्रादित्रिके चैकं ब्राह्मणं भोजयेत्। उक्तातिरिक्तभोजनसमर्थोऽपि नाधिकभोजनेषु प्रवर्तेत। मेधातिथिस्त्वाह। पितृकृत्ये त्रीनिति पितुस्त्रीन्ब्राह्मणान्, पितामहस्य त्रीन्ब्राह्मणान्, प्रपितामहस्य त्रीन्ब्राह्मणान्भोजयेत् "एकैकमुभयत्र वा" इति दैव एकं पित्रादित्रस्य चैकैकं न त्वेकं पित्रादित्रयस्य। "न त्वेवैकं सर्वेषां काममनाद्ये पिण्डैर्व्याख्यातम्" (अ. १६ खं न) इत्याश्वलायनगृह्यविरोधात्। यथैकपिण्डः पित्रादित्रयस्य न निरूप्यते तथैको ब्राह्मणो न भोजयितव्य इत्यर्थः। तस्मान्न पित्रादित्रयस्यैकब्राह्मणभोजनं। तदसत् गृह्यकारेणैव "न त्वेवैकं सर्वेषां पिण्डैर्व्याख्यातम्" (अ. १६ खं ७) इति पठित्वा "काममनाद्ये" (खं ७) इत्यभिहितम्। अस्यार्थः। बहुपित्रादिदेवताकश्राद्धानामाद्यं सपिण्डीकरणमभिमतं तद्व्यतिरिक्तश्राद्धे काममेकः पित्रादीनां ब्राह्मण इत्यर्थः। अथवा अनाद्ये अदनीयद्रव्याभावे एकोऽपि भोजयितव्यः। उभयत्रापि व्याख्याने पार्वणादौ पित्रादित्रस्यैकब्राह्मणभोजनं गृह्यकृतैवोक्तम्। वसिष्ठोऽपि-"यद्येकं भोजयेच्छ्राद्धे दैवतन्त्रं कथं भवेत्। अन्नं पात्रे समुद्धृत्य सर्वस्य प्रकृतस्य च॥ देवतायतने कृत्वे यथाविधि प्रवर्तयेत्। प्रास्येदन्नं तदग्नौ वा दद्याद्वा ब्रह्मचारिणे॥" इति सर्वेभ्य एकब्राह्मणभोजनमाह। तस्माद्यथोक्तैव व्याख्या। "प्रथनेवावशब्दे" (पा. सू. ३।३।३३) इत्यनेन विस्तर इति प्राप्ते छन्दःसमानत्वात्स्मृतीनां "सर्वे विधयश्छन्दसि विकल्पन्ते इति विस्तर इति रूपम्॥१२५॥

Two Brāhmaṇas shall be fed on the occasion of a *Daiva Śrāddha* ceremony; and three, on the occasion of a Pitṛ *Śrāddha*; or one *Brāhmaṇa* on each such occasion. Even prosperous enough to feed many Brāhmaṇas, he shall not exceed the number (fixed). (125)

सत्क्रियां देशकालौ च शौचं ब्राह्मणसंपदः।
पञ्चैतान्विस्तरो हन्ति तस्मान्नेहेत विस्तरम्॥१२६॥

मुक्ता०:—सत्क्रियां ब्राह्मणस्य पूजां, देशं दक्षिणप्रवणत्वादिवक्ष्यमाणं, कालमपराह्णं, शौचं श्राद्धकर्तृभोक्तृब्राह्मणप्रैष्यगतं, गुणवद्ब्राह्मणलाभं च ब्राह्मणविस्तारो नाशयति। तस्माद्ब्राह्मणविस्तरं न कुर्यादिति सत्क्रियादिविरोधतो ब्राह्मणविस्तरनिषेधा-त्सत्क्रियादिसंभवे पित्रादेरेकैकस्यापि ब्राह्मणत्रयाभ्यनुज्ञानम्। अतएव गौतमः-"नचावरान्भोजयेदयुजो वा यथोत्साहम्"। बह्वृचगृह्यकारोऽपि-"अथातः पार्वणे श्राद्धे काम्य आभ्युदयिक एकोद्दिष्टे वा ब्राह्मणान्" (अ. १६ खं ७) इत्युपक्रम्य "एकैकमेकैकस्य द्वौ द्वौ त्रींस्त्रीन्वा वृद्धौ फलभूयस्त्वम्" इत्याह।

द्वौद्वावित्याभ्युदयिकश्राद्धविषयं स्मृत्यन्तरेषु तथा विधानात्, अत्राप्याभ्युदयिक इत्युपक्रमाच्च॥१२६॥

In cases of feeding a large number of (Brāhmaṇas), proper attendance to them, and ascertainment of their purity, impurity, and the place and time of repasting (invitation) are the five factors that are destroyed (apt to suffer). (126)

प्रथिता प्रेतकृत्यैषा पित्र्यं नाम विधुक्षये।

तस्मिन्युक्तस्यैति नित्यं प्रेतकृत्यैव लौकिकी॥१२७॥

मुक्ता०:–यदेतत्पित्र्यं कर्म श्राद्धरूपं प्रथममियं प्रख्याता प्रेतकृत्या पित्रुपकारार्था क्रिया। प्रकर्षेण इतः प्रेतः पितृलोकस्थ एवोच्यते। विधुक्षयेऽमावास्यायां तस्मिन्पित्र्ये कर्मणि युक्तस्यैतत्परस्य लौकिकी स्मार्तिकी प्रेतकृत्या पित्रुपकारार्था क्रिया गुणवत्पुत्रपौत्रधनादिफलप्रबन्धरूपेण कर्तारमुपतिष्ठते तस्मादिदं कर्तव्यम्। गोविन्दराजेन तु विधिः क्षय इति पठितं, व्याख्यातं च योऽयं नाम विधिः पित्र्यं कर्मेति क्षये चन्द्र क्षये गृहे वा तदसांप्रदायिकम्। मेधातिथिप्रभृतिभिर्गोविन्दराजादपि वृद्धतरैरनभ्युपेतत्वात्क्षय इति संबन्धक्लेशाच्च॥१२७॥

This rite (of offering oblations to the manes) on each new moon day is said to be conducive to the benefit of the manes.

He, who is constantly engaged in performing this *Smārta rite*, acquires opulence. (127)

श्रोत्रियायैव देयानि हव्यकव्यानि दातृभिः।

अर्हत्तमाय विप्राय तस्मै दत्तं महाफलम्॥१२८॥

मुक्ता०:–छन्दोमात्राध्यायी श्रोत्रियस्तस्मै दैवपित्र्यान्नानि यत्नतो देयानि। अर्हत्तमाय श्रुताचाराभिजनादिभिः पूज्यतमाय तस्मै दत्तं महाफलं भवति॥१२८॥

Givers shall give unto Brāhmaṇas, well-read in the Vedas, the oblations of food they have offered to the manes and deities; given to the most deserving recipients (Brāhmaṇas), they bear great fruits. (128)

एकैकमपि विद्वांसं दैवे पित्र्ये च भोजयेत्।

पुष्कलं फलमाप्नोति नामन्त्रज्ञान्बहूनपि॥१२९॥

मुक्ता०:–दैवपित्र्ययोरेकैकमपि वेदतत्त्वविदं ब्राह्मणं भोजयेत्। तदापि विशिष्टं श्राद्धफलं प्राप्नोति नत्वविदुषो बहूनपि। एवं च "फलश्रवणाद्ब्राह्मणभोजनमेव प्रधानं

पिण्डदानादिकं त्वङ्गम्" इति गोविन्दराजः। वयं तु पित्रुद्देशेन द्रव्यत्यागं ब्राह्मणस्वीकारपर्यन्तं श्राद्धशब्दवाच्यं प्रधानं ब्रूमः तदेव मनुनाः "पिण्डान्वाहार्यकं श्राद्धं कुर्यात्" (अ. ३ श्लो.१२२) इति विहितम्। आपस्तम्बेन तु मन्वर्थस्यैव व्याख्यातत्वात्। तदाहापस्तम्बः "तथैतन्मनुः श्राद्धशब्दं कर्म प्रोवाच प्रजानिःश्रेयसार्थं तत्र पितरो देवता ब्राह्मणस्त्वाहवनीयार्थे मासि मास्यपरपक्षस्यापराह्णः श्रेयान्" इति। श्राद्धशब्दं श्राद्धमिति शब्दो वाचको यस्य तत्तथा। ब्राह्मणस्त्वाहवनीयार्थे आहवनीयवत्त्यक्तद्रव्यप्रतिपत्तिस्थानत्वात्। पितरो देवतेति नियतपितृदेवताकत्वाच्च श्राद्धस्य। देवताश्राद्धादौ श्राद्धशब्दस्तु तद्धर्मप्राप्त्यर्थो गौणः। कौण्डपायिनामयन इवाग्निहोत्रशब्दः। पुष्कलं फलं प्राप्नोतीति तु पुष्टतरफलार्थिनो गुणफलविधिः। स भोजनस्याङ्गत्वेऽपि तदाश्रयो न विरुद्धः। "आपस्तम्बोऽभ्यधाच्छ्राद्धं कर्मैतत्पितृदैवतम्। मन्वर्थं कथयंस्तस्मान्नेदं ब्राह्मणभोजनम्"॥१२९॥

A *Brāhmaṇa* shall feed a single Brāhmaṇa, conversant with the Vedas; on the occasion of a *Śrāddha* offered to the manes or deities, great is the merit which he shall acquire by feeding such a single (Brāhmaṇa), there being no merit in feeding a large number of Brāhmaṇas who are ignorant of *Vedic mantras*. (129)

दूरादेव परीक्षेत ब्राह्मणं वेदपारगम्।

तीर्थं तद्धव्यकव्यानां प्रदाने सोऽतिथिः स्मृतः॥१३०॥

मुक्ता०ः—दूरादेव पितृपितामहाद्यभिजनशुद्धिनिरूपणेन कृत्स्नशाखाध्यायिनं ब्राह्मणं परीक्षेत्। यस्मात्तथाविधो ब्राह्मणो हव्यादीनां तीर्थं पात्रम्। प्रदाने सोऽतिथिरेव महाफलप्राप्तेर्हेतुत्वात्॥१३०॥

The parentage etc., of a Veda-knowing Brāhmaṇa should be far equired into; Vedic Brāhmaṇas, sons of ancestors who had been well conversant with the *Vedas,* are the vehicles for conveying the oblations to the *manes* and deities. Gifts made unto such Brāhmaṇas are as meritorious as gifts made unto *Atithis*. (130)

सहस्रं हि सहस्राणामनृचां यत्र भुञ्जते।

एकस्तान्मन्त्रवित्प्रीतः सर्वानर्हति धर्मतः॥१३१॥

मुक्ता०ः—यत्र श्राद्धे ब्राह्मणानामवेदविदां दशलक्षाणि भुञ्जते तत्रैको वेदविद्भोजनेन परितुष्टो धर्मतो धर्मोत्पादनेन तात्सर्वानर्हति स्वीकर्तुं योग्यो भवति। तद्भोजनजन्यं फलं जनयतीत्यर्थः। छान्दसत्वादेकवचनम्। अथवा बहुवचनानां स्थाने सहस्रमिति

मनोरभिमतम्। गोविन्दराजस्त्वाह "सहस्रं गच्छन्तु भूतानि" इति वेदे॥१३१॥

In the *Śrāddha* where thousands of Brāhmaṇas, ignorant of the *Vedas*, are fed; if a single Veda-knowing Brāhmaṇa there in is satisfied with the Śrāddha repast, the merit of feeding such thousands on the occasion is acquired by feeding that *Brāhmaṇa alone*. (131)

ज्ञानोत्कृष्टाय देयानि कव्यानि च हवींषि च।

न हि हस्तावसृग्दिग्धौ रुधिरेणैव शुद्ध्यतः॥१३२॥

मुक्ता०:—विद्यया उत्कृष्टेभ्यो हव्यानि कव्यानि च देयानि न मूर्खेभ्यः। अर्थान्तरन्यासो नामालङ्कारः। नहि रक्ताक्तौ हस्तौ रक्तेनैव विशुद्धौ भवतः किंतु विमलजलेन, एवं मूर्खभोजनेन जनितं दोषं न मूर्ख एव भोजितोऽपहन्ति किंतु विद्वान्॥१३२॥

Oblations offered to the *manes* and deities should be given to Brāhmaṇas who are the most excellent in respect of knowledge; blood-staind hands are not washed pure with blood. (132)

अविद्वन्निन्दया विद्वद्दानमेवोक्तं स्तौति—

यावतो ग्रसते ग्रासान्हव्यकव्येष्वमन्त्रवित्।

तावतो ग्रसते प्रेत्य दीप्तशूलर्ष्ट्ययोगुडान्॥१३३॥

मुक्ता०:—यत्संख्याकान्ग्रासान्हव्यकव्येष्ववेदविद्भुङ्क्ते तत्संख्याकानेव प्रकृतश्राद्धकर्ता ज्वलितशूलर्ष्ट्याख्यायुधलोहपिण्डान्ग्रसते श्राद्धकर्तुरवेदमविद्वद्दाफलकथनम्। तथाच व्यासः-"ग्रसते यावतः पिण्डान्यस्य वै हविषोऽनृचः। ग्रसते तावतः शूलान् गत्वा वैवस्वतक्षयम्"॥१३३॥

A Brāhmaṇa, ignorant of the Vedas, shall have to eat as many morsels of burning spear-heads after death, as he eats of the Śrāddha oblations to the manes and deities, in life. (133)

ज्ञाननिष्ठा द्विजाः केचित्तपोनिष्ठास्तथाऽपरे।

तपःस्वाध्यायनिष्ठश्च कर्मनिष्ठास्तथाऽपरे॥१३४॥

मुक्ता०:—केचिदात्मज्ञानपरा ब्राह्मणा भवन्ति, अन्ये प्राजापत्यादितपःप्रधानाः, अपरे तपोऽध्ययननिरताः, इतरे यागादिपराः॥१३४॥

Some Brāhmaṇas are devoted to (the cultition of) self

knowledge, others are devoted to the practice of penitential austerities; some there are who are devoted to the study of the *Vedas* and to penitential austerities, while others are devoted to work. (134)

ततः किमत आह-

ज्ञाननिष्ठेषु कव्यानि प्रतिष्ठाप्यानि यत्नतः।
हव्यानि तु यथान्यायं सर्वेष्वेव चतुर्ष्वपि॥१३५॥

मुक्ता०:—ज्ञानप्रधानेभ्यः पित्रर्थान्नानि यत्नाद्दातव्यानि, देवान्नानि पुनर्न्यायावधृतार्थशास्त्रानुसारेण चतुर्भ्योऽपि॥१३५॥

Oblations offered to the manes shall be given to Brāhmaṇas devoted to the knowledge of self to eat, oblations offered to the deities should be duly given to all these four classes of Brāhmaṇas. (135)

मुक्ता०:—तयोः कः श्रेष्ट इत्युपन्यस्य विशेषमाह-

योऽश्रोत्रियपितृकः स्वयं च श्रोत्रियः, यः श्रोत्रिपितृकः स्वयं वा अश्रोत्रियः॥१३६॥

तयोः कः श्रेष्ठ इत्युपन्यस्य विशेषमाह—

अश्रोत्रियः पिता यस्य पुत्रः स्याद्वेदपारगः।
अश्रोत्रियो वा पुत्रः स्यात्पिता स्याद्वेदपारगः॥१३६॥
ज्यायांसमनयोर्विद्याद्यस्य स्याच्छ्रोत्रियः पिता।
मन्त्रसंपूजनार्थं तु सत्कारमितरोऽर्हति॥१३७॥

मुक्ता०:—अनयोः पूर्वश्लोकनिर्दिष्टयोर्मध्ये श्रोत्रियपुत्रं स्वयमश्रोत्रियमपि ज्येष्ठं जानीयात् पितृविद्यादरपरमिदम्। यः पुनरश्रोत्रियस्य पुत्रः स्वयं च श्रोत्रियः स तदधीतवेदपूजनार्थं पूजामर्हति। वेद एव तद्द्वारेण पूज्यत इति पुत्रविद्यादरपरमिदम्। तस्माद्वचनभङ्ग्या श्रोत्रियपुत्रः स्वयं च श्रोत्रियः श्राद्धे भोजयितव्य इत्युक्तम्। नतु श्रोत्रियपुत्रस्य स्वयमश्रोत्रियस्यैवाभ्यनुज्ञानं श्रोत्रियायैव देयानीति विरोधात्, एवं च "दूरादेव परीक्षेत" (अ. ३ श्लो. १३०) इति विद्याव्यतिरिक्ताचारादिपरीक्षार्थत्वेनावतिष्ठते॥१३७॥

Of a *Brāhmaṇa* who is well-versed in the *Vedas* and whose father was ignorant of the Vedas, and one who is himself ignorant of the Vedas but whose father was well-versed in them, the ignorant son of the Veda knowing father should be regarded as a worthier guest (in respect of a Śrāddha repast); but since adorable are the Mantras of the Vedas, a Veda-knowing son of a father, ignorant of the *Vedas,* should be as well-honoured (with an invitation to a *Śrāddha* repast. (136-137)

न श्राद्धे भोजयेन्मित्रं धनैः कार्योऽस्य संग्रहः।
नारिं न मित्रं यं विद्यात्तं श्राद्धे भोजयेद्द्विजम्॥१३८॥

मुक्ता०:—श्राद्धे न मित्रं भोजयेत्। धनान्तरैरस्य मैत्री संपादनीया। न शत्रुं नच मित्रं यं जानीयात्तं ब्राह्मणं श्राद्धे भोजयेत्॥१३८॥

No one, out of friendship, should be invited to a Śrāddha repast, friendship should be shown with other acts and monetary (presents). Let him invite a *Brāhmaṇa* to the Śrāddha repast whom he neither knows to be his friend or foe. (138)

यस्य मित्रप्रधानानि श्राद्धानि च हवींषि च।
तस्य प्रेत्य फलं नास्ति श्राद्धेषु च हविःषु च॥१३९॥

मुक्ता०:—मित्रशब्दोऽयं भावप्रधानः। यस्य मैत्रीप्रधानानि हव्यकव्यानि तस्य पारलौकिकं फलं न भवतीति फलाभावकथनपरमिदम्। प्रेत्येति परलोक इत्यर्थे शब्दान्तरमव्ययमिदं नतु क्त्वान्तम्, तेनासमानकर्तृकत्वे कथं क्त्वेति नाशङ्कनीयम्॥१३९॥

A Śrāddha, offered by a person to his *manes* or to the deities, in connection with which it is mainly his friends that are repasted, fails to bear any fruit in the next world. (139)

स्वर्गफलं श्राद्धस्य दर्शयितुं पूर्वोक्तफलाभावमेव विशेषेण कथयति-

यः सङ्गतानि कुरुते मोहाच्छ्राद्धेन मानवः।
स स्वर्गाच्च्यवते लोकाच्छ्राद्धमित्रो द्विजाधमः॥१४०॥

मुक्ता०:—यो मनुष्यः संगतानि मित्रभावं शास्त्रानभिज्ञतया श्राद्धेन कुरुते श्राद्धमेव मित्रलाभहेतुत्वान्मित्रं यस्य स श्राद्धमित्रो द्विजापसदः स स्वर्गलोकाच्च्यवते। तं न प्राप्नोतीत्यर्थः। श्राद्धस्यापि स्वर्गफलत्वमाह याज्ञवल्क्यः- आयुः प्रजां धनं विद्यां स्वर्गं मोक्षं सुखानि च। प्रयच्छन्ति तथा राज्यं प्रीता नृणां पितामहाः" (अ. १ श्लो. २७०)॥१४०॥

A person (Brāhmaṇa) who, out of ignorance, tries to make friendship through the instrumentality of a *Śrāddha* repast, that worst of Brāhmaṇas, for acquiring such Śrāddha friends, falls from heaven. (140)

संभोजनी साभिहिता पैशाची दक्षिणा द्विजैः।

इहैवास्ते तु सा लोके गौरन्धेवैकवेश्मनि॥१४१॥

मुक्ता०:—सा दक्षिणा दानक्रिया संभोजनी सह भुज्यते यया सा संभोजनी गोष्ठी बहुपुरुषभोजनात्मिका पिशाचधर्मत्वात्पैशाची मन्वादिभिरुक्ता। सा च मैत्रीप्रयोजनकत्वान्न परलोकफला इह लोक एवास्ते। यथान्धा गौरेकस्मिन्नेव गृहे तिष्ठति न गृहान्तरगमनक्षमा॥१४१॥

A Śrāddha repast, given to one's friends and relations, is called a fiendish repast by the Ṛṣis. Like blind cows huddled together in one pen such a repast may contribute to cement friendship in this world, but gives no benefit in the next. (141)

यथेरिणे बीजमुप्त्वा न वप्ता लभते फलम्।

तथाऽनृचे हविर्दत्त्वा न दाता लभते फलम्॥१४२॥

मुक्ता०:—ईरिणमूषरदेशो यत्र बीजमुप्तं न प्ररोहति तत्र यथा बीजमुप्त्वा कर्षको न फल प्राप्नोत्येवमविदुषे श्राद्धदानफलं दाता न प्राप्नोतीति॥१४२॥

As a sower, by sowing seeds in an alkaline soil, reaps no harvest, so a giver, by giving oblations (*i.e.*feeding) to a *Brāhmaṇa*, ignorant of the *Vedas,* (in connexion with a Śrāddha), derives no benefit. (142)

दातृन्प्रतिग्रहीतृंश्च कुरुते फलभागिनः।

विदुषे दक्षिणां दत्त्वा विधिवत्प्रेत्य चेह च॥१४३॥

मुक्ता०:—वेदतत्त्वविदे यथाशास्त्रं दत्तमैहिकामुष्मिकफलभागिनो दातृन्करोति। ऐहिकं फलं यथाशास्त्रानुष्ठानेन लोके ख्यातिरूपमानुषङ्गिकमिति मेधातिथिगोविन्दराजौ। वयं त्वायुरादिकमेवैहिकफलं ब्रूमः। "आयुः प्रजां धनं विद्याम्" (याज्ञ. अ. १ लो. १७०) इत्याद्यैहिकामुष्मिकादिफलत्वेनापि श्राद्धस्य याज्ञवल्क्यादिभिरुक्तत्वात्। प्रतिग्रहीतृंश्च श्राद्धलब्धधनानुतिष्ठतयागादिफलेन परलोके सफलान् कुरुते। अन्यायार्जित-धनानुष्ठितयागादेरफलप्रदत्वात्। इह लोके न्यायार्जितधनारब्ध-कृष्यादिफलातिशयला-भात्सफलान् कुरुते॥१४३॥

A honorarium, duly given to an erudite (Veda-knowing) *Brāhmaṇa*, makes its giver and recipient entitled to religious merits both in this world and the next. (143)

कामं श्राद्धेऽर्चयेन्मित्रं नाभिरूपमपि त्वरिम्।

द्विषता हि हविर्भुक्तं भवति प्रेत्य निष्फलम्॥१४४॥

मुक्ता०:—वरं विद्वद्ब्राह्मणाभावे गुणवन्मित्रं भोजयेन्नतु विद्वांसमपि शत्रुम्। यतः शत्रुणा श्राद्धं भुक्तं परलोके निष्फलं भवति। यथोक्तपात्रासंभवे मित्रप्रति-प्रसवार्थमिदम्॥१४४॥

[In the absence of a qualified Brāhmaṇa], better it is to feed a friend or a relation than to feed an erudite foe on the occasion of a Śrāddha ceremony, as oblations offered to a foe fail to bear any fruits in the next world. (144)

"श्रोत्रियायैव देयानि" (अ. ३ श्लो. १२८) इत्यनेन छन्दोमात्राध्यायिनि श्रोत्रियशब्दप्रयोगात्तदाश्रयणमावश्यकमुक्तम्, इदानीं त्वधिकफलार्थं मन्त्रब्राह्मणात्मककृत्स्नशाखाध्यायिनि श्रोत्रिये दानमाह—

यत्नेन भोजयेच्छ्राद्धे बह्वृचं वेदपारगम्।

शाखान्तगमथाध्वर्युं छन्दोगं तु समाप्तिकम्॥१४५॥

मुक्ता०:—ऋग्वेदिनं मन्त्रब्राह्मणात्मकशाखाध्यायिनं यत्नतो भोजयेत्। तथाविधमेव यजुर्वेदिनम्। वेदस्य पारं गच्छतीति वेदपारगः। शाखाया अन्तं गच्छतीति शाखान्तगः। समाप्तिरस्यास्तीति समाप्तिकः। सर्वैरेव शब्दैर्मन्त्रब्राह्मणात्मककृत्स्न-शाखाध्येताऽभिहितः॥१४५॥

On the occasion of a Śrāddha repast,let him carefully feed a Brāhmaṇa who has studied the Ṛk, Yajus, or the Sāma Veda with all its sub-divisions (such as the Mantras, Brāhmaṇas, etc.) (145)

तद्भोजनेऽधिकं फलमाह—

एषामन्यतमो यस्य भुञ्जीत श्राद्धमर्चितः।

पितॄणां तस्य तृप्तिः स्याच्छाश्वती साप्तपौरुषी॥१४६॥

मुक्ता०:—एषां संपूर्णशाखाध्यायिनां बह्वृचादीनां मध्यादन्यतमो यस्य सम्यक् पूजितः सन् श्राद्धे भुङ्क्ते तस्य पुत्रादिसप्तपुरुषाणां शाश्वती अविच्छिन्ना पितॄणां तृप्तिः स्यात्। साप्तपौरुषीत्यनुशतिकादित्वादुभयपदवृद्धिः तस्य चाकृतिगणत्वात्॥१४६॥

The satisfaction, which the seven generations of his ancestors who feeds any such *Brāhmaṇa* (on the occasion of a Śrāddha ceremony) derive from the act; lasts for all eternity. (146)

एष वै प्रथमः कल्पः प्रदाने हव्यकव्ययोः।
अनुकल्पस्त्वयं ज्ञेयः सदा सद्भिरनुष्ठितः॥१४७॥

मुक्ता०:—हव्यकव्ययोरुभयोरेव प्रदाने यदसंबन्धिश्रोत्रियादिभ्यो दीयत इत्ययं मुख्यः कल्प उक्तः। अयं तु मुख्याभावे वक्ष्यमाणोऽनुकल्पो ज्ञातव्यः सर्वदा साधुभिरनुष्ठितः॥१४७॥

The aforesaid Veda-knowing Brāhmaṇas (Śrotriyas) should be regarded as the worthiest recipients of *Śrāddha oblations,* offered by a man to the manes or deities, the following are their substitutes whom the wise shall feed when such *Śrotriyas* would be unavailable. (147)

मातामहं मातुलं च स्वस्त्रीयं श्वशुरं गुरुम्।
दौहित्रं विट्पतिं बन्धुमृत्विग्याज्यौ च भोजयेत्॥१४८॥

मुक्ता०:—स्वस्त्रीयो भागिनेयः, गुरुर्विद्यागुरुराचार्यादिः, विट् दुहिता तस्याः पतिर्विट्पतिर्जामाता, बन्धुर्मातृष्वसृपितृस्वसृपुत्रादिः, एतान्मातामहादीन्दश मुख्यश्रोत्रियाद्यसंभवे भोजयेत्॥१४८॥

One's mother's father's, mother's brother, sister's son, father-in-law, preceptor, daughter's son, son-in-law, and sons of mother's or father's sisters priest; and disciples should be fed on the occasion of a *Śrāddha* repast in the absence of (the ten a foresaid Śrotriyas). (148)

न ब्राह्मणं परीक्षेत दैवे कर्मणि धर्मवित्।
पित्र्ये कर्मणि तु प्राप्ते परीक्षेत प्रयत्नतः॥१४९॥

मुक्ता०:—धर्मज्ञो दैवश्राद्धे भोजनार्थं न ब्राह्मणं यत्नतः परीक्षेत। लोकप्रसिद्धिमात्रेणासौ साधुतया भोजयितव्यः। पित्र्ये पुनः कर्मण्युपस्थिते पितृपितामहाद्यभिजनपरीक्षा कर्तव्येति प्रयत्नतःशब्दस्यार्थाः॥१४९॥

Fitness, erudition, etc. of Brāhmaṇas, to be fed on the occasion of a *Daiva Śrāddha* ceremony, must not be tested, which shall be carefully done in respect of those to be fed on the occasion of a *Śrāddha* offering to the manes. (149)

ये स्तेनपतितक्लीबा ये च नास्तिकवृत्तयः।

तान्हव्यकव्ययोर्विप्राननर्हान्मनुरब्रवीत्॥१५०॥

मुक्ता०:—स्तेनश्चौरः स च सुवर्णचोरादन्यः, तस्य पतितशब्देनैव ग्रहणात्। पतितो महापातकी, क्लीबो नपुंसकः, नास्तिकवृत्तिर्नास्ति परलोके इत्येवं वृत्तिः प्रवर्तनं यस्य एतान्दैवपितृकृत्ययोरुभयोरेवायोग्यान्मनुरब्रवीदिति। मनुग्रहणं निषेधादरार्थम्। सर्वधर्माणामेव मनुनोक्तत्वात्॥१५०॥

Those Brāhmaṇas, who are gold-stealers, degraded, sexless or athiests must not be invited on the occasion of a *Śrāddha*, offered to the manes, or to the deities, this is the dictum of *Manu*. (150)

जटिलं चानधीयानं दुर्बलं कितवं तथा।

याजयन्ति च ये पूगांस्तांश्च श्राद्धे न भोजयेत्॥१५१॥

मुक्ता०:—जटिलो ब्रह्मचारी। "मुण्डो वा जटिलो वा स्यात्" (अ. २. श्लो २१९) इत्युक्तब्रह्मचार्युपलक्षणत्वाज्जटिलत्वस्य मुण्डोऽपि निषिध्यते। अनधीयानं वेदाध्ययनरहितं यस्योपनयनमात्रं कृतं न वेदादेशः तेनास्वीकृतवेदस्यापि ब्रह्मचारिणो वेदाध्ययनकर्तुरभ्यनुज्ञानार्थोऽयं निषेधः। अतः "श्रोत्रियायैव देयानि" (अ. ३ श्लो. १२८) इति ब्रह्मचारीतरविषयम्। दुर्बलो दुश्चर्मा। मेधातिथिस्तु दुर्बालमिति पठित्वा खलतिर्लोहितकेशो वा दुश्चर्मा वेत्यर्थत्रयमुक्तवान्। कितवो द्यूतकृत्। पूगयाजका बहु याजाकाः। "पूगः कमुकवृन्दयोः" (अमरकोषनानार्थे श्लो. २०) इत्याभिधानिकाः। अतएव-वसिष्ठः "यश्चापि बहुयाज्यः स्याद्यश्चोपनयते बहून्" इति । तान्श्राद्धे न भोजयेदिति न दैवे निषेधः। यत्रोभयत्र निषेधो मनोरभिमतस्तत्र हव्यकव्यग्रहणमुभयवेति वा करोति॥१५१॥

Brahmacārins who wear clotted hairs, or who are ignorant of the *Vedas*, Brāhmaṇas who are afflicted with skin diseases or are gamblers, or officiate as priests at many men's sacrifices must not be fed on the occasion of a Śrāddha ceremony. (151)

चिकित्सकान्देवलकान्मांसविक्रयिणस्तथा।

विपणेन च जीवन्तो वर्ज्याः स्युर्हव्यकव्ययोः॥१५२॥

मुक्ता०:—चिकित्सको भिषक्, देवलः प्रतिमापरिचारकः, वर्तनार्थत्वेनैतत्कर्म कुर्वतोऽयं निषेधो नतु धर्मार्थम्। "देवकोशोपभोजी च नाम्ना देवलको भवेत्" इति

देवलवचनात्। मांसविक्रयिणः सकृदपि। "सद्यः पतति मांसेन" (अ. १० श्लो. ९२) इति लिङ्गात्। विपणेनेति। विपणो वणिज्या तया जीवन्तः। हव्यकव्ययोरित्यभिधानाद्दैवे पित्र्ये चैते त्याज्याः।।१५२।।

Brāhmaṇas, who are professional physicians, or live by worshipping divine images, or are meat-sellers, or carry on any kind of trade, should be avoided on the occasion of a *Śrāddha*, offered to the manes, or to the deities. (152)

प्रेष्यो ग्रामस्य राज्ञश्च कुनखी श्यावदन्तकः।
प्रतिरोद्धा गुरोश्चैव त्यक्ताग्निर्वार्धुषिस्तथा।।१५३।।

मुक्ता०:—भृतिग्रहणपूर्वकं ग्रामाणां राज्ञश्चाज्ञाकारी। कुत्सितनखकृष्णदन्तः। गुरुप्रतिकूलाचरणशीलत्यक्तश्रौतस्मार्ताग्निकलोपजीविनश्च हव्यकव्ययोर्वर्ज्या इति पूर्वस्यैवात्रानुषङ्ग उत्तरत्र एव च।।१५३।।

Servants of the king or of a village community, those afflicted with bad nail, back toothed ones, those who are hostile to their preceptors, and those (Brāhmaṇas) who have renounced their sacred fires and religious rites (enjoined to be performed in) the *Vedas and Smriti*, or live by usury. (153)

यक्ष्मी च पशुपालश्च परिवेत्ता निराकृतिः।
ब्रह्मद्विट् परिवित्तिश्च गणाभ्यन्तर एव च।।१५४।।

मुक्ता०:—यक्ष्मी क्षयरोगी, पशुपालो वृत्त्यर्थतया छागमेषादिपोषकः, परिवेत्तृपरिवित्ती वक्ष्यमाणलक्षणौ, निराकृतिः पञ्चमहायज्ञानुष्ठानरहितः। तथाच छन्दोगपरिशिष्टम्-"निराकर्तामरादीनां स विज्ञेयो निराकृतिः" ब्रह्मद्विट् ब्राह्मणादीनां द्वेष्टा, गणाभ्यन्तरो गणार्थोपसृष्टसंबन्धिधनाद्युपजीवी।।१५४।।

Brāhmaṇas suffering from phthisis, those who rear cattle for livelihood, or marry before their elder brother have been married, or have renounced the performance of the five (daily house-hold) sacrifices, or are inimically disposed towards the Brāhmaṇas, or suffer their younger brothers to marry before them, or are incumbents upon endowments (whether money or monasteries) made by others for the public weal. (154)

कुशीलवोऽवकीर्णी च वृषलीपतिरेव च।
पौनर्भवश्च काणश्च यस्य चोपपतिर्गृहे॥१५५॥

मुक्ता०:—कुशीलवो नर्तनवृत्तिः, अवकीर्णी स्त्रीसंपर्काद्विप्लुतब्रह्मचर्यः प्रथमाश्रमी यतिश्च, वृषलीपतिः सवर्णामपरिणीय कृतशूद्राविवाहः, पौनर्भवः पुनर्भूपुत्रो वक्ष्यमाणः, उपपतिर्यस्य जायाजारो गृहेऽस्ति॥१५५॥

A *Brāhmaṇa*, who is a professional dancer, a *Yati* or a *Brahmacārin* whose vow of continency has been soiled by the contact of a woman, the (Brāhmaṇa) husband of a *Śūdra* woman, one begotten on a remarried widow, the son of a woman born before her marriage, and one who lives with a faithless wife. (155)

भृतकाध्यापको यश्च भृतकाध्यापितस्तथा।
शूद्रशिष्यो गुरुश्चैव वाग्दुष्टः कुण्डगोलकौ॥१५६॥

मुक्ता०:—भृतिर्वेतनं तद्ग्राही भृतकः सन् योऽध्यापकः स तथा, एवं भृतकाध्यापितः, शूद्रशिष्यो व्याकरणादौ गुरुश्च तस्यैव, वाग्दुष्टः परुषभाषी। अभिशस्त इत्यन्ये। कुण्डगौलकौ वक्ष्यमाणौ॥१५६॥

He who teaches the *Vedas* for money, as well as he who learns them from him, he who has got *Śūdra* disciples or teaches Śūdra students, a harsh tongued (Brāhmaṇa), and sons born in adultery during the life time or after the death of their mother's husband. (156)

अकारणपरित्यक्ता मातापित्रोर्गुरोस्तथा।
ब्राह्मैर्यौनैश्च सम्बन्धैः संयोगं पतितैर्गतः॥१५७॥

मुक्ता०:—मातुः पितुर्गुरूणां च परित्यागकारणंविना त्यक्ता शुश्रूषादेरकर्ता, पतितैश्चाध्ययनकन्यादानादिभिः संबन्धः संपर्कं गतः। पतितत्वादेवास्य निषेध इति चेन्न। संवत्सरात्प्रागिदं भविष्यति संवत्सरेण पततीति वक्ष्यमाणत्वात्॥१५७॥

One who has wrongfully deserted his parents, or preceptor, as well as those who are associated either in *Vedic* study or through marriage with those who have been degraded in life. (157)

अगारदाही गरदः कुण्डाशी सोमविक्रयी।
समुद्रयायी बन्दी च तैलिकः कुटकारकः॥१५८॥

मुक्ता०:—गृहदाहकः, मरणहेतुद्रव्यस्य दाता, कुण्डस्य वक्ष्यमाणस्य योऽन्नमश्नाति। प्रदर्शनार्थत्वात्कुण्डस्य गोलकस्यापि ग्रहणम्। अतएव देवलः-"अमृते जारजः कुण्डो मृते भर्तरि गोलकः। यस्तयोरन्नमश्नाति स कुण्डाशीति कथ्यते।।" सोमलताविक्रेता, समुद्रे यो वहित्रादिना द्वीपान्तरं गच्छति, बन्दी स्तुतिपाठकः, तैलार्थं तिलादिबीजानां पेष्टा, साक्षिवादे कूटस्य मृषावादस्य कर्ता।।१५८।।

One who is guilty of poisoning or of incendiarism, one who sells the Soma plant, one who partakes of the food of a man born in adultery, a sea-faring *Brāhmaṇa*, a professional eulogist, an oilman, and a forger of documents or a falsifier of weights. (158)

पित्रा विवदमानश्च कितवो मद्यपस्तथा।
पापरोग्यभिशस्तश्च दाम्भिको रसविक्रयी।।१५९।।

मुक्ता०:—पित्रा सह शास्त्रर्थे लोकिके वा वस्तुनि निरर्थं यो विवदते, कितवो यः स्वयं देवितुमनभिज्ञः स्वार्थं परान्देवयति न स्वयं देविता तस्योक्तत्वात्। न च सभिकः तस्य द्यूतवृत्तिपदेनाभिधास्यमानत्वात्। "केकरः" इति पाठे तिर्यग्दृष्टिः, सुराव्यतिरिक्तमद्यपाता, कुष्ठी, अनिर्णीतेऽपि तस्मिन्महापातकादौ जाताभिशापः, छद्मना धर्मकारी, रसविक्रेता।।१५९।।

One who quarrels with his father, a deceitful one, a drunkard, one afflicted with a (foul) sinful disease or under an imprecation, an arrogant (Brāhmaṇa), as well as the one who deals in any kind of sweet sap as such, (sugarcane juice, etc.). (159)

धनुः शराणां कर्ता च यश्चाग्रेदिधिषूपतिः।
मित्रध्रुक् द्यूतवृत्तिश्च पुत्राचार्यस्तथैव च।।१६०।।

मुक्ता०:—धनूंषि शरांश्च यः करोति, ज्येष्ठयां सोदरभगिन्यामनूढायां या कनिष्ठा विवाहेन दीयते साग्रेदिधिषूस्तस्याः पतिः। तथाच लौगाक्षिः-"ज्येष्ठायां यद्यनूढायां कन्यायामुह्यतेऽनुजा। सा चाग्रेदिधिषूर्ज्ञेया पूर्वा तु दिधिषूः स्मृता।।" गोविन्दराजस्तु "भ्रातुर्मृतस्य भार्यायाम्" (अत्र ३ श्लो.१७३) इत्यनेनाग्रेदिधिषूपतिरेव वृत्तिवशादग्रेपदलोपेन दिधिषूपतिरिति मनुना वक्ष्यते स इह गृह्यत इत्याह। मित्रध्रुक् यो मित्रस्यापकारे वर्तते, द्यूतवृत्तिः, सभिकः, पुत्रेणाध्यापितः पिता मुख्येन पुत्राचार्यत्वासंभवात्।।१६०।।

A (Brāhmaṇa) who constructs bows and arrows, one who marries a girl with an unmarried elder sister, one who injures his friends, one who lives by gambling with dice, and he who has learnt the *Vedas* from his son. (160)

भ्रामरी गण्डमाली च श्वित्र्यथो पिशुनस्तथा।
उन्मत्तोऽन्धश्च वर्ज्याःस्युर्वेदनिन्दक एव च॥१६१॥

मुक्ता०:—अपस्मारी, गण्डमालाख्यव्याध्युपेतः श्वेतकुष्ठयुक्तः, दुर्जनः, उन्मादवान् अचक्षुः, वेदनिन्दाकरः॥१६१॥

One afflicted with epilepsy, scrofula, or leucoderma, or one who is wicked, insane, or blind, or speaks evil of the Vedas. (161)

हस्तिगोऽश्वोष्ट्रदमको नक्षत्रैर्यश्च जीवति।
पक्षिणां पोषको यश्च युद्धाचार्यस्तथैव च॥१६२॥

मुक्ता०:—हस्तिगवाश्वोष्ट्राणां विनेता, नक्षत्रशब्देन ज्योतिःशास्त्रमुपलक्ष्यते तेन यो वर्तते, पक्षिणां पञ्जरस्थानां क्रीडाद्यर्थं विक्रयार्थं वा पोषकः, युद्धार्थमायुधविद्योपदेशकः॥१६२॥

A trainer of cows, horses, camels or elephants, a professional astrologer, a tamer of beasts and one teaches the science of war. (162)

स्रोतसां भेदको यश्च तेषां चावरणे रतः।
गृहसंवेशको दूतो वृक्षारोपक एव च॥१६३॥

मुक्ता०:—प्रवहज्जलानां सेतुभेदादिना देशान्तरनेता, तेषामेवावरणकर्ता निजगतिप्रतिबन्धकः, गृहसन्निवेशोपदेशको वास्तुविद्योपजीवी, दूतो राजग्रामप्रेष्य-व्यतिरिक्तोऽपि, वृक्षरोपयिता वेतनग्रहणेन न तु धर्मार्थी। "पञ्चाम्ररोपी नरकं न याति" इति विधानात्॥१६३॥

One who obstructs a water course or diverts it in another channel, a professional mason or architect, one who plants trees, or goes on errands for money. (163)

श्वक्रीडी श्येनजीवी च कन्यादूषक एव च।
हिंस्रो वृषलवृत्तिश्च गणानां चैव याजकः॥१६४॥

मुक्ता०:—क्रीडार्थं शुनः पोषयति, श्येनैर्जीवति क्रयविक्रयादिना, कन्याभिगन्ता, हिंसारतः, शूद्रोपक्लृप्तवृत्तिः। "वृषलपुत्रश्च" इति पाठान्तरम्। वृषला एव केवलाः पुत्रा यस्येत्यर्थः। विनायकादिगणयागकृत्॥१६४॥

A dog-player, one who lives by training falcons, a defiler of girls, one who kills animals, one who is in the service of a *Śūdra*, and one who serves all classes of society as a priest. (164)

आचारहीनः क्लीबश्च नित्यं याचनकस्तथा।
कृषिजीवी श्लीपदी च सद्भिर्निन्दित एव च॥१६५॥

मुक्ता०:—गुर्वतिथिप्रत्युत्थानाद्याचारवर्जितः क्लीबो धर्मकृत्यादौ निरुत्साहः। नपुंसकस्योक्तत्वात्। नित्यं याचनेन परोद्वेजकः, स्वयंकृतया कृष्या यो जीवति, वृत्त्यन्तरेऽपि वा संभवत्यस्वयंकृतयापि, श्लीपदी व्याधिना स्थूलचरणः, केनापि निमित्तेन साधूनां निन्दाविषयः॥१६५॥

One who does not observe the rules of good conduct, a sexless (Brāhmaṇa), one who daily begs, or lives by agriculture, one afflicted with elephantisis of the legs, and one condemned by honest men. (165)

औरभ्रिको माहिषिकः परपूर्वापतिस्तथा।
प्रेतनिर्यातकश्चैव वर्जनीयाः प्रयत्नतः॥१६६॥

मुक्ता०:—मेषमहिषजीवनः परपूर्वा पुनर्भूस्तस्याः पतिः, प्रेतनिर्हारको धनग्रहणेन नतु धर्मार्थम्। "एतद्वै परमं तपो यत्प्रेतमरण्यं हरन्ति" इत्यवश्यश्रुत्या विहितत्वात्॥१६६॥

A *Brāhmaṇa* who rears sheep or buffalloes for a living, one who has married a girl previously wedded to another and one who carries corpses for money, all these Brāhmaṇas should be studiously avoided on the occasion of a *Śrāddha ceremony.* (166)

एतान्विगर्हिताचारानपाङ्क्तेयान्द्विजाधमान्।
द्विजातिप्रवरो विद्वानुभयत्र विवर्जयेत्॥१६७॥

मुक्ता०:—एतान्स्तेनादीन्निन्दिताचारान्काणादींश्च पूर्वजन्मार्जितनिन्दितकर्मशेषलब्ध-काणादिभावान्साधुभिः सहैकत्र भोजनाद्यनर्हान्ब्राह्मणापसदान् ब्राह्मणश्रेष्ठः शास्त्रज्ञो दैवे पित्र्ये च त्यजेत्॥१६७॥

A good and erudite *Brāhmaṇa* must avoid all these (*i.e.*, the (aforesaid) vile and condemnable Brāhmaṇas, who disgrace the row of eaters in a *Śrāddha* repast. (167)

ब्राह्मणस्त्वनधीयानस्तृणाग्निरिव शाम्यति।

तस्मै हव्यं न दातव्यं न हि भस्मनि हूयते॥१६८॥

मुक्ता०:—तृणाग्निर्यथा न हविर्दहनसमर्थो हविषि प्रक्षिप्ते शाम्यति निष्फलस्तत्र होमः, एवं वेदाध्ययनशून्यो ब्राह्मणस्तृणाग्निसमस्तस्मै देवोद्देशेन त्यक्तं हविर्न दातव्यं, यतो भस्मनि न हूयते। श्रोत्रियायैव देयानीत्यनेनैवानधीयानस्यापि प्रतिषेधसिद्धौ स्तेनादिवत्पङ्क्तिदूषकत्वज्ञापनार्थं पुनर्वचनम्। अन्ये तु दैवेऽनधीयान एव वर्जनीयः, अधीयानस्तु काणादिरपि शारीरदोषयुक्तो ग्राह्य इत्येतदर्थं पुनर्वचनम्। अतएव वसिष्ठः- "अथ चेन्मन्त्रविद्युक्तः शारीरैः पङ्क्तिदूषणैः। अदूष्यं तं यमः प्राह पङ्क्तिपावन एव सः"। शारीरैः कारणत्वादिभिर्नतु स्वयमुत्पाद्यैः स्तेनत्वादिभिः॥१६८॥

A *Brāhmaṇa,* who has not studied the *Vedas* is like unto a rush fire that is soon extinguished, to him oblations must not be offered, as no one casts fire-offerings in the ashes. (168)

अपाङ्क्तदाने यो दातुर्भवत्यूर्ध्वं फलोदयः।

दैवे हविषि पित्र्ये वा तत्प्रवक्ष्याम्यशेषतः॥१६९॥

मुक्ता०:—पङ्क्तिभोजनानर्हब्राह्मणाय दैवे हविषि पित्र्ये वा दत्ते दातुर्यो दानादूर्ध्वं फलोदयस्तमशेषमभिधास्यामि॥१६९॥

The merit which the giver acquires in the other world by giving oblations unto Brāhmaṇas, unfit to be given access to a row of diners, in connection with *Śrāddha* offered to the manes, or to the deities, now hear me describe in detail. (169)

अव्रतैर्यद्द्विजैर्भुक्तं परिवेत्रादिभिस्तथा।

अपाङ्क्त्यैर्यदन्यैश्च तद्वै रक्षांसि भुञ्जते॥१७०॥

मुक्ता०:—वेदग्रहणार्थं व्रतरहितैस्तथा परिवेत्रादिभिरन्यैश्चापाङ्क्त्यैः स्तेनादिभिर्यद्धव्यं भुक्तं तद्रक्षांसि भुञ्जते। निष्फलं तच्छ्राद्धं भवतीत्यर्थः॥१७०॥

Whatever is eaten by Brāhmaṇas who are non-observant of the *Vedic or Śāstric* vows, or by those who are guilty of the son of *Parivettā* or by Brāhmaṇas who are unfit to sit in the row of diners *apāṅkteyas*) in a *Śrāddha* repast, is eaten by monsters. (170)

अप्रसिद्धत्वात्परिवेत्रादिलक्षणमाह-

दाराग्निहोत्रसंयोगं कुरुते योऽग्रजे स्थिते।
परिवेत्ता स विज्ञेयः परिवित्तिस्तु पूर्वजः॥१७१॥

मुक्ता०:—अग्निहोत्रशब्दोऽयमग्निहोत्राद्याधानपरः। यः सहोदरे ज्येष्ठे भ्रातर्यनूढेऽनग्निके च दारपरिग्रहं श्रौतस्मार्ताग्निहरणं च कुरुते स परिवेत्ता ज्येष्ठश्च परिवित्तिर्भवति॥१७१॥

A younger brother, who marries or kindles the sacred fire before his elder (brother) has married or kindled such a fire, is called a Parivettā, the latter a Parivitta. (171)

प्रसङ्गात्परिवेदनसंबन्धिनां पञ्चानामप्यनिष्टं फलमाह-

परिवित्तिः परिवेत्ता यया च परिविद्यते।
सर्वे ते नरकं यान्ति दातृयाजकपञ्चमाः॥१७२॥

मुक्ता०:—परिवित्तिः परिवेत्ता च यया च कन्यया परिवेदनं क्रियते कन्याप्रदाता याजकश्च तद्विवाहहोमकर्ता स पञ्चमो येषां ते सर्वे नरकं व्रजन्ति॥१७२॥

A Parivettā a Parivitta, the bride given away in such a marriage, the giver of the bride and the priest who solemnizes the marriage ceremoney, all these five, go to hell (after death). (172)

भ्रातुर्मृतस्य भार्यायां योऽनुरज्येत कामतः।
धर्मेणापि नियुक्तायां स ज्ञेयो दिधिषूपतिः॥१७३॥

मुक्ता०:—मृतस्य भ्रातुर्वक्ष्यमाणनियोगधर्मेणापि नियुक्तायां भार्यायां सकृत्सकृदृतावृतावित्यादिविधिं हित्वा कामेनानुरागं भावयेदाश्लेषचुम्बनादि कुर्यादसकृद्वा प्रवर्तेत स दिधिषूपतिर्ज्ञातव्यः। अतः श्राद्धनिषिद्धपात्रमध्यपाठादस्यापि हव्यकव्य-पात्रयोनिषेधः कल्पनीयः॥१७३॥

He, who, otherwise than under an appointment of begetting a son on her, visits the widow of his deceased elder brother, out of passion, is called the husband of a deceased elder brother's widow. (173)

परदारेषु जायेते द्वौ सुतौ कुण्डगोलकौ।
पत्यौ जीवति कुण्डः स्यान्मृते भर्तरि गोलकः॥१७४॥

मुक्ता०:–परदारेषु कुण्डगोलकाख्यौ द्वौ सुतावुत्पद्येते। तत्र जीवत्पतिकायामुत्पन्नः कुण्ड मृतपतिकायां च गोलकः॥१७४॥

Sons begotten by a man on another's wife are called either *Kuṇḍas or Golakas*. The son of a woman, born in adultery, during the life time of her lawful husband, is called a Kuṇḍa while a son begotten on a widow after the demise of her husband is called a *Golaka*. (174)

तौ तु जातौ परक्षेत्रे प्राणिनौ प्रेत्य चेह च।
दत्तानि हव्यकव्यानि नाशयेते प्रदायिनाम्॥१७५॥

मुक्ता०:–ते परभार्यायां जाताः कुण्डाद्या दृष्टानुपयोगात्प्राणिन इति व्यपदिष्टाः। प्राणिनौ ब्राह्मणत्वेऽपि तत्कार्याभावात्प्रेत्य फलाभावात्परलोके चानुषङ्गिककीर्त्यादिफलाभावाद्दत्तानि हव्यकव्यानि प्रेत्य फलाभावादिह कीर्तेरभावान्नाशयेते नाशयतः, प्रदायिभिर्दत्तानि हव्यकव्यानि निष्फलानि कुर्वन्ति॥१७५॥

Śrāddha oblations offered to either of these two kinds of sons, (infetuously) begotten on another man's wife, destroy all the merits of their donors (both in this world and the next). (175)

अपाङ्क्त्यो यावतः पाङ्क्त्यान् भुञ्जानाननुपश्यति।
तावतां न फलं प्रेत्य दाता प्राप्नोति बालिशः॥१७६॥

मुक्ता०:–सद्भिः सहैकपङ्क्त्यां भोजनानर्हः स्तेनादिर्यत्संख्यान्भोजनार्हान्पश्यति तावत्संख्यानां भोजनस्य फलं तत्र श्राद्धे दाता न प्राप्नोति, बालिशोऽज्ञः। अतस्तेनादिर्यथा न पश्यति तथा कर्तव्यम्॥१७६॥

If a *Brāhmaṇa*, unfit to be invited to a Śrāddha repast Apāṅkteya) sees a number of competent Brāhmaṇas eating their meal (in connection there with), the unfortunate giver of the repast is deprived of the merit of feeding that number of Brāhmaṇas, seen eating by the Apāṅkteya one. (176)

वीक्ष्यान्धो नवतेः काणः षष्टेः श्वित्री शतस्य तु।
पापरोगी सहस्रस्य दातुर्नाशयते फलम्॥१७७॥

मुक्ता०:—अन्वस्य वीक्षणासंभवाद्वीक्षणयोग्यदेशसंनिहितोऽसौ पाङ्क्यानां नवतेर्भोजनफलं नाशयति, एवं काण: षष्टे: श्वेतकुष्ठी शतस्य, पापरोगी रोगराजोपहत: सहस्रस्येत्यन्धादिसन्निधिनिरासार्थं वचनम्। गुरुलघुसंख्याभिधानं चेह संख्योपचये दोषगौरवं तत्र च प्रायश्चित्तगौरवमिति, दर्शयितुम्।।१७७।।

[In the event of the dinner being] thus looked at by a completely blind *Apāṅkteya*, the giver of the repast is deprived of that much merit as is acquired by feeding ninety Brāhmaṇas; looked at by one, blind in the one eye, he is robbed of the merit which is acquired by feeding sixty Brāhmaṇas; looked at by a leper (leucodermic Brāhmaṇa) or by one afflicted with a sinful malady, he is robbed of the merit which is acquired by feeding a hundred or a thousand Brāhmaṇas. (177)

यावत: संस्पृशेदङ्गैर्ब्राह्मणाञ्छूद्रयाजक:।
तावतां न भवेद्दातु: फलं दानस्य पौर्तिकम्।।१७८।।

मुक्ता०:—शूद्रस्य यज्ञादावृत्विग्यावत्संख्यान् ब्राह्मणान्स्पृशति "आसनेषूपक्कृप्तेषु" (अ. ३ श्लो. २०८) इत्यासनभेदस्य वक्ष्यमाणत्वान्मुख्यस्पर्शासंभवे यावतां श्राद्धभोजिनां पङ्क्तावुपविशति तावतां संबन्धि पौर्तिकं फलं श्राद्धीयं दातुर्न भवति। तावतां पौर्तिकं फलं बहिर्वेदिदानाच्च यत्फलं तत्र भवति इति मेधातिथिगोविन्दराजौ। अतस्तयैव निन्दया निषिद्धगणापठितस्यापि शूद्रयाजकस्य भोजननिषेध: कल्प्यते।।१७८।।

If a *Brāhmaṇa,* who is the priest of Śūdras, touches with his limbs any number of worthy Brāhmaṇas, eating a *Śrāddha* repast in the same row with him, the giver of the repast is deprived of the merit of feeding the Brāhmaṇas so touched (by the priest of Śūdras). (178)

प्रसङ्गाच्च शूद्रयाजकप्रतिग्रहं निषेधयति, लाघवार्थमन्यत्र निषेधकरणे शूद्रयाजकशब्दोच्चारणं कर्तव्यं स्यात्–

वेदविच्चापि विप्रोऽस्य लोभात्कृत्वा प्रतिग्रहम्।
विनाशं व्रजति क्षिप्रमामपात्रमिवाम्भसि।।१७९।।

मुक्ता०:—वेदज्ञोऽपि ब्राह्मण: शूद्रयाजकस्य लोभात्प्रतिग्रहं कृत्वा शीघ्रं शरीरादिना विनाशं गच्छति। सुतरामवेदवित्। अपक्वमृन्मयशरावादिकमिवोदके।।१७९।।

Even a Veda-knowing Brāhmaṇa who has accepted out of greed (any gift from a *Brāhmaṇa* who serves as the priest of Śūdras, shall meet his doom, like an unbaked clay-pot (immersed) in water. (179)

सोमविक्रयिणे विष्ठा भिषजे पूयशोणितम्।

नष्टं देवलके दत्तमप्रतिष्ठं तु वार्धुषौ॥१८०॥

मुक्ता०:–सोमविक्रयिणे यद्दत्तं तद्दातुर्भोजनार्थं विष्ठा संपद्यते। जन्मान्तरे विष्ठाभोजिनां जातौ जायत इत्यर्थः। एवं पूयशोणितेऽपि व्याख्येयम्। नष्टं नाशभागितया निष्फलं विवक्षितम्। अप्रतिष्ठमनाश्रयतया निष्फलमेव॥१८०॥

A gift made unto a (Brāhmaṇa) seller of Soma plant is like unto excreta, a gift made unto a professional physician is like unto pus and blood. Destroyed is the gift which is made to a paid worshipper of a village deity (Devala) while that which is given to a usurer (Brāhmaṇa) cannot stand before the deity. (180)

यत्तु वाणिजके दत्तं नेह नामुत्र तद्भवेत्।

भस्मनीव हुतं हव्यं तथा पौनर्भवे द्विजे॥१८१॥

मुक्ता०:–वाणिजकाय यद्दत्तं श्राद्धे तन्नेहानुषङ्गिककीर्त्यादिफलाय, नापि पारलौकिकफलाय भवति। पुनर्भूपुत्राय तद्भस्महुतहविःसमम्। निष्फलमित्यर्थः॥१८१॥

The gift made to a trader (Brāhmaṇa) is of no benefit either here or hereafter. Like libations of clarified butter cast in the ashes is the gift made to a Brāhmaṇa who is the son of a faithless widow, born after her husband's demise. (181)

इतरेषु त्वपाङ्क्त्येषु यथोद्दिष्टेष्वसाधुषु।

मेदोसृङ्मांसमज्जास्थि वदन्त्यन्नं मनीषिणः॥१८२॥

मुक्ता०:–इतरेभ्यो विशेषेणानुक्तफलेभ्यः पङ्क्तिभोजनानर्हेभ्यः स्तेनादिभ्यो यथाकीर्तितेभ्यो यद्दत्तमन्नं तद्दातुर्भोजनार्थं मेदोरुधिरमांसमज्जास्थि भवतीति पण्डिता वदन्ति। अत्रापि जन्मान्तरे मेदःशोणितादिभुजां जातिषु जायन्त इत्यर्थः॥१८२॥

Oblations offered to the *manes* and deities, if they are given; to the aforesaid impious and condemnable Brāhmaṇas who are not fit to be invited to a *Śrāddha* repast, are like unto blood, fat, flesh, marrow, bones etc., this is what the wise men say. (182)

अपाङ्क्त्योपहता पङ्क्तिः पाव्यते यैर्द्विजोत्तमैः।
तान्निबोधत कात्स्न्र्येन द्विजाग्र्यान्पङ्क्तिपावनान्॥१८३॥

मुक्ता०:—एकपङ्क्त्युपविष्टस्तेनादिदूषिता पङ्क्तिर्यैर्ब्राह्मणैः पवित्रीक्रियते तान्पवित्रीकारकान्ब्राह्मणानशेषेण शृणुत। निषेधादेकपङ्क्तिभोजनासंभवेऽपि स्तेनादीनां रहस्यकृताज्ञातदोषविषयत्वेन साधकतास्य वचनस्य॥१८३॥

Hear me speak in detail of those foremost of Brāhmaṇas whose presence sanctifies a row (of diners) in a *Śrāddha* repast which has been sullied by the presence of an *Apāṅkteya Brāhmaṇa*, (not fit to sit in the row). (183)

अग्र्याः सर्वेषु वेदेषु सर्वप्रवचनेषु च।
श्रोत्रियान्वयजाश्चैव विज्ञेयाः पङ्क्तिपावनाः॥१८४॥

मुक्ता०:—सर्वेषु वेदेषु चतुर्ष्वप्यग्र्याः श्रेष्ठाः सम्यग्गृहीतवेदा ब्राह्मणः पङ्क्तिपावनाः। अतएव यमः पङ्क्तिपावनगणनायां "चतुर्वेदविदे चैव" इति पठितवान्। तथा प्रकर्षेणैवोच्यते वेदार्थ एभिरिति प्रवचनान्यङ्गानि तेष्वप्यग्र्याः षडङ्गविदस्ते च चतुर्वेदिनोऽपि पङ्क्तिपावनाः। न्यायविच्च षडङ्गविदिति पङ्क्तिपावनामध्ये यमेन पृथक्पठितत्वात्। तथा छन्दसां शुद्धदशपुरुषं इत्युशनोवचनाद्दशपुरुषपर्यन्तमविच्छिन्नवेदसंप्रदायवंशजाः पङ्क्तिपावनाः॥१८४॥

Those (Brāhmaṇas) who are foremost (*i.e.* well read) in all the *Vedas and Vedāṅgas*, and whose ten ancestors were well conversant with the Vedas, are called sanctifiers of the row (Paṅktipāvanas). (184)

त्रिणाचिकेतः पञ्चाग्निस्त्रिसुपर्णः षडङ्गवित्।
ब्रह्मदेयात्मसन्तानो ज्येष्ठसामग एव च॥१८५॥

मुक्ता०:—त्रिणाचिकेतोऽध्वर्युवेदभागस्तद्व्रतं च, तद्योगात्पुरुषोऽपि त्रिणाचिकेतः। पञ्चाग्निरग्निहोत्री। तथाच हारीतः- "पवनः पावनस्त्रेता यस्य पञ्चाग्नयो गृहे। सायंप्रातः प्रदीप्यन्ते स विप्रः पङ्क्तिपावनः॥" पवन आवसथ्याग्निः, पावनः सभ्योऽग्निः शीतापनोदाद्यर्थं बहुषु देशेष्वपि विधीयते। त्रिसुपर्णो बह्वृचां वेदभागस्तद्व्रतं च, तद्योगात्पुरुषोऽपि त्रिसुपर्णः। षडङ्गानि शिक्षादीनि यो व्याचष्टे स षडङ्गवित् सर्वप्रवचनेन षडङ्गाध्येतोक्तः। ब्रह्मदेया ब्राह्मविवाहोढा तस्या आत्मसंतानः पुत्रः। ज्येष्ठसामान्यारण्यके गीयन्ते तेषां गाता। एते षट् विज्ञेयाः पङ्क्तिपावना इत्युत्तरश्लोकेन संबन्धः॥१८५॥

He who has taken the vow of reading the Triñāciketa, or the three Suparṇas, or has studied the six allied subjects of *Vedic* study, or sings the *Jyeṣṭha Sāman*, or keeps the five sacred fires, or is the offspring of a marriage celebrated in the *Brahma form* (is a sanctifier of the row). (185)

वेदार्थवित्प्रवक्ता च ब्रह्मचारी सहस्रदः।
शतायुश्चैव विज्ञेया ब्राह्मणाः पङ्क्तिपावनाः॥१८६॥

मुक्ता०:—अनधीत्यापि वेदाङ्गानि गुरूपदेशधिगतवेदार्थः, प्रवक्ता वेदार्थस्यैव, ब्रह्मचारी प्रथमाश्रमी, सहस्रद इति देयविशेषानुपादानेऽपि "गावो वै यज्ञस्य मातरः" इत्यादिविशेषप्रवृत्तश्रुतिदर्शनाद्गोसहस्रदाता बहुप्रदो वा। शतायुः शतवर्षवयाः। श्रोत्रियायैव देयानीति नियमात्सति श्रोत्रियत्वे उक्तगुणयोगात्पङ्क्तिपावनत्वम्॥१८६॥

A knower of the *Vedas*, an expositor of Vedic doctrines, a religious student, a maker of many gifts, and a centenarian, should be known as sanctifiers of the row. (186)

पूर्वेद्युरपरेद्युर्वा श्राद्धकर्मण्युपस्थिते।
निमन्त्रयेत त्र्यवरान्सम्यग्विप्रान्यथोदितान्॥१८७॥

मुक्ता०:—श्राद्धकर्मणि प्राप्ते श्राद्धहात्पूर्वदिने तदसंभवे श्राद्धदिन एवोक्तलक्षणान्ब्राह्मणान्सम्यगतिसत्कृत्य निमन्त्रयेत्। त्रयोऽवरा न्यूना येषां ते त्र्यवराः न तु तावत एव। एकैकमपीत्युक्तेः॥१८७॥

On the occasion of a *Śrāddha* at least three Brāhmaṇas possessing the aforesaid qualifications should be respectfully invited on the day of the ceremony, or on the previous day. (187)

निमन्त्रितो द्विजः पित्र्ये नियतात्मा भवेत्सदा।
न च छन्दांस्यधीयीत यस्य श्राद्धं च तद्भवेत्॥१८८॥

मुक्ता०:—श्राद्धे निमन्त्रितो ब्राह्मणो निमन्त्रणादारभ्य श्राद्धाहोरात्रं यावन्मैथुननिवृत्तिसंयमनियमवान्स्यात्। अवश्यकर्तव्यजपादिवर्जं वेदाध्ययनं च न कुर्यात्। श्राद्धकर्तापि तथैव स्यात्॥१८८॥

A *Brāhmaṇa*, on being invited to a repast given in connection with a *Śrāddha* offering to the manes, shall observe perfect ontinence and refrain from studying the Vedas, the celebrant of the *Śrāddha ceremony* shall as well observe the same (rules of) conduct. (188)

निमन्त्रितान्हि पितर उपतिष्ठन्ति तान्द्विजान्।
वायुवच्चनुगच्छन्ति तथासीनानुपासते॥१८९॥

मुक्ता०:—पूर्वनियमविधेरयमनुवादः। यस्मात्तान्ब्राह्मणन्निमन्त्रितानदृश्यरूपेण पितरोऽधितिष्ठन्ति, प्राणवायुवद्गच्छतोऽनुगच्छन्ति, तथोपविष्टेषु तेषु समीप उपविशन्ति, तस्मान्नियता भवेयुः॥१८९॥

The *manes* do invisibly enter the persons of *Brāhmaṇas* invited (on the occasion of a Śrāddha), follow them like the air, and sit by them when they are seated. (189)

केतितस्तु यथान्यायं हव्यकव्ये द्विजोत्तमः।
कथंचिदप्यतिक्रामन्पापः सूकरतां व्रजेत्॥१९०॥

मुक्ता०:—हव्यकव्ये यथाशास्त्रं निमन्त्रितो ब्राह्मणः स्वीकृत्य केनापि प्रकारेण भोजनमकुर्वाणस्तेन पापेन जन्मान्तरे सूकरो भवति॥१९०॥

Even the foremost of Brāhmaṇas, who having accepted an invitation (to a Śrāddha repast), wilfully violates his pledge (to attend it), is sure to incur sin, and will be reborn as a hog in his next birth. (190)

"नियतात्मा भवेत्सदा" (अ. ३ श्लो. १८८) इत्यनेन मैथुननिषेधे कृतेपि वृषलीगमनस्याधिकदोषज्ञापनायाह-

आमन्त्रितस्तु यः श्राद्धे वृषल्या सह मोदते।
दातुर्यद्दुष्कृतं किञ्चित्तत्सर्वं प्रतिपद्यते॥१९१॥

मुक्ता०:—वृषली शूद्रा तत्र मूढत्वाच्छ्राद्धे निमन्त्रितः सन् यो वृषल्या सार्धं स्त्रीपुंसधर्मेण सुरतादिना रमते स दातुर्यत्पापं तत्प्राप्नोति। पापोत्पत्तिमात्रं विवक्षितम्। अन्यथा दातर्यपापे पापं न जायते। नचेदं दातुः प्रायश्चित्ततया विहितं येनासौ पापान्मुच्यते। मेधातिथिगोविन्दराजौ तु सामान्येन ब्रह्मचर्यस्य विधानाद्वृषस्यन्ती चलपयति भर्तारमिति योगाश्रयणेन श्राद्धभोक्तुरूढा ब्राह्मण्यपि वृषल्यभिमतात्रेत्याहतुः॥१९१॥

He, who having been invited to a *Śrāddha* repast, sexually knows a *Śūdra* wife, is associatedd with all the sin done by the giver of the repast. (191)

अक्रोधनाः शौचपराः सततं ब्रह्मचारिणः।
न्यस्तशस्त्रा महाभागाः पितरः पूर्वदेवताः॥१९२॥

मुक्ता०:—क्रोधरहिता:, बहि:शौचं मृद्वारिभ्यामन्त:शौचं रागद्वेषादित्यागस्तद्युक्ता:, सर्वदा स्त्रीसंयोगादिशून्या:, त्यक्तयुद्धा:, दयाद्यष्टगुणयोगो महाभागता तद्वन्त:, अनादिदेवतारूपा: पितरस्तस्मात्क्रोधादिरहिते भोक्त्रा कर्त्रा च भवितव्यम्।।१९२।।

The manes are wrathless, cleanly (in their habits) and magnanimous are prior to the gods, and have laid aside their arms. (192)

यस्मादुत्पत्तिरेतेषा: सर्वेषामप्यशेषत:।
ये च यैरुपचर्या: स्युर्नियमैस्तान्निबोधत।।१९३।।

मुक्ता०:—एषां सर्वेषां पितॄणां यस्मादुत्पत्तिर्ये च पितरो यैर्ब्राह्मणादिभिर्यैर्नियमै: शास्त्रोक्तकर्मभिरुपचरणीया भवेयुस्तान्साकल्येन शृणुत ।।१९३।।

The source of their manes' origin, those who constitute this region of the manes, and the mode of worshipping their Pitris (progenitors) now hear me describe in detail. (193)

मनोर्हैरण्यगर्भस्य ये मरीच्यादय: सुता:।
तेषामृषीणां सर्वेषां पुत्रा: पितृगणा: स्मृता:।।१९४।।

मुक्ता०:—हिरण्यगर्भापत्यस्य मनोर्ये मरीच्यादय: पुत्रा: पूर्वमुक्ता: "मरीचिरत्र्यङ्गिरसौ" (अ. १ श्लो. ३५) इत्यादिना तेषामृषीणां सर्वेषां सोमपादय: पितृगणा: पुत्रा मन्वादिभि: स्मृता:।।१९४।।

The Pitṛs are the sons of Ṛṣis, Marīci, etc., who are the sons of Manu, the son the Hiraṇyagarbha. (194)

विराट्सुता: सोमसद: साध्यानां पितर: स्मृता:।
अग्निष्वात्ताश्च देवानां मारीचा लोकविश्रुता:।।१९५।।

मुक्ता०:—विराट्सुता: सोमसदो नाम साध्यानां पितर:। अग्निष्वात्ता मरीचे: पुत्रा लोक विख्याता देवानां पितर:।।१९५।।

Of these *Somaṣadas*, the sons of *Virāṭ*, are the manes of *Sādhyas; and Agniṣattas*, the sons of *Marīci*, who are renowned in the three regions, are the manes of the deities. (195)

दैत्यदानवयक्षाणां गन्धर्वोरगरक्षसाम्।
सुपर्णकिन्नराणां च स्मृता बर्हिषदोऽत्रिजा:।।१९६।।

मुक्ता०:—दैत्यादिनां प्रथमाध्यायोदितभेदानामत्रिपुत्रा बर्हिषदो नाम पितरः स्मृताः॥१९६॥

Barhiṣadas, the sons of *Atri*, are the manes of *Dāityas, Dānavas, Gandharvas,* serpents, *Rākṣasas, Kinnaras* and birds. (196)

सोमपा नाम विप्राणां क्षत्रियाणां हविर्भुजः।
वैश्यानामाज्यपा नाम शूद्राणां तु सुकालिनः॥१९७॥

मुक्ता०:—ब्राह्मणप्रभृतीनां चतुर्णां वर्णानां सोमपाप्रभृतयश्चत्वारः पितरः स्मृताः॥१९७॥

Sompas (Soma-drinkers) are the manes of Brāhmaṇas, *Havirbhujas* (eaters of oblations) are those of Kṣatriyas, *Ajyapas* (drinkers of clarified butter) are the manes of Vaiśyas, and *Sukālinas* are the manes of Śūdras. (197)

सोमपास्तु कवेः पुत्रा हविष्मन्तोऽङ्गिरःसुताः।
पुलस्त्यस्याज्यपाः पुत्रा वसिष्ठस्य सुकालिनः॥१९८॥

मुक्ता०:—कवेर्भृगोः सोमपाः पुत्राः। हविर्भुज एव हविष्मन्तोऽङ्गिरसः पुत्राः। आज्यपाः पुलस्त्यसुताः। सुकालिनो वसिष्ठसुताः॥१९८॥

The sons of the celestial bard (Bhṛgu) are called *Sompās*, the sons of *Aṅgirā* are called Havirbhujas, Ajyapās are the sons of *Pulastya,* and Sukālinas are the sons of *Vaśiṣtha.* (198)

अग्निदग्धानग्निदग्धान्काव्यान्बर्हिषदस्तथा।
अग्निष्वात्तांश्च सौम्यांश्च विप्राणामेव निर्दिशेत्॥१९९॥

मुक्ता०:—अग्निदग्धानग्निदग्धकाव्यबर्हिषग्निष्वात्तसौम्याख्यान्परान्पितॄन्विप्राणमेव जानीयात्॥१९९॥

Agnidagdhās Anagnidagdhās (lit. not burnt in fire), *Kāvyas, Barhiṣadas, Agniṣattās and Saumyās* shouldd be known as the manes of Brāhmaṇas. (199)

य एते तु गणा मुख्याः पितॄणां परिकीर्तिताः।
तेषामपीह विज्ञेयं पुत्रपौत्रमनन्तकम्॥२००॥

मुक्ता०:–य एते प्रधानभूताः पितृगणा उक्तास्तेषामपीह जगति पितर एव पुत्रपौत्रा अनन्ता विज्ञेयाः। पुत्रपौत्रमिति "गवाश्वप्रभृतीनि च" (पा. सू. २।४।११) इत्येकवद्भावः एतच्छ्लोकसूचिता एव "वरो वरेण्यः" इत्यादयोऽन्येऽपि पितृगणा मार्कण्डेयादिपुराणादिषु श्रूयन्ते।।२००।।

Thus the principal ones among the manes have been described infinite are their sons and grand-sons in the universe. (200)

ऋषिभ्यः पितरो जाताः पितृभ्यो देवमानवाः।

देवेभ्यस्तु जगत्सर्वं चरं स्थाण्वनुपूर्वशः।।२०१।।

मुक्ता०:–ऋषिभ्यो मरीच्यादिभ्य उक्तक्रमेण पितरो जाताः। पितृभ्यो देवमानवा जातादेवेभ्यश्चजङ्गमस्थावरं जगत्क्रमेण जातम्। तस्मात्सोमपादिप्रभवत्वात्स्वपितृपितामहप्रः पितामहानामेषां श्राद्धे पूजनीयाः सोमपादयो पूजिताः सन्तः श्राद्धफलदानाय कल्पन्त इति। प्रकृतश्च पित्रादिश्राद्धस्तुत्यर्थोऽयं सोमपादिपितृगणोपन्यासः। अथवा आवाहनकाले निजपित्रादयो ब्राह्मणादिभिः सोमपादिरूपेण ध्येयाः। एवंव्यवस्थाज्ञानवमनुष्ठानपरता च स्यात्।।२०१।।

From the Ṛṣis have originated the Pitṛs (manes) and from the manes have sprung the races of demons and divinities, and from the deities have originated all things in the order of immobile, mobile, and so on. (201)

राजतैर्भाजनैरेषामथो वा राजतान्वितैः।

वार्यपि श्रद्धया दत्तमक्षयायोपकल्पते।।२०२।।

मुक्ता०:–एषां पितृणां रूप्यमयपात्रैः रूप्ययुक्तैर्वा ताम्रादिपात्रैर्जलमपि श्रद्धया दत्तमक्षयसुखहेतुः संपद्यते किं पुनः प्रशस्तपायसादीति।।२०२।।

Water, reverentially offered to the *manes* in a silver vessel, or in a vessel plated with silver, gives them infinite satisfaction. (202)

देवकार्याद्द्विजातीनां पितृकार्यं विशिष्यते।

दैवं हि पितृकार्यस्य पूर्वमाप्यायनं श्रुतम्।।२०३।।

मुक्ता०:–देवानुद्दिश्य यत्क्रियते तद्देवकार्यम्। ततः पितृकार्यं द्विजातीनां विशेषेण कर्तव्यमुपदिश्यते। अनेन पितृश्राद्धस्य प्राधान्यं, दैवं तत्राङ्गमित्याह। एतदेव स्पष्टयति। यतो दैवं कर्म पितृकृत्यस्य पूर्वं सदाप्यायनं स्मृतम्।।२०३।।

The performance of *Pitṛ Śrāddhas* (i.e., Śrāddhas offered to the manes) is more specifically obligatory on the twice born ones than the performance of *Daiva Śrāddhas* (i.e. Śrāddha offerings made to the deities). A Daiva Śrāddha is held only as prelude to a Pitri Śrāddha (ceremony). (203)

तेषामारक्षभूतं तु पूर्वं दैवं नियोजयेत्।

रक्षांसि हि विलुम्पन्ति श्राद्धमारक्षवर्जितम्॥२०४॥

मुक्ता०:—आरक्षो रक्षा तेषां पितृणां रक्षाभूतं दैवं विश्वेदेवब्राह्मणं पूर्वं निमन्त्रयेत्। यस्माद्रक्षावर्जितं श्राद्धं राक्षसा आच्छिन्दन्ति॥२०४॥

For the protection of a *Pitṛ Śrāddha* ceremony it should be preceded by a Daiva Śrāddha offering. A *Śrāddha* not protected in the manner, is destroyed by monsters. (204)

दैवाद्यन्तं तदीहेत पित्राद्यन्तं न तद्भवेत्।

पित्राद्यन्तं त्वीहमानः क्षिप्रं नश्यति सान्वयः॥२०५॥

मुक्ता०:—यत एवमतः तच्छ्राद्धं दैवाद्यन्तं दैवे कर्मणि आद्यन्तावारम्भावसाने यस्य तत्तथा। एतेनेदमुक्तं निमन्त्रणादि सर्वं दैवपूर्वं, विसर्जनं तु देवानां शेषे। अतएव देवलः- "यत्तत्र क्रियते कर्म पैतृके ब्राह्मणान्प्रति। तत्सर्वं तत्र कर्तव्यं वैश्वदेविकपूर्वकम्॥" नतु तच्छ्राद्धं पित्रुमक्रमावसानं पित्राद्यन्तं तदनुतिष्ठन्ससंतानः शीघ्रं विनश्यति॥२०५॥

Hence the *Viśvedevas* should be invoked at the outset, and formally bid adieu at the close, of a Pitṛ Śrāddha ceremony, the *manes* should not be invoked or dismissed in a Śrāddha before the invocation and dismissal of the Viśvedevas. He perisheth with his progeny who invites the Brāhmaṇas or dismisses the *Brāhmaṇa* representatives of his manes in a *Śrāddha ceremony* without first worshipping the Viśvedevas (as directed above). (205)

शुचिं देशं विविक्तं च गोमयेनोपलेपयेत्॥

दक्षिणाप्रवणं चैव प्रयत्नेनोपपादयेत्॥२०६॥

मुक्ता०:—अस्थ्यङ्गाराद्यनुपहतं देशं निर्जनं च गोमयेनोपलेपयेत्। दक्षिणादिगवनतं च प्रयत्नतः संपादयेत्॥२०६॥

Let him seek out a solitary and holy plot of land for the

performance of a *Śrāddha* (thereon) and plaster it with *cowdung;* the ground must be (artifically) made to slope towards the south, if it is not so by nature. (206)

अवकाशेषु चोक्षेषु नदीतीरेषु चैव हि।
विविक्तेषु च तुष्यन्ति दत्तेन पितरः सदा॥२०७॥

मुक्ता०:—चोक्षाः स्वभावशुचयोऽरण्यादिप्रदेशास्तेषु नद्यादितीरेषु तथा निर्जनप्रदेशेषु दत्तेन श्राद्धादिना सर्वदा पितरस्तुष्यन्ति॥२०७॥

Śrāddhas offered to the *manes* on river banks, in solitary places in recesses of forests, etc., satisfy them to the greatest degree. (207)

आसनेषूपक्लृप्तेषु बर्हिष्मत्सु पृथक्पृथक्।
उपस्पृष्टोदकान् सम्यग्विप्रांस्तानुपवेशयेत्॥२०८॥

मुक्ता०:—तत्र च देशे आसनेषु पृथक्पृथग्विन्यस्तेषु सकुशेषु प्रागामन्त्रितब्राह्मणान्सम्यकृतस्नानाचमनानुपवेशयेत्। अत्र देवब्राह्मणासने कुशद्वयम्, पित्रासनेषु च प्रत्येकं दक्षिणाग्र एकः कुशो देयः। तदाह देवलः-"ये चात्र विश्वेदेवानां विप्राः पूर्वनिमन्त्रिताः। प्राङ्मुखान्यासनान्येषां द्विदर्भोपहितानि च॥ दक्षिणामुखयुक्तानि पितृणामासनानि च। दक्षिणाग्रैकदर्भाणि प्रोक्षितानि तिलोदकैः॥" दक्षिणामुख युक्तानि दक्षिणाग्राणि। अग्रं काण्डमूलापेक्षया॥२०८॥

There, after they have bathed and duly sipped water, the invited Brāhmaṇas shall be seated, each on a separate cushion containing *Kuśa grass*. (208)

उपवेश्य तु तान्विप्रानासनेष्वजुगुप्सितान्।
गन्धमाल्यैः सुरभिभिरर्चयेद्देवपूर्वकम्॥२०९॥

मुक्ता०:—तान्विप्रानमन्त्रितानासनेषूपवेश्य कुङ्कुमादिगन्धमाल्यधूपादिभिः स्पृहणीयगन्धैर्देवपूर्वकमर्चयेत्॥२०९॥

Thus having seated these commendable *Brāhmaṇas* on comfortable cushions, they should be worshipped with the offering of saffron, sandal paste, and garlands of sweet smelling flowers, those who represent the deities being first worshipped, and after them, the representatives of the *manes.* (209)

तेषामुदकमानीय सपवित्रांस्तिलानपि।

अग्नौ कुर्यादनुज्ञातो ब्राह्मणो ब्राह्मणैःसह॥२१०॥

मुक्ता०:—तेषां ब्राह्मणानामर्घोदकपवित्रीतिलान्संमिश्रान्कृत्वा तैर्ब्राह्मणैः सहानुज्ञातोऽग्नौ वक्ष्यमाणं होमं कुर्यात्। अनुज्ञासामर्थ्याच्च प्रार्थनापि पूर्वं कर्तव्या। सा च स्वगृह्यानुसारेण करवाणि करिष्य इत्यादिका। अनुज्ञापि ओमित्येवंरूपा कुरुष्वेति वा॥२१०॥

Then having offered the water of veneration (arghya) containing sesame and *Kuśa grass*, he shall, with their permission, make *fire offerings* in the following manner. (210)

अग्नेः सोमयमाभ्यां च कृत्वाप्यायनमादितः।

हविर्दानेन विधिवत्पश्चात्संतर्पयेत्पितॄन्॥२११॥

मुक्ता०:—अग्नेः सोमयमयोश्च विधिवत्पर्युक्षणादिपूर्वं हविर्दानेन प्रीणनमादौ कृत्वा पश्चादन्नादिना पितृंस्तर्पयेत्। सोमयमयोर्द्वन्द्वनिर्देशेऽपि पृथगेव देवतात्वम्। सहादिशब्दप्रायोगाभावात्। यत्र साहित्यं विवक्षितं तत्र सहादिशब्दं करोतीत्युक्तं प्राक्॥२११॥

At the outset let him satisfy *Agni, Soma, and Yama* with libations of clarified butter, and after that offer oblations unto his manes. (211)

अग्न्यभावे तु विप्रस्य पाणावेवोपपादयेत्।

यो ह्यग्निः स द्विजो विप्रैर्मन्त्रदर्शिभिरुच्यते॥२१२॥

मुक्ता०:—अग्न्यभावे पुनर्ब्राह्मणहस्त एवोक्ताहुतित्रयं दद्यात्। यस्माद्य एवाग्निः स एव ब्राह्मण इति वेदविद्भिर्ब्राह्मणैरुक्तः। अग्न्यभावश्चानुपनीतस्य संभवति। उपनीतस्य समावृत्तस्य च पाणिग्रहणात्पूर्वं, मृतभार्यस्य वा॥२१२॥

In the absence of the sacred fire, let him (the celebrant) offer the oblations on the hands of the *Brāhmaṇas*. "Fire is the Brāhmaṇa," thus Brāhmaṇas, well versed in the *Vedas*, have said. (212)

अक्रोधनान्सुप्रसादान्वदन्त्येतान्पुरातनान्।

लोकस्याप्यायने युक्ताञ्छ्राद्धदेवान्द्विजोत्तमान्॥२१३॥

मुक्ता०ः—क्रोधशून्यान्सुप्रसादान्प्रसन्नमुखान्प्रवाहानादितया पुरातनान् "अग्नौ प्रास्ताहुतिः (अ. ३ श्लो. ७६) इति न्यायेन लोकवृद्धय उद्युक्तान्श्राद्धपात्रभूतान्मन्वादयो वदन्ति। तस्माद्देवतुल्यत्वाच्छ्राद्धं ब्राह्मणस्य हस्ते दातव्यमिति पूर्वविध्यनुवादः॥२१३॥

The foremost of the twice born ones (Brāhmaṇas) devoid of all irascible feelings, ever graciously disposed, the oldest born in the economy of the universe, and pertpetually engaged to promote the weal of the world, have been described by the *Ṛṣis* as the proper recipient deities of *Śrāddha offering* (oblations). (213)

अपसव्यमग्नौ कृत्वा सर्वमावृत्य विक्रमम्।
अपसव्येन हस्तेन निर्वपेदुदकं भुवि॥२१४॥

मुक्ता०ः—अग्नौ पर्युक्षणाद्यङ्गमुक्तं अग्नौकरणहोमानुष्ठानक्रमपसव्यं दक्षिणसंस्थं कृत्वा ततोऽपसव्येन दक्षिणहस्तेन पिण्डाधारभूतायां भुव्युदकं क्षिपेत्॥२१४॥

All acts in connection with the fire-offering must be done by the offerer, seated in, or looking towards the south, with his right hand. He shall sprinkle water on the ground on which the oblation will be offered. (214)

त्रींस्तु तस्माद्धविःशेषात्पिण्डान्कृत्वा समाहितः।
औदकेनैव विधिना निर्वपेद्दक्षिणामुखः॥२१५॥

मुक्ता०ः—तस्मादग्न्यादिहोमादुद्धृतादन्नादुद्धृतावशिष्टास्त्रीन्पिण्डान्कृत्वा औदकेनैव विधिना दक्षिणहस्तेन समाहितोऽनन्यमना दक्षिणमुखस्तेषु दर्भेष्विति वक्ष्यमाणत्वाद्दर्भेषु दद्यात्॥२१५॥

Let him make three *Piṇḍas* (oblations) out of the remnants of oblations cast in the fire and facing the south with his whole soul bent thereon, let him offer the same on the Kuśa blade, with the *Pitṛ Tirtha* of his right hand. (215)

न्युप्य पिण्डांस्ततस्तांस्तु प्रयतो विधिपूर्वकम्।
तेषु दर्भेषु तं हस्तं निमृज्याल्लेपभागिनाम्॥२१६॥

मुक्ता०ः—विधिपूर्वकं स्वगृह्योक्तविधिना दर्भेषु तान्पिण्डान्दत्वा "दर्भमूलेषु करावघर्षणम्" इति विष्णुवचनाच्च तेषु दर्भेषु मूलदेशे हस्तं निर्लेपं कुर्यात्प्रपितामहपित्रादीनां त्रयाणां लेपभुजां तृप्तये॥२१६॥

Then having offered the *Piṇḍas* on the *Kuśa blades* conformably to the rales (of his own school of Gṛhya Regulation), let him rub his hand over the *Kuśa roots* for the satisfaction of his three generations of ancestors, starting with his great grand-father, in the ascending line who are fond of such pasty scrapings of oblations. (216)

अचाम्योदक्परावृत्य त्रिरायम्य शनैरसून्।

षड्ऋतूंश्च नमस्कुर्यात्पितृनेव च मन्त्रवित्॥२१७॥

मुक्ता०:—अनन्तरमुपस्पृश्योदङ्मुखो भूत्वा यथाशक्ति प्राणायामत्रयं कृत्वा "वसन्ताय नमस्तुभ्यम्" इत्यादिना षड्ऋतून्नमस्कुर्यात्। पितृंश्च "नमो वः पितर" इत्यादिमन्त्रयुक्तम् "अभिपर्यावृत्य" (अ. ४ खं ८) इति गृह्यदर्शनाद्दक्षिणामुखों नमस्कुर्यात्॥२१७॥

Then having directed his face towards the north, he must sip water, and gently practise three *Prāṇāyāmas,* and make obeisance to the six seasons of the year and to the *manes.* (217)

उदकं निनयेच्छेषं शनैः पिण्डान्तिके पुनः।

अवजिघ्रेच्च तान्पिण्डान्यथान्युप्तान्समाहितः॥२१८॥

मुक्ता०:—पिण्डदानात्पूर्वं पिण्डाधारदेशदत्तोदकशेषमुदकपात्रस्थं प्रतिपिण्ड-समीपदेशे क्रमेण पुनरुत्सृजेत्। तांश्च पिण्डान्यथान्युप्तान्येनैव क्रमेण दत्तांस्तेनैव क्रमेणावजिघ्रेत्। समाहितोऽनन्यमनाः॥२१८॥

The residue of water, contained in the water-vessels, shall be gently poured out near each of the Piṇḍas (oblations), and the Piṇḍas shall be smelled in the order in which they have been offered. (218)

पिण्डेभ्यस्त्वल्पिकां मात्रां समादायानुपूर्वशः।

तेनैव विप्रानासीनान्विधिवत्पूर्वमाशयेत्॥२१९॥

मुक्ता०:—अल्पिकेत्यन्नाल्पमात्रा अवयवभागाः पिण्डेषूत्पन्नानल्पभागान्पिण्ड-क्रमेणैव गृहीत्वा तेनैव पित्रादिब्राह्मणान्भोजनकाले भोजनात्पूर्वं भोजयेत्। विधिवत्पिण्डानुष्ठानवत्पितरमुद्दिश्य यः पिण्डो दत्तस्तदवयवं पितृब्राह्मणं भोजयेत्। एवं पितामहप्रपितामहपिण्डयोरपि॥२१९॥

After that, let him take a small portion from each of the oblations offered to the fathers, etc., and give them, first to the Brāhmaṇas, present, to eat. (219)

ध्रियमाणे तु पितरि पूर्वेषामेव निर्वपेत्।
विप्रवद्वापि तं श्राद्धे स्वकं पितरमाशयेत्॥२२०॥

मुक्ता०:—ध्रियमाणे जीवति पितरि मृतानां पितामहादित्रयाणां श्राद्धं कर्तव्यम्। अथवा पितृविप्रस्थाने तमेव स्वपितरं भोजयेत्। पितामहप्रपितामहयोश्च ब्राह्मणौ भोजयेत्पिण्डद्वयं च दद्यात्॥२२०॥

In the event of his father living, let him (the celebrant) offer *Śrāddhas* to his three ancestors preceding his father, or feed his own father instead of the *Brāhmaṇa*, who is usually appointed to represent him in the ceremony. (220)

पिता यस्य निवृत्तः स्याज्जीवेच्चापि पितामहः।
पितुः स नाम संकीर्त्यकीर्तयेत्प्रपितामहम्॥२२१॥

मुक्ता०:—नामकीर्तनमत्र श्राद्धोपलक्षणार्थम्। पितृजीवनापेक्षोऽयं वाशब्दः। यस्य पुनः पिता मृतः स्यात्पितामहे जीवति स पितृप्रपितामहयोः श्राद्धं कुर्यात्। गोविन्दराजस्तु "यस्य पितृप्रपितामहौ प्रेतौ स्यातां स पित्रे पिण्डं निधाय पितामहात्परं द्वाभ्यां दद्यादिति विष्णुवचनात्प्रपितामहतत्पितृभ्यां दद्यात्" इति व्याख्यातवान्॥२२१॥

But he, whose father is dead, but whose grand-father is alive, let him offer a *Śrāddha* first to his deceased father, and after that, to his departed great grand-father. (221)

पितामहो वा तच्छ्राद्धं भुञ्जीतेत्यब्रवीन्मनुः।
कामं वा समनुज्ञातः स्वयमेव समाचरेत्॥२२२॥

मुक्ता०:—यथा जीवत्पिता भोज्यस्तथा पितामहोऽपि पितामहब्राह्मणस्थाने भोज्यः। पितृप्रपितामहयोश्च ब्राह्मणभोजनं पिण्डदानं च कुर्यात्। यथावा जीवता पितामहेनक त्वमेव यथारुचि कुर्विति दत्तानुज्ञः स्वरुच्या पितामहं वा भोजयेत्। पितृप्रपितामहयोर्वा श्राद्धद्वयं कुर्यादिति विष्णुवचनात्पितृप्रपितामहवृद्धप्रपितामहानां श्राद्धत्रयं कुर्यात्॥२२२॥

A living grand-father can eat the oblation himself instead of the Brāhmaṇa representing him (in connection with a Śrāddha offered by his grandson), or the grandson may perform the ceremony in any way he likes with the permission of the grandfather. (222)

तेषां दत्त्वा तु हस्तेषु सपवित्रं तिलोदकम्।
तत्पिण्डाग्रं प्रयच्छेत स्वधैषामस्त्विति ब्रुवन्॥२२३॥

मुक्ता०:–"पिण्डेभ्यस्त्वल्पिकां मात्राम्" (अ. ३ श्लो. २१९) इति यदुक्तं तस्यायं कालविधिः प्रदेयविधिश्च तेषां ब्राह्मणानां हस्तेषु सदर्भतिलोदकं दत्त्वा तदिति पूर्वनिर्दिष्टं पिण्डाग्रं पित्रे स्वधास्त्वित्येवमादि ब्रुवन्पित्रादिब्राह्मणेभ्यस्त्रिभ्यः क्रमेण दद्यात्॥२२३॥

Then having given water and *Kuśa grass* in hands of the *Brāhmaṇas,* let him offer the first pickings from the oblations there on, by muttering the Mantra, oblation to the *manes* "(Pitṛ Svadhā)." (223)

पाणिभ्यां तूपसंगृह्य स्वयमन्नस्य वर्धितम्।
विप्रान्तिके पितृन्ध्यायञ्शनकैरुपनिक्षिपेत्॥२२४॥

मुक्ता०:–अन्नस्येति तृतीयार्थे षष्ठी। वर्धितं पूर्णं पिठरादिपात्रं स्वयं पाणिभ्यां गृहीत्वा पितृंश्च चिन्तयन्नसवन्त्यगारादानीय ब्राह्मणानां समीपे परिवेषणार्थमत्वरया स्थापयेत्॥२२४॥

There, carrying the plate of boiled rice with his hands, he, meditating on his departed ancestors, shall place it near the Brāhmaṇas for serving the boilded rice to them. (224)

उभयोर्हस्तयोर्मुक्तं यदन्नमुपनीयते।
तद्विप्रलुम्पन्त्यसुराः सहसा दुष्ट चेतसः॥२२५॥

मुक्ता०:–अधिकरणसप्तमीयम्। उभयोः करयोर्मुक्तमस्थितं यदन्नं ब्राह्मणन्तिकमानीयते तदसुरा दुष्टबुद्धय आच्छिन्दन्ति तस्मान्नैकहस्तेनानीय परिवेष्टव्यम्॥२२५॥

The boiled rice, contained in a plate which is not carried with the two hands, or is served out only with a single hand, is robbed by the malignant *Asuras* (demons). (225)

गुणांश्च सूपशाकाद्यान्पयो दधि घृतं मधु।
विन्यसेत्प्रयतः पूर्वं भूमावेव समाहितः॥२२६॥

मुक्ता०:–गुणान्व्यञ्जनानि, अन्नापेक्षयाऽप्राधान्याद्गुणयुक्तान्वा सूपशाकाद्यान्प्रयतः शुचिः समाहितः अनन्यमनाः सम्यक् यथा न विशीर्यन्ति तथा भूमावेव स्वपात्रस्थाने स्थापयेन्न दारुफलकादौ॥२२६॥

[Plates, containing] vegetable curries or soups, milk, curd, honey and clarified butter, must be carefully deposited on the ground before serving them to *Brāhmaṇas* out of the same. (226)

भक्ष्यं भोज्यं च विविधं मूलानि च फलानि च।
हृद्यानि चैव मांसानि पानानि सुरभीणि च॥२२७॥

मुक्ता०:—भक्ष्यं खरविशदमभ्यवहरणीयं मोदकादि, भोज्यं पायसादि, नानाप्रकारफलमूलानि, हृदयस्य प्रियाणि मांसानि, पानानि सुगन्धीनि भूमावेव विन्यसेदिति पूर्वेण संबन्धः॥२२७॥

Articles of confectionary, sweet porridge, edible roots, fruit, palatable preparations of meat, and aromatic cordials. (227)

उपनीय तु तत्सर्वं शनकैः सुसमाहितः।
परिवेषयेत प्रयतो गुणान्सर्वान्प्रचोदयन्॥२२८॥

मुक्ता०:—एतत्सर्वमन्नादिकं ब्राह्मणसमीपमानीय प्रयतः शुचिरनन्यमनाः क्रमेण परिवेषयेत्। इदं मधुरमिदमम्लमित्येवं माधुर्यादिगुणान्कथयन्॥२२८॥

These should be gradually brought near the Brāhmaṇas with undivided attention and served to them by commending the actual quantity served out at a time. (228)

नास्त्रमापातयेज्जातु न कुप्येन्नानृतं वदेत्।
न पादेन स्पृशेदन्नं न चैतदवधूनयेत्॥२२९॥

मुक्ता०:—रोदक्रोधमृषाभाषाणानि न कुर्यात्। पादेन चान्नं न स्पृशेत्। न चोत्क्षिप्योत्क्षिप्यान्नं पात्रे क्षिपेत्। पुरुषार्थतया प्रतिषिद्धयोरपि क्रोधानृतयोः श्राद्धाङ्गत्वज्ञापनार्थोऽयं निषेधः॥२२९॥

One must not shed tears at the time of serving out the dishes (to the Brāhmaṇas), nor give vent to anger, nor speak falsehood, nor scatter the boiled rice, not touch it with his feet. (229)

अस्त्रं गमयति प्रेतान्कोपोऽरीननृतं शुनः।
पादस्पर्शस्तु रक्षांसि दुष्कृतीनवधूननम्॥२३०॥

मुक्ता०:—अश्रु क्रियमाणं प्रेतान्भूतवेषान्श्राद्धान्नानि प्रापयति न पितॄणामुपकारकं भवति, क्रोधः शत्रून्, मृषावादः कुक्कुरान्, पादस्पर्शोऽन्नस्य राक्षसान्, अवधूननं पापकारिणः। तस्मान्न रोदनादि कुर्यात्॥२३०॥

Tears shed by one, at the time of serving the boiled rice, augment the satisfaction of ghosts; a fit of anger at the time leads to the pleasure of one's enemies, a falsehood spoken at the time, augments the satisfaction of dogs, boiled rice, trampled under feet, leads to the satisfaction of monsters, and scattering boiled rice, leads to the satisfaction of miscreants. (230)

यद्यद्रोचेत विप्रेभ्यस्तत्तद्दद्यादमत्सरः।

ब्रह्मोद्याश्च कथाः कुर्यात्पितॄणामेतदीप्सितम्॥२३१॥

मुक्ता०:—यद्यद्विप्राणामीप्सितमन्नव्यञ्जनादि तत्तदमत्सरो दद्यात्। परमात्म-निरूपणपराः कथाश्च कुर्यात्। यतः पितॄणामेतदपेक्षितम्॥२३१॥

Articles of food, to which the Brāhmaṇas show a fondness at the time, must be unstintedly served out to them; a discourse on the supreme Self at the time leads to the satisfaction of the *manes*. (231)

स्वाध्यायं श्रावयेत्पित्र्ये धर्मशास्त्राणि चैव हि।

आख्यानानीतिहासांश्च पुराणानि खिलानि च॥२३२॥

मुक्ता०:—स्वाध्यायं वेदं, मानवादीनि धर्मशास्त्राणि, आख्यानानि सौपर्णमैत्रावरुणादीनि, इतिहासान्महाभारतादीन्, पुराणानि ब्रह्मपुराणादीनि, खिलानि श्रीसूक्तशिवसंकल्पादीनि श्राद्धे ब्राह्मणान्श्रावयेत्॥२३२॥

During the *Śrāddha* repast *Vedas, Purāṇas, Itihāsas* and *Khilas* should be recited to the Brāhmaṇa guests, when they would be eating. (232)

हर्षयेद्ब्राह्मणांस्तुष्टो भोजयेच्च शनैः शनैः।

अन्नाद्येनासकृच्चैतान्गुणैश्च परिचोदयेत्॥२३३॥

मुक्ता०:—स्वयं हृष्टो भूत्वा प्रियवचनादिभिर्ब्राह्मणान्परितोषयेत्। अन्नं चात्वरया भोजयेत्। मिष्टान्नेन पायसादिभिः "पायसमिदं स्वादु, मोदकोऽयं हृद्यो गृह्यताम्" इत्यादि गुणाभिधानैः पुनर्ब्राह्मणान्प्रेरयेत्॥२३३॥

In a cheerful frame of mind, he, (the giver of the repast), shall satisfy the *Brāhmaṇas*, feed them gently, and repeatedly ask them to partake more and more of the (proferred) dishes, etc., by dilating on their excellence. (233)

व्रतस्थमपि दौहित्रं श्राद्धे यत्नेन भोजयेत्।
कुतपं चासने दद्यात्तिलैश्च विकिरेन्महीम्।।२३४।।

मुक्ता०:—ब्रह्मचारिणमपि दौहित्रं श्राद्धे प्रयत्नतो भोजयेत्। अपिशब्दादब्रह्मचारिणमपि। आनुकल्पिकमध्यपठितस्यापि ब्रह्मचारिणो यत्नवचनाच्छ्रेष्ठत्वं कथयति। नेपालकम्बलं चासने दद्यात्। दौहित्रमन्तरेणापि तिलांश्च श्राद्धभूमौ विकिरेत्।।२३४।।

Let him assiduously feed a religious student, related to the deceased to whom the *Śrāddha* is offered as a daughter's son, and honour him with the present of a blanket, and scatter sesame on the ground of the Śrāddha. (234)

त्रीणि श्राद्धे पवित्राणि दौहित्रः कुतपस्तिलाः।
त्रीणि चात्र प्रशंसन्ति शौचमक्रोधमत्वराम्।।२३५।।

मुक्ता०:—पूर्वोक्तान्येव त्रीणी दौहित्रादीनि श्राद्धे पवित्राणीति ज्ञाप्यन्ते। त्रीणी च शौचादीनि प्रशंसन्ति।।२३५।।

Three things are sacred in Śrāddha, viz, a daughter's son, a blanket and sesame; three things are commended in a Śrādhga ceremony viz., cleanliness (purity of mind and body), non-irascibility and absence of hurry. (235)

अत्युष्णं सर्वमन्नं स्याद्भुञ्जीरंस्ते च वाग्यताः।
न च द्विजातयो ब्रूयुर्दात्रा पृष्टा हविर्गुणान्।।२३६।।

मुक्ता०:—उष्णमेवात्युष्णं यस्योष्णस्यान्नादेर्भोजनमुचितं तदुष्णं दद्यान्न तु फलाद्यपि। अतएव शङ्खः-"उष्णमन्नं द्विजातिभ्यः श्रद्धया विनिवेदयेत्। अन्यत्र फलमूलेभ्यः। पानकेभ्यश्च पण्डितः।।" संयतवाचश्च ब्राह्मणा अश्नीयुः। किमिदं स्वाद्वस्वादु वेति दात्रान्नादिगुणान् पृष्टा वक्राद्यभिनयेनापि न ब्रूयुः। वाग्यतस्यात्रैव विधानात्।।२३६।।

Let the *Brāhmaṇas* silently eat all the cooked food, luke warm,in a *Śrāddha* repast. Repeatedly asked to pronounce on their excellence or otherwise, they must not open their mouths. (236)

यावदुष्णं भवत्यन्नं यावदश्नन्ति वाग्यताः।
पितरस्तावदश्नन्ति यावन्नोक्ता हविर्गुणाः॥२३७॥

मुक्ता०:—यावदन्ने उष्णता भवति, यावच्च, मौनिनो भुञ्जते, यावच्च हविर्गुणा नोच्यन्ते तावत्पितरोऽश्नन्तीति पूर्वोक्तस्यैवार्थस्य प्रशंसा॥२३७॥

As long as the food remains warm, as long as the Brāhmaṇas eat that in silence, as long as they do not remark on the excellence of the food, so long do the *manes* eat. (237)

यद्वेष्टितशिरा भुङ्क्ते यद्भुङ्क्ते दक्षिणामुखः।
सोपानत्कश्च यद्भुङ्क्ते तद्वै रक्षांसि भुञ्जते॥२३८॥

मुक्ता०:—वस्त्रादिवेष्टितशिरा यदन्नं भुङ्क्ते तथा दक्षिणामुखः, सपादुकश्च तद्राक्षसा भुञ्जते न पितरः। तस्मादेवंरूपं न कर्तव्यम्॥२३८॥

What the Brāhmaṇas eat with their heads, covered, whatever do they eat with their faces towards the south, whatever do they eat with their shoes on, the monsters (and not the manes) eat all that. (238)

चाण्डालश्च वराहश्च कुक्कुटः श्वा तथैव च।
रजस्वला च षण्ढश्च नेक्षेरन्नन्नतो द्विजान्॥२३९॥

मुक्ता०:—चाण्डालग्राम्यसूकरकुक्कुटकुक्कुरोदक्यानपुंसका यथा ब्राह्मणान्भोजन-काले न पश्येयुस्तथा कार्यम्॥२३९॥

Let not a *Cāṇḍāla*, a hog, a cock, a dog, a woman in her menses, or an eunuch see these Brāhmaṇas eating a (Śrāddha repast). (239)

होमे प्रदाने भोज्ये च यदेभिरभिवीक्ष्यते।
दैवे कर्मणि पित्र्ये वा तद्गच्छत्ययथातथम्॥२४०॥

मुक्ता०:—यस्माद्धोमेऽग्निहोत्रादौ, प्रदाने गोहिरण्यादौ, भोज्ये स्वाभ्युदयार्थं ब्राह्मणभोजने, दैवे हविषि दर्शपौर्णमासादौ, पित्र्ये श्राद्धादौ, यदेभिर्वीक्ष्यते क्रियमाणं कर्म तद्यदर्थं क्रियते तन्न साधयति॥२४०॥

Any thing looked at by (any of these creatures) in the course of a fire-offering, gift-making, repast, or a Śrāddha in honour of the manes or deities, produces contrary effect. (240)

घ्राणेन सूकरो हन्ति पक्षवातेन कुक्कुटः।
श्वा तु दृष्टिनिपातेन स्पर्शेनावरवर्णजः॥२४१॥

मुक्ता०:—सुकरस्तदन्नादेर्गन्धं घ्रात्वा कर्म निष्फलं करोति तस्मादन्नघ्राणयोग्यदेशान्निरसनीयः। कुक्कुटः पक्षवातेन सोऽपि पक्षपवनयोग्य-देशादपगमनीयः। श्वा दर्शनेन शुनोऽन्नादिदर्शनं निषिद्धमपि दोषभूयस्त्वज्ञापनार्थं पुनरभिहितम्। अथवा दृष्टिनिपातेनेति श्राद्धकर्तृभोक्तृणां दृष्टिनिपातविषयत्वेन। अवरवर्णः शूद्रस्तस्माज्जातोऽवरवर्णजः शूद्र एव। असावन्नादिस्पर्शेन द्विजातिश्राद्धं निष्फलयति॥२४१॥

A hog by his scent, a cock by flapping his wings, a dog by his sight, and a vile caste man by his touch, destroys a *Śrāddha*. (241)

खञ्जो वा यदि वा काणो दातुः प्रेष्योऽपि वा भवेत्।
हीनातिरिक्तगात्रो वा तमप्यपनयेत्पुनः॥२४२॥

मुक्ता०:—यदि गतिविकलः काणो वा दातुर्दासः शूद्रस्तस्यैव प्रेष्यत्वविधानत् अपिशब्दादन्योऽपि शूद्रो न्यूनाधिकाङ्गुल्यादिर्वा स्यात्तदा तमपि ततः श्राद्धदेशादपसारयेत्॥२४२॥

A lame or one-eyed man, or one who has a limb in less or excees, even if he chances to be a servant of the giver of the repast, must be removed from the place of the *Śrāddha*. (242)

ब्राह्मणं भिक्षुकं वापि भोजनार्थमुपस्थितम्।
ब्राह्मणैरभ्यनुज्ञातः शक्तितः प्रतिपूजयेत्॥२४३॥

मुक्ता०:—ब्राह्मणमतिथिरूपं अन्यं वा भक्षणशीलं भोजनार्थं तत्कालोपस्थितं श्राद्धपात्रब्राह्मणैरनुज्ञातो यथाशक्त्यन्नभोजनेन भिक्षादानेन चार्हयेत्॥२४३॥

A householder or a mendicant Brāhmaṇa, if he happens to ask for a meal on the occasion, he shall feed, according to his might, with the permission of the *Brāhmaṇas,* who are the eaters of the Śrāddha repast. (243)

सार्ववर्णिकमन्नाद्यं संनीयाप्लाव्य वारिणा।
समुत्सृजेन्द्भुक्तवतामग्रतो विकिरन्भुवि॥२४४॥

मुक्ता०:—वर्णशब्दः प्रकारवाची। सर्वप्रकारकमन्नादिकं व्यञ्जनादिभिरेकीकृत्योदकेनाप्लावयित्वा कृतभोजनानां ब्राह्मणानां पुरतो भूमौ "दर्भेषु विकिरश्च यः" (अ. ३ श्लो. २४५) इति वक्ष्यमाणत्वाद्दर्भोपरि निक्षिपेत्त्यजेत्॥२४४॥

All kinds of cooked curries and boiled rice etc., blended together and mixed with water, shall be deposited on *Kuśa blades* before the repasted *Brāhmaṇas*. (244)

असंस्कृतप्रमीतानां त्यागिनां कुलयोषिताम्।
उच्छिष्टं भागधेयं स्याद्दर्भेषु विकिरश्च यः॥२४५॥

मुक्ता०:—"नास्य कार्योऽग्निसंस्कारः" (अ. ५ श्लो. ६९) इति निषेधात्संकारानर्हबालानां तथा कुलस्त्रीणामदृष्टदोषाणां ये त्यक्तारस्तेषां पात्रस्थमुच्छिष्टं दर्भेषु च यो विकिरः स भागः स्यात्। अन्ये तु त्यागिनामिति गुर्वादित्यागिनां, कुलयोषितामिति स्वातन्त्र्येण तु कुलयोषितामनुढकन्यानामिति व्याचक्षते। गोविन्दराजस्तु त्यागिनां कुलयोषितामिति सामान्योपक्रमादिदं विशेषाभिधानं "संस्कृतं भक्षाः" (पा. सू. ४।२।१६) इतिवत् ततः स्वकुलं त्यक्त्वा गतानां कुलस्त्रीणामित्याह॥२४५॥

These leavings deposited on the Kuśa (grass) are unfit to be cast in the fire; they form the portions of spirits of deceased infants, and of faithless wives who had left their husband's families in life. (245)

उच्छेषणं भूमिगतमजिह्मस्याशठस्य च।
दासवर्गस्य तत्पित्र्ये भागधेयं प्रचक्षते॥२४६॥

मुक्ता०:—उच्छिष्टं यद्भूमिगतं तद्दाससमूहस्यावक्रास्यानलसस्याकुटिलस्य च पित्र्ये श्राद्धकर्मणि भागधेयं मन्वादयो वदन्ति॥२४६॥

The leavings of food cast on the ground in a Śrāddha repast is laid down as belonging to the portion of artless and energetic servants of the house. (246)

आसपिण्डक्रियाकर्म द्विजातेः संस्थितस्य तु।
अदैवं भोजयेच्छ्राद्धं पिण्डमेकं तु निर्वपेत्॥२४७॥

मुक्ता०:—मर्यादायामाङ् नाभिविधौ। सपिण्डीकरणश्राद्धपर्यन्तमचिरमृतस्य

द्विजातेश्च वैश्वदेवब्राह्मणभोजनरहितं श्राद्धार्थमत्रं ब्राह्मणं भोजयेत्, एकं च पिण्डं दद्यात्। अस्य च श्राद्धानुष्ठानम् "एकोद्दिष्टं दैवहीनमेकार्धैकपवित्रकम्। आवाहनाग्नौकरणरहितं ह्यपसव्यवत्" (अ. १ श्लो. २५१) इति याज्ञवल्क्यादिस्मृतिष्यवगन्तव्यम्।।२४७।।

Śrāddhas, which should be offered to the spirit of a newly deceased person till the performance of the *Sapiṇḍikaranam* rite, should be performed without offering oblations to the *Viśvedevas*; and only a single Brāhmaṇa, a single oblation, and a single blade of *Kuśa grass* are necessary for each of them. (247)

सहपिण्डक्रियायां तु कृतायामस्य धर्मतः।
अनयैवावृता कार्यं पिण्डनिर्वपणं सुतैः।।२४८।।

मुक्ता०:–अस्येति यस्येदमेकोद्दिष्टं विहितं तस्य धर्मतः स्वगृह्यादिविधिना सपिण्डीकरणश्राद्धे कृते अनयैवावृता उक्तामावास्याश्राद्धेतिकर्तव्यतया पिण्डनिर्वपणं पार्वणविधिना श्राद्धं पुत्रैः सर्वत्र मृताहादौ कर्तव्यम्। नन्वनयैवावृतेत्यनेन प्रकृतमेकोद्दिष्टमेव हि किमिति न परामृश्यते। उच्यते–तर्हि सपिण्डीकरणात्पूर्वमेकोद्दिष्टं सपिण्डीकरणे कृते पुनरनयैवावृतेति भेदनिर्देशो न स्यात्। ततोऽमावास्येतिकर्तव्यतैव प्रतीयते।।२४८।।

After the performance of his Sapiṇḍikaraṇam, the sons of the deceased, whose funeral rites have been done according to the *Regulation*, shall offer oblations to his spirit on the day of his death in the manner of a *Pārvaṇa Śrāddha*. (248)

श्राद्धं भुक्त्वा य उच्छिष्टं वृषलाय प्रयच्छति।
स मूढो नरकं याति कालसूत्रमवाक्शिराः।।२४९।।

मुक्ता०:–आश्रितशूद्रायोच्छिष्टदानप्रसक्तावयं निषेधः। श्राद्धभोजनोच्छिष्टं यः शूद्राय ददाति स मूर्खः कालसूत्रं नाम नरकमधोमुखं गच्छति।।२४९।।

Having eaten a *Śrāddha* repast, the foolish one, who gives the leavings of his plate to a *Śūdra,* falls headlong into the hell of *Kāla Sūtram* (thread of time). (249)

श्राद्धभुग्वृषलीतल्पं तदहर्योऽधिगच्छति।
तस्याः पुरीषे तन्मासं पितरस्तस्य शेरते।।२५०।।

मुक्ता०:–वृपलीशब्दोऽत्र स्त्रीपर इत्याहुः। निरुक्तं च "कुर्वन्ति वृपस्यन्ती

चपलयति भर्तारमिति वृषली ब्राह्मणस्य परिणीता ब्राह्मण्यपि वृषलीति"। श्राद्धं भुक्त्वा तदहोरात्रे यः स्त्रीसंप्रयोगं करोति तस्य पितरस्तस्याः पुरीषे मासं शेरत इति निवृत्त्यर्था निन्दा।।२५०।।

In the excreta of him, who has sexually known a woman within twenty four hours of eating a *Śrāddha* repast, shall his *manes* lie for a month from that date. (250)

पृष्ट्वा स्वदितमित्येवं तृप्तानाचामयेत्ततः।
आचान्तांश्चानुजानीयादभितो रम्यतामिति।।२५१।।

मुक्ता०:—तृप्तान्ब्राह्मणान्बुध्वा स्वदितमिति पृष्ट्वा तेषामाचमनं कारयेत्। कृताचमनांश्च भो इति संबोध्याभिरम्यतामिति ब्रूयात्। अभित इति पाठे अभित उभयत इह वा स्वगृहे वास्यतामित्यर्थः।।२५१।।

Having asked the *Brāhmaṇas,* "have you well eaten?" or "have you been repleted?" he shall ask them to wash their mouths and hands, and after they have so washed, request them to take rest, saying "rest yourselves O, Brāhmaṇas." (251)

स्वधास्त्वित्येव तं ब्रूयुर्ब्राह्मणास्तदनन्तरम्।
स्वधाकारः पराह्याशीः सर्वेषु पितृकर्मसु।।२५२।।

मुक्ता०:—अनुज्ञानानन्तरं ब्राह्मणाः श्राद्धकर्तारं स्वधास्तु इति ब्रूयुः। यस्मात्सर्वेषु श्राद्धतर्पणादिपितृकर्मसु स्वधाशब्दोच्चारणं प्रकृष्टा आशीः।।२५२।।

After rest, the Brāhmaṇas shall say, "*Svādhā Asi*" (let the manes be satisfied), in all rites of Śrāddha it is the highest benediction. (252)

ततो भुक्तावतां तेषामन्नशेषं निवेदयेत्।
यथा ब्रूयुस्तथा कुर्यादनुज्ञातस्ततो द्विजैः।।२५३।।

मुक्ता०:—स्वधाशब्दोच्चारणानन्तरं कृतभोजनानां ब्राह्मणानां शेषमन्नमप्यस्तीत्यवशिष्टमन्नं निवेदयेत् तैर्ब्रह्मणैरिदमनेनान्नेन क्रियतामित्यनुज्ञातो यथा ते ब्रूयुस्तथान्नशेषविनियोगं कुर्यात्।।२५३।।

After that, he shall ask the Brāhmaṇas in which way the residue of food (prepared on the occasion) to be distributed.

He shall give it to persons as they will direct him to do. (253)

पित्र्ये स्वदितमित्येव वाच्यं गोष्ठे तु सुश्रुतम्।
संपन्नमित्यभ्युदये दैवे रुचितमित्यपि ॥२५४॥

मुक्ता०:-इदानीं प्रसङ्गाच्छ्राद्धान्तरेषु विशेषविधिमाह-

पित्र्ये निरपेक्षपितृमातृदेवताक एकोद्दिष्टश्राद्धे तृप्तिप्रश्नार्थं स्वदितमिति वाच्यम्। तथाच गोभिलसांख्यायनौ स्वदितमिति तृप्तिप्रश्नः। मेधातिथिगोविन्दराजौ तु श्राद्धकालागतेनान्नेनापि स्वदितमित्येव कर्तव्यमिति व्याचक्षतुः। "श्राद्धे स्वदितमित्येतद्वाच्यमन्येन केनचित्। नानुरुद्धमिदं विद्वद्धृद्धैर्न श्रद्धीमहि"। गोष्ठे गोष्ठीश्राद्धे सुश्रुतमिति वाच्यम्। "गोष्ठ्यां शुद्ध्यर्थमष्टमम्" इति द्वादशविधश्राद्धगणनायां गोष्ठीश्राद्धमपि विश्वामित्रेण पठितम्। अभ्युदये संपन्नमिति वाच्यम्। दैवे देवतोद्देशेन श्राद्धे रुचितमिति वचनीयम्। दैवश्राद्धं तु भविष्यपुराणोक्तम्-"देवानुदिश्य यच्छ्राद्धं तत्तु दैविकमुच्यते। हविष्येण विशिष्टेन सप्तम्यादिषु यत्नतः॥२५४॥

In all Śrāddhas offered to one's father or, mother, he shall enquire about the satisfaction of the Brāhmaṇas, by asking, "have you well eaten?"; in those offered to all the ancestors (goshthi) by asking, "have you well heard?" in those offered on auspicious occasion (Ā bhyudaika) by asking, "is it well done?", and in those offered to the deities, by asking, "does it please?" (254)

अपराह्णस्तथा दर्भा वास्तुसंपादनं तिलाः।
सृष्टिर्मृष्टिर्द्विजाश्चाग्र्याः श्राद्धकर्मसु संपदः ॥२५५॥

मुक्ता०:-अमावस्याश्राद्धस्य प्रकृतत्वात्तद्विषयोऽयमपराह्णकालः "प्रातर्वृद्धिनिमित्तकम्" इत्यादिना वृद्धिश्राद्धादौ स्मृत्यन्तरे प्रातः कालदिविधानात्। विष्टराद्यर्था दर्भाः, गोमयादिना श्राद्धदेशसंशोधनं, तिलाश्च विकिरणाद्यर्थाः, सृष्टिरकार्पण्येनान्नादिविसर्गः, मृष्टिरन्नादेश्च संस्कारविशेषः, पङ्क्तिपावनादयश्च ब्राह्मणाः, एता श्राद्धे संपत्तय इत्यभिधानादङ्गान्तरापेक्षं प्रकृष्टत्वमेषां बोधितम्॥२५५॥

An auspicious afternoon, Kuśa grasses, plastering the house with solution of (fresh) cowdung, sesame seeds, unstinted gifts (to the Brāhmaṇas), purification and cooking of the edibles, and acquisition of row-sanctifying (Paṅktipāvanas) *Brāhmaṇas* these are the blessed auxilliaries of a *Śrāddha* ceremony. (255)

दर्भाः पवित्रं पूर्वाह्णो हविष्याणि च सर्वशः।

पवित्रं यच्च पूर्वोक्तं विज्ञेया हव्यसंपदः॥२५६॥

मुक्ता०:—पवित्रं मन्त्राः, पूर्वाह्णः कालः, हविष्याणि मुन्यन्नादीनि सर्वाणि च, यच्च पवित्रं पावनं वास्तुसंपादनादि पूर्वमुक्तं एताश्च देवार्थस्य कर्मणः समृद्धयः। हव्यशब्दो कर्मोपलक्षणार्थः॥२५६॥

Kuśa grass, Mantras, morning, Haviṣyānnam and things, which have been enumerated as sacred before, are the blessed acessories to a Śrāddha offered to the deities. (256)

मुन्यन्नानि पयः सोमो मांसं यच्चानुपस्कृतम्।

अक्षारलवणं चैव प्रकृत्या हविरुच्यते॥२५७॥

मुक्ता०:—मुनेर्वानप्रस्थस्यान्नानि नीवारादीनि, पयः क्षीरं, सोमलतारसः, अनुपस्कृतमविकृतं पूतिगन्धादिरहितं मांसम्, अक्षारलवणमकृत्रिमलवणं सैन्धवादि, एतत्स्वभावतो हविर्मन्वादिभिरभिधीयते॥२५७॥

Food-grains used by Munis (divine contemplators), milk, Some juice, raw meat and non-alkaline salts are called natural oblations. (257)

विसृज्य ब्राह्मणांस्तांस्तु नियतो वाग्यतः शुचिः।

दक्षिणां दिशमाकाङ्क्षन्याचेतेमान्वरान्पितॄन् ॥२५८॥

मुक्ता०:—तान्ब्राह्मणान्विसृज्यानन्यमनाः मौनी पवित्रो दक्षिणां दिशं वीक्षमाण एतान्वक्ष्यमाणानभिलषितानर्थान्पितॄन्प्रार्थयेत्॥२५८॥

Having dismissed the Brāhmaṇas, let him, pure, silent and self-controlled, longingly cast his look towards the south and pray the manes as follows. (258)

दातारो नोऽभिवर्द्धन्तां वेदाः संततिरेव च।

श्रद्धा च नो मा व्यगमद्बहुदेयं च नोऽस्त्विति ॥२५९॥

मुक्ता०:—अस्मत्कुले दातारः पुरषा वर्धन्ताम्। वेदाश्चाध्ययनाध्यापन-तदर्थबोधदर्थयागाद्यनुष्ठानैर्वृद्धिमाप्नुवन्तु। पुत्रपौत्रादिकं च वर्धताम्। वेदार्थश्रद्धा चास्मत्कुले न व्यपैतु। दातव्यं च धनादिकं बहु भवतु॥२५९॥

May the number of gift-makers, O, ye manes, increase in our family, may our progeny and wisdom in the Vedas grow from more to more, may veneration towards the Vedas never depart from our family, and may we have many things fit to be gifted away. (259)

एवं निर्वपणं कृत्वा पिण्डांस्तांस्तदनन्तरम्।
गां विप्रमजमग्निं वा प्राशयेदप्सु वा क्षिपेत् ॥२६०॥

मुक्ता०:–एवमुक्तप्रकारेण पिण्डानां प्रदानं कृत्वा प्रकृतवरयाचनानन्तरं तान्पिण्डान् गां ब्राह्मणं छागं वा भोजयेत्, अग्नौ जले वा क्षिपेत्॥२६०॥

Having thus performed the *Śrāddha* and at the close of the prayer, the oblations (*Piṇḍas*) should be caused to be eaten by a cow, or by a *Brāhmaṇa*, or by a goat, or they should be cast in the water or fire. (260)

पिण्डनिर्वपणं केचित्पुरस्तादेव कुर्वते।
वयोभिः खादयन्त्यन्ये प्रक्षिपन्त्यनलेऽप्सु वा॥२६१॥

मुक्ता०:–पिण्डप्रदानं केचिदाचार्या ब्राह्मणभोजनानन्तरं कुर्वते अन्ये पक्षिभिः पिण्डान्खादयन्ति। इयं च पक्षिभोजनरूपा प्रतिपत्तिरग्न्युदकप्रक्षेपयोर्वैकल्पिकीति दर्शयितुमुक्तयोरप्यभिधानम्॥२६१॥

Several authorities advise to offer the Piṇḍas to the manes after the Brāhmaṇas have been fed; others advise to give the oblations to the birds to eat, others advise to cast them in the fire or water. (261)

पतिव्रता धर्मपत्नी पितृपूजनतत्परा।
मध्यमं तु ततः पिण्डमद्यात्सम्यक्सुतार्थिनी॥२६२॥

मुक्ता०:–धर्मार्थकामेषु मनोवाक्कायकर्मभिः पतिरेव मया परिचरणीय इति व्रतं यस्याः सा पतिव्रता, धर्मपत्नी सवर्णा प्रथमोढा श्राद्धक्रियाणां श्रद्धाशालिनी पुत्रार्थिनी तेषां पिण्डानां मध्यमं पितामहपिण्डं भक्षयेत्सम्यक् "आधत्त पितरो गर्भम्" इत्यादिगृह्योक्तमन्त्रेण॥२६२॥

The second oblation (Piṇḍa) should be given to a faithful and lawfully married wife, eager to worship the manes and desirous of conceiving a male child. (262)

आयुष्मन्तं सुतं सूते यशोमेधासमन्वितम्।
धनवन्तं प्रजावन्तं सात्विकं धार्मिकं तथा॥२६३॥

मुक्ता०:–तेन पिण्डभक्षणेन दीर्घायुषं कीर्तिधारणात्मकबुद्धियुक्तं धनपुत्रादिसंततिधर्मानुष्ठानसत्त्वाख्यगुणान्वितं पुत्रं जनयति॥२६३॥

(Thereby) she will give birth to a long-lived, intelligent, well renowned, opulent, and virtuous son, spirtually disposed, (who, in his turn), will be the father of a large family. (263)

प्रक्षाल्य हस्तावाचम्य ज्ञातिप्रायं प्रकल्पयेत्।
ज्ञातिभ्यः सकृतं दत्वा बान्धवानपि भोजयेत्॥२६४॥

मुक्ता०:–तदनु हस्तौ प्रक्षाल्य ज्ञातिप्रायमन्नं कुर्यात्। ज्ञातीन्प्रैति गच्छतीति ज्ञातिप्रायम्। कर्मण्यण्। ज्ञातीन्भोजयेदित्यर्थः। तेभ्यः पूजापूर्वकमन्नं दत्त्वा मातृपक्षानपि सार्हणं भोजयेत्॥२६४॥

Thus having washed his hands and sipped water, he shall, with the greatest attention feed his father's cognates, and after that the relations on his mother's side. (264)

उच्छेषणं तु तत्तिष्ठेद्यावद्विप्रा विसर्जिताः।
ततो गृहबलिं कुर्यादिति धर्मो व्यवस्थितः॥२६५॥

मुक्ता०:–तद्ब्राह्मणोच्छिष्टं तावत्कालं तिष्ठेत् यावद्ब्रह्मणानां विसर्जनं ब्राह्मणेषु तु निर्गतेषु मार्ष्टव्यमित्यर्थः। ततः संपन्ने श्राद्धकर्मणि वैश्वदेवबलिहोम-कर्मनित्यश्राद्धातिथिभोजनानि कर्तव्यानि। बलिशब्दस्य प्रदर्शनार्थत्वात्। अतएव मत्स्यपुराणे– "निवृत्त्य प्रतिपत्त्यर्थं पर्युक्ष्याग्निं च मन्त्रवित्। वैश्वदेवं प्रकुर्वीत नैत्यकं विधिमेव च" इति॥२६५॥

Let not the leavings be removed till the *Brāhmaṇas* have departed from their seats; and after that, let him make the household offerings, this is the Regulation. (265)

यैश्चान्नैरिति पूर्वमुक्तमपि व्यवधानादबुद्धिस्थं शिष्यसुखप्रतिपत्तये पुनर्वक्तव्यतया प्रतिजानीते–

हविर्यच्चिररात्राय यच्चानन्त्याय कल्प्यते।
पितृभ्योविधिवद्दत्तं तत्प्रवक्ष्याम्यशेषतः॥२६६॥

मुक्ता०:–चिररात्रायपदमव्ययं चिरकालवाचि। अतएव "चिराय चिररात्राय

चिरस्याद्याश्चिरार्थकाः" (अमरकोषऽव्ययवर्गे श्लो. १) इत्याभिधानिकाः। यद्धविः पितृभ्यो यथाविधि दत्तं चिरकालतृप्तयेऽनन्ततृप्तये च संपद्यते तन्निःशेषेणाभिधास्यामि॥२६६॥

Now I shall describe the kinds of oblations, which being duly offered to the *manes*, give them satisfaction which lasts for a long time, or for all eternity. (266)

तिलैर्व्रीहियवैर्माषैरद्भिर्मूलफलेन वा।

दत्तेन मासं तृप्यन्ति विधिवत्पितरो नृणाम्॥२६७॥

मुक्ता०:—तिलधान्ययवमाषजलमूलफलानामन्यतमेन यथाशास्त्रं श्रद्धया दत्तेन मनुष्याणां मासं पितरस्तृप्यन्ति। "कृष्ण माषास्तिलाश्चैव श्रेष्ठाः स्युर्यवशालयः" इति वायुपुराणवचनान्माषैरिति कृष्णमाषा बोद्धव्याः॥२६७॥

Sesame, barley grains, Vrīhi grains, kidney beans, water, fruits and edible roots, duly offered to the manes, keep them satisfied for one month. (267)

द्वौ मासौ मत्स्यमांसेन त्रीन्मासान्हारिणेन तु।

औरभ्रेणाथ चतुरः शाकुनेनाथ पञ्च वै॥२६८॥

मुक्ता०:—पाठीनादिमत्स्यानां मांसेन द्वौ मासौ पितरः प्रीयन्त इति पूर्वेण संबन्धः। त्रीन्मासान्हारिणेन मांसेन, चतुरो मेषमांसेन, पञ्च द्विजातिभक्ष्यपक्षिमांसेन॥२६८॥

Pāṭhina fish (keeps them satisfied) for two months; venison, for three months; mutton, for four months; and flesh (of clean) birds, for five months. (268)

षण्मासांश्छागमांसेन पार्षतेन च सप्त वै।

अष्टावेणस्य मांसेन रौरवेण नवैव तु॥२६९॥

मुक्ता०:—षण्मासांश्छागमांसेन प्रीयन्ते, पृषतश्चित्रमृगस्तन्मांसेन सप्त, एणमांसेनाष्टौ, रुरुमांसेन नव। एणरूरू हरिणजातिविशेषौ॥२६९॥

Goat's flesh, for six months; flesh of a spotted deer, for seven months; the flesh of an Ena deer, for eight months; and the flesh of a Ruru deer, for nine months. (269)

दशमासांस्तु तृप्यन्ति वराहमहिषामिषैः।

शशकूर्मयोस्तु मांसेन मासानेकादशैव तु॥२७०॥

मुक्ता०:—दशमासानारण्यसूकरमहिषमांसैस्तृप्यन्ति, एकादश शशकच्छपमांसेन ।।२७०।।

Flesh of the buffalo or rhinocerous satisfies the manes for ten months; the flesh of a hare or tortoise, for eleven months. (270)

संवत्सरं तु गव्येन पयसा पायसेन च।
वार्ध्रीणसस्य मांसेन तृप्तिर्द्वादशवार्षिकी।।२७१।।

मुक्ता०:—वर्षं पुनर्गोभवक्षीरेण तत्साधितोदनेन च तुष्यन्ति। तत्रैव पायसशब्दप्रसिद्धेः। वार्ध्रीणसस्य मांसेन द्वादशवर्षपर्यन्तं पितृतृप्तिर्भवति। वार्ध्रीणसश्च निगमे व्याख्यातः-"त्रिपिबं त्विन्द्रियक्षीणं श्वेतं वृद्धमजापतिम्। वार्ध्रीणसं तु तं प्राहुर्याज्ञिकाः पितृकर्मणि"। नद्यादौ पयः पिबतो यस्य त्रीणि जलं स्पृशन्ति कर्णौ जिह्वा च, त्रिभिः पिबतीति त्रिपिबः।।२७१।।

Preparations of cow-milk, and Pāyasa for one full year; the flesh of a white, old goat for twelve years. (271)

कालाशाक महाशल्काः खड्गलोहामिषं मधुं।।
आनन्त्यायैव कल्प्यन्ते मुन्यन्नानि च सर्वशः।।२७२।।

मुक्ता०:—कालशाकाख्यं शाकम्। महाशल्काः सशल्का इति मेधातिथिः। मत्स्यविशेषा इति युज्यन्ते। "महाशल्कलिनो मस्तयाः" इति वचनात्। खड्गो गण्डकः। लोहो लोहितवर्णश्छाग एव "छागेन सर्वलोहेनानन्त्यम्" इति पैठीनसिवचनात्तयोरामिषम्, मधु माक्षिकम्, मुन्यन्नानि नीवारादीन्यारण्यानि सर्वाणि, एतान्यनन्ततृप्तये संपद्यन्ते।।२७२।।

The satisfaction, which they derive (from) *Kālaśaka* (a kind of vegetable), large scaled fishes, flesh of the rhinocerous or of red goat, honey, and food grains lasts for all eternity. (272)

यत्किंचिन्मधुना मिश्रं प्रदद्यात्तु त्रयोदशीम्।
तदप्यक्षयमेव स्याद्वर्षासु च मघासु च।।२७३।।

मुक्ता०:—ऋतुनक्षत्रतिथीनामयं समुच्चयः। यत्किंचिदित्यप्रसिद्धं मधुसंयुक्तं वर्षाकाले मघात्रयोदश्यां दीयते तदप्यक्षमेव भवति। त्रयोदश्या अधिकरण-त्वेऽपीप्सितत्वविवक्षया प्राप्येत्यध्याहाराद्वा द्वितीया।।२७३।।

Any thing mixed with honey, which is offered to them, on the thirteenth day of the fortnight, marked by the asterism Maghā, leads to their satisfaction for eternal time. (273)

अपि नः स कुले जायाद्यो नो दद्यात्रयोदशीम्।
पायसं मधुसर्पिर्भ्यां प्राक्छाये कुञ्जरस्य च॥२७४॥

मुक्ता०:—वर्षासु मघायुक्तत्रयोदशी पूर्वोक्ता विवक्षिता। तत्रापि "प्रौष्ठपद्यामतीतायां मघायुक्तां त्रयोदशीम्। प्राप्य श्राद्धं हि कर्तव्यं मधुना पायसेन च" इति शङ्खवचनाद्भाद्रकृष्णत्रयोदशी पूर्वत्रेह च गृह्यते। पितरः किलैवमाशासते अपि नाम तथाविधः कश्चिदस्माकं कुले भूयात् योऽस्मभ्यं प्रकृतायां त्रयोदश्यां तथा तिथ्यन्तरेऽपि हस्तिनः पूर्वां दिशं गतायां छायायां मधुघृतसंयुक्तं पायसं दद्यात्। नतु त्रयोदशीहस्तिच्छाययोः समुच्चयः। यथाह विष्णुः- "अपि जायेत सोऽस्माकं कुले कश्चिन्नरोत्तमः। प्रावृट्कालेऽसिते पक्षे त्रयोदश्यां समाहितः॥ मधुप्लुतेन यः श्राद्धं पायसेन समाचरेत्॥ कार्तिकं सकलं वापि प्राक्छाये कुञ्जरस्य च"॥२७४॥

May he be born in our family, who will offer us Pāyasa offerings, mixed with honey and clarified butter, on the day of the thirteenth phase of the moon, marked by the asterism *Maghā,* or under the auspices of *Kuñjaracchāyā.* (274)

यद्यद्ददाति विधिवत्सम्यक्छ्रद्धासमन्वितः।
तत्तत्पितॄणां भवति परत्रानन्तमक्षयम्॥२७५॥

मुक्ता०:—यद्यदिति वीप्सायाम्। सर्वमन्नप्रतिषिद्धं यथाशास्त्रं सम्यग्रूपं श्रद्धायुक्तः पितृभ्यो ददाति तदनन्तकं सर्वकालमक्षयमनपचितं परलोके पितृतृप्तये भवति। अतस्तत्फलार्थिना श्रद्धया देयमिति विधीयते॥२७५॥

Anything, which is reverentially offered to the *manes,* gives them infinite and eternal satisfaction in the next world. (275)

कृष्णपक्षे दशम्यादौ वर्जयित्वा चतुर्दशीम्।
श्राद्धे प्रशस्तास्तिथयो यथैता न तथेतराः॥२७६॥

मुक्ता०:—कृष्णपक्षे दशमीमारभ्य चतुर्दशीं त्यक्त्वा श्राद्धे यथा तिथयः श्रेष्ठा महाफला न तथैतदन्याः प्रतिपदादयः॥२७६॥

The days of the fortnight, from the tenth day to the day of the new moon, excepting the day of the fourteenth day of the moon's wane, are auspicious for the performance of *Śrāddhas.* (276)

युक्षु कुर्वन् दिनर्क्षेषु सर्वान्कामान्समश्नुते।
अयुक्षु तु पितॄन्सर्वान्प्रजां प्राप्नोति पुष्कलाम्॥२७७॥

मुक्ता०:—दिनशब्दोऽत्र तिथिपरः। युक्षु युग्मासु तिथिषु द्वितीयाचतुर्थ्यादिषु युग्मनक्षत्रेषु भरणीरोहिण्यादिषु श्राद्धं कुर्वन्सर्वाभिलषितान्प्राप्नोति। अयुग्मासु तिथिषु प्रतिपत्तृतीयाप्रभृतिषु, अयुग्मेषु च नक्षत्रेष्वश्विनीकृत्तिकादिषु श्राद्धेन पितृन्पूजयन्पुत्रादिसन्ततिं लभते। पुष्कलां धनविद्यापरिपुष्टाम्।।२७७।।

Śrāddhas, offered under the auspices of even numbered asterisms (such as, the second, fourth lunar mansions), or of the even numbered phases of the moon, grant the fruition of all desires; while those, offered under the auspices of odd numbered asterisms or lunar phases, grant a family of opulent and erudite sons. (277)

यथा चैवापरः पक्षः पूर्वपक्षाद्विशिष्यते।

तथा श्राद्धस्य पूर्वाह्णादपराह्णे विशिष्यते।।२७८।।

मुक्ता०:—चैत्रसिताद्या मासा इति ज्योतिः शास्त्रविधानाच्छुक्लपक्षोपक्रमत्वान्मासानां अपरः पक्षः कृष्णपक्षः स यथा शुक्लपक्षात् श्राद्धस्य संबन्धी विशिष्टफलदो भवति, एवं पूर्वार्धदिवसादुत्तरार्धदिवसः प्रकृष्टफलो विशिष्यत इति वचनात्पूर्वाह्णेऽपि श्राद्धकर्तव्यतां बोधयति।। ननु शुक्लपक्षादनुक्तोत्कर्षस्यापरपक्षस्य कथं दृष्टान्तता। प्रसिद्धो हि दृष्टान्तो भवति। उच्यते। "कृष्णपक्षे दशम्यादौ" (अ. ३ श्लो. २७६) इत्यत्रैव विशिष्टविधावुत्कर्षाभिधानात्।।२७८।।

As the dark fortninght is more auspicious than the light one for the purposes of *Śrāddha offerings* to the *manes*, so evening is better than forenoon for that end. (278)

प्राचीनावीतिना सम्यगपसव्यमतन्द्रिणा।

पित्र्यमानिधनात्कार्यं विधिवद्दर्भपाणिना।।२७९।।

मुक्ता०:—दक्षिणसंस्थितयज्ञोपवीतेनानलसेन दर्भहस्तेन अपसव्यं पितृतीर्थेन यथाशास्त्रं सर्वं पितृसंबन्धि कर्म आनिधनानादासमाप्तेः कर्तव्यम्। आनिधनाद्यावज्जीवमिति मेधातिथिगोविन्दराजौ।।२७९।।

With the holy thread placed on his right shoulder, and the *Kuśa grass* in his hand, let him assiduously perform all rites in connection with a Śrāddha to the manes with the help of the *Pitṛ-tīrtha* of his right hand. (279)

रात्रौ श्राद्धं न कुर्वीत राक्षसी कीर्त्तिता हि सा।

संध्ययोरुभयोश्चैव सूर्ये चैवाचिरोदिते।।२८०।।

मुक्ता०:–रात्रौ श्राद्धं न कर्तव्यम्। यस्माच्छ्राद्धविनाशयगुणयोगाद्राक्षसी मन्वादिभिरसौ कथिता। संध्ययोश्च न कुर्यात्। आदित्ये चाचिरोदिते अचिरोदितादित्यकालश्चापेक्षायां त्रिमुहूर्तः प्रातःकालो ग्राह्यः। यथोक्तं विष्णुपुराणे– "रेखाप्रभृत्यथादित्ये त्रिमुहूर्तं गते रवौ। प्रातस्ततः स्मृतः कालो भागः सोऽह्नस्तु पञ्चमः।।" अपराह्णस्य श्राद्धाङ्गतया विधानात्कथमयमप्रसक्तप्रतिषेध इति चेत्। नायं प्रतिषेधः। स हि रागप्राप्तस्य वा स्याद्विधिप्राप्तस्य वा। नाद्यः। नात्र रागतो नित्यस्य दर्शश्राद्धस्य प्राप्तवाद्विधिप्राप्तस्य निषेधे षोडशिग्रहणाग्रहणवद्विकल्पः स्यात्। तस्मात्पर्युदासोऽयम्। रात्र्यादिपर्युदस्तेतरकाले श्राद्धं कुर्यात्। अनुयाजेतरयजतिषु "ये यजामहे" इति मन्त्रवत्। अपराह्णविधिश्च प्राशस्त्यार्थः अत एवोक्तम् "यथा श्राद्धस्य पूर्वाह्णादपराह्णो विशिष्यते" (अ. ३ श्लो. २७८) इति।।२८०।।

Let him not offer a *Śrāddha* offering in the night; night is the time for monsters, nor they should be offered at either meeting of the day and night, nor just a sunrise. (280)

अनेन विधिना श्राद्धं त्रिरस्येह निर्वपेत्।
हेमन्तग्रीष्मवर्षासु पाञ्चब्दाज्ञिकमन्वहम्।।२८१।।

मुक्ता०:–"कुर्यान्मासानुमासिकम्" (अ. ३ श्लो. १२२) इति प्रतिमासं श्राद्धं विहितं तदसंभवे विधिरयं चतुर्भिर्मासैर्ऋतुरेकः एकस्तु ऋतुः संवत्सर इतीमं पक्षमाश्रित्योच्यते। अनेनोक्तविधानेन संवत्सरमध्ये त्रीन्वारान्हेमन्तग्रीष्मवर्षासु श्राद्धं कर्तव्यम्। तच्च समयाचारात्कुम्भवृषकन्यास्थेऽर्के पञ्चमहायज्ञान्तर्गतं च "एकमप्याशयेद्विप्रम्" (अ. ३ श्लो. ८३) इत्यनेन विहितं प्रत्यहं तु कुर्यादिति पूर्वोक्तादार्ढ्यार्थम्।।२८१।।

In the event of his inability to offer Śrādhas, each month, let him in this manner offer three *Śrāddhas* in summer, rains and fore-winter (Hemanta). (281)

न पैतृयज्ञियो होमो लौकिकेऽग्नै विधीयते।
न दर्शेन विना श्राद्धमाहिताग्नेर्द्विजन्मनः।।२८२

मुक्ता०:–"अग्नेः सोमयमाभ्यां च" (अ. ३ श्लो. २११) इत्यनेन विहितपितृयज्ञाङ्गभूतो होमो न लौकिके श्रौतस्मार्तव्यतिरिक्ताग्नौ शास्त्रेण विधीयते। तस्मान्न लौकिकाग्नावग्नौकरणहोमः कर्तव्यः। निरग्निना तु "अग्न्यभावे तु विप्रस्य पाणौ" (अ. ३ श्लो. २१२) इत्यभिधानाद्विप्रपाण्यादौ करणीयः। आहिताग्नेर्द्विजस्य नामावस्याव्यतिरेकेण कृष्णपक्षे दशम्यादौ श्राद्धं विधीयते मृताहश्राद्धं तु नियतत्वात्कृष्णपक्षेऽपि तिथ्यन्तरे न निषिध्यते।।२८२।।

The fire offering to be made in a *Śrāddha* must not be made in any other fire than that in which *Vedic* and *Smṛti* rites are performed; a *Brāhmaṇa* keeper of the sacred fire must not offer a Śrāddha on any other day in the dark fortnight except on the day of the new moon. (282)

यदेव तर्पयत्यद्भिः पितॄन्स्नात्वा द्विजोत्तमः।

तेनैव कृत्स्नमाप्नोति पितृयज्ञक्रियाफलम्॥२८३॥

मुक्ता०:—पाञ्चयज्ञिकश्राद्धासंभवे विधिरयम्। यत्र स्नानानन्तरमुदकतर्पणं द्विजः करोति तेनैव सर्वं नित्यश्राद्धफलं प्राप्नोति। द्विजोत्तमपदं द्विजपरम्॥२८३॥

The foremost of Brāhmaṇas obtains the same merit by offering libations of water to the *manes* after his bath, as is acquired by instituting the *Pitṛ-yajñas* (i.e. Śrāddhas, lit. sacrifices offered to the manes.) (283)

वसून्वदन्ति तु पितॄन् रुद्रांश्चैव पितामहान्।

प्रपितामहांस्तथादित्याञ्छ्रुतिरेषा सनातनी॥२८४॥

मुक्ता०:—यस्मात्पित्रादयो वस्वादय इत्येषामनादिभूता श्रुतिरस्ति। अतः पितॄन्वस्वाख्यदेवान्पितामहान् रुद्रान्प्रपितामहानादित्यान्मन्वादयो वदन्ति। ततश्च सिद्धबोधनवैयर्थ्याच्छ्राद्धे पित्रादयो वस्वादिरूपेण ध्येय इति विधिः कल्प्यते। अतएव पैठीनसिः- "य एवं विद्वान्पितॄन्यजते वसवो रुद्रा आदित्याश्चास्य प्रीता भवन्ति"। मेधातिथिगोविन्दराजौ तु "पितृद्वेषान्नास्तिक्याद्वा यः पितृकर्मणि न प्रवर्तते तं प्रत्येतत्प्रवर्तनार्थं देवतात्वाध्यारोपेण पितॄणां स्तुतिवचनम्"॥२८४॥

The *Ṛṣis* call the (heirarchy of) fathers as *Vasus,* the (heirarchy of) grand-fathers as *Rudras*, and the (heirarchy of) great grandfathers as *Ādityas.* (284)

विघसाशी भवेन्नित्यं नित्यं वामृतभोजनः।

विघसो भुक्तशेषं तु यज्ञशेषं तथामृतम्॥२८५॥

मुक्ता०:—सर्वदा विघसभोजनः स्यात्सर्वदा चामृतभोजनो भवेत्। विघसामृतपदयोरप्रसिद्धत्वादर्थं व्याकुरुते। विप्रादिभुक्तशेषं विघस उच्यते। दर्शपौर्णमासादियज्ञशिष्टं पुरोडाशाद्यमृतम्। सामान्याभिधानेऽपि प्रकृतत्वाच्छ्राद्धे विप्रभुक्तशेषभोजनार्थोऽयं विधिः। अतएव "भुञ्जीतातिथिसंयुक्तः सर्वं पितृनिषेवितम्" इति स्मृत्यन्तरम्। अतिथ्यादिविशेषभोजनं तु "अवशिष्टं तु दम्पती" (अ. ३ श्लो.

११६) इत्येनेनैव विहितम्। तस्यैव यज्ञशेषतुल्यत्वापादनेन स्तुत्यर्थं पुनर्वचनमिति तु गोविन्दराजव्याख्यानमनुष्ठानविशेषानर्हमप्राकरणिकं च॥२८५॥

Every day, eat the residue of cooked food left after first feeding the Brāhmaṇas (Viṣvasa); eat, every day, ambrosia. The first is called *Viṣvasa*, the second is the residue of food left after performing a sacrifice therewith. (285)

एतद्वोऽभिहितं सर्वं विधानं पाञ्चयज्ञिकम्।

द्विजातिमुख्यवृत्तीनां विधानं श्रूयतामिति॥२८६॥

मुक्ता०:—इदं पञ्चयज्ञभवमनुष्ठानं सर्वं युष्माकमुक्तम्। पार्वणश्राद्धव्यवहितैरपि पञ्चयज्ञैरुपसंहारस्तेषामभ्यर्हितत्वज्ञापनार्थः। मङ्गलार्थ इति तु मेधातिथिगोविन्दाजौ। इदानीं द्विजानां मुख्यो ब्राह्मणस्तस्य वृत्तीनामृतादीनामनुष्ठानं श्रूयतामिति वक्ष्यमाणाध्यायैकदेशोपन्यासः॥२८६॥ क्षे. २१॥

Even the eternal *Śruti* has acknowledged the divinity of the *manes*. Thus I have told you all about the mode of performing the five daily sacrifices, and all rites in connection therewith. Now hear me describe the means by which the twice-born ones shall earn their livelihood. (286)

इति मानवे धर्मशास्त्रे भृगुप्रोक्तायां संहिताया तृतीयोऽध्यायः॥

इति श्रीकुल्लूकभट्टकृतायां मन्वर्थमुक्तावल्यां मनुवृत्तौ तृतीयोऽध्यायः॥३॥

अथ चतुर्थोऽध्यायः

Chapter - IV

चतुर्थमायुषो भागमुषित्वाऽऽद्यं गुरौ द्विजः।
द्वितीयमायुषो भागं कृतदारो गृहे वसेत्॥१॥

मुक्ता०ः—श्राद्धकल्पानन्तरं "वृत्तीनां रक्षणं चैव" (अ. १ श्लो. ११३) इति वृत्तिषु व्यक्ततया प्रतिज्ञातासु वृत्त्यधीनत्वाद्गार्हस्थ्यस्यानन्तरं वक्तव्यासु ब्रह्मचर्यपूर्वकमेव गार्हस्थ्यं तत्रैव वक्ष्यमाणा वृत्तय इति दर्शयितुं ब्रह्मचर्यकालं गार्हस्थ्यकालं चात्र वदति-

चतुर्थमायुषो भागमाद्यमित्युक्तं ब्रह्मचर्यकालोपलक्षणार्थम्। अनियतपरिमाणत्वादायुषश्चतुर्थभागस्य दुर्ज्ञानत्वात्। नच "शतायुर्वै पुरुषः" इति श्रुतेः पञ्चविंशतिवर्षपरत्वम्। षट्त्रिंशदाब्दिकं ब्रह्मचर्यमित्यादिविरोधात्। आश्रमसमुच्चयपक्षमाश्रितो ब्राह्मण उक्तब्रह्मचर्यकालं जन्मोपक्षाद्यं यथाशक्ति गुरुकुले स्थित्वा द्वितीयमायुषश्चतुर्थभागं गृहस्थाश्रममनुतिष्ठेत्। "गृहस्थस्तु यदा पश्येत्" (अ. ६ श्लो. २) इत्यनियतत्वाद्द्वितीयमायुषो भागमित्यपि गार्हस्थ्यकालमेव॥१॥

A twice-born one shall reside for the first quarter of his life in the residence of his preceptor, and the second quarter (there of) in his own house as a married man. (1)

अद्रोहेणैव भूतानामल्पद्रोहेण वा पुनः।
या वृत्तिस्तां समास्थाय विप्रौ जीवेदनापदि॥२॥

मुक्ता०ः—परस्यापीडा शिलोञ्छायाचितादिरद्रोहः ईषत्पीडा याचितादिरल्पद्रोहः नतु हिंसैव द्रोहः तस्या निषिद्धत्वात्। अद्रोहेण तदसंभवेऽल्पद्रोहेण या वृतिर्जीवनोपायः तदाश्रयणेन भार्यादिभृत्यपञ्चयज्ञानुष्ठानयुक्तो ब्राह्मणो नतु क्षत्रियादिरनापदि जीवेत्। आपदि दशमे विधिर्भविष्यति। अयं च सामान्योपदेशो याजनाध्यापनविशुद्धप्रतिग्रहादिसंग्रहार्थः। वक्ष्यमाणर्तादिविशेषमात्रनिष्ठत्वे संकुचितस्वरसत्वहानिरनधिकारार्थत्वं याजनादेर्वृत्तिप्रकरणानिवेशश्च स्यात्तयापि जीवेत्॥२॥

A *Brāhmaṇa* other than in the time of distress, shall earn his livelihood and maintain his family by a means, which does not clash, or clash very little, with other men's interests. (2)

यात्रामात्रप्रसिद्ध्यर्थं स्वैः कर्मभिरगर्हितैः।

अक्लेशेन शरीरस्य कुर्वीत धनसंचयम्॥३॥

मुक्ता०:—यात्रा प्राणस्थितिः शास्त्रीयकुटुम्बसंवर्धननित्यकर्मानुष्ठानपूर्वकप्राण-स्थितिमात्रार्थं न तु भोगार्थं स्वसंबन्धितया शास्त्रविहितार्जनरूपैः कर्मभिर्ऋतादिवक्ष्यमाणैः कायक्लेशं विनाऽर्थसंग्रहं कुर्यात्॥३॥

He must earn money, enough for his merest existence, by work which do not disgrace the social order he belongs to, and which do not entail much physical labour or hardship. (3)

कैः कर्मभिरित्यत्राह-

ऋतामृताभ्यां जीवेत्तु मृतेन प्रमृतेन वा।

सत्यानृताभ्यामपि वा न श्ववृत्त्या कदाचन॥४॥

मुक्ता०:—अनापदीत्यनुवर्तते। ऋतादिभिरनापदि जीवेत्। सेवया त्वनापदि कदापि न वर्तेत॥४॥

Let him live by *Ṛtam* and *Amṛtam*, or by *Mṛtam* or *Pramitam*, or by *Satyānṛtam*, but never by the avocation of a dog. (4)

अप्रसिद्धत्वादृतादीनि व्याचष्टे-

ऋतमुञ्छशिलं ज्ञेयममृतं स्यादयाचितम्।

मृतं तु याचितं भैक्षं प्रमृतं कर्षणं स्मृतम्॥५॥

मुक्ता०:—अबाधितस्थानेषु पथि वा क्षेत्रेषु वाप्रतिहतावकाशेषु यत्र यत्रौषधयो विद्यन्ते तत्र तत्राङ्गुलिभ्यामेकैकं कणं समुच्चयित्वेति बौधायनदर्शनात् एकैकधान्यादि-गुडकोच्चयनमुञ्छः। मञ्जर्यात्मकानेकधान्योच्चयनं शिलः, उञ्छश्च शिलश्चेत्येकवद्भावः तत्सत्यसमानफलत्वादृतमित्युच्यते। अयाचितोपस्थितममृतमिव सुखहेतुत्वादमृतम्। प्रार्थिते पुनर्भैक्षं भिक्षासमूहरूपं मरणसमपीडाजननान्मृतम्। एतच्च साग्नेर्गृहस्थस्य भैक्षमपक्वतण्डुलादिरूपं नतु सिद्धान्नं पराग्निपक्वेन स्वाग्नौ होमाभावात्। कर्षणं च भूमिगतप्रचुरप्राणिमरणनिमित्तत्वाद्बहुदुःखफलकं प्रकर्षेण मृतमिव प्रमृतम्॥५॥

Picking up grains of paddy from the stubbly fields (uncha vṛtti), or collecting the ears of paddy constitutes what is called *Ṛtam*, Anything obtained without solicitation is called *Amṛtam* (lit. nectar); to live by begging is called *Mṛtam* (death), and to live by agriculture is called *Pramṛtam.* (5)

सत्यानृतं तु वाणिज्यं तेन चैवापि जीव्यते।
सेवा श्ववृत्तिराख्याता तस्मात्तां परिवर्जयेत्॥६॥

मुक्ता०:—प्रायेण सत्यानृतव्यवहारसाध्यत्वात्सत्यानृतं वाणिज्यम्। ननु वाणिज्ये शास्त्रेण सत्यानृताभ्यनुज्ञानम्। तेन चैवापि जीव्यत इति चशब्देन वाणिज्य-समशिष्टत्वात्कुसीदमपि गृह्यते। पूर्वश्लोकोक्ता कृषिरेतच्छ्लोके च वाणिज्यकुसीदे। अनापदीत्यनुवृत्तेरस्वयंकृतान्येतानि बोद्धव्यानि। यथाह गौतमः। कृषिवाणिज्ये स्वयं चाकृते कुसीदं च। सेवा तु दीनदृष्टिसंदर्शनस्वामितर्जननीचक्रियादिधर्मयोगाच्छुन इव वृत्तिरतः श्ववृत्तिरुक्ता तस्मात्तां प्रकृतो ब्राह्मणस्त्यजेत्॥६॥

Trade is called *Satyānṛtam*, and it is good that a man should live by trade. Service is called the vocation of a dog, hence it should be shunned. (6)

कुसूलधान्यको वा स्यात्कुम्भीधान्यक एव वा।
त्र्यहैहिको वाऽपि भवेदश्वस्तनिकं एव वा॥७॥

मुक्ता०:—"कुसूलो व्रीह्यगारं स्यात्" इत्याभिधानिकाः। इष्टकादिनिर्मिता-गारधान्यसंचयो भवेत्। अत्र कालविशेषापेक्षायां "यस्य त्रैवार्षिकं भक्तं पर्याप्तं भृत्यवृत्तये। अधिकं वापि विद्येत स सोमं पातुमर्हति" इति मनूक्त एव कालो ग्राह्यः। तेन नित्यनैमित्तिकधर्मकृत्यपोष्यवर्गसहितस्य गृहिणो यावता धान्यादिधनेन वर्षत्रयं समधिकं वा निर्वाहो भवति तावद्धनः कुसूलधान्यक उच्यते। वर्षनिर्वाहोचितधान्यादिधनः कुम्भीधान्यः। "प्राक् सौमिकीः क्रियाः कुर्याद्यस्यान्नं वार्षिकं भवेत्" (अ. १ श्लो. १२४) इति याज्ञवल्क्येन गृहस्थस्य वार्षिकसंचयाभ्यनुज्ञानात्। मनुरपि यदा वानप्रस्थस्यैव "समानिचय एव वा" इत्यनेन समानिचयं वक्ष्याति तदपेक्षया बहुपोष्यवर्गस्य गृहिणः समुचितः संवत्सरं संचयः। मेधातिथिस्तु यावता धान्यादिधनेन बहुभृत्यदारादिमतस्त्रिसंवत्सरस्थितिर्भवति तावत्सुवर्णादिधनवानपि कुसूलधान्य इत्यभिधाय कुम्भी उष्ट्रिका षाण्मासिकधान्यादिनिचयः कुम्भीधान्यक इति व्याख्यातवान्। गोविन्दराजस्तु कुसूलधान्यक इत्येतद्व्याचक्ष्य कोष्टप्रमाणधान्यसंचयो वा स्यात्

द्वादशाहमात्रपर्याप्तधनः कुम्भीधान्यक इत्येतद्व्याचष्टे। उष्ट्रिकाप्रमाणधान्यादिसंचयो वा षडहमात्रपर्याप्तधनः। "द्वादशाहं कुसूलेन वृत्तिः कुम्भ्या दिनानि षट्। इमाममूलां गोविन्दराजोक्तिं नानुरुन्ध्महे।।" ईहा चेष्टा तस्यां भवं ऐहिकं त्र्यहपर्याप्तमैहिकं धनं यस्य स त्र्यहैहिकः तथा वा स्यात्। दिनत्रयनिर्वाहोचितधनमित्यर्थः। श्वो भवं श्वस्तनं भक्तं तदस्यास्तीति मत्वर्थीयमिकं कृत्वा नञ्समासः। तथा वा भवेत्।।७।।

Either be a *Kuśala dhānyaka* or a *Kumbhi-dhānyaka*, or store up enough to support the family for three days, or only enough for the morrow. (7)

चतुर्णामपि चैतेषां द्विजानां गृहमेधिनाम्।
ज्यायान्परः परो ज्ञेयो धर्मतो लोकजित्तमः।।८।।

मुक्ता०ः—एषां चतुर्णामपि कुसूलधान्यकादीनां ब्राह्मणानां गृहस्थानां मध्ये यो यः शेषे पठितः स श्रेष्ठो ज्ञातव्यः। यतोऽसौ वृत्तिसंकोचधर्मेण स्वर्गादिलोकजित्तमो भवति।।८।।

Of these four kinds of *Brāhmaṇa* house-holders (kuśaladhānyaka etc.), each succeeding one is more meritorious than the one immediately preceding it (in the list), inasmuch as on account of the comparatively greater poverty of their resources they are compelled to practise self-abnegation (lit. self-control) by which they are enabled to conquer the whole world. (8)

षट्कर्मैको भवत्येषां त्रिभिरन्यः प्रवर्तते।
द्वाभ्यामेकश्चतुर्थस्तु ब्रह्मसत्रेण जीवति।।९।।

मुक्ता०ः—एषां गृहस्थानां मध्ये कश्चिद्गृहस्थो यो बहुपोष्यवर्गः स प्रकृतैर्ऋतायाचितभैक्षकृषिवाणिज्यैः पञ्चभिस्तेन चैवेत्यनेनैव चशब्दसमुच्चितेन कुसीदेनेत्येवं षड्भिः कर्मभिः षट्कर्मा भवति षड्भिरेतैर्जीवति। कृषिवाणिज्यकुसीदान्येतान्यस्वयं कृतानि गौतमोक्तानीत्युक्तम्। अन्यः पुनस्ततोऽल्पपरिकरः त्रिभिर्याजनाध्यापनप्रतिग्रहैरद्रोहेणेत्येतच्छ्लोकसंगृहीतैः प्रवर्तते। प्रशब्दोऽनर्थको वर्तत इत्यर्थः। अपरः पुनः प्रतिग्रहः प्रत्यवर इति वक्षमाणत्वात्तत्परित्यागेन द्वाभ्यां याजनाध्यापनाभ्यां प्रवर्तते। उक्तत्रयापेक्षया चतुर्थः पुनर्ब्रह्मसत्रेणाध्यापनेन जीवति। मेधातिथिस्तु एषां कुसूलधान्यकादीनां मध्यादेकः कुसूलधान्यकः प्रकृतैरुञ्छशिलायाचिततकृषिवाणिज्यैः षट्कर्मा भवति षड्भिर्जीवति अन्यो द्वितीयः कुम्भीधान्यकः कृषिवाणिज्ययोर्निन्दितत्वात्तत्याग उञ्छशिलयाचितायाचितानां

मध्यादिच्छातस्त्रिभिर्वर्तेत। एकत्र्यहैहिकोऽयाचितलाभं विहायोञ्छशिलायाचितानां मध्यादिच्छया द्वाभ्यां वर्तेत। चतुर्थः पुनरश्वस्तनिको ब्रह्मसत्रेण जीवति। ब्रह्मसत्रशिलोञ्छयोरन्यतरा वृतिः। ब्रह्मणो ब्राह्मणस्य सततभवत्वात्सत्रमित्याह।।९।।

A householder (with a large family) may earn a living by six acts, one (with a smaller family than the former) by three acts, one (with a small family) by two acts, and one with a very small family by teaching alone. (9)

वर्तयंश्च शिलोञ्छाभ्यामग्निहोत्रपरायणः।

इष्टीः पार्वायनान्तीयाः केवला निर्वपेत्सदा।।१०।।

मुक्ता०ः—शिलोञ्छाभ्यां जीवन्धनसाध्यकर्मान्तरानुष्ठानासामर्थ्यादग्निहोत्रनिष्ठ एव स्यात्। पार्वायनान्तीयाश्च इष्टीः केवला अनुतिष्ठेत्। पर्व च अयनं च पर्वायने तयोरन्तस्तत्र भवा दर्शपौर्णमासाग्रयणात्मिकाः।।१०।।

A *Brāhmaṇa,* living by *Śīla* or Uñca means of livelihood should only be devoted to the keeping of the fire, and do the sacrifices which are enjoined to be performed at the end of a *Parva or Ayana*. (10)

न लोकवृत्तं वर्तेत वृत्तिहेतोः कथञ्चन।

अजिह्मामशठां शुद्धां जीवेद् ब्राह्मणजीविकाम्।।११।।

मुक्ता०ः—लोकवृत्तमसत्प्रियाख्यानं विचित्रपरिहासकथादिकं जीविकार्थं न कुर्यात्। अजिह्मां मृषात्मगुणार्थाभिधानादिपापरहिताम्। अशठां दम्भादिव्याजशून्याम्। शुद्धां वैश्यादिवृत्तेरसंकीर्णां ब्राह्मणजीविकामनुतिष्ठेत्। अनेकार्थत्वाद्धातूनामनुष्ठानार्थो। जीवतिरिति सकर्मकता।।११।।

For a livelihood, let him (Brāhmaṇa) not take to any (vile) means, (usually) adopted by ordinary men, let him maintain himself by a profession which is honest, artless holy and worthy of a *Brāhmaṇa*. (11)

संतोषं परमास्थाय सुखार्थी संयतो भवेत्।

संतोषमूलं हि सुखं दुःखमूलं विपर्ययः।।१२।।

मुक्ता०ः—यथासंभवभृत्यात्मप्राणधारणावश्यकपञ्चयज्ञाद्यनुष्ठानमात्रोचितधनानधिकास्पृहा संतोषः तमतिशयितमालम्ब्य प्रचुरधनार्जने संयमं कुर्यात्। यतः संतोषहेतुकमिति सुखं, परत्र चाव्यग्रस्य विहितानुष्ठानात्स्वर्गादिसुखं, विपर्ययस्त्वसंतोषो दुःखमूलं बहुधनार्जनप्रयासेन प्रचुरदुःखादसंपत्तौ विपत्तौ च क्लेशात्।।१२।।

Resting in contentment, a seeker of happiness must restrain himself from pursuing more and more wealth. Happiness is rooted in contentment, misery is based on discontent. (12)

अतोऽन्यतमया वृत्त्या जीवंस्तु स्नातको द्विजः।
स्वर्गायुष्ययशस्यानि व्रतानीमानि धारयेत्॥१३॥

मुक्ता०:—अबहुभृत्यस्यैकवृत्त्या निर्वाहसंभवे सत्यन्यतमयेति विधीयते। बहुभृत्यस्यान्नसंभवे "षट्कर्मैको भवत्येषाम्" (अ. ४ श्लो. ९) इति विहित्वात्। अथवैकवाक्यतावगमाद्व्रतविधायकत्वाच्चन्यतमया वृत्त्येत्यनुवादकत्वादेकत्व-मविवक्षितम्। उक्तवृत्तीनामन्यतमया वृत्त्या जीवन्स्नातको ब्राह्मण इमानि वक्ष्यमाणानि यथासंभवं स्वर्गायुर्यशसां हितानि व्रतानि कुर्यात्। इदं मया कर्तव्यमिदं न कर्तव्यमित्येवं विधिसंकल्पविशेषाव्रतम्॥१३॥

Following any of the aforesaid professions, a *Snātaka Brāhmaṇa* should observe the following rules of conduct and vows, which impart fame and longevity in this life and lead to heaven (after death). (13)

वेदोदितं स्वकं कर्म नित्यं कुर्यादतन्द्रितः।
तद्धि कुर्वन्यथाशक्ति प्राप्नोति परमां गतिम्॥१४॥

मुक्ता०:—वेदोक्तं स्मार्तमपि वेदमूलत्वाद्वेदोक्तमेव। स्वकं स्वाश्रमोक्तं यावज्जीवमतन्द्रितोऽनलसः कुर्यात्। हि हेतौ। यस्मात्तत्कुर्वन्यथासामर्थ्यं परमां गतिं मोक्षलक्षणं प्राप्नोति। नित्यकर्मानुष्ठानात्पापक्षये सति निष्पापान्तःकरणेन ब्रह्मसाक्षात्कारान्मोक्षावाप्तेः। तदुक्तं मोक्षधर्मेज्ञानमुत्पद्यते पुंसां क्षयात्पापस्य कर्मणः। तत्रादर्शतलप्रख्ये पश्यत्यात्मानमात्मनि॥" आत्मन्यन्तःकरणे॥१४॥

By unremittingly discharging his duties alone, as ordained in the *Vedas*, to the best of his ability, one comes by the most elevated status. (14)

नेहेतार्थान्प्रसङ्गेन न विरुद्धेन कर्मणा।
न विद्यमानेष्वर्थेषु नार्त्यामपि यतस्ततः॥१५॥

मुक्ता०:—प्रसज्यते यत्र पुरुषः स प्रसङ्गो गीतावादित्रादिस्तेनार्थान्नार्जयेत्। नापि शस्त्रनिषिद्धेन कर्मणायाज्ययाजनादिना च। न च विद्यमानेषु धनेषु। नचाप्यविद्यमानेष्वपि प्रकारान्तरसंभवे यतस्ततः पतितादिभ्योऽपि॥१५॥

He shall not earn money by acts which enthral the

senses of man, nor by means forbidden by the Vedas. In the event of his possessing money or in want, one must not endeavour to earn money from any source, without discrimination. (15)

इन्द्रियार्थेषु सर्वेषु न प्रसज्येत कामतः।
अतिप्रसक्तिं चैतेषां मनसा संनिवर्त्तयेत्॥१६॥

मुक्ता०:—इन्द्रियाणामर्था रूपरसगन्धस्पर्शादयस्तेषु निषिद्धेष्वपि स्वदारसुरतादिषु नप्रसज्येत नातिप्रसक्तिमत्यन्तसेवनात्मिकां कुर्यात्। कामत उपभोगार्थम्। अतिप्रसक्तिनिवृत्युपायमाह—अतिप्रसक्तिमिति। विषयाणामस्थिरत्वस्वर्गापवर्गात्मक-श्रेयोविरोधित्वादिभावनया मनसा सम्यङ् निवर्तयेत्॥१६॥

Let him not wilfully addict himself to any object of sense-gratification; in case of extreme attachment he must counteract it by means of his will-force. (16)

सर्वान्परित्यजेदर्थान्स्वाध्यायस्य विरोधिनः।
यथातथाऽध्यापयंस्तु सा ह्यस्य कृतकृत्यता॥१७॥

मुक्ता०:—वेदार्थविरोधिनोऽर्थानत्यन्तेश्वरगृहोपसर्पणकृषिलोकयात्रादयस्तान्सर्वान्परि-त्यजेत्। कथं तर्हि भृत्यात्मपोषणमित्याशङ्क्याह-यथातथा केनाप्युपायेन स्वाध्यायाविरोधिना भृत्यात्मानौ जीवयन् यस्मात्सास्य स्नातकस्य कृतकृत्यता कृतार्थता यन्नियं स्वाध्यायपरता॥१७॥

Acquisition (of wealth, etc.), hostile to his *Vedic studies,* must be avoided; if he can study his Vedas, each day, by anyhow supporting his family, that is his success in life. (17)

वयसः कर्मणोऽर्थस्य श्रुतस्याभिजनस्य च।
वेषवाग्बुद्धिसारूप्यमाचरन्विचरेदिह॥१८॥

मुक्ता०:—वयसः, क्रियाया, धनस्य, श्रुतस्य, कुलस्यानुरूपेण वेषवाग्बुद्धीराचँरल्लोके प्रवर्तेत। यथा यौवने स्नगगन्धलेपनादिधारणं त्रिवर्गानुसारी वाग्बुद्धिश्च एवं कर्मादिष्वप्युन्नेयम्॥१८॥

His dress, speech and his discernment (feelings) must be in conformity with his birth, wealth, age and *Vedic knowledge.* (18)

बुद्धिवृद्धिकराण्याशु धन्यानि च हितानि च।
नित्यं शास्त्राण्यवेक्षेत निगमांश्चैव वैदिकान्॥१९॥

मुक्ता०ः—वेदाविरुद्धानि शीघ्रं बुद्धिवृद्धिजनकानि व्याकरणमीमांसास्मृतिपुराण-न्यायादीनि शास्त्रणि, तथा धन्यानि धनाय हितान्यर्थशास्त्राणि बार्हस्पत्योशनसादीनि, तथा हितानि दृष्टोपकारकाणि वैद्यकज्योतिषादीनि, तथा पर्यायकथनेन वेदार्थावबोधकान्नि-गमाख्यांश्च ग्रन्थान्नित्यं पर्यालोचयेत्॥१९॥

He shall peruse, each day, *Śāstras* whose perusal serves to improve the intellect, as well as those which treats on the art of money-making, Likewise, he shal study the *Nigamas* which illucidate the (true) import of the Vedas. (19)

यथा यथा हि पुरुषः शास्त्रं समधिगच्छति।
तथा तथा विजानाति विज्ञानं चास्य रोचते॥२०॥

मुक्ता०ः—यस्माद्यथा यथा पुरुषः शास्त्रं सम्यगभ्यस्यति तथा तथा विशेषेण जानाति शास्त्रान्तरविषयमपि चास्य विज्ञानं रोचत उज्ज्वलं भवति। दीप्त्यर्थत्वाद्रुचेरभिलाषार्थत्वाभावात् "रुच्यर्थानां प्रीयमाणः" (पा.सू.१।४।३३) इति न संप्रदानसंज्ञा॥२०॥

A man acquires proficiency in the Śāstras he reads, each day; and illuminated with their light, his general knowledge increases. (20)

ऋषियज्ञं देवयज्ञं भूतयज्ञं च सर्वदा।
नृयज्ञं पितृयज्ञं च यथाशक्ति न हापयेत्॥२१॥

मुक्ता०ः—स्वाध्यायादीन्पञ्चयज्ञान्यथाशक्ति न त्यजेत्। तृतीयाध्यायविहितानामपि पञ्चयज्ञानामिह निर्देश उत्तरत्र विशेषविधानार्थः स्नातकव्रतत्वबोधनार्थश्च॥२१॥

Let him not omit performing the Ṛshi-yajña, *Deva-yajña Bhūta—yajña and Pitṛ-yajña* according to the best of his might. (21)

एतानेके महायज्ञान्यज्ञशास्त्रविदो जनाः।
अनीहमानाः सततमिन्द्रियेष्वेव जुह्वति॥२२॥

मुक्ता०ः—एके गृहस्था बाह्यान्तरयज्ञानुष्ठानशास्त्रज्ञा एतान्पञ्चमहायज्ञान् ब्रह्मज्ञानप्रकर्षाद्बहिरचेष्टमानाः पञ्चसु बुद्धीन्द्रियेष्वेवं पञ्चरूपज्ञानादिसंयमं कुर्वन्तः संपादयन्ति यज्ञानां होमत्वानुपपत्तेः संपादनार्थं जुहोतिः॥२२॥

Some there are, who though conversant with the mode

of performing both external and internal yajñas, perform these five kinds of yajñas, by withdrawing the five senses from their respective objects of gratification. (22)

वाच्येके जुह्वति प्राणं प्राणे वाचं च सर्वदा।

वाचि प्राणे च पश्यन्तो यज्ञनिर्वृत्तिमक्षयाम्।।२३।।

मुक्ता०:—एके गृहस्था ब्रह्मविदो वाचि प्रावणायौ च यज्ञनिर्वृत्तिमक्षयफलां जानन्त: सततं वाचि प्राणं च जुह्वति। वाचं च प्राणे भाषमाणेन च वाचि प्राणं जुहोतीति। अभाषमाणेनोच्छ्वसता प्राणे वाचं जुहोमीति व्याख्यातव्यमित्यनेन विधीयते। यथा कौषीतकिरहस्यब्राह्मणम्। "यावद्वै पुरुषो भाषते न तावत्प्राणितुं शक्नोति प्राणं तदा वाचि जुहोति यावद्धि पुरुष: प्राणिति न तावद्भाषितुं शक्नोति वाचं तदा प्राणे जुहोति एतेऽनन्ते अमृते आहुती जाग्रत्स्वपंश्च सततं जुहोति। अथवा अन्या आहुतयोऽनन्तरन्यस्ता: कर्ममय्यो हि भवन्त्येवं हि तस्यैतत्पूर्वे विद्वांसोऽग्निहोत्रं जुहवांचक्रु:" इति।।२३।।

Several wise householders, knowing that immortal is the fruit of performing sacrifices with speech and vital airs, constantly cast offerings of speech in the vital airs, and those of *vital airs* in the speech. (23)

ज्ञानेनैवापरे विप्रा यजन्त्येतैर्मखैः सदा।

ज्ञानमूलां क्रियामेषां पश्यन्तो ज्ञानचक्षुषा।।२४।।

मुक्ता०:—अपरे विप्रा ब्रह्मनिष्ठा: सर्वथा ब्रह्मज्ञानेनैवैतैर्मखैर्यजन्ति। एतांश्च यज्ञाननुतिष्ठन्ति। कथमेतदित्याह-ज्ञानं ब्रह्म "सत्यं ज्ञानमनन्तम्" (तैत्ति० उ० २।१।१) इत्यादिश्रुतिषु प्रसिद्धम्। ज्ञानमूलामेषां ज्ञानानां क्रियामुत्पत्तिं जानन्त: ज्ञायतेऽनेनेति ज्ञानं चक्षुरिव चक्षु: ज्ञानचक्षुषोपनिषदा "सर्वं खल्विदं ब्रह्म तज्जलान्" इत्यादिकया पञ्चयज्ञानपि ब्रह्मोत्पत्तिकाले ब्रह्मात्मकान्ध्यायन्त: संपादयन्ति। पञ्चयज्ञफलमश्नुवत इत्यर्थ:। श्लोकत्रयेण ब्रह्मनिष्ठानां वेदसंन्यासिनां गृहस्थानाममी विधय:।।२४।।

Several other *Brāhmaṇas*, possessed of the knowledge of *Brahma*, constantly perform these five sacrifices by means of their knowedge of *Brahma;* with their knowledge is the primary end of all (religious) acts. (24)

अग्निहोत्रं च जुहुयादाद्यन्ते द्युनिशोः सदा।

दर्शेन चार्धमासान्ते पौर्णमासेन चैव हि।।२५।।

मुक्ता०:—उदितहोमपक्षे दिनस्यादौ निशायाश्चादौ। अनुदितहोमपक्षे दिनस्यान्ते निशायाश्चान्ते। यद्वा उदितहोमपक्षे दिन्स्यादौ दिनान्ते च। अनुदितहोमपक्षे निशादौ निशान्ते च अग्निहोत्रं कुर्यात्। कृष्णपक्षार्धमासान्ते दर्शाख्येन कर्मणा शुक्लपक्षार्धे च पौर्णमासाख्येन यजेत्॥२५॥

Let five offerings in connection with the *Agnihotra* sacrifices be offered in the fore-part of the day or night, or in the first or last part of the day, or in the first or last part of the night. At the close of the dark fortnight he shall perform the *Darsha* sacrifice, and at the close of the light fortnight the one known as *Pounṇamāsa*. (25)

सस्यान्ते नवसस्येष्ट्या तथर्त्वन्ते द्विजोऽध्वरैः।
पशुना त्वयतस्यादौ समान्ते सौमिकैर्मखैः॥२६॥

मुक्ता०:—पूर्वार्जितधान्यादिसस्ये समाप्ते "शरदि नवानाम्" इति सूत्रकारवचनादसमाप्तेऽपि पूर्वसस्ये नवसस्योत्पत्तावाग्रयणेन यजेत। सस्यक्षयस्यानियतत्वात्, धनिनां बहुहायनजीवनोचितधान्यसंभवाच्च। सस्यान्तग्रहणाच्च नवसस्योत्पत्तिरेवाभिप्रेता नियतत्वात्तस्याः प्रत्यब्दं निमित्तत्वोत्पत्तेः। ऋतुसंवत्सर इत्येतन्मताश्रयणेन चत्वारश्चत्वारो मासा ऋतवस्तदन्तेऽध्वरैश्चातुर्मासाख्यैर्यागैर्यजेत्। अयनयोरयोरुत्तरदक्षिणयोरादौ पशुना यजेत पशुबन्धाख्यं यागमनुतिष्ठेत्। ज्योतिःशास्त्रे चैत्रशुक्लप्रतिपदादिवर्षगणनाच्छिशिरेण समापते वर्षे वसन्ते सोमरससाध्यैरग्निष्टोमादियागैर्यजेत्॥२६॥

A *Brāhmaṇa* must celebrate the (Agrāyaṇa) sacrifice on the harvesting of the new crops, the (Cāturmāsya) sacrifice at the close of a season, the animal sacrifice at the beginning of an *Ayana,* and the *Soma-yajñas* at the close of the year. (26)

नानिष्ट्वा नवसस्येष्ट्या पशुना चाग्निमान्द्विजः।
नवान्नमद्यान्मांसं वा दीर्घमायुर्जिजीविषुः॥२७॥

मुक्ता०:—आहिताग्निर्द्विजो दीर्घमायुर्जीवितुमिच्छन्नाग्रयणमकृत्वा नवान्नं न भक्षयेत्। नच पशुयागमकृत्वा मांसमश्नीयात्॥२७॥

A *Brāhmaṇa,* with the sacred fire, wishing a long life, shall not partake of newly harvested food-grain, or cooked meat without first performing the *Navānnam* (new food grain) and animal sacrifices. (27)

दोषं कथयन्ननित्यतामनयोराह-

नवेनानर्चिता ह्यस्य पशुहव्येन चाग्नयः।
प्राणानेवात्तुमिच्छन्ति नवान्नामिषगर्धिनः।।२८।।

मुक्ता०ः—यस्मान्नवेन हव्येन पशुवदामेनानर्चिता अकृतयागा अग्नायो नवान्नमांसाभि- लाषिणोऽस्याहिताग्नेः प्राणानेवाग्निहोत्रिणः खादितुमिच्छन्ति। गर्धोऽभिलाषातिशयः। गृधेर्घञन्तस्य रूपं सोऽस्यास्तीति गर्धी। मत्वर्थीय इनिः।।२८।।

The fire consumes the vitality of the gluttonous *Brāhmaṇa* (with the sacred fire), if he partakes of the newly harvested food-grains and meat without first offering them as oblations to the fire. (28)

आसनाशनशय्याभिरद्भिर्मूलफलेन वा।
नास्य कश्चिद्वसेद्गेहे शक्तितोऽनर्चितोऽतिथिः।।२९।।

मुक्ता०ः—यथाशक्त्यासनभोजनादिभिरनर्चितोऽतिथिरस्य गृहे न वसेत्। अनेन शक्तितोऽतिथिं पूजयेदित्युक्तमप्युत्तराधर्मनूद्यते।।२९।।

Let not an *Atithi* (guest), unpropitiated with a cushion, bed, food, water (fruit or edible roots to the best of his might, reside in his (Brāhmaṇas,) house. (29)

पाषण्डिनो विकर्मस्थान्बैडालव्रतिकाञ्छठान्।
हैतुकान्बकवृत्तींश्च वाङ्मात्रेणापि नार्चयेत्।।३०।।

मुक्ता०ः—पाषण्डिनो वेदबाह्यव्रतलिङ्गधारिणः शाक्यभिक्षुकक्षपणकादयः, विकर्मस्थाः प्रतिषिद्धवृत्तिजीविनः, बैडालव्रतिकबकवृत्ती वक्ष्यमाणलक्षणै, शठा वेदेष्वश्रद्दधानाः, हैतुका वेदविरोधितर्कव्यवहारिणः, एताननतिथिकालोपस्थितान्वाङ्मात्रेणापि न पूजयेत् पूजारहितेऽन्नदानमात्रं तु "शक्तितोऽपचमानेभ्यः" (अ. ४ श्लो. ३२) इत्यनुज्ञातमेव।।३०।।

Let him not welcome with speech even (guests) who go contrary to the *Vedas* or live by professions other than those peculiar to his order, or are cat-natured or dispute the doctrines of the Vedas by false logic,or have no faith in the Vedas, or are crane-natured. (30)

वेदविद्याव्रत स्नाताञ्श्रोत्रियान्गृहमेधिनः।
पूजयेद्धव्यकव्येन विपरीतांश्च वर्जयेत्।।३१।।

मुक्ता०:—वेदविद्याव्रतस्नातानिति विद्यास्नातकव्रतस्नातकोभयस्नातकास्त्रयोऽपि गृह्यन्ते। यथाह हारीतः-"यः समाप्य वेदानसमाप्य व्रतानि समावर्तते स विद्यास्नातकः। यः समाप्य व्रतान्यसमाप्य वेदान्समावर्तते स व्रतस्नातकः। उभयं समाप्य: यः समावर्तते स विद्याव्रतस्नातकः।" यद्यपि स्नातकधर्मत्वेनैव स्नातकमात्रप्राप्तिस्तथापि श्रोत्रियत्वं विवक्षितम्। तान्स्नातकाञ्श्रोत्रियान्हव्यकव्येन पूजयेत्, विपरीतान्पुनर्वर्जयेत्।।३१।।

Let him honour the house-holders, who have performeid the rites of ceremonial ablutions at the completion of the *Vedic study*, or at the close of a vow, or both, with oblations offered to the gods and *manes,* and avoid those who are otherwise qualified. (31)

शक्तितोऽपचमानेभ्यो दातव्यं गृहमेधिना।
संविभागश्च भूतेभ्यः कर्तव्योऽनुपरोधतः।।३२।।

मुक्ता०:—अपचमाना ब्रह्मचारिपरिव्राजकाः पाषण्डादयः। ब्रह्मचारि-परिव्राजकानामुक्तमप्यन्नदानं पचमानापेक्षयातिशयार्थं स्नातकव्रतत्वार्थं च पुनरुच्यते। मेधातिथिगोविन्दराजौ तु "भिक्षां च भिक्षवे दद्याद्विधिवद्ब्रह्मचारिणः" इति ब्रह्मचारिपरिव्राजकयोरुक्तत्वात्पाषण्ड्यादिविषयत्वमेवास्य वचनस्येत्यूचतुः। स्वकुटुम्बानुरोधेन वृक्षादिपर्यन्तप्राणिभ्योऽपि जलादिनापि विभागः कर्तव्यः।।३२।।

A householder shall give cooked food to *Brāhmacārins* etc., who do not cook their meals; and after keeping enough food for his relations and dependents, he shall distribute the residue among the birds and beasts. (32)

राजतो धनमन्विच्छेत्संसीदन्स्नातकः क्षुधा।
याज्यान्तेवासिनोर्वाऽपि न त्वन्यत इति स्थितिः।।३३।।

मुक्ता०:—"न राज्ञः प्रतिगृह्णीयादराजन्यप्रसूतितः" (अ. ४. श्लो. ८४) इति निषेधाद्राजशब्दोऽत्र क्षत्रियनृपतिपरः, स्नातकः क्षुधावसीदन्द्विजातिप्रतिग्रहस्य संभवेऽपि यथाशास्त्रवर्तिनः क्षत्रियाद्राज्ञो याज्यशिष्याभ्यां वा प्रथमं धनमभिलषेत्। राज्ञो महाधनत्वेन पीडाविरहात्। याज्यशिष्ययोश्च कृतोपकारतया प्रत्युपकारप्रवणत्वात्। तदसंभवे त्वन्यस्मादपि द्विजाद्धनमाददीत। तदभावे तु "सर्वतः प्रतिगृह्णीयात्" (अ. १० श्लो. १०२) इत्यापद्धर्मं वक्ष्यति। एवं चानापदि प्रथमं क्षत्रियनृपयाज्यशिष्येभ्यः प्रतिग्रहनियमार्थं वचनम्। अतएवाह न त्वन्यत इति। स्थितिः शास्त्रमर्यादा। नच संसीदन्नित्यभिधानादापद्धर्मविषयत्वमस्य वाच्यम्। अव्यभिचारादनापत्प्रकरणात् संसीदन्नित्यस्य चोपात्तधनाभावपरत्वात्। नच धनाभावमात्रमापत्। किंतु तस्मिन्सति

विहितोपायासंभवात्। अन्यथा सद्य:प्रक्षालकोऽप्यापद्वृत्तिः स्यात्। यदि चापद्विषयत्वमस्य भवेत्तदानत्वन्यत इत्यनेन "सर्वतः प्रतिगृह्णीयात्" इति विरुध्येत। यच्चापत्प्रकरणे "सीदद्भिः कुप्यमिच्छद्भिर्धनं वा पृथिवीपतिः। याच्यः स्यात्" (अ.१० श्लो. ११३) इत्युक्तं तच्छूद्रनृपविषयमेवं राजादिप्रतिग्रहासंभवे॥३३॥

A *Snātaka* householer, famished with hunger, shall ask money of the king, or of his pupils and disciples, but of no other men. This is the conclusion. (33)

न सीदेत्स्नातको विप्रः क्षुधा शक्तः कथञ्चन।

न जीर्णमलवद्वासा भवेच्च विभवे सति॥३४॥

मुक्ता०:—विद्यादियोगात्प्रतिग्रहशक्तोऽपि स्नातको ब्राह्मण उक्तराजप्रतिग्रहादिलाभे सति न क्षुधावसन्नो भवेत्। नच धने संभवति जीर्णे मलिने च वाससी बिभृयात्॥३४॥

A Snātaka *Brāhmaṇa* must on no account suffer himself to be overwhelmed with hunger; and possessing money, he must not wear a torn or dirty cloth. (34)

क्लृप्तकेशनखश्मश्रुर्दान्तः शुक्लाम्बरः शुचिः।

स्वाध्याये चैव युक्तः स्यान्नित्यमात्महितेषु च॥३५॥

मुक्ता०:—कल्पनं छेदनं लूनकेशनखश्मश्रुः तपःक्लेशसहो दान्तः शुक्लवासा बाह्याभ्यन्तरशौचसंपन्नो वेदाभ्यासयुक्त ओषधोपयोगादिना चात्महितपरः स्यात्॥३५॥

With his hair and beards cleanly clipped and his finger nails decently paired, he, pure in body and spirit, self-controlled and clad in a white garment, shall study the *Vedas,* and be mindful of his own benefit. (35)

वैणवीं धारयेद्यष्टिं सोदकं च कमण्डलुम्।

यज्ञोपवीतं वेदं च शुभे रौक्मे च कुण्डले॥३६॥

मुक्ता०:—वेणुदण्डमुदकसहितं च कमण्डलुं यज्ञासोपवीतं कुशमुष्टिं शोभने च सौवर्णकुण्डले धारयेत्॥३६॥

Let him carry a bamboo stick in his hand, an ewer, full of water, his Veda, and the holy thread, and wear a pair of beautiful, golden ear-rings. (36)

नेक्षेतोद्यन्तमादित्यं नास्तं यन्तं कदाचन।

नोपसृष्टं न वारिस्थं न मध्यं नभसो गतम्॥३७॥

मुक्ता०:—उद्यन्तमस्तं यन्तं य सूर्यबिम्बं संपूर्णं नेक्षेत। उपसृष्टं ग्रहोपरक्त वक्राद्युपसर्गयुक्तं च, वारिस्थं जलप्रतिबिम्बितं, नभोमध्यगतं मध्यंदिनसमये।।३७।।

He must not gaze on the rising or setting sun, nor look at the sun in the mid sky, nor during an eclipse, nor at his reflected image in the water. (37)

न लङ्घयेद्वत्सतन्त्रीं न प्रधावेच्च वर्षति।
न चोदके निरीक्षेत स्वं रूपमिति धारणा।।३८।।

मुक्ता०:—वत्सबन्धनरज्जुं न लङ्घयेत्। वर्षति मेघे न धावेत्। नच स्वदेहप्रतिबिम्बं जले निरीक्षेतेति शास्त्रे निश्चयः।।३८।।

He must not leap over the tether of a calf, nor run while it is raining, nor look at his image in the water. This is the injunction (of the Śāstra). (38)

मृदं गां दैवतं विप्रं घृतं मधु चतुष्पथम्।
प्रदक्षिणानि कुर्वीत प्रज्ञातांश्च वनस्पतीन्।।३९।।

मुक्ता०:—प्रस्थितः सन् संमुखावस्थितानुद्धृतमृत्तिकागोपाषाणादिदेवताब्राह्मणघृत-क्षौद्रचतुष्पथमहाप्रमाणज्ञातवृक्षान्दक्षिणहस्तमार्गेण कुर्यात्। प्रदक्षिणानीति "नपुंसकमन-पुंसकेनैकवच्चास्यान्यतरस्याम्" (पा. सू. १।२।६९) इति नंपुसकत्वम्।।३९।।

A heap of earth, a cow, a divine edifice, a *Brāhmaṇa,* clarified butter, honey, a crossing of roads, and large forest trees, these he shall circumambulate (from right to left). (39)

नोपगच्छेत्प्रमत्तोऽपि स्त्रियमार्तवदर्शने।
समानशयने चैव न शयीत तया सह।।४०।।

मुक्ता०:—प्रमत्तः कामार्तोऽपि रजोदर्शने निषिद्धस्पर्शदिनत्रये स्त्रियं नोपगच्छेत्। स्पर्शनिषेधेनैव "तासामाद्याश्चतस्रः" इति निषेधसिद्धौ प्रायश्चित्तगौरवार्थं स्नातकव्रतत्वार्थं च पुनरारम्भः। न चागच्छन्नपि तया सहैकशय्यायां सुप्यात्।।४०।।

Even extremely heated, he must not visithis wife during the three forbidden days of her periods, nor share the same bed with her. (40)

रजसाभिप्लुतां नारीं नरस्य ह्युपगच्छतः।
प्रज्ञा तेजो बलं चक्षुरायुश्चैव प्रहीयते।।४१।।

मुक्ता०:—यस्माद्रजस्वलां स्त्रियं पुरुषस्योपगच्छतः प्रज्ञावीर्यबलचक्षुरायूंषि नश्यन्ति तस्मात्तां नोपगच्छेत्॥४१॥

Intellect, vigour, strength, eye sight and vitality of a man, who goes unto a woman in her menses, are impaired. (41)

तां विवर्जयतस्तस्य रजसा समभिप्लुताम्।
प्रज्ञा तेजो बलं चक्षुरायुश्चैव प्रवर्धते॥४२॥

मुक्ता०:—तां तु रजस्वलामगच्छतस्तस्य प्रज्ञादयो वधन्ते। तस्मात्तां नोपेयात्॥४२॥

Of him, who avoids a woman in her menses, the intellect, vigour, strength, eye-sight and vitality are improved. (42)

नाश्नीयाद्भार्यया सार्धं नैनामीक्षेत चाश्नतीम्।
क्षुवतीं जृम्भमाणां वा न चासीनां यथासुखम्॥४३॥

मुक्ता०:—भार्यया सहैकपात्रे नाश्नीयात्। एनां च भुञ्जानां क्षुतं जृम्भां च कुर्वतीं यथासुखं निर्यन्त्रणप्रदेशवास्थितां च नेक्षेत॥४३॥

Let him not eat in the company of his wife, nor see her eating, nor while she is yawning or sneezing, or sitting (en dishabille) at ease. (43)

नाञ्जयन्तीं स्वके नेत्रे न चाभ्यक्तामनावृताम्।
न पश्येत्प्रसवन्तीं च तेजस्कामो द्विजोत्तमः॥४४॥

मुक्ता०:—तथा स्वनेत्रयोरञ्जनं कुर्वतीं तैलाद्यभ्यक्तां अनावृतां स्तनावरणरहितां नतु नग्नाम्। "नग्नां नेक्षेत च स्त्रियम्" (अ. ४ श्लो. ५३) इति वक्ष्यमाणत्वात्। अपत्यं च प्रसवन्तीं ब्राह्मणो न निरीक्षेत॥४४॥

Nor while she is applying collyrium along her eye-lids, or anointing her uncovered person with oil; nor while she is giving birth to a child, his wife should be looked at by the foremost of Brāhmaṇas, seeking vigour. (44)

नान्नमद्यादेकवासा न नग्नः स्नानमाचरेत्।
न मूत्रं पथि कुर्वीत न भस्मनि न गोव्रजे॥४५॥

मुक्ता०:—एकवस्त्रो नान्नं भुञ्जीत। उपस्थाच्छादनवासोरहितो न स्नायात्। मूत्रग्रहणमधः कायमलविसर्गोपलक्षणार्थम्। तेन मूत्रपुरीषे वर्त्मनि, भस्मनि, गोष्ठे च न कुर्यात्॥४५॥

Wearing a single cloth, he must not eat his meal, nor bathe stript of all clothes. He must not pass urine on the road, or in a pasture-ground or on the ashes. (45)

न फालकृष्टे न जले न चित्यां न च पर्वते।

न जीर्णदेवायतने न वल्मीके कदाचन॥४६॥

मुक्ता०:—तथा फालकृष्टे क्षेत्रादावुदके, अग्न्यर्थकृतेष्टकाचये, पर्वते, चिरन्तनदेवतागारे, कृमिकृतमृत्तिकाचये च विण्मूत्रोत्सर्गं न कदाचन कुर्यात्॥४६॥

Nor in a ploughed field or in the water, nor in a cremation ground nor on the mountain, nor in a dilapidated temple and never on an ant hill. (46)

न ससत्त्वेषु गर्त्तेषु न गच्छन्नापि च स्थितः।

न नदीतीरमासाद्य न च पर्वतमस्तके॥४७॥

मुक्ता०:—तथा सप्राणिषु बिलेषु न व्रजन्न चोत्थितो न नदीतटमाश्रित्य नापि पर्वतशृङ्गेमूत्रपुरीषे कुर्यात्। पर्वतनिषेधादेव तच्छृङ्गनिषेधे सिद्धे पुनः पर्वतशृङ्गनिषेधस्तदितरपर्वते विकल्पार्थः। तत्रेच्छाविकल्पस्यान्यथापि प्राप्तौ सामान्यनिषेधवैयर्थ्याद्व्यवस्थितोऽत्र विकल्पः। अत्यन्तार्तस्य पर्वते न दोषः॥४७॥

Not in a hole dwelt by an animal, neither when walking, nor staying, nor having arrived at a river bank, nor on the summit of a mountain. (47)

वाय्वग्निविप्रमादित्यमपः पश्यंस्तथैव गाः।

न कदाचन कुर्वीत विण्मूत्रस्य विसर्जनम्॥४८॥

मुक्ता०:—वायुमग्निं, ब्राह्मणं, सूर्यं, जलं, गां च पश्यन्न कदापि मूत्रपुरीषोत्सर्गं कुर्यात्। वायोररूपत्वेन दर्शनासंभवे वात्याप्रेरिततृणकाष्ठादिनिषेधोऽयम्॥४८॥

Facing the wind, fire, a *Brāhmaṇa*, the sun, the water, or a cow, let him never evacuate urine or excreta. (48)

तिरस्कृत्योच्चरेत्काष्ठलोष्ठपत्रतृणादिना।

नियम्य प्रयतो वाचं संवीताङ्गोऽवगुण्ठितः॥४९॥

मुक्ता०:—अन्तधार्य काष्ठादिना भूमिमवागनुच्छिष्टः प्रच्छादिताङ्गोऽवगुण्ठितशिरा मूत्रपुरीषोत्सर्गं कुर्यात्। "शुष्कैस्तृणैर्वा काष्ठैर्वा पर्णैर्वेणुदलेन वा। मृन्मयैर्भाजनैर्वापि अन्तर्धाय वसुंधराम्" इति वायुपुराणवचनात् शुष्कानि काष्ठपत्रतृणनि ज्ञेयानि॥४९॥

Covering the earth with wood, clods of earth, leaves, or weeds, with covered head and body, silent, and having washed his mouth, let him evacuate urine and excreta. (49)

मूत्रोच्चारसमुत्सर्गं दिवाकुर्यादुदङ्मुखः।
दक्षिणाभिमुखा रात्रौ संध्ययोश्च यथा दिवा॥५०॥

मुक्ता०ः—मूत्रपुरीषोत्सर्गमहनि संध्यायोश्चोत्तराभिमुखो रात्रौ चेद्दक्षिणामुखः कुर्यात्। धरणीधरस्तु "स्वस्थोऽनाशाय चेतसः" इति चतुर्थपादं पठित्वा चेतसो बुद्धेरनाशायेति व्याख्यातवान्। "परंपरीयमात्रायं हित्वा विद्वद्भिरादृतम्। पाठान्तरं व्यरचयन्मुधेह धरणीधरः॥५०॥

In the day he shall evacuate stool and urine with his face turned towards the north, looking towards the south he must do it in the night; at either juncture of the day and night he must do it as in the day. (50)

छायायामन्धकारे वा रात्रावहनि वा द्विजः।
यथासुखमुखः कुर्यात्प्राणबाधाभयेषु च॥५१॥

मुक्ता०ः—रात्रौ छायायामन्धकारे वा अहनि छायायां नीहाराद्यन्धकारे वा दिग्विशेषाज्ञाने सति चौरव्याघ्रादिकृतप्राणविनाशभयेषु च यथेप्सितमुखो मूत्रपुरीषे कुर्यात्॥५१॥

In the night, in the event of the stars, etc., being enveloped by the cloud, in times of peril to life, let a *Brāhmaṇa* evacuate stool and urine, facing any quarter of the heaven he pleases. (51)

प्रत्यग्निं प्रतिसूर्यं च प्रतिसोमोदकद्विजान्।
प्रतिगां प्रतिवातं च प्रज्ञा नश्यति मेहतः॥५२॥

मुक्ता०ः—वाय्वग्निविप्रमित्यनेन मेहतोऽग्न्यादीनां दर्शनं निषिद्धम्। अनेन त्वपश्यतोऽपि संमुखीनत्वं निषिध्यते। अग्निसूर्यचन्द्रजलब्राह्मणगोवाताभिमुखं मूत्रपुरीषे कुर्वतः प्रज्ञा नश्यति तस्मादेतन्न कर्तव्यम्। प्रतिवातमित्यस्य स्थाने प्रतिसंध्यमित्यन्ये पठन्ति॥५२॥

Facing the wind, the sun, or the moon, or looking at a cow, or a Brāhmaṇa, he, who evacuates stool or urine is robbed of his intellect. (52)

नाग्निं मुखेनोपधमेन्नग्नां नेक्षेत च स्त्रियम्।
नामेध्यं पक्षिपेदग्नौ न च पादौ प्रतापयेत्॥५३॥

मुक्ता०:—नाग्निर्मुखेन ध्यातव्यः किं तर्हि व्यजनादिना। "न नग्नां स्त्रियमीक्षेत मैथुनादन्यत्र" इति सांख्यायनदर्शनान्मैथुनव्यतिरेकेण नग्नां स्त्रियं न पश्येत्। अमेध्यं मूत्रपुरीषादिकं नाग्नौ क्षिपेत्। नच पादौ प्रतापयेत्। प्रशब्दग्नौ पादावुत्क्षिप्य साक्षान्न प्रतापयेत् वस्त्रादितापस्वेदेऽविरोधः॥५३॥

Let him not cast any unholy thing in the fire, nor warm his feet over it. Let him not blow a fire with his mouth nor look at his naked wife. (53)

अधस्तान्नोपदत्याच्च न चैनमभिलङ्घयेत्।
न चैनं पादतः कुर्यान्न प्राणाबाधमाचरेत्॥५४॥

मुक्ता०:—खट्वादिभ्योऽधस्तादङ्गारशकव्यादिकं न कुर्यात्। न चाग्निमुत्प्लुत्य गच्छेत्। नच सुप्तः पाददेशेऽग्निं स्थापयेत्। नच प्राणीपीडाकरं कर्म कुर्यात्॥५४॥

Let him not keep a fire underneath his bedstead, nor leap over a fire. He must not place a fire at his foot, nor do any thing that imperils life. (54)

नाश्नीयात्संधिवेलायां न गच्छेन्नापि संविशेत्।
न चैव प्रलिखेद्भूमिं नात्मनोपहरेत्स्त्रजम्॥५५॥

मुक्ता०:—संध्याकाले भोजनं ग्रामान्तरगमनं निद्रां च न कुर्यात्। नच रेखादिना भूमिमुल्लिखेत्। नच मालां धृतां स्वयमेवापनयेत्। अर्थादन्येनापनयेदित्युक्तम्॥५५॥

At either meeting of the day and night, let him not eat any thing, or lie down, or walk (*i.e.* go any where). He must not dig lines in the ground, nor himself remove the garland of flowers he has worn. (55)

नाप्सु मूत्रं पुरीषं वा ष्ठीवनं वा समुत्सृजेत्।
अमेध्यलिप्तमन्यद्वा लोहितं वा विषाणि वा॥५६॥

मुक्ता०:—मूत्रं पुरीषं श्लेष्माणं मूत्राद्यमेध्यलिप्तवस्त्रं अन्यद्वा भुक्तोच्छिष्टाद्यमेध्यं रुधिरं विषाणि च कृत्रिमाकृत्रिमभेदभिन्नानि न जले प्रक्षिपेत्॥५६॥

In the water he must not evacuate stool or urine, nor cast sputa, poison, blood, or any thing smeared with any excreted organic matter. (56)

नैकः सूप्याच्छून्यगेहे शयानं न प्रबोधयेत्।
नोदक्ययाऽभिभाषेत यज्ञं गच्छेन्न चावृतः॥५७॥

मुक्ता०:–उत्सन्नजनवासगेहे नैकः शयीत। वित्तविद्यादिभिरधिकं च सुप्तं न प्रबोधयेत्। रजस्वलया संभाषणं न कुर्यात्। यज्ञं चाकृतावरणोऽनृत्विक् न गच्छेत्। दर्शनायेच्छया गच्छेत्। "दर्शनार्थं कामम्" इति गौतमवचनात्॥५७॥

He must not sleep alone in a solitary chamber, nor rouse up a superior from his sleep. Let him not speak with a woman in her flow now go to a religious ceremony without invitation. (57)

अग्न्यगारे गवां गोष्ठे ब्राह्मणानां च सन्निधौ।
स्वाध्याये भोजने चैव दक्षिणं पाणिमुद्धरेत्॥५८॥

मुक्ता०:–अग्निगृहे गवां निवासे ब्राह्मणानां गवां समीपे स्वाध्यायभोजनकालयोश्च दक्षिणपाणिं सबाहुं वासस उद्धरेद्बहिष्कुर्यात्॥५८॥

He must keep his right arm free, and uncovered by his upper sheet of apparel, in the chamber of the sacred fire, in a pasture ground, in the company of the *Brāhmaṇa*, at the time of reading the *Vedas*, and at the time of eating his (meal). (58)

न वारयेद्गां धयन्तीं न चाचक्षीत कस्यचित्।
न दिवीन्द्रायुधं दृष्ट्वा कस्यचित्दर्शयेद्बुधः॥५९॥

मुक्ता०:–गां जलं क्षीरं वा पिबन्तीं न निवारयेत्। दोहनार्थवारणादन्यत्र निषेधः। नापि परकीयक्षीरादि पिबन्तीं तस्य कथयेत्। न चेन्द्रधनुराकाशे दृष्ट्वा निषिद्धदर्शनदोषज्ञः कस्यचिद्दर्शयेत्॥५९॥

He must not restrain a cow from drinking water or suckling her calf, if he sees her in the act; nor shall he report it to any body. An intelligent person, who has beheld a rainbow in the sky, must not show it to others. (59)

नाधार्मिके वसेद्ग्रामे न व्याधिबहुले भृशम्।
नैकः प्रपद्येताध्वानं न चिरं पर्वते वसेत्॥६०॥

मुक्ता०:–अधार्मिक इत्यनेन यत्राधार्मिका वसन्ति न तत्र वासो युक्तः। यत्र वा निन्दितदुश्चिकित्सितव्याधिपीडिता बहवो जनास्तत्र भृशमत्यर्थं वासो न युक्तः। पन्थानमेकः कदापि न गच्छेत्। पर्वते च दीर्घकालं न वसेत्॥६०॥

Let him not long reside in an impious village, nor in one infected with any disease. He must not go alone on a long journey, nor stay long on a mountain summit. (60)

न शूद्रराज्ये निवसेन्नाधार्मिकजनावृते।
न पाषण्डिगणाक्रान्ते नोपसृष्टेऽन्त्यजैर्नृभिः॥६१॥

मुक्ता०:—यत्र देशे शूद्रो राजा तत्र न वसेत्। अधार्मिकजनैश्च बाह्यतः परिवृते ग्रामादौ न वसेदित्यपुनरुक्तिः। पाषण्डिभिश्च वेदबाह्यलिङ्गधारिभिर्वशीकृते चाण्डालादिभिश्चान्त्यजैरुपद्रुते न वसेत्॥६१॥

Let him not reside in a *Śūdra* kingdom, nor in the one teeming with an ungodly population. He must not live in a country abounding in revilers of the *Vedas*, nor in that which is infested by vile caste men. (61)

न भुञ्जीतोद्धृतस्नेहं नातिसौहित्यमाचरेत्।
नातिप्रगे नातिसायं न सायं प्रातराशितः॥६२॥

मुक्ता०:—उद्धृतस्नेहं पिण्याकादि न भुञ्जीत। अतिवृप्तिं वारद्वयेऽपि न कुर्यात्। "जठरं पूरयेदर्धमन्नैर्भागं जलेन च। वायोः संचरणार्थं तु चतुर्थमवशेषयेत्॥" इत्यादिविष्णुपुराणवचनात्। सूर्योदयकाले सूर्यास्तसमये भोजनं न कुर्यात्। प्रातराशितोऽतितृप्तः सायं न भुञ्जीत॥६२॥

He must not eat any thing whose oleaginous essence has been taken out nor over-load his stomach with food; and let him not eat any thing too early in the morning or evening nor take any thing in the night, if he has been over-repleted in the day. (62)

न कुर्वीत वृथाचेष्टां न वार्यञ्जलिना पिबेत्।
नोत्सङ्गे भक्षयेद्भक्ष्यान्न जातु स्यात्कुतूहली॥६३॥

मुक्ता०:—दृष्टादृष्टार्थशून्यं व्यापारं न कुर्यात्। अञ्जलिना च जलं न पिबेत्। ऊर्वोरुपरि विन्यस्य मोदकादीन्न भक्षयेत्। असति प्रयोजने किमेतदिति जिज्ञासा कुतूहलं तन्न कदाचित्कुर्यात्॥६३॥

Let him not make any futile attempt, nor drink water with the united palms of his hands; he must not eat any thing by placing it on his thighs, nor be needlessly inquisitive about any matter. (63)

न नृत्येदथवा गायेन्न वादित्राणि वादयेत्।
नास्फोटयेन्न च क्ष्वेडेन्न च रक्तो विरावयेत्॥६४॥

मुक्ता०:—अशास्त्रीयाणि नृत्यगीतवाद्यानि नाचरेत्। पाणिना बाहौ ध्वनिरूपमास्फोटनं न कुर्यात्। अव्यक्तदन्तशब्दात्मकं क्ष्वेडनं न कुर्यात्। नच सानुरागो रासभादिरावं कुर्यात्॥६४॥

He must not sing a tune, or dance a measure, or play on a musical instrument, prohibited in the science of music; he must not vauntingly stroke the muscles of his upper arms, nor gnash his teeth, nor bray like an ass out of an exuberance of emotional feeling. (64)

न पादौ धावयेत्कांस्ये कदाचिदपि भाजने।
न भिन्नभाण्डे भुञ्जीत न भावप्रतिदूषिते॥६५॥

मुक्ता०:—कांस्यपात्रे कदाचित्पादौ न प्रक्षालयेत्। ताम्ररजतसुवर्णानां भिन्नमभिन्नं वेति न दोष इति पैठीनसिवचनादेतद्व्यतिरिक्तभिन्नभाण्डे न भोजनं कुर्यात्। यत्र मनो विचिकित्सति तद्भावदुष्टं तत्र न भुञ्जीत॥६५॥

He shall never wash his feet in a vessel of white brass, he must not eat in a cracked plate, nor in a vessel, repugnant to his sensibility. (65)

उपानहौ न वासश्च धृतमन्यैर्न धारयेत्।
उपवीतमलङ्कारं स्त्रजं करकमेव च॥६६॥

मुक्ता०:—उपानद्वस्त्रयज्ञोपवीतालंकारपुष्पमालाकमण्डलून्परोपभुक्तान्न धारयेत्॥६६॥

A holy thread, an ewer, a coth, a garland of flowers, an ornament, and shoes, previously used by another, he must not wear. (66)

नाविनीतैर्व्रजेद्धुर्यैर्न च क्षुधात्याधिपीडितैः।
न भिन्न शृङ्गाक्षिखुरैर्न वालधिविरूपितैः॥६७॥

मुक्ता०:—अश्वगगाहादिभिर्वाहनैरदमितैः क्षुधा व्याधिना च पीडितैर्भिन्न-शृङ्गाक्षिखुरैश्छिन्नवालधिभिश्च न यायात्॥६७॥

He must not ride on a wild (unbroken), hungry, diseased, beast of conveyance, nor on one with piecrced hoofs and mutilated tails, or broken horns. (67)

विनीतैस्तु व्रजेन्नित्यमाशुगैर्लक्षणान्वितैः।
वर्णरूपोपसम्पन्नैः प्रतोदेनातुदन्भृशम्॥६८॥

मुक्ता०:–दमितैः शीघ्रगामिभिः शुभसूचकलक्षणोपेतैः शोभनवर्णैर्मनोज्ञाकृतिभिः प्रतोदेनात्वर्थमपीडयन्गच्छेत्॥६८॥

He shall travel by horses or elephants that are fastgoing, quiet, handsome and good coloured animals, possessed of auspicious features, sparing the mace or the whip as much as possible. (68)

बालातपः प्रेतधूमो वर्ज्यं भिन्नं तथासनम्।
न छिन्द्यान्नखलोमानि दन्तैर्नोत्पाटयेन्नखान्॥६९॥

मुक्ता०:–प्रथमोदितादित्यतापो बालातपः स च मुहूर्तत्रयं यावदिति मेधातिथिः। कन्यार्का तप इत्यन्ये। प्रेतधूमो दह्यमानशवधूमः। भग्नासनं च एतानि वर्जनीयानि। नखानि च रोमाणि च प्रवृद्धानि न छिन्द्यात्। दन्तैश्च नखान्नोत्पाटयेत्॥६९॥

The heat of the autumn sun, the smoke of a cremation ground, a cracked or fissured seat, he must avoid; he must not tear his hair or finger nails, nor cut his finger nails with his teeth. (69)

न मृल्लोष्ठं च मृद्गीयान्न च्छिन्द्यात्करजैस्तृणम्।
न कर्म निष्फलं कुर्यान्नायत्यामसुखोदयम्॥७०॥

मुक्ता०:–"नाकारणं मृल्लोष्टं मृद्नीयात्। तृणनि च न छिन्द्यात्" इत्यापस्तम्बवचनान्निष्प्रयोजनं मृल्लोष्टमर्दनं नखैश्च तृणच्छेदनं न कुर्यात्। ननु "न कुर्वीत वृथाचेष्टाम्" (अ. ४ श्लो. ६३) इत्यनेनैवास्यापि प्रतिषेधसिद्धौ दोषभूयस्त्वं प्रायश्चित्तगौरवं च दर्शयितुं विशेषेण निषेधः। अत एवात्रानन्तरं लोष्ठमर्दीति निन्दिष्यति। दृष्टादृष्टफलशून्यं च कर्म न कुर्यात्। ननु "न कुर्वीत वृथाचेष्टाम्" (अ. ४ श्लो. ६३) इत्यनेन पुनरुक्तिः। उच्यते। देहव्यापारश्चेष्टा स वृथाचेष्टाशब्देन निषिद्धः, अनेन तु निष्फलं मनोग्राह्यादिसंकल्पात्मकं कर्म मानसं निषिध्यते। यच्च आयत्यामागामिकाले कर्मासुखावहं यथाऽऽजीर्णे भोजनादि तदपि न कुर्यात्॥७०॥

He must not wantonly grind clay or clods of earth with his hands, nor cut weeds with his finger nails; let him not attempt a futile act, nor do any thing which may create troubles in the future. (70)

लोष्टमर्दी तृणच्छेदी नखखादी च यो नरः।
स विनाशं व्रजत्याशु सूचकोऽशुचिरेव च॥७१॥

मुक्ता०:—लोष्ठमर्दयिता तृणच्छेत्ता नखखादिता च यो मनुष्यस्तथा सूचकः खलो यः परस्य दोषानसतः सतो वा ख्यापयति बाह्याभ्यन्तरशौचरहितः शीघ्रमेते देहधनादिना विनश्यन्ति॥७१॥

He, who (wantonly) grinds earth (with his fingers), or cuts his finger nails (with his teeth), as well as a malicious caluminator, and one, who neglects his personal cleanliness, soon meets destruction. (71)

न विगर्ह्य कथां कुर्याद्बहिर्माल्यं न धारयेत्।
गवां च यानं पृष्ठेन सर्वथैव विगर्हितम्॥७२॥

मुक्ता०:—न चाभिनिवेशेन कथां शास्त्रीयेष्वर्थेषु लौकिकेषु वा कुर्यात्, केशकलापाद्बहिर्माल्यं न धारयेत्। गवां च पृष्ठेन यानं सर्वथेति प्रवेण्यादिव्यवधानेनाप्यधर्मावहम्। पृष्ठेनेत्यभिधानादाकृष्टशकटादिना न दोषः॥७२॥

He must not lay any wager (as regards matters of Śāstras or concerns of life), nor go out wearing a garland of flowers round his neck, in every way it is condemnable to ride on a bullock. (72)

अद्वारेण च नातीयाद् ग्रामं वा वेश्म वावृतम्।
रात्रौ च वृक्षमूलानि दूरतः परिवर्जयेत्॥७३॥

मुक्ता०:—प्राकाराद्यावृतं गृहं च द्वारव्यतिरिक्तप्रदेशेन प्राकारादिलङ्घनं कृत्वा न विशेत्। रात्रौ च वृक्षमूलावस्थानं दूरस्त्यजेत्॥७३॥

Let him not enter a (walled) village or a house by any other entrance than the front door (or gate); he shall avoid from a distance the roots of trees in the night. (73)

नाक्षैः क्रीडेत्कदाचित्तु स्वयं नोपानहौ हरेत्।
शयनस्थोऽपि भुञ्जीत न पाणिस्थं न चासने॥७४॥

मुक्ता०:—ग्लहं विना कदाचिदपि परिहासेनापि नाक्षादिभिः क्रीडेत्। स्वयमित्यभिधानादात्मोपानहौ पादव्यतिरिक्तेन हस्तादिना देशान्तरं न नयेत्। शय्याद्यवस्थितश्च न भुञ्जीत। हस्ते च प्रभूतमन्नं कृत्वा क्रमेण न खादेत्। आसने भोजनपात्रं निधाय न भुञ्जीत॥७४॥

He must not play a game with dice, nor carry in his hand the shoes he wears; let him not gradually eat a morsel of food he has taken in his hand. nor, by placing the plate (of food) on a cushion. (74)

सर्वं च तिलसम्बद्धं नाद्यादस्तमिते रवौ।
न च नग्नः शयीतेह न चोच्छिष्टः क्वचिद्व्रजेत्॥७५॥

मुक्ता०:—यत्किंचित्तिलसंमिश्रं कृसरमोदकादि तदस्तमितेऽर्के नाद्यात्। उपस्थाच्छादनवासोरहितो नेह लोके सुप्यात्। उच्छिष्टस्तु नान्यतो गच्छेत्॥७५॥

He must not eat any preparation of sesame, or any thing, containing sesame, after sunset; let him not lie down entirely naked in the bed nor go anywhere without washing his mouth after eating. (75)

आर्द्रपादस्तु भुञ्जीत नार्द्रपादस्तु संविशेत्।
आर्द्रपादस्तु भुञ्जानो दीर्घमायुरवाप्नुयात्॥७६॥

मुक्ता०:—जलार्द्रपादो भोजनमाचरेत्। नार्द्रपादः सुप्यात्। यस्मादार्द्रपादो भुञ्जानशतायुर्भवति॥७६॥

He must eat in wet feet, but he must not lie down in wet feet; he who eats in wet feet, acquires longevity. (76)

अचक्षुर्विषयं दुर्गं न प्रपद्येत कर्हिचित्।
न विण्मूत्रमुदीक्षेत न बाहुभ्यां नदीं तरेत्॥७७॥

मुक्ता०:—तरुगुल्मलतागहनत्वेनाचक्षुर्गोचरमरण्यादिदेशं दुर्गं नाक्रामेत्। सर्पचौरादेरन्तर्हितस्य संभवात्। पुरीषं मूत्रं च न निरीक्षेत्। बाहुभ्यां च नदीं न तरेत्॥७७॥

Let him not go to a place, which is not easily accessible and which is beyond sight; he must not look at the excreta, nor swim across a river with his arms. (77)

अधितिष्ठेन्न केशांस्तु न भस्मास्थिकपालिकाः।
न कार्पासास्थि न तुषान्दीर्घमायुर्जिजीविषुः॥७८॥

मुक्ता०:—दीर्घमायुर्जीवितुमिच्छुः केशादीन्नाधिरोहेत्। भग्नमृन्मयभाजनशकलानि कपालिकाः॥७८॥

A person, wishing to live a long life, must not stand on the ashes, on skeletal bones, on bits of broken, baked earthen vessels, on heaps of cotton seeds nor on husks of paddy. (78)

न संवसेच्च पतितैर्न चाण्डालैर्न पुल्कसैः।

न मूर्खैर्नावलिप्तैश्च नान्त्यैर्नान्त्यावसायिभिः॥७९॥

मुक्ता०ः—पतितादिभिर्ग्रामान्तरवासिभिरपि सह न संवसेत्। एकतरुच्छायादौ न समीपे वसेत्। अतो "नाधार्मिके वसेद्ग्रामे" (अ. ४ श्लो. ६०) इत्यतो भेदः। निषादाच्छूद्रायां जातः पुल्कसः। वक्ष्यति च "जातो निषादाच्छूद्रायां जात्या भवति पुल्कसः" (अ. १० श्लो. १८) इति। अवलिप्ता धनादिमदगर्विताः। अन्त्या अन्त्यजा रजकादयः। अन्त्यावसायिनो निषादस्त्रियां चाण्डालाज्जाताः। वक्ष्यति च "निषादस्त्री तु चण्डालात्पुत्रमन्त्यावसायिनम्" (अ. १० श्लो. ३९) ॥७९॥

For a moment even, let him not associate with the degraded, with *Cāṇḍālas*, with *Pukkasas* as with the illiterate, with the purse-proud, and with low caste men (Antyāvasāyins). (79)

न शूद्राय मतिं दद्यान्नोच्छिष्टं न हविष्कृतम्।

न चास्योपदिशेद्धर्मं न चास्य व्रतमादिशेत्॥८०॥

मुक्ता०ः—शूद्राय मतिं दृष्टार्थोपदेशं न दद्यात्। धर्मोपदेशस्य पृथङ्निर्देशात्। अदासशूद्रायोच्छिष्टं न दद्यात्। दासगोचरतया "उच्छिष्टमन्नं दातव्यम्" (अ. १० श्लो. १२५) इति वक्ष्यमाणत्वाददोषः। "द्विजोच्छिष्टं च भोजनम्" इति भोक्तुर्विधिर्दातुरुच्छिष्टदाननिषेधेऽपि यथासंभवलब्धविषयः। हविष्कृतमिति। यस्यैकदेशो हुतः स हविःशेषो न दातव्यः। धर्मोपदेशो न शूद्रस्य कर्तव्यः। व्रतं चास्य प्रायश्चित्तरूपं साक्षान्नोपदिशेत्, किंतु ब्राह्मणं मध्ये कृत्वा तदुपदेशव्यवधानात्। यथाहाङ्गिराः-"तथा शूद्रं समासाद्य सदा धर्मपुरः सरम्। अन्तरा ब्राह्मणं कृत्वा प्रायश्चित्तं समादिशेत्"। प्रायश्चित्तमिति सकलधर्मोपदेशस्योपलक्षणार्थम्॥८०॥

He must not give any worldly advice, or the leaving of his food, or the residue of the fire-offering to a *Śūdra;* let him not give religious instruction to Śūdra, not grant him (Śūdra) sanction to practise a vow. (80)

यो ह्यस्य धर्ममाचष्टे यश्चैवादिशति व्रतम्।

सोऽसंवृतं नाम तमः सह तेनैव मज्जति॥८१॥

मुक्ता०ः–यस्माद्योऽस्य शूद्रस्य धर्मं ब्रूते यश्च प्रायश्चित्तमुपदिशति स तेन शूद्रेणैव सहासंवृताख्यं तमो गहनं नरकं प्रविशति। पञ्चसु पूर्वोक्तेषु द्वयोर्दोषकथनं प्रायश्चित्तगौरवार्थम्।।८१।।

The *Brāhmaṇa* who gives religious instructions to a *Śūdra*, or advises him to practise a religious vow is drowned with that Śūdra in the hell of *Asamvṛtam* (unrestrained darkness). (81)

न संहताभ्यां पाणिभ्यां कण्डूयेदात्मनः शिरः।
न स्पृशेच्चैतदुच्छिष्टो न च स्नायाद्विना ततः।।८२।।

मुक्ता०ः–संश्लिष्टाभ्यां पाणिभ्यां न कण्डूयेदात्मनः शिरः। उच्छिष्टः स्वशिरो न स्पृशेत्। शिरसा विनोन्मज्जनव्यतिरेकेण नित्यनैमित्तिकस्नाने न कुर्यात्। दृष्टार्थे शिरोव्यतिरित्तगात्रप्रक्षालने न दोषः। स्नानशक्तस्य चायं निषेधः। अशक्तस्य तु "अशिरस्कं भवेत्स्नानं स्नानाशक्तौ तु कर्मिणाम्" इति जाबालिना विहितमेव।।८२।।

Let him not scratch his head with his united hands, nor touch it without washing his mouth, after eating, nor bathe without immersing his head in the water. (82)

केशग्रहान्प्रहारांश्च शिरस्येतान्विवर्जयेत्।
शिरःस्नातश्च तैलेन नाङ्गं किञ्चिदपि स्पृशेत्।।८३।।

मुक्ता०ः–कोपेन केशग्रहप्रहारौ शिरसि वर्जयेत्। कोपनिमित्तत्वाच्चात्मनः परस्य च प्रतिषेधः। अत एव सुरतसमये कामिनीकेशग्रहस्यानिषेधः। सशिरस्कस्नातस्य तैलेन न किंचिदप्यङ्गं स्पृशेत्। अथवा तैलेनेति काकाक्षिवदुभयत्र संबध्यते। तैलेन शिरः स्नातः तैलेन पुनः किंचिदप्यङ्गं न स्पृशेत्। अतो रात्रौ शिष्टानामतैलशिरःस्नातानां तैलेन पादाभ्यङ्गसमाचरणमविरुद्धम्।।८३।।

He must not strike any one on the head, nor pull him by his hair; after bathing, head-anointed, let him not touch oil with any other part of his body. (83)

न राज्ञः प्रतिगृह्णीयादराजन्यप्रसूतितः।
सूनाचक्रध्वजवतां वेशेनैव च जीवताम्।।८४।।

मुक्ता०ः–राजन्यशब्दः क्षत्रियवचनः। अक्षत्रियप्रसूतस्य राज्ञो धनं न प्रतिगृह्णीयात्। "राजतोधनमन्विच्छेत्" इत्युक्तं तस्यायं विशेष उक्तः सूनाचक्रध्वजवतामिति। सूनावतां चक्रवतां ध्वजवतां च। सूना प्राणिवधस्थानं तद्यस्यास्तीति स सूनावान्पशुमारण-

पूर्वकमांसविक्रयजीवी। चक्रवान्बीजवधविक्रय जीवी तैलिकः। ध्वजवान्मद्यविक्रयजीवी शौण्डिकः। वेशः पण्यस्त्रिया भृतिः तया यो जीवति स्त्री पुमान्वा स वेशवान्। एतेषां च न प्रतिगृह्णीयात्॥८४॥

He must not accept the gift of a king, who is not the son of a *Kṣatriya* nor of him who lives by selling meat, nor of an oil-presser, nor of a wine-seller, nor of him who lives upon the income of prostitution. (84)

दशसूनासमं चक्रं दशचक्रसमो ध्वजः।
दशध्वजसमो वेशो दशवेशसमो नृपः॥८५॥

मुक्ता०ः—गोविन्दराजस्तु "दशवेश्यासमो नृपः" इति पठति। मेधातिथिप्रभृतयः प्राञ्चो "दशवेशसमो नृपः" इति पठन्ति। सूनादिशब्दैस्तद्वानुपलक्ष्यते। दशसूनावत्सु यावान्दोषस्तावानेकस्मिन् चत्र वति तैलिके, यावान्दशसु तैलिकेषु दोषस्तावानेकध्वजवति शौण्डिके, यावान्दशसु ध्वजवत्सु दोषस्तावानेकत्र वेशवति, यावान्दशसु वेशवत्सु दोषस्तावर्नेकत्र राजनि। उत्तरोत्तरनिन्दा चेयं पूर्वदातृसंभवे सत्युत्तरवर्जनार्थमपेक्षया योज्यते॥८५॥

An oil presser is ten times as vile as a butcher (meat seller), a wine seller is ten times as vile as an oil-presser, an enjoyer of the earnings of a prostitute is ten times as vile as a wine-seller, and a non-Kṣatriya king is ten times as vile as the enjoyer of a prostitute's earnings. (85)

दश सूनासहस्त्राणि यो वाहयति सौनिकः।
तेन तुल्यः स्मृतो राजा घोरस्तस्य प्रतिग्रहः॥८६॥

मुक्ता०ः—सूनया चरतीति सौनिकः। एवं संलकनया यत्सौनिको दशसहस्राणि स्वार्थे व्यापादयति तेन तुल्यो राजा मन्वादिभिः स्मृतः। तस्मात्तस्य प्रतिग्रहो नरकहेतुत्वाद्भयानकः क्षत्रियस्यापि च॥८६॥

A non-Kṣatriya king is like unto a butcher, who keeps ten thousand slaughter-houses going; and hence, to accept the gift of such a king is a deadly sin. (86)

यो राज्ञः प्रतिगृह्णाति लुब्धस्योच्छास्त्रवर्त्तिनः।
स पर्यायेण यातीमान्नरकानेकविंशतिम्॥८७॥

मुक्ता०ः—यो राज्ञः कृपणस्य शास्त्रोल्लङ्घनेन प्रवर्तमानस्य प्रतिग्रहं करोति स क्रमेणैतान्वक्ष्यमाणैकविंशतिं नरकान्गच्छति॥८७॥

He, who accepts the gift of a greedy king who does not rule in conformity with the Regulation, goes to the twenty one hells in succession, known as. (87)

तामिस्रमन्धतामिस्त्रं महारौरवरौरवौ।
नरकं कालसूत्रं च महानरकमेव च॥८८॥
संजीवनं महावीचिं तपनं संप्रतापनम्।
संहातं च सकाकोलं कुड्मलं प्रतिमूर्तिकम्॥८९॥
लोहशङ्कुमृजीषं च पन्थानं शल्मलीं नदीम्।
असिपत्रवनं चैव लोहदारकमेव च॥९०॥

मुक्ता०:—पूर्वश्लोके सामान्यतो नरकानिमानेकविंशतिमित्युक्तमिदानीं तानेव नामतो निर्दिशतितामिस्रमिति त्रिभिः एतेषां नरकाणां स्वरूपं मार्कण्डेयपुराणादिषु विस्तरेणोक्तं तत्रैवावगन्तव्यम्॥८८-९०॥

Tāmiśram (hell of darkness), *Andha-tāmiśram* (hell of sable darkness), *Mahā-rauravam* (the great howling hell), *Kāla-sūtra*, (the hell of the thread of time) and *Mahā-narakam* (the great hell). The *Sañjīvanam* (animating hell), *Mahāvici* (hell of great billows), *Tapanam* (burning hell), Sampratapanam, (extremely heating hell), *Saṅghātam* (the crushing hell), *Sakākolam* (hell with crows and owls), *Kuḍmalam,* putimṛttikam (hell of foul-smelling soil). Loha Śaṅku (hell of iron tongs), Rijiṣam (frying), *Panthā, ṣālmai, Nadi, Asipatravanam* (sword-leafted forest) and *Lohadārakam,* (iron-breaking). (88-90)

एताद्विदन्तो विद्वांसो ब्राह्मणा ब्रह्मवादिनः।
न राज्ञः प्रतिगृह्णन्ति प्रेत्य श्रेयोऽभिकाङ्क्षिणः॥९१॥

मुक्ता०:—प्रतिग्रहो विविधनरकहेतुरिति जानन्तो ब्राह्मणा धर्मशास्त्रपुराणादिविदो वेदाध्यायिनो जन्मान्तरे श्रेयःकामवन्तो न राज्ञः प्रतिगृह्णीयुः। विदुषो हि प्रतिग्रहे नातीव दोषः। यतो वक्ष्यति "तस्मादविद्वान्बिभीयात्" (अ. ४ श्लो. १९१) इति। तेषामपि निषिद्धो राजप्रतिग्रहः प्रचुरप्रत्यवायफलक इति दर्शयितुं विद्वद्ग्रहणं ब्रह्मवादिग्रहणं च॥९१॥

Erudite, Brāhma-knowing *Brāhmaṇas,* aware of these things, do not accept gift from (such) a king, for their good in the next world. (91)

ब्राह्मे मुहूर्त्ते बुध्येत धर्माथौं चानुचिन्तयेत्।
कायक्लेशांश्च तन्मूलान्वेदतत्त्वार्थमेव च॥९२॥

मुक्ता०:—ब्राह्मो मुहूर्तो रात्रेः पश्चिमो यामः। ब्राह्मी भारती तत्प्रबोधहेतुत्वात्। मुहूर्तशब्दोऽत्र कालमात्रवचनः। तत्र बुध्येत। दक्षेणपि "प्रदोषपश्चिमौ यामौ वेदाभ्यासेन तौ नयेत्। प्रहरद्वयं शयानो हि ब्रह्मभूयाय कल्पते" इति ब्रुवता तत्र प्रबोधोऽभ्यनुज्ञातः। गोविन्दराजस्तु "रात्रेः पश्चिमे मुहूर्ते बुध्येत" इत्याह। धर्माथौं च परस्पराविरोधेनानुष्ठानार्थमवधारयेत्। तथा धर्मार्थार्जनहेतून्कायक्लेशान्निरूपयेत्। यदि महान्कायक्लेशोऽल्पौ च धर्माथौं वा तदा तं परिहरेत्। वेदस्य तत्त्वार्थं ब्रह्मकर्मात्मकं निश्चिनुयात्। तस्मिन्समये बुद्धिप्रकाशात्॥९२॥

He must leave his bed at the *Brāhma Muhūtra* (forty-eight minutes before the sun-rise), meditate on piety and worldly interests, ponder over the form of physical labour by which they can be secured, and ascertain the true import of the *Vedas*. (92)

उत्थायावश्यकं कृत्वा कृतशौचः समाहितः।
पूर्वां संध्यां जपंस्तिष्ठेत्स्वकाले चापरां चिरम्॥९३॥

मुक्ता०:—तत उषःकाले शय्याया उत्थाय सति वेगे मूत्रपुरीषोत्सर्गं कृत्वात्र कृतवक्ष्यमाणशौचोऽनन्यमनाः पूर्वां संध्यां चिरं गायत्रीजपं कुर्वन्वर्तेतार्कदर्शनात्। अयं विधिः प्रातःसंध्यायामुक्तः। उदयादूर्ध्वमपि जपेदायुरादिकाम इति विधानार्थोऽयमारम्भः। अपरामपि सन्ध्यां स्वकाले प्रारभ्य तारकोदयादूर्ध्वमपि जपन्नासीत्॥९३॥

Having left his bed and attended to the calls of nature, he, well washed, and pure in spirit, shall, with undivided attention, mutter the morning *Gāyatrī* and the *Gāyatrīs,* which are connected with the other *Sandhyā rites* as well. (93)

आयुरादिकामाधिकारोऽयमिति दर्शयन्नाह–

ऋषयो दीर्घसंध्यात्वाद्दीर्घमायुरवाप्नुयुः।
प्रज्ञां यशश्च कीर्तिं च ब्रह्मवर्चसमेव च॥९४॥

मुक्ता०:—संध्याशब्दोऽत्र संध्यानुष्ठेयजपादिपरः। यस्मादृषयो दीर्घसंध्यानुष्ठानाद्दीर्घमायुः जीवन्तः प्रज्ञां यशोऽमृतां च कीर्तिमध्ययनादिसंपन्नं यशश्च प्राप्नुयुः। तस्मादायुरादिकामश्चिरं संध्यामुपासीत्।।९४।।

The Ṛṣis were long-lived because they used to devote greater lengths of time to their rites of daily Sandhyā (prayer), and for this they obtained fame, progeny, celebrity, and the energy of Brahma. (94)

श्रावण्यां प्रौष्ठपद्यां वाऽप्युपाकृत्य यथाविधि।
युक्तश्छन्दांस्यधीयीत मासान्विप्रोऽर्धपञ्चमान्।।९५।।

मुक्ता०:—श्रावणस्य पौर्णमास्यां भाद्रपदस्य वा स्वगृह्यानुसारेणोपाकर्माख्यं कर्म कृत्वा सार्धाश्चतुरो मासान्ब्राह्मण उद्युक्तो वेदानधीयीत।।९५।।

Having performed the rite of *Upākarma*, on the day of the full moon in the month of *Śrāvaṇa or Bhādra*, he shall devotedly read the *Vedas* for four months and a half. (95)

पुष्ये तु छन्दसां कुर्याद्बहिरुत्सर्जनं द्विजः।
माघशुक्लस्य वा प्राप्ते पूर्वाह्णे प्रथमेऽहनि।।९६।।

मुक्ता०:—ततः पक्षाधिकेषु चतुर्षु मासेषु यः पुष्यस्तत्र ग्रामाद्बहिर्गत्वा स्वगृह्यानुसारेणोत्सर्गाख्यं कर्म कुर्यात्। अथवा माघशुक्लस्य प्रथमेऽहनि पूर्वाह्णे कुर्यात्। माघशुक्ले च विधिः प्रौष्टपद्यां येनोपकर्म न कृतं तद्विषयः।।९६।।

After that period, under the auspices of the asterism *Puṣyā* (in the month of Pauṣa), he shall, outside the bounday of his village, do the rite in connection with the completion of his *Vedic study*, or do it on the forenoon of the first day of the light fortnight in the month of *Māgha*. (96)

यथाशास्त्रं तु कृत्वैवमुत्सर्गं छन्दसां बहिः।
विरमेत्पक्षिणीं रात्रिं तदेवैकमहर्निशम्।।९७।।

मुक्ता०:—एवमुक्तशास्त्रानुसारेण ग्रामाद्बहिश्छन्दसामुत्सर्गाख्यं कर्म कृत्व पक्षिणीं रात्रिं विरमेन्नाधीयीत। द्वे दिने पूर्वापरे पक्षाविव यस्या मध्यवर्तिन्या रात्रेः सा पक्षिणी रात्रिः। अस्मिन्पक्षे तूत्सर्गाहोरात्रे द्वितीयदिने चाह्नि नाध्येतव्यं द्वितीयरात्रौ त्वध्येतव्यम्। अथवा तमेवैकमुत्सर्गाहोरात्रमनध्यायं कुर्यात्। विद्यानैपुण्यकामं प्रत्ययमहोरात्रान-ध्यायविधिः।।९७।।

Having duly performed the rite of bidding adieu to the *Vedas* at the outskirt of his village, he shall refrain from studying the Vedas for that day and night, or for that day and night and the next day only (Pakṣini). (97)

अत ऊर्ध्वं तु छन्दांसि शुक्लेषु नियतः पठेत्।
वेदाङ्गानि च सर्वाणि कृष्णपक्षेषु संपठेत्॥९८॥

मुक्ता०:—उत्सर्गानध्ययनादूर्ध्वं मन्त्रब्राह्मणात्मकं वेदं शुक्लपक्षेषु संयतः पठेत्। सर्वाणि तु वेदाङ्गानि शिक्षाव्याकरणादीनि कृष्णपक्षेषु पठेत्॥९८॥

After that, let him study the Vedas during the whole of the light fortnight, and the allied branches of study (Vedāṅgas, such as grammar, prosody, astronomy, etc.) during the entire dark fortnight. (98)

नाविस्पष्टमधीयीत न शूद्रजनसन्निधौ।
न निशान्ते परिश्रान्तो ब्रह्माधीत्य पुनः स्वपेत्॥९९॥

मुक्ता०:—स्वरवर्णाद्यभिव्यक्तिशून्यं शूद्रसन्निधौ च नाधीयीत। तथा रात्रेः पश्चिमे यामे सुप्तोथितो वेदमधीत्य श्रान्तो न पुनः सुप्यात्॥९९॥

He must not indistinctly read the *Vedas*, nor read them near a *Śūdra*; tired with reading the Vedas in the last watch of the night, let him not sleep again. (99)

यथोदितेन विधिना नित्यं छन्दस्कृतं पठेत्।
ब्रह्म छन्दस्कृतं चैव द्विजो युक्तो ह्यनापदि॥१००॥

मुक्ता०:—यथोक्तविधिना नित्यं छन्दस्कृतं गायत्र्यादिछन्दोयुक्तं मन्त्रमात्रं पठेत्। मन्त्राणामेव कर्मान्तरङ्गत्वात्। अनापदि सम्यक्करणादौ सति ब्रह्म ब्राह्मणं मन्त्रजातं च यथोक्तविधिना युक्तः सन्द्विजः पठेत्॥१००॥

In the aforesaid manner, a *Brāhmaṇa* shall devotedly read the metrical Mantra portion of the Vedas; and in the absence of distressing circumstances, he shall devotedly read their Mantra and Brāhmaṇa portions as well. (100)

इमान्नित्यमनध्यायानधीयानो विवर्जयेत्।
अध्यापनं च कुर्वाणः शिष्याणां विधिपूर्वकम्॥१०१॥

मुक्ता०:—इमान्वक्ष्यमाणाननध्यायान्सर्वथा यथोक्तविधिनाधीयानः शिष्याध्यापनं च कुर्वाणो गुरुवर्जयेत्॥१०१॥

Both the reading student and the teaching preceptor must not read the *Vedas* under the following circumstances of non-study (Anadhyāyam). (101)

कर्णश्रवेऽनिले रात्रौ दिवा पांसुसमूहने।

एतौ वर्षास्वनध्यायावध्यायज्ञाः प्रचक्षते॥१०२॥

मुक्ता०:—रात्रौ कर्णश्रवणयोग्यशब्दजनके वायौ वाति। गोविन्दराजस्तु "कर्णाभ्यामेव श्रवणोपपत्तेरतिशयविवक्षया कर्णश्रव इत्युक्तं, तेनातिशब्दवति वायौ वाति" इत्यभिहितवान्। दिवा च धूलिपटलोत्सारणसमर्थे वायौ वहति एतौ वर्षाकालेऽनध्यायौ तात्कालिकावध्यापनविधिज्ञा मुनयः कथयन्ति॥१०२॥

In the rainy season, when the wind is heard roaring in the night, or when the wind is seen raising clouds of dust in the day, (as they are the circumstances, which the learned, acquained with rule of *Vedic study,* say as occasioning the non study (of the Vedas). (102)

विद्युत्स्तनितवर्षेषु महोल्कानां च संप्लवे॥

आकालिकमनध्यायमेतेषु मनुरब्रवीत्॥१०३॥

मुक्ता०:—विद्युद्गर्जितवर्षेषु द्वन्द्वनिर्देशाद्युगपदुपस्थितेषु महतीनां चोल्कानां संप्लव इतस्ततः पाते सति। आकालिकमिति तु निमित्तकालादारभ्यापरेद्युर्यावत्स एव कालस्तावत्पर्यन्तमनध्यायमेतेषु मनुरवोचत्॥१०३॥

When it rains with thunder and lightning, and when showers of meteors fall from the skies, are the circumstances, said to occasion the accidental non-study of the Vedas (from that time to the next day). This is what *Manu* has ordained. (103)

एतांस्त्वभ्युदितान्विद्याद्यदा प्रादुष्कृताग्निषु।

तदा विद्यादनध्यायमनृतौ चाभ्रदर्शने॥१०४॥

मुक्ता०:—एतान्विद्युदादीन्यदा होमार्थं प्रकटीकृताग्निकालेषु संध्याक्षणेषु युगपदुत्पन्नाञ्जानीयात्तदानध्यायं वर्षासु कुर्यान्न सर्वदा। तथानृतौ प्रादुष्कृताग्निकालेषु मेघदर्शनमात्रे सत्यनध्यायो न वर्षासु॥१०४॥

If these phenomena (thunder, lightning, etc.,) occur at the time of kindling the *Homa fire* in the evening during the rainy season, they should not be regarded as occasions of non-study, but in other seasons of the year the appearance of clouds at the time of kindling the *Homa-fire* will occasion non-study. (104)

निर्घाते भूमिचलने ज्योतिषां चोपसर्जने।

एतानाकालिकान्विद्यादनध्यायानृतावपि॥१०५॥

मुक्ता०:—अन्तरिक्षभवोत्पातध्वनौ भूकम्पे सूर्यचन्द्रतारागणनां चोपसर्गे सत्यनध्यायानिमानाकालिकाञ्जानीयात्। आकालिकशब्दार्थो व्याकृत एव। ऋतावपि वर्षासु किल भूकम्पादयो न दोषावहा इत्यभिप्रायेणर्तावपीत्युक्तं, अपिशब्दादन्यत्रापि॥१०५॥

Earth quakes, with rumbling sounds in the earth, and eclipses of the sun and moon, even if they happen in their proper seasons, should be regarded as occasioning periods of non study. (105)

प्रादुष्कृतेष्वग्निषु तु विद्युत्स्तनितनिःस्वने।

सज्योतिः स्यादनध्यायः शेषे रात्रौ यथा दिवा॥१०६॥

मुक्ता०:—होमार्थं प्रकाशितेष्वग्निषु संध्यायां यदा विद्युद्गर्जितशब्दावेव भवतो नतु वर्ष तदा सज्योतिरनध्यायः स्यात् नाकालिकः। तत्र यदि प्रातः संध्यायां विद्युद्गर्जितशब्दौ तदा यावत्सूर्यज्योतिस्तावदनध्यायो दिनमात्रमेव यदि सायंसंध्यायां तौ स्यातां तदा यावन्नक्षत्रज्योतिस्तावदनध्यायो रात्रिमात्रमिति रात्रौ स्तनितविद्युद्वर्षेष्विति त्रयाणां पूवोक्तानां शेषे वर्षाख्ये त्रितये जाते यथा दिवानध्यायस्तथा रात्रावपि। अहोरत्र एवेत्यर्थः॥१०६॥

If lightning and claps of thunder happen to be seen and heard at the time of kindling the Homa-fire, the period of non-study will last till the extinction of the luminary, while it shall extend for the whole day and night, if it happens to rain after the occurrence of either of the aforsaid phenomena. (106)

नित्यानध्याय एव स्याद् ग्रामेषु नगरेषु च।

धर्मनैपुण्यकामानां पूतिगन्धे च सर्वदा॥१०७॥

मुक्ता०:—नैपुण्यविषयो धर्मातिशयार्थिनो ग्रामनगरयोः सर्वदानध्यायः स्यात्। कुत्सितगन्धे च सर्वस्मिन्नपि गम्यमाने धर्मनैपुण्यकामं प्रत्ययं विद्यानध्यायोपदेशो विद्यानैपुण्यकामस्य कदाचिदध्ययनमनुजानाति। ये शिष्याः केचिद्गृहीतवेदाध्ययन-

जन्मादृष्टेच्छवस्ते धर्मनैपुण्यकामाः। केचित्प्रथमाध्येतारो विद्यातिशयमात्रर्थिनस्ते विद्यानैपुण्यकामाः॥१०७॥

For extremely pious men, the study of the *Vedas* in a crowded village, or in places, always full of foul smell, is prohibited. (107)

अन्तर्गतशवे ग्रामे वृषलस्य च सन्निधौ।

अनध्यायो रुद्यमाने समवाये जनस्य च॥१०८॥

मुक्ता०:—अन्तर्गतः शवो यन्मिन्ग्रामे ज्ञायते तत्र। वृषलोऽधार्मिकस्तस्य सन्निधौ नतु शूद्रः। तस्य "न शूद्रजनसन्निधौ" इति निषेधात्। रुद्यमाने रोदनध्वनौ। भावे लकारः। कार्यान्तरार्थं बहुजनमेलके सत्यनध्यायः॥१०८॥

In a village from which a dead body has not been removed, by the side of an extremely impious person, in a crowded place, or in a place where the crying sound is heard, the Vedas shall never be studied. (108)

उदके मध्यरात्रे च विण्मूत्रस्य विसर्जने।

उच्छिष्टः श्राद्धभुक्चैव मनसापि न चिन्तयेत्॥१०९॥

मुक्ता०:—उदकमध्ये मध्यरात्रे च मुहूर्तचतुष्टये च निशायां च चतुर्मुहूर्तमिति गौतमस्मरणात्। गोविन्दराजस्तु रात्रिमध्यप्रहरद्वय इत्युक्तवान्। तथा मूत्रपुरीषोत्सर्गकालेऽन्नभोजनादिना चोच्छिष्टो निमन्त्रणसमयादारभ्य श्राद्धभोजनाहोरात्रं यावन्मनसापि वेदं न चिन्तयेत्॥१०९॥

In the water, at mid-night, at the time of evacuating stool and urine, in unwashed mouth after eating and after having eaten a *Śrāddha* repast, let him not contemplate (the Vedas) in his mind. (109)

प्रतिगृह्य द्विजो विद्वानेकोद्दिष्टस्य केतनम्।

त्र्यहं न कीर्तयेद्ब्रह्म राज्ञो राहोश्च सूतके॥११०॥

मुक्ता०:—एक एवोद्दिश्यते यत्र श्राद्धे तदेकोद्दिष्टं नवश्राद्धं तत्केतनं निमन्त्रणं गृहीत्वा निमन्त्रणादारभ्य क्षत्रियस्य जनपदेश्वरस्य पुत्रजन्मादिसुतके राहोश्चसूतकं चन्द्रसूर्योपरागः तत्र त्रिरात्रं वेदं नाधीयीत॥११०॥

An erudite *Brāhmaṇa*, on accepting an invitation to an *Ekoddiṣṭa Śrāddha* repast, must not read the Vedas for three days (from the date of such acceptance); (similarly), he must not read them for three days on the birth of a king's son, or on the occasion of a solar or lunar eclipse. (110)

यावदेकानुदिष्टस्य गन्धो लेपश्च तिष्ठति।
विप्रस्य विदुषो देहे तावद् ब्रह्म न कीर्तयेत्॥१११॥

मुक्ता०:—यावदेकस्यानुद्दिष्टस्योच्छिष्टस्य सकुङ्कुमादेर्गन्धो लेपश्च ब्राह्मणस्य शास्त्रविदो देहे तिष्ठति तावन्त्यहोतत्राण्यूर्ध्वमपि वेदं नाधीयीत॥१११॥

So long as the scent or residue of saffron-pastes etc., with which his body has been smeared on the occasion of an *Ekoddiṣṭa Śrāddha,* remains on his person, an erudite *Brāhmaṇa* must not read the Vedas. (111)

शयानः प्रौढपादश्च कृत्वा चैवावसक्थिकाम्।
नाधीयीतामिषं जग्ध्वा सूतकान्नाद्यमेव च॥११२॥

मुक्ता०:—शय्यायां पतिताङ्ग आसनारूढपादः कृतावसक्थिको वा मांसं भुक्त्वा जननमरणाशौचिनां चान्नं भुक्त्वा नाधीयीत॥११२॥

Lying or sitting on his haunches, or with his thighs uncovered, after eating cooked flesh, or boiled rice (food) soiled by a birth or death-uncleanness, he must not read the Vedas. (112)

नीहारे बाणशब्दे च संध्ययोरेव चोभयोः।
अमावास्याचतुर्दश्योः पौर्णमास्यष्टकासु च॥११३॥

मुक्ता०:—नीहारे धूलिकायां बाणशब्दे शरध्वनौ। "बाणो वीणाविशेषः" इत्यन्ये। प्रातः सायंसंध्ययोरमावास्याचतुर्दशीपौर्णमास्यष्टमीषु नाधीयीत। अष्टकासूत्तरत्र निषेधात्पौर्णमास्यादिसाहचर्यादष्टकाशब्दोऽष्टमीतिथिपरः॥११३॥

In a forest, on hearing the sound of flying arrows, at either juncture of the day and night, and on the day of the new or full moon as well as on the eighth and fourteenth days of the fortnight, and on the occasions of *Aṣṭakās*, he must not read the Vedas. (113)

अमावास्या गुरुं हन्ति शिष्यं हन्ति चतुर्दशी।
ब्रह्माष्टकापौर्णमास्यौ तस्मात्ताः परिवर्जयेत्॥११४॥

मुक्ता०:—विशेषदोषमाह—

यस्मादमावास्या गुरुं हन्ति, शिष्यं हन्ति चतुर्दशी, वेदं चाष्टमीपौर्णमास्यौ विस्मारयतः तस्मात्ता अध्ययनाध्यापनयोः परित्यजेत्॥११४॥

The day of the new moon destroys the preceptor, the fourteenth day of the fortnight kills the disciple (student), Aṣṭaka's and the day of the full moon lead to the loss of their (vedas) memory; hence, these days should be avoided in reading the Vedas. (114)

पांशुवर्षे दिशां दाहे गोमायुविरुते तथा।
श्वखरोष्ट्रं च रुवति पङ्क्तौ च न पठेत्द्विजः॥११५॥

मुक्ता०:—धूलीवर्षे दिशां दाहे सृगालकुक्कुरगर्दभोष्ट्रेषु च रुवत्सु पङ्क्तौ चोपविश्य प्रकृतत्वात्सृगालश्वखरादीनामेव ब्राह्मणो न पठेत्॥११५॥

In dust storms, on the appearance of a meteoric light on the horizon, when the jackals howl, and dogs bark, or the asses bray, and camels scream, as well as in a company, let not a *Brāhmaṇa* read the *Vedas*. (115)

नाधीयीत श्मशानान्ते ग्रामान्ते गोव्रजेऽपि वा।
वसित्वा मैथुनं वासः श्राद्धिकं प्रतिगृह्य च॥११६॥

मुक्ता०:—श्मशानसमीपे, ग्रामसमीपे, गोष्टे च, मैथुनसमयधृतवासः परिधाय, श्राद्धीयं च सिद्धान्नादि प्रतिगृह्य नाधीयीत॥११६॥

Let him not read (the Vedas) at a cremation, ground, at the outskirt of a village, in a pasture ground, wearing the dress he had on when he visited his wife, and on accepting a *Śrāddha gift*. (116)

प्राणि वा यदि वाऽप्राणि यत्किंचिच्छ्राद्धिकं भवेत्।
तदालभ्याप्यनध्यायः पाण्यास्यो हि द्विजः स्मृतः॥११७॥

मुक्ता०:—श्राद्धिकमन्नादि भुक्त्वा तावदनध्यायो भवतीत्युक्तम्। प्राणि वा गवाश्वादि, अप्राणि वा वस्त्रमाल्यादि प्रतिग्रहकाले हस्तेन गृहीत्वानध्यायो भवती। यस्मात्पाणिरेवास्यमस्येति पाण्यास्यो हि ब्राह्मणः स्मृतः॥११७॥

Having accepted a Śrāddha gift, whether animate (such as a cow, etc.,) or inanimaite, he must not read the Vedas, inasmuch as the hands of a *Brāhmaṇa* are said to be like unto his mouth. (117)

चोरैरुपद्रुते ग्रामे सम्भ्रमे चाग्निकारिते।

आकालिकमनध्यायं विद्यात्सर्वाद्भुतेषु च॥११८॥

मुक्ता०:—चौरैरुपद्रुते ग्रामे गृहादिदाहादिकृते भये दिव्यान्तरिक्षभौमेषु चाद्भुतेषूत्पातेष्वाकालिकमनध्यायं जानीयात्॥११८॥

A terror of thieves and blazes breaking out in the village, as well as all abnormal phenomena of nature must be understood as occasioning periods of non-study (of the Vedas). (118)

उपाकर्मणि चोत्सर्गे त्रिरात्रं क्षपणं स्मृतम्।

अष्टकासु त्वहोरात्रमृत्वन्तासु च रात्रिषु॥११९॥

मुक्ता०:—उपाकर्मणि चोत्सर्गे त्रिरात्रमध्ययनक्षेपणम्। उत्सर्गे पक्षिण्यहोरात्रावनध्यायावुक्तौ तत्रायं धर्मनैपुण्यकामं प्रति त्रिरात्रोपदेशः। तथाग्रहायण्या ऊर्ध्वं कृष्णपक्षाष्टमीषु तिसृषु चतसृषु चाहोरात्रमनध्यायः। दिवाकालमात्रसद्भावेऽपि पौर्णमास्यष्टकासु चेत्यनेन यावदष्टम्येवानध्याय इतराष्टमीषूक्त इत्यपुनरुक्तिः। ऋत्वन्ताहोरात्रेषु चानध्यायः॥११९॥

The period of non-study lasts for three nights at the close of the rite of *Upākarma or Utsarga*, that in connection with an *Aṣṭaka* or the completion of a season of the year is one day and night. (119)

नाधीयीताश्वमारूढो न वृक्षं न च हस्तिनम्।

न नावं न खरं नोष्ट्रं नेरिणस्थो न यानगः॥१२०॥

मुक्ता०:—तुरगतरुकरिनौकाखरोष्ट्रारूढः तथोपरदेशस्थः शकटादियानेन गच्छन्नाधीयीत॥१२०॥

Let him not read the Vedas on horese-back, nor while riding on an elephant, or sitting on the bough of a tree, nor while riding an ass or a camel or going in a boat or a vehicle, nor standing on a barren, waterless ground. (120)

न विवादे न कलहे न सेनायां न सङ्गरे।

न भुक्तमात्रे नाजीर्णे न वमित्वा न शूक्तके॥१२१॥

मुक्ता०:—विवादे वाक्कलहे, कलहे दण्डादण्ड्यादौ, सेनायामप्रवृत्तयुद्धायां, संगरे युद्धे, भोजनानन्तरं च यावादार्द्रहस्तः। "यावदार्द्रपाणिः" इति वसिष्ठस्मरणात्। तथाजीर्णेऽन्ने वमनं च न पठेत्॥१२१॥

Nor while wrangling or fighting, nor near a troop of soldiers, nor in a battlefield, nor immediately after eating, nor while suffering from indigestion, nor after vomitting, nor after a sour rising. (121)

अतिथिञ्चाननुज्ञाप्य मारुते वाति वा भृशम्।
रुधिरे च स्रुते गात्राच्छस्त्रेण च परिक्षते॥१२२॥

मुक्ता०:—अध्ययनं करोमीति यावदतिथिरनुज्ञापितो न भवति, मारुते चात्यर्थं वाति, रुधिरे च गात्रात्स्रुते, रुधिरस्रावं विनापि शस्त्रेण क्षतमात्रेऽपि नाधीयीत॥१२२॥

Nor without taking permission of a guest (Atithi) in the house, nor while the winds are violently blowing, nor after bleeding from any part of the body, nor after a cut from a weapon. (122)

सामध्वनावृग्यजुषी नाधीयीत कदाचन।
वेदस्याधीत्य वाप्यन्तमारण्यकमधीत्य च॥१२३॥

मुक्ता०:—सामध्वनौ च श्रूयमाणे ऋग्यजुषोः कदाचिदध्ययनं न कुर्यात्। वेदं च समाप्य आरण्यकाख्यं च वेदैकदेशमधीत्य तदहोरात्रे वेदान्तरं नाधीयीत॥१२३॥

He must not read the *Ṛk, and Yajuṣ* (Vedas) as long as the chants of the *Sāma* Veda will remain audible, nor any other Veda, after completing the reading of one Veda with its (allied) Āraṇyakam. (123)

ऋग्वेदो देवदैवत्यो यजुर्वेदस्तु मानुषः।
सामवेदः स्मृतः पित्र्यस्तस्मात्तस्याशुचिर्ध्वनिः॥१२४॥

मुक्ता०:—सामगानश्रुतौ ऋग्यजुषोरनध्याय उक्तस्तस्यायमनुवादः। ऋग्वेदो देव एव देवतास्येति देवदैवत्यः। यजुर्वेदो मानुषो मानुषदेवताकत्वात्। प्रायेण मानुषकर्मोपदेशाद्वा-मानुषः। सामवेदः पितृदेवताकत्वात्पित्र्यः। पितृकर्म कृत्वा जलोपस्पर्शनं स्मरन्ति तस्मात्तस्याशुचिरिव ध्वनिः न त्वशुचिरेव। अतस्तस्मिञ्छ्रूयमाणे ऋग्यजुषी नाधीयीत॥१२४॥

The gods are the presiding deities of the *Ṛg-Veda*, men

are those of the *Yajuṣ*, and the manes are those of the Sāma *Veda*; hence, unholy are the chants of the Sāma Veda. (124)

एतद्विदन्तो विद्वांसस्त्रयीनिष्कर्षमन्वहम्।
क्रमतः पूर्वमभ्यस्य पश्चाद्वेदमधीयते॥१२५॥

मुक्ता०:—एतद्वेदत्रस्य देवमनुष्यपितृदेवताकत्वं जानन्तः शास्त्रज्ञास्त्रयीनिष्कर्षं सारोद्धृतं प्रणवव्याहृतिसाावित्र्यात्मकं प्रणवव्याहृतिसावित्रीः क्रमेण पूर्वमधीत्य पश्चाद्वेदाध्ययन कुर्युः। द्वितीयाध्यायोक्तोऽप्ययमर्थः पुनरनध्याय प्रकरणेऽभिहितः। यथैते यथोक्तानध्याया एवं प्रणव व्याहृति सावित्रीष्वपठितास्वनध्याय इति दर्शयितुं शिष्यस्याध्यापनमेवं कर्तव्यमिति स्नातकव्रतत्वावगमार्थं च॥१२५॥

Knowing these (tutelary gods), the erudite ones first mutter the *Praṇava,* the *Vyāhṛti* and *Gāyatrī*, the essence of all the Vedas, and read the Vedas after that. (125)

पशुमण्डूकमार्जारश्वसर्पनकुलाखुभिः।
अन्तरागमने विद्यादनध्यायमहर्निशम्॥१२६॥

मुक्ता०:—पशुर्गवादिः मण्डूकबिडालकुक्कुरसर्पनकुलमूषकैः शिष्योपाध्याय-योर्मध्यागमनेऽनध्यायमहोरात्रं जानीयात्॥१२६॥

A cow, etc, a toad, a cat, a dog, a snake, a mungoose or a mouse, happening to pass between (the preceptor and his disciple) at the time of teaching the Vedas, the period of non-study shall be deemed as extending for one day and night. (126)

द्वावेव वर्जयेन्नित्यमनध्यायौ प्रयत्नतः।
स्वाध्यायभूमिं चाशुद्धामात्मानं चाशुचिं द्विजः॥१२७॥

मुक्ता०:—संप्रति विद्यानैपुण्यकामं प्रति पूर्वोक्तानध्यायविकल्पार्थमाहस्वाध्यायभूमिं चोच्छिष्टाद्यमेध्योपहतां आत्मानं च यथोक्तशौचरहितमिति द्वावेवानध्यायौ नित्यं प्रयत्नतो वर्जयेन्न तु पूर्वोक्तान्। तेषामपि यत्र नित्यग्रहणमनुवादो वा नित्यत्वख्यापको वास्ति तानपि नित्यं वर्जयेत्। अन्यत्र विकल्पः॥१२७॥

The impurity of the place of *Vedic study*, and personal uncleanness of the reader these two are the permanent causes of non-study; let a *Brāhmaṇa* carefully avoid these two occasions of non-study. (127)

अमावास्यामष्टमीञ्च पौर्णमासीं चतुर्दशीम्।
ब्रह्मचारी भवेन्नित्यमप्यृतौ स्नातको द्विजः॥१२८॥

मुक्ता०:—अमावास्यादिष्वृतावपि स्नातको द्विजो न स्त्रियमुपगच्छेत्। "पर्ववर्जं व्रजेच्चैनाम्" (अ. ३ श्लो. ४५) इत्येनैव निषेधसिद्धौ स्नातकव्रतलोपप्रायश्चित्तार्थमिह पुनर्वर्जनम्॥१२८॥

A *Snātka Brāhmaṇa* must shun the bed of his wife on the day of the full or new moon, as well as on the eighth or fourteenth days of the moon's wane or increase, even if his wife be in her menstrual period at the time. (128)

न स्नानमाचरेद्भुक्त्वा नातुरो न महानिशि।
न वासोभिः सहाजस्रं नाविज्ञाते जलाशये॥१२९॥

मुक्ता०:—नित्यस्नानस्य भोजनानन्तरमप्रसक्तेश्चाण्डालादिस्पर्शनिमित्तकस्य "मुहूर्तमपि शक्तिविषये नाप्रयतः स्यात्" इत्यापस्तम्बस्मरणान्निषेद्धुमयोग्यत्वाद्यदृच्छास्नानमिदं भोजनानन्तरं निषिध्यते। तथा रोगी नैमित्तिकमपि स्नानं न कुर्यात् किंतु यथासामर्थ्यं "अशिरस्कं भवेत्स्नानं स्नानाशक्तौ तु कर्मिणाम्। आर्द्रेण वाससा वा स्यान्मार्जनं दैहिकं विदुः" इत्यादिजाबालाद्युक्तमनुसंधेयम्। तथा "महानिशात्र विज्ञेया मध्यस्थं प्रहरद्वयम्। तस्मिन्स्नानं न कुर्वीत काम्यनैमित्तिकादृते" इति देवलवचनात्तत्र न स्नायात्। बहुवासाश्च नित्यं न स्नायात्। नैमित्तिकचाण्डालादिस्पर्शे सति तु स्नानं बहुवासतोऽप्यनिषिद्धम्। ग्राहाद्याक्रान्तागाधरूपतया च विशेषेणाज्ञाते जलाशये च॥१२९॥

He must not bathe after eating, nor while ill, nor at midnight, nor with a large number of clothes on, nor in an unknown tank or reservoir of water. (129)

देवतानां गुरो राज्ञः स्नातकाचार्ययोस्तथा।
नाक्रामेत्कामतश्छायां बभ्रुणो दीक्षितस्य च॥१३०॥

मुक्ता०:—देवतानां पाषाणादिमयीनां, गुरोः पित्रादेः, नृपतेः, स्नातकस्याचार्यस्य च। गुरुत्वेऽप्याचार्यस्य प्राधान्यविवक्षया पृथङ्निर्देशः। बभ्रुणः कपिलस्य यज्ञे दीक्षितस्यावभृथस्नानात्पूर्वमिच्छया छायां नाक्रामेत्। चशब्दाच्चाण्डालादीनामपि। कामत इत्यभिधानादबुद्धिपूर्वके न दोषः॥१३०॥

Let him not wilfully leap over the shadow of his king or preceptor, nor that of a divine image, nor that of a cow, nor that of a *Snātaka*, nor that of an initiator, nor that of a brown cow, nor that of an initiated person. (130)

मध्यन्दिनेऽर्धरात्रे च श्राद्धं भुक्तवा च सामिषम्।
सन्ध्ययोरुभयोश्चैव न सेवेत चतुष्पथम्॥१३१॥

मुक्ता०:—दिवारात्रे च संपूर्णे प्रहरद्वये समांसं च श्राद्धं भुक्त्वा प्रातःसायंसंध्ययोश्च चिरं चतुष्पथं नाधितिष्ठेत्॥१३१॥

He must not long tarry at a crossroad at midday or midnight, nor after eating meat in a *Śrāddha* repast, not at either meeting of the day or night. (131)

उद्वर्तनमपस्नानं विण्मूत्रे रक्तमेव च।
श्लेष्मनिष्ठ्यूतवान्तानि नाधितिष्ठेत्तु कामतः॥१३२॥

मुक्ता०:—उद्वर्तनमभ्यङ्गमलापकर्षणपिष्टकादि अपस्नानं स्नानोदकं मूत्रपुरीषे रुधिरं च श्लेष्माणं निष्ठ्यूतमश्लेष्मरूपमपि चर्वितपरित्यक्तरूपताम्बूलादि वान्तं भुक्त्वोद्गीर्णभक्तादि एतानि कामतो नाधितिष्ठेत्। अधिष्ठानं तदुपर्यवस्थानम्॥१३२॥

Let him not wilfully touch with his feet used cosmatic pastes, bathing water, excreted matter, blood, mucous, sputa and vomited matter (lying on the ground). (132)

वैरिणं नोपसेवेत सहायं चैव वैरिणः।
अधार्मिकं तस्करञ्च परस्यैव च योषितम्॥१३३॥

मुक्ता०:—शत्रुं तन्मन्त्रिणमधर्मशीलं चौरं परदारांश्च न सेवेत। चौरस्याधार्मिकत्वेऽप्यत्यन्तगर्हितत्वात्पृथङ्निर्देशः॥१३३॥

Let him not associate with (*i.e.*, serve) his enemies, with the friends of his enemies, with impious men, with thieves and other men's wives. (133)

न हीदृशमनायुष्यं लोके किञ्चन विद्यते।
यादृशं पुरुषस्येह परदारोपसेवनम्॥१३४॥

मुक्ता०:—यस्मादीदृशमनायुष्यमिह लोके पुरुषस्य न किंचिदस्ति यादृशं परदारगमनं तस्मादेतन्न कर्तव्यम्॥१३४॥

Nothing so shortens the life of a man in the world as the act of (clandestinely) visiting another's wife. (134)

क्षत्रियञ्चैव सर्पञ्च ब्राह्मणञ्च बहुश्रुतम्।
नावमन्येत वै भूष्णुः कृशानपि कदाचन॥१३५॥

मुक्ता०:—वृद्ध्यर्थे भूधातुः। भूष्णुर्वर्धिष्णुः धनगवादिना वर्धनशीलः क्षत्रियं सर्पं बहुश्रुतं च ब्राह्मणं नावजानीयात्। कृशानपि तत्काले प्रतीकाराक्षमान्॥१३५॥

A man, however prosperous in life, must not insult a *Kṣatriya*, a profoundly eudite *Brāhmaṇa*, or a serpent, (thinking him to be too weak to retalite); likewise one must not humiliate the weak and the defenceless. (135)

एतत्त्रयं हि पुरुषं निर्दहेदवमानितम्।
तस्मादेतत्त्रयं नित्यं नावमन्येत बुद्धिमान्॥१३६॥

मुक्ता०:—एतत्त्रयमवमानितं सदवमन्तारं विनाशयति। क्षत्रियसर्पौ दृष्टशक्त्या ब्राह्मणश्चाभिचारादिनाऽदृष्टेन। तस्मात्कल्याणबुद्धिरेतत्त्रयं सर्वदा नावजानीयात्॥१३६॥

These three, insulted by a man, verily consume him (like fire); hence, the intelligent one must not insult them under any circumstances whatsoever. (136)

नात्मानमवमन्येत पूर्वाभिरसमृद्धिभिः।
आमृत्योः श्रियमन्विच्छेन्नैनां मन्येत दुर्लभाम्॥१३७॥

मुक्ता०:—प्रथमं धनार्थमुद्यमे कृते तत्र धनानामसंपत्तिभिर्मन्दभाग्योऽहमिति नात्मानमवजानीयात्। किंतु मरणपर्यन्तं श्रीसिद्ध्यर्थमुद्यमं कुर्यात्। न त्विमां दुर्लभां बुध्येत्॥१३७॥

Let him not disparage himself on account of his past failures or misfortunes; let him pursue fortune even to the last day of his life and never think her beyond his reach. (137)

सत्यं ब्रूयात् प्रियं ब्रूयान्न ब्रूयात् सत्यमप्रियम्।
प्रियञ्च नानृतं ब्रूयादेष धर्मः सनातनः॥१३८॥

मुक्ता०:—यथा दृष्टश्रुतं तत्त्वं ब्रूयात्। तथा प्रीतिसाधनं ब्रूयात्पुत्रस्तेजात इति। यथा दृष्टश्रुतमप्यप्रियं पुत्रस्ते मृत इत्यादि न वदेत्। प्रियमपि मिथ्या न वदेत्। एष वेदमूलतया नित्यो धर्मः॥१३८॥

He must speak truth, and truths that are pleasant; he

must not speak an unpleasant truth nor a pleasant lie. This is the eternal virtue. (138)

भद्रं भद्रमिति ब्रूयाद्भद्रमित्येव वा वदेत्।
शुष्कवैरं विवादञ्च न कुर्यात् केनचित् सह॥१३९॥

मुक्ता०:–प्रथमं भद्रपदमभद्रपदपरं द्वितीयं भद्रशब्दपर्यायपरं अभद्रं यत्तद्भद्रशब्दपर्यायपरप्रशस्तादिशब्देन प्रब्रूयात्। तथा चापस्तम्बः "नाभद्रमभद्रं ब्रूयात्पुण्यं प्रशस्तमिति ब्रूयाद्भद्रमित्येव" इति। भद्रपदमेव वा तत्र योज्यम्। शुष्कं निष्प्रयोजनं वैरं विवादं न केनचित्सह कुर्यात्॥१३९॥

Even in cases of ungentle dealings he must say "that's good," that's good," or he shall say, good" to all; he must not engage in a futile quarrel nor create a barren enmity, with any person. (139)

नातिकल्यं नातिसायं नातिमध्यन्दिने स्थिते।
नाज्ञातेन समं गच्छेत् नैकात् नैको न वृषलैः सह॥१४०॥

मुक्ता०:–उषःसमये प्रदोषे च दिवा संपूर्णप्रहरद्वये च अज्ञातकुलशीलेन पुरुषेण शूद्रैश्च सह न गच्छेत्। "नैकः प्रपद्येताध्वानम्" (अ. ४ श्लो. ६०) इत्युक्ते प्रतिषेधेऽपि पुनर्नैक इति प्रतिषेधः स्नातकव्रतलोपप्रायश्चित्तगौरवार्थः॥१४०॥

In the early dawn or evening, or at midday, he must not go anywhere, nor with a man of unknown character and parentage, nor with a low born miscreant. (140)

हीनाङ्गानतिरिक्ताङ्गान् विद्याहीनान्वयोऽधिकान्।
रूपद्रव्यविहीनांश्च जातिहीनांश्च नाक्षिपेत्॥१४१॥

मुक्ता०:–हीनाङ्गाधिकाङ्गमूर्खवृद्धकुरूपार्थहीनहीनजातीन्काणशब्दाह्वानादिना न निन्देत्॥१४१॥

Persons possessing limbs in less or excess, old men, illiterate person, those devoid of personal beauty and worldly possessions, and men of low birth, he must not taunt for their (unfortunate) deformities or privations. (141)

न स्पृशेत् पाणिनोच्छिष्टो विप्रो गोब्राह्मणानलान्।
न चापि पश्येदशुचिः सुस्थो ज्योतिर्गणान्दिवि॥१४२॥

मुक्ता०:–कृतभोजनः कृतमूत्रपुरीषादिश्चाकृतशौचाचमनो ब्राह्मणो हस्तादिना

गोब्राह्मणाग्नीन्न स्पृशेत्। न चाशुचिः सन्ननातुरो दिविस्थान्सूर्यचन्द्र-ग्रहादिज्योतिर्गणान्नपश्येत्॥१४२॥

Without washing his mouth, after eating, he must not touch a *Brāhmaṇa*, a cow or fire with his hand. Impure, when in health, he must not gaze upon the luminaries (*i.e.*stars etc.,) in the heaven. (142)

स्पृष्ट्वैतानशुचिर्नित्यमद्भिः प्राणानुपस्पृशेत्।
गात्राणि चैव सर्वाणि नाभिं पाणितलेन तु॥१४३॥

मुक्ता०:—एतान्गवादीनशुचिः सन्स्पृष्टा कृताचमनः पाणिना गृहीताभिरद्भिः प्राणांश्चक्षुरादीनीन्द्रियाणि शिरःस्कन्धजानुपादान्नाभिं च स्पृशेत्। अप्रकरणे चेदं प्रायश्चित्ताभिधानं लाघवार्थं तत्र प्रकरणे गवादिग्रहणमपि कर्तव्यं स्यात्॥१४३॥

Happening to touch a cow, etc. while he is in an impure condition, he must sip water and touch the external orifices of his organs (such as the nose, ears, etc.) and his umbilicus with water. (143)

अनातुरः स्वानि खानि न स्पृशेदनिमित्ततः।
रोमाणि च रहस्यानि सर्वाण्येव विवर्जयेत्॥१४४॥

मुक्ता०:—अनातुरः सन्स्वानि खानीन्द्रियच्छिद्राणि रोमाणि च गोप्यान्युपस्थकक्षादिमतानि निर्निमित्तं न स्पृशेत्॥१४४॥

Not otherwise ill or indisposed, he must not wantonly finger the external ducts of his organs (such as the nostrils, etc.,) nor handle the private hairs of his body. All these should be avoided. (144)

मङ्गलाचारयुक्तः स्यात् प्रयतात्मा जितेन्द्रियः।
जपेच्च जुहुयाच्चैव नित्यमग्निमतन्द्रितः॥१४५॥

मुक्ता०:—अभिप्रेतार्थसिद्धिर्मङ्गलं तद्धेतुत्वेन गोरोचनादिधारणमपि मङ्गलम्। गुरुसेवादिकमाचारस्तत्रोद्युक्तः स्यात्। बाह्याभ्यन्तरशौचापेतो जितेन्द्रियश्च भवेत् गायत्र्यादिजपं विहितहोमं च नित्यं कुर्यात्। अतन्द्रितोऽनलसः। अत्राचारादीनामुक्तानामपि विनिपातनिवृत्त्यर्थत्वात्पुनरभिधानम्॥१४५॥

Always he must be of aupicious conduct; pure in body

and spirit and self-controlled, let him unremittingly mutter the sacred Mantras and make the fire-offerings. (145)

अत आह-

मङ्गलाचारयुक्तानां नित्यञ्च प्रयतात्मनाम्।
जपतां जुह्वताञ्चैव विनिपातो न विद्यते॥१४६॥

मुक्ता०:—मङ्गलाचाराभ्यां युक्तानां नित्यं शुचीनां जपहोमरतानां दैवमानुषोपद्रवो न जायते॥१४६॥

Calamities befall not whose who constantly be of auspicious conduct, nourish a clean spirt in a clean body, constantly mutter the sacred Mantras and do the fire-offerings. (146)

वेदमेवाभ्यसेन्नित्यं यथाकालमतन्द्रितः।
तं ह्यस्याहुः परं धर्ममुपधर्मोऽन्य उच्यते॥१४७।

मुक्ता०:—नित्यकृत्यावसरे श्रेयोहेतुतया प्रणवगायत्र्यादिकं वेदमेवानलसो जपेत्। यस्मात्तं ब्राह्मणस्य श्रेष्ठं धर्मं मन्वादयो वदन्ति। अन्यः पुनस्ततोऽपकृष्टो धर्मो मुनिभिरुच्यते उक्तस्यैव वेदाभ्यासादेः पूर्वजातिस्मरणद्वारेण मोक्षहेतुत्वं वदितुं पुनरभिधानम्॥१४७॥

Let him diligently study the Vedas, whenever he finds an opportunity, that is highest duty of a Brāhmaṇa all other being his minor or accessory duties. (147)

वेदाभ्यासेन सततं शौचेन तपसैव च।
अद्रोहेण च भूतानां जातिं स्मरति पौर्विकीम्॥१४८॥

मुक्ता०:—सततवेदाभ्यासशौचतपोऽहिंसाभिः पूर्वभवस्य जातिं स्मरति॥१४८॥

Constant study of the Vedas, cleanliness of the body and mind, contemplation, austerities (Tapas) and compassion towards all creatures are what bring to a man the remembrances of his past existences (Jātismara). (148)

पौर्विकीं संस्मरन्जातिं ब्रह्मैवाभ्यसते पुनः।
ब्रह्माभ्यासेन चाजस्रमनन्तं सुखमश्नुते॥१४९॥

मुक्ता०:—ततः किमत आह–

पूर्वजातिं स्मरन्। जातिमित्येकत्वमनाकाङ्क्षितत्वादविवक्षितम्। बहूनि जन्मानि स्मरंस्तेषु च गर्भजन्मजरामरणदुःखान्यपि स्मरन्संसारे विरज्यन्ब्रह्मैवाजस्रमभ्यस्यति श्रवणमननध्यानैः साक्षात्करोति तेन चानन्तमविनाशि परमानन्दाविर्भावलक्षणं मोक्षसुखं प्राप्नोति॥१४९॥

Remembrances of his past births make him apathetic to the world and its concerns, and lead him to attain the Supreme *Brahma* and by existing in this supreme self (Brahma) he enjoys infinite and eternal happiness (beatitudes). (149)

सावित्रान् शान्तिहोमांश्च कुर्यात् पर्वसु नित्यशः।
पितृश्चैवाष्टकास्वर्चेन्नित्यमन्वष्टकासु च॥१५०॥

मुक्ता०:—सावित्रीदेवताकान्होमाननिष्टनिवृत्त्यर्थं च शान्तिहोमान्पौर्णमास्यमावास्ययोः सर्वदा कुर्यात्। तथा आग्रहायण्या ऊर्ध्वं कृष्णाष्टमीषु तिसृषु चाष्टकाख्येन कर्मणा श्राद्धेन च तदन्तरितकृष्णनवमीषु चान्वष्टकाख्येन परलोकगतापितॄन्यजेत्॥१५०॥

On the day of the full or new moon, he must make the fire-offerings known as the *Sāvitrī* or Śānti Homas, and worship the manes with *Śrāddha offerings* on the days of *Aṣṭakās and Anvaṣṭakas*. (150)

दूरादावसथान्मूत्रं दूरात्पादावसेचनम्।
उच्छिष्टान्नं निषेकञ्च दूरादेव समाचरेत्॥१५१॥

मुक्ता०:—"नैर्ऋत्यामिषुविक्षेपमतीत्याभ्यधिकं भुवः" इति विष्णुपुराणवचनादेवंविधादग्निगृहस्य दूरान्मूत्रपुरीषपादप्रक्षालनसकलोच्छिष्टान्नानि निषिच्यत इति निषेकं रेतश्चोत्सृजेत्॥१५१॥

The stool and urine should be voided at a distance from the fire chamber; at a distance from the chamber should he cast the washings of feet, leavings of food, and the semen. (151)

मैत्रं प्रसाधनं स्नानं दन्तधावनमञ्जनम्।
पूर्वाह्न एव कुर्वीत देवतानाञ्च पूजनम्॥१५२॥

मुक्ता०:—मित्रदेवताकत्वान्मैत्रः पायुस्तद्भवत्वान्मैत्रं पुरीषोत्सर्गम्। तथा देहप्रसाधनं प्रातः स्नानदन्तधावनाञ्जनदेवार्चनादि पूर्वाह्न एव कुर्यात्। पूर्वाह्नशब्देन

रात्रिशेषदिनपूर्वभागाविह विवक्षितौ। पदार्थमात्रविधिपरत्वाच्चास्य पाठक्रमोऽपि नादरणीयः। नहि स्नानान्तरं दन्तधावनम्।।१५२।।

Voiding stool performance of toilet, bathing, cleaning the teeth, applying colyrrium along the eye-lids and worshipping the deities must be performed before sun-rise at the close of the night. (152)

दैवतान्यभिगच्छेत्तु धार्मिकांश्च द्विजोत्तमान्।
ईश्वरं चैव रक्षार्थं गुरूनेव च पर्वसु।।१५३।।

मुक्ता०:—पाषाणादिमयानि धर्मप्रधानंश्च ब्राह्मणान्रक्षार्थं राजादिकं गुरूंश्च पित्रादीनमावास्यादिपर्वसु द्रष्टुमभिमुखो गच्छेत्।।१५३।।

On the day of the *Parva* (such as the day of the full or new moon), he must go to pay respect to a divine image, to a protecting king, and to his parents and superiors. (153)

अभिवादयेद्वृद्धांश्च दद्याच्चैवासनं स्वकम्।
कृताञ्जलिरुपासीत गच्छतः पृष्ठतोऽन्वियात्।।१५४।।

मुक्ता०:—गृहागतान्गुरूनभिवादयेत्तेषां च स्वीयमासनमुपवेष्टुं च दद्यात्। बद्धाञ्जलिश्च गुरुसमीप आसीत। गच्छतश्च पृष्ठदेशेऽनुगच्छेत्। उक्तोऽप्ययमभिवादनाद्याचारः फलाभिधानाय पुनरुच्यते।।१५४।।

He must welcome the elders (on their arrival to his house), give them cushions to sit upon with his own hands, sit before them with the palms of his hands meekly united together, and follow them when they shall go out. (154)

श्रुतिस्मृत्युदितं सम्यग्निबद्धं स्वेषु कर्मसु।
धर्ममूलं निषेवेत सदाचारमतन्द्रितः।।१५५।।

मुक्ता०:—वेदस्मृतिभ्यां सम्यगुक्तं स्वेषु कर्मस्वध्ययनादिष्वङ्गत्वेन संबद्धं धर्मस्य हेतुं साधूनामाचारमनलसः सन्नितान्तं सेवेतेति सामान्येनाचारानुष्ठानोपदेशः फलकथनाय।।१५५।।

Unremittingly he must observe the rules of good conduct, commended in the *Vedas and Smritis* as proper to the social order he belongs to, as the fountain source of all virtues. (155)

आचाराल्लभते ह्यायुराचारादीप्सिताः प्रजाः।

आचाराद्धनमक्षय्यमाचारो हन्त्यलक्षणम्॥१५६॥

मुक्ता०ः—आचाराद्वेदोक्तमायुर्लभते, अभिमताश्च प्रजाः पुत्रपौत्रदुहित्रात्मिकाः, प्रभूतं च धनं, अशुभफलसूचकं च देहस्थमलक्षणमाचारो निष्फलयति। आचाराख्यधर्मेणालक्षणसूचितारिष्टनाशात्॥१५६॥

Through (observing good conduct one acquires a long life, through conduct one acquires a desirable progeny; through good conduct one acquires a decayless wealth, and good conduct kills all the inauspicious (bodily) traits of a person. (156)

दुराचारो हि पुरुषो लोके भवति निन्दितः।

दुःखभागी च सततं व्याधितोऽल्पायुरेव च॥१५७॥

मुक्ता०ः—यस्माद्दुराचारः पुरुषो लोके गर्हितः स्यात्सर्वदा दुःखान्वितो रोगवानल्पायुश्च भवति तस्मात्सदाचारयुक्तः स्यात्॥१५७॥

A man of misconduct is condemned in the world, suffers perpetual misery, is afflicted with disease, and dies a premature death. (157)

सर्वलक्षणहीनोऽपि यः सदाचारवान्नरः।

श्रद्दधानोऽनसूयश्च शतं वर्षाणि जीवति॥१५८॥

मुक्ता०ः—यः सदाचारवाञ्श्रद्धान्वितः परदोषानभिधाता स शुभसूचकलक्षण-शून्योऽपि शतायुर्भवति॥१५८॥

Even devoid of all auspicious traits a man of good conduct, believing (in God) and envying no one, is enabled to live for a hundred years. (158)

यद्यत्परवशं कर्म तत्तद्यत्नेन वर्जयेत्।

यद्यदात्मवशं तु स्यात्तत्तत्सेवेत यत्नतः॥१५९॥

मुक्ता०ः—यद्यत्कर्म पराधीनं परप्रार्थनादिसाध्यं तत्तद्यत्नतो वर्जयेत् यद्यत्स्वाधीनदेहव्यापारसाध्यं परमात्मग्रहादि तत्तद्यत्नतोऽनुतिष्ठेत्॥१५९॥

Works, which make one dependent on others, he must studiously avoid; works, which are entirely under his own control, he must diligently pursue. (159)

अत हेतुमाह-

सर्वं परवशं दु:खं सर्वमात्मवशं सुखम्।
एतद्विद्यात्समासेन लक्षणं सुखदु:खयो:॥१६०॥

मुक्ता०:—सर्वं परप्रार्थनादिसाध्यं दु:खहेतु:। सर्वमात्माधीनं सुखहेतु:। एतत्सुखदु:खयो: कारणं जानीयात्॥१६०॥

Liberty (in all respects) is happiness and dependence, (in all matter) is misery. These are known to be the general definitions of happiness and misery. (160)

यत्कर्म कुर्वतोऽस्य स्यात्परितोषोऽन्तरात्मन:।
तत्प्रयत्नेन कुर्वीत विपरीतं तु वर्जयेत्॥१६१॥

मुक्ता०:—यत्कर्म कुर्वतोऽस्यानुष्ठातु: पुरुषस्यान्तरात्मनस्तुष्टि: स्यात्तत्प्रयत्नतोऽनुष्ठेयम्। अतुष्टिकरं वर्जयेत्। एतच्चाविहितानिषिद्धगोचरं वैकल्पिकविषयं च॥१६१॥

A work by doing which the inner man is satisfied, do by all means, avoid the contrary. (161)

आचार्यं च प्रवक्तारं पितरं मातरं गुरुम्।
न हिंस्याद्ब्राह्मणान्गाश्च सर्वांश्चैव तपस्विन:॥१६२॥

मुक्ता०:—आचार्यमुपनयनपूर्वकवेदाध्यापकं, प्रवक्तारं वेदार्थव्यख्यातारं, गुरुं, "अल्पं वा बहु वा यस्य" (अ. २ श्लो. १४९) इत्युक्तम्। आचार्यादींस्तु न हिंस्यात्। प्रतिकूलाचरणेऽत्र हिंसाशब्द:। गोविन्दराजस्तु सामान्येन हिंसानिषेधादाततायिनोऽप्येतान्न हिंस्यादिति व्याख्यातवांस्तदयुक्तम्। "गुरुं वा बालवृद्धौ वा" (अ. ८ श्लो. ३५०) इत्यनेन विरोधात्॥१६२॥

An *Ācārya*, an expounder of the *Vedas,* one's own parents or superiors, *Brāhmaṇa,* cows and *Tapasvins* (ascetics) one must not anywise hurt or injure. (162)

नास्तिक्यं वेदनिन्दां च देवतानां च कुत्सनम्।
द्वेषं दम्भं च मानं च क्रोधं तैक्ष्ण्यं च वर्जयेत्॥१६३॥

मुक्ता०:—नास्ति परलोक इति बुद्धि, वेदस्य देवतानां च निन्दां, मात्सर्यं धर्मानुत्साहाभिमानकोपक्रौर्याणि त्यजेत्॥१६३॥

Let him avoid atheism, reviling the gods and the Vedas, arrogance, vanity, anger and harshness. (163)

परस्य दण्डं नोद्यच्छेत्क्रुद्धो नैव निपातयेत्।
अन्यत्र पुत्राच्छिष्याद्वा शिष्ट्यर्थं ताडयेत्तु तौ॥१६४॥

मुक्ता०:—परस्य हननार्थं क्रुद्धः सन्दण्डानि नोत्क्षिपेत्। नच परगात्रे निपातयेत्पुत्रशिष्ये भार्यादासादेरन्यत्र। कृतापराधानेताननुशासनार्थं "रज्ज्वा वेणुदलेन वा" (अ. ८ श्लो. २९९) इत्यादिवक्ष्यमाणप्रकारेण ताडयेत्॥१६४॥

Let him not raise a club to any body, nor strike any body with a club, excepting his son and disciple for the purposes of discipline. (164)

ब्राह्मणायावगूर्यैव द्विजातिर्वधकाम्यया।
शतं वर्षाणि तामिस्रे नरके परिवर्तते॥१६५॥

मुक्ता०:—द्विजातिरपि ब्राह्मणस्य हननार्थं दण्डादिकमुद्यम्यैव नतु निपात्य वर्षशतं तामिस्रादिनरके परिभ्रमति॥१६५॥

With a desire to kill, if a twice born-one raises a club to a *Brāhmaṇa,* he shall live for a century in the hell of extreme darkness (Andha Tāmiśram). (165)

ताडयित्वा तृणेनापि संरम्भान्मतिपूर्वकम्।
एकविंशतिमाजातीः पापयोनिषु जायते॥१६६॥

मुक्ता०:—तृणेनापि क्रोधाद्बुद्धिपूर्वकं ब्राह्मणं ताडयित्वा एकविंशतिजन्मानि पापयोनिषु कुक्कुरादियोनिषु जायते॥१६६॥

For wilfully striking a Brāhmaṇa out of anger, even with a weed the striker shall be reborn for twenty one existences in vile wombs. (166)

अयुध्यमानस्योत्पाद्य ब्राह्मणस्यासृगङ्गतः।
दुःखं सुमहदाप्नोति प्रेत्याप्राज्ञतया नरः॥१६७॥

मुक्ता०:—अयुध्यमानस्य ब्राह्मणस्याङ्गे शास्त्रानभिज्ञतया शोणितमुत्पाद्य परलोके महद्दुःखमाप्नोति॥१६७॥

He, who draws bloods out of the body a non-fighting Brāhmaṇa, suffers extreme misery for that piece of his folly in the next world. (167)

शोणितं यावतः पांसून्संगृह्णाति महीतलात्।।
तावतोऽब्दानमुत्रान्यैः शोणितोत्पादकोऽद्यते।।१६८।।

मुक्ता०:—खड्गादिहतब्राह्मणाङ्गनिर्गतं रुधिरं भूमिपतितं यावतो धूलिद्व्यणुकान्पिण्डीकरोति तावत्संख्यानि वर्षाणि परलोके शोणितोत्पादकः प्रहर्ता अन्यैः श्वसृगालादिभिर्भक्ष्यते।।१६८।।

For as many number of years the assaulter is eaten by dogs and jackals in the hell as the number of particles of dust on the ground which are soaked by the (spilt) blood of the *Brāhmaṇa*. (168)

न कदाचिद्द्विजे तस्माद्विद्वानवगुरेदपि।
न ताडयेत्तृणेनापि न गात्रात्स्त्रावयेदसृक्।।१६९।।

मुक्ता०:—तस्मादवगोरणादिदोषाभिज्ञो ब्राह्मणे दण्डाद्युद्यमननिपातरुधिरस्त्रवणानि नापद्यपि कुर्यादिति पूर्वोक्तक्रियात्रयस्योपसंहारः।।१६९।।

Hence the erudite one shall not raise his stick to a Brāhmaṇa nor strike him (even with a weed), nor draw blood from his person (by assaulting). (169)

अधार्मिको नरो यो हि तस्य चाप्यनृतं धनम्।
हिंसारतश्च यो नित्यं नेहासौ सुखमेधते।।१७०।।

मुक्ता०:—अधर्मेण व्यवहरतीत्यधार्मिकः शास्त्रप्रतिषिद्धागम्यागमनाद्यनुष्ठाता यो मानुषो, यस्य च साक्ष्ये व्यवहारनिर्णयादौ च मिथ्याभिधानमेव धनोपायोऽसत्यमभिधायोत्कोचधनं गृह्णाति, यश्च परहिंसाभिरतः नासाविह लोके सुखयुक्तो वर्तते। तस्मादेतन्न कर्तव्यमिति निन्दया निषेधः कल्प्यते।।१७०।।

An impious man, he, whose wealth is ill-gotten, he who is constantly envious of others, any of these men cannot enjoy happiness in this world. (170)

न सीदन्नपि धर्मेण मनो धर्मे निवेशयेत्।
अधार्मिकाणां पापानामाशु पश्यन्विपर्ययम्।।१७१।।

मुक्ता०:—शास्त्रविहितमनुतिष्ठन्धनाद्यभावेनावसीदन्नपि कदाचिन्नाधर्मे बुद्धिं कुर्यात्। यस्मादधर्मव्यवहारिणो यद्यप्यापाततो धनादिसंपद्भागिनोऽपि दृश्यन्ते तथापि तेषामधार्मिकाणामधर्मचौरादिव्यवहारिणां पापिनां तज्जनितदुरितशालिनां शीघ्रं धनादिविपर्ययोऽपि दृश्यते। तं पश्यन्नाधर्मे धियं दद्यादिति शिष्यहिताय दृष्टमर्थं दर्शितवान्।।१७१।।

Seeing the reverses of the dishonest and the ungodly, let him not, in moments of scarcity or monetary wants, turn his thoughts to dishonest gain. (171)

नाधर्मश्चरितो लोके सद्यः फलति गौरिव।

शनैरावर्तमानस्तु कर्तुर्मूलानि कृन्तति॥१७२॥

मुक्ता०:—शास्त्रेणानियमितकालपरिपाकत्वाच्छुभाशुभकर्मणां नाधर्मोऽनुतिष्ठतः तत्काल एव फलति। गौरिवेह भूमिपक्षे साधर्म्यदृष्टान्तः। यथा भूमिरुप्तबीजमात्रा तदैव प्रचुरपचेलिमफलव्रीहिस्तबकसंवलिता न भवति किंतु नियम-फलपाकसमयमासाद्य। पशुपक्षे वैधर्म्यदृष्टान्तः। यथा गौः पशुर्वाहदोहाभ्यां सद्यः फलति नैवमधर्मः किंतु क्रमेणावर्तमानः फलोन्मुखीभवन्नधर्मकर्तुर्मूलानि छिनत्ति। मूलच्छेदेन सर्वनाशो लक्ष्यते। देहधनाद्यन्वितो नश्यति॥१७२॥

Like seeds sown in the earth, iniquities do not take fruit, the same day, but fully evolved out in course of time, they cut the root (*i.e.* completely destroy) their perpetrators. (172)

यदि नात्मनि पुत्रेषु न चेत्पुत्रेषु नप्तृषु।

न त्वेव तु कृतोऽधर्मः कर्तुर्भवति निष्फलः॥१७३॥

मुक्ता०:—यदि स्वयं कर्तुर्देहधनादिनाशं फलं न जनयति, तदा तत्पुत्रेषु नोचेत्पौत्रेषु जनयति नतु निष्फल एव भवति। ननु अन्यकृतस्य कर्मणः कथमन्यत्र फलजनकत्वम्। उच्यते पुत्रादिनाशस्य पितुः क्लेशहेतुत्वाच्छास्त्रीयत्वाच्चास्यार्थस्य नाविश्वासः॥१७३॥

The iniquities of a sinner will bear fruit in his sons or grandsons even if they fail to be fruitful in his own self. They can never be fruitless. (173)

अधर्मेणैधते तावत्ततो भद्राणि पश्यति।

ततः सपत्नाञ्जयति समूलस्तु विनश्यति॥१७४॥

मुक्ता०:—अधर्मेण परद्रोहादिना तावदापाततो ग्रामधनादिना वर्धते। ततो भद्राणि बहुभृत्यगवाश्वादीनि लभते। ततः शत्रूनस्वस्मादपकृष्टाञ्जयति। पश्चात्कियता कालेनाधर्मपरिपाकवशाद्देहधनतनयादिसहितो विनश्यति॥१७४॥

By iniquity (dishonesty) a man may thrive, may see many a good in life, may conquer his enemies, but ultimately iniquity is sure to completely overwhelm and destroy him. (174)

सत्यधर्मार्यवृत्तेषु शौचे चैवारमेत्सदा।
शिष्यांश्च शिष्याद्धर्मेण वाग्बाहूदरसंयतः॥१७५॥

मुक्ता०:—सत्यधर्मसदाचारशौचेषु सर्वदा रतिः कुर्यात्। शिष्यांश्चानुशासनीयान्भार्यापुत्रदासच्छात्रान् "रज्ज्वा वेणुदलेन वा" (अ. ८ श्लो. २९९) इति प्रकारेण शासयेत्। उक्तानामप्यभिधानादादरार्थं वाग्बाहूदरसंयतश्च स्यात्। वाक्संयमः सत्यभाषिता। बाहुसंयमो बाहुबलेन कस्याप्यपीडनम्। उदरसंयमो यथालब्धाल्पभोजनम्॥१७५॥

Let him, with his tongue, arm and belly properly controlled, constantly devote himself to truth, piety, good conduct and purity, and govern his disciples according to the rules of the *Śāstra*. (175)

परित्यजेदर्थकामौ यौ स्यातां धर्मवर्जितौ।
धर्मं चाप्यसुखोदर्कं लोकविक्रुष्टमेव च॥१७६॥

मुक्ता०:—यावर्थकामौ धर्मविरोधिनौ भवेतां तौ परिहरेत्। यथा चौर्यादिनार्थोपपादनं, दीक्षादिने यजमानस्य पत्न्युपगमः, उदर्क उत्तरकालस्तत्रासुखं यत्र धर्मे तं धर्ममपि परित्यजेत्। यथा पुत्रादिवर्गपोष्ययुक्तस्य सर्वस्वदानम्। लोकविक्रुष्टं यत्र लोकानां विक्रोशः यथा कलौ मध्यमाष्टकादिषु गोवधादिः॥१७६॥

Let him avoid money, and desires which are bereft of virtue, let him not practise a virtue by practising which he incurs the enmity of others, or which brings him trouble in the future. (176)

न पाणिपादचपलो न नेत्रचपलोऽनजुः।
न स्याद्वानृचपलश्चैव न परद्रोहकर्मधीः॥१७७॥

मुक्ता०:—पाण्यादिचापलं त्येजत्। अनुपयुक्तवस्तूपादानादि पाणिचापलम्। निष्प्रयोजनं भ्रमणादि पादचापलम्। परस्त्रीप्रेक्षणादि नेत्रचापलम्। बहुगर्ह्यवादिता वाक्चापलम्। अनृजुः कुटिलो न स्यात्। परद्रोहो हिंसा तदर्थं चेष्टां धियं च न कुर्यात्॥१७७॥

He must avoid all fickleness of hands, feet, eyes and speech, do what is straight and honest and never think of doing any hostility to any body. (177)

येनास्य पितरो याता येन याताः पितामहाः।
तेन यायात्सतां मार्गं तेन गच्छन्न रिष्यते॥१७८॥

मुक्ता०:—बहुविधशास्त्रार्थसंभवे पितृपितामहाद्यनुष्ठित एव शास्त्रार्थोऽनुष्ठातव्यः। तेन गच्छन्न रिष्यते नाधर्मेण हिंस्यते॥१७८॥

In virtues of conflicting authority, let him take to the path adopted by his fathers and grand-fathers; by adopting that path, he will not incur enmity of any man. (178)

ऋत्विक्पुरोहिताचार्यैर्मातुलातिथिसंश्रितैः।
बालवृद्धातुरैर्वैद्यैर्ज्ञातिसम्बन्धिबान्धवैः॥१७९॥
मातापितृभ्यां यामीभिर्भ्रात्रा पुत्रेण भार्यया।
दुहित्रा दासवर्गेण विवादं न समाचरेत्॥१८०॥

मुक्ता०:—ऋत्विगादिभिर्वाक्कलहं न कुर्यात्। शान्त्यादिकर्ता पुरोहितः। संश्रिता अनुजीविनः। ज्ञातयः पितृपक्षाः। संबन्धिनो जामातृश्यालकादयः। बान्धवा मातृपक्षाः। जामयो भगिनीस्नुषाद्याः॥१७९॥१८०॥

He must not quarrel with his priests, *Ṛittvigs (i.e.* celebrants of sacrifices on his behalf), preceptors and maternal uncles, *Atithi*, guests, dependants, servants, infants, old men, sick folks, physicians, cognates, marriage, relations and relations. Nor with his parents, sisters, daughters-in-law, sons' wives and brothers, and slaves. (197-180)

एतैर्विवादान्संत्यज्य सर्वपापैः प्रमुच्यते।
एभिर्जितैश्च जयति सर्वाँल्लोकानिमान्गृही॥१८१॥

मुक्ता०:—एतैर्ऋत्विगादिभिः सह विवादान्परित्यज्याज्ञातपापैः प्रमुच्यते। तथैतैर्विवादैरुपेक्षितैरिमान्वक्ष्यमाणान्सर्वलोकान्गृहस्थो जयति॥१८१॥

By avoiding quarrels with these, a house-holder may be exonerated of all sins by conquering these a house-holder can conquer all these worlds. (181)

आचार्यो ब्रह्मलोकेशः प्राजापत्ये पिता प्रभुः।
अतिथिस्त्विन्द्रलोकेशो देवलोकस्य चर्त्विजः॥१८२॥

मुक्ता०:—आचार्यो ब्रह्मलोकस्य प्रभुः तेन सह विवादपरित्यागेन तत्संतुष्ट्या तु ब्रह्मलोकप्राप्ते गौणं ब्रह्मलोकेशत्वम्। एवं प्राजापत्यलोकेशः प्राजापत्ये पिता च प्रभुः। अतिथिरिन्द्रलोकेशः देवलोकस्य च ऋत्विजः। एवमुत्तरत्रापि तत्तल्लोकेशवत्वं बोद्धव्यम्।।१८२।।

A (propitiated) preceptor leads him to (lit. is the master of) the region of *Brahma,* a satisfied father leads him to the region of *Prajāpati*; a well-pleased *Atithi* guest leads him to the region of *Indra*, and a satisfied *Ṛtvik* leads him to the region of gods. (182)

जामयोऽप्सरसां लोके वैश्वदेवस्य बान्धवाः।
सम्बन्धिनो ह्यपां लोके पृथिव्यां मातृमातुलौ।।१८३।।

मुक्ता०:—अप्सरसां लोके जामयः प्रभवन्ति, वैश्वदेवलोके बान्धवाः, वरुणलोके संबन्धिनः, भूर्लोके मातृमातुलौ।।१८३।।

His well pleased daughter (and daughter-in-law) lead him to the region of the *Apsarasas*, his friends lead him to the region of *Viśvedevas,* his brothers-in-law lead him to the region of *Varuṇa* and the influences of his mother and maternal uncles are upon the earth. (183)

आकाशेशास्तु विज्ञेया बालवृद्धकृशातुराः।
भ्राता ज्येष्ठः समः पित्रा भार्या पुत्रः स्वका तनुः।।१८४।।

मुक्ता०:—कृशः कृशधनः। संश्रितो विवक्षितः। बालवृद्धसंश्रितातुरा अन्तरिक्षे प्रभवन्ति। भ्राता च ज्येष्ठः पितृतुल्यः तस्मात्सोऽपि प्रजापतिलोकप्रभुः, भार्यापुत्रौ च स्वशरीरमेव, अतः कथमात्मनैव सह विवादः संभवति।।१८४।।

Satisfied old men, infants, weaklings and sick folks lead him to the region of the firmament, he shall respect his eldest brother as his own father, and consider his wife and children as parts and parcels of his own self. (184)

छाया स्वो दासवर्गश्च दुहिता कृपणं परम्।
तस्मादेतैरधिक्षिप्तः सहेतासंज्वरः सदा।।१८५।।

मुक्ता०:—स्वदासवर्गश्च नित्यानुगतत्वादात्मच्छायेव न विवादार्हः। दुहिता च परं कृपापात्रं तस्मादेतैरधिक्षिप्तः सन् असंतापः सहेत नतु विवदेत्।।१८५।।

He shall look upon his slaves as his own shadow and his daughter as the receptacle of highest affection; worried by them, he must patiently bear with such a worry. (185)

प्रतिग्रहसमर्थोऽपि प्रसङ्गं तत्र वर्जयेत्।

प्रतिग्रहेण ह्यस्याशु ब्राह्मं तेजः प्रशाम्यति॥१८६॥

मुक्ता०:—विद्यातपोवृत्तसंपन्नतया प्रतिग्रहेऽधिकार्यपि तत्र पुनः पुनः प्रवृत्तिं त्यजेत्। यस्मात्प्रतिग्रहेणास्य वेदाध्यायनादिनिमित्तप्रभावः शीघ्रमेव विनश्यति। यात्रामात्रप्रसिद्ध्यर्थमित्युक्तेऽपि सामान्येनार्जनसंकोचे विशेषेण प्रतिग्रहस्य ब्राह्मप्रभावप्रशमनफलत्वकथनार्थं वचनम्॥१८६॥

Even capable of accepting a gift, he must give up all attachment to gift-taking; gift-taking speedily extinguishes the energy of the supreme self which is in a *Brāhmaṇa*. (186)

न द्रव्याणामविज्ञाय विधिं धर्म्यं प्रतिग्रहे।

प्राज्ञः प्रतिग्रहं कुर्यादवसीदन्नपि क्षुधा॥१८७॥

मुक्ता०:—द्रव्याणां प्रतिमाहं धर्माय हितं विधानं ग्राह्यदेवताप्रतिग्रहमन्त्रादिकमज्ञात्वा क्षुधावसानं गच्छन्नपि प्राज्ञो न प्रतिगृह्णीयात्किं पुनरनापदि॥१८७॥

Ignorant of the regulations of the *Śāstra* as regards the taking of gift articles, a (Brāhmaṇa) overwhelmed with hunger must not take a gift. (187)

हिरण्यं भूमिमश्वं गामन्नं वासस्तिलान्घृतम्।

प्रतिगृह्णन्नविद्वांस्तु भस्मीभवति दारुवत्॥१८८॥

मुक्ता०:—स्वर्णादीञ्श्रुतस्वाध्यायहीनः प्रतिगृह्णन्नग्निसंयोगेन दारुवद्भस्मीभूतो भवति पुनरुत्पत्तिं न लभते॥१८८॥

Gifts of gold, horses, lands, cows, food grains, clothes and sesame seeds, made to an ignorant Brāhmaṇa are consumed, like a wood cast in the fire. (188)

हिरण्यमायुरन्नं च भूर्गौश्चाप्योषतस्तनुम्।

अश्वश्चक्षुस्त्वचं वासो घृतं तेजस्तिलाः प्रजाः॥१८९॥

मुक्ता०:—अविदुषः प्रतिग्रहीतुभूर्गौश्च शरीरं ओषतो दहतः। उषदाहे भौवादिकस्तस्येदं रूपम्। भूगवोर्द्वित्वविवक्षायां द्विवचनम्। एवं हिरण्यमन्नं चायुरोषतः। अश्वश्चक्षुरित्यादिषु विभक्तिविपरिणामादोषतीत्येकवचनान्तस्यानुषङ्गः॥१८९॥

The life-duration of an ignorant *Brāhmaṇa* suffers, if he accepts a gift of gold or food grains; by accepting the gift of a land or a cow he suffers in health; for accepting the gift of a horse he is deprived of his sight, for accepting the gift of a cloth his skin suffers, for accepting the gift of clarified butter his energy, and for accepting sesame, his progeny are consumed. (189)

अतपास्त्वनधीयानः प्रतिग्रहरुचिर्द्विजः।
अम्भस्यश्मप्लवेनेव सह तेनैव मज्जति॥१९०॥

मुक्ता०ः—यस्तपोविद्याशून्यः प्रतिग्रहेच्छुः ब्राह्मणो भवति स प्रतिग्रहाविनाभावाद्बुद्धिस्थेन तेन इति परामृष्टेनैव दात्रैवानर्हप्रतिग्रहादानपापयुक्तेन सह नरके मज्जति। यथा पाषाणमयेनोडुपेनाम्भस्तरंस्तेनैव सहाम्भसि मग्नो भवति॥१९०॥

A Brāhmaṇa, who is devoid of all ascetic virtues, is unread in the *Vedas* and very fond of gift taking, if he takes a gift, is drowned with its donor, like a stone raft with its rider. (190)

तस्मादविद्वान्बिभियाद्यस्मात्तस्मात्प्रतिग्रहात्।
स्वल्पकेनाप्यविद्वान्हि पङ्के गौरिव सीदति॥१९१॥

मुक्ता०ः—यस्मादसावल्पद्रव्यप्रतिग्रहेणापि मूर्खः पङ्के गौरिव नरके समर्थो भवति तस्माद्यतःकुतश्चित्सुवर्णादिव्यतिरिक्तसीसकाद्यसारप्रतिग्रहादपि त्रस्येत्॥१९१॥

Hence, let an erudite (Brāhmaṇa) be afraid of accepting a gift from all and sundry; even by taking a small gift, a Brāhmaṇa is drowned like a cow in the mire. (191)

प्रतिग्रहीतुर्धर्मभिधायाधुना दातुराह-

न वार्यपि प्रयच्छेत्तु बैडालव्रतिके द्विजे।
न बकव्रतिके विप्रे नावेदविदि धर्मवित्॥१९२॥

मुक्ता०ः—वायसादिभ्यो यद्दीयते तदपि बैडालव्रतिकेभ्यो धर्मज्ञो न दद्यादित्यतिशयोक्त्या द्रव्यान्तरदानं निषिध्यते नतु वारिदानमेव। "पाषण्डिनो विकर्मस्थान्" (अ. ४ श्लो. ३०) इत्यनेन बैडालव्रतिकायातिथित्वेन सत्कृतार्थदानादि निषिद्धमिह तु धनदानं निषिध्यते अतएव "विधिनाप्यर्जितं धनं" इति (अ. ४ श्लो. २९४) वक्ष्यति। नावेदविदीति वेदार्थानभिज्ञे। एतच्च विद्वत्संभवे नावेदविदीति निषिध्यते॥१९२॥

A virtuous man must not make even an insignficant gift to a *Brāhmaṇa*, who is cat-natured (selfish), or carries a cloak of religion (Vākavrata), or is not read in the *Vedas*. (192)

त्रिष्वप्येतेषु दत्तं हि विधिनाऽप्यर्जितं धनम्।
दातुर्भवत्यनर्थाय परत्रादातुरेव च॥१९३॥

मुक्ता०:—एतेषु त्रिष्वपि बैडालव्रतिकादिषु न्यायार्जितमपि धनं दत्तं दातुः प्रतिग्रहीतुश्च परलोके नरकहेतुत्वादनर्थाय भवति॥१९३॥

By giving a well-gott wealth to any of these three kinds of *Brāhmaṇas*, both the donor and the receiver of the gift come to grief in the next world. (193)

यथा प्लवेनौपलेन निमज्जत्युदके तरन्।
तथा निमज्जतोऽधस्तादज्ञौ दातृप्रतीच्छकौ॥१९४॥

मुक्ता०:—यथा पाषाणमयेनोडुपादिना जले तरंस्तेनैव सहाधो गच्छति एवं दानप्रतिग्रहशास्त्रानभिज्ञौ दातृग्राहकौ नरकं गच्छतः। "अतपास्त्वनधीयानः" (अ. ४ श्लो. १९०) इति प्रतिग्रहीतृप्राधान्येन निन्दोक्ता। इह तु दातृप्राधान्येनेत्यपुनरुक्तिः॥१९४॥

Like a man, attempting to cross (a river) with the aid of a stone raft, both the ignorant donor and acceptor of a gift are drowned. (194)

धर्मध्वजी सदा लुब्धश्छाद्मिको लोकदम्भकः।
बैडालव्रतिको ज्ञेयो हिंस्रः सर्वाभिसन्धकः॥१९५॥

मुक्ता०:—यो बहुजनसमक्षं धर्ममाचरति स्वतः परतश्च लोके ख्यापयति तस्य धर्मो ध्वजं चिह्नमिवेति धर्मध्वजी। लुब्धः परधनाभिलाषुकः। छद्मना व्याजेन चरतीति छाद्मिकः। लोकदम्भको निक्षेपापहारादिना जनवञ्चकः। हिंस्रः परहिंसाशीलः। सर्वाभिसंधकः परगुणासहनतया सर्वाक्षेपकः। बिडालव्रतेन चरतीति बैडालव्रतिकः। बिडालो हि प्रायेण मूषिकादिहिंसारुचितया ध्याननिष्ठ इव विनीतः सन्नवतिष्ठत इत्युपचाराद्बिडालव्रतशब्दः॥१९५॥

He who, though extremely covetous of wealth, carries a cloak of religion, is deceiful (lit. dissimulating), arrogant, and envious, and cannot bear the praise of others, and hence tries to snub down all men, is called cat-natured (*viḍāla*-vrataka), i.e., He is like unto a cat, who assumes meekness only to decoy his prey out of his safe-hold and then pounces upon it with all the native fury of his soul. (195)

अधोदृष्टिर्नैष्कृतिकः स्वार्थसाधनतत्परः।

शठो मिथ्याविनीतश्च बकव्रतचरो द्विजः॥१९६॥

मुक्ता०:—अधोदृष्टिर्निजविनयख्यापनाय सततमध एव निरीक्षते। निष्कृतिर्निष्ठुरता तया चरतीति नैष्कृतिकः। स्वार्थसाधनतत्परः परार्थखण्डनेन। शठो वक्रः। मिथ्याविनीतः कपटविनयवान्। बकव्रतं चरतीति बकव्रतचरः। बको हि प्रायेण मीनहननरुचितया मिथ्याविनीतः सन्नेवंशीलो भवतीति गौणो बकव्रतशब्दः॥१९६॥

With eyes cast down, to conceal his ferocious purpose, he, who to gain his own ends, roams about in deceit and falsehood, like a crane, is called vaka-vrati (crane-natured). (196)

ये बकव्रतिनो विप्रा ये च मार्जारलिङ्गिनः।

ते पतन्त्यन्धतामिस्रे तेन पापेन कर्मणा॥१९७॥

मुक्ता०:—ये बकव्रतं बिडालव्रतं चरन्ति ते ब्राह्मणास्तेन पापहेतुना कर्मणान्धतामिस्रनाम्नि नरके पतन्ति॥१९७॥

Those *Brāhmaṇas,* who are cat-natured or crane-natured, fall into the hell of extreme darkness through the effects of their (treacherous deeds). (197)

न धर्मस्यापदेशेन पापं कृत्वा व्रतं चरेत्।

व्रतेन पापं प्रच्छाय कुर्वन् स्त्रीशूद्रदम्भनम्॥१९८॥

मुक्ता०:—पापं कृत्वा प्रायश्चित्तरूपं प्राजापत्यादिव्रतं पापमपनयति तत्रेदं प्रायश्चित्तं किंतु धर्मार्थमहमनुतिष्ठामीति स्त्रीशूद्रमूर्खादिजनमोहनं कुर्वन्नानुतिष्ठेत्॥१९८॥

After committing a crime, let him not practise the expiatory penance in the pretext of practising a virtue, for the purpose of duping females and Śūdras. (198)

प्रेत्येह चेदृशा विप्रा गर्ह्यन्ते ब्रह्मवादिभिः।

छद्मनाऽऽचरितं यच्च व्रतं रक्षांसि गच्छति॥१९९॥

अलिङ्गी लिङ्गिवेषेण यो वृत्तिमुपजीवति।

स लिङ्गिनां हरत्येनस्तिर्यग्योनौ च जायते॥२००॥

मुक्ता०:—प्रेत्येहेति श्लोकद्वयं प्रथमं सुबोधम्। अब्रह्मचारी यो ब्राह्मणो ब्रह्माणो ब्रह्मचर्यादिलिङ्गं मेखलाजिनदण्डादिवेषोपलक्षितस्तद्वृत्त्या भिक्षाभ्रमणादिना जीवति स ब्रह्मचार्यादीनां यत्पापं तदात्मन्याहरति। कुक्कुरादितिर्यग्योनौ चोत्पद्यते। तस्मादेतन्न कर्तव्यमिति निषेधः कल्प्यते॥१९९॥२००॥

A vow or a penance practised in the way of a pretext goes to the monsters; those Brāhmaṇas, (who are cat-natured or crane-natured), are condemned by the Brahma vādins. A person, who tries to earn a livelihood by falsely wearing the badges or marks of an order he does not belong to, robs all the sin of that order, and is reborn in the womb of beasts. (199-200)

परकीयनिपानेषु न स्नायाच्च कदाचन।
निपानकर्तुः स्नात्वा तु दुष्कृतांशेन लिप्यते॥२०१॥

मुक्ता०:—निपानं जलाधारः। परकृतपुष्करिण्यादिषु न कदाचित्स्नायात्। तत्र स्नात्वा पुष्करिण्यादिकर्तुर्यत्पापं तस्यांशेन वक्ष्यमाणचतुर्थभागरूपेण संबध्यते। अकृत्रिमनद्याद्यसंभवे परकृतेऽपि पुष्करिण्यादौ प्राक्प्रदानात्पञ्च पिण्डानुद्धृत्य स्नातव्यम्। तदाह याज्ञवल्क्यः- "पञ्च पिण्डाननुद्धृत्य न स्नायात्परवारिषु। उद्धृत्य चतुरः पिण्डान्पारक्ये स्नानमाचरेत्। स्नात्वा च तर्पयेद्देवान्पितृंश्चैव विशेषतः" (अ. १ श्लो. १५९)॥२०१॥

Let him not bathe in another's tank (not endowed for the public use); by so bathing, he is partly associated with the sin of its owner. (201)

यानशय्यासनान्यस्य कूपोद्यानगृहाणि च।
अदत्तान्युपभुञ्जान एनसः स्यात्तुरीयभाक्॥२०२॥

मुक्ता०:—अस्येति प्रकृतः पुनः परामृश्यते। परस्य यानादीन्यदत्तान्युपयुञ्जानस्तदीयपापचतुर्थभागभागी भवति। अदत्तानीति परस्यानुमत्यभावश्च विवक्षितः। तेन सर्वार्थोत्सृष्टमठकूपादावुपयोगार्थात्मस्नानादौ न विरोधः॥२०२॥

He must not use without its owner's permission a vehicle, a bed, a cushion, a well, or a tank, belonging to another; by so doing, he becomes associated with a quarter part of its owner's sin. (202)

नदीषु देवखातेषु तडागेषु सरःसु च।

स्नानं समाचरेन्नित्यं गर्त्तप्रस्त्रवणेषु च॥२०३॥

मुक्ता०:—नद्यादिषु सर्वदा स्नानमाचरेत्। देवखातेष्विति तडागविशेषणम्। देवसंबन्धित्वेन प्रसिद्धेषु सरःसु गर्तेष्वष्टधनुःसहस्त्रेभ्यो न्यूनगतिषु। तदुक्तं छन्दोगपरिशिष्टे- "धनुःसहस्त्राण्यष्टौ च गतिर्यासां न विद्यते। न ता नदीशब्दवहा गर्तास्ताः परिकीर्तिताः॥" चतुर्हस्तप्रमाणं धनुः। प्रस्त्रवणेषु निर्झरेषु चानेनैव परकीयनिपानव्यावृत्तिसिद्धौ यत्पृथग्वचनं तदात्मीयोत्सृष्टतडागादिषु स्नानाद्यनुज्ञानार्थं, तदपि नद्याद्यसंभवे द्रष्टव्यम्॥२०३॥

Let him always bathe in rivers, in natural reservoirs of water, such as tanks, ponds, *Gartas* (lakes less than eight miles in length) and fountains. (203)

यमान्सेवेत सततं न नित्यं नियमान्बुधः।

यमान्पतत्यकुर्वाणो नियमान्केवलान्भजन्॥२०४॥

मुक्ता०:—नियमापेक्षया यमानुष्ठानगौरवज्ञापनार्थमिदं नतु नियमनिषेधार्थम्। द्वयोरेव शास्त्रार्थत्वात्। यमनियमविवेकश्च मुनिभिरेवं कृतः। तदाह याज्ञवल्क्यः-"ब्रह्मचर्यं दया क्षान्तिर्ध्यानं सत्यमकल्कता। अहिंसा स्तेयमाधुर्ये दमश्चेति यमाः स्मृताः॥ स्नानं मौनोपवासेज्यास्वाध्यायोपस्थनिग्रहाः। नियमो गुरुशुश्रूषा शौचाक्रोधाप्रमादता॥" (अ. ३ श्लो. ३१२।३१३) यमनियमस्वरूपज्ञः समस्तस्नानादिनियमत्यागेनाप्यहिंसादिरूपं यममनतिष्ठेत्। नियमाननुतिष्ठन्नपि यमानुष्ठानरहितः पततीत्ययं यमस्तुत्यर्थ आरम्भ इति॥ मेधातिथिगोविन्दराजौ हिंसादिप्रतिषेधार्थकाः यमाः, "वेदमेवाभ्यसेन्नित्यं" (अ. ४ श्लो. १४६) इत्यादयोऽनुष्ठेयरूपा नियमा इति व्याचक्षते। "अहिंसा सत्यवचनं ब्रह्मचर्यमकल्कता। अस्तेयमिति पञ्चैते यमा वै परिकीर्तिताः॥ अक्रोधो गुरुशुश्रूषा शौचमाहारलाघवम्। अप्रमादश्च सततं पञ्चैते नियमाः स्मृताः॥२०४॥

Let him constantly practise self-control and not vows only; he who practises vows only, but not self-control meets his fall. (204)

नाश्रोत्रियतते यज्ञे ग्रामयाजिकृते तथा।

स्त्रिया क्लीबेन च हुते भुञ्जीत ब्राह्मणः क्वचित्॥२०५॥

मुक्ता०:—अनधीतवेदेनोपक्रान्ते यज्ञेऽग्नीषोमीयादूर्ध्वमपि भोजनयोग्यसमये ब्राह्मणो

न भुञ्जीतं तथा बहूनां याजकेन ऋत्विजां स्त्रिया नपुंसकेन च यत्र यज्ञे हूयते तत्र कदाचिन्न भुञ्जीत॥२०५॥

Let not a *Brāhmaṇa* eat anything in a religous sacrifice wherein fire offerings have been performed by a *Brāhmaṇa,* ignorant of the *Vedas* or who serves as a village priest, or by a woman or eunuch. (205)

अश्लीकमेतत् साधूनां यत्र जुह्वत्यमी हविः।
प्रतीपमेतद्देवानां तस्मात्तत्परिवर्जयेत्॥२०६॥

मुक्ता०:—पूर्वोक्ता बहुयाजकादयो यत्र होमं कुर्वन्ति तत्कर्म शिष्टानामश्लीकमश्रीकं श्रीघ्नम् रेफस्य स्थाने लकारः। देवानां प्रतिकूलं तस्मादेतद्धोमं न कारयेत्॥२०६॥

A religious sacrifice in which such persons perform the fire-offerings tends to destroy the prosperity of the Brāhmaṇas, and is not liked by the gods; hence, it should be avoided. (206)

मत्तक्रुद्धातुराणाञ्च न भुञ्जीत कदाचन।
केशकीटावपन्नञ्च पदास्पृष्टञ्च कामतः॥२०७॥

मुक्ता०:—क्षीबक्रुद्धव्याधितानामन्नं तथा केशकीटसंसर्गदुष्टं पादेन चेच्छातः संस्पृष्टमन्नं न भुञ्जीत॥२०७॥

Let him not eat the food offered by an insane, angry, or diseased person, nor the containing hair and flies, nor that which has been wilfully touched by one with his feet. (207)

भ्रूणघ्नावेक्षितञ्चैव संस्पृष्टञ्चाप्युदक्यया।
पतत्रिणावलीढञ्च शुना संस्पृष्टमेव च॥२०८॥

मुक्ता०:—भ्रूणघ्नेत्युपलक्षणाद्गोघ्नेत्यादिपतितावेक्षितं रजस्वलया च स्पृष्टं पक्षिणा च काकादिना स्वादितं कुकुरेण च स्पृष्टमन्नं न भुञ्जीत॥२०८॥

Nor the food looked at by a foeticide, nor that touched by a woman in her menses or biked at by a bird, nor that touched by a dog. (208)

गवा चान्नमुपाघ्रातं घुष्टान्नं विशेषतः।
गणान्नं गणिकाऽन्नं च विदुषा च जुगूप्सितम्॥२०९॥

मुक्ता०:—यदन्नं गवाघ्रातं घुष्टान्नं। को भोक्तेत्युपोद्घुष्टान्नं सत्रादौ यद्दीयते। विशेषत इति भूरिदोषतया प्रायश्चित्तगौरवार्थम्। गणान्नं शठब्राह्मणसंघान्नं। गणिका वेश्या तस्या अन्नं। शास्त्रविदा च यद्दुष्टमिति निन्दितं तच्च न भुञ्जीत॥२०९॥

Nor that smelled by a cow, nor that which has been offered to the hungry and the indigent by proclamation, nor that of a monastry, nor that offered by a courtesan, nor that condemned by the wise. (209)

स्तेनगायनयोश्चान्नं तक्ष्णोवार्द्धुषिकस्य च।
दीक्षितस्य कदर्यस्य बद्धस्य निगडस्य च॥२१०॥

मुक्ता०:—चौरगायनजीविनोस्तथा तक्षवृत्तिजीवनस्य वृद्ध्युपजीविनश्चान्नं न भुञ्जीत। तथा यज्ञे दीक्षितस्य प्रागग्नीषोमीयात्। कदर्यस्य कृपणस्य। निगडस्येति तृतीयार्थे षष्ठी। निगडेन बद्धस्य। गोविन्दराजस्तु बद्धशब्दस्य बन्धनैर्विनाप्ययोनिगडैर्निगडितस्य दत्तायोनिगडस्येति व्याख्यातवान्॥२१०॥

Nor that of a gold-stealer, nor that of one who lives by singing, nor that of a *Takṣaṇa*, nor that of an usurer, nor of one initiated in a sacrifice (without performing the Agni Somīya yaña), nor that of a miser, nor of a chained prisoner. (210)

अभिशस्तस्य षण्ढस्य पुंश्चल्या दाम्भिकस्य च।
शुक्तं पर्युषितञ्चैव शूद्रस्योच्छिष्टमेव च॥२११॥

मुक्ता०:—महापातकित्वेन संजातलोकविक्रोशस्य, नपुंसकस्य, पुंश्चल्या व्यभिचारिण्या अगणिकाया अपि, दाम्भिकस्य छद्मना धर्मचारिणो बैडालव्रतिकादेरन्नं न भुञ्जीत। शुक्तं यत्स्वभावतो मधुरं दध्यादिसंपर्कवशेनोदकादिना चाम्लादिभावं गतम्, पर्युषितं रात्र्यन्तरितम्, शूद्रस्यान्नं न भुञ्जीतेति संबन्धः। उच्छिष्टं च भुक्तावशिष्टान्नमविशेषात्कस्यापि न भुञ्जीत। गुरूच्छिष्टं च विहितत्वाद्भोज्यम्। गोविन्दराजस्तु शूद्रस्योच्छिष्टं तद्भुक्तावशिष्टं च स्थालीस्थमपि न भुञ्जीतेत्याह॥२११॥

Nor that of an accursed person, nor that of a eunuch, nor that of a corrupt woman, nor that of an arrogant person, nor the food, containing sweet, that has acquired and acid taste, nor that which is stale or has been prepared over night, nor that which is the leaving of a *Śūdra's* food. (211)

चिकित्सकस्य मृगयोः क्रूरस्योच्छिष्टभोजिनः।
उग्रान्नं सूतिकान्नञ्च पर्याचान्तमनिर्दशम्॥२१२॥

मुक्ता०:—चिकीत्साजीविनः, मृगयोर्मांसविक्रयार्थं मृगादिपशुहन्तुः, क्रूरस्यानृजुप्रकृतेः, निषिद्धोच्छिष्टभोक्तुरन्नं न भुञ्जीत। उग्रो दारुणकर्मा तस्यान्नम्। "गोविन्दराजो मञ्जर्यामुग्रं राजानमुक्तवान्। मनुवृत्तौ च शूद्रायां क्षत्रियोत्पन्नमभ्यधात्। "भेदोत्तेर्याज्ञवल्कीयेनोग्रो राजेति वावदत्। आश्चर्यमिदमेतस्य स्वकीयहृदि भूषणम्।।" सूतिकान्नं सूतिकामुद्दिश्य यत्क्रियते तदन्नं तत्कुलजैरपि न भोक्तव्यम्। एकपङ्क्तिस्थानन्यानवमन्य यत्रान्ने भुज्यभाने केनचिदाचमनं क्रियते तत्पर्याचान्तम्। अनिर्देशं मृतिकान्नं वक्ष्यमाणत्वान्न भुञ्जीत।।२१२।।

Nor that of a physician, nor that of a hunter, nor that of a cruel person, nor that of one who eats leaving, nor that of one engaged in dreadful acts, nor that of a newly parturient woman, nor of those *Brāhmaṇas* who continue eating, after a dinner in their row has finished eating and washed his mouth (Parjacānta). (212)

अनर्चितं वृथामांसमवीरायाश्च योषितः।
द्विषदन्नं नगर्यन्नं पतितान्नमवक्षुतम्॥२१३॥

मुक्ता०:—अर्चार्हस्य यदवज्ञया दीयते। वृथामांसं देवतादिमुद्दिश्य यन्न कृतं, अवीरायाः पतिपुत्ररहितायाः, शत्रुनगरपतितानां च, उपरि कृतक्षुतं चान्नं न भुञ्जीत।।२१३।।

Nor what has been slightingly offered, nor the flesh which has nor been formally offered to the deities, nor the food of an unprotected woman, nor of an enemy, nor that of a city, nor that of the degraded, nor that which has been sneezed over. (213)

पिशुनानृतिनोश्चान्नं क्रतुविक्रयिणस्तथा।
शैलूषतुन्नवायान्नं कृतघ्नस्यान्नमेव च॥२१४॥

मुक्ता०:—पिशुनः परोक्षे परापवादभाषणपरः, अनृतीत्यतिशयेनानृतवादी कूटसाक्ष्यादिः, ऋतुविक्रयिकः मदीययागस्य फलं तव भवत्वित्यभिधाय यो धनं गृह्णाति, शैलूषो नटः, तुन्नवायः सौचिकः, कृतघ्नो यः कृतोपकारस्यापकारे प्रवर्तते तस्यान्नं न भुञ्जीत।।२१४।।

Nor that of a scandal-monger, nor that of one who bears

false witness, nor that of one who sells the merits of religious sacrifices for money, nor that of a professional actor, nor that of a tailor, nor that of an ungrateful person. (214)

कर्मारस्य निषादस्य रङ्गावतारकस्य च।
सुवर्णकर्त्तुर्वेणस्य शस्त्रविक्रयिणस्तथा॥२१५॥

मुक्ता०:—कर्मारस्य लोहकारस्य, निषादस्य दशमाध्यायोक्तस्य, नटगायनव्यतिरिक्तस्य रङ्गावतरणजीविनः, सुवर्णकारस्य, वेणोर्भेदनेन यो जीवति, बुरुड इति विश्वरूपः। शस्त्रं लोहः तद्विक्रयिणश्चान्नं न भुञ्जीत॥२१५॥

Nor that of a blacksmith, nor that of a Niṣāda, nor that of a stage-manager, nor that of a gold smith, nor that of one who manufactures bamboo articles, nor that of one who sells weapons. (215)

श्ववतां शौण्डिकानाञ्च चैलनिर्णेजकस्य च।
रञ्जकस्य नृशंसस्य यस्य चोपपतिर्गृहे॥२१६॥

मुक्ता०:—आखेटकाद्यर्थं सुनः पोषकाणां, मद्यविक्रयिणां, वस्त्रधावकस्य, कुमुम्भादिना वस्त्र रागकृतः, निर्दयस्य, यस्य चोपपतिर्गृहे जारश्च यस्याज्ञानतो गृहे स्थितस्तस्य गेहे नाद्यात्॥२१६॥

Nor that of a keeper of dogs, nor that of a wine-seller, nor that of a dyer of clothes, nor that of a washerman, nor that of a cruel person, nor that of one whose wife's paramour lives disguisedly in his house. (216)

भृष्यन्ति ये चोपपतिं स्त्रीजितानां च सर्वशः।
अनिर्दशं च प्रेतान्नमतुष्टिकरमेव च॥२१७॥

मुक्ता०:—गृह इत्यनुषज्यते। गेहे ज्ञातं भार्याजारं ये सहन्ते तेषामन्नं न भुञ्जीत। तेन गृहान्निःसारिताया जारसहने नैष दोषः। तथा सर्वकर्मसु स्त्रीपरतंत्राणां, अनिर्गताशौचं च सूतकान्नं, अतुष्टिकरमेव च न भुञ्जीत॥२१७॥

Nor that of one who connives at the misconduct of his wife, nor that of an extremely oxorious person, nor that of one who is affected by a death uncleanness, nor that which fails to give satisfaction. (217)

राजान्नं तेज आदत्ते शूद्रान्नं ब्रह्मवर्चसम्।
आयुः सुवर्णकारान्नं यशश्चर्मावकर्तिनः॥२१८॥

मुक्ता०:—राजान्नं तेजो नाश्यति। इतएव दोषदर्शनात्तदन्नभक्षणनिषेधः कल्पयते। एवमुतरत्रापि पूर्वमनिषिद्धस्य दोषदर्शनादेव निषेधकल्पनम्। "नाद्याच्छूद्रस्य पक्वान्नम्" (अ. ४ श्लो. २२३) इति निषेधिष्यति तदतिक्रमणफलकथनमिदम्। शूद्रस्य पक्वान्नमध्ययनादिनिमित्तं तेजो नाशयति। सुवर्णकारस्यान्नमायुः, चर्मकारान्नं ख्यातिं नाशयति॥२१८॥

Food, given by a king, robs its (partaker) of his spirit and energy, that given by a *Śūdra* robs the *Brāhma energy* (of its partaker); food given by a goldsmith impairs the vitality, and that offered by a cobbler (leather-seller), destroys the good name (of their partakers). (218)

कारुकान्नं प्रजां हन्ति बलं निर्णेजकस्य च।
गणान्नं गणिकान्नं च लोकेभ्यः परिकृन्तति॥२१९॥

मुक्ता०:—कारुकस्य सूपकारदेरन्नं प्रजामपत्यं निहन्ति। चर्मकारादेः कारुकत्वेऽपि गोबलीवर्दन्यायेन पृथङ्निर्देशः। निर्णेजकस्यान्नं बलं हन्ति। गणगणिकयोरन्नं च कर्मान्तरार्जितेभ्यः स्वर्गादिलोकेभ्य आच्छिनत्ति॥२१९॥

The food of an artisan kills the progeny, that of a dyer kills strength; the food of a hotel, or of a courtesan leads to the fall of its partaker from the heaven (he has acquired by his acts). (219)

पूयं चिकित्सकस्यान्नं पुंश्चल्यास्त्वन्नमिन्द्रियम्।
विष्ठा वार्धुषिकस्यान्नं शस्त्रविक्रयिणो मलम्॥२२०॥

मुक्ता०:—चिकित्सकस्यान्नं पूयं पूयभक्षणसमदोषम्। एवं पुंश्चल्या अन्नमिन्द्रियं शुक्रम्। वार्धुषिकस्यान्नं पुरीषम्। लोहविक्रयिणोऽन्नं विष्ठाव्यतिरिक्तश्लेष्मादि। गोविन्दराजस्तु चिकित्सकान्नभक्षणेन तथाविधायां जातौ जायते यत्र पूयभुग्भवतीत्याह॥२२०॥

The food, given by a physician, is like unto pus; the food given by a corrupt woman is like unto semen, the food given by a usurer is like unto excreta, and the food given by a weapon-seller is like unto mucous. (220)

य एतेऽन्ये त्वभोज्यान्नाः क्रमशः परिकीर्तिताः।
तेषां त्वगस्थिरोमाणि वदन्त्यन्नं मनीषिणः॥२२१॥

मुक्ता०ः—प्रतिपदनिर्दिष्टेभ्यो येऽन्ये क्रमेणाभोज्यान्ना अस्मिन्प्रकरणे पठितास्तेषां यदन्नं तत्वगस्थिरोमाणि, यास्तदीयास्त्वचः कीकसस्य रोम्णां च भुक्तानां यो दोषः स एव तदन्नस्यापि भुक्तस्य बोद्धव्यः॥२२१॥

The food, offered by those whose food is unfit to be taken as mentioned above, should be deemed as respectively like unto their skin, hair and skeletal bones. This is what the learned have said. (221)

भुक्त्वातोऽन्यतमस्यान्नममत्या क्षपणं त्र्यहम्।
मत्या भुक्त्वाऽऽचरेत्कृच्छ्रं रेतोविण्मूत्रमेव च॥२२२॥

मुक्ता०ः—एषां मध्येऽन्यतमसंबन्धान्नमज्ञानतो भुक्त्वा त्र्यहमुपवासः ज्ञानतस्तु कृच्छ्रम्। एवं रेतोविण्मूत्रभोजनेऽपि। एतच्चान्यतमस्येति षष्ठीनिर्देशान्मत्तादिसंबन्धिनः परिग्रहदुष्टान्नस्यैव प्रायश्चित्तं न संसर्गदुष्टस्य केशकीटावपन्नादेः। नापि कालदुष्टस्य पर्युषितान्नादेः। नापि निमित्तदुष्टस्य घुष्टादेः। एकप्रकरणोपदेशश्चैषां स्नातकत्वज्ञापनार्थम्। प्रायश्चित्तं चैतेष्वेकादशे वक्ष्यति। यदि तु सर्वेष्वेवं प्रायश्चित्तं स्यात्तदा भुक्त्वातोऽन्यतमस्यान्नं दुष्टमित्यम्यधास्यत् नत्वन्यतमस्य तु भुक्त्वेति। "तस्मादेकप्रकरणाद्यन्मेधातिथिरभ्यधात्। प्रायश्चित्तमिदं युक्तं शुक्तादौ तदसुंदरम्॥" अप्रकरणे च प्रायश्चित्तस्याभिधानं लाघवार्थम्। तत्र क्रियमाणे मत्तादिग्रहणमपि कर्तव्यं स्यात्॥२२२॥

Having unwillingly partaken of the food of any of these persons, one must fast for three nights. Having knowingly eaten (food of any of these), he must practise a *Cāndrāyaṇam* penance. The same is the penance for eating excreta. (222)

नाद्याच्छूद्रस्य पक्वान्नं विद्वानश्राद्धिनो द्विजः।
आददीताममेवास्मादवृत्तावेकरात्रिकम्॥२२३॥

मुक्ता०ः—अविशेषेण शूद्रान्नं प्रतिषिद्धं तस्येदानीं विशिष्टविषयतोच्यते। अश्राद्धिनः श्राद्धादिपञ्चयज्ञशून्यस्य शूद्रस्य शास्त्रविद्द्विजः पक्वान्नं न भुञ्जीत, किंत्वन्नान्तराभावे सत्येकरात्रनिर्वाहोचितमाममेवान्नमस्माद्गृह्णीयान्न तु पक्वान्नम्॥२२३॥

An erudite Brāhmaṇa must not eat the cooked food of a *Śūdra*, devoid of *Śrāddhas*; but he may take his uncooked food, enough to last him for a single night. (223)

श्रोत्रियस्य कदर्यस्य वदान्यस्य च वार्धुषेः।

मीमांसित्वोभयं देवाः सममन्नमकल्पयन्॥२२४॥

मुक्ता०:—एकोऽधीतवेदः कृपणश्च, परो दाता वृद्धिजीवी च तयोरुभयोरपि गुणदोषवत्त्वं विचार्य देवास्तुल्यमन्नमनयोरिति निरूपितवन्तः। उभयोरपि गुणदोषसाम्यात्॥२२४॥

One is a Veda-knowing miser; and another, a usurer, though charitable; deciding about these two persons, the gods came to the conclusion that the food of these two is equally (defilling). (224)

तान्प्रजापतिराहैत्य मा कृध्वं विषमं समम्।

श्रद्धापूतं वदान्यस्य हतमश्रद्धयेतरत्॥२२५॥

मुक्ता०:—तान्देवानागत्य ब्रह्मा प्रोवाच विषममन्नं मा समं कुरुत। विषमसमीकरणमनुचितम्। कः पुनरनयोर्विशेष इत्यपेक्षायां स एवावोचत्। दानशीलवार्धुषिकस्यापि श्रद्धयान्नं पवित्रं भवति। कृपणान्नं पुनरश्रद्धयां हतं दूषितमधमं प्रागुभयप्रतिषेधेऽपि श्रद्धादत्तविद्वद्वार्धुषिकान्नविशुद्धिबोधनपरमिदम्॥२२५॥

But *Brahmā* came unto the gods and said, do not consider the food of these two, virtually possessed of contrary virtues, as of like nature; the food of the charitable usurer is purified by kindness, but the food, offered by a miserly Veda-knowing Brāhmaṇa, is offered with reluctance and hence it is defiled. (225)

अत एवाह—

श्रद्धयेष्टं च पूर्तं च नित्यं कुर्यादतन्द्रितः।

श्रद्धाकृते ह्यक्षये ते भवतः स्वागतैर्धनैः॥२२६॥

मुक्ता०:—इष्टमन्तर्वेदि यज्ञादिकर्म, पूर्तं ततोऽन्यत्पुष्करिणीकूपप्रपारामादि, तदेवमनलसः सन्नित्यं काम्यस्वर्गादिफलरहितं श्रद्धया कुर्यात्। यस्मात्ते इष्टापूर्ते न्यायार्जितधनेन श्रद्धया कृतेऽक्षये मोक्षफले भवतः॥२२६॥

Let him with proper feelings unremittingly do the *Iṣṭa* and *Pūrta* works. These works, done with the honest money, bear decayless fruits. (226)

दानधर्मं निषेवेत नित्यमैष्टिकपौर्तिकम्।

परितुष्टेन भावेन पात्रमासाद्य शक्तितः॥२२७॥

मुक्ता०:—दानाख्यं धर्ममष्टिकं पौर्तिकमन्तर्वेदिकं बहिर्वेदिकं च सर्वदा विद्यातपोयुक्तं ब्राह्मणमासाद्य परितुष्टान्तःकरणयुक्तः यथाशक्ति कुर्यात्॥२२७॥

On obtaining a fit recipient of gift, let him do the Iṣṭa and *Pūrta* works with the greatest self-complacence and to the best of his means. (227)

यत्किंचिदपि दातव्यं याचितेनानसूयया।

उत्पत्स्यते हि तत्पात्रं यत्तारयति सर्वतः॥२२८॥

मुक्ता०:—प्रार्थितेन परगुणामत्सरेणान्नमपि यथाशक्ति दातव्यम्। यस्मात्सर्वदा दानशीलस्य कदाचित्तादृशं पात्रमागमिष्यति तत्सर्वस्मान्नरकहेतोर्मोचयिष्यति॥२२८॥

Let him practise small gift-making without any feeling of anger or vexation; by them he shall some day obtain a gift-taker who will be able to succour him in every way. (228)

वारिदस्तृप्तिमाप्नोति सुखमक्षय्यमन्नदः।

तिलप्रदः प्रजामिष्टां दीपदश्चक्षुरुत्तमम्॥२२९॥

मुक्ता०:—जलदः क्षुत्पिपासाविगमात्तृप्तिं, अन्नदोऽत्यन्तसुखं, तिलप्रद ईप्सितान्यपत्यादीनि, दीपदो विप्रवेश्मादौ निर्दोषं चक्षुः प्राप्नोति॥२२९॥

A giver if water enjoys (lit. acquires) satisfaction, a food-giver enjoys decayless felicity; a giver of sesame seeds obtains a desirable progeny, and a giver of lamp (lights) obtains a commendable sight. (229)

भूमिदो भूमिमाप्नोति दीर्घमायुर्हिरण्यदः।

गृहदोऽग्र्याणि वेश्मानि रूप्यदो रूपमुत्तमम्॥२३०॥

मुक्ता०:—भूमिदो भूमेराधिपत्यं, सुवर्णदश्चिरजीवित्वं, गृहदः श्रेष्ठानि वेश्मानि, रूप्यदः सकलजननयनमनोहरं रूपं लभते॥२३०॥

A gifter of land acquires a landed property, a gold gifter obtains gold; a gifter of houses obtains splended buildings, a giver of silver is blessed with personal beauty. (230)

वासोदश्चन्द्रसालोक्यमाश्विसालोक्यमश्वदः।

अनडुहः श्रियं पुष्टां गोदो ब्रध्नस्य विष्टपम्॥२३१॥

मुक्ता०:—वस्त्रदश्चन्द्रसमानलोकान्प्राप्नोति चन्द्रलोके चन्द्रसमविभूतिर्वसति, एवमेवाश्विलोकं घोटकदः, बलीवर्दस्य दाता प्रचुरां श्रियं, स्त्रीगवीप्रदः सूर्यलोकं प्राप्नोति॥२३१॥

A giver of clothes attains to the region of the moon-god, a giver of horses ascends to the region of *Aśvins*; a giver of bullocks enjoys prosperity, a cow giver goes to the region of the sun. (231)

यानशय्याप्रदो भार्यामैश्वर्यमभयप्रदः।

धान्यदः शाश्वतं सौख्यं ब्रह्मदो ब्रह्मसार्ष्टिताम्॥२३२॥

मुक्ता०:—रथादियानस्य शय्यायाश्च दाता भार्यां, अभयप्रदः प्राणिनामहिंसकः प्रभुत्वं, धान्यदो व्रीहियवमाषमुद्गादिसस्यानां दाता चिरस्थायि सुखित्वं, ब्रह्म वेदस्तत्प्रदो वेदस्याध्यापको व्याख्याता च ब्रह्मणः सार्ष्टितां समानगतितां तत्तुल्यतां प्राप्नोति॥२३२॥

A giver of a bed or cushion obtains (a good and handsome) wife; a giver of refuge acquires an unbounded wealth; a giver of paddy enjoys eternal felicity, and a giver of the *Vedas* attains the *supreme Brahma*. (232)

सर्वेषामेव दानानां ब्रह्मदानं विशिष्यते।

वार्यन्नगोमहीवासस्तिलकाञ्चनसर्पिषाम्॥२३३॥

मुक्ता०:—उदकान्नधेनुभूमिवस्त्रतिलसुवर्णताघृतादीनां सर्वेषामेव यानि दानानि तेषां मध्यात् वेददानं विशिष्यते प्रकृष्टफलदं भवति॥२३३॥

Of all gifts, whether they be of water, cow, cloth, sesame, gold or clarified butter, a gift of the Vedas stands prominently the most meritorious. (233)

येन येन तु भावेन यद्यद्दानं प्रयच्छति।

तत्तत्तेनैव भावेन प्राप्नोति प्रतिपूजितः॥२३४॥

मुक्ता०:—अवधारणे तुशब्दः। येन येनैव भावेनाभिप्रायेण फलाभिसंधिकः स्वर्गो मे स्यादिति, मुमुक्षुर्मोक्षाभिप्रायेण निष्कामो यद्यद्दानं ददाति तेनैव भावेनोपलक्षितस्तत्तद्दानफलद्वारेण जन्मान्तरे पूजितः सम्प्राप्नोति॥२३४॥

A gift which one makes out of a certain motive in this life, shall be returned to him in his next life, honoured with the fulfilment of that motive. (234)

योऽर्चितं प्रतिगृह्णाति ददात्यर्चितमेव च।

तावुभौ गच्छतः स्वर्गं नरकं तु विपर्यये॥२३५॥

मुक्ता०:—योऽर्चापूर्वकमेव दाता ददाति, यश्च प्रतिग्रहीतार्चापूर्वकमेव दत्तं

प्रतिगृह्णाति तावुभौ स्वर्गं गच्छतोऽनर्चितदानप्रतिग्रहणे नरकम्। पुरुषार्थे तु प्रतिग्रहेऽनर्चिमेव मया ग्रहीतव्यं नान्यथेति नियमात्फललाभो न विरुद्धः॥२३५॥

He, who being duly honoured, makes the gift, as well as he, who, being duly honoured, accepts the gift, both of them go to heaven; if otherwise, they go to hell. (235)

न विस्मयेत तपसा वदेदिष्ट्वा च नानृतम्।
नार्त्तोऽप्यपवदेद्विप्रान्न दत्त्वा परिकीर्त्तयेत्॥२३६॥

मुक्ता०:—चान्द्रायणादितपसा कृतेन कथं ममेदं दुष्करमनुष्ठितमिति विस्मयं न कुर्यात्। यागं च कृत्वा नासत्यं वदेत्। कृतेऽपि पुरुषार्थतयामृतवदननिषेधे ऋत्वर्थोऽयं पुनर्निषेधः। ब्राह्मणैः पीडितोऽपि न तान्निन्दयेत्। गवादिकं च दत्त्वा मयेदं दत्तमिति परस्य न कथयेत्॥२३६॥

He must not wonder at, nor be proud of the powers he has acquired by dint of *Yoga* and austerities, nor speak untruth on celebrating a religious sacrifice; even highly oppressed by him, let him not speak ill of a *Brāhmaṇa*, nor brag of the gifts he has made. (236)

यज्ञोऽनृतेन क्षरति तपः क्षरति विस्मयात्।
आयुर्विप्रापवादेन दानं च परिकीर्तनात्॥२३७॥

मुक्ता०:—अनृतेन हेतुना यज्ञः क्षरति। सत्येनैव स फलं साधयति। एवं तपसि दाने च योज्यम्। विप्रनिन्दया चायुः क्षीयते॥२३७॥

One's sacrifice is decayed by falsehood; (one's merit of) *Yoga* and penitential austerities, by this wonderd (at the success, achieved). Duration of life is shortened by caluminating a *Brāhmaṇa*; and one's merit of gift-making, by (his) vaunting of it. (237)

धर्मं शनैः संचिनुयाद्वल्मीकमिव पुत्तिकाः।
परलोकसहायार्थं सर्वभूतान्यपीडयन्॥२३८॥

मुक्ता०:—सर्वप्राणिनां पीडां परिहरन्परलोकसहायार्थं यथाशक्ति शनैःशनैर्धर्ममनुतिष्ठेत्। यथा पुत्तिकाः पिपीलिकाप्रभेदाः शनै शनैर्महान्तं मृत्तिकाकूटं संचिन्वन्ति॥२३८॥

Little by little let him store up virtues, as white ants build up an ant-hill, for his benefit in the next world, without creating hardship on any by creature. (238)

नामुत्र हि सहायार्थं पिता माता च तिष्ठतः।
न पुत्रदारा न ज्ञातिर्धर्मस्तिष्ठति केवलः॥२३९॥

मुक्ता०:—यस्मात्परलोके सहायकार्यसिद्ध्यर्थं न पितृमातृपत्नीज्ञातयस्तिष्ठन्ति किंतु धर्म एवैकोऽद्वितीयभावेनोपकारार्थमवतिष्ठते। तस्मात्पुत्रादिभ्योऽपि महोपकारकं धर्ममनुतिष्ठेत्॥२३९॥

In the next world, neither his wife and children, nor his parents and relations will be of any avail; it is virtue alone that stands by him (in the next world). (239)

एकः प्रजायते जन्तुरेक एव प्रलीयते।
एकोऽनुभुङ्क्ते सुकृतमेक एव च दुष्कृतम्॥२४०॥

मुक्ता०:—एक एव प्राण्युत्पद्यते न बान्धवैः सहितः। एक एव च म्रियते। सुकृतफलमपि स्वर्गादिकं, दुरितफलं च नरकादिकमेक एव भुङ्क्ते न मात्रादिभिः सह। तस्मान्मात्राद्यपेक्षयापि धर्मं न त्यजेत्॥२४०॥

Alone a creature comes into being, alone does he meet his death; alone he enjoys the merits of his good deeds, and the consequence of his misdeeds does he suffer alone. (240)

मृतं शरीरमुत्सृज्य काष्ठलोष्टसमं क्षितौ।
विमुखा बान्धवा यान्ति धर्मस्तमनुगच्छति॥२४१॥

मुक्ता०:—मृतं शरीरं मनः प्राणादित्यक्तं लोष्ठवदचेतनं भूमौ त्यक्त्वा पराङ्मुखा बान्धवा यान्ति न मृतं जीवमनुयान्ति, धर्मस्तु तमनुगच्छति॥२४१॥

Leaving behind him his dead body, like a log of wood, or a clod of earth, on the ground, his friends and relations go away turning their backs on it; it is virtue alone that follows him (in the darknessd) of death. (241)

तस्माद्धर्मं सहायार्थं नित्यं संचिनुयाच्छनैः।
धर्मेण हि सहायेन तमस्तरति दुस्तरम्॥२४२॥

मुक्ता०:—यस्माद्धर्मेण सहायेन दुस्तरं तमो नरकादिदुःखं तरति तस्माद्धर्मं सहायभावेन सततं शनैरनुतिष्ठेत्॥२४२॥

Hence, in order to have virtue as his ally, let him little by little store up virtue; with the help of virtue a man sails across the shoreless darkness. (242)

धर्मप्रधानं पुरुषं तपसा हतकिल्बिषम्।

परलोकं नयत्याशु भास्वन्तं खशरीरिणम्।।२४३।।

मुक्ता०:—धर्मपरं पुरुषं दैवादुपजाते पापे प्राजापत्यादितपोरूपप्रायश्चित्तेन हतपापं दीप्तिमन्तं प्रकृतो धर्म एव शीघ्रं ब्रह्म स्वर्गादिरूपं परलोकं नयति। खं ब्रह्मेत्याद्युपनित्सु खशब्दस्य ब्रह्मणि प्रयोगः। खशरीरिणं ब्रह्मस्वरूपमित्यर्थः। यद्यपि लिङ्गशरीरावच्छिन्नो जीव एव गच्छति तथापि ब्रह्मांशत्वाद्ब्रह्मस्वरूपमुपपन्नं, धर्म एव चेत्परं लोकं नयति ततो धर्ममनुतिष्ठेत्। "नहि वेदाः स्वधीतास्तु शास्त्राणि विविधानि च। तत्र गच्छन्ति यत्रास्य धर्म एकोऽनुगच्छति"।।२४३।।

The effulgent, ethereal body of a man of dominant virtue, who has extinguished his sin by practising penitential austerities, virtue herself will swiftly carry up to the other world, after death. (243)

उत्तमैरुत्तमैर्नित्यं सम्बन्धानाचरेत्सह।

निनीषुः कुलमुत्कर्षमधमानधमांस्त्यजेत्।।२४४।।

मुक्ता०:—कुलमुत्कर्षं नेतुमिच्छन्विद्याचारजन्मादिभिरुत्कृष्टैः सह सर्वदा कन्यादानादिसंबन्धानाचरेत्। अपकृष्टांस्तु संबन्धांस्त्यजेत्। उत्तमविधानादेवाधमपरित्यागे सिद्धे यत्पुनरधमांस्त्यजेदित्यभिधानं तदुत्तमासंभवे स्वतुल्याद्यनुज्ञानर्थम्।।२४४।।

For the elevation of his own family, let him create relationships with nobler families, and avoid those that are mean and humble. (244)

उत्तमानुत्तमान् गच्छन्हीनान्हीनांश्च वर्जयन्।

ब्राह्मणः श्रेष्ठतामेति प्रत्यवायेन शूद्रताम्।।२४५।।

मुक्ता०:—उत्तमानाच्छंस्तैः सह संबन्धं कुर्वन्ब्राह्मणः श्रेष्ठतां गच्छति। प्रत्यवायेन विपरीताचारेण हीनैः सह सम्बन्धे जातेरपकर्षतया शूद्रतुल्यतामेति।।२४५।।

By creating relationships with families that are progressively nobler and by avoiding connections with low ones, a *Brāhmaṇa* obtains elevation; by doing the contrary, he becomes (degraded as) a *Śūdra*. (245)

दृढकारी मृदुर्दान्तः क्रूराचारैरसंवसन्।
अहिंस्रो दमदानाभ्यां जयेत्स्वर्गं तथाव्रतः॥२४६॥

मुक्ता०ः—प्रारब्धसंपादयिता दृढकारी। मृदुरनिष्ठुरः। दमस्य पृथगुपादानाद्दान्त इति शीतातपादिद्वन्द्वसहिष्णुर्गृहीतव्यः। क्रूराचारैः संसर्गं परिहरन्, परहिंसानिवृत्तः, तथाव्रत एव नियमदमेन्द्रियसंयमाख्येन च दानेन स्वर्गं प्राप्नोति॥२४६॥

A thorough worker (in the line of good deeds), mild, self-controlled, and bereft of envy, he who does not associate with the miscreants, conquers by his gifts and self-control. (246)

एधोदकं मूलफलमन्नमभ्युद्यतं च यत्।
सर्वतः प्रतिगृह्णीयान्मध्वथाभयदक्षिणाम्॥२४७॥

मुक्ता०ः—काष्ठजलफलमूलमधूनि अन्नं चाभ्युद्यतमयाचितोपनीतम्। "अन्यत्र कुलटाषण्ढपतितेभ्यस्तथा द्विषः" (अ. १ श्लो. २१५) इति याज्ञवल्क्य-वचनात्कुलटादिवर्ज सर्वतः शूद्रादिभ्योऽपि प्रतिगृह्णीयात्। "आममेवाददीतास्मात्" इत्युक्तत्वादामान्नमेव शूद्रात्प्रतिग्राह्यम्। अभयं चात्मत्राणात्मकं प्रीतिहेतुत्वाद्दक्षिणातुल्यं चण्डालादिभ्योऽपि स्वीकुर्यात्॥२४७॥

Fuel, water, edible roots, offered without solicitation, as well as honey and refuge (protection), may accepted from all. (247)

आहृताभ्युद्यतां भिक्षां पुरस्तादप्रचोदिताम्।
मेने प्रजापतिर्ग्राह्यमपि दुष्कृतकर्मणः॥२४८॥

मुक्ता०ः—आहृतां संप्रदानदेशमानीताम्। अभ्युद्यतामाभिमुख्येन स्थापिताम्। अप्रचोदितां प्रतिग्रहीत्रा स्वयमन्यमुखेन वा पूर्वमयाचितां दात्रा च तुभ्यमिदं ददानीति पूर्वमकथितां हिरण्यादिभिक्षां नतु सिद्धान्नरूपाम्। "अन्नमभ्युद्यतं च" इत्युक्तत्वात्पापकारिणोऽपि पतितादिवर्जं ग्राह्या इति विरिञ्चिरमन्यत॥२४८॥

Gifts, offered without solicitation, and to which no previous reference has been in any way made, may be received even from the miscreants, this is what Brahmā has acknowledged. (248)

नाश्नन्ति पितरस्तस्य दश वर्षाणि पञ्च च।
न च हव्यं वहत्यग्निर्यस्तामभ्यवमन्यते॥२४९॥

मुक्ता०:–तेनोपकल्पितं श्राद्धेषु कव्यं पञ्चदश वर्षाणि पितरो न भुञ्जते। नच यज्ञेषु तेन दत्तं पुरोडाशादि हव्यमग्निर्वहति देवान्प्रापयति, यस्तां भिक्षां न स्वीकरोति।।२४९।।

His *manes* do not eat his oblations, nor the fire convey his oblations to the deities, who insult (refuse) to accept these gifts. (249)

शय्यां गृहान्कुशान्गन्धानपः पुष्पं मणीन्दधि।
धाना मत्स्यान्पयो मांसं शाकं चैव व निर्नुदेत्।।२५०।।

मुक्ता०:–गन्धान्गन्धवन्ति कर्पूरादीनि, धानाः भ्रष्टयतण्डुलान्, पयः क्षीरं, पूर्वमाहरणोपायनिबन्धेन गवादीनामप्रत्याख्यानमुक्तं, शय्यादीनि त्वयाचिताहृतान्यपि दात्रा स्वगृहस्थितान्ययाचितोपकल्पितानि न प्रत्याचक्षीत।।२५०।।

Gifts of beds, houses, *Kuśa grass*, scents, water, flowers, gems, milk-curd, fried rice, fish, milk, flesh, and *Śakas,* these if offered without solicitation, must not be refused. (250)

गुरून्भृत्यांश्चोज्जिहीर्षन्नर्चिष्यन्देवतातिथीन्।
सर्वतः प्रतिगृह्णीयान्न तु तृप्येत्स्वयं ततः।।२५१।।

मुक्ता०:–मातापित्रादीन्गुरून्भृत्यांश्च भार्यादीन् क्षुधावसन्नानुद्धर्तुमिच्छन्पतितादिवर्जं सर्वतः शूद्रादेरसाधुभ्यश्च प्रतिगृह्णीयात् न तु तेन धनेन स्वयं वर्तेत।।२५१।।

For supporting his parents, preceptors, guests, servants, wife, and family, as well as for the purposes of worshipping the deities, he can accept gifts from any person whatsoever, but not for anywise benefiting his own self. (251)

गुरुषु त्वभ्यतीतेषु विना वा तैर्गृहे वसन्।
आत्मनो वृत्तिमन्विच्छन्गृह्णीयात्साधुतः सदा।।२५२।।

मुक्ता०:–मातापित्रादिषु मृतेषु तैर्वा जीवद्भिरपि स्वयोगावस्थितैर्विना गृहान्तरे वसन्नात्मनो वृत्तिमन्विच्छन्सर्वदा साधुभ्यो गृह्णीयादेव।।२५२।।

On the death of one's parents, or in the event of his living separate from them, even when they are alive, he must always accept gifts from honest persons for his subsistence. (252)

आर्द्धिकः कुलमित्रं च गोपालो दासनापितौ।
एते शूद्रेषु भोज्यान्ना यश्चात्मानं निवेदयेत्॥२५३॥

मुक्ता०:—आर्द्धिकः कार्षिकः। संबन्धिशब्दाश्चैते। यो यस्य कृषिं करोति स तस्य भोज्यान्नः। एवं स्वकुलस्य मित्रं, यो यस्य गोपालो, यो यस्य दासः यो यस्य नापितः कर्म करोति, यो यस्मिन्नात्मानं निवेदयति दुर्गतिरहं त्वदीयसेवां कुर्वन्निति च त्वत्समीपे वसामीति यः शूद्रस्तस्य भोज्यान्नः॥२५३॥

Among Śūdras, a *Brāhmaṇa* may partake of the cooked rice of one who cultivates his fields, or of one who is an ancient friend of his family, or of one who keeps his cows, or of his slave or barber, as well as of him who has surrendered himself to his protection. (253)

यथात्मनिवेदनं शूद्रेण कर्त्तव्यं तदाह-

यादृशोऽस्य भवेदात्मा यादृशं च चिकीर्षितम्।
यथा चोपचरेदेनं तथात्मानं निवेदयेत्॥२५४॥

मुक्ता०:—अस्य शूद्रस्य कुलशीलादिभिर्यादृश आत्मा स्वरूपं, यच्चास्य कर्म कर्तुरीप्सितं यथा चानेन सेवा कर्तव्या तेन प्रकारेणात्मानं कथयेत्॥२५४॥

Let him give out to a proper person his true nature, the kind of work he intends doing, and the extent of service he is capable of rendering him. (254)

योऽन्यथा सन्तमात्मानमन्यथा सत्सु भाषते।
स पापकृत्तमो लोके स्तेन आत्मापहारकः॥२५५॥

मुक्ता०:—य इति सामान्यनिर्देशात्प्रकृतशूद्रादन्योऽपि यः कश्चित्कुलादिभिरन्यथा-भूतमात्मानमन्यथा साधुषु कथयति स लोकेऽतिशयेन पापकारी चौरः यस्मादात्मापहारकः। स्तेनो द्रव्यान्तरमपहरति अयं तु सर्वप्रधानमात्मानमेवापहरेत्॥२५५॥

He, who gives himself out to honest persons as something different from what he really is, is called the worst of miscreants; truly he is a thief, inasmuch as he dissimulates his real self. (255)

वाच्यर्था नियताः सर्वे वाङ्मूला वाग्विनिःसृताः।
तांस्तु यः स्तेनयेद्वाचं स सर्वस्तेयकृन्नरः॥२५६॥

मुक्ता०:—सर्वेऽर्थाः शब्देषु नियता वाच्यत्वेन नियताः वाङ्मूलाश्च शब्दास्तेषां प्रतिपत्तौ शब्देभ्य एव प्रतीयन्ते प्रतीतिद्वारेण शब्दमूलत्वं शब्देभ्य एवावगम्य चानुष्ठीयन्त इति वाग्विनिर्गता इत्युच्यन्ते। अतएव "वेदशब्देभ्य एवादौ" (अ. १ श्लो. २१) इति ब्रह्मणोऽपि सृष्टिर्वेदशब्दमूलैवोक्ता। अतो यस्तां वाचं स्तेनयेत्स्वार्थव्यभिचारिणीं वाचयति स नरः सर्वार्थस्तेयकृद्भवति।।२५६।।

All things are inherent in the meanings of (spoken) words, all things are founded on speech, all things emanate from speech (words); he, who speaks falsehood, is said to be a universal thief (stealer of all things). (256)

महर्षिपितृदेवानां गत्वानृण्यं यथाविधि।
पुत्रे सर्वं समासज्य वसेन्माध्यस्थमाश्रितः।।२५७।।

मुक्ता०:—गृहस्थस्यैव संन्यासप्रकारोऽयमुच्यते। महर्षीणां स्वाध्यायेन, पितॄणां पुत्रोत्पादनेन, देवतानां यज्ञैर्यथाशास्त्रमानुण्यं गत्वा योग्यपुत्रे सर्वं कुटुम्बचिन्ताभारमारोप्य माध्यस्थमाश्रितः पुत्रदारधनादौ त्यक्तममत्वो ब्रह्मबुद्ध्या सर्वत्र समदर्शनो गृह एव वसेत्।।२५७।।

Having duly discharged the debts to the great sages, to the *manes* and *deities*, and entrusted all things to his son, let him live unattached (indifferent) to all things of the world. (257)

एकाकी चिन्तयेन्नित्यं विविक्ते हितमात्मनः।
एकाकी चिन्तयानो हि परं श्रेयोऽधिगच्छति।।२५८।।

मुक्ता०:—काम्यकर्मणां धनार्जनस्य च कृतसंन्यासः षष्ठाध्याये वक्ष्यमाणः पुत्रोपकल्पितवृत्तिरेकाकी निर्जनदेशे आत्महितं जीवस्य ब्रह्मभावं वेदान्तोक्तं सर्वदा ध्यायेत्। यस्मात्तद्ध्यायन्ब्रह्मसाक्षात्कारेण परं श्रेयो मोक्षलक्षणं प्राप्नोति।।२५८।।

Seated in a solitary place, let him always ponder over the good of his self; by contemplating in a solitary place, he will obtain the supreme bliss. (258)

एषोदिता गृहस्थस्य वृत्तिर्विप्रस्य शाश्वती।
स्नातकव्रतकल्पश्च सत्त्ववृद्धिकरः शुभः।।२५९।।

मुक्ता०:—अयमध्यायार्थोपसंहारः। एषा ऋतादिवृत्तिर्गृहस्थस्य ब्राह्मणस्योक्ता। शश्वती नित्या। आपदि त्वनित्या वक्ष्यते। स्नातकव्रतविधिश्च सत्त्वगुणस्य वृद्धिकरणे प्रशस्त उक्तः।।२५९।।

Thus the eternal duties of a Brāhmaṇa house-holder, as well as the duties of the order of Snātaka, which augment the quality of Sattva in men, have been formulated. (259)

अनेन विप्रो वृत्तेन वर्तयन्वेदशास्त्रवित्।

व्यपेतकल्मषो नित्यं ब्रह्मलोके महीयते॥२६०॥

मुक्ता०:—सर्वस्योक्तस्य फलकथनमिदम्। अनेन शास्त्रोक्ताचारेण वेदविद्ब्राह्मणो वर्तमानो नित्यकर्मानुष्ठानात्क्षीणपापः सन्ब्रह्मज्ञानप्रकर्षेण ब्रह्मैव लोकस्तस्मिँल्लीनो महिमानं सर्वोत्कर्षं प्राप्नोति॥२६०॥ क्षे. १९॥

A Veda-knowing *Brāhmaṇa*, who maintains himself by means, laid down in the *Śāstra,* is absolved of all sin and is glorified in the region of *Brahma*. (260)

इति मानवे धर्मशास्त्रे भृगुप्रोक्तायां संहिताया द्वितीयोऽध्यायः॥

इति श्रीकुल्लूकभट्टकृतायां मन्वर्थमुक्तावल्यां मनुवृत्तौ
चतुर्थोऽध्यायः॥४॥

अथ पञ्चमोऽध्यायः

Chapter - V

श्रुत्वैतानृषयो धर्मान्स्नातकस्य यथोदितान्।
इदमूचुर्महात्मानमनलप्रभवं भृगुम्॥१॥

मुक्ता०ः–ऋषयः स्नातकस्यैतान्यथोदितधर्माञ्छ्रुत्वा महात्मानं परमार्थपरं भृगुमिदं वचनमब्रुवन्। यद्यपि प्रथमाध्याये दशप्रजापतिमध्ये "भृगुं नारदमेव च" (अ. १ श्लो. ३५) इति भृगुसृष्टिरपि मनुत एवोक्ता तथापि कल्पभेदेनाग्निप्रभवत्वमुच्यते। तथाच श्रुतिः- "तस्य यद्रेतसः प्रथमं देदीप्यते तदसावादित्योऽभवद्यद्द्वितीयमासीद् भृगुः" इति। अतएव भ्रष्टाद्रेतस उत्पन्नत्वाद्भृगुः॥१॥

Thus having heard the duties of a *Snātaka* as duly promulgated before, the Ṛṣis asked the fire-origined *Bhṛgu* as follows. (1)

एव यथोक्तं विप्राणां स्वधर्ममनुतिष्ठताम्।
कथं मृत्युः प्रभवति वेदशास्त्रविदां प्रभो॥२॥

मुक्ता०ः–एवं यथोक्तं स्वधर्मं कुर्वतां ब्राह्मणानां श्रुतिशास्त्रज्ञानां वेदोदितायुषः पूर्वं कथं मृत्युः प्रभवति। आयुरल्पत्वहेतोरधर्माचरणस्याभावात्। सकलसंशयोच्छेदन-समर्थत्वात्प्रभो इति सम्बोधनम्॥२॥

Brāhmaṇas who are well read in the *Vedas* and thus duly discharge the duties of their order, how can Death assail them, O lord, (before the appointed time). (2)

स तानुवाच धर्मात्मा महर्षीन्मानवो भृगुः।
श्रूयतां येन दोषेण मृत्युर्विप्राञ्जिघांसति॥३॥

मुक्ता०ः–स मनोः पुत्रो भृगुर्धर्मस्वभावो येन दोषेणाल्पकाले विप्रान्हन्तुमिच्छति मृत्युः स दोषः श्रूयतामित्येवं तान्महर्षीञ्जगाद॥३॥

He, the true-soul *Bhṛgu*, the son of *Manu,* said to the great sages, hear for what fault does Death destroy the *Brāhmaṇas*. (3)

अनभ्यासेन वेदानामाचारस्य च वर्जनात्।

आलस्यादन्नदोषाश्च मृत्युर्विप्राञ्जिघांसति।।४।।

मुक्ता०:—वेदानामनभ्यासात्, स्वीयाचारपरित्यागात्, सामर्थ्ये सत्यवश्य-कर्तव्यकरणानुत्साहलक्षणादालस्यात्, अदनीयदोषाच्च मृत्युर्विप्रान्हन्तुमिच्छति। एतेषामाधर्मोत्पादनद्वारेणायुःक्षयहेतुत्वात्।।४।।

Through non-study of the *Vedas*, through non observance of the rules of conduct, through idleness, and through parking of unwholesome food, Death destroys the *Brāhmaṇas*. (4)

वेदानभ्यासादेरुक्तत्वातनुक्तमन्नदोषमहा—

लशुनं गृञ्जनं चैव पलाण्डुं कवकानि च।

अभक्ष्याणि द्विजातीनाममेध्यप्रभवाणि च।।५।।

मुक्ता०:—लशुनगृञ्जनपलाण्ड्वाख्यानि त्रीणी स्थूलकन्दशाकानि, कवकं छत्राकं, अमेध्यप्रभवाणि विष्ठादिजातानि तन्दुलीयादीनि। द्विजातीनामिति याज्ञवल्क्यवचनादेतानि द्विजातीनामभक्ष्याणि। द्विजातिग्रहणं शूद्रपर्युदासार्थम्।।५।।

The garlic, turnip, onion, and mushroom are the three (vegetables), unfit to be eaten by Brāhmaṇas, (inasmuch as) they are originated from impurities (unclean things). (5)

लोहितान्वृक्षनिर्यासान्वृश्चनप्रभवांस्तथा।

शेलुं गव्यं च पेयूषं प्रयत्नेन विवर्जयेत्।।६।।

मुक्ता०:—लोहितवर्णान्वृक्षनिर्यासान्वृक्षान्निर्गतरसान्कठिनतां यातान्वृश्चनं छेदनं तत्प्रभवानलोहितानपि। तथाच तैत्तिरीयश्रुतिः- "अथो खलु य एव लोहितो यो वा व्रश्चनान्निर्येषति तस्य नाश्यं काममन्यस्य" इति। शेलुं बहुवारकफलं, गोभवं पेयूषं नवप्रसूताया गोः क्षीरमग्निसंयोगात्कठिनं भवत्येतान्यत्नतस्त्यजेत्। "आनिर्दशाया गोक्षीरम्" (अ. ५ श्लो. ८) इत्यनेनैव पेयूषस्यापि निषेधसिद्धावधिकदोषत्वात्प्रायः श्चित्तगौरवज्ञापनार्थं पथङ्निर्देशः। अतएव यत्नत इत्युक्तम्।।६।।

Hard, red (gummy) exudations of trees, exudations (obtained by making) incisions in trees, the Śelu (fruit) and the milk of a newly parturient cow should be carefully avoided. (6)

वृथा कृसरसंयावं पायसापूपमेव च।
अनुपाकृतमांसानि देवान्नानि हवींषि च॥७॥

मुक्ता०:—देवताद्यनुद्देशेनात्मार्थं यत्पच्यते तद्वृथा। कृसरस्तिलेन सह सिद्ध ओदनः। तथाच छन्दोगपरिशिष्टम् "तिलतण्डुलसंपक्वः कृसरः सोऽभिधीयते"। संयावो घृतक्षीरगुडगोधूमचूर्णसिद्धस्तत्करिकेति प्रसिद्धः। क्षीरतण्डुलमिश्रः पायसः। अपूपः पिष्टकः। एतान्वृथापक्वान्विवर्जयेत्। पशुयागादौ मन्त्रबहूलेन पशोः स्पर्शनमुपाकरणं तद्रहितः पशुरनुपाकृतस्तस्य मांसानि। देवान्नानि नैवेद्यार्थमन्नानि प्राङ्निवेदनात्, हवींषि च पुरोडाशादीनि होमात्प्राग्वर्जयेत्। अनुपाकृतमांसानीत्येतद्विशंषनिषेधदर्शनात् "अनर्चितं वृथामांसम्" इति सामान्यनिषेधो गोबलीबर्दन्यायेनानुपाकृतमांसेतरश्राद्धाद्यनुद्देश्मांसभक्षणे पर्यवस्यति॥७॥

Kṛsaras, Saṃyāvas and cakes, not offered to the deities unconsecrated meat, and offerings not offered to the deities, and clarified butter before being used in a fire-offering. (7)

अनिर्दशाया गोः क्षीरमौष्ट्रमैकशफं तथा।
आविकं संधिनीक्षीरं विवत्सायाश्च गोः पयः॥८॥

मुक्ता०:—प्रसूताया अनिर्दशाया गोर्दुग्धम्। गोरिति पेयक्षीरपशूपलक्षणार्थम्। तेनाजामहिष्योरपि दशाहमध्ये प्रतिषेधः। तथाच यमः-"अनिर्दशाहं गोक्षीरमाजं माहिषमेव च।" तथोष्ट्रभवं, अश्वाद्येकखुरसम्बन्धि, मेषभवं, संधिनी या ऋतुमती वृषमिच्छती तस्याः क्षीरम्। तथाच हारीतः-"संधिनी वृषस्यन्ती तस्याः पयो न पिबेदृतुमत्तद्भवति।" विवत्साया मृतवत्सायाः असन्निहितवत्सायाश्च क्षीरं वर्जयेत्। धेन्वधिकरणन्यायेन वत्सग्रहणादेव गवि लब्धायां पुनर्गोग्रहणं गोरेव न त्वजामहिष्योरिति ज्ञापनार्थम्॥८॥

The milk of a newly parturient cow within ten days of her parturition, the milk of a she-camel, or that of a female animal with unbifurcated hoofs, the milk of an ewe, or of a cow in her heat, or that of a cow without her calf. (8)

आरण्यानां च सर्वेषां मृगाणां माहिषं विना।
स्त्रीक्षीरं चैव वर्ज्यानि सर्वशुक्तानि चैव हि॥९॥

मुक्ता०:—मृगशब्दोऽत्र महिषपर्युदासात्पशुमात्रपरः। माहिषं क्षीरं वर्जयित्वा सर्वेषामारण्यप्रभवपशूनां हस्त्यादीनां क्षीरं स्त्रीक्षीरं च सर्वाणि शुक्तानि वर्जनीयानि। स्वभावतो मधुररसानि यानि कालवशेनोदकादिना चाम्लीभवन्ति तानि शुक्तशब्दवाच्यानि। "शुक्तं पर्युषितं चैव" इति चतुर्थे कृतेऽपि शुक्तप्रतिषेधे दध्यादिप्रतिप्रसवार्थं पुनरिहोच्यते।।९।।

The milk of all wild female beasts except that of a she-buffalo, the milk of a woman, and all naturally sweet articles (Śuktas) that have acquired an acid taste (in the course of time.) (9)

दधि भक्ष्यं च शुक्तेषु सर्वं च दधिसंभवम्।
यानि चैवाभिषूयन्ते पुष्पमूलफलैः शुभैः।।१०।।

मुक्ता०:—शुक्तेषु मध्ये दधि भक्ष्यं दधिसम्भवं च सर्वं तक्रादि। यानि तु पुष्पमूलफलैरुदकेन संधीयन्ते तानि भक्षणीयानि। शुभैरिति विशेषणोपादानान्मोहादिविकारकारिभिः कृतसंधानस्य प्रतिषेधः। तथाच बृहस्पतिः "कन्दमूलफलैः पुष्पैः शस्तैः शुक्तान्न वर्जयेत्। अविकारि भवेद्भक्ष्यमभक्ष्यं तद्विकारकृत्"।।१०।।

Of *Śuktas*, milk curd and articles prepared from curdled milk, as well as Śuktas prepared with the addition of auspicious fruits, flowers, edible roots, etc. may be *eatern.* (10)

क्रव्यादाञ्छकुनान्सर्वांस्तथा ग्रामनिवासिनः।
अनिर्दिष्टांश्चैकशफांष्टिट्टिभं च विवर्जयेत्।।११।।

मुक्ता०:—आमं मांसं ये भक्ष्यन्ति ते क्रव्यादास्तान्सर्वान्गृध्रादीन्पक्षिणो वर्जयेत्। तथा ग्रामनिवासिनश्च पक्षिणः पारावतादीन्। तथा श्रुतौ केचिदेकशफा भक्ष्यत्वेन निर्दिष्टाः। तथाच "औष्ट्रं वाडवमालभेत तस्य च मांसमश्नीयात्" इति। केचिच्चा निर्दिष्टा रासभादयस्तेषां मांसं वर्जयेत्। येऽपि यज्ञाङ्गत्वेन विहितास्तेषामपि यज्ञ एव मांसभक्षणं न सर्वदा। टिट्टिभाख्यं च पक्षिणं वर्जयेत्।।११।।

The flesh of all kinds of carnivorous birds, the flesh of a village fowl, the flesh of an unconsecrated animal with unbifurcated hoofs, and the flesh of a Ṭiṭṭibha bird must not be eaten (lit, avoided.) (11)

कलविङ्कं प्लवं हंसं चक्राह्वं ग्रामकुक्कुटम्।
सारसं रज्जुवालं च दात्यूहं शुकसारिके॥१२॥

मुक्ता०:—कलविङ्कं चटकं तस्य ग्रामारण्योभयवासित्वादेव निषेधः। इत्यारण्यस्याप्यभक्ष्यत्वार्थं जातिशब्देन निषेधः। प्लवाख्यं पक्षिणम्। तथा हंसचक्रवाकग्रासमकुक्कुटसारसरज्जुवालदात्यूहशुकसारिकाख्यान्पक्षिणो वर्जयेत्। वक्ष्यमाणजालपादनिषेधेनैव हंसचक्रवाकयोरपि निषेधसिद्धौ पृथङ्निषेधोऽन्येषामापदि जालपादानां विकल्पार्थः। स च व्यवस्थितो विज्ञेयः। आपदि भक्ष्या न त्वनापदि। इच्छाविकल्पस्य रागत एव प्राप्तेः। ग्रामकुक्कुटे तु ग्रामग्रहणमारण्यकुक्कुटाद्यनुज्ञानार्थं न त्वेतद्व्यद्यतिरिक्तग्रामवासिविकल्पार्थम्। आपदर्थे गतप्रयोजनं भवति। वाक्यान्तरगतविशेषावधारणपरत्वस्यान्याय्यत्वात्॥१२॥

(Similarly, the flesh of a *Kalaviṅka,* of a diving swan, of a swan, of a *Cakravāka*, of a domestic fowl, of a crane, of a *Rajjuvalā*, of a *Dyatuha*, of a *Śuka* and of a *Śārika*. (12)

प्रतुदाञ्जालपादांश्च कोयष्टिनखविष्किरान्।
निमज्जतश्च मत्स्यादान् शौनं वल्लूरमेव च॥१३॥

मुक्ता०:—प्रतुद्य चञ्च्वा ये भक्षयन्ति तान्दार्वाघाटादीन्, जालपादानिति जालाकारपादाञ्शरारिप्रभृतीन्, कोयष्ट्याख्यं पक्षिणम्, नखविष्किरान्नखैर्विकीर्य ये भक्षयन्ति तानभ्यनुज्ञातारण्यकुक्कटादिव्यतिरिक्ताञ्श्येनादीन्। तथा निमज्य ये मत्स्यान्खादन्ति तान्मद्गुप्रभृतीन्, सूना मारणस्थानं तत्र स्थितं यन्मांसं भक्ष्यमपि, वल्लूरं शुष्कमांसं एतानि वर्जयेत्॥१३॥

(And) *Pratudas*, web-footed birds, *Koyaṣṭis, Viṣikiras,* diving fish catchers, butchers meat and dry meat must be avoided. (13)

बकं चैव बलाकां च काकोलं खञ्जरीटकम्।
मत्स्यादान्विड्वराहांश्च मत्स्यानेव च सर्वशः॥१४॥

मुक्ता०:—बकबलाकाद्रोणकाकखञ्जनान्, तथा मत्स्यादान्पक्षिव्यतिरिक्तानपि नक्रादीन्विड्वराहांश्च। विडिति विशेषणमारण्यसूकराभ्यनुज्ञानार्थम्। मत्स्यांश्च सर्वान्वर्जयेत्॥१४॥

Nor a crane, heron, jackdaw, Khañjaritaka, nor fish-eating animals, swine that eat excreta, and all species of fish. (14)

मत्स्यभक्षणनिदामाह–

यो यस्य मांसमश्नाति स तन्मांसाद उच्यते।

मत्स्यादः सर्वमांसादस्तस्मान्मत्स्यान्विवर्जयेत्॥१५॥

मुक्ता०:–मत्स्यभक्षणनिन्दामाह–

यो यदीयं मासं खादति स तन्मांसाद एव परं व्यपदिश्यते। यथा मार्जारो मूषिकादः। मत्स्यादः पुनः सर्वमांसभक्षकत्वेन व्यपदेष्टुं योग्यस्तस्मान्मत्स्यान्न खादेत्॥१५॥

He, who eats the flesh of an animal, is called the eater of that animal; he who eats fish, eats the flesh of all animals, hence let him forswear eating fish. (15)

इदानीं भक्ष्यमत्स्यानाह –

इदानीं भक्ष्यमत्स्यानाह–

पाठीनरोहितावाद्यौ नियुक्तौ हव्यकव्ययोः।

राजीवान्सिंहतुण्डांश्च सशल्कांश्चैव सर्वशः॥१६॥

मुक्ता०:–पाठीनरोहितौ मत्स्यभेदौ भक्षणीयौ हव्यकव्ययोर्नियुक्ताविति समस्तवक्ष्यमाणनिषिद्धोपलक्षणार्थम्। तेन प्राणात्ययादावदोषः। तथा राजीवाख्यान्सिंहतुण्डांश्च सशल्कांश्च सर्वान्वक्ष्यमाणलक्षणोपेतानद्यात्। मेधातिथिगोविन्दराजौ तु– "पाठीनरोहितौ दैवपैत्रादिकर्माणि नियुक्तावेवादनीयौ न त्वन्यदा। राजीवसिंहतुण्डसशल्कमत्स्यास्तु हव्यकव्याभ्यामन्यत्रापि भक्षणीयाः" इत्याचक्षतुः। न तन्मनोरहम्। पाठीनरोहितौ श्राद्धे नियुक्तौ श्राद्धभोक्तैव भक्षणीयौ नतु श्राद्धकर्त्रापि। राजीवादयो हव्यकव्याभ्यामन्यत्रापि भक्ष्या इत्यस्याप्रमाणत्वात्। मुन्यन्तरैश्च रोहितपाठीनराजीवादीनां तुल्यत्वेनाभिधानात्। तथाच शङ्खः–"राजीवाः सिंहतुण्डाश्च सशल्काश्च तथैव च। पाठीनरोहितौ चापि भक्ष्या मत्स्येषु कीर्तिताः"। याज्ञवल्क्यः–"भक्ष्याः पञ्चनखाः श्वाविद्गोधाः कच्छपशल्यकाः। शशश्च मत्स्येष्वपि तु सिंहतुण्डकरोहिताः। तथा पाठीनराजीवसशल्काश्च द्विजातिभिः" (अ. १ श्लो. १७७) हारीतः–"सशल्कान्मत्स्यान्न्यायोपपन्नान्भक्षयेत्।" एवंच "भोक्त्रैवाद्यौ न कर्त्रापि श्राद्धे पाठीनरोहितौ। राजीवाद्यास्तथा नेति व्याख्या न मुनिसंमता"॥१६॥

Pāṭhīna, Ṛohita, Rājiba, and Sakula fish, and all large-scaled fish may be eaten, but all those should be first offered to the gods and manes before being eaten. (16)

न भक्षयेदेकचरानज्ञातांश्च मृगद्विजान्।
भक्ष्येष्वपि समुद्दिष्टान्सर्वान्पञ्चनखांस्तथा॥१७॥

मुक्ता०:—ये एकाकिनः प्रायेण चरन्ति सर्पादयस्तानेकचरान्, तथा ये अभियुक्तैरपि नामजातिभिदेनावधार्य विभागतश्च मृगपक्षिणो न ज्ञायन्ते तान्। भक्ष्येष्वपि समुद्दिष्टानिति सामान्यविशेषनिषेधाभावेन भक्ष्यपक्षनिक्षिप्तान्भक्ष्यत्वेन समुद्दिष्टांश्च, तथा सर्वान्पञ्चनखान्वानरादीन्न भक्षयेत्॥१७॥

He must not eat the flesh of animals that move about alone (like a snake), nor of those beasts and birds whose name and nature are not known, nor of those whose flesh is not forbidden nor of those which are possessed of five nails. (17)

श्वाविधं शल्यकं गोधां खङ्गकूर्मशशांस्तथा।
भक्ष्यान्पञ्चनखेष्वाहुरनुष्ट्रांश्चैकतोदतः॥१८॥

मुक्ता०:—अत्र प्रतिप्रसवमाह-

श्वाविधं सेधाख्यं प्राणिभेदं, शल्यकं तत्सदृशं स्थूललोमानं, तथा गोधागण्डककच्छपशशान्पञ्चनखेषु भक्ष्यान्मन्वादयः प्राहुः। तथोष्ट्रवर्जितानेकदन्तपङ्क्त्युपेतान्॥१८॥

The porcupine, Śalyaka, lizard (Godha), rhinoceros, tortoise, and hare may be eaten among the fire-nailed animals; of animals possessed of only one pair of teeth, the flesh of a camel may be eaten (on the occasion of a religious sacrifice. (18)

छत्राकं विड्वराहं च लशुनं ग्रामकुक्कुटम्।
पलाण्डुं गृञ्जनं चैव मत्या जग्ध्वा पतेद्द्विजः॥१९॥

मुक्ता०:—कवकग्रामसूकरलशुनादीनामन्यतमं बुद्धिपूर्वकं गुरुप्रायश्चित्तोपदेशादभ्यासतो भक्ष यित्वा द्विजातिः पतति। ततश्च पतितप्रायश्चित्तं कुर्यात्। "गर्हितानाद्ययोर्जग्धिः सुरापानसमानि षट्"(अ. ११ श्लो. ५६) इति॥१९॥

By wilfully eating a mushroom, a domestic pig, a garlic, a domestic cock, an onion, or a turnip, a twice born one becomes degraded (*i.e.*loses the privileges of his order. (19)

अमत्यैतानि षट् जग्ध्वा कृच्छ्रं सान्तपनं चरेत्।

यतिचान्द्रायणं वापि शेषेषूपवसेदहः॥२०॥

मुक्ता०:—एतानि छत्राकादीनि षट् बुद्धिपूर्वकमेव भक्षयित्वाऽभिधेयभक्षणस्य निमित्तत्वेन साहित्यस्याविवक्षितत्वात्। एकादशाध्यायवक्ष्यमाणस्वरूपं सप्ताहसाध्यं सान्तपनं यतिचान्द्रायणं वा चरेत्। एतद्व्यतिरिक्तेषु लोहितवृक्षनिर्यासादिषु प्रत्येकं भक्षणादहोरात्रोपवासं कुर्यात्। छत्राकादीनां च प्रायश्चित्तापकर्षो वर्जनादरार्थः। "शेषेषूपवसेदहः" इति लाघवार्थम्। तत्रहि क्रियमाणे लोहितनिर्यासग्रहणमपि कर्तव्यं स्यात्॥२०॥

Having unintentionally eaten these six things, (as are mentioned in the preceding stanza), he shall practise a *Kṛccha Sāntapanam penance* (which lasts for seven days) or a *Yati-cāndrāyaṇam*. For eating any thing other than the six preceding ones (such red gummy exudations of trees, etc.) he shall fast for a day and night. (20)

संवत्सरस्यैकमपि चरेत्कृच्छ्रं द्विजोत्तमः।

अज्ञातभुक्तशुद्ध्यर्थं ज्ञातस्य तु विशेषतः॥२१॥

मुक्ता०:—द्विजोत्तमपदं द्विजातिपरम्। त्रयाणां प्रकृतत्वात्, "एतदुक्तं द्विजातीनाम्" (अ. ५ श्लो. २६) इत्युपसंहाराच्च। द्विजातिः संवत्सरमध्ये एकमपि कृच्छ्रं प्रथमाम्नानात्प्राजापत्याख्यमज्ञातभक्षणदोषोपशमनार्थमनुतिष्ठेत्। ज्ञातस्य पुनरभक्ष्यभक्षण-दोषस्य विशेषतो यत्र यद्विहितं तदेव प्रायश्चितं कुर्यात्। यत्तु —"त्रीणि देवाः पविपत्राणि ब्राह्मणानामकल्पयन्। अदृष्टमद्भिर्निर्णिक्तं यच्च वाचा प्रशस्यते" (अ. ५ श्लो. १२७) इति तद्द्रव्यशुद्धिप्रकरणपठितप्रायश्चित्तव्यतिरिक्तद्रव्यशुद्धिविशेषेऽवतिष्ठते ॥२१॥

To remove the doubt whether he has eaten any unclean article of fare or not, a twice-born one shall practise a *Kṛccha penance*, once within a year. Having knowingly eaten any forbidden articles of fare, he must practise penances, especially enjoined to be performed for expiating the sins of eating those articles. (21)

इदानीं भक्षणप्रसङ्गेन यागाद्यर्थं हिंसामप्यनुजानाति–

यज्ञार्थं ब्राह्मणैर्वध्याः प्रशस्ता मृगपक्षिणः।
भृत्यानां चैव वृत्त्यर्थमगस्त्यो ह्याचरत्पुरा॥२२॥

मुक्ता०:–ब्राह्मणादिभिर्यागार्थं प्रशस्ताः शास्त्रविहिता मृगपक्षिणो वध्याः। भृत्यानां चावश्यभरणीयानां वृद्धमातापित्रादीनां संवर्धनार्थम्। यस्मादगस्त्यो मुनिः पूर्वं तथा कृतवान्। प्रकृतिरूपोऽयमनुवादः॥२२॥

For the purposes of a religious sacrifice, or for the maintenance of his dependants, a *Brāhmaṇa* can kill the commendable beasts and birds, as did *Agastya* of yore. (22)

बभूवुर्हि पुरोडाशा भक्ष्याणां मृगपक्षिणाम्।
पुराणेष्वपि यज्ञेषु ब्रह्मक्षत्रसवेषु च॥२३॥

मुक्ता०:–यस्मात्पुरातनेष्वप्यृषिकर्तृकयज्ञेषु च भक्ष्याणां मृगपक्षीणां मांसेन पुरोडाशा अभवंस्तस्माद्यज्ञार्थमधुनातनैरपि मृगपक्षिणो वध्याः॥२३॥

In religious sacrifices instituted by the *Ṛṣis, Brāhmaṇas, and Kṣatriyas* of yore, oblations of meat-cakes used to be made of the flesh of beasts and birds, (there in immolated). (23)

इदानीं पर्युषितप्रतिप्रसवार्थमाह–

यत्किञ्चित्स्नेहसंयुक्तं भक्ष्यं भोज्यमगर्हितम्।
तत्पर्युषितमप्याद्यं हविःशेषं च यद्भवेत्॥२४॥

मुक्ता०:–यत्किंचित्खरविशदमभ्यवहार्यं मोदकादि, भोज्यं पायसादि, अगर्हितमुपघातान्तररहितं तत्पर्युषितं रात्र्यन्तरितमपि घृततैलदध्यादिसंयुक्तं कृत्वा भक्षणीयम्। नतु प्रागेव यत्स्नेह संयुक्तं तत्पर्युषितं भक्षणीयमिति व्याख्येयम्। तथाच सति हविः शेषस्य स्नेहसंयोगावश्यं भावात् "यत्किंचित्स्नेह संयुक्तं" इत्यनेनैव भक्षणे सिद्धे "हविःशेषं च यद्भवेत्" इत्यनर्थकं स्यात्। स्मृत्यन्तरेऽपि भक्षणकाल एवाभिघारणमुपदिश्यते। तथाच यमः-"मसूरमाषसंयुक्तं तथा पर्युषितं च यत्। तत्तु प्रक्षालितं कृत्वा भुञ्जीत ह्यभिघारितम्"। हविःशेषं तु चरुपुरोडाशादि पर्युषितमपि भोजनकाले स्नेहसंयोगशून्यमेव भक्षणीयं पृथगुपदेशात्॥२४॥

Commendable articles of food, even after they have become stale, may be eaten with the addition of any oleaginous substance; residue of oblations (such as sacrificial porridge etc.), left after the performance of a fire-offering, may be eaten (even without such addition of clarified butter, etc.). (24)

चिरस्थितमपि त्वाद्यस्नेहाक्तं द्विजातिभिः।

यवगोधूमजं सर्वं पयसश्चैव विक्रिया॥२५॥

मुक्ता०:–अनेकरात्र्यन्तरित अपि यवगोधूमदुग्धविकाराः स्नेहसंयोगरहिता अपि द्विजात्तिभिर्भक्षणीयाः॥२५॥

Articles made of barley or wheat flour, all modifications of milk even after they have become stale, or if prepared a long time ago, may be eaten by twice born ones. (25)

एतदुक्तं द्विजातीनां भक्ष्याभक्ष्यमशेषतः।

मांसस्यातः प्रवक्ष्यामि विधिं भक्षणवर्जने॥२६॥

मुक्ता०:–एतद्द्विजातीनां भक्ष्याभक्ष्यमुक्तं, उत ऊर्ध्वं मांसस्य भक्षणे वर्जने च विधानं निःशेषं वक्ष्यामि॥२६॥

Thus the commendable and forbidden articles of diet in respect of twice-born ones have been specifically described, now hear me describe the mode of using or forswearing meat-diet. (26)

प्रोक्षितं भक्षयेन्मांसं ब्राह्मणानां च काम्यया।

यथाविधि नियुक्तस्तु प्राणानामेव चात्यये॥२७॥

मुक्ता०:–"प्रोक्षितं भक्षयेत्" इति परिसंख्या वा स्यान्नियमविधिर्वा। तत्र परिसंख्यात्वे प्रोक्षितादन्यत्र भक्षणीयमिति वाक्यार्थः स्यात्। स चानुपाकृतमांसानीत्यनेनैव निषेधात्प्राप्तः। तस्मान्मन्त्रकृतप्रोक्षणाख्यसंस्कारयुक्तयज्ञहुतपशुमासंभक्षणमिदं यज्ञाङ्गं विधीयते। अतएव "असंस्कृतान्पशून्मन्त्रैः" (अ. ५ श्लो. ३६) इत्यस्यानुवादं वक्ष्यति। ब्राह्मणानां च यदा कामना भवति तदावश्यं मांसं भोक्तव्यमिति तदापि नियमत एकवारं भक्षयेत् "सकृद्ब्राह्मणकाम्यया" इति यमवचनात्। तथा श्राद्धे मधुपर्के च "नामांसो मधुपर्कः" (अ. १ खं. २४) इति गृह्यवचनान्नियुक्तेन

नियमान्मांसं भक्षणीयमिति। अतएव "नियुक्तस्तु यथान्यायम्" (अ. ५ श्लो. ३५) इत्यतिक्रमदोषं वक्ष्यति। प्राणात्यये चाहारान्तराभावनिमित्तके व्याधिहेतुके वा नियमतो मांसं भक्षयेत्।।२७।।

Residue of meat-oblations, cast in the fire in a religious sacrifice, as well as that offered in a *Śrāddha* repast, may be eaten; flesh may be eaten at the request of *Brāhmaṇas*, and in diseases, or under circumstances which imperil life. (27)

प्राणात्यये मांसभक्षणानुवादमाह–

प्राणस्यान्नमिदं सर्वं प्रजापतिरकल्पयत्।
स्थावरं जङ्गमं चैव सर्वं प्राणस्य भोजनम्।।२८।।

मुक्ता०:–प्राणितीति प्राणो जीवः शरीरान्तर्गतो भोक्ता तस्यादनीयं सर्वमिदं ब्रह्मा कल्पितवान्। किं तदाह। जंगमं पश्वादि, स्थावरं व्रीहियवादि सर्वं तस्य भोजनम्। तस्मात्प्राणधारणार्थं जीवो मांसं भक्षयेत्।।२८।।

Whatever exists in the world, all that Prajāpati has ordained to be the food of living beings; all, both mobile and immobile, is the food of creatures. (28)

प्राणास्यार्थमिदं सर्वमित्येवं प्रपञ्चयति–

चराणामन्नमचरा दंष्ट्रिणामप्यदंष्ट्रिणः।
अहस्ताश्च सहस्तानां शूराणां चैव भीरवः।।२९।।

मुक्ता०:–जङ्गमानां हरिणादीनामजङ्गमास्तृणादयः, दंष्ट्रिणां व्याघ्रादीनामदंष्ट्रिणो हरिणादयः सहस्तानां मनुष्यादीनामहस्ता मत्स्यादयः, शूराणां सिंहादीनां भीरवो हस्त्यादयोऽदनीया एतादृश्यां विधातुरेव सृष्टौ।।२९।।

The immobile are the food of the mobile (creatures), the toothless ones are the food of the toothed creatures; the handless, are that of the hand-possessed ones; and the timid, that of the brave. (29)

नात्ता दुष्यत्यदन्नाद्यान्प्राणिनोऽहन्यहन्यपि।
धात्रैव सृष्टा ह्याद्याश्च प्राणिनोऽत्तार एव च।।३०।।

मुक्ता०:–भक्षयिता भक्षणार्हान्प्राणिनः प्रत्यहमपि भक्षयन्न दोषं प्राप्नोति।

यस्माद्विधात्रैव भक्षणार्हा भक्षयितारश्च निर्मिता इति त्रिभिः श्लोकैः प्राणात्यये मांसभक्षणस्तुतिरियम्॥३०॥

An eater, eating an animal and thinking it to be his legitimate food, does not commit any sin, inasmuch as the ordainer has created some animals as eaters and the other as their food. (30)

अथ प्रोक्षितभक्षणनियमार्थवादमाह-

यज्ञाय जग्धिर्मांसस्येत्येष दैवो विधिः स्मृतः।
अतोऽन्यथा प्रवृत्तिस्तु राक्षसो विधिरुच्यते॥३१॥

मुक्ता०:—यज्ञसंपत्त्यर्थं तदङ्गभूतमांसस्य जग्धिर्भक्षणमेतद्दैवमनुष्ठानं उक्तव्यतिरिक्तप्रकारेण पुनरात्मार्थमेव पशुं व्यापाद्य तन्मांसभक्षणेषु प्रवृत्ती राक्षसोचितमनुष्ठानमित्युत्तरार्द्धं वृथामांसभक्षणनिवृत्यनुवादः॥३१॥

The eating of flesh on the occasion of a religious sacrifice is the divine ordination, to eat flesh for any other purpose is a monstruous practice. (31)

क्रीत्वा स्वयं वाऽप्युत्पाद्य परोपकृतमेव वा।
देवान्पितॄंश्चार्चयित्वा खादन्मांसं न दुष्यति॥३२॥

मुक्ता०:—क्रीत्वा आत्मना चोत्पाद्य अन्येन वा केनाप्यानीय दत्तं मांसं देवपितृभ्यो दत्वा शेषं भक्षयन्न पापं प्राप्नोति। अतः प्रोक्षितादिचतुष्टयभक्षणवन्नेदं नियतं भक्षणं न दुष्यतीत्यभिधानात्। "वर्षे वर्षेऽश्वमेधेन" (अ. ५ श्लो. ४३) इत्यादिवक्ष्यमाणमांसवर्जनविधिरप्येतद्विषय एवाविरोधात्॥३२॥

He, who having brought, or procured, or received the gift of, the flesh (of an animal), eats it after having first offered it to the *manes and deities*, is not defiled thereby. (32)

नाद्यादविधिना मांसं विधिज्ञोऽनापदि द्विजः।
जग्ध्वा ह्यविधिना मांसं प्रेत्य तैरद्यतेऽवशः॥३३॥

मुक्ता०:—मांसभक्षणानुष्ठानदोषज्ञो द्विजातिरनापदि तत्तद्देवाद्यर्चनविधानं विना न मांसं भक्षयेत्। यस्मादविधानेन यो मासं खादति स मृतः सन्यन्मांसं भक्षितं तैः प्राणिभिः परलोके स्वरक्षणाक्षमः खाद्यत इति सर्वश्लोकानुवादः॥३३॥

(Otherwise than in times of distress,) a *Brāhmaṇa*, who eats the flesh (of an animal) in a manner condemned by the *Regulation*, is eaten defenceless, by that animal in the next world. (33)

न तादृशं भवत्येनो मृगहन्तुर्धनार्थिनः।

यादृशं भवति प्रेत्य वृथा मांसानि खादतः॥३४॥

मुक्ता०:—मृगवधजीविनो व्याधादेर्धननिमित्तं मृगाणां हन्तुर्न तथाविषं पापं भवति, यादृशमदेवपितृशेषभूतमांसानि खादतः परलोके भवतीति पूर्वानुवाद एव॥३४॥

A huntsman, who kills animals for money, does not acquire the same demerit in after life, as one who eats flesh in violation of the ordinance. (34)

नियुक्तस्तु यथान्यायं यो मांसं नात्ति मानवः।

स प्रेत्य पशुतां याति संभवानेकविंशतिम्॥३५॥

मुक्ता०:—श्राद्धे मधुपर्के च यथाशास्त्रं नियुक्तः सन्यो मनुष्यो मासं न खादति स मृतः सन्नेकविंशतिजन्मानि पशुर्भवति। "यथाविधि नियुक्तस्तु" (अ. ५ श्लो. २७) इत्येतन्नियमातिक्रमफलविधानमिदम्॥३५॥

But the person, who being appointed to do a religious sacrifice, does not eat the (consecrated) flesh, will be re-born as a beast for twenty-one births in succession. (35)

असंस्कृतान्पशून्मन्त्रैर्नाद्याद्विप्रः कदाचन।

मन्त्रैस्तु संस्कृतानद्याच्छाश्वतं विधिमास्थितः॥३६॥

मुक्ता०:—वेदविहितमन्त्रवत्प्रोक्षणादिसंस्कारशून्यान्पशून्विप्रादिः कदाचिन्नाश्नीयात्। शाश्वतं प्रवाहानादितया नित्यं पशुयागादिविधिमास्थितो मन्त्रसंस्कृतानेवाश्नीयादिति। "प्रोक्षितं भक्षयेन्मांसम्" (अ. ५ श्लो. २७) इत्येस्यानुवादार्थमेतत्॥३६॥

Let a Brāhmaṇa never eat the flesh of an animal, unconsecrated by Mantras; conforming to the eternal ordinance, he must always eat the consecrated flesh. (36)

कुर्याद् घृतपशुं सङ्गे कुर्यात्पिष्टपशुं तथा।

न त्वेव तु वृथा हन्तुं पशुमिच्छेत्कदाचन॥३७॥

मुक्ता०:—सङ्गं आसक्तौ पशुभक्षणानुरागेण घृतमयीं पिष्टमयीं वा पशुप्रतिकृतिं कृत्वा खादयेन्न पुनर्देवताद्युद्देशं विनैव पशून्कदाचिदपि हन्तुमिच्छेत्॥३७॥

Desiring to eat flesh rather let him eat its effigy made of dough and clarified butter than eat the unconsecrated flesh of an animal not immolated in a religious sacrifice. (37)

यावन्ति पशुरोमाणि तावत्कृत्वो ह मारणम्।

वृथापशुघ्नः प्राप्नोति प्रेत्य जन्मनि जन्मनि॥३८॥

मुक्ता०:—देवताद्युद्देशमन्तरेणात्मार्थं यः पशून्हन्ति स वृथापशुघ्नो मृतः सन्यावत्संख्यानि पशुरोमाणि तावत्संख्याभूतं जन्मनि जन्मनि मारणं प्राप्नोति। तस्माद्वृथा पशुं न हन्यात्। तावत्कृत्व इति वत्त्वन्तात्क्रियाभ्यावृत्तिगणने कृत्वसुच् प्रत्ययः। इह हशब्द आगमप्रसिद्धिसूचनार्थः॥३८॥

For as many number of times does the wanton killer of animal life meets death in his successive rebirths hereafter as there are hairs on the body of the immolated animal. (38)

यज्ञार्थं पशवः सृष्टा स्वयमेव स्वयंभुवा।

यज्ञस्य भूत्यै सर्वस्य तस्माद्यज्ञे वधोऽवधः॥३९॥

मुक्ता०:—यज्ञार्थे तु पशुवधे न दोष इत्याह—

यज्ञसिद्ध्यर्थं प्रजापतिना आत्मनैवादरेण पशवः सृष्टाः। यज्ञश्चाग्नौ प्रास्ताहुतिन्यायात्सर्वस्यास्य जगतो विवृद्ध्यर्थः। तस्माद्यज्ञे वधोऽवध एव। वधजन्यदोषाभावात्॥३९॥

For the purposes of religious sacrifices the beasts were created by the self-origined one, the sacrifice is for the elevation of the whole universe, hence killing is not killing in a religious sacrifice (Yajña). (39)

किञ्च—

ओषध्यः पशवो वृक्षास्तिर्यञ्चः पक्षिणस्तथा।

यज्ञार्थं निधनं प्राप्ताः प्राप्नुवन्त्युत्सृतीः पुनः॥४०॥

मुक्ता०:—ओषध्यो व्रीहियवाद्याः, पशवश्छागाद्याः, वृक्षा यूपाद्यर्थाः, तिर्यञ्चः कूर्मादयः, पक्षिणः कपिञ्जलाद्याः यज्ञार्थं विनाशं गताः पुनर्जात्युत्कर्षं प्राप्नुवन्ति॥४०॥

Cereals, beasts, trees, animals of the tortoise species and

birds, immolated on the occasion of a religious sacrifice, obtain the eternal status. (40)

मधुपर्के च यज्ञे च पितृदैवतकर्मणि।

अत्रैव पशवो हिंस्या नान्यत्रेत्यब्रवीन्मनुः।।४१।।

मुक्ता०:–"नामांसो मधुपर्कः" (गृ. सू. अ. १ खं. २४) इति विधानान्मधुपर्के च यज्ञे च ज्योतिष्टोमादौ, पित्र्यै दैवे च कर्मणि श्राद्धादौ पशवो हिंसनीया नान्यत्रेति मनुरभिहितवान्।।४१।।

A *Madhuparka, a Śrāddha,* offered to the *manes* and *deities*, and a religious sacrifice are the occasions on which a beast should be sacrificed, and on no other occasion. This is the dictum of Manu. (41)

एष्वर्थेषु पशून् हिंसन्वेदतत्त्वार्थविद्द्विजः।

आत्मानं च पशुं चैव गमयत्युत्तमां गतिम्।।४२।।

मुक्ता०:–एषु मधुपर्कादिषु पदार्थेषु पशून्हिंसन्नात्मानं पशुं चोत्तमां गतिं स्वर्गाद्युपभोगयोग्यविलक्षणदेहदशादिसम्बन्धं प्रापयति। वेदतत्त्वार्थविदिति विद्वदधिकारबोधनार्थम्। नन्वन्याधिकारित्वे कर्मणि कथमनधिकृतस्य पश्वादेरुत्तमगतिप्राप्तिः फलम्। उच्यते। शास्त्रप्रमाणकत्वात्। अस्थार्यप्य पित्रधिकारिकायां जातेष्टावनधिकारिणोऽपि पुत्रस्य फलप्राप्तिवदिहापि पश्वादिगतफलसंभवाद्यजमान एव कारुणिकतया पशुगतफलविशिष्टमेव फलं कामयिष्यति। अतएवात्मानं च पशुंचैवेत्यभिधानात् यजमानव्यापारादेव पशुगतफलसिद्धिरुक्ता।।४२।।

By killing beasts on these occasions, a *Brāhmaṇa,* conversant with the inport of the *Vedas*, accords a more elevated status both to his own self and to the self of the (immolated) beast. (42)

गृहे गुरावरण्ये वा निवसन्नात्मवान्द्विजः।

नावेदविहितां हिंसामापद्यपि समाचरेत्।।४३।।

मुक्ता०:–गृहाश्रमे, ब्रह्मचर्याश्रमे, वानप्रस्थाश्रमे च प्रशस्तात्मा द्विजो निवसन्नापद्यपि नाशास्त्रीयां हिंसां समाचरेत्।।४३।।

Even in times of distress, a self-controlled Brāhmaṇa, whether residing in the forest, or the house of his own, or of his preceptor, must not do an act of killing not sanctioned in the *Vedas*. (43)

कथं तर्हि तुल्ये हिंसात्वे वैदिकी दैक्षादिपशुहिंसा नाधर्मायेत्यत आह–

या वेदविहिता हिंसा नियताऽस्मिंश्चराचरे।

अहिंसामेव तां विद्याद्वेदाद्धर्मो हि निर्बभौ।।४४।।

मुक्ता०:–या श्रुतिविहिता कर्मविशेषदेशकालादिनियतास्मिञ्जगति स्थावरजङ्गमात्मनिअहिंसा- मेव तां जानीयात्, हिंसाजन्याधर्मविरहात्। दैक्षपशुहननमधर्मः प्राणिहननत्वात् ब्राह्मणहननवदित्याद्यनुमानमुपजीव्यशास्त्रबाधादेव न प्रवर्तते। दृष्टान्तीकृतब्राह्मणहननस्याप्य- धर्मत्वे शास्त्रमेवोपजीव्यम्। वेदाद्धर्मो हि निर्बभौ यस्मादनन्यप्रमाणको धर्मो वेदादेव निःशेषेण प्रकाशतां गतः।।४४।।

Acts of killing which the *Vedas* have sanctioned in the universe should be regarded as acts of non-killing, in as much as all virtue has emanated from the Vedas. (44)

योऽहिंसकानि भूतानि हिनस्त्यात्मसुखेच्छया।

स जीवंश्च मृतश्चैव न क्वचित्सुखमेधते।।४५।।

मुक्ता०:–योऽनुपघातकान्प्राणिनो हरिणादीनात्मसुखेच्छया मारयति स इह लोके परलोके च न सुखेन वर्धते।।४५।।

He, who in quest of his own pleasure kills the harmless animals, does not obtain any happiness, whether dead or alive. (45)

यो बन्धनवधक्लेशान्प्राणिनां न चिकीर्षति।

स सर्वस्य हितप्रेप्सुः सुखमत्यन्तमश्नुते।।४६।।

मुक्ता०:–यो बन्धनमारणक्लेशादीन्प्राणिनां कर्तुं नेच्छति स सर्वहितप्राप्तीच्छुरनन्तसुखं प्राप्नोति।।४६।।

He, who does not wish to inflict on any animal the pain of death or captivity, is said to be well-wisher of all, such a man obtains perfect felicity. (46)

यद्ध्यायति यत्कुरुते धृतिं बध्नाति यत्र च।
तदवाप्नोत्ययत्नेन यो हिनस्ति न किञ्चन॥४७॥

मुक्ता०ः—अन्यच्च

यच्चिन्तयति धर्मादिकमिदं मेऽस्त्विति, यच्च श्रेयः साधनं कर्म करोति, यत्र च परमार्थध्यानादौ धृतिं बध्नाति, तत्सर्वमक्लेशेन लभते। य उपघातनिमित्तं दंशमशकाद्यपि न व्यापादयति॥४७॥

Whatever he contemplates, whatever he strives for, whatever he puts his heart upon, he gets that without effort, if he does not kill any animal life. (47)

मांसभक्षणप्रसङ्गेन हिंसागुणदोषावभिधाय पुनः प्रकृतमांसाभक्षणमाह—

नाकृत्वा प्राणिनां हिंसां मांसमुत्पद्यते क्वचित्।
न च प्राणिवधः स्वर्ग्यस्तस्मान्मांसं विवर्जयेत्॥४८॥

मुक्ता०ः—प्राणिहिंसाव्यतिरेकेण न क्वचिन्मांसमुत्पद्यते। प्राणिवधश्च न स्वर्गनिमित्तं नरकः हेतुरेव यस्मात्तस्मादविधिना मांसं न भक्षयेदिति॥४८॥

Flesh cannot be obtained without killing a beast, animal-killing does not lead to heaven; hence, a man must forswear (eating flesh). (48)

समुत्पत्तिं च मांसस्य वधबन्धौ च देहिनाम्।
प्रसमीक्ष्य निवर्तेत सर्वमांसस्य भक्षणात्॥४९॥

मुक्ता०ः—शुक्रशोणितपरिणामात्मिकां समुत्पत्तिं घृणाकरीं विज्ञाय प्राणिनां वधबन्धौ च क्रूरकर्मरूपौ निरूप्य विहितमांसभक्षणादपि निवर्तेत किमुताविहितमांसभक्षणादित्यविधिना मांसभक्षणनिन्दानुवादः॥४९॥

Considering the origin of flesh (which is a kind of transformed menstrual blood) and the pangs of death and incarceration the beast suffers, he must forswear eating all kinds of flesh, (whether approved of or prohibited by the ordinance). (49)

न भक्षयति यो मांसं विधिं हित्वा पिशाचवत्।
स लोके प्रियतां याति व्याधिभिश्च न पीड्यते॥५०॥

मुक्ता०:—उक्तविधिव्यतिरेकेण यो न मांसं भक्षयति। पिशाचवदिति यथा पिशाचो भक्षयति तथा नेति व्यतिरेके दृष्टान्तः। स लोकस्य प्रियो भवति रोगैश्च न बाध्यते। तस्मादवैधमांसभक्षणाद्व्याधयो भवन्तीति दर्शितम्॥५०॥

He, who does not eat flesh, like a monster, in violation of the ordinance, becomes a favourite with all and is not afflicted with any disease. (50)

अनुमन्ता विशसिता निहन्ता क्रयविक्रयी।
संस्कर्ता चोपहर्ता च खादकश्चेति घातकाः॥५१॥

मुक्ता०:—यदनुमतिव्यतिरेकेण हननं कर्तुं न शक्यते सोऽनुमन्ता, विशसिता अङ्गानि यः कर्तर्यादिना पृथक्पृथक् करोति, क्रयविक्रयी मांसस्य क्रेता विक्रेता च, संस्कर्ता पाचकः, उपहर्ता परिवेषकः, खादको भक्षयिता। गोविन्दराजस्तु यः क्रीत्वा विक्रीणाति स क्रयविक्रयीत्येकमेवाह। तदयुक्तम्। "हननेन तथा हन्ता धनेन क्रयिकस्तथा। विक्रयी तु धनादानात्संस्कर्ता तत्प्रवर्तनात्" इति यमवचनेन पृथङ्निर्देशात्। घातकत्ववचनं चेदमशास्त्रीयपशुवधेऽनुमत्यादयोऽपि न कर्तव्या इत्येवंपरम्। विधिनिषेधपरत्वाच्छास्त्रस्य। खादकादीनां पृथक्प्रायश्चित्तदर्शनात्॥५१॥

He who sanctions the killing of an animal, he who quarters its slaughtered body, the actual immolator, the seller and buyer of its flesh, the man who cooks the flesh, he who serves that cooked flesh to the eaters, and he who eats it are called the killers. (51)

स्वमांसं परमांसेन यो वर्धयितुमिच्छति।
अनभ्यर्च्य पितॄन्देवांस्ततोऽन्यो नास्त्यपुण्यकृत्॥५२॥

मुक्ता०:—स्वशरीरमांसं परमांसेन देवपित्राद्यर्चनं विना यो वृद्धिं नेतुमिच्छति तस्मादपरो नापुण्यकर्तास्तीत्यविधिमांसभक्षणनिन्दानुवादः॥५२॥

He, who otherwise than for the purposes of *Śrāddhas* offered to the *manes and deities*, tries to augment the flesh of his body with the flesh of a beast, is the greatest of all sinners. (52)

इदानीमनियताप्रतिषिद्धमांसभक्षणस्य निवृत्तिर्धर्माय इत्येतद्दर्शयितुमाह—

वर्षे वर्षेऽश्वमेधेन यो यजेत शतं समाः।

मांसानि च न खादेद्यस्तयोः पुण्यफलं समम्।।५३।।

मुक्ता०:—यो वर्षशतं यावत्प्रतिवर्षमश्वमेधेन यजेत यश्च यावज्जीवं मांसं न खादति तयोः पुण्यस्य फलं स्वर्गादि तुल्यम्।।५३।।

The merit of him, who forswears the use of meat, is equal to that of one who performs the *Aśvamedha sacrifice,* each year, for a century. (53)

फलमूलाशनैर्मेध्यैर्मुन्यन्नानां च भोजनैः।

न तत्फलमवाप्नोति यन्मांसपरिवर्जनात्।।५४।।

मुक्ता०:—पवित्रफलमूलभक्षणैर्वानप्रस्थभोज्यानां च नीवाराद्यन्नानां भोजनैर्न तत्फलमवाप्नोति यच्छास्त्रानियमिताप्रतिषिद्धमांसवर्जनाल्लभते।।५४।।

By living on fruit, bulbs, or foodgrains used by the holy sages, a man does not acquire the same religious merit as he does by forswearing the use of meat. (54)

मांसभक्षयिताऽमुत्र यस्य मांसमिहाद्म्यहम्।

एतन्मांसस्य मांसत्वं प्रवदन्ति मनीषिणः।।५५।।

मुक्ता०:—इह लोके यस्य मांसमहमश्नामि परलोके मां स भक्षयिष्यतीत्येतन्मांसशब्दस्यनिरुक्तं पण्डिताः प्रवदन्ति इति मांसशब्दस्य निर्वचनमवैधमांसभक्षणपापफलकथनार्थम्।।५५।।

He, whose flesh I eat in this life, shall eat my flesh in the next; this is the essential attribute of flesh, as disclosed by its etymological signification, according to the wise. (55)

न मांसभक्षणे दोषो न मद्ये न च मैथुने।

प्रवृत्तिरेषा भूतानां निवृत्तिस्तु महाफला।।५६।।

मुक्ता०:—ब्राह्मणादीनां वर्णानां यथाधिकारमविहिताप्रतिषिद्धभक्षणादौ न कश्चिद्दोषः। यस्मात्प्राणिनां भक्षणपानमैथुनादौ प्रवृत्तिः स्वाभाविकोऽयं धर्मः। वर्जनं पुनर्महाफलम्। अविहिताप्रतिषिद्धमद्यमैथुननिवृतेर्महाफलकथनार्थोऽयमुक्तस्यैव मांस-वर्जनमहाफलकथनस्यानुवादः।।५६।।

No sin is attached to wenching, flesh-eating, or wine-drinking; these are the natural propulsions of Man, but abstinence bears greater fruits. (56)

प्रेतशुद्धिं प्रवक्ष्यामि द्रव्यशुद्धिं तथैव च।

चतुर्णामपि वर्णानां यथावदनुपूर्वशः॥५७॥

मुक्ता०:—ब्राह्मणादीनां चतुर्णामपि वर्णानां प्रेतेष्वपि पित्रादीनां शुद्धिं ब्राह्मणादिक्रमेणया यस्येति, द्रव्यादीनां च तैजसादीनां शुद्धिमभिधास्यामि॥५७॥

Now I shall discourse on death-uncleaness, as it affects the members of the four social orders in the order of the enumeration, as well as on the mode of purifying the defiled articles. (57)

तत्र शुद्धेरशुद्धिसापेक्षत्वात्तन्निरूपणार्थमाह-

दन्तजातेऽनुजाते च कृतचूडे च संस्थिते।

अशुद्धा बान्धवाः सर्वे सूतके च तथोच्यते॥५८॥

मुक्ता०:—दन्तजाते जातदन्त इत्यर्थः। "वाहिताग्न्यादिषु" (पा. सू. २।२।३७) इत्यनेन जातशब्दस्य परनिपातः। अनुजाते जातदन्तानन्तरे कृतचूडाकरणे च चकारात्कृतोपनयने च संस्थिते मृते सति बान्धवाः सपिण्डाः समानोदकाश्चाशुद्धा भवन्ति। प्रसवे च तथैवाशुद्धा भवन्तीत्युच्यते। वयोविभागेनोद्देशमात्रमिदं वक्ष्यमाणाशौचकाल- भेदादिसुखावबोधनार्थम्॥५८॥

The Bandhus (i.e., *Sapiṇḍas and Samānodakas*) of a male child, dead before, or after cutting his teeth, or at the age of tonsure of initiation with the thread, become unclean on his death; likewise his Bandhus become unclean on the birth of a male child. (58)

दशाहं शावमाशौचं सपिण्डेषु विधीयते।

अर्वाक् सञ्चयनादस्थ्नां त्र्यहमेकाहमेव वा॥५९॥

मुक्ता०:—सप्तपुरुषपर्यन्तं सपिण्डतां वक्ष्यति। सपिण्डेषु शवनिमित्तमाशौचं दशाहोरात्रं ब्राह्मणस्योपदिश्यते। "शुद्ध्येद्विप्रो दशाहेन (अ. ५ श्लो. ८३) इति वक्ष्यमाणत्वात्। अर्वाक्संचयनादस्थ्नामिति चतुरहोपलक्षणम्। चतुर्थे दिवसेऽस्थितसंचयनं

कुर्यादिति विष्णुवचनात्त्र्यहमेकाहं वा। अहःशब्दोऽहोरात्रपरः। अयं चाग्निवेदादिगुणापेक्षो व्यवस्थितविकल्पः। यथाह दक्षः-"एकाहाच्छुद्ध्यते विप्रो योऽग्निवेदसमन्वितः। हीने हीनं भवेच्चैव त्र्यहश्चतुरहस्तथा।" श्रौताग्निमतो मन्त्रब्राह्मणात्मककृत्स्नशाखाध्यायिन एकाहाशौचम्। तत्र श्रौताग्निवेदाध्ययनगुणयोरेकगुणरहितो हीनस्तस्य त्र्यहः, उभयगुणरहितस्तु हीनतरः, केवलस्मार्ताग्निमांस्तस्य चतुरहः, सकलगुणरहितस्य दशाहः। तदाह पराशरः "निर्गुणो दशभिर्दिनैः" इति।।५९।।

Death-uncleanness continues for ten days among *Sapiṇḍas,* or until the bones are collected (*i.e.* for days as in the case of a fire-keeping Brāhmaṇa), or for three days, or for an entire day and night. (59)

सपिण्डलक्षणमाह-

सपिण्डता तु पुरुषे सप्तमे विनिवर्त्तते।
समानोदकभावस्तु जन्मनाम्नोरवेदने।।६०।।

मुक्ता०:-यं पुरुषं प्रतियोगिनं कृत्वा निरूप्यते तस्य पितृपितामहप्रभृतीन्षट्पुरुषानतिक्रम्य सप्तमे पुरुषे प्राप्ते सपिण्डत्वं निवर्तते। एवं पुत्रपौत्रादिष्वप्यवगन्तव्यम्। पिण्डसम्बन्धिनिबन्धना चेयं सपिण्डता। तथाहि, पितृपितामहप्रपितामहेभ्यस्त्रिभ्यः पिण्डदानं, प्रपितामहस्य पित्रादयस्त्रयः पिण्डलेपभुजश्च तत्पूर्वस्य तु सप्तमस्य पिण्डसम्बन्धो नास्तीत्यसपिण्डता। यस्त चैते षट् पुरुषाः सपिण्डाः सोऽपि तेषां सपिण्डः, पिण्डदातृत्वेन तत्पिण्डसम्बन्धात्। अतः साप्तपौरुषीयं सपिण्डता। तदुक्तं मत्स्यपुराणे-"लेपभाजश्चतुर्थाद्याः पित्राद्याः पिण्डभागिनः। पिण्डदः सप्तमस्तेषां सापिण्ड्यं साप्तपौरुषम्"। सगोत्रत्वे चेयं सपिण्डता। अतएव शङ्खलिखितौ-"सपिण्डता तु सर्वेषां गोत्रतः साप्तपौरुषी"। तेन मातामहादीनामेकपिण्डसम्बन्धेऽपि न सपिण्डता। समानोदकत्वं पुनरस्मत्कुलेऽमुकनामाभूदिति जन्मनामोभयापरिज्ञाने निवर्तते।।६०।।

The Sapiṇḍa-relationship is extinguished in the seventh generation; *Samānodaka*-relationship lasts for all eternity, being extinguished only when the name and *Gotra* are not known. (60)

यथेदं शावमाशौचं सपिण्डेषु विधीयते।
जननेऽप्येवमेव स्यान्निपुणं शुद्धिमिच्छताम्।।६१।।

मुक्ता०:-यथेदं दशाहादिकं शवनिमित्तमाशौचं कर्मानर्हत्वलक्षणं सपिण्डेषु

"दशाहं शावमाशौचम्" (अ. ५ श्लो. ५९) इत्यनेन विधीयते। प्रसवेऽपि सम्यक् शुद्धिमिच्छतां सपिण्डानां तादृशमेवाशौचं भवेत्।।६१।।

The term of death-uncleanness, herein laid down, should be also regarded as holding good in respect of birth-uncleanness among *Sapiṇḍas,* desirous of obtaining perfect purity. (61)

अनिर्देशेन तुल्यतायां प्राप्तायां विशेषमाह–

सर्वेषां शावमाशौचं मातापित्रोस्तु सूतकम्।
सूतकं मातुरेव स्यादुपस्पृश्य पिता शुचिः।।६२।।

मुक्ता०:–मरणनिमित्तमस्पृश्यत्वलक्षणमाशौचं सर्वेषामेव सपिण्डानां समानम्। जननिमित्तं तु मातापित्रोरेव भवति। तत्राप्ययं विशेषः। जननिमित्तमस्पृश्यत्वं मातुरेव दशरात्रम्। पिता तु स्नानात्स्पृश्यो भवति। अयमेव सम्बन्धः संवर्तेन व्यक्तीकृतः-"जाते पुत्रे पितुः स्नानं सचैलं तु विधीयते। माता शुद्ध्येद्दशाहेन स्नानात्तु स्पर्शनं पितुः"।।६२।।

Personal impurity during the term of a death-uncleanness is equal among all the Sapiṇḍas, but in respect of a birth-uncleanness, the mother of the (new born) child remains unclean for ten days, while its father regains his purity on bathing. (62)

निरस्य तु पुमाञ्छुक्रमुपस्पृश्यैव शुद्ध्यति।
बैजिकादभिसम्बन्धादनुरुन्ध्यादघं त्र्यहम्।।६३।।

मुक्ता०:–"स्नानं मैथुनिनः स्मृतम्"(अ. ५ श्लो. १४४) इति मैथुने स्नानं विधास्यति, तेन मैथुनं विनापि कामतो रेतस्खलने स्नात्वा पुमान्शुद्धो भवति। अकामतस्तु स्वप्नादौ रेतःपाते "मूत्रवद्रेतस उत्सर्ग" इत्यापस्तम्बोक्तेः स्नानं विनापि गृहस्थस्य शुद्धिः। ब्रह्मचारिणस्त्वकामतोऽपि "स्वप्ने सिक्त्वा ब्रह्मचारी" (अ. २ श्लो. १८१) इत्यनेन स्नानादिना शुद्धिरुक्ता। बैजिके तु सम्बन्धे परपूर्वभार्यायामपत्योत्पत्तौ त्र्यहमाशौचं भवति। तथाच विष्णुः-"परपूर्वभार्यासु त्रिरात्रम्"। रेतःपातिनामाशौचम-प्रकृतमपि जननप्रकरणे प्रसङ्गात्तदनुगुणतयोक्तम्। यत्र रेतःपातमात्रेण स्नानं तत्रापत्योत्पत्तौ त्रिरात्रमुचितम्।।६३।।

Having wantonly cast his seed, a man shall regain his purity by bathing; but having cast his seed in a woman other than his married wife, he shall remain unclean for three days. (63)

अह्ना चैकेन रात्र्या च त्रिरात्रैरेव च त्रिभिः।

शवस्पृशे विशुध्यन्ति त्र्यहादुदकदायिनः।।६४।।

मुक्ता०:—एकेनाह्ना एकया च रात्र्येत्यहोरत्रेण त्रिरात्रैस्त्रिभिरिति नवाहोरात्रैर्मिलित्वा दशाहेनेति वेदग्धयेनोक्तम्। ननु दशाहेनेति वक्तव्ये किमर्थोऽयं वाग्विस्तरः। उच्यते-"बृंहीयसीं लघिष्ठां वा गिरं निर्मान्ति वाग्मिनः। न चावश्यत्वमेतेषां लघूक्त्यैव नियम्यते"। वृत्तस्वाध्यायगुणयोगेन ये सपिण्डा एकाहाद्यल्पाशौचयोग्यास्ते यदि स्नेहादिना शवस्पृशो भवन्ति तदा दशाहेनै शुद्ध्यन्ति। उदकदायिनः पुनः समानोदकाख्यहेण। गोविन्दराजस्तु धनग्रहणपूर्वकशवनिर्हारकासम्बन्धिब्राह्मणाविषयमिदं दशाहाशौचमाह।।६४।।

A *Brāhmaṇa,* who has touched the dead body of a *Sapiṇḍa* relation, shall remain unclean for three time three days and one day; a Brāhmaṇa, who has touched the dead body of a *Samānodaka* relation shall remain unclean for three days. (64)

गुरोः प्रेतस्य शिष्यस्तु पितृमेधं समाचरन्।

प्रेतहारैः समं तत्र दशरात्रेण शुध्यति।।६५।।

मुक्ता०:—गुरोराचार्यादेरसपिण्डस्य मृतस्य शिष्योऽन्त्येष्टिं कृत्वा प्रेतनिर्हारकैर्गुरुसपिण्डैस्तुल्यो दशरात्रेण शुद्धो भवति।।६५।।

A disciple, happening to perform the funeral rites unto his deceased preceptor, shall remain unclean for ten days like the Sapiṇḍa relations of the latter. (65)

रात्रिभिर्मासतुल्याभिर्गर्भस्रावे विशुद्ध्यति।

रजस्युपरते साध्वी स्नानेन स्त्री रजस्वला।।६६।।

मुक्ता०:—अत्र रात्रिभिरिति विधेयगामिनो बहुत्वस्य विवक्षितत्त्वात्तृतीयमासात्प्रभृति गर्भस्रावे गर्भमासतुल्याहोरात्रैर्विशेषाभिधानाच्चातुर्वर्ण्यस्त्री विशुद्ध्यति। एतच्च षण्मासपर्यन्तम्। यथोक्तमादिपुराणे-"षण्मासाभ्यन्तरं यावद्गर्भस्रावो भवेद्यदि। तदा माससमैस्तासां दिवसैः शुद्धिरिष्यते।। अत ऊर्ध्वं तु जात्युक्तमाशौचं तासु विद्यते"। मेधातिथिगोविन्दराजादयस्त्वादिपुराणे वचनादर्शनात्सप्तमासादर्वागगर्भस्रावे मासतुल्याहोरात्रैः

स्त्रीणां विशुद्धिरित्यतिदिशन्ति। प्रथमद्वितीयमासीयगर्भस्त्रावे स्त्रीणां त्रिरात्रम्। यथाह हारीत:-"गर्भस्त्रावे स्त्रीणां त्रिरात्रं साधीयो रजोविशेषत्वात्। पुत्रादिसपिण्डानां त्वत्र सद्यः शौचम्" यथाह सुमन्तुः - "गर्भमासतुल्या दिवसा गर्भसंस्रवणे सद्यः शौचं वा भवति" गर्भमासतुल्या इति स्त्रीविषयं सद्यः शौचं वेति पित्रादिसपिण्डविषयमिति व्यवस्थितविकल्पः। रजस्वला च स्त्री रजसि निवृत्ते सति पञ्चमे दिने स्नानेनादृष्टार्थकल्पनयोग्या भवति। स्पर्शयोग्या तु त्रिरात्रव्यपगमे चतुर्थेऽहनि कृतस्नानेनैव शुद्धा भवति।।६६।।

In a case of abortion or miscarriage (of pregnancy from within three to six months), purification will be effected after the lapse of days, equal in number to that of the months of pregnancy, (the period of uncleanness being three days in respect of an abortion before three months); a chaste woman in her menses will be pure by bathing after the cessation of her flow. (66)

नृणामकृतचूडकानां विशुद्धिर्नैशिकी स्मृता।
निर्वृत्तचूडकानां तु त्रिरात्राच्छुद्धिरिष्यते।।६७।।

मुक्ता०:—अकृतचूडानां बालानां मरणे सपिण्डानामहोरात्रेण शुद्धिर्भवति। कृतचूडानां तु मरणे प्रागुपनयनकालान्त्रिरात्रेण शुद्धिः।।६७।।

(Sapiṇḍa relations of a) boy, dead before his *rite of tonsure,* shall remain unclean for one day and night; while on the death of one, dead after the rite of tonsure (and before his initiation with the thread), they will remain unclean for three nights (days). (67)

ऊनद्विवार्षिकं प्रेतं निदध्युर्बान्धवा बहिः।
अलङ्कृत्य शुचौ भूमावस्थिसंचयनादृते।।६८।।

मुक्ता०:—असंपूर्णद्विवर्षं बालं मृतमकृतचूडं मालादिभिरलंकृत्य ग्रामाद्बहिः कृत्वा विशुद्धायां भूमौ कालान्तरे शीर्णदेहतयाशक्यमस्थिसंचयनवर्जं बान्धवाः प्रक्षिपेयुः। विश्वरूपस्तु-"यस्यां भूमावन्यस्यास्थिसंचयनं न कृतं तस्यां निदध्युः" इति व्याचष्टे।।६८।।

His relations shall bury the corpse of a child, dead before completing the second year of his existence, in a pure ground at the outskirt of the village, fully decorated, without performing the rite of bone-collecting. (68)

नास्य कार्योऽग्निसंस्कारो न च कार्योदकक्रिया।

अरण्ये काष्ठवत्त्यक्त्वा क्षपेयुस्त्र्यहमेव च।।६९।।

मुक्ता०:—अस्योनाद्विवार्षिकस्याग्निसंस्कारो न कर्तव्यः। नाप्युदकक्रिया कर्तव्या। उदकदाननिषेधोऽयं श्राद्धादिसकलप्रेतकृत्यनिवृत्त्यर्थः। किं त्वरण्ये काष्ठवत्परित्यज्य। काष्ठवदिति शोकाभावोऽभिहितः। यथारण्ये काष्ठं परित्यज्य शोको न भवति एवं त्यक्त्वा त्र्यहं क्षपेत् त्र्यहाशौचं कुर्यात्। अयं चाकृतचूडस्य त्र्यहाशौचविधिः पूर्वोक्तैकाहाशौचविकल्पपरः। स च व्यवस्थितो वृत्तस्वाध्यायादियुक्तस्यैकाहः तद्रहितस्य त्र्यहः। यद्यपि मनुना परित्यागमात्रं विहितं तथापि "ऊनद्विवार्षिकं निखनेत्" (अ. ३ श्लो. १) इति याज्ञवल्क्यवचनाद्विशुद्धभूमौ निखायैव त्यक्तव्यः।।६९।।

His (its) corpse must not be cremated, nor libations of water must be offered to his (its) spirit; leaving it in the forest, like a log of wood, they (*i.e.* relations) shall pass three days in uncleanness. (69)

नात्रिवर्षस्य कर्तव्या बान्धवैरुदकक्रिया।

जातदन्तस्य वा कुर्युर्नाम्नि वापि कृते सति।।७०।।

मुक्ता०:—अप्राप्ततृतीयवर्षस्य पित्रादिसपिण्डैरुदकक्रिया न कर्तव्येति पूर्वत्रनिषिद्धाप्युत्तरार्थमनूद्यते। जातदन्तस्य वोदकदानं कर्तव्यं नामकरणे वा कृते उदकक्रियासाहचर्यादग्निसंस्कारोऽप्यनुज्ञामात्रं, प्रेतपिण्डश्राद्धादिकं च यद्यप्यकरणसम्भवे करणं क्लेशावहं तथापि करणाकरणयोराम्नानाज्जातदन्तकृतनाम्नोः करणे प्रेतोपकारो भवत्यकरणे प्रत्यवायाभाव इत्यवगम्यते।।७०।।

On the death of a boy, less than three years of age, his relations must not do the rite of (offering libations of) water unto him. The departed spirit of an infant, dead after cutting his teeth, or after his *rite of nomenclature*, becomes happy with such a water-rite, though its performance is not obligatory on his relations. (70)

सब्रह्मचारिण्येकाहमतीते क्षपणं स्मृतम्।

जन्मन्येकोदकानां तु त्रिरात्राच्छुद्धिरिष्यते।।७१।।

मुक्ता०:—सहाध्यायिनि मृते एकरात्रमाशौचं कर्तव्यम्। समानोदकानां पुनः पुत्रजनने सति त्रिरात्रेण शुद्धिर्भवति। त्र्यहानुकदायिन इति मरणविषयमुक्तम्।।७१।।

The period of uncleanness, incidental to the death of one's fellow-student (of the Vedas), is one day only, while of the birth on one's *Samānodaka,* one should be regarded pure on the expiry of three days (from the date of the birth). (71)

स्त्रीणामसंस्कृतानां तु त्र्यहाच्छुद्ध्यन्ति बान्धवाः।
यथोक्तेनैव कल्पेन शुद्ध्यन्ति तु सनाभयः।।७२।।

मुक्ता०:—स्त्रीणामकृतविवाहानां वाग्दत्तानां मरणे बान्धवाः भर्त्रादयस्त्र्यहेण शुद्ध्यन्ति। वाग्दानं विना भर्तृपक्षे सम्बन्धाभावादश्रुतमपि वाग्दानान्तपर्यन्तं बोद्धव्यम्। सनाभयः पितृपक्षाः वाग्दत्तानां विवाहादर्वाङ्मरणे यथोक्तेनैव कल्पेनेत्येतच्छ्लोक-पूर्वार्धोक्तेन त्रिरात्रेणैव शुद्ध्यन्तीत्यर्थः। तदुक्तमादिपुराणे-"आजन्मनस्तु चूडान्तं यत्र कन्या विपद्यते। सद्यः शौचं भवेत्तत्र सर्ववर्णेषु नित्यशः।। ततो वाग्दानपर्यन्तं यावदेकाहमेव हि। अतःपरं प्रवृद्धानां त्रिरात्रमिति निश्चयः।। वाग्दाने तु कृते तत्र ज्ञेयं चोभयतस्त्र्यहम्। पितुर्वरस्य च ततो दत्तानां भर्तुरेव हि।। स्वजात्युक्तमशौचं स्यान्मृतके सूतकेऽपि च"। मेधातिथिगोविन्दराजौ तु यथोक्तेनैव कल्पेनेति "नृणामकृतचूडानाम्" इत्येतदुक्तेन विधिना शुद्ध्यन्तीति व्याचक्षाते। अत्रच व्याख्याने पुत्रवत्कन्यायामपि चूडाकरणादूर्ध्वं मरणे त्र्यहाशौचं स्यात्। तच्चादिपुराणाद्यने-कवचनविरुद्धम्।।७२।।

On the death of a betrothed, (though) unmarried girl, her friends (such as her affianced husband, father, etc. become purified after the expiry of three days; her Sapiṇḍa relations also become purified after the expiry of the same period. (72)

अक्षारलवणान्नाः स्युर्निमज्जेयुश्च ते त्र्यहम्।
मांसाशनं च नाश्नीयुः शयीरंश्च पृथक् क्षितौ।।७३।।

मुक्ता०:—क्षारलवणं कृत्रिमलवणं तद्रहितमन्नमश्नीयुः। त्रिरात्रं नद्यादौ स्नानमाचरेयुः। मांसं च न भक्षयेयुः। भूमौ चैकाकिनः शयनं कुर्युः।।७३।।

During the term of a (death-uncleanness) they shall eat their meals without any (artificial) salt, must bathe on each of the three days of uncleanness), forswear meat-diet, and sleep separately on the ground. (73)

सन्निधावेष वै कल्पः शावाशौचस्य कीर्तितः।
असन्निधावयं ज्ञेयो विधिः संबन्धिबान्धवैः॥७४॥

मुक्ता०:—मृतस्य सन्निधावेकस्थानावस्थानादहः परिज्ञाने शावाशौचस्य विधिरयमुक्तः। देशान्तारावस्थानादज्ञाने सत्ययं वक्ष्यमाणो विधिः सम्बन्धिबान्धवैर्ज्ञार्तव्यः। सम्बन्धिनः सपिण्डाः। समानोदका बान्धवाः॥७४॥

The mode of observing a death-uncleanness (by Bandhus and relations), residing in the vicinity, has been described; the following should be known as the mode of observing it by Bandhus and relations, residing at a distance. (74)

विगतं तु विदेशस्थं शृणुयाद्यो ह्यनिर्दशम्।
यच्छेषं दशरात्रस्य तावदेवाशुचिर्भवेत्॥७५॥

मुक्ता०:—विगतं मृतं विदेशस्थं विप्रकृष्टदेशस्थमनिर्दशमनिर्गतदशाहाद्यशौचकालं यः शृणोति स यदवशिष्टं दशरात्राद्याशौचस्य तावत्कालमविशुद्धो भवति। विगमतित्युपलक्षणं जननेऽप्येतदवगन्तव्यम्। तथाच बृहस्पति-"अन्यदेशमृतं ज्ञातिं श्रुत्वा वा पुत्रजन्म च। अनिर्गते दशाहे तु शेषाहोभिर्विशुद्ध्यति"॥७५॥

Happening to hear of the death of a relation in a distant country, within ten days of its occurrence, he shall remain unclean for the unexpired portion of (the period of) ten days. (75)

अतिक्रान्ते दशाहे च त्रिरात्रमशुचिर्भवेत्।
संवत्सरे व्यतीते तु स्पृष्ट्वैवापो विशुद्ध्यति॥७६॥

मुक्ता०:—"नाशौचं प्रसवस्यास्ति व्यतीतेषु दिनेष्वपि" इति देवलवचनान्मरणविषयं वचनमिदम्। सपिण्डमरणे दशाहाशौचेऽतिक्रान्ते त्रिरात्रमशुद्धो भवति, संवत्सरे पुनरतीते स्नात्वैव विशुद्ध्यति। एतच्चाविशेषेणाभि-धानाच्चातुर्वर्ण्यविषयम्॥७६॥

If he hears it after the expiry of ten days, he shall remain impure for three days only. Happening to learn it after one year of its occurrence, he shall regain his purity by bathing. (76)

निर्दशं ज्ञातिमरणं श्रुत्वा पुत्रस्य जन्म च।
सवासा जलमाप्लुत्य शुद्धो भवति मानवः॥७७॥

मुक्ता०:—दशाहाशौचव्यवगमे कर्मानर्हत्वलक्षणस्य त्र्यहाशौचस्योक्तत्वात्तदङ्गास्पर्शविषयम्। निर्गतदशाहसपिण्डमरणं श्रुत्वां पुत्रस्य जन्म च श्रुत्वा सचैलं स्नात्वा स्पृश्यो भवति॥७७॥

Happening to hear of the birth of his son, or of the death of his relation, ten days after its occurence, a man becomes purified by bathing with his clothes on. (77)

बाले देशान्तरस्थे च पृथक् पिण्डे च संस्थिते।
सवासा जलमाप्लुत्य सद्य एवं विशुद्ध्यति॥७८॥

मुक्ता०:—बालेऽजातदन्ते मृते जातदन्ते "नृणामकृतचूडानां" (अ. ५ श्लो. ६७) इत्येकाहोरात्राभिधानाद्देशान्तरस्थे च सपिण्डे मृत इत्येकाहाशौचविषयम्। पूर्वश्लोके दशाहाशौचिनस्त्र्यहविधानात्पृथक्पिण्डे समानोदके त्रिरात्रमुक्तम्। तत्र त्रिरात्रव्यपगमे सर्वेष्वेषु सचैलं स्नात्वा सद्यो विशुद्धो॥७८॥

On the death of a *Samānodaka* relation, or of a childdead before teething in a distant country, he shall be purified by bathing with all his clothes on. (78)

अन्तर्दशाहे स्यातां चेत्पुनर्मरणजन्मनी।
तावत्स्यादशुचिर्विप्रो यावत्तत्स्यादनिर्दशम्॥७९॥

मुक्ता०:—दशाहादिमध्ये यदि पुनर्मरणे मरणं जनने जननं स्यात्पुनःशब्दात्सजातीयाबगमात्तदा तावत्कालमेव विप्रादिरशुद्धः स्यात्। यावत्पूर्वजातदशाहाद्यशौचं नापगतं स्यात्तावत्पूर्वाशौचव्यपगमैनेव द्वितीयेऽपि मृतके सूतके च शुद्धिरित्यर्थः॥७९॥

A birth or death uncleanness, occuring within the term of a pre-exiting one, must abate with expiry of the latter (*i.e.,* the previous uncleanness). (79)

त्रिरात्रमाहुराशौचमाचार्ये संस्थिते सति।
तस्य पुत्रे च पत्न्यां च दिवारात्रमिति स्थितः॥८०॥

मुक्ता०:—आचार्ये मृते सति शिष्यस्य त्रिरात्रमाशौचं वदन्ति। तत्पुत्रपत्न्योश्च मृतयोरहोरात्रमित्येषा शास्त्रमर्यादा॥८०॥

It is said that, one's uncleanness incidental to the death of his preceptor, lasts for three days; that on the death of a preceptor's son or wife is for one day and night. (80)

श्रोत्रिये तूपसंपन्ने त्रिरात्रमशुचिर्भवेत्।
मातुले पक्षिणी रात्रिं शिष्यर्त्विग्बान्धवेषु च॥८१॥

मुक्ता०:—वेदशास्त्राध्यायिन्युपसम्पन्ने मैत्रादिना तत्समीपवर्तिनि तद्गृह-वासिनीत्यर्थः। तस्मिन्मृते त्रिरात्रेण शुद्धो भवति। मातुलर्त्विक्शिष्यादिषु पक्षिणीरात्रिं व्याप्याशौचम्। द्वे अहनी पूर्वोत्तरे पक्षाविव यस्याः सा पक्षिणी॥८१॥

On the death of one's fellow student of the *Vedas* in the same house, the period of uncleanness is three days: On the death of one's brother, disciple or priest, he shall remain impure for two days and the night between them (Pakṣini). (81)

प्रेते राजनि सज्योतिर्यस्य स्याद्विषये स्थितः।
अश्रोत्रिये त्वहः कृत्स्नमनूचाने तथा गुरौ॥८२॥

मुक्ता०:—यस्य देशे ब्राह्मणादिः स्थितस्तस्मिन्राजनि कृताभिषेके क्षत्रिये मृते सज्योतिराशौचं स्यात्। सह ज्योतिषा वर्तत इति सज्योतिः। यदि दिवा मृतस्तदा यावत्सूर्यज्योति स्तावदाशौचं, यदि रात्रौ मृतस्तदा यावत्तारकाज्योतिस्तावदाशौचं, यदि रात्रौ मृतस्तदा यावत्तारकाज्योतिस्तावदाशौचम्। श्रोत्रिये त्रिरात्रमुक्तम्। अश्रोत्रिये पुनस्तद्गृहे मृते कृत्स्नं दिनमात्रमाशौचं नतु रात्रवपि। रात्रौ मृते रात्रावेवेत्यवगन्तव्यम्। साङ्गवेदाध्यायिनि "स्वल्पं वा बहु वा यस्य" (अ. २ श्लो. १४९) इत्येतन्निर्दिष्टे गुरावप्यहर्मात्रमेव॥८२॥

On the death of the king of the country wherein he resides, let him observe a death uncleanness for the day or night in which the death has occurred. The period of uncleanness in respect of the death of a Veda-ignorant or Veda-knowing *preceptor*, is for the entire day or night in which the death has occurred. (82)

शुद्ध्येद्विप्रो दशाहेन द्वादशाहेन भूमिपः।
वैश्यः पञ्चदशाहेन शूद्रो मासेन शुद्ध्यति॥८३॥

मुक्ता०:—उपनीतसपिण्डमरणे सम्पूर्णकालीनजनने च वृत्तस्वाध्यायादिरहितब्राह्मणो दशाहेन शुद्धो भवति। क्षत्रियो द्वादशाहेन। वैश्यः पञ्चदशाहेन। शूद्रो मासेन। तस्य चोपनयनस्थाने विवाहः॥८३॥

A *Brāhmaṇa* shall regain his purity after ten days; a *Kṣatriya*, after twelve days; a *Vaiśya*, after fifteen days; and a *Śūdra*, after a month. (83)

न वर्धयेदघाहानि प्रत्यूहेन्नाग्निषु क्रियाः।
न च तत्कर्म कुर्वाणः सनाभ्योऽप्यशुचिर्भवेत्॥८४॥

मुक्ता०:—यस्य तु वृत्तस्वाध्यायाद्यपेक्षया पूर्वम् "अर्वाक्संयचनादस्थानम्" (अ. ५ श्लो ५९) इत्याद्याशौचसंकोच उक्तः स निष्कर्मा सुखमासिष्ये इति बुद्ध्या नाशौचदिनानि दशाहादिरूपतया वर्धयेत्संकुचिताशौचदिनेष्वपि। अग्निष्विति बहुवचनाच्छ्रौताग्निष्वग्निहोत्रहोमान्न विघातयेत्। स्वयं कुर्यादशक्तौ वा पुत्रादीन्कारयेत्। अत्रैव हेतुमाह। यस्मात्तत्कर्माग्निहोत्ररूपं कुर्वाणः पुत्रादिः सपिण्डो नाशुचिर्भवति। तदाह पारस्करः "नित्यानि विनिवर्तन्ते वैतानवर्जं। वैतानं श्रौतो होमः गार्हपत्यकुण्डस्थानग्नीनाहवनीयादिकुण्डेषु वितत्य क्रियते" इति। तथाच शङ्खलिखितौ "अग्निहोत्रार्थं स्नानोपस्पर्शनाच्छुचिः"। जाबालोऽप्याह–"जन्महानौ वितानस्य कर्मलोपो न विद्यते। शालाग्नौ केवलो होमः कार्य एवान्यगोत्रजैः"। छन्दोगपरिशिष्टमपि–"मृतके कर्मणां त्यागः संध्यादीनां विधीयते। होमः श्रौते तु कर्तव्यः शुष्कान्नेनापि वा फलैः"। तस्मादेकाहत्र्यहाद्याशौचसंकोचे सन्ध्यादीनामेव परित्यागो नतु श्रौतहोमस्य। एकाहयहाद्यपगमे तु संध्यापञ्चमहायज्ञादिसर्वमेवानुष्ठेयम्। अतो यन्मेधातिथिगोविन्दराजाभ्यामन्यथाप्यभिधायि" एकाहत्र्यहाद्यशौचसंकोचोऽयं होमस्वाध्यायमात्रविषयः संध्योपासनादिकं तु तेनापि दशाहमेव न कर्तव्यम्" इति तन्निष्प्रमाणकम्। यत्तु गौतमेन "राज्ञां च कर्मविरोधाद्ब्रह्मणस्य स्वाध्यायानिवृत्त्यर्थम्," याज्ञवल्क्येन च–"ऋत्विजां दीक्षितानां च" (अ. ३ श्लो. २८) इत्यादिना सद्यःशौचमुक्तं तत्सर्वेषामेव दशाहाद्यशौचिनामपि तत्कर्मविषयम्। यानि तूभयत्र दशाहानि "कुलस्यान्नं न भुञ्जीत" इत्यादीनि दशाहं तत्तत्कर्मनिषेधकानि वचनानि तानि दशहाशौचविषयाणीति न कश्चिद्विरोधः। तस्माद्धोमस्वाध्यायमात्रार्थं सुगुणे अशौचलाघवं न सन्ध्योपासनार्थमितीदं निष्प्रमाणम्॥८४॥

Let him not extend the period of uncleanness, nor cease to make the *Vedic fire* offerings; if he gets them done by a *Sapiṇḍa* proxy, he does not become impure. (84)

दिवाकीर्तिमुदक्यां च पतितं सूतिकां तथा।
शवं तत्स्पृष्टिनं चैव स्पृष्ट्वां स्नानेन शुद्ध्यति॥८५॥

मुक्ता०:—चाण्डालं, रजस्वलां, ब्रह्महादिकं, प्रसूतां,, दशाहाभ्यन्तरे शवं शवस्पृष्टिनं च स्पृष्ट्वा स्नानेन शुद्धो भवति। केचित्तु तत्स्पृष्टिनमिति चाण्डालोदक्यादिभिः सर्वैः सम्बन्धयन्ति। गोविन्दराजस्तु याज्ञवल्क्यवचनाच्छवस्पृष्टिनमेव तत्स्पृष्टिनमाह नोदक्यादि स्पृष्टिनं तत्राचमनविधानात् तदाह याज्ञवल्क्यः-"उदक्याशुचिभिःस्नायात्सं स्पृष्टस्तैरुपस्पृशेत्" (अ. ३ श्लो. ३०) उदक्याशुचिभिः स्पृष्टः स्नानं कुर्यात्। उदक्याशौचिभिः स्पृष्टैः स्पृष्टस्तूपस्पृशेदाचामेत्॥८५॥

Happening to touch a Cāṇḍāla, a woman in her flow, a degraded person, a (newly) parturient woman, a dead body, or a person who has touched a corpse, one shall regain his purity by bathing. (85)

आचम्य प्रयतो नित्यं जपदेशुचिदर्शने।
सौरान्मन्त्रान्यथोत्साहं पावमानीश्च शक्तितः॥८६॥

मुक्ता०:—श्राद्धदेवपूजादिसंचिकीर्षुः स्नानाचमनादिना प्रयतः सन्प्रकृत-चाण्डालाद्यशुचिदर्शने सति "उदुत्यं जातवेदसम्" इत्यादिसूर्यदैवतमन्त्रान्यथासामर्थ्यं पावमानीश्च शक्तया जपेत्॥८६॥

Having seen an unholy sight after the performance of *Ācamanam* (sipping water) in connection with a daily religious rite, one must diligently mutter the Mantras sacred to the sun god, or any other sacred Mantras, to the best of his ability. (86)

नारं स्पृष्ट्वास्थि सस्नेहं स्नात्वा विप्रो विशुद्ध्यति।
आचम्यैव तु निःस्नेहं गामालभ्यार्कमीक्ष्य वा॥८७॥

मुक्ता०:—मानुषास्थि स्नेहसंयुक्तं स्पृष्ट्वा ब्राह्मणदिः स्नानेन विशुद्ध्यति। स्नेहशून्यं पुनः स्पृष्ट्वा आचम्य गोस्पर्शार्कावेक्षणयोरन्यतरत्कृत्वा विशुद्धो भवति॥८७॥

Happening to touch a human skeletal bone, smeared

with grease or marrow, a *Brāhmaṇa* shall regain his purity by bathing; having touched such a dry bone, he shall purify himself by touching a cow, or by looking at the sun. (87)

आदिष्टी नोदकं कुर्यादाव्रतस्य समापनात्।।
समाप्ते तूदकं कृत्वा त्रिरात्रेणैव शुद्ध्यति।।८८।।

मुक्ता०:—व्रतादेशनमादिष्टं तदस्यास्तीति ब्रह्मचारी स प्रेतोदकमाव्रतसमापनान्न कुर्यात्। उदकमिति पूरकपिण्डषोडशश्राद्धादिसकलप्रेतकृत्योपलक्षणम्। समाप्ते पुनर्ब्रह्मचर्ये प्रेतोदकं कृत्वा त्रिरात्रमशौचं कृत्वा विशुद्धो भवति। एतच्च मातापित्राचार्यव्यतिरिक्तविषयम्। तदाह वसिष्ठः-"ब्रह्मचारिणः शवकर्मणा व्रतान्निवृत्तिरन्यत्र मातापित्रोर्गुरोर्वा"। शवकर्मणेति शवनिमित्तकेन निर्हरणदहनोदकदानपूर्वक-पिण्डषोडशश्राद्धादिकर्मणा। वक्ष्यति "च आचार्यं स्वमुपाध्यायम्" (अ. ५ श्लो. ९१) इति।।८८।।

A religious student (Brahmacārin), before fulfilling his vow, must not do obsequious rites unto the spirits of his departed relations; after completion of his vow he shall observe a death-uncleanness for three days, and thereafter regain his purity by offering libations of water unto them. (88)

वृथा सङ्करजातानां प्रव्रज्यासु च तिष्ठताम्।
आत्मनस्त्यागिनां चैव निवर्तेतोदकक्रिया।।८९।।

मुक्ता०:—जातशब्दः प्रत्येकमभिसम्बध्यते। वृथाजातानां बाहुल्येन त्यक्तस्वधर्माणां संकरजातानां हीनवर्णेनोत्कृष्टस्त्रीषूत्पन्नानां वेदबाह्यरक्तपटादिप्रव्रज्यासु वर्तमानानाम-शास्त्रीयविषोद्बन्धनादिना कामतश्च कृतजीवितत्यागिनामुदकादिक्रिया न कर्तव्या।।८९।।

Unto the (souls of) persons of hybrid castes begotten by men of inferior castes on woman of superior castes and unto the souls of ascetics and of men who have committed suicide libations of water must not be offered, after death. (89)

पाषण्डमाश्रितानां च चरन्तीनां च कामतः।
गर्भभर्तृद्रुहां चैव सुरापीनां च योषिताम्।।९०।।

मुक्ता०:—वेदबाह्यरक्तपटमौञ्जादिव्रतचर्या पाषण्डं तदनुतिष्ठन्तीनां स्वच्छन्द-

मेकानेकपुरुषगामिनीनां गर्भपातनभर्तृवधकारिणीनां द्विजातिस्त्रीणां सुरापीना-मुदकक्रियौर्ध्वदैहिकं निवर्तत इति पूर्वेण सम्बन्धः॥९०॥

(Similarly), not unto the spirits of atheists, defilers of the *Vedas*, moral wantons, and wives who had been drunkards, or faithless to their husbands, or guilty of committing abortions of pregnancy. (90)

आचार्यं स्वमुपाध्यायं पितरं मातरं गुरुम्।
निर्हृत्य तु व्रती प्रेतान्न व्रतेन वियुज्यते॥९१॥

मुक्ता०:—आचार्यं उपनयनपूर्वकं संपूर्णशाखाध्यापयिता, उपाध्यायो वेदैकदेशस्याङ्गस्य वाध्यापकः, वेदस्य वेदानां चैकदेशस्यापि व्याख्याता गुरुः। निर्हरणापूर्वकत्वात्प्रेतकृत्यस्य निर्हृत्येति दाहदशाहपिण्डषोडशश्राद्धादिसकलप्रेतकृत्यस्य प्रदर्शनार्थमाचार्यादीन्पञ्च मृतान्निर्हृत्य ब्रह्मचारी न लुप्तव्रतो भवति। एवंचान्यान्निर्हृत्य व्रतलोपो भवतीति गम्यते। आचार्यं स्वमित्यभिधानात् "गुरोर्गुरौ सन्निहिते गुरुवृत्तिमारचरेत्" (अ. २ श्लो. २०५) इति न्यायान्नाचार्याचार्यमपि। स्वमिति सर्वत्र सम्बध्यते तेनोपाध्यायोपाध्यायमपि निर्हृत्य व्रतलोप एव॥९१॥

For carrying, or cremating the dead body of his own initiator in *Brahmanism*, or of his preceptor, father, mother, or of any other superior relation, a religious student (Brahmacārin) must not be considered as dis-associated (*i.e.* to have broken) with his vow. (91)

दक्षिणेन मृतं शूद्रं पुरद्वारेण निर्हरेत्।
पश्चिमोत्तरपूर्वैस्तु यथायोगं द्विजन्मनः॥९२॥

मुक्ता०:—अमाङ्गलिकत्वादत्यन्तापकृष्टशूद्रक्रमेणाभिधानम्। शूद्रं मृतं दक्षिणपुरद्वारेण निर्हरेत्। द्विजातीन्पुनर्यथायोगं यथायुक्त्यापकृष्टवैश्यक्षत्रियविप्रक्रमेणैव पश्चिमोत्तरपूर्वद्वारेण निर्हरेत्॥९२॥

The corpse of a deceased *Śūdra* must be carried out of his house through the eastern door of its southern portion; that of a *Vaiśya,* through the western door, that of a *Kṣatriya* through the northern door, and that of a *Brāhmaṇa* through the eastern exit. (92)

न राज्ञामघदोषोऽस्ति व्रतिनां न च सत्रिणाम्।
ऐन्द्रं स्थानमुपासीना ब्रह्मभूता हि ते सदा॥९३॥

मुक्ता०:—राज्ञामभिषिक्तक्षत्रियाणां सपिण्डमरणादावशौचदोषो नास्ति। यतो राजान ऐन्द्रं स्थानं राज्याभिषेकाख्यमाधिपत्यकारणं प्राप्ताः। व्रतिनो ब्रह्मचारिणश्चान्द्रायणादिव्रतकारिणश्च, सत्रिणां गवामयनादियागप्रवृत्ताः। यतो ब्रह्मभूतास्ते ब्रह्मैव निष्पापाः। अशौचाभावश्चायं कर्मविशेषे। तदाह विष्णुः-"अशौचं न राज्ञां राजकर्मणि न व्रतिनां व्रते न सत्रिणां सत्रे"। राजकर्मणि व्यहारदर्शनशान्ति होमादिकर्मणि।।९३।।

Kings (*i.e.*, crowned and duly anointed sovereigns of the Kṣatriya caste), *Brahmacārins*, and celebrators of *Vedic sacrifices* are never affected by death or birth-uncleanness, inasmuch as the kings are the representatives of *Indra* (on earth), and the two last named ones are those of *Brahmā*. (93)

राज्ञो महात्मिके स्थाने सद्यः शौचं विधीयते।
प्रजानां परिरक्षार्थमासनं चात्र कारणम्।।९४।।

मुक्ता०:—महात्मनं इदं स्थानं माहात्मिकं राज्यपदाख्यं सर्वाधिपत्यलक्षणं महात्मैव प्राचीनपुण्यराज्यमासादयति तस्मिन्वर्तमानस्य सद्यःशौचमुपदिश्यते। नतु राज्यप्रच्युतस्य क्षत्रियजातेरपि। अत्र जातिरविवक्षितेत्यनेन श्लोकेन दर्शितम्। यतो न्यायनिरूपणेन दुर्भिक्षेऽन्नदानेनोपसेर्गेषु शान्तिहोमादिना प्रजारक्षार्थं राज्यासानेष्ववस्थानम-शौचाभावेच कारणम्। तच्चाक्षत्रियाणामपि तत्कार्यकारिणां विप्रवैश्यशूद्रणामविशिष्टम्। अतएव सोमकार्यकारिणी फलचमसे सोमधर्मा अतएव व्रीहिधर्मान्वितया श्रुतमप्यवघातादि तत्कार्यकारित्वस्य विवक्षितत्वात्प्रकृतौ यवे विकृतौ च नीवारादिषु सम्बध्यत इति कर्ममीमांसायां तत्तदधिकरणेषु निरणायि।।९४।।

In respect of a king, seated on the glorious cushion of sovereignty, the (period of) uncleanness is laid down as one day only, the reason being that sovereignty exists for the protection and welfare of the subjects. (94)

डिम्भाहवहतानां च विद्युता पार्थिवेन च।
गोब्राह्मणस्य चैवार्थे यस्य चेच्छति पार्थिवः।।९५।।

मुक्ता०:—डिम्भाहवो नृपरहितयुद्धं तत्र हतानां, विद्युता वज्रेण, पार्थिवेन वधार्हेऽपराधे हतेगोब्राह्मणरक्षणार्थं विनापि युद्धं जलग्निव्याघ्रादिभिर्हतानां, यस्य पुरोहितादेः स्वकार्याविघातार्थं नृपतिरशौचाभावमिच्छति तस्यापि सद्यःशौचम्।।९५।।

No uncleanness exists in respect of the death of persons, killed in a battle not conducted by the king, or struck dead by lightning, or killed in execution of the sentences of royal tribunals (lit, king's commands), as well as in respect of the death of those whose deaths by the king's command should not give rise to such uncleanness. (95)

सोमाग्न्यर्कानिलेन्द्राणां वित्ताप्पत्योर्यमस्य च।

अष्टानां लोकपालानां वपुर्धारयते नृपः॥९६॥

मुक्ता०:—चन्द्राग्निसूर्यवायुशक्रयमानां वित्तस्यापां च पत्योः कुबेरवरुणयोरेवमष्टानां लोकपालानां सम्बन्धि देहं राजा धारयति॥९६॥

The king is the embodiment of the (energies of the) eight lords or regions such as, the moon, the fire, the air, the sun, *Indra*, the lord of wealth (*Kuvera*), the lord of waters (*Varuṇa*) and *Yama*. (96)

ततः किमत आह-

लोकेशाधिष्ठितो राजा नास्याशौचं विधीयते।

शौचाशौचं हि मर्त्यानां लोकेशप्रभवाप्ययम्॥९७॥

मुक्ता०:—यतो लोकेशांशाक्रान्तो नृपतिरतो नास्याशौचमुपदिश्यते। यस्मान्मनुष्याणां यच्छौचमशौचं वा तल्लोकेशेभ्यः प्रभवति विनश्यति च। अप्ययो विनाशः। एतेनान्यदीयशौचाशौचोत्पादनविनाशशक्तस्य लोकेश्वररूपस्य नृपतेः कुतः स्वकीयाशौचमिति पूर्वोक्ताशौचाभावस्तुतिः॥९७॥

Sovereignty is founded on the energies of the lords of the eight regions; hence, a king is not affected by uncleanness. How can he, whose commands make mortals subject to cleanness and uncleanness, be himself affected by uncleanness. (97)

उद्यतैराहवे शस्त्रैः क्षत्रधर्महतस्य च।

सद्यः संतिष्ठते यज्ञस्तथाशौचमिति स्थितिः॥९८॥

मुक्ता०:—उद्यतैः शस्त्रैः खड्गादिभिर्नतु लगुडपाषाणादिभिरपराङ्मुखत्वादिक्षत्रियधर्मयुक्तसंग्रामे हतस्य तत्क्षणादेव ज्योतिष्टोमादियज्ञः संतिष्ठते। समाप्तिमेति तत्पुण्येन युज्यत इत्यर्थः। तथाशौचमपि तत्क्षणादेव समाप्तिमेति इयं शास्त्रे मर्यादा॥९८॥

A person, killed with an uplifted weapon (such as a sword, etc.) in battle in discharge of the duties of a Kṣatriya, instantaneously acquires the merit of (an Agniṣṭoma), sacrifice, and is at that moment purged of uncleanness. (98)

विप्रः शुद्ध्यत्यपः स्पृष्ट्वा क्षत्रियो वाहनायुधम्।

वैश्यः प्रतोदं रश्मीन्वा यष्टिं शूद्रः कृतक्रियः॥९९॥

मुक्ता०:—अशौचान्ते कृतश्राद्धादिकृत्यो ब्राह्मणोऽपः स्पृष्टेति जलस्पर्शमात्रं दक्षिणहस्तेन कृत्वा शुद्धो भवति नतु "संवत्सरे व्यतीते तु स्पृष्टैरद्भिर्विशुद्ध्यति" इतिवत् स्नात्वा वाहनादिस्पर्शसाहचर्यात्स्पृष्टेत्यस्य च सकृदुच्चरितस्यार्थभेदस्यान्याय्यत्वात्क्षत्रियो हस्त्यादिवाहनं खड्गाद्यस्त्रं च, वैश्यो बलीवर्दादिप्रतोदं लोहप्रोताग्रं योक्त्रं वा, शूद्रो यष्टिं वंशदण्डिकाम्॥९९॥

After the performancne of the *Śrāddha* and at the expiry of the period of uncleannes, a *Brāhmaṇa* is purified by sipping water; a *Kṣatriya*, by touching a weapon and a charger; A *Vaiśya*, by touching a goading stick and the reins (of a horse); and a *Śūdra*, by touching a stick. (99)

एतद्वोऽभिहितं शौचं सपिण्डेषु द्विजोत्तमाः।

असपिण्डेषु सर्वेषु प्रेतशुद्धिं निबोधत॥१००॥

मुक्ता०:—भो द्विजश्रेष्ठाः, एतच्छौचं सपिण्डेशु प्रेतेषु युष्माकमुक्तम्। इदानीमसपिण्डेषु प्रेतशुद्धिं शृणुत॥१००॥

O you foremost of *Brāhmaṇas,* thus I have related to you the rules of cleanness among the *Sapiṇḍa* relations of the deceased, now hear me describe the rules of cleanness to be observed by the *Asapiṇḍa* relations of the deceased. (100)

असपिण्डं द्विजं प्रेतं विप्रो निर्हृत्य बन्धुवत्।

विशुद्ध्यति त्रिरात्रेण मातुराप्तांश्च बान्धवान्॥१०१॥

मुक्ता०:—असपिण्डं ब्राह्मणं मृतं ब्राह्मणो बन्धुवत्स्नेहानुबन्धेन न त्वदृष्टबुद्ध्येत्यर्थादुक्तम्। मातुश्चाप्तान्सन्निकृष्टान्सहोदरभ्रातृभगिन्यादीन्बान्धवान्निर्हृत्यत्रिरात्रेण शुद्धो भवति॥१०१॥

A *Brāhmaṇa,* having carried and cremated the corpse of an Asapiṇḍa relation, like a relation, becomes pure after three days's uncleanness,. Similarly, having carried and cremated the corpse of a deceased and intimate relation (uterine brother or sister of his mother), he shall observe a period of three days' uncleanness. (101)

यद्यन्नमत्ति तेषां तु दशाहेनैव शुद्ध्यति।

अनदन्नन्नमह्नैव न चेत्तस्मिन्गृहे वसेत्॥१०२॥

मुक्ता०:–निर्हारको यदि तेषां मृतस्य सपिण्डानामाशौचिनामन्नमश्नाति तदा तद्दशाहेनैव शुद्ध्यति न त्रिरात्रेण। अथ तेषामन्नं नाश्नाति, गृहे च तेषां न वसति, निर्हरति च तदाहोरात्रेणैव शुद्ध्यति। एवं च तद्गृहवासे सति तदन्नाभोजिनो निर्हारकस्य पूर्वोक्तं त्रिरात्रम्॥१०२॥

Having partaken of the food in the house of his deceased *Asapiṇḍa* relation (during the term of uncleanness), a *Brāhmaṇa* shall remain unclean for ten days, his mere residence in the house without partaking of the food (of the family) will make him unclean for one day only. (102)

अनुगम्येच्छया प्रेतं ज्ञातिमज्ञातिमेव च।

स्नात्वा सचैलः स्पृष्ट्वाऽग्निं घृतं प्राश्य विशुद्ध्यति॥१०३॥

मुक्ता०:–ज्ञातिमज्ञातिं वा मृतमिच्छातोऽनुगम्य सचैलस्नानं च कृत्वा ततोऽग्निं च स्पृष्ट्वा पश्चाद्घृतप्राशनं कृत्वा अनुगमननिमित्ताशौचाद्विशुद्ध्यति॥१०३॥

Having followed the corpse of a deceased person, whether related to him as a congnate or not, a man shall effect his purification by bathing with all his clothes on, by touching fire, and by drinking clarified butter (after that). (103)

न विप्रं स्वेषु तिष्ठत्सु मृतं शूद्रेण नाययेत्।

अस्वर्ग्या ह्याहुतिः सा स्याच्छूद्रसंस्पर्शदूषिता॥१०४॥

मुक्ता०:–ब्राह्मणादिं मृतं समानजातीयेषु स्थितेषु न शूद्रेण पुत्रादिर्निर्हारयेत्। यस्मात्साशरीराहुतिः शूद्रस्पर्शदुष्टा सती मृतस्य स्वर्गाय हिता न भवति। मृतं स्वर्गं न प्रापयतीत्यर्थः। स्वेषु तिष्ठत्स्वित्यभिधानाद्ब्राह्मणाभावे क्षत्रियेण तदभावे वैश्येन तदभावे शूद्रेणापि निर्हारयोदित्युक्तं यथापूर्वं श्रेष्ठत्वादस्वर्ग्यदोषश्च ब्राह्मणादिसदभावे शूद्रेण निर्हरणे सति बोद्धव्यः। गोविन्दराजस्तु दोषनिर्देशात्स्वेषु तिष्ठत्स्वित्यविवक्षितमित्याह। तदयुक्तम्। संभवदर्थपदद्वयोच्चारणवैयर्थ्यप्रसङ्गादुपक्रमावगतेश्च वेदोदितन्यायेनानुबोध्य-

त्वाद्गुणभूतशुद्ध्यनुरोधेन प्रधानभूताया जातेरुपेक्षायां गुणलोपेनामुख्यस्येत्यपि न्यायेन बाध्येत। तस्मात्स्वेषु तिष्ठत्स्विति पदद्वितयं न विवक्षितम्। इमां गोविन्दराजस्य राजाज्ञां नाद्रियामहे।।१०४।।

In the event of his having had relations of his own, the corpse of a deceased *Brāhmaṇa* must not be carried by *Śūdras;* such a corpse (lit. bodily oblation of death), defiled by the touch of the Śūdras, leads not its spirit to heaven. (104)

ज्ञानं तपोऽग्निराहारो मृन्मनो वार्युपाञ्जनम्।
वायुः कर्मार्ककालौ च शुद्धेः कर्तॄणि देहिनाम्।।१०५।।

मुक्ता०:—ज्ञानादीनि शुद्धेः साधनानि भवन्ति। तत्र ब्रह्मज्ञानं बुद्धिरूपानतःकरणशुद्धेः साधनम्। यथा वक्ष्यति "बुद्धिर्ज्ञानेन शुद्ध्यति" (अ. ५ श्लो. १०९) तपो यथा "तपसा वेदवित्तमाः" (अ. ५ श्लो. १०७) अग्निर्यथा "पुनः पाकेन मृन्मयम्" (अ. ५ श्लो. २२२) आहारो यथा "हविष्येण यवाग्वा" (अ. ११ श्लो. १०६) इति। मृद्वारिणी यथा "मृद्वार्यादेयमर्थवत्" (अ. ५ श्लो. १३४) इति। मनो यथा "मनः पूतं समाचरेत्" (अ. ६ श्लो. १४६) इति। संकल्पविकल्पात्मकं मनो, निश्चयात्मिका बुद्धिरिति मनोबुद्ध्योर्भेदः। उपाञ्जनमुपलेपनं यथा "मार्जनोपाञ्जनैर्वेश्म"। कर्म यथा "यजेत वाऽश्वमेधेन" (अ. ११ श्लो. ७४) इत्यादि। अर्को यथा "गामालभ्यार्कमीक्ष्य वा"। कालो यथा "शुद्ध्येद्विप्रो दशाहेन" (अ. ५ श्लो. ८३) वायोस्तु शुद्धिहेतुत्वं मनुनानुक्तमपि "पन्थानश्च विशुद्ध्यन्ति सोमसूर्यांशुमारुतैः" इति विष्ण्वादावुक्तं ग्राह्यम्।।१०५।।

Knowledge (of Brahma), yoga and penitential austerities (Tapas), the fire, food, the earth, conviction, water, pastes and unguents, the air, deed, the sun and time are the purificators of embodied creatures. (105)

सर्वेषामेव शौचानामर्थशौचं परं स्मृतम्।
योऽर्थे शुचिर्हि स शुचिर्न मृद्वारिशुचिः शुचिः।।१०६।।

मुक्ता०:—सर्वेषां मृद्वारिनिमित्तदेहशौचमनश्शौचादीनां मध्यादर्थशौचमन्यायेन परधनहरणपरिहारेण यद्धनेहा तत्परं प्रकृष्टं मन्वादिभिः स्मृतम्। यस्माद्योऽर्थे शुद्धः स शुद्धो भवति। यः पुनर्मृद्वारिशुचिरर्थे चाशुद्धः सोऽशुद्ध एव।।१०६।।

Of all purifications (or purities) the purification or

purity of the mind is the greatest purification or purity. He who is pure in intent (thought or idea) is truly pure. Purification with the help of clay and water is no (real) purification. (106)

क्षान्त्या शुद्ध्यन्ति विद्वांसो दानेनाकार्यकारिणः।

प्रच्छन्नपापा जप्येन तपसा वेदवित्तमाः॥१०७॥

मुक्ता०:–परेणापकारे कृते तस्मिन्प्रत्यपकारबुद्ध्यनुत्पत्तिरूपया पण्डिताः शुद्धन्ति। यथाच वक्ष्यति–"महायज्ञक्रियाः क्षमा। नाशयन्त्याशु पापानि" इति। अकार्यकारिणो दानेन। यथा वक्ष्यति–"सर्वस्वं वा वेदविदे ब्राह्मणाय" इति। अप्रख्यातपापा जप्येन। यथा वक्ष्यति–"जपंस्तूपवसेद्दिनम्" इति। वेदवित्तमाः वेदार्थचान्द्रायणादितपोविदः तपसेत्येकादशाध्याये वक्ष्यमाणेन॥१०७॥

Through forbearance the erudite are purified, through gifts wrong-doers are made pure. Sinners in secret are purified by mutterring or mentally repeating (Yapya), the sacred Mantras, and the foremost of Veda-knowing *Brāhmaṇas* are purified through the practice of penitential austerities. (107)

मृत्तोयैः शुद्ध्यते शोध्यं नदी वेगेन शुद्ध्यति।

रजसा स्त्री मनोदुष्टा संन्यासेन द्विजोत्तमः॥१०८॥

मुक्ता०:–मलाद्यपहतं शोधनीयं मृज्जलैः शोच्यते। नदी प्रवाहश्च श्लेष्माद्यशुचिदूषितो वेगेन शुद्धयति। स्त्री च परपुरुषमैथुनसङ्कल्पादि दूषितमानसा प्रतिमासार्तवेन तस्मात्पोपाच्छुद्धा भवति। ब्राह्मणश्च संन्यासेन षष्ठाध्यायमिधेयेन पापाच्छुध्यति॥१०८॥

Things to be purified are purified with clay and water; a river is purified by its current; a woman, by her flow; and the best of *Brāhmaṇas,* by asceticism. (108)

अद्भिर्गात्राणि शुद्ध्यन्ति मनः सत्येन शुद्ध्यति।

विद्यातपोभ्यां भूतात्मा बुद्धिर्ज्ञानेन शुद्ध्यति॥१०९॥

मुक्ता०:–स्वेदाद्यपहतान्यङ्गानि जलेन क्षालितानि शुद्धयन्ति। मनश्च निषिद्धचिन्तादिना दूषितं सत्यामिधानेन शुद्धयति। भूतात्मा सूक्ष्मादिलिङ्ग-शरीरावच्छिन्नो जीवात्मा ब्रह्मविद्यया पाप क्षयहेतुतया तपसा च शूद्धो भवति। शुद्धः

परमात्मरूपेणावतिष्ठते। बुद्धिश्च विपर्ययनज्ञानोपहता यथार्थविषयज्ञानेन शुद्धयति॥१०९॥

Water purifies the limbs and bodily members (of a person); truthfulness purifies the mind; the individualised Self is purified by knowledge and penitential austerities; and intellect (Discriminative faculty) is pruified by knowledge. (109)

एष शौचस्य वः प्रोक्तः शारीरस्य विनिर्णयः।

नानाविधानां द्रव्याणां शुद्धेः शृणुत निर्णयम्॥११०॥

मुक्ता०:—अयं शरीरसंबन्धिनः शौचस्य युष्माकं निश्चय उक्तः। इदानीं नानाप्रकारद्रव्याणां ऐन यच्छुद्धयति तस्य निर्णयं शृणुत॥११०॥

Thus the mode of purification in respect of your persons has been described; now hear me discourse on the mode of purifying various articles (and substances). (110)

तैजसानां मणीनां च सर्वस्याश्ममयस्य च।

भस्मनाद्भिर्मृदा चैव शुद्धिरुक्ता मनीषिभिः॥१११॥

मुक्ता०:—तैजसानां सुवर्णादीनां मरकतादिमणीनां पाषाणमयस्य च सर्वस्य भस्मना जलेन मृत्तिकया च मन्वादिभिः शुद्धिरक्ता। निर्लेपस्य जलेनैवान्तरं शुद्धेर्वक्ष्यमाणत्वादिदमुच्छिष्टघृतादिलिप्तविषयम्। तत्र मृद्भस्मनोर्गन्धक्षयैक-कार्यत्वाद्विकल्पः। आपस्तूभयत्र समुच्चीयन्ते॥१११॥

The purification of all gems, metallic articles, and things made of stone should be effected with the help of water, ashes and earth. This is what has been said by the wise. (111)

निर्लेपं काञ्चनं भाण्डमद्भिरेव विशुद्धयति।

अब्जमश्ममयं चैव राजतं चानुपस्कृतम्॥११२॥

मुक्ता०:—उच्छिष्टादिलेपरहितं सौवर्णभाण्डं, जलभवं च शङ्खमुक्तादि, पाषाणमयं च राजतमनुपस्कृतं रेखादिगुणान्तराधानरहितं तथाविधमलासंभवाज्जलेनैव भस्मादिरहिनैन शुद्धयति॥११२॥

A golden vessel, bereft of smear (i.e., not smeared with grease or any unclean paste), is purified by washing it with water; the same rule holds goods in respect of articles made of stone, of aquatic substances, and of unstriated articles of silver. (112)

अपामग्नेश्च संयोगाद्धैमं रौप्यं च निर्बभौ।
तस्मात्तयोः स्वयोन्यैव निर्णेको गुणवत्तरः॥११३॥

मुक्ता०:—"अग्निर्वै वरुणानीरकामयत" इत्यादि वेदे श्रूयते। तथा "अग्नेः सुवर्णमिन्द्रियम्, वरुणानीनां रजतम्" इत्यादिश्रुतिष्वग्न्यापः संयोगात्सुवर्णं रजतं चोद्भूतं यस्मादतस्तयोः स्वेन कारणेनैव जलेनात्यन्तोपघातेनाग्निना निर्णेकः शुद्धिहेतुर्गुणवत्तरः प्रशस्ततरः॥११३॥

Silver and gold have originated from the fire and water, hence the purification of gold and silver should be effected with fire and water, their parent substances. (113)

ताम्रायःकांस्यरैत्यानां त्रपुणः सीसकस्य च।
शौचं यथार्हं कर्त्तव्यं क्षाराम्लोदकवारिभिः॥११४॥

मुक्ता०:—अयो लोहं, रीतिः पित्तलं तद्भवं पात्रं रैत्यं, त्रपु रङ्गं, एषां भस्माम्लोदकैः शोधनं कर्तव्यम्। यथार्हं यस्य यदर्हति। "अम्भसा हेमरौप्यायःकांस्यं शुद्ध्यति भस्मना। अम्लैस्ताम्रं च रैत्यं च पुनःपाकेन मृन्मयम्" इति बृहस्पत्यादिवचनाद्विशेषोऽत्र बोद्धव्यः॥११४॥

Articles, made of copper, iron, bell-metal, brass, zinc, or lead, should be respectively purified with alkali (ashes), acid and water, as suited to each of them (see Bṛhaspati Saṁhitā). (114)

द्रवाणां चैव सर्वेषां शुद्धिरुत्पवनं स्मृतम्।
प्रोक्षणं संहतानां च दारवाणां च तक्षणम्॥११५॥

मुक्ता०:—द्रवाणां घृततैलानां काककीटाद्युपहतानां बौधायनादि-वचनात्प्रसृतिमात्रप्रमाणानां प्रादेशप्रमाणकुशपत्रद्वयाभ्यामुत्पवनेन शुद्धिः। संहतानां च शय्यादीनामुच्छिष्टाद्युपघाते प्रोक्षणं, दारवाणां चात्यन्तोपघाते तक्षणेन॥११५॥

All fluid substances (such as oil), clarified butter, etc. defiled by a crow, or by a fly) should be purified by stirring them (with a ladle). Articles, made of the combination of several other things, should be purified by sprinkling water over them, and wooden articles should be purified by scraping them. (115)

मार्जनं यज्ञपात्राणां पाणिना यज्ञकर्मणि।

चमसानां ग्रहाणां च शुद्धिः प्रक्षालनेन तु॥११६॥

मुक्ता०:—चमसानां ग्रहाणां चान्येषां यज्ञपात्राणां पूर्वं पाणिना मार्जनं कार्यं पश्चात्प्रक्षालनेन यज्ञे कर्तव्ये शुद्धिर्भवति॥११६॥

During the celebration of a religious sacrifice, sacrificial vessels are purified by rubbing them with the palm of hand, while landle and spoons are purified by washing them. (116)

चरूणां स्रुक्स्रुवाणां च शुद्धिरुष्णेन वारिणा।

स्फ्यशूर्पशकटानां च मुसलोलूखलस्य च॥११७॥

मुक्ता०:—स्नेहाक्तानां चरुस्रुगादीनामुष्णजलेन शुद्धिः। स्नेहाद्ययुक्तानां तु जलमात्रेणैव शुद्धिर्यज्ञार्थम्॥११७॥

Sacrificial porridge, and sacrificial spoons and ladles, known as *Sruk and Sruva*, are purified by washing them with hot water; winnows, carts, pestles and mortars are purified by washing them with hot water. (117)

अद्भिस्तु प्रोक्षणं शौचं बहूनां धान्यवाससाम्।

प्रक्षालनेन त्वल्पानामद्भिः शौचं विधीयते॥११८॥

मुक्ता०:—बहूनां धान्यानां वस्त्राणां च चाण्डालाद्युपघाते जलेन प्रोक्षणाच्छुद्धिः। बहुत्वं च पुरुषभारहार्याधिकत्वमिति व्याचक्षते। तदल्पानां तु प्रक्षालनाच्छुद्धिर्मन्वादिभिरुपदिश्यते॥११८॥

A pile of paddy or clothes, (defiled by any impure contact), is purified by sprinkling water over it; a small quantity of paddy, or a small number of clothes is purified by washing it with water. (118)

चैलवच्चर्मणां शुद्धिर्वैदलानां तथैव च।

शाकमूलफलानां च धान्यवच्छुद्धिरिष्यते॥११९॥

मुक्ता०:—स्पृश्यपशुचर्मणां वंशादिदलनिर्मितानां च वस्त्रवच्छुद्धिर्भवति। शाकमूलफलानां च धान्यवच्छुद्धिः॥११९॥

The purification of Bamboo articles, as well as of those made leather should be effected in the manner of clothes; whereas the purification of Śākas, fruit and bulbs should be made in the manner of paddy. (119)

कौशेयाविकयोरूषैः कुतपानामरिष्टकैः।

श्रीफलैरंशुपट्टानां क्षौमाणां गौरसर्षपैः॥१२०॥

मुक्ता०ः—कृमिकोशोद्भवस्य वस्त्रस्य, मेषादिलोमप्रभवस्य कम्बलादेः, ऊषैः क्षारमृत्तिकाभिः, कुतपानां नेपालकम्बलानामरिष्टकैररिष्टचूर्णैः, अंशुपट्टानां पट्टशाटकानां बिल्वफलैः, क्षौमाणां दुकूलानां क्षुमावल्कलभवानां वस्त्राणां तु पिष्टश्वेतसर्ष-प्रक्षालनाच्छुद्धिः॥१२०॥

Wearing stuffs, made of the threads of silk-worm-cocoons (Kauśeya), and stuffs made of sheep's wool must be purified with alkali; blankets, such as are manufactured in the country of *Nepal*, must be purified with *Nimva leaves*; cloths made of flax and *Jute-twists* must be purified with *Vilva fruit*, while those made of bark-twists (Kṣauma) must be purified with white mustard seeds. (120)

क्षौमवच्छङ्खशृङ्गाणामस्थिदन्तमयस्य च।

शुद्धिर्विजानता कार्या गोमूत्रेणोदकेन वा॥१२१॥

मुक्ता०ः—शङ्खस्य पशुशृङ्गाणां स्पृश्यपश्वस्थिभवस्य गजादिदन्तस्य च क्षौमवत्पिष्टश्वेतसर्षपकल्केन गोमूत्रजलयोरन्यतरयुक्तेन शास्त्रविदा शुद्धिः कर्तव्या॥१२१॥

Let the knowing one effect the purification of articles made of horns, conch-shells, bones, or teeth (tusks) in the manner of Kṣauma cloths, or with water and cow's urine. (121)

प्रोक्षणात्तृणकाष्ठं च पलालं चैव शुद्ध्यति।

मार्जनोपाञ्जनैर्वेश्म पुनःपाकेन मृण्मयम्॥१२२॥

मुक्ता०ः—तृणकाष्ठपलालं च चाण्डालादिस्पर्शदूषितं प्रोक्षणेन शुद्ध्यति। तृणपलालसाहचर्यादिदमिन्धनादिकाष्ठविषयम्। दारवाणां च तक्षणमिति निर्मितदारुमयगृहपात्रविषयम्। गृहमुदक्यानिवासादिदूषितं मार्जनगोमयाद्युलेपनेन। मृण्मयभाण्डमुच्छिष्टादिस्पर्शदूषितं पुनःपाकेन शुद्ध्यति॥१२२॥

Wood, weeds, straws, etc., are purified by sprinkling water over them, a room is purified by washing and plastering it (with cowdung, etc.,) while earthen vessels are purified by baking them again. (122)

मद्यैर्मूत्रैः पुरीषैर्वा ष्ठीवनैः पूयशोणितैः।
संस्पृष्टं नैव शुद्ध्येत पुनःपाकेन मृण्मयम्॥१२३॥

मुक्ता०:—मद्यादिभिस्तु संस्पृष्टं मृण्मयपात्रं पुनःपाकेनापि न शुद्ध्यति। ष्ठीवनं श्लेष्मा। पूयं शोणितविकारः॥१२३॥

Earthen vessels, defiled by the touch of urine, faeces, sputam, pus or blood, are not purified by rebaking them. (123)

संमार्जनोपाञ्जनेन सेकेनोल्लेखनेन च।
गवां च परिवासेन भूमिः शुद्ध्यति पञ्चभिः॥१२४॥

मुक्ता०:—अवकरशोधनेन गोमयाद्युपलेपनेन गोमूत्रोदकादिसेकेन खात्वा कतिपयमृदपनयनेन गवामहोरात्रनिवासेन पञ्चभिरेकैकशो भूमिः शुद्ध्यति। एषां चोच्छिष्टमूत्रपुरीषचण्डालनिवासाद्युपघातगौरवलाघवाभ्यां समुच्चयविकल्पाववगन्तव्यौ॥१२४॥

A ground, (defiled by stool; by urine, or by the residence of a *Cāṇḍāla* thereon and such like causes), is purified by brooming, plastering, washing, and scraping it, or by keeping kine thereon. (124)

पक्षिजग्धं गवाघ्रातमवधूतमवक्षुतम्।
दूषितं केशकीटैश्च मृत्प्रक्षेपेण शुद्ध्यति॥१२५॥

मुक्ता०:—भक्ष्यपक्षिभिर्नतु काकगृध्रादिभिः कश्चिद्भागो यस्य भक्षितः, गवा यस्य घ्राणं कृतं, पदा चावधूतमुपरि कृतक्षुतं, केशकीटदूषितं जग्धशब्दलिङ्गादन्नमल्पं मृत्प्रक्षेपेण शुद्ध्यति॥१२५॥

An article, nibled by a bird (whose flesh may be eaten), or smelled by a cow, or spitted upon, or trampled under foot, or defiled by the touch of an insect or hair, is purified by throwing earth over it. (125)

यावन्नापैत्यमेध्याक्ताद्गन्धो लेपश्च तत्कृतः।

तावन्मृद्वारि चादेयं सर्वासु द्रव्यशुद्धिषु॥१२६॥

मुक्ता०:—विष्ठादिलिप्तात्द्रव्याद्यावत्तत्संबन्धिनौ गन्धलेपौ तिष्ठतस्तावत्द्रव्यमुद्धृत्य मृद्वारि प्रक्षिप्य ग्रहीतव्यम्। यत्रच वसामज्जादौ मृदा शुद्धिस्तत्र मृत्सहितं जलग्रहणं कर्तव्यम्। यत्र कर्णमलादौ जलेनैव शुद्धिस्तत्र जलमात्रमित्यवगन्तव्यम्॥१२६॥

An article, smeared with any impure substance, must be rubbed with earth and washed with water until the smear and its foul smell are removed. This is the rule in respect of the purification of all articles. (126)

त्रीणि देवाः पवित्राणि ब्राह्मणानामकल्पयन्।

अदृष्टमद्भिर्निर्णिक्तं यच्च वाचा प्रशस्यते॥१२७॥

मुक्ता०:—केनापि प्रकारेणादृष्टोपघातहेतुसंसर्गमदृष्टम्। संजातोपघातशङ्कायां जलेन प्रक्षालितम्। तदाह हारीतः-"यद्यन्मीमांस्यं स्यात्तत्तदद्भिः स्पर्शाच्छुद्धं भवति"। उपघातशङ्कायामेव पवित्रं भवत्विति यत्प्रशस्यते तानि त्रीणि पवित्राणि देवाः ब्राह्मणानां कल्पितवन्तः॥१२७॥

The gods have ordained three things as pure for *Brāhmaṇas*, viz., those which have not been found to be any wise polluted, those washed with water, and those declared as pure by speech (word). (127)

आपः शुद्धा भूमिगता वैतृष्ण्यं यासु गोर्भवेत्।

अव्याप्ताश्चेदमेध्येन गन्धवर्णरसान्विताः॥१२८॥

मुक्ता०:—यत्परिमाणास्वप्सु गोः पिपासाविच्छेदो भवति ता आपो गन्धवर्णरसशालिन्यः सत्यः यद्यमेध्यलिप्ता न भवन्ति तदा विशुद्धभूमिगता विशुद्धाः स्युः। भूमिगता इति विशुद्धभूमिसंबन्धप्रदर्शनाय न त्वन्तरिक्षगतानां निवृत्त्यर्थम्॥१२८॥

That quantity of water, which is enough for a cow to quench her thirst with, if it stays on the ground, not bereft of its proper smell and colour, and undefiled by the contact of any impure thing, should be regarded as pure. (128)

नित्यं शुद्धः कारुहस्तः पण्ये यच्च प्रसारितम्।

ब्रह्मचारिगतं भैक्ष्यं नित्यं मेध्यमिति स्थितिः॥१२९॥

मुक्ता०:–कारोर्मालाकारादेर्देवब्राह्मणाद्यर्थेऽपि माल्यादिग्रथने द्रव्यप्रयोजनाद्यपेक्षया शुद्धिविशेषाकरणेऽपि स्वभावादेव हस्तः सर्वदा शुद्धः। तथा जननमरणयोरपि स्वव्यापारे शुद्धः। "न त्वाशौचं कारूणां कारुकर्मणि" इति वचनात्। तथा यद्विक्रेतव्यं पण्यवीथिकायां प्रसारितं "नापणनीयमन्नमश्नीयात" इति शङ्खवचनात्सिद्धान्नव्यतिरिक्तं तदनेकक्रेतृकरस्पर्शेऽपि शुद्धमेव। तथाच ब्रह्मचार्यादिगतभैक्ष्यमनाचान्तस्त्रीदत्तमपि रथ्यादिक्रमेणऽपि सर्वदा शुद्धमिति शास्त्रमर्यादा।।१२९।।

Always pure is the hand of a maker of flower garlands, always pure in the shop is an article spread out for sale, and always pure is the article of gift in the possession of a *Brahmacārin*. This is the conclusion of the *Śāstras*. (129)

नित्यमास्यं शुचि स्त्रीणां शकुनिः फलपातने।
प्रस्रवे च शुचिर्वत्सः श्वा मृगग्रहणे शुचिः।।१३०।।

मुक्ता०:–सर्वदा स्त्रीणां मुखं शुचि, तथा काकादिपक्षिणां चञ्चूपघातपतितं फलं शुचि, वत्समुखं च दोहसमये क्षीरप्रक्षरणे शुचि, श्वा च यदा मृगादीन्हन्तुं गृह्णाति तदा तत्र व्यापारे शुचिः स्यात्।।१३०।।

Always pure are the faces of women, pure is the bird in the act of felling down a fruit; pure is the mouth of a calf at the time of milching a cow, and pure is the mouth of a dog in catching a game in a hunt. (130)

श्वभिर्हतस्य यन्मांसं शुचि तन्मनुरब्रवीत्।
क्रव्याद्भिश्च हतस्यान्यैश्चण्डालाद्यैश्च दस्युभिः।।१३१।।

मुक्ता०:–कुक्कुरैर्हतस्य मृगादेर्यन्मांसं तच्छुचि मनुरवोचत्। तच्छ्राद्धाद्यतिथि-भोजनादावेव द्रष्टव्यम्। अन्यैश्चाममांसादिभिर्व्याघ्रश्येनादिभिश्च व्याधदिभिश्च मृगवधजीविभिर्हतस्य।।१३१।।

Pure is the flesh of an animal killed by a dog; as well pure is the flesh of an animal killed by a *Cāṇḍāla*, or by a carnivorous beast. This is what *Manu* has said. (131)

ऊर्ध्वं नाभेर्यानि खानि तानि मेध्यानि सर्वशः।
यान्यधस्तान्यमेध्यानि देहाच्चैव मलाश्च्युताः।।१३२।।

At all times pure are the external ducts of organs situated

above one's umbilicus, always impure are the ducts of organs situated below the navel, as well as the refuse matter which are secreted or discharged through them. (132)

मक्षिका विप्रुषश्छाया गौरश्वः सूर्यरश्मयः।

रजो भूर्वायुरग्निश्च स्पर्शे मेध्यानि निर्दिशेत्॥१३३॥

मुक्ता०:—माक्षिका अमेध्यस्पर्शिन्योऽपि, विप्रुषो मुखनिःसृता अल्पा जलकणाः, छाया पतितादेर्हीनस्पर्शस्यापि, गवादीनि चाग्निपर्यन्तानि चण्डालादिस्पृष्टानि स्पर्शे शुचीनि जानीयात्॥१३३॥

Flies, particles of saliva escaped out of the mouth, a shadow, the cow, the horse, the rays of the sun dusts carried in the air, earth fire and air have been held as pure in respect of their touch. (133)

विण्मूत्रोत्सर्गशुद्ध्यर्थं मृद्वार्यादेयमर्थवत्।

दैहिकानां मलानां च शुद्धिषु द्वादशस्वपि॥१३४॥

मुक्ता०:—विण्मूत्रमुत्सृज्येत येन स विण्मूत्रोत्सर्गः पाय्वादिस्तस्य शुद्ध्यर्थं मृद्वारि ग्रहीतव्यमर्थवत्प्रयोजनवत् यावता गन्धलेपक्षयो भवति। तथा शरीराणां वसादिमलानां संबन्धिषु द्वादशस्वपि गन्धलेपक्षयार्थं मृद्वारि ग्राह्यम्। तत्र स्मृत्यन्तरात्पूर्वषट्के मृज्जलग्रहणम्। उत्तरषट्के जलमात्रग्रहणम्। तदाह बौधायनः:- "आददीत मृदोऽपश्च षट्सु पूर्वेषु शुद्धये। उत्तरेषु च षट्स्वद्भिः केवलाभिर्विशुद्ध्यति॥" ततश्च द्वादशस्वपीति मानवं मृद्वारिग्रहणवचनं व्यवस्थया मृद्वारिणोर्ग्रहणे सति न विरुद्ध्यते। गोविन्दराजस्तु मनुबौधायनवचनसंदर्शनादुत्तरषट्केऽपि विकल्पमाह सच व्यवस्थितो दैवपित्राद्यदृष्टकर्मप्रवृत्ते उत्तरेष्वपि मृदमादद्यान्नान्यदा॥१३४॥

Earth and water, enough for the purpose, should be used purifying the parts after defication or urination, or after the discharge of any of the twelve aforesaid bodily excretions. (134)

वसा शुक्रमसृङ्मज्जा मूत्रविट् घ्राणकर्णविट्।

श्लेष्माश्रु दूषिका स्वेदो द्वादशैते नृणां मलाः॥१३५॥

मुक्ता०:—वसा कायस्नेहः, शुक्रं रेतः, असृक् रक्तं, मज्जा शिरे मध्ये पिण्डितस्नेहः, दूषिका अक्षिमलः, स्वेदः श्रमादिना देहनिःसृतं जलम्। वसादयो द्वादश नराणां दैहिका मला भवन्ति॥१३५॥

The fat, semen, blood, marrow, urine, faces, the waxy deposits in the ears and nostrils, phlegm (mucous) tears, sweat and the mucous deposit in the corners) of the eyes, these are the twelve refuse products of the bodies of men. (135).

एका लिङ्गे गुदे तिस्रस्तथैकत्र करे दश।
उभयोः सप्त दातव्या मृदः शुद्धिमभीप्सता॥१३६॥

मुक्ता०:–मूत्रपुरीषोत्सर्गे सति शुद्धिमभीप्सता "मृद्वार्यादेयमर्थवत्" (अ. ५ श्लो. १३४) इत्युक्तत्वाज्जलसहिता मृदेका लिङ्गे दातव्या, गुदे तिस्रो मृदः, तथैकस्मिन्करे वामे। "शौचविद्दक्षिणं हस्तं नाधः शौचे नियोजयेत्। तथैव वामहस्तेन नाभेरूर्ध्वं न शोधयेत्॥" इति देवलवचनात्तस्यैवाधःशौचसाधनत्वात्तत्रैव दश मृदो दातव्यास्तत उभयोः करयोः सप्त दातव्याः। यदा तूक्तशौचेनापि गन्धलेपक्षयो न भवतितदा यावदपैत्यमेध्याक्तांत् इति वचनादधिकसंख्यापि मृद्दातव्या। एतद्विषयाण्येव मुनीनामधिकमृत्संख्यावचनानि। मृत्परिमाणमाह दक्षः-"लिङ्गेऽपि मृत्समाख्याता त्रिपर्वी पूर्यते यया। द्वितीया च तृतीया च तदर्धार्धा प्रकीर्तिता॥" इति यदा तूक्तसंख्याया अल्पेनापि गन्धलेपक्षयो भवति तदा संख्यावाक्यारम्भसामर्थ्यात्संख्या पूरयितव्यैव॥१३६॥

A person, wishing purification, must rub his genitals once, his anus thrice, his left hand ten times, and his both hands seven times, with earth (clay) and water. (136)

एतच्छौचं गृहस्थानां द्विगुणं ब्रह्मचारिणाम्।
त्रिगुणं स्याद्वनस्थानां यतीनां तु चतुर्गुणम्॥१३७॥

मुक्ता०:–एका लिङ्ग इत्यादि यच्छौचमुक्तं तद्गृहस्थानामेव, ब्रह्मचारिणां द्विगुणं, वानप्रस्थानां त्रिगुणं, यतीनां पुनश्चतुर्गुणम्॥१३७॥

This is the (rule of) purification for house-holders; *Brahmacārins*, forest-dwelling hermits, and anchorites (Yatis) shall respectively double, treble and quadruple the number of purificatory measures laid down in the preceding couplet). (137)

कृत्वा मूत्रं पुरीषं वा खान्याचान्त उपस्पृशेत्।
वेदमध्येष्यमाणश्च अन्नमश्नंश्च सर्वदा॥१३८॥

मुक्ता०:–मूत्रपुरीषं कृत्वा कृतयथोक्तशौचस्त्रिराचान्त इन्द्रियच्छिद्राणि

शीर्षाण्यन्यानि च स्पृशेत् वेदाध्ययनं चिकीर्षन्, अन्नं वाश्नन्। यत्तु द्वितीयाध्याये "अध्येष्यमाणस्त्वाचान्तो" (अ. २ श्लो. ७०) "निवेद्य गुरवेऽश्नीयादाचम्य" (अ. २ श्लो. ५१) इत्युभयमुक्तं तद्व्रताङ्गत्वार्थं, इदं तु पुरुषार्थशौचायेत्य-पुनरुक्तिः॥१३८॥

After defecation or urination, after having eaten his meal, or wishing to study the *Vedas*, he shall sip water and touch the apertures of his ograns. (138)

त्रिराचामेदपः पूर्वं द्विःप्रमृज्यात्ततो मुखम्।
शारीरं शौचमिच्छन्हि स्त्री शूद्रस्तु सकृत्सकृत्॥१३९।

मुक्ता०:—आचान्त इति यदुक्तं तत्र विशेषमाह-

देहस्य शुद्धिमिच्छन्प्रथमं वारत्रयमपो भक्षयेत्। ततो द्विर्मुखं परिमृज्यात्। स्त्रीशूद्रश्चैकवारमाचमनार्थमुदकं भक्षयेत्॥१३९॥

Desiring the purification of his body, he must thrice sip water and thrice wash his mouth with water. Only once must a *Śūdra* and a woman do each of these things. (139)

शूद्राणां मासिकं कार्यं वपनं न्यायवर्तिनाम्।
वैश्यवच्छौचकल्पश्च द्विजोच्छिष्टं च भोजनम्॥१४०॥

मुक्ता०:—शूद्राणां कार्यमिति "कृत्यानां कर्तरि वा" (पा. सू. २।३।७१) इति कर्तरि षष्ठी। यथाशास्त्रव्यवहारिभिर्द्विजशुश्रूषकैः शूद्रैर्मासि मासि मुण्डनं कार्यं, वैश्यवच्चमृतसूतकादौ शौचकल्पोऽनुष्ठातव्यः द्विजोच्छिष्टं च भोजनम्। भुज्यत इति भोजनं कार्यमिति॥१४०॥

Following the path of equity, *Śūdras* must shave their heads once, each month, follow the rules of purification laid down in respect of the *Vaiśyas*, and eat the leavings of *Brāhmaṇas* food. (140)

नोच्छिष्टं कुर्वते मुख्या विप्रुषोऽङ्गे पतन्ति याः।
न श्मश्रूणि गतान्यास्यं न दन्तान्तरधिष्ठितम्॥१४१॥

मुक्ता०:—"निष्ठीव्योक्त्वानृतानि च" इति निष्ठीवतामाचमनविधानाद्विदुषामपि मुखान्निःसरणं निष्ठीवनमेवेति प्रसक्तौ शुद्ध्यर्थमपवादमाह-

मुखभवा विप्रषो या अङ्गे निपतन्ति ता उच्छिष्टं न कुर्वन्ति। तथा श्मश्रुलोमानि मुखप्रविष्टानि नोच्छिष्टतां जनयन्ति। दन्तावकाशस्थितं चान्नावयवादि नोच्छिष्टं कुरुते। अत्र गौतमीये विशेषः-दन्ताश्लिष्टेषु दन्तवदन्यत्र जिह्वाभिमर्षणात्प्राक् च्युतेरिति। एके "च्युतेष्वाहारवद्विद्यान्निगिरन्नेव तच्छुचिः॥१४१॥

Particles of saliva falling on the limbs, hairs of the beard getting into the mouth, and the particles of food retained in the interstices between the teeth must not be regarded as leavings of food (Ucchiṣṭam). (141)

स्पृशन्ति बिन्दवः पादौ य आचामयतः परान्।

भौमिकैस्ते समा ज्ञेया न तैराप्रयतो भवेत्॥१४२॥

मुक्ता०:—अन्येषामाचमनार्थं जलं ददतां ये बिन्दवः पादौ स्पृशन्ति न जङ्घादि विशुद्धभूमिष्ठोदकैस्तुल्यास्तेन नाचमनार्हो भवति। तदा तत्र च्यवनावस्थैरकृताचमनः शुद्ध्यति द्रव्यं च शुद्ध्यति॥१४२॥

Drops of water, falling down on the feet of one at the time of helping another to rinse his mouth with water, should be regarded as pure as the water, lying on the ground. (142)

उच्छिष्टेन तु संस्पृष्टो द्रव्यहस्तः कथञ्चन।

अनिधायैव तद्द्रव्यमाचान्तः शुचितामियात्॥१४३॥

मुक्ता०:—द्रव्यहस्तपदेन शरीरसंबन्धमात्रं द्रव्यस्य विवक्षितम्। आमणिबन्धात्पाणिं प्रक्षाल्येति द्रव्यहस्तस्याचमनासंभवात्स्कन्धादिस्थितद्रव्यो यद्युच्छिष्टेन संस्पृष्टो भवति, तदा द्रव्यमनवस्थाप्यैव कृताचमनः शुद्ध्यति द्रव्यं च शुद्धं भवति॥१४३॥

A person, with an article in his hand, happening to be touched by the leaving of food, shall recover his personal purity by sipping water, without placing the same article on the ground. (143)

वान्तो विरिक्तः स्नात्वा तु घृताप्राशनमाचरेत्।

आचामेदेव भूक्त्वाऽन्नं स्नानं मैथुनिनः स्मृतम्॥१४४॥

मुक्ता०:—कृतवमनः संजातविरेकः स्नात्वा घृतप्राशनं कुर्यात्। "दश विरेकान्विरिक्तः" इति गोविन्दराजः। यदि भुक्त्वा अनन्तरमेव वमति तदा आचमनमेव कुर्यान्न स्नानघृतप्राशने। मैथुनं च कृत्वा स्नायात्। इदं त्वृतुमीविषयम्॥१४४॥

After purgation or emesis (induced by a medicine) a person shall bathe and drink clarified butter; having belched after taking his meal, he must sip water in the manner of an Ācamanam. It is said that, after visiting the beds of their wives, men must purify their persons by bathing. (144)

सुप्त्वा क्षुत्त्वा च भुक्त्वा च निष्ठीव्योक्त्वा नृतानि च।
पीत्वाऽपोऽध्येष्यमाणश्च आचामेत्प्रयतोऽपि सन्॥१४५॥

मुक्ता०:—निद्राक्षुद्भोजनश्लेष्मनिरसनमृषावादजलपानादिकृत्वाध्ययनं चिकीर्षुः शुचिरप्याचामेत्। यत्तु "भुक्त्वा चोपस्पृशेत्सम्यक्" इति, तथा "अध्येष्यमाणस्त्वाचान्तः" (अ. २ श्लो. ७०) इति द्वितीयाध्यायोक्तं तद्व्रताङ्गत्वेन। इह तु भुक्त्वाचमनविधानं पुरुषार्थमध्ययनाङ्गतयाचमनविधानं गृहस्थादीनामपीति॥१४५॥

After having slept, sneezed, eaten, spitted, drunk water, or spoken a lie, or before commencing his Vedic study, let him assiduosusly do an (Ācamanam). (145)

एष शौचविधिः कृत्स्नो द्रव्यशुद्धिस्तथैव च।
उक्तो वः सर्ववर्णानां स्त्रीणां धर्मान्निबोधत॥१४६॥

मुक्ता०:—एष वर्णानां जननमरणादौ दशरात्रादिरशौचविधिः समग्रो द्रव्याणां तैजसादीनां चेलादीनां च जलादिना शुद्धिविधिर्युष्माकमुक्तः। इदानीं स्त्रीणामनुष्ठेयं धर्मं शृणुत॥१४६॥

Thus the mode of effecting the personal purification, as well as that of purifying (various) defiled articles has been elaborately and exhaustively described; now hear me discourse on the duties of women of all the (four) social orders. (146)

बालया वा युवत्या वा वृद्धया वाऽपि योषिता।
न स्वातन्त्र्येण कर्त्तव्यं किंचित्कार्यं गृहेष्वपि॥१४७॥

मुक्ता०:—बाल्ये यौवने वार्धके च वर्तमानया किंचित्सूक्ष्ममपि कार्यं भर्त्राद्यननुमतं न स्वातन्त्र्येण कर्त्तव्यमिति॥१४७॥

A girl, or a maid, or an old woman must not do anything independently (*i.e.*, at her own will) in the house. (147)

किन्तु–

बाल्ये पितुर्वशे तिष्ठेत्पाणिग्राहस्य यौवने।

पुत्राणां भर्तरि प्रेते न भजेत्स्त्री स्वतन्त्रताम्।।१४८।।

मुक्ता०:–किंतु बाल्ये पितुर्वशे तिष्ठेत्। यौवने भर्तुः। भर्तरि मृते पुत्राणाम्। तदभावे तत्सपिण्डेषु चासत्सु पितृपक्षः प्रभुः स्त्रियः। पक्षद्वयावसाने तु राजा भर्ता स्त्रिया मतः।।" इति नारदवचनाज्ज्ञातिराजादीनामायत्ता स्यात्कदाचिन्न स्वतन्त्रा भवेत्।।१४८।।

In childhood let her remain under the control of her father, under the control of her husband in youth; and under the control of her son after the demise of her lord in old age. A woman must not assume independence under any circumstances whatever. (148)

पित्रा भर्त्रा सुतैर्वाऽपि नेच्छेद्विरहमात्मनः।

एषां हि विरहेण स्त्री गर्ह्ये कुर्यादुभे कुले।।१४९।।

मुक्ता०:–पित्रा पत्या पुत्रैर्वा नात्मनो विरहं कुर्यात्। यस्मादेषां वियोगेन स्त्री बन्धकीभावं गतापि पतिपितृकुले निन्दिते करोति।।१४९।।

She must not wish separation from her father, husband or sons; a woman living separate from these (relatives) becomes condemnable in both families. (149)

सदा प्रहृष्टया भाव्यं गृहकार्येषु दक्षया।

सुसंस्कृतोपस्करया व्यये चामुक्तहस्तया।।१५०।।

मुक्ता०:–सर्वदा भर्तरि विरुद्धेऽपि प्रसन्नवदनतया गृहकर्मणि चतुरया सुशोधितकुण्डकटाहादिगृहभाण्डया व्यये चाबहुप्रदया स्त्रिया भवितव्यम्।।१५०।।

Skillful in her household duties, let her maintain a happy and cheerful frame of mind, keeping the furniture neat and tidy and avoiding extravagance. (150)

यस्मै दद्यात्पिता त्वेना भ्राता वानुमते पितुः।

तं शुश्रूषेत जीवन्तं संस्थितं च न लङ्घयेत्।।१५१।।

मुक्ता०:–यस्मै पिताएनां दद्यात्पितुरनुमत्या भ्रातां वा तं जीवन्तं परिचरेन्मृतं न नातिक्रामेत्। व्यभिचारेण तदीय श्राद्धतर्पणादिविरहितया पारलौकिककृत्यखण्डनेन च।।१५१।।

During the life-time of him unto whom her father, or her brother, with her father's consent, might have given her in marriage, him she must (devotedly) serve, and make no transgression against him, after his demise. (151)

मङ्गलार्थं स्वस्त्ययनं यज्ञश्चासां प्रजापतेः।

प्रयुज्यते विवाहेषु प्रदानं स्वाम्यकारणम्॥१५२॥

मुक्ता०:—यदासां सस्त्ययनशान्त्यनुमन्त्रवचनादिरूपं, यश्चासां प्रजापतियागः प्रजापत्युद्देशेनाज्यहोमात्मको विवाहेषु क्रियते तन्मङ्गलार्थमभीष्टसंपत्त्यर्थं कर्म। यत्पुनः प्रथम प्रदानं वाग्दानात्मकं तदेव भर्तुः स्वाम्यजनकम्। ततश्च वाग्दानादारभ्य स्त्री भर्तृपरतन्त्रा। तस्मात्तं श्रयेतेति पूर्वोक्तशेषः। यत्तु अष्टमे वक्ष्यते "तेषां निष्ठा तु विज्ञेया विद्वद्भिः सप्तमे पदे" (अ. ८ श्लो. २२७) इति तद्भार्यात्व-संस्कारार्थमित्यविरोधः॥१५२॥

The religious sacrifice, known as the *Prajāpatiyajña* and other bliss-giving rites should be instituted on the occasions of their marriage; for auspiciousness (*i.e.,* for fruition of the object of marriage); the formal giving away (betrothel, or giving of world according to Kullūka) creates the right of husbandship. (152)

यतः-

अनृतावृतुकाले च मन्त्रसंस्कारकृत्पतिः।

सुखस्य नित्यं दातेह परलोके च योषितः॥१५३॥

मुक्ता०:—यतः मन्त्रसंस्कारो विवाहस्तत्कर्ता भर्ता "ऋतावुपेयात्सर्वत्र वा प्रतिषिद्धवर्जम्" इति गोतमवचनादृतुकाले अन्यदा च नित्यमिह लोके च सुखस्य दाता तदाराधनेन च स्वर्गादिप्राप्तेः परलोकेऽपि सुखस्य दातेति॥१५३॥

The lawfully married husband, the doer of the rite of consercration by Mantra (*i.e.,* marriage); is at liberty to visit his wife during her menstrual period, or at any other time, since it is he who gives pleasure to the wife both in this world and the next. (153)

तस्मात्—

विशीलः कामवृत्तो वा गुणैर्वा परिवर्जितः।

उपचर्यः स्त्रिया साध्व्या सततं देववत्पतिः॥१५४॥

मुक्ता०:—सदाचारशून्यः ख्यन्तरानुरक्तो वा विद्यादिगुणहीनो वा तथापि साध्व्या स्त्रिया देववत्पतिराराधनीयः॥१५४॥

Like a deity a chaste wife shall always serve her husband, even if he be found devoid of learning, character and conjugal fidelity. (154)

यस्माच्च—

नास्ति स्त्रीणां पृथग्यज्ञो नव्रतं नाप्युपोषणम्।

पतिं शुश्रूषते येन तेन स्वर्गे महीयते॥१५५॥

मुक्ता०:—यथा भर्तुः कस्याश्चित्पत्न्या रजोयोगादिना अनुपस्थितावपि पत्न्यन्तरेण यज्ञनिष्पत्तिः तथा न स्त्रीणां भर्त्रा विना यज्ञसिद्धिः। नापि भर्तुरनुमतिमन्तरेण व्रतोपवासौ किंतु भर्तृपरिचर्ययैव स्त्री स्वर्गलोके पूज्यते॥१५५॥

A wife has no other religious rite of vow of her own than an unflinching devotion to her lord, whereby she will be glorified in heaven. (155)

पाणिग्राहस्य साध्वी स्त्री जीवतो वा मृतस्य वा।

पतिलोकमभीप्सन्ती नाचरेत्किञ्चिदप्रियम्॥१५६॥

मुक्ता०:—पत्या सह धर्माचरणेन योऽर्जितः स्वर्गादिलोकः तमिच्छन्ती साध्वी स्त्री जीवतो वा मृतस्य वा भर्तुर्न किंचिदप्रियमर्जयेत्। मृतस्याप्रियं व्यभिचारेण विहितश्राद्ध खण्डेनेन च॥१५६॥

A virtuous wife, desiring to attain the region of the husband, must not do any thing unpleasant to her lord, in life or death. (156)

कामं तु क्षपयेत्देहं पुष्पमूलफलैः शुभैः।

न तु नामापि गृह्णीयात्पत्यौ प्रेते परस्य तु॥१५७॥

मुक्ता०:—वृत्तिसंभवेऽपि पुष्पमूलफलैः पवित्रैश्च देहं क्षपयेदल्पाहारेण क्षीणं कुर्यात्। न च भर्तरि मृते व्यभिचारधिया परपुरुषस्य नामाप्युच्चारयेत्॥१५७॥

After the demise of her lord, let her control her passion by living on auspicious flowers, bulbs, and fruit, and never dream of taking the name of another man. (157)

एवं च सति–

आसीताऽऽमरणात्क्षान्ता नियता ब्रह्मचारिणी।

यो धर्म एकपत्नीनां काङ्क्षन्ती तमनुत्तमम्॥१५८॥

मुक्ता०:–क्षमायुक्ता नियमवती एकभर्तकाणां यो धर्म प्रकृष्टतमस्तमिच्छन्ती मधुमांसमैथुनवर्जनात्मकब्रह्मचर्यशालिनी मरणपर्यन्तं तिष्ठेत्। अपुत्रापि पुत्रार्थं न परपुरुषं सेवेत॥१५८॥

Forbearing, self-controlled, and emulating the excellent virtues of chaste wives, let her pass her whole life in the constant practice of asceticism, (for swearing meat, honey, wine and sexual intercourse, etc.) (158)

यस्मात्–

अनेकानि सहस्राणि कुमारब्रह्मचारिणाम्।

दिवं गतानि विप्राणामकृत्वा कुलसंततिम्॥१५९॥

मुक्ता०:–बाल्यत एव ब्रह्मचारिणामकृतदाराणां सनकवालखिल्यादीनां ब्राह्मणानां बहूनि सहस्राणि कुलवृद्ध्यर्थं संततिमनुत्पाद्यापि स्वर्गं गतानि॥१५९॥

Many thousands of celebrated *Brahmacārins* (such as, *Sanātka, Bālakhilyas,* etc.,) and thousands of *Brāhmaṇas* have gone to heaven (even) without (the merit of) procreating children. (159)

तस्मात्–

मृते भर्त्तरि साध्वी स्त्री ब्रह्मचर्ये व्यवस्थिता।

स्वर्गं गच्छत्यपुत्रापि यथा ते ब्रह्मचारिणः॥१६०॥

मुक्ता०:–साध्वाचारा स्त्री मृते भर्तर्यकृतपुरुषान्तरमैथुना पुत्ररहितापि स्वर्गं गच्छति। यथा ते सनकवालखिल्यादयः पुत्रशून्याः स्वर्गं गताः॥१६०॥

After the demise of her lord, a virtuous wife, by taking to the life of asceticism, may go to heaven, even though not blessed with a child, like the *Brahmacārins*. (160)

अपत्यलोभाद्या तु स्त्री भर्तारमतिवर्त्तते।

सेह निन्दामवाप्नोति पतिलोकाच्च हीयते॥१६१॥

मुक्ता०:—पुत्रो मे जायतां तेन स्वर्गं प्राप्स्यामीति लोभेन या स्त्री भर्तारमतिक्रम्य वर्तते। व्यभिचरतीत्यर्थः। सेह लोके गर्हां प्राप्नोति। परलोकं च स्वर्गं तेन पुत्रेण न लभते॥१६१॥

Out of a greed for progeny, a wife, who makes transgressions against her lord, acquires infamy in this life and is ousted of the region of conjugal felicity (lit. region) where virtuous wives are re-united with their husbands after death. (161)

अत्रैव हेतुमाह-

नान्योत्पन्ना प्रजास्तीह न चाप्यन्यपरिग्रहे।

न द्वितीयश्च साध्वीनां क्वचिद्भर्तोपदिश्यते॥१६२॥

मुक्ता०:—यस्माद्भर्तृव्यतिरिक्तेन पुरुषेणोत्पन्न सा प्रजा तस्याः शास्त्रीया न भवति। नचान्यपत्न्यामुत्पादितोत्पादकस्य प्रजा भवति। एतच्चा नियोगोत्पादितविषयम्। बहुभर्तृकेयमिति लोकप्रसिद्धेः द्वितीयोऽपि भर्तैव। तस्मादन्योत्पादितत्वमसिद्धमित्याशङ्क्याह-नेति। लोके गर्हाप्रसिद्धावपि साध्वाचाराणां न क्वचिच्छास्त्रे द्वितीयोपभर्तोपदिश्यते। एवं सति पुनर्भूत्वमपि प्रतिषिद्धम्॥१६२॥

A son, begotten by a man on another's wife, and vice versa can never be called a son, and nowhere a virtuous woman has been advised to take a second husband (in the Śāstra). (162)

पतिं हित्वाऽपकृष्टं स्वमुत्कृष्टं या निषेवते।

निन्द्यैव सा भवेल्लोके परपूर्वेति चोच्यते॥१६३॥

मुक्ता०:—अपकृष्टं क्षत्रियादिकं स्वकीयं पतिं त्यक्त्वोत्कृष्टं ब्राह्मणादिकं या आश्रयति सा लोके गर्हणीयैव भवति। परोऽन्यः पूर्वो भर्तास्या अभूदिति च लोकैरुच्यते॥१६३॥

A woman, who, discarding a former though inferior husband of her own marries a better and greater husband, (for the second time) is condemned in society and is called a fore-enjoyed wife (Parapurvā.) (163)

व्यभिचारफलमाह-

व्यभिचारात्तु भर्त्तुः स्त्री लोके प्राप्नोति निन्द्यताम्।
शृगालयोनिं प्राप्नोति पापरोगैश्च पीड्यते॥१६४॥

मुक्ता०:—परपुरुषोपभोगेन स्त्री इह लोके गर्हणीयतां लभते, मृता च शृगाली भवति, कुष्ठादिरोगैश्च पीड्यते॥१६४॥

For acts of infidelity to her lord, a wife becomes condemnable in society; she will be reborn as a she-jackal, afflicted with many a foul disease (such as leprosy, etc.). (164)

पतिं या नाभिचरति मनोवाग्देहसंयुता।
सा भर्तृलोकमाप्नोति सद्भिः साध्वीति चोच्यते॥१६५॥

मुक्ता०:—मनोवाग्देहसंयतेति विशेषणोपादानाद्या मनोवाग्देहैरेव भर्तारं न व्यभिचरति सा भर्तृमात्रनिष्ठमनोवाग्देहव्यापार त्वाद्भर्त्रा सहार्जिताँल्लोकान्प्राप्नोति। इह च शिष्टैः साध्वीत्युच्यते। वाङ्मनसाभ्यामपि पतिं न व्यभिचरेदिति विधानार्थो दैहिकव्यभिचारनिवृत्तेरक्ताया अप्यनुवादः॥१६५॥

Controlled in her speech, body and mind, a wife, who transgreses not her lord, attains the region of the husband and is glorified as a chaste woman by the world. (165)

अनेन नारीवृत्तेन मनोवाग्देहसंयता।
इहाग्र्यां कीर्तिमाप्नोति पतिलोकं परत्र च॥१६६॥

मुक्ता०:—अनेन स्त्रीधर्मप्रकारेणोक्तेनाचारेण पतिशुश्रूषाभर्त्रव्यभिचारादिना मनोवाक्कायसंयता स्त्री इह लोके च प्रकृष्टां कीर्तिं परत्र पत्या सहार्जितं च स्वर्गादिलोकं प्राप्नोतीति प्रकरणार्थोपसंहारः॥१६६॥

Controlled in her speech, body and mind, any by thus faithfully discharging the duties of matrimony, a woman (wife) acquires glory in this life and attains the region of the husband, after death. (166)

एवंवृत्तां सवर्णां स्त्रीं द्विजातिः पूर्वमारिणीम्।
दाहयेदग्निहोत्रेण यज्ञपात्रैश्च धर्मवित्॥१६७॥

मुक्ता०:—द्विजातिः समानवर्णां यथोक्ताचारयुक्तां पूर्वमृतां श्रौतस्मार्ताग्निभिर्यज्ञपात्रैश्च दाहधर्मज्ञो दाहयेत्॥१६७॥

A true-born one (Brāhmaṇa), shall cremate the corpse of such a dutiful wife, dead before him in the *Agni Hotra fire,* together with the wooden utensils used in that sacrifice. (167)

भार्यायै पूर्वमारिण्यै दत्त्वाऽग्नीनन्त्यकर्मणि।
पुनर्दारक्रियां कुर्यात्पुनराधानमेव च॥१६८॥

मुक्ता०:—पूर्वमृताया अन्त्यकर्मणि दाहनिमित्तमग्नीन्समर्प्य गृहस्थाश्रममिच्छन्नुत्पन्नपुत्रोऽनुत्पन्नपुत्रो वा पुनर्विवाहं कुर्यात्। स्मार्ताग्नीन्वा श्रोताग्नीन्वा आदध्यात्॥१६८॥

Having thus cremated his deceased wife, the surviving husband shall again marry a second wife, or pass the remainder of his life in doing fire-offerings. (168)

अनेन विधिना नित्यं पञ्चयज्ञान्न हापयेत्।
द्वितीयमायुषो भागं कृतदारो गृहे वसेत्॥१६९॥

मुक्ता०:—अनेन तृतीयाध्यायाद्युक्तविधिना प्रत्यहं पञ्चयज्ञान्न त्यजेत्। द्वितीयमायुर्भागं कृतदारपरिग्रहोऽनेनैव यथोक्तविधिना गृहस्थविहितान्धर्माननुतिष्ठेत्। गृहस्थधर्मत्वेऽपि पञ्चयज्ञानां प्रकृष्टधर्मज्ञापनार्थं पृथङ्निर्देशः॥१६९॥ क्षे. श्लो. २२॥

A house-holder must not abandon the performance of the five daily sacrifices, conformably to the rules stated before, and shall reside married in his house for the second division of his life. (169)

इति मानवे धर्मशास्त्रे भृगुप्रोक्तायां संहितायां पञ्चमोऽध्यायः॥५॥

इति श्रीकुल्लूकभट्टकृतायां मन्वर्थमुक्तावल्यां मनुवृत्तौ पञ्चमोऽध्यायः॥५॥

अथ षष्ठोऽध्यायः

Chapter - VI

एवं गृहाश्रमे स्थित्वा विधिवत्स्नातको द्विजः।
वने वसेत्तु नियतो यथावद्विजितेन्द्रियः॥१॥

मुक्ता०:—आश्रमसमुच्चयपक्षाश्रितो द्विजातिः कृतसमावर्तन उक्तप्रकारेण यथाशास्त्रं गृहाश्रममनुष्ठाय नियतः कृतनिश्चयो यथाविधानं वक्ष्यमाणधर्मेण यथार्हं विशेषेण जितेन्द्रियः। परिपक्कषाय इत्यर्थः। वानप्रस्थाश्रममनुतिष्ठेत्॥१॥

Having thus duly discharged the duties of the householder, a *Snātaka Brāhmaṇa,* with all the passions of his heart sobered and tranquilised, shall live, self-controlled, in the forest. (1)

गृहस्थस्तु यदा पश्येद्वलीपलितमात्मनः।
अपत्यस्यैव चापत्यं तदारण्यं समाश्रयेत्॥२॥

मुक्ता०:—गृहस्थो यदात्मदेहस्य त्वक्शैथिल्यं केशधावल्यं पुत्रस्य पुत्रं च पश्यति तथाविधवयीवस्थया विगतविषयरागतया वनमाश्रयेत्॥२॥

A house-holder, when he will find his hairs turned grey and the skin of his body furrowed with lines and wrinkles and see the son of his own son, shall resort to the forest. (2)

सन्त्यज्य ग्राम्यमाहारं सर्वं चैव परिच्छदम्।
पुत्रेषु भार्यां निक्षिप्य वनं गच्छेत्सहैव वा॥३॥

मुक्ता०:—ग्राम्यं व्रीहियवादिकं भक्ष्यं सर्वं च गवाश्वशय्यादिपरिच्छदं परित्यज्य विद्यमानभार्यश्च वनवासमनिच्छन्तीं भार्यां पुत्रेषु समर्प्य इच्छन्त्या सहैव वनं गच्छेत्॥३॥

Forswearing the use of all kinds of foodgrains, as well as that of vehicles and wearing apparels used by men in the village, and placing his wife under the protection of his son, or in her company, let him take refuge in the wood. (3)

अग्निहोत्रं समादाय गृह्यं चाग्निपरिच्छदम्।

ग्रामादरण्यं निःसृत्य निवसेन्नियतेन्द्रियः॥४॥

मुक्ता०:—श्रौताग्निमावसथ्याग्निमग्न्युपकरणं च स्रुक्स्रुवादि गृहीत्वा ग्रामादरण्यं निःसृत्य गत्वा संयतेन्द्रियः सन्निवसेत्॥४॥

Taking the *Śrauta* and the *Gṛhya*-fires, together with the spoons and ladles, etc., used in the *Agnihotra* offerings with him let him come out of the village, and live, peaceful and self-controlled, in the forest. (4)

मुन्यन्नैर्विविधैर्मेध्यैः शाकमूलफलेन वा।

एतान्येव महायज्ञान्निर्वपेद्विधिपूर्वकम्॥५॥

मुक्ता०:—मुन्यन्नैर्नीवारादिभिर्नानाप्रकारैः पवित्रैः शाकमूलफलैर्वारण्योद्भवैः। एतानेवेति गृहस्थस्यपूर्वोक्तान्महायज्ञान्यथाशास्त्रमनुतिष्ठेत्॥५॥

With foodgrains used by Munis (divine contemplators) and holy roots, fruit and *Śākas,* let him duly perform these five great sacrifices. (5)

वसीत चर्म चीरं वा सायं स्नायात्प्रगे तथा।

जटाश्च बिभृयान्नित्यं श्मश्रुलोमनखानि च॥६॥

मुक्ता०:—मृगादिचर्म वृक्षवल्कलं वा आच्छादयेत्। हारीतेन तु "वल्कलशाणचर्मचीरकुशमुञ्जफलकवासाः" इति विदधता वल्कलादिकमप्यनुज्ञातम्। सायंप्रातः स्नायात् जटाश्मश्रुलोमनखानि नित्यं धारयेत्॥६॥

Let him be clad in skin, rags, or barks of trees, bathe morning and evening each day, wear beard, moustache and clotted hair, and grow finger-nails. (6)

यद्भक्ष्यं स्यात्ततो दद्याद्बलिं भिक्षां च शक्तितः।

अम्मूलफलभिक्षाभिरर्चयेदाश्रमागतान्॥७॥

मुक्ता०:—यद्भुञ्जीत ततो यथाशक्ति बलिं भिक्षां च दद्यात्। बलिमिति तु वैश्वदेवनित्यश्राद्धयोरुपलक्षणम्। "एतानेव महायज्ञान्" (अ. ४ श्लो. २२) इति विहितत्वात् आश्रमागताञ्जलफलमूलभिक्षादानेन पूजयेत्॥७॥

Out of his own food let him make offerings and gifts to the best of his might to the poor, and worship (serve) the guests in his hermitage with offerings of water, fruit and edible roots. (7)

स्वाध्याये नित्ययुक्तः स्याद्दान्तो मैत्रः समाहितः।

दाता नित्यमनादाता सर्वभूतानुकम्पकः॥८॥

मुक्ता०:—वेदाभ्यासे नित्ययुक्तः स्यात्। शीतातपादिद्वन्द्वसहिष्णुः सर्वोपकारकः संयतमनाः सततं दाता प्रतिग्रहनिवृत्तः सर्वभूतेषु कृपावान्भवेत्॥८॥

Always devoted to the study of the *Vedas,* with all his senses under control, beneficient and compassionate to all, let him ceaselessly make gifts without receiving them from any one, and exert for the good of all creatures. (8)

वैतानिकं च जुहुयादग्निहोत्रं यथाविधि।

दर्शमस्कन्दयन्पर्व पौर्णमासं च योगतः॥९॥

मुक्ता०:—गार्हपत्यकुण्डस्थानामग्नीनामाहवनीयदक्षिणाग्निकुण्डयोर्विहारो वितानं तत्र भवं वैतानिकमग्निहोत्रं यथाशास्त्रमनुतिष्ठेत्। दर्शं पौर्णमासं च पर्वेति श्रौतस्मार्तदर्शपौर्णमासौ योगतः स्वकाले अस्कन्दयन्नपरित्यजन्, भार्यानिक्षेपपक्षे च रजस्वलायामिव भार्यायामेतेषामनुष्ठानमुचितम्। विशेषाश्रवणात्॥९॥

He must do the *Vaitānika Agnihotra* fire offering according to the *Regulation*, and perform the sacrifices on the days of the full and new moon in turn. (9)

ऋक्षेष्ट्याग्रयणं चैव चातुर्मास्यानि चाहरेत्।

तुरायणं च क्रमशो दाक्षस्यायनमेव च॥१०॥

मुक्ता०:—ऋक्षेष्टिर्नक्षत्रेष्टिः, आग्रयणं नवसस्येष्टिः, ऋक्षेष्ट्याग्रयणं चेति समाहारद्वन्द्वः। तथा चातुर्मास्यतुरायणदाक्षायणानि श्रौतकर्माणि क्रमेण कुर्यात्। अत्र केचित्। सर्वमेतच्छ्रौतं दर्शपौर्णमासादि कर्म वानप्रस्थस्य स्तुत्यर्थमुच्यते नत्वस्यानुष्ठेयं ग्राम्यव्रीह्यादिसाध्यत्वादेषां च। नच स्मृतिः श्रौताङ्गबाधने शक्तेत्याहुस्तदसत्। "वासन्तशारदैः" इत्युत्तरश्लोके मुन्यन्नैर्नीवारादिभिर्वानप्रस्थविषयतया स्पष्टस्य चरुपुरोडाशादिविधेर्बाधनस्यान्याय्यत्वात्। गोविन्दराजस्तु ब्रीह्यादिभिरेव कथंचिदरण्यजातैरेतान्निर्वर्तयिष्यत इत्याह॥१०॥

Successively he shall institute the religious sacrifices, known as *Ṛkṣeṣṭe, Agrayaṇa* (the harvest offering), and *Cāturmāsya,* as well as those which are respectively to be instituted under the auspicies of the two solstices *(Uttarāyaṇa* and *Dakṣiṇāyaṇa)*. (10)

वासन्तशारदैर्मेध्यैर्मुन्यन्नैः स्वयमाहृतैः।

पुरोडाशांश्चरुंश्चैव विधिवन्निर्वपेत्पृथक्॥११॥

मुक्ता०:—वसन्तोद्भवैः शरदुद्भवैमेध्यैर्यागाङ्गभूतैर्मुन्यन्नैर्नीवारादिभिः स्वयमानीतैः पुरोडाशांश्चरुन्यथाशास्त्रं तत्तद्यागादिसिद्धये संपादयेत्॥११॥

Let him separately offer oblations of sacrificial porridge, etc., cooked with foodgrains used by Munis, in *Spring* and *Autumn,* which he himself must glean for the purpose. (11)

देवताभ्यस्तु तद्धुत्वा वन्यं मेध्यतरं हविः।

शेषमात्मनि युञ्जीत लवणं च स्वयं कृतम्॥१२॥

मुक्ता०:—तद्वनोद्भवनीवारादिकसाधितमतिशयेन यागार्हं हविर्देवताभ्य उपकल्प्य शेषान्नमुपभुञ्जीत। आत्मना च कृतं लवणमूषरलवणाद्युपभुञ्जीत॥१२॥

Having first offered oblations of holy forest-grains (such as *Nivāra*, etc.,) duly cooked, to the *deities,* let him eat the residue thereof, and use the salt which he himself has manufactured. (12)

स्थलजौदकशाकानि पुष्पमूलफलानि च।

मेध्यवृक्षोद्भवान्यद्यात्स्नेहांश्च फलसम्भवान्॥१३॥

मुक्ता०:—स्थलजलोद्भवशाकान्यरण्ययज्ञियवृक्षोद्भवानि पुष्पमूलफलानीङ्गुद्यादि-फलोद्भवांश्च स्नेहानद्यात्॥१३॥

Flowers, fruits and edible roots, whether grown on land or water, and the fruit of holy forest trees, as well as oils pressed out of wild seeds he shall take. (113)

वर्जयेन्मधु मांसं च भौमानि कवकानि च।

भूस्तृणं शिग्रुकं चैव श्लेष्मातकफलानि च॥१४॥

मुक्ता०:—माक्षिकं, मांसं, भौमानीति प्रसिद्धदर्शनार्थम्। भौमादीनि कवकानि छत्राकान्, भूस्तृणां मालवदेशे प्रसिद्धं शाकं, शिग्रुकं वाह्लीकेषु प्रसिद्धं शाकं, श्लेष्मातकफलानि वर्जयेत्। गोविन्दराजस्तु भौमानि कवकानीत्यन्यव्यवच्छेदकं विशेषणमिच्छन्भौमानां कवकानां निषेधः वार्क्षाणां तु भक्षणमाह। तदयुक्तम्। मनुनैव

पञ्चमे द्विजातेरेव कवकमात्रनिषेधाद्वनस्थगोचरतया नियमातिशयस्योचितत्वात्। यमस्तु–"भूमिजं वृक्षजं वापि छत्राकं भक्षयन्ति ये। ब्रह्मघ्नांस्तान्विजानीयाद्ब्रह्महादिषु गर्हितान्।।" इति विशेषेण वृक्षजस्यापि निषेधमाह। मेधातिथिस्तु भौमानीति स्वतन्त्रं पदं वदन्गोजिह्विका नाम कश्चित्पदार्थो वनेचराणां प्रसिद्धस्तद्विषयं निषेधमाह। तदपि बहुष्वभिधानकोशादिष्वप्रसिद्धं न श्रद्दधीमहि। कवकानां द्विजातिविशेषे पाञ्चमिके निषेधे सत्यपि पुनर्निषेधो भूस्तृणादीनां निषेधेऽपि च समप्रायश्चित्तविधानर्थः।।१४।।

Let him avoid honey, flesh, mushrooms, Bhustrinam, Śigru and Śleṣmātaka fruits. (14)

त्यजेदाश्वयुजे मासि मुनयन्नं पूर्वसञ्चितम्।
जीर्णानि चैव वासांसि शाकमूलफलानि च।।१५।।

मुक्ता०:–संवत्सरनिचयपक्षे पूर्वसंचितनीवाराद्यन्नं जीर्णानि च वासांसि शाकमूलफलानि चाश्विने मासि त्यजेत्।।१५।।

In the month of *Āśvina*, he must give away his store of foodgrains, fit to be eaten by *Munis*, and which he might have collected in the previous year, and cast away the old clothes and fruits, bulbs and *Sākas*, collected in the previous year. (15)

न फालकृष्टमश्नीयादुत्सृष्टमपि केनचित्।
न ग्रामजातान्यार्तोऽपि मूलानि च फलानि च।।१६।।

मुक्ता०:–अरण्येपि फालकृष्टप्रदेशे जातं स्वामिनोपेक्षितमपि व्रीह्यादि नाद्यात्। तथा ग्रामजातान्यफालकृष्टभूभागेऽपि लतावृक्षमूलफलानि क्षुत्पीडितोऽपि न भक्षयेत्।।१६।।

Let him not eat anything grown on a ploughed field even if it be voluntarily offered; even under the most pressing circumstances, he must not eat any bulb or fruit, grown in a village. (16)

अग्निपक्वाशनो वा स्यात्कालपक्वभुगेव वा।
अश्मकुट्टो भवेद्वापि दन्तोलूखलिकोऽपि वा।।१७।।

मुक्ता०:–अग्निपक्वं वन्यमन्नं कालपक्वं वा फलादि। यद्वा नोलूखलमुसलाभ्यां किंतु पाषाणेन चूर्णीकृत्यापक्वमेवाद्यात्। दन्ता एवोलूखलस्थानानि यस्य तथाविधो वा भवेत्।।१७।।

He must eat his food by cooking it over fire, or fruits spontaneously ripened in course of time, or by grinding (the edible things) with stone, or by simply grinding, or chewing them with his teeth. (17)

सद्यः प्रक्षालको वा स्यान्माससञ्चयिकोऽपि वा।
षण्माससनिचयो वा स्यात्समानिचय एव वा॥१८॥

मुक्ता०:—एकाहमात्रजीवनोचितं मासवृत्त्युपचितं वा षण्माससंवत्सरनिर्वाहसमर्थं वा नीवारादिकं संचिनुयात्। यथपापूर्वं नियमातिशयः। मासवृत्तियोग्यसंचयो माससंचयः सोऽस्यातीति "अत इनिठनौ" (पा.सू. ५।२।११५) इति ठन्प्रत्ययेन माससंचयिक इति रूपम्॥१८॥

He must store up foodgrain enough for a day's, month's, half year's, or year's use. (18)

नक्तं चान्नं समश्नीयादिदवा वाऽऽहृत्य शक्तितः।
चतुर्थकालिको वा स्यात्स्याद्वाप्यष्टमकालिकः॥१९॥

मुक्ता०:—यथासामर्थ्यमन्नमाहृत्य प्रदोषे भुञ्जीत। अहन्येव वा चतुर्थकालाशनो वा स्यात्। "सायंप्रातर्मनुष्याणामशनं देवनिर्मितम्" इति विहितं तत्रैकस्मिन्नहन्युपोष्यापरेद्युः सायं भुञ्जीत। अष्टमकालिको वा भवेत्। त्रिरात्रमुपोष्य चतुर्थस्याह्नो रात्रौ भुञ्जीत॥१९॥

Collecting it to the best of his ability, let him eat his food in the day or night, or on the night of the second day after a fast of the previous day, or on the night of the fourth day after fasting for the three preceding days. (19)

चान्द्रायणविधानैर्वा शुक्लकृष्णे च वर्त्तयेत्।
पक्षान्तयोर्वाऽप्यश्नीयाद्यवागूं क्वथितां सकृत्॥२०॥

मुक्ता०:—शुक्लकृष्णयोः "एकैकं ह्रासयेत्पिण्डं शुक्ले कृष्णे च वर्धयेत्" (अ. ११ श्लो. २१६) इत्यादिनैकादशाध्याये च वक्ष्माणैश्चान्द्राणैर्वा वर्तयेत्। पक्षान्तौ पौर्णमास्यमावास्ये तत्र शृतां यवागूं वाप्यश्नीयात्। सकृदिति सायं प्रातर्वा॥२०॥

Or he shall live as laid down in respect of the *Cāndrāyaṇa* penance in the light or dark fortnight, or at the close of the fortnight (*i.e.*, on the day of the full or new moon) he must drink barley gruel only one time. (20)

पुष्पमूलफलैर्वाऽपि केवलैर्वर्तयेत्सदा।
कालपक्वैः स्वयं शीर्णैर्वैखानसमते स्थितः॥२१॥

मुक्ता०ः—पुष्पमूलफलैरेव वा कालपक्वैः नाग्निपक्वैः स्वयंपतितैर्जीवेत्। वैखानसो वानप्रस्थः तद्धर्मप्रतिपादकशास्त्रदर्शने स्थितः। तेनैतदुक्तमन्यदपि वैखानसशास्त्रोक्तं धर्ममनुतिष्ठेत्॥२१॥

Or he shall live on fruit, roots and flowers alone, on to those which have ripened, or withered in course of time, or live the life of a forest-dwelling hermit. (21)

भूमौ विपरिवर्तेत तिष्ठेद्वा प्रपदैर्दिनम्।
स्थानासनाभ्यां विहरेत्सवनेषूपयन्नपः॥२२॥

मुक्ता०ः—केवलायां भूमौ लुठन्गतागतानि कुर्यात्। स्थानासनादावपुविशेत्। उत्तिष्ठेत्पर्यटेदित्यर्थः। आवश्यकं स्नानभोजनादिकालं विहाय चायं नियमः। एवमुत्तरत्रापि, पादाग्राभ्यां वा दिनं तिष्ठेत्कंचित्कालं स्थित एव स्यात् कंचिच्चोपविष्ट एव न त्वन्तरा पर्यटेत्। सवनेषुं सायंप्रातर्मध्याह्नेषु स्नायात्। यत्तु सायं प्रगे तथेत्युक्तं तेन सहास्य नियमातिशयापेक्षो विकल्पः॥२२॥

He shall either stroll on the ground, or stand on the tips of his toes during the day, or gently ramble in the place of his staying, and bathe at morning, noon and evening. (22)

ग्रीष्मे पञ्चतपास्तु स्याद्वर्षास्वभ्रावकाशिकः।
आर्द्रवासास्तु हेमन्ते क्रमशो वर्धयंस्तपः॥२३॥

मुक्ता०ः—आत्मतपोविवृद्ध्यर्थं ग्रीष्मे चतुर्दिगवस्थितैरग्निभिरूर्ध्वं वादित्यतेजसात्मानं तापयेत्। वर्षास्वभावकाशमाश्रयेत्। यत्र देशे देवो वर्षति तत्र छत्राद्यावरणरहितस्तिष्ठेदित्यर्थः। हेमन्ते चार्द्रवासा भवेत्। ऋतुत्रयसंवत्सरावलम्बेनायं सांवत्सरिक एव नियमः॥२३॥

In summer let him parctise the five penances, lie in the open during the rainy season and wear wet clothes in the forepart of winter. Thus let him gradually increase his penitential austerities. (23)

उपस्पृशंस्त्रिषवणं पितृन्देवांश्च तर्पयेत्।
तपश्चरंश्चोग्रतरं शोषयेद्देहमात्मनः॥२४॥

मुक्ता०:—विहितमपि त्रिषवणं स्नानं देवर्षिपितृतर्पणविधानार्थमनुद्यते। प्रातर्मध्यंदिनं सायं सवनेषु त्रिष्वपि देवर्षिपितृतर्पणं कुर्वन्। अन्यदपि पक्षमासोपवासादिकं तीव्रव्रतं तपोऽनुतिष्ठन्यथोक्तं यमेन "पक्षोपवासिनः केचित्केचिन्मासोपवासिनः" इति स्वशरीरं शोषयेत्॥२४॥

Thrice bathing, and offering libations of water unto the gods, *Ṛṣis and manes,* each day, let him purify his body by means of austere penances such as fasting for a month or fortnight at a time. (24)

अग्नीनात्मनि वैतानान्समारोप्य यथाविधि।
अनग्निरनिकेतः स्यान्मुनिर्मूलफलाशनः॥२५॥

मुक्ता०:—श्रौतानग्नीन्वैखानसशास्त्रविधानेन भस्मपानादिना आत्मनि समारोप्य लौकिकाग्निगृहशून्यः। यथा वक्ष्यति "वृक्षमूलनिकेतनः" (अ. ६ श्लो. २६) इति। मुनिर्मौनव्रतचारी फलमूलाशन एव स्यात्। नीवाराद्यपि नाश्नीयात्। एतच्चोर्ध्वं षण्मासेभ्योऽप्युपरि "अनग्निरनिकेतनः" इति वसिष्ठवचनात्षण्मासोपर्यनग्नित्वमनिकेतत्वं च॥२५॥

Having duly installed the sacrificial fire on his own self, as is practised by the forest dwelling hermits, he must observe the vow of silence; and houseless and unpossessed of fire, he must live on fruit and edible roots (of the forest). (25)

अप्रयत्नः सुखार्थेषु ब्रह्मचारी धराशयः।
शरणेष्वममश्चैव वृक्षमूलनिकेतनः॥२६॥

मुक्ता०:—सुखप्रयोजनेषु स्वादुफलभक्षणशीतातपपरिहारादिषु प्रयत्नशून्योऽस्त्री-संभोगी भूशायी च निवासस्थानेषु ममत्वरहितो वृक्षमूलवासी स्यात्॥२६॥

Apathetic to the objects of pleasure, and continent, he must lie on the bare ground, knowing no other house than the tree-shade, and despising any other place of refuge. (26)

तापसेष्वेव विप्रेषु यात्रिकं भैक्षमाहरेत्।
गृहमेधिषु चान्येषु द्विजेषु वनवासिषु॥२७॥

मुक्ता०:—फलमूलासंभवे च वानप्रस्थेभ्यो ब्राह्मणेभ्यः प्राणमात्रधारणोचित भैक्षमाहरेत् तदभावे चान्येभ्यो वनवासिभ्यो गृहस्थेभ्यो द्विजेभ्यः॥२७॥

Of *Tapasvins*, forest dwelling or house-holder *Brāhmaṇas* he shall beg his necessities of life (daily food). (27)

ग्रामादाहृत्य वाऽश्नीयादष्टौ ग्रासान्वने वसन्।

प्रतिगृह्य पुटेनैव पाणिना शकलेन वा॥२८॥

मुक्ता०:—तस्याप्यसंभवे ग्रामादानीय ग्रामस्यान्नस्याष्टौ ग्रासान्पर्णशरावादिखण्डेन पाणिनैव वा गृहीत्वा वानतप्रस्थो भुञ्जीत॥२८॥

Or having collected it from the village, he shall eat eight morsells thereof in the wood, placing the same in the hollow of his palm, or in a chip or bark, or in a cup of tree leaf. (28)

एताश्चान्याश्च सेवेत दीक्षा विप्रो वने वसन्।

विविधाश्चौपनिषदीरात्मसंसिद्धये श्रुतीः॥२९॥

मुक्ता०:—वानप्रस्थ एता दीक्षा एतान्नियमानन्यांश्च वानप्रस्थशास्त्रोक्तानभ्यसेत्। औपनिषदीश्च श्रुतीरुपनिषत्यपठितब्रह्मप्रतिपादकवाक्यानि विविधान्यस्यात्मनो ब्रह्मसिद्धये ग्रन्थतोऽर्थतश्चाभ्यसेत्॥२९॥

Thus living in the wood, a forest hermit shall discharge these duties of his order; for the realisation and correct knowledge of his own self he shall ponder over the *Śrutis* which apertain to the science of *Brahma*. (29)

ऋषिभिर्ब्राह्मणैश्चैव गृहस्थैरेव सेविताः।

विद्यातपोविवृद्ध्यर्थं शरीरस्य च शुद्धये॥३०॥

मुक्ता०:—यस्मादेता ऋषिभिर्ब्रह्मदर्शिभिः परिव्राजकैर्गृहस्थैश्च वानप्रस्थैर्ब्रह्माद्वैतज्ञानधर्मयोर्विवृद्ध्यर्थमुपनिषच्छ्रुतयः सेवितास्तस्मादेताः सेवेतेति पूर्वस्यानुवादः॥३०॥

With a view to augment their penance and knowledge, and for the purification of their persons, *Ṛṣis, Brāhmaṇas* and (even) householder Brāhmaṇas have made use of (lit. served) these *Upaniṣads*. (30)

अपराजितां वास्थाय व्रजेद्दिशमजिह्मगः।

आ निपाताच्छरीरस्य युक्तो वार्यनिलाशनः॥३१॥

मुक्ता०:–अचिकित्सितव्याध्याद्युद्धवेऽपराजितामैशनीं दिशमाश्रित्याकुटिलगति-र्युक्तो योगनिष्ठो जलानिलाशन आशरीरनिपाताद्गच्छेत्। महाप्रस्थानाख्यं शास्त्रे विहितं चेदं मरणं तेन "न पुरायुषः स्वःकामी प्रेयात्" इति श्रुत्यापि न विरोधः। यतः स्वः कामिशब्दप्रयोगादवैधं मरणमनया निषिध्यते न शास्त्रीयम्।।३१।।

On the advent of an incurable disease, let him, living on air and water, and with his self rapt in *Yoga,* go straight to the north east until he quits this mortal life. (31)

आसां महर्षिचर्याणां त्यक्त्वाऽन्यतमया तनुम्।

वीतशोकभयो विप्रो ब्रह्मलोके महीयते।।३२।।

मुक्ता०:–एषां पूर्वोक्तानुष्ठानानामन्यतमेनानुष्ठानेन शरीरं त्यक्त्वावगतदु:खभयो ब्रह्मैव लोकस्तत्र पूजां लभते। मोक्षमाप्नोतीत्यर्थः। केवलकर्मणो वानप्रस्थस्य कथं मोक्षइति चेन्न। "विविधाश्चोपनिषदीरात्मसंशुद्धये श्रुती:" इत्यनेना स्याप्यात्म-ज्ञानसंभवात्।।३२।।

By quitting his body in any of these modes of the great sages, a *Brāhmaṇa,* void of fear and grief, is glorified in the region of *Brahma.* (32)

वनेषु च विहृत्यैवं तृतीयं भागमायुषः।

चतुर्थमायुषो भागं त्यक्त्वा सङ्गात् परिव्रजेत्।।३३।।

मुक्ता०:–यस्य तु मरणाभावस्तस्याह-

अनियतपरिमाणत्वादायुषस्तृतीयभागस्य दुर्विज्ञानात्तृतीयमायुषो भागमिति रागक्षयावधि वानप्रस्थकालोपलक्षणार्थम्। अत एव शङ्खलिखितौ-"वनवासादूर्ध्वं शान्तस्य परिगतवयसः परिव्राज्यम्" इत्याचख्यतुः। एवं वनेषु विहृत्यैवं विधिवद्दुश्चरतपोऽनुष्ठानप्रकारेण वानप्रस्थाश्रमं विषयरागोपशमनाय कंचित्कालमनुष्ठाय "चतुर्थमायुषो भागम्" (अ. ४ श्लो. १) इति शेषायुःकाले सर्वथा विषयसङ्गांस्त्यक्त्वा परिव्राजकाश्रममनुतिष्ठेत्।।३३।।

Thus living in the forest, he shall pass the third period of his life; and forswearing company, he shall dedicate the fourth period of his life of the practice of asceticism. (33)

आश्रमादाश्रमं गत्वा हुतहोमो जितेन्द्रियः।

भिक्षाबलिपरिश्रान्तः प्रव्रजन्प्रेत्य वर्धते।।३४।।

मुक्ता०:—पूर्वपूर्वाश्रमादुत्तरोत्तराश्रमं गत्वा ब्रह्मचर्याद्गृहाश्रमं ततो वानप्रस्थाश्रममनुष्ठयेत्यर्थः। यथाशक्ति गताश्रमहुतहोमो जितेन्द्रियो भिक्षाबलिदानचिरसेवया श्रान्तः परिव्रज्याश्रममनुतिष्ठन्परलोके मोक्षलाभाद्ब्रह्मभूतद्धर्यतिशयं प्राप्नोति॥३४॥

Thus having successively passed from one order of life over to another, he, the conqueror of his senses, and institutor of many a fire-offering, tired with the labour of begging and offering oblations, shall augment or increase his pleasures in the next world by taking to asceticism. (34)

ऋणानि त्रीण्यपाकृत्य मनो मोक्षे निवेशयेत्।

अनापाकृत्य मोक्षं तु सेवमानो व्रजत्यधः॥३५॥

मुक्ता०:—आश्रमसमुच्चयपक्षमाश्रितो ब्राह्मण उत्तरश्लोकाभिधेयानि त्रीण्यृणानि संशोध्य मोक्षे मोक्षान्तरङ्गे परिव्रज्याश्रमे मनो नियोजयेत्। तान्यृणानि त्वसंशोध्य मोक्षं चतुर्थाश्रममनुतिष्ठन्नरकं व्रजति॥३५॥

Having discharged his three debts, let him devote his thought to self-emancipation; striving to attain emancipation without discharging these debts, a man obtains a degraded status. (35)

तान्येवर्णनि दर्शयति-

अधीत्य विधिवद्वेदान्पुत्रांश्चोत्पाद्य धर्मतः।

इष्ट्वा च शक्तितो यज्ञैर्मनो मोक्षे निवेशयेत्॥३६॥

मुक्ता०:—"जायमानो वै ब्राह्मणस्त्रिभिर्ऋणैर्ऋणवान्जायते यज्ञेन्देवेभ्यः प्रजया पितृभ्यः स्वाध्यायेन ऋषिभ्यः" इति श्रूयते। अतो यथाशास्त्रं वेदानधीत्य पर्वगमनवर्जनादिधर्मेण च पुत्रानुत्पाद्य यथासामर्थ्यं ज्योतिष्टोमादियज्ञांश्चानुष्ठाय मोक्षान्तरङ्गे चतुर्थाश्रमे मनो नियोजयेत्॥३६॥

Having studied the *Vedas* according to the *Regulation,* procreated sons according to the rules of virtue, and performed the *religious sacrifices* to the best of his ability, let him turn his thought to self-emancipation. (36)

अनधीत्य द्विजो वेदाननुत्पाद्य तथा सुतान्।

अनिष्ट्वा चैव यज्ञैश्च मोक्षमिच्छन्व्रजत्यधः॥३७॥

मुक्ता०:—वेदाध्ययनमकृत्वा पुत्राननुत्पाद्य यज्ञांश्चाननुष्ठाय मोक्षमिच्छन्नरकं व्रजति।।३७।।

For seeking the emancipation of self, without having studied the *Vedas,* and procreated children and performed the sacrifices, a *Brāhmaṇa* shall obtain a very degraded status in the next world. (37)

प्राजापत्यां निरूप्येष्टिं सर्ववेदसदक्षिणाम्।

आत्मन्यग्नीन्समारोप्य ब्राह्मणः प्रव्रजेद् गृहात्।।३८।।

मुक्ता०:—यजुर्वेदीयोपाख्यानग्रन्थोक्तां सर्वस्वदक्षिणां प्रजापतिदेवताकामिष्टिं कृत्वा तदुक्तविधिनैव "आत्मन्यग्नीन्समारोप्य गृहात्" इत्यभिधानाद्वानप्रस्थाश्रममनुष्ठायैव चतुर्थाश्रममनुतिष्ठेत्। एतेन मनुना चातुराश्रमस्य समुच्चयोऽपि दर्शितः। श्रुतिसिद्धाश्चैकद्वित्रिचतुराश्रमाणां समुच्चया विकल्पिताः। तथा जाबालश्रुतिः-"ब्रह्मचर्यं समाप्य गृही भवेद्गृही भूत्वा वनी भवेद्वनी भूत्वा प्रव्रजेत। इतरथा ब्रह्मचर्यादेव प्रव्रजेद्गृहाद्वा वनादा"।।३८।।

Having studied all the *Vedas* and paid honoraria to his preceptor, and performed the *Prājāpatya* sacrifice and installed the sacrificial fire on his own self, a Brāhmaṇa must abandon his home and take to the life of asceticism. (38)

यो दत्त्वा सर्वभूतेभ्यः प्रव्रजत्यभयं गृहात्।

तस्य तेजोमया लोका भवन्ति ब्रह्मवादिनः।।३९।।

मुक्ता०:—यः सर्वेभ्यो भूतारब्धेभ्यः स्थावरजङ्गमेभ्योऽभयं दत्त्वा गृहाश्रमात्प्रव्रजति तस्य ब्रह्मप्रतिपादकोपनिषन्निष्ठस्य सूर्याद्यालोकरहिता हिरण्यगर्भादेर्लोकास्तत्तेजसैव प्रकाशा भवन्ति। तानाप्नोतीत्यर्थः।।३९।।

Those *Brāhmaṇas,* who, declaring protection to all creatures, leave their homes and take to asceticism attain the effulgent regions. (39)

यस्मादण्वपि भूतानां द्विजान्नोत्पद्यते भयम्।

तस्य देहाद्विमुक्तस्य भयं नास्ति कुतश्चन।।४०।।

मुक्ता०:—यस्माद्विजात्सूक्ष्मपि भयं भूतानां न भवति तस्य देहाद्विमुक्तस्य वर्तमानदेहनाशे कस्मादपि भयं न भवति।।४०।।

The soul of a *Brāhmaṇa* who gives no cause of terror to any creature, does not obtain a fright from any creature in return, after escaping from his body. (40)

अगारादभिनिष्क्रान्तः पवित्रोपचितो मुनिः।

समुपोढेषु कामेषु निरपेक्षः परिव्रजेत्॥४१॥

मुक्ता०:—गृहान्निर्गतः पवित्रैर्दण्डकमण्डल्वादिभिर्युक्तो मुनिर्मौनी समुपोढेषु कामेषु केनचित्सम्यक्समीपं प्रापितेषु स्वाद्वन्नादिषु विगतस्पृहः परिव्रजेत्। मेधातिथिस्तु "पवित्रैर्मन्त्रजपैरथवा पावनैः कृच्छ्रैर्युक्तः" इति व्याचष्टे॥४१॥

Having abandoned his home, let him, observing the vow of silence and carrying the holy paraphernalia of asceticism (such as, a staff and an ewer), betake the life of an ascetic, apathetic to all objects of desire (such as, palatable food, etc.). (41)

एक एव चरेन्नित्यं सिद्ध्यर्थमसहायवान्।

सिद्धिमेकस्य संपश्यन्न जहाति न हीयते॥४२॥

मुक्ता०:—एकस्य सर्वसङ्गविरहिणो मोक्षावाप्तिर्भवतीति जानन्नेक एव सर्वदापि मोक्षार्थं चरेत्। एक एवेत्यनेन पूर्वपरिचितपुत्रादित्याग उच्यते। असहायवानित्युत्तरस्यापि एकाकी यदि चरति स किंचिन्न त्यजति न कस्यापि त्यागेन दुःखमनुभवति नापि केनापि त्यज्यते न कोऽप्यनेन त्यागदुःखमनुभाव्यते। ततश्च सर्वत्र निर्ममत्वः सुखेन मुक्तिमाप्नोति॥४२॥

Alone and unfriended, let him roam about for working out the emancipation of his self. Having thus alone achieved success, he will neither abandon, nor will be abandoned in his turn, by any body. (42)

अनग्निरनिकेतः स्याद् ग्राममन्नार्थमाश्रयेत्।

उपेक्षकोऽसंकुसुको मुनिर्भावसमाहितः॥४३॥

मुक्ता०:—अनग्निर्लौकिकाग्निसंयोगरहितः शास्त्रीयाग्निं पूर्वमुक्तत्वात्। अनिकेतो गृहशून्यः, उपेक्षकः शरीरस्य व्याध्याद्युत्पादे तत्प्रतीकाररहितः, असंकुसुकः स्थिरमतिः, असंचयिक इत्यन्ये पठन्ति। मुनिर्ब्रह्म मननान्मौनस्य पूर्वोक्तत्वात्। भावेन ब्रह्मणि समाहितस्तदेकतानमनाः अरण्ये च दिवारात्रौ वसन्भिक्षार्थमेव ग्रामं प्रविशेत्॥४३॥

Houseless, bereft of the sacred fire, apathetic and speechless, let him maintain the perfect equanimity, enter the village for begging his food. (43)

कपालं वृक्षमूलानि कुचेलमसहायता।

समता चैव सर्वस्मिन्नेतन्मुक्तस्य लक्षणम्॥४४॥

मुक्ता०:—मृन्मयकर्परादिभिक्षापात्रं, वासार्थं वृक्षमूलानि, स्थूलजीर्णवस्त्रं कौपीनकन्था, सर्वत्र ब्रह्मबुद्ध्या शत्रुमित्राभावः, एतन्मुक्तिसाधनत्वान्मुक्तस्य लिङ्गम्॥४४॥

The carrying of alms bowl, the housing about the roots of trees, companionlessness, the wearing of rags and non-destinction of friends and foes are the characteristics of an emancipated individual. (44)

नाभिनन्देत मरणं नाभिनन्देत जीवितम्।

कालमेव प्रतीक्षेत निर्देशं भृतको यथा॥४५॥

मुक्ता०:—मरणं जीवनं च द्वयमपि न कामयेत्किंतु स्वकर्माधीनं मरणकालमेव प्रतीक्षेत। निर्दिश्यत इति निर्देशो भृतिस्तत्परिशोधनकालमिव भृतकः॥४५॥

Life or death he must not court; like a servant waiting for the receipt of his salary, he must bide the time of Death. (45)

दृष्टिपूतं न्यसेत्पादं वस्त्रपूतं जलं पिबेत्।

सत्यपूतां वदेद्वाचं मनःपूतं समाचरेत्॥४६॥

मुक्ता०:—केशास्थ्यादिपरिहारार्थं दृष्टिशोधितभूमौ पादौ क्षिपेत्। जलेषु क्षुद्रजन्त्वादिवारणार्थं वस्त्रशोधितं जलं पिबेत्। सत्यपवित्रां वाचं वदेत्। ततश्च मौनेन सह सत्यस्य विकल्पः। प्रतिषिद्धसंकल्पशून्यमनसा सर्वदा पवित्रात्मा स्यात्॥४६॥

With his sight he must purify his each foot-step, drink water which has been strained through a piece of linen, speak the speech with truth has purified, and do whatever his conscience would approve of. (46)

अतिवादांस्तितिक्षेत नावमन्येत कञ्चन।

न चेमं देहमाश्रित्य वैरं कुर्वीत केनचित्॥४७॥

मुक्ता०:—अतिक्रमवादान्परोक्तान्सहेत न कंचित्परिभवेत्। नेमं देहमस्थिरं व्याध्यायतनमाश्रित्य तदर्थं केनचित्सह वैरं कुर्यात्॥४७॥

Dispassionately he must bear with his revilers, nor offer affront to any one; let him not, for the sake of this (frail and pathogenic) body, create enmity with any person whomsoever. (47)

क्रुध्यन्तं न प्रतिक्रुध्येदाक्रुष्टः कुशलं वदेत्।
सप्तद्वारावकीर्णां च न वाचमनृतां वदेत्॥४८॥

मुक्ता०:—संजातक्रोधाय कस्मैचित्प्रतिक्रोधं न कुर्यात्। निन्दितश्चान्येन वाचं भद्रां वदेत् नतु निन्देत्। सप्तद्वारावकीर्णामिति। चक्षुरादीनि पञ्च बहिर्बुद्धीन्द्रियाणि मनोबुद्धिरित्यन्तः करणद्वयं वेदान्तदर्शन एतैर्गृहीतेषु स्वेषु वाचा प्रवृत्तेरेतानि सप्त द्वाराणीत्युच्यन्ते, एतैरवकीर्णां निक्षिप्तां तद्गृहीतार्थविषयां वाचं न वदेत्किंतु ब्रह्ममात्रविषयां वदेत्। नतु मनसैव ब्रह्मोपास्यते ब्रह्मविषयवागुच्चारणमपि मनोव्यापारस्तत्कथं सप्तद्वारावकीर्णत्वविशेषेऽपि ब्रह्मविषयां वदेदित्यन्यविषयां न वदेदिति लभ्यते। उच्यते। अत एवानृतामिति विशेषयति स्म, अनृतमसत्यं विनाशीति यावत्, तद्विषया वागप्यनृतोच्यते तेन विनाशिकार्यविषयां वाचं नोच्चारयेत्। अविनाशिब्रह्मविषयां तु प्रणवोपनिषदादिरूपां वदेत्। गोविन्दराजस्तु धर्मोऽर्थःकामो धर्मार्थावर्थकामौ धर्मार्थकामा इत्येतानि सप्त वाग्विषयतया वाक्प्रवृत्तेर्द्वाराणि, तेष्ववकीर्णां विक्षिप्तां सर्वस्य भेदस्यासत्वात्तद्विषयामसत्यरूपां वाचं न वदेत्। अन्ये तु सप्त भुवनान्येव वाग्विषयत्वात्सप्त द्वाराणि तेषां भेदाद्विनाशित्वाच्चासत्यतया तद्विषयां वाचमसत्यां न वदेत्केवलं ब्रह्मविषयां वदेत्॥४८॥

Let him not enrage an already angry or infuriated person, speak sweetly and gently to one who is not angry, and refrain from uttering and word about any temporal subject through any of the seven speaking appliances of the mind (*i.e.*, speak about nothing but *Supreme Brahma*). (48)

अध्यात्मरतिरासीनो निरपेक्षो निरामिषः।
आत्मनैव सहायेन सुखार्थी विचरेदिह॥४९॥

मुक्ता०:—आत्मानं ब्रह्माधिकृत्य रतिर्यस्य सोऽध्यात्मरतिः सर्वदा ब्रह्मध्यानपरः, आसीन इति स्वस्तिकादियोगासनिष्ठः, निरपेक्षो दण्डकमण्डल्वादिष्वपि विशेषापेक्षाशून्यः निरामिषः आमिषं विषयास्तदभिलाषरहितः, आत्मनो देहेनैव सहायेन मोक्षसुखार्थीह संसारे विचरेत्॥४९॥

Always brooding upon the thought of *Brahma,* non-attached to any thing of this world, and desiring nothing (both here and hereafter), let him in the company of his self alone roam about in the world for the pleasure of emancipation. (49)

न चोत्पातनिमित्ताभ्यां न नक्षत्राङ्गविद्यया।
नानुशासनवादाभ्यां भिक्षां लिप्सेत कर्हिचित्॥५०॥

मुक्ता०:—भूकम्पाद्युत्पातचक्षुःस्पन्दादिनिमित्तफलकथनेन, अद्याश्विनी हस्तरेखादेरीदृशं फलमिति नक्षत्राङ्गविद्यया, ईदृशो नीतिमार्ग इत्थं वर्तितव्यं इत्यनुशासनेन शास्त्रार्थकथनेन च कदाचिन्न भिक्षां लब्धुमिच्छेत्॥५०॥

He must not desire to obtain gifts by reading portends and omens, nor by practising divination or astrology; nor by reading physiognomy, nor by interpreting and preaching *Śāstras.* (50)

न तापसैर्ब्राह्मणैर्वा वयोभिरपि वा श्वभिः।
आकीर्णं भिक्षुकैर्वाऽन्यैरगारमुपसंव्रजेत्॥५१॥

मुक्ता०:—वानप्रस्थैरन्यैर्वा ब्राह्मणैर्भक्षणशीलैः, पक्षिभिः, कुक्कुरैर्वा व्याप्तं गृहं भिक्षार्थं न प्रविशेत्॥५१॥

He must not enter a room, crowded by hermits, *Brāhmaṇas*, birds beggars or others. (51)

क्लृप्तकेशनखश्मश्रुः पात्री दण्डी कुसुम्भवान्।
विचरेन्नियतो नित्यं सर्वभूतान्यपीडयन्॥५२॥

मुक्ता०:—क्लृप्तकेशनखश्मश्रुर्भिक्षापात्रवान् दण्डी कुसुम्भः कमण्डलुस्तद्युक्तः सर्वप्राणिनोऽपीडयन्सर्वदा परिभ्रमेत्॥५२॥

With his hair, beard and finger-nails clipped, and carrying a staff and an ewer, he shall wander without creating hardship on any creature. (52)

अतैजसानि पात्राणि तस्य स्युर्निर्व्रणानि च।
तेषामद्भिः स्मृतं शौचं चमसानामिवाध्वरे॥५३॥

मुक्ता०:—सौवर्णादिवर्जितानि निश्छिद्राणि भिक्षोर्भिक्षापात्राणि भवेयुः। तथा

यमः-"सुवर्ण रूप्यपात्रेषु ताम्रकांस्यायसेषु च। गृह्णन्भिक्षां न धर्मोऽस्ति गृहीत्वा नरकं व्रजेत्।।" तेषां च यतिपात्राणां जलेनैवन तु शुद्धिः यज्ञे चमसानामिव।।५३।।

His ewers, etc., shall be made of unbroken (non-metallic vegetable) substances; like that of sacrificial ladles during the celebration of a *religious sacrifice*, their purification should be made with water. (53)

तान्येव दर्शयति-

अलाबुं दारुपात्रं च मृन्मयं वैदलं तथा।
एतानि यतिपात्राणि मनुः स्वायंभुवोऽब्रवीत्।।५४।।

मुक्ता०:-अलाबुदारुमृत्तिकावंशादिखण्डनिर्मितानि यतीनां भिक्षापात्रणि स्वायंभुवो मनुरवदत्। वैदलं तरुत्वङ्निर्मितमिति गोविन्दराजः।।५४।।

Vessels made of gourds, wood, earth or bamboo, should be used by the fourth order of ascetics (Yatis). This is what *Manu* has said on the subject. (54)

एककालं चरेद्भैक्षं न प्रसज्जेत विस्तरे।।
भैक्षे प्रसक्तो हि यतिर्विषयेष्वपि सज्जति।।५५।।

मुक्ता०:-एकवारं प्राणधारणार्थं भैक्षं चरेत्। तत्रापि प्रचुरभिक्षाप्रसङ्गं न कुर्यात्। यतो बहुतरभिक्षाभक्षणप्रसक्तो यतिः प्रधानधातुवृद्ध्या स्त्र्यादिविषयेष्वपि प्रसज्जते।।५५।।

Once a day, let him stroll out for begging alms and refrain from attempting to secure a large quantity of food-stuff by begging; through attachment to a larger alms-collecting, a Yati (ascetic) may ultimately become attached to things of the senses. (55)

विधूमे सन्नमुसले व्यङ्गारे भुक्तवज्जने।
वृत्ते शरावसम्पाते भिक्षां नित्यं यतिश्चरेत्।।५६।।

मुक्ता०:-विगतपाकधूमे, निवृत्तावहननमुसले, निर्वाणपाकाङ्गारे, गृहस्थपर्यन्त-भुक्तवज्जने, उच्छिष्टशरावेषु त्यक्तेषु, सर्वदा यतिर्भिक्षां चरेत्। एतच्च दिनशेषमुहूर्तत्रयरूपसायाह्नोपलक्षणम्। तथाह याज्ञवल्क्यः-"अप्रमत्तश्चरेद्भैक्ष्यं सायाह्ने नाभिसंधितः" (अ. ३ श्लो. ५९)।।५६।।

After (the hearths of householders) have ceased to emit smoke, after pestles and mortars have been laid aside for the day, after the hearth-fires have been extinguished, after the householders have all eaten their meals, and plates with leavings have been cast away, let an ascetic stroll out for alms, each day (in the evening). (56)

अलाभे न विषादी स्याल्लाभे चैव न हर्षयेत्।

प्राणयात्रिकमात्रः स्यान्मात्रासङ्गाद्विनिर्गतः॥५७॥

मुक्ता०:—भिक्षादेरलाभे न विषीदेत्। लाभे च हर्षं न कुर्यात्। प्राणस्थितिमात्रोपचितान्नभोजनपरः स्यात्। दण्डकमण्डलुमात्रास्वपि 'इदमशोभनंत्यजामि इदं रुचिरं गृह्णामि' इत्यादिप्रसङ्गं न कुर्यात्॥५७॥

He must not be sorry, if he obtains no alms, nor rejoice at its receipt; collecting alms (food), enough for the purposes of barest existence, he must free himself from the sensibilities of contraries, (pleasure, pain, heat or cold, etc.). (57)

अभिपूजितलाभांस्तु जुगुप्सेतैव सर्वशः।

अभिपूजितलाभैश्च यतिर्मुक्तोऽपि बद्ध्यते॥५८॥

मुक्ता०:—पूजापूर्वकभिक्षालाभं सर्वकालं निन्देत्। न स्वीकुर्यादित्यर्थः। यस्मात्पूजापूर्वकलाभस्वीकारे दातुगोचरस्नेहममत्वादिभिरासन्नमुक्तिरपि यतिर्जन्म-बन्धाँल्लभते॥५८॥

By all means, let him condemn gifts (alms), given with honour; by such glorfying gifts, a *Yati* though emancipated, is enchained again. (58)

अल्पान्नाभ्यवहारेण रहःस्थानासनेन च।

ह्रियमाणानि विषयैरिन्द्रियाणि निवर्तयेत्॥५९॥

मुक्ता०:—आहारलाघवेन निर्जनदेशस्थानादिना च रूपादिविषयैराकृष्य-माणानीन्द्रियाणि निवर्तयेत्॥५९॥

By taking small food, and by residing in solitude, he must withdraw his senses from their attacting objects of enjoyment. (59)

इन्द्रियाणां निरोधेन रागद्वेषक्षयेण च।

अहिंसया च भूतानाममृतत्वाय कल्पते॥६०॥

मुक्ता०:—यस्मात् इन्द्रियाणां निग्रहेण रागद्वेषाभावेन च प्राणिहिंसाविरतेन च मोक्षयोग्यो भवति॥६०॥

By restraining the senses, by annihilating love and version, by extending compassion to all creatures, (a Yati) attains immortality. (60)

इदानीमिन्द्रियनियमोपायविषयवैराग्याय संसारतत्त्वचिन्तनमुपदिशति-

अवेक्षेत गतीर्नृणां कर्मदोषसमुद्भवाः।

निरये चैव पतनं यातनाश्च यमक्षये॥६१॥

मुक्ता०:—विहिताकरणनिन्दिताचरणरूपकर्मदोषजन्यां मनुष्याणां पश्वादिदेहप्राप्ति नरकेषु पतनं यमलोके नरकस्थस्य निशितनिस्त्रिंशच्छेदनादिभवास्तीव्रवेदनाः श्रुतिपुराणदिषूक्ताश्चिन्तयेत्॥६१॥

He must ponder on the sufferings of human life, brought about through the effect of evil deeds such as, the consignment of (souls) to the tortures of hell, and the dreadful sufferings therein to be endured. (61)

विप्रयोगं प्रियैश्चैव संयोगं च तथाऽप्रियैः।

जरया चाभिभवनं व्याधिभिश्चोपपीडनम्॥६२॥

मुक्ता०:—इष्टपुत्रादिवियोगं, अनिष्टहिंसकादियोगं, जराभिभवनं, व्याध्यादिभिश्च पीडनं कर्मदोषसमुद्भवमनुचिन्तयेत्॥६२॥

On separation from objects of love and association with those who are loathsome, on the ravages of age and imbelicity, and affliction from desease. (62)

देहादुत्क्रमणं चास्मात्पुनर्गर्भे च संभवम्।

योनिकोटिसहस्रेषु सृतीश्चास्यान्तरात्मनः॥६३॥

मुक्ता०:—अस्माद्देहादस्य जीवात्मन उत्क्रमणं तथाच मर्मभिद्भिर्महारोगपतितस्य श्लेष्मादिदोषनिरुद्धकण्ठस्य महतीं वेदनां गर्भे चोत्पत्तिदुःखबहुलांश्च-श्रृगालादिनिकृष्टजातियोनिकोटिसहस्रगमनानि स्वकर्मबन्धान्यनुचिन्तयेत्॥६३॥

On the exit of the soul from the body, and its rebirth in another womb, after death, and on the transmigration of this inner spirit through tens of millions of wombs. (63)

अधर्मप्रभवं चैव दुःखयोगं शरीरिणाम्।

धर्मार्थप्रभवं चैव सुखसंयोगमक्षयम्॥६४॥

मुक्ता०:—शरीरवतां जीवात्मनामधर्महेतुकं दुःखसंबन्धं धर्महेतुकोऽर्थो ब्रह्मसाक्षात्कारस्तत्प्रभवं मोक्षलक्षणमक्षयं ब्रह्मसुखसंयोगं चिन्तयेत्॥६४॥

On the affliction which is endured by all embodied creatures through the predominance of sin, and on the eternal felicity they enjoy through the effect of their virtue and virtuous wealth. (64)

सूक्ष्मतां चान्ववेक्षेत योगेन परमात्मनः।

देहेषु च समुत्पत्तिमुत्तमेष्वधमेषु च॥६५॥

मुक्ता०:—योगेन विषयान्तरचित्तवृत्तिनिरोधेन परमात्मनः स्थूलशरीराद्यपेक्षया सर्वान्तर्यामित्वेन सूक्ष्मतां निरवयवतां तत्त्यागादुत्कृष्टापकृष्टेषु देवपश्वादिशरीरेषु जीवानां शुभाशुभफलभोगार्थमुत्पत्तिमधिष्ठानमनुचिन्तयेत्॥६५॥

By means of Yoga he must comprehend the disembodied self of *Supreme Brahma*, which in its gross form, runs through all types of living beings, good or bad, high or low. (65)

दूषितोऽपि चरेद्धर्मं यत्र तत्राश्रमे रतः।

समः सर्वेषु भूतेषु न लिङ्गं धर्मकारणम्॥६६॥

मुक्ता०:—यस्मिन्कस्मिंश्चिदाश्रमे स्थितस्तदाश्रमविरुद्धाचारदूषितोऽप्या-श्रमलिङ्गरहितोऽपि सर्वभूतेषु ब्रह्मबुद्ध्या समदृष्टिः सन् धर्ममनुतिष्ठेत्। नहि दण्डादिलिङ्गधारणमात्रं धर्मकारणं किन्तु विहितानुष्ठानं, एतच्च धर्मप्राधान्यबोधनायोक्तं नतु लिङ्गपरित्यागार्थम्॥६६॥

Placed in whatsoever station of society and (howsoever) defiled, let him practise virtue and be equally (compassionate) to all creatures. The mere cloak of virtue (garb of holy orders) is no virtue. (66)

फलं कतकवृक्षस्य यद्यप्यम्बुप्रसादकम्।

न नामग्रहणादेव तस्य वारि प्रसीदति॥६७॥

मुक्ता०:—अत्र दृष्टान्तमाह—

यद्यपि कतकवृक्षस्य फलं कलुषजलस्वच्छताजनकं तथापि तन्नामोच्चारणवशान्न प्रसीदति किंतु फलप्रक्षेपेण, एवं न लिङ्गधारणमात्रं धर्मकारणं किंतु विहितानुष्ठानम्॥६७॥

It is the (actual contact of) a *Kataka* seed which tends to clear water of its impurities, the mere mention of its name can not make (tur bid) water, clear. (67)

संरक्षणार्थं जन्तूनां रात्रावहनि वा सदा।

शरीरस्यात्यये चैव समीक्ष्य वसुधां चरेत्॥६८॥

मुक्ता०:—शरीरस्यापि पीडायां सूक्ष्मपिपीलिकादिप्राणरक्षार्थं रात्रौ दिवसे वा सदा भूमिं निरीक्ष्य पर्यटेत्। पूर्वं केशदिपरिहारार्थं "दृष्टिपूतं न्यसेत्पादम्" (अ. ६ श्लो. ४६) इत्युक्तं, इदं तु हिंसापरिहारार्थमित्यपुनरुक्तिः॥६८॥

In day or night, and even in disease, he must, for the protection of (small animals such as, the ant, etc.,) walk by carefully observing the ground. (68)

अत्र प्रायश्चित्तमाह—

अह्ना रात्र्या च याञ्जन्तून्हिनस्त्यज्ञानतो यतिः।

तेषां स्नात्वा विशुद्ध्यर्थं प्राणायामान्षडाचरेत्॥६९॥

मुक्ता०:—यतिर्यानज्ञानतो दिवसे रात्रौ वा प्राणिनो हन्ति तद्धननजनितपापनाशार्थं स्नात्वा षट् प्राणायामन्कुर्यात्। प्राणायामश्च "सव्याहृतिं सप्रणवां गायत्रीं शिरसा सह। त्रिः पठेदायतप्राणः प्राणायामः स उच्यते" इति वसिष्ठोक्त्यात्र द्रष्टव्यः॥६९॥

For expiating the sin of unconsciously or unknowingly killing animal lives in the night, a *Yati* must bathe, and six times suppress his breath in the manner of a *Prāṇāyāma*. (69)

प्राणायामा ब्राह्मणस्य त्रयोऽपि विधिवत्कृताः।

व्याहृतिप्रणवैर्युक्ता विज्ञेयं परमं तपः॥७०॥

मुक्ता०:—ब्राह्मणस्येति निर्देशाद्ब्राह्मणजातेरयमुदेशो न यतेरेव। त्रयोऽपि प्राणायामा सप्तभिर्व्याहृतिभिर्दशभिः प्रणवैर्युक्ताः, विधिवदित्यनेन सावित्र्या शिरसा च युक्ताः, पूरककुम्भकरेचकविधिना कृता ब्राह्मणस्य श्रेष्ठं तपो ज्ञातव्यम्। पूरकादिस्वरूपं स्मृत्वन्तरेषु ज्ञेयम्। तथा योगियाज्ञवल्क्यः-"नासिकोत्कृष्ट उच्छ्वासो ध्मातः पूरक उच्यते। कुम्भको निश्चलश्वासो मुच्यमानस्तुरेचकः"।। त्रयोऽपीत्यपिशब्देन त्रयोऽवश्यं कर्तव्याः अधिककरणे त्वधिकपापक्षयः।।७०।।

Even three Prāṇāyāmas coupled with *Praṇava* and *Vyāhṛtis* and duly practised should be understood as forming the highest penance of a *Brāhmaṇa*. (70)

दह्यन्ते ध्मायमानानां धातूनां हि यथा मलाः।

तथेन्द्रियाणां दह्यन्ते दोषाः प्राणस्य निग्रहात्।।७१।।

मुक्ता०:—धातूनां स्वर्णरजतादीनां यथा मूषायामग्निना ध्यायमानानां मलद्रव्याणि दह्यन्ते, एवं मनसो रागादयश्चक्षुरादेश्च विषयप्रवणत्वादयो दोषाः प्राणायमेन विषयानभिध्यानाद्दह्यन्ते।।७१।।

As burning metals are purged off their dross, so the impurities of the senses are burnt off by practising the *Prāṇāyāma*. (71)

एवं सति—

प्राणायामैर्दहेद्दोषान्धारणाभिश्च किल्विषम्।

प्रत्याहारेण संसर्गान्ध्यानेनानीश्वरान्गुणान्।।७२।।

मुक्ता०:—एवं सति अनन्तरोक्तप्रकारेण प्राणायामै रागादिदोषान्दहेत्। अपेक्षितदेशे परब्रह्मादौ यन्मनसो धारणं सा धारणा तया पापं नाशयेत्। प्रत्याहारेण विषयेभ्य इन्द्रियाकर्षणैर्विषयसंपर्कान्वारयेत्। ब्रह्मध्यानेनेति सोऽहमस्मीति सजातीयप्रत्यय-प्रवाहरूपेणानीश्वरान्गुणान् ईश्वरस्य परमात्मनो ये गुणा न भवन्ति क्रोधलोभासूयादयः तान्निवारयेत्।।७२।।

Let him burn down the defects of his senses (mental propulsions) with *Prāṇāyāma;* sin, by concentrating his mind on Self; attachment to the world, by withdrawing the senses from the external objects; and ungodly attributes of his self, by means of divine contemplation. (72)

उच्चावचेषु भूतेषु दुर्ज्ञेयामकृतात्मभिः।

ध्यानयोगेन सम्पश्येद्गतिमस्यान्तरात्मनः॥७३॥

मुक्तां०ः—अस्य जीवस्योत्कृष्टापकृष्टेषु देवपश्वादिषु जन्मप्राप्तिमकृतात्मभिः शास्त्रैरसंस्कृतान्तःकरणैर्दुर्ज्ञेयां ध्यानाभ्यासेन सम्यक् सकारणकं जानीयात्। ततश्चाविद्याकाम्यनिषिद्धकर्मनिर्मितेयं गतिरिति ज्ञात्वा ब्रह्मज्ञाननिष्ठो भवेदिति तात्पर्यार्थः॥७३॥

The all-pervadingness of this Inner Self, which runs through all creatures, whether high or low, is unintelligible to untrained and uncultured intellects, let him witness this all-pervadingness by means of communionstic contemplation (*Dhyāna Yoga*). (73)

ततश्च—

सम्यग्दर्शनसम्पन्नः कर्मभिर्न निबद्ध्यते।

दर्शनेन विहीनस्तु संसारं प्रतिपद्यते॥७४॥

मुक्ता०ः—ततश्च तत्त्वतो ब्रह्मसाक्षात्कारवान्कर्मभिर्न निबध्यते कर्माणि तस्य पुनर्जन्मने न प्रभवन्ति, पूर्वार्जितपापपुण्यस्य ब्रह्मज्ञानेन नाशात्। तथाच श्रुतिः-"तद्यथेषीकातूलमग्नौ प्रोतं प्रदूयेतैवं हास्य सर्वे पाप्मानः प्रदूयन्त उभौ ब्रह्मैवैष भवति" इति श्रुत्या। तथा "क्षीयन्ते चास्य कर्माणि तस्मिन्दृष्टे परावरे" इति अविशेषश्रुत्या पुण्यसंबन्धोऽपि बोध्यते, उत्तरकाले च दैवात्पापे कर्मणि प्रवृतेऽपि न पापसंश्लेशः। तथाच श्रुतिः-"पुष्करपलाश आपो न श्लिष्यन्त एव मेवंविदि पापं कर्म न श्लिष्यते" इति। देहारम्भकपापपुण्यसंबन्धः परं नश्यति अयमेव चार्थो ब्रह्ममीमांसायां "तदधिगम उत्तरपूर्वाघयोरश्लेषविनाशौ तद्व्यपदेशात्" (४।१।१३) इति सूत्रेण बादरायणेन निरणायि। ब्रह्मसाक्षात्कारशून्यस्तु जन्ममरणप्रबन्धं लभते॥७४॥

Him, who had fully witnessed this (all-pervadingness of supreme) Self, the acts do not enchain; bereft of this witnessing, a man shall revert to this world. (74)

अहिंसयेन्द्रियासङ्गैर्वैदिकैश्चैव कर्मभिः।

तपसश्चरणैश्चोग्रैः साधयन्तीह तत्पदम्॥७५॥

मुक्ता०ः—निषिद्धहिंसावर्जनेनेन्द्रियाणां च विषयसङ्गपरिहारेण वैदिकैर्नित्यैः कर्मभिः, काम्यकर्मणां बन्धहेतुत्वात्। उक्तंच-"कामात्मता न प्रशस्ता" (अ. २

श्लो. २) इति। तपसश्च यथासंभवमुपवासकृच्छ्रचान्द्रायणादेरनुष्ठानैरिह लोके तत्पदं ब्रह्मात्यन्तिकलयलक्षणं प्राप्नुवन्ति। पूर्वश्लोकेन ब्रह्मदर्शनस्य मोक्षहेतुत्वमुक्तं अनेन तत्सहकारितया कर्मणोऽभिहितम्॥७५॥

Universal compassion, annihilation of all killing and injuring (desires), control of the senses, institution of religious rites enjoined in the *Vedas*, and practice of austere penances are the factors by which one can realise the Supreme Self in life. (75)

इदानीं मोक्षान्तरङ्गोपायसंसारवैराग्याय देहस्वरूपमाह श्लोकद्वयेन-

अस्थिस्थूणं स्नायुयुतं मासंशोणितलेपनम्।
चर्मावनद्धं दुर्गन्धि पूर्णं मूत्रपरीषयोः॥७६॥
जराशोकसमाविष्टं रोगायतनमातुरम्।
रजस्वलमनित्यं च भूतावासमिमं त्यजेत्॥७७॥

मुक्ता०:—अस्थीन्येव स्थूणा इव यस्य तं अस्थिस्थूणं, स्नायुरज्जुभिराबद्धं, मांसरुधिराद्युपलिप्तं, चर्माच्छादितं, मूत्रपुरीषाभ्यां पूर्णमत एव दुर्गन्धि। जरोपतापाभ्यामाक्रान्तं, विविधव्याधीनामाश्रयं, आतुरं क्षुत्पिपासाशीतोष्णादिकातरं, प्रायेण रजोगुणयुक्तं, विनश्वरस्वभावं च, आवासो गृहं पृथिव्यादिभूतानि तेषामावासं, देहमेव जीवस्य गृहत्वेन निरूपितं त्यजेत्। यथा पुनर्देहसंबन्धनो न भवेत्तथा कुर्यात्। गृहसाम्यमेवोक्तमस्थीत्यादिना॥७६-७७॥

Supported by the pillars of bones, bound by ligaments, plastered over with flesh and blood, and covered with skin, this body should he understood as the foul smelling refuge of urine and excreta. He shall have to quit this bodily frame subject to age and inbecility, the abode of diseases, afflicted with pain and suffering, the transitory embodiment of material elements, characterised by the quality of *Rajas*. (76-77)

नदीकूलं यथा वृक्षो वृक्षं वा शकुनिर्यथा।
तथा त्यजन्निमं देहं कृच्छ्राद्ग्रहाद्विमुच्यते॥७८॥

मुक्ता०:—ब्रह्मोपासकस्य देहत्यागसमये मोक्षः, आरब्धदेहस्य कर्मणो भोगेनैव

नाशात् तत्र देहत्यक्तुर्द्वैविध्यमाह। यः कर्माधीनं देहपातमवेक्षते स नदीकूलं यथा वृक्षस्त्यजति स्वपातमजानन्नेव नदीरयेण पात्यते, तथा देहं त्यजन्यश्च ज्ञानकर्मप्रकर्षाद्भीष्मादिवत्स्वाधीनमृत्युः स यथा पक्षी वृक्षं स्वेच्छया त्यजति तथा देहमिमं त्यजन् संसारकष्टाद्ग्राहादिव जलचरप्राणिभेदाद्विमुच्यते।।७८।।

As a tree tumbles down from the bank of a river, as a bird quits a tree (at day break), so the self, like an aquatic animal freed from the jaws of an aquatic monster (crocodile), with the greatest difficulty, becomes liberated from this body. (78)

प्रियेषु स्वेषु सुकृतमप्रियेषु च दुष्कृतम्।

विसृज्य ध्यानयोगेन ब्रह्माभ्येति सनातनम्।।७९।।

मुक्ता०ः—ब्रह्मविदात्मीयेषु प्रियेषु हितकारिषु सुकृतं अप्रियेष्वहितकारिषु दुष्कृतं निक्षिप्य ध्यानयोगेन नित्यं ब्रह्माभ्येति ब्रह्मणि लीयते। तथाच श्रुतिः–"तस्य पुत्रा दायमुपयन्ति सुहृदः साधुकृत्यां द्विषन्तः पापकृत्याम्" इति। अपरा श्रुतिः "तत सुकृतदुष्कृते विधूनुते तस्य प्रिया ज्ञातयः सुकृतमुपयन्त्यप्रिया दुष्कृतम्" इत्येवमादीन्येव वाक्यान्युदाहृत्य सुकृतदुष्कृतयोर्हानिमात्रश्रवणेऽप्युपायनं प्रतिपत्तव्यमिति ब्रह्ममीमांसायां "हानौ तूपायनशब्दशेषत्वात्कुशाच्छन्दस्तुत्युपगायनवत्तदुक्तम्" (व्या. सू. ३।३।२६) इत्यादिसूत्रैर्बादरायणेन निरणायि। ननु परकीयसुकृतदुष्कृतयोः कथं परत्र संक्रान्तिः। उच्यते। धर्माधर्मव्यवस्थायां शास्त्रमेव प्रमाणं, संक्रामोऽपि तयोःशास्त्रप्रमाणक एव। अतः शास्त्रात्संक्रमणयोग्यासवेतौ सिध्यतः। अतः शास्त्रेण बाधात्र प्रतिपक्षानुमानोदयः, शुचि नरशिरःकपालं प्राण्यङ्गत्वाच्छङ्खादिवदितिवत्। मेधातिथिगोविन्दराजौ तु स्वेषु प्रियेषु केनचित्कृतेषु ध्यानाभ्यासेनात्मीयमेव सुकृतं तत्र कारणत्वेनारोप्य, एवमप्रियेष्वपि केनचित्कृतेष्वात्मीयमेव प्राग्जन्मार्जितं दुष्कृतं कारणत्वेन प्रकल्प्योद्धृत्य तत्संपादयितारौ पुरुषौ रागद्वेषाख्यौ त्यक्त्वा नित्यं ब्रह्माभ्येति ब्रह्मस्वभावमुपगच्छतीति व्याचक्षाते। तन्न। विसृज्येति क्रियायां सुकृतं दुष्कृतमिति कर्मद्वयत्यागेन तत्संपादयितारावित्यश्रुतकर्माध्याहारात्, कर्मद्वये च श्रुतक्रियात्यागेन कारणत्वेन प्रकल्पयेत्याद्यश्रुतक्रियाध्याहारात्। किंच। "व्यासव्याख्यातवेदार्थमेवमस्या मनुस्मृतेः। मन्ये न कल्पितं गर्वादर्वाचीनैर्विचक्षणैः।।७९।।

Leaving his good to his dear ones and his evil to his enemies, let him, by dint of contemplation, attain the eternal *Brahma*. (79)

यदा भावेन भवति सर्वभावेषु निःस्पृहः।
तदा सुखमवाप्नोति प्रेत्य चेह च शाश्वतम्॥८०॥

मुक्ता०ः–यदा परमार्थतो विषयदोषभावनया सर्वविषयेषु निरभिलाषो भवति तदेह लोके संतोषजन्यमुखं परलोके च मोक्षसुखमविनाशि प्राप्नोति॥८०॥

When through the effect of contemplation he will be entirely desireless about things of the world, then he shall acquire eternal felicity both here and hereafter. (80)

अनेन विधिना सर्वांस्त्यक्त्वा सङ्गात्छनैः शनैः।
सर्वद्वन्द्वविनिर्मुक्तो ब्रह्मण्येवावतिष्ठते॥८१॥

मुक्ता०ः–पुत्रकलत्रक्षेत्रादिषु ममत्वरूपान्क्रमेण सङ्गान्सर्वांस्त्यक्त्वा द्वन्द्वैर्मानापमानादिभिर्मुक्तोऽनेन यथोक्तेन ज्ञानकर्मानुष्ठानेन ब्रह्मण्येवात्यन्तिकं लयमाप्नोति॥८१॥

Thus by gradually abandoning all associations, and becoming free from pairs of contraries, his self will merge in *Brahma*. (81)

ध्यानिकं सर्वमेवैतद्यदेतदभिशब्दितम्।
न ह्यनध्यात्मवित्कश्चित् क्रियाफलमुपाश्नुते॥८२॥

मुक्ता०ः–यदेतदित्यत्यन्तसंनिधानात्पूर्वश्लोकोदितं परामृश्यते। यदेतदुक्तं पुत्रादिममत्व त्यागो मानापमानादिहानिर्ब्रह्मण्येवावस्थानं सर्वमेवैतद्ध्यानिकमात्मनः परमात्मत्वेन ध्याने सति भवति। यदात्मानं परमात्मेति जानाति तदा सर्वसत्वान्न विशिष्यते तस्य न कुत्रचिन्ममत्वं मानापमानादिकं वा भवति, तथाविधज्ञानाद्ब्रह्मात्मत्वं च जायते। ध्यानिकविशेषाद्ध्येयविशेषलाभे परमात्मध्यानार्थमाह– न ह्यनध्यात्मविदिति। यस्मादात्मानं जीवमधिकृत्य यदुक्तं तस्य परमात्मत्वं तद्यो न जानाति न ध्यायति स प्रकृतध्यानक्रियाफलं ममत्वत्यागमानापमानादिहानिं मोक्षं च न प्राप्नोति॥८२॥

All these aforementioned, (latent possibilities) of his nature such as, the knowledge of identity of his self with *Supreme Brahma*, extinction of all fellings of mineness, etc., become parents only through the practice of meditation; he who has not acquired the knowledge of the identity will not obtain the highest good (emancipation of self) through meditation. (82)

अधियज्ञं ब्रह्म जपेदाधिदैविकमेव च।

आध्यात्मिकं च सततं वेदान्ताभिहितं च यत्॥८३॥

मुक्ता०:—पूर्वं ब्रह्मध्यानस्वरूपमुपासनमुक्तं। इदानीं तदङ्गतया वेदजपं विधत्ते। तथाच श्रुतिः-"तमेतं वेदानुवचनेन ब्राह्मणा विविदिषन्ति" इति विद्याङ्गतया वेदजपमुपदिशति- अधियज्ञमिति।। यज्ञमधिकृत्य प्रवृत्तं ब्रह्म वेदं तथा देवतामधिकृत्य तथा वेदान्तेषूक्तं "सत्यं ज्ञानमनन्तं ब्रह्म" इत्यादिब्रह्मप्रतिपादकं सर्वदा जपेत्।।८३।।

He must constantly mutter the sacred mantras which are related to the peformance of *Vedic deities*, or to the knowledge of self, as well as those of the *Vedānta* which treats of eternal realities. (83)

इदं शरणमज्ञानामिदमेव विजानताम्।

इदमन्विच्छतां स्वर्गमिदमानन्त्यमिच्छताम्॥८४॥

मुक्ता०:—इदं वेदाख्यं ब्रह्म तदर्थानभिज्ञानामपि शरणं गतिः, पाठमात्रेणापि पापक्षयहेतुत्वात्। सुतरां तज्जानतां तदर्थाभिज्ञानां स्वर्गमपवर्गं चेच्छतामिदमेव शरणं, तदुपायोपदेशकत्वेन तत्प्राप्तिहेतुत्वात्।।८४।।

This *Brahma* is the refuge of all knowing as well as ignorant beings. It is the final goal of the aspirations of all heaven desiring individuals. (84)

अनेन क्रमयोगेन परिव्रजति यो द्विजः।

स विधूयेह पाप्मानं परं ब्रह्माधिगच्छति॥८५॥

मुक्ता०:—अनेन यथाक्रमोक्तानुष्ठानेन यः प्रव्रज्याश्रममाश्रयति स इह लोके पापं विसृज्य परं ब्रह्म प्राप्नोति ब्रह्मसाक्षात्करेणोपाधिशरीरनाशाद्ब्रह्मण्यैक्यं गच्छति।।८५।।

A *Brāhmaṇa*, who, following these graduated steps, takes to asceticism, shakes off all sin and attains the supreme Brahma. (85)

एष धर्मोऽनुशिष्टो वो यतीनां नियतात्मनाम्।

वेदसंन्यासिकानां तु कर्मयोगं निबोधत॥८६॥

मुक्ता०:—एष यतीनां यतात्मनां कुटीचरबहूदकहंसपरमहंसानां साधारणो धर्मो वो युष्माकमुक्तः। इदानीं यतिविशेषाणां कुटीचराख्यानां वेदविहितादिकर्मयोगिनामसाधारणं

वक्ष्यमाणं "पुत्रैश्वर्ये सुखं वसेत्" (अ. ६ श्लो. ९५) इति कर्मसंबन्धं शृणुत भारते चतुर्धा भिक्षव उक्ताः-"चतुर्धा भिक्षवस्तु स्युः कुटीचरबहूदकौ। हंसः परमहंसश्च यो यः पश्चात्स उत्तमः" इति। कुटीचरस्यायं पुत्रभिक्षाचरणरूपासाधारणकर्मोपदेशः। गोविन्दराजहस्तु गृहस्थविशेषमेव वेदोदिताग्निहोत्रादिकर्मत्यागिनं ज्ञानमात्रसंपादित-वैदिककर्माणं वेदसंन्यासिकमाह, तन्न। यतो गृहस्थस्याहितग्नेरन्त्येष्टौ विनियोगः, चतुर्थाश्रमाश्रयणे चात्मनि समारोपः शास्त्रेणोच्यते तदुभयाभावे सत्येवमेवाग्नीनां त्यागः स्यात्। गोविन्दराजो गृहस्थं वेदसंन्यासिकं ब्रुवन् "एवमेवाहिताग्नीनां त्यागमर्थादुपेतवान्। वेदसंन्यासिकं मेधातिथिः प्राह निराश्रमम्। तमन्ते चातुराश्रम्यनियमोक्तिः कथं मनोः"।।८६।।

Thus have I disclosed to you the duties of the self-controlled Yatis (fourth order of ascetics), now hear me promulgate the duties of *Vedic Sannyāsikas.* (86)

ब्रह्मचारी गृहस्थश्च वानप्रस्थो यतिस्तथा।

एते गृहस्थप्रभवाश्चत्वारः पृथगाश्रमाः।।८७।।

मुक्ता०:—इदानीं वेदसंन्यासिकस्य प्रतिज्ञाते कर्मयोगेऽनन्तरं वक्तुमुचितमपि वेदसंन्यासिकः पञ्चमाश्रमी निराश्रमीवा चत्वार एवाश्रमा नियता इति दर्शयितुमुक्तानाश्रमाननुवदति-

ब्रह्मचर्यादयो च एते पृथगाश्रमा उक्ता एते चत्वार एव गृहस्थजन्या भवन्ति।।८७।।

Brahmacārins, householders, forest dwellers and Yatis (fourth order of ascetics), all these four several orders have sprung from the order of householder. (87)

सर्वेऽपि क्रमशस्त्वेते यथाशास्त्र निषेविताः।

यथोक्तकारिणं विप्रं नयन्ति परमां गतिम्।।८८।।

मुक्ता०:—एते सर्वे चत्वारोऽप्याश्रमाः शास्त्रानतिक्रमेणानुष्ठिताः अपिशब्दान्त्रयो द्वावेकोऽपि यथोक्तानुष्ठातारं विप्रं मोक्षलक्षणां गतिं प्रापयन्ति।।८८।।

All these orders, adapted and gone through according to the *Regulation*, lead a *Brāhmaṇa*, who has duly discharged the duties they respectively entail, to the supreme status. (88)

सर्वेषामपि चैतेषां वेदस्मृतिविधानतः।

गृहस्थ उच्यते श्रेष्ठः स त्रीनेतान्बिभर्ति हि।।८९।।

मुक्ता०:–प्रकृतवेदसंन्यासिकस्य गृहे पुत्रैश्वर्ये सुखे वा संवक्ष्यति तदर्थं गृहस्थोत्कर्षमाह–

सर्वेषमितेषां ब्रह्मचार्यादीनां मध्ये गृहस्थस्य श्रूयमाणत्वेन प्रायशोऽग्नि-होत्रादिविधानद्गृहस्थो मन्वादिभिः श्रेष्ठ उच्यते। तथा यस्माद्ब्रह्मचारिवानप्रस्थयतीनसौ भिक्षादानेन पोषयति तेनाप्यसौ श्रेष्ठः। यथोक्तम्-"यस्मान्त्रयोऽयाश्रमिणो ज्ञानेनान्नेन चान्वहम्" (अ. ३ श्लो. ७८) इति॥८९॥

Of all these orders, the order of householder is said to be the highest according to the ordinance of the *Vedic Law* code, since it is the order of house-holder that supports all the other three orders. (89)

यथा नदीनदाः सर्वे सागरे यान्ति संस्थितिम्।

तथैवाश्रमिणः सर्वे गृहस्थे यान्ति संस्थितिम्॥९०॥

मुक्ता०:–यथा सर्वे नदीनदा गङ्गाशोणाद्याः समुद्रेऽवस्थितिं लभन्ते एवं गृहस्थापरे सर्वा श्रमिणस्तदधीनजीवनत्वाद्गृहस्थसमीपेऽवस्थितिं लभन्ते॥९०॥

As all rivers, whether bearing masculine or feminine names, finally draw their support from the ocean, so all the orders (of ascetic, Brahmacārins, etc.) draw their maintenance from the order of householder. (90)

चतुर्भिरपि चैवैतैर्नित्यमाश्रमिभिर्द्विजैः।

दशलक्षणको धर्मः सेवितव्यः प्रयत्नतः॥९१॥

मुक्ता०:–एतैब्रर्ह्लचार्यादिभिराश्रमिभितुर्भिरपि द्विजातिभिर्वक्ष्यमाणो दशविधस्वरूपो धर्मः प्रयत्नतः सततमनुष्ठेयः॥९१॥

By *Brāhmaṇas,* belonging to all these four orders, should be assiduously pursued the ten-attributed virtue. (91)

तमेव स्वरूपतः संख्यादिभिश्च दर्शयति–

धृतिः क्षमा दमोऽस्तेयं शौचमिन्द्रियनिग्रहः।

धीर्विद्या सत्यमक्रोधो दशकं धर्मलक्षणम्॥९२॥

मुक्ता०:–संतोषो धृतिः, परेणापकारे कृते तस्य प्रत्ययकारानाचरणं क्षमा, विकारहेतुविषयसन्निधानेऽप्यविक्रियत्वं मनसो दमः। मनसो दमनं दम इति

सनन्दवचनात्। शीतातपादिद्वन्द्वसहिष्णुता दम इति गोविन्दराजः अन्यायेन परधनादिग्रहणं स्तेयं तद्भिन्नमस्तेयं, यथाशास्त्रं मृज्जलाभ्यां देहशोधनं शौचं, विषयेभ्य-श्चक्षुरादिवारणमिन्द्रियनिग्रहः, शास्त्रादितत्त्वज्ञानं धीः, आत्मज्ञानं विद्या, यथार्थाभिधानं सत्यं, क्रोधहेतौ सत्यपि क्रोधानुत्पत्तिरक्रोधः, एतद्दशविधं धर्मस्वरूपम्।।९२।।

Contentment, forbearance, non-attachment to worldly concerns, non-avarice, purity, subjugation of the sense, knowledge of the immutable, are the ten specific attributes of virtue. (92)

दश लक्षणानि धर्मस्य ये विप्राः समधीयते।

अधीत्य चानुवर्त्तन्ते ते यान्ति परमां गतिम्।।९३।।

मुक्ता०ः—ये विप्रा एतानि दशविधधर्मस्वरूपाणि पठन्ति पठित्वा चातत्मज्ञानसाचिव्येनानुतिष्ठन्ते ते ब्रह्मज्ञानसमुत्कर्षात्परमां गतिं मोक्षलक्षणां प्राप्नुवन्ति।।९३।।

Brāhmaṇa, who having thoroughly learnt of these ten attributes of virtues, practise them in life, attain the most exalted status. (93)

दशलक्षणकं धर्ममनुतिष्ठन्समाहितः।

वेदान्तं विधिवच्छ्रुत्वा संन्यसेदनृणो द्विजः।।९४।।

मुक्ता०ः—उक्तं दशलक्षणकं धर्मं संयतमनाः सन्ननुतिष्ठन् उपनिषदाद्यर्थं गृहस्थावस्थायां यथोक्ताध्ययनधर्मान्गुरुमुखादवगम्य परिशोधितदेवाद्यृणत्रयः संन्यासमनुतिष्ठेत्।।९४।।

A Brāhmaṇa, having discharged the three-fold debt of life and practised the ten-attributed virtue and heard the discourse on *Vedānta* according to the *Regulation*, must be taken to asceticism. (94)

संन्यस्य सर्वकर्माणि कर्मदोषानपानुदन्।

नियतो वेदमभ्यस्य पुत्रैश्वर्ये सुखं वसेत्।।९५।।

मुक्ता०ः—सर्वाणि गृहस्थानुष्ठेयाग्निहोत्रादिकर्माणि परित्यज्य अज्ञातजन्तुधा-दिकर्मजनितपापानि च प्राणायामादिना नाशयन्नितेन्द्रिय उपनिषदो ग्रन्थतोऽर्थतश्चभ्यस्य पुत्रैश्वर्य इति पुत्रगृहे पुत्रोपकल्पितभोजनाच्छादनत्वेन वृत्तिचिन्तारहितः सुखं वसेत्। अयमेवासाधारणो धर्मः कुटीचरस्योक्तंः। इदमेव वक्तुं "वेदंसन्यासिनां तु" (अ. ६ श्लो. ८६) इति पूर्वमुक्तम्।।९५।।

Having abandoned all acts and annihilated the demerit arising from work, let him constantly study the Vedas, living in the maintenance of his son. (95)

एवं संन्यस्य कर्माणि स्वकार्यपरमोऽस्पृहः।

संन्यासेनापहत्यैनः प्राप्नोति परमां गतिम्॥९६॥

मुक्ता०:—एवमुक्तप्रकारेण वर्तमानोऽग्निहोत्रादिगृहस्थकर्माणि परित्यज्यात्मसाक्षात्कारस्वरूपस्वकार्यप्रधानः स्वर्गादावपि बन्धहेतुतया निःस्पृहः प्रव्रज्यया पापानि विनाश्य ब्रह्मसाक्षात्कारेण परमां गतिं मोक्षलक्षणां प्राप्नोति॥९६॥

Bereft of all work, apathetic to the pleasures of heaven as factors of enchainment, on account of the privilege of witnessing his Self, and by constantly brooding over *Brāhmaṇa* attains the highest bliss. (96)

एष वोऽभिहितो धर्मो ब्राह्मणस्य चतुर्विधः।

पुण्योऽक्षयफलः प्रेत्य राज्ञां धर्मं निबोधत॥९७॥

मुक्ता०:—ऋषीन्सबोध्योच्यते। एष युष्माकं ब्राह्मणस्य संबन्धी क्रियाकलापो धर्मस्तस्यैव ब्रह्मचारिगृहस्थवानप्रस्थादिभेदेन चतुर्विधः परत्राक्षयफल उक्तः। इदानीं राजसंबन्धिनं धर्मं शृणुत। अत्र च श्लोके ब्राह्मणस्य चातुराश्रम्योपदेशाद्ब्राह्मणः प्रव्रजेदिति पूर्वमभिधानाद्ब्राह्मणस्यैव प्रव्रज्याधिकारः॥९७॥ क्षे. श्लो. ६॥

Thus the fourfold virtue of Brāhmaṇas, auspicious and bearing eternal fruits, has been narrated to you now hear me discourse on the duties of kings. (97)

इति मानवे धर्मशास्त्रे भृगुप्रोक्तायां संहितायां षष्ठोऽध्यायः॥६॥

इति श्रीकुल्लूकभट्टकृतायां मन्वर्थमुक्तावल्यां मनुवृत्तौ षष्ठोऽध्यायः॥६॥

सप्तमोऽध्यायः

Chapter - VII

राजधर्मान्प्रवक्ष्यामि यथावृत्तो भवेन्नृपः।
संभवश्च यथा तस्य सिद्धिश्च परमा यथा॥१॥

मुक्ता०:—धर्मशब्दोऽत्र दृष्टादृष्टार्थानुष्ठेयपरः, षाड्गुण्योदरपि वक्ष्यमाणत्वात्। राजशब्दोऽपि नात्र क्षत्रियजातिवचनः किंत्वभिषिक्तजनपदपुरपालयितृपुरुषवचनः। अतएवाह "यथावृत्तो भवेन्नृपः" इति। यथावदाचारो नृपतिर्भवेत्तथा तस्यानुष्ठेयानि कथयिष्यामि। यथा येन प्रकारेण वा "राजानमसृजत्प्रभुः" (अ०७ श्लो०३) इत्यादिना तस्योत्पत्तिः यथा च दृष्टादृष्टफलसंपत्तिः तदपि वक्ष्यामि॥१॥

Now I shall relate the rules of conduct which should be followed by the king, and the mode by which he shall achieve the highest success. (1)

ब्राह्मं प्राप्तेन संस्कारं क्षत्रियेण यथाविधि।
सर्वस्यास्य यथान्यायं कर्तव्यं परिरक्षणम्॥२॥

मुक्ता०:—ब्रह्म वेदस्तत्प्राप्त्यर्थतयोपनयसंस्कारस्तं यथाशास्त्रं प्राप्नुवता क्षत्रियेणास्य सर्वस्य स्वविषयावस्थितस्य शास्त्रानुसारेण नियमतो रक्षणं कर्तव्यम्। एतेन क्षत्रिय एव मुख्यो राज्याधिकारीति दर्शितम्। अतएव शास्त्रार्थतत्त्वं क्षत्रियस्य जीवनार्थं, तथा क्षत्रियस्य तु रक्षणं स्वकर्मसु श्रेष्ठं च वक्ष्यति, ब्राह्मणस्य ह्यापदि "जीवेत्क्षत्रियधर्मेण" इत्याभिधास्यति। वैश्यस्यापि क्षत्रियधर्मं, शूद्रस्य च क्षत्रियवैश्यकर्मणी जीवनार्थमापदि जगाद नारदः-"न कथञ्चन कुर्वीत ब्राह्मणः कर्म वार्षलम्। वृषलः कर्म च ब्राह्मं पतनीये हि ते तयोः॥ उत्कृष्टं चापकृष्टं च तयोः कर्म न विद्यते। मध्यमे कर्मणी हित्वा सर्वसाधारणे हि ते॥ रक्षणं वेदधर्मार्थं तपः क्षत्रस्य रक्षणम्" इति। "सर्वतो धर्मषड्भागो राज्ञो भवति रक्षतः" (अ०८ श्लो०३०४) इति च वक्ष्यमाणत्वाद्रक्षितुर्बलिषड्भागग्रहणादृष्टार्थमपि "योऽरक्षन्बलिमादत्ते" (अ०८ श्लो०३०७) इति नरकपातं वक्ष्यति॥२॥

The protection of all should be just and lawfully made

by a *Kṣatriya* (king), initiated with all the initiatory rites inculcated in the *Vedas*, according to the laws of his own realm and in the exercise of the functions peculiar to his own order). (2)

अराजके हि लोकेऽस्मिन्सर्वतो विद्रुते भयात्।

रक्षार्थमस्य सर्वस्य राजानमसृजत्प्रभुः॥३॥

मुक्ता०:–यस्मादराजके जगति बलवद्भयात्सर्वतः प्रचलिते सर्वस्यास्य चराचरस्य रक्षाय राजानं सृष्टवांस्तस्मात्तेन रक्षणं कार्यम्॥३॥

Out of terror all creatures run about when the world suffers anarchy; hence, the lord created the king for the protection of all. (3)

इन्द्रानिलयमार्काणामग्नेश्च वरुणस्य च।

चन्द्रवित्तेशयोश्चैव मात्रा निर्हृत्य शाश्वतीः॥४॥

मुक्ता०:–कथं सृष्टवानित्याह–

इन्द्रवातयमसूर्याग्निवरुणचन्द्रकुबेराणां मात्रा अंशान्सारभूतानकृष्य राजानमसृजत्॥४॥

Out of the eternal essence of the deities, *Indra*, Wind god, *Yama* (Death god), *Sun, Fire, Varuṇa* (Water god), Moon, and *Vitteśa* (the lord of riches). (4)

यस्मादेषां सुरेन्द्राणां मात्राभ्यो निर्मितो नृपः।

तस्मादभिभवत्येष सर्वभूतानि तेजसा॥५॥

मुक्ता०:–यस्मादिन्द्रादीनां देवश्रेष्ठानामंशेभ्यो नृपतिः सृष्टस्तस्मादेव सर्वप्राणिनों वीर्येणातिशेते॥५॥

Since the king has been made out of the essence of *Indra,* and such like deities, his energy overwhelms all creatures in the world. (5)

तपत्यादित्यवच्चैष चक्षूंषि च मनांसि च।

न चैनं भुवि शक्नोति कश्चिदप्यभिवीक्षितुम्॥६॥

मुक्ता०:–अयं च राजा स्वतेजसा सूर्य इव पश्यतां चक्षूंषि मनांसि च संतापयति, न चैनं राजानं पृथिव्यां कश्चिदप्याभिमुख्येन द्रष्टुं क्षमते॥६॥

Like the sun, he dazzles the sight and mind; no one can look at his face in this world. (6)

सोऽग्निर्भवति वायुश्च सोऽर्कः सोमः स धर्मराट्।

स कुबेरः स वरुणः स महेन्द्रः प्रभावतः॥७॥

मुक्ता०:–एवं चाग्न्यादीनां पूर्वोक्तांशभवत्वात्तत्कर्मकारित्वाच्च प्रताप उक्तस्ते-जस्वीत्यादिना नवमाध्याये वक्ष्यमाणत्वात् स राजा शक्त्यतिशयेनाग्न्यादिरूपो भवति॥७॥

In his energy he is like unto Agni (fire), *Vāyu* (Wind god), *Arka* (sun) *Soma* (moon), the Lord of virtue *Yama, Kuvera, Varuṇa* and the great *Indra*. (7)

बालोऽपि नावमन्तव्यो मनुष्य इति भूमिपः।

महती देवता ह्येषा नररूपेण तिष्ठति॥८॥

मुक्ता०:–ततश्च मनुष्य इति बुद्ध्या बालोऽपि राजा नावमन्तव्यः। यस्मान्महतीयं काचिद्देवता मानुषरूपेणावतिष्ठते। एतेन देवतावज्ञायामधर्मादयोऽदृष्टदोषा उक्ताः॥८॥

The king, if he be an infant, must not be belittled in the knowledge of his human birth, he is the great divinity mainfest in the shape of a man. (8)

संप्रति दृष्टदोषमाह–

एकमेव दहत्यग्निर्नरं दुरुपसर्पिणम्।

कुलं दहति राजाग्निः सपशुद्रव्यसंचयम्॥९॥

मुक्ता०:–योऽग्नेरतिसमीपमनवहितः सन्नुपसर्पति तं दुरुपसर्पिणमेकमेवाग्निर्दहति न तत्पुत्रादिकम्। क्रुद्धो राजाग्निः पुत्रदारभावादिरूपं कुलमेव गवाश्वादिपशुसुवर्णादिधन-संचयसहितं सापराधं निहन्ति॥९॥

Fire does consume a man who may unconsciously come in its contact, the fire of king's wrath burns down one's whole family with all its animals and possessions. (9)

कार्यं सोऽवेक्ष्य शक्तिं च देशकालौ च तत्त्वतः।

कुरुते धर्मसिद्ध्यर्थं विश्वरूपं पुनः पुनः॥१०॥

मुक्ता०:–स राजा प्रयोजनापेक्षया स्वशक्तिं देशकालौ चावेक्ष्य कार्यसिध्यर्थं तत्त्वतो विश्वरूपं बहूनि रूपाणि करोति। जातिविवक्षया बहुष्वेकवचनम्। अशक्तिदशायां

क्षमते शक्तिं प्राप्योन्मूलयति, एवमेकस्मिन्नपि देशे काले च प्रयोजनानुरोधेन शत्रुर्वा मित्रं वा उदासीनो वा भवति अतो राजवल्लभोऽहमिति बुद्ध्या नावज्ञेयः॥१०॥

He (the king), in due consideration of the exigencies of the work, force, country and time, assumes diverse attributes under diverse circumstances for the realisation of the inceptive principle of his existence. (10)

यस्य प्रसादे पद्मा श्रीर्विजयश्च पराक्रमे।

मृत्युश्च वसति क्रोधे सर्वतेजोमयो हि सः॥११॥

मुक्ता०ः—पद्माशब्दः श्रीपर्यायोऽपि महत्त्वविवक्षयाऽत्र प्रयुक्तः। यस्य प्रसादान्महती श्रीर्भवत्यतः श्रीकामेन सेव्यः। यस्य शत्रवः सन्ति तानपि संतोषितो हन्ति। तेन च शत्रुवधकामेनाप्याराधनीयः। यस्मै क्रुध्यति तस्य मृत्युं कृरोति, तस्माज्जीवनार्थिना न क्रोधनीयः। यस्मात्सर्वेषां सूर्याग्निसोमादीनां तेजो बिभर्ति॥११॥

He, in whose grace dwells the goddess of opulence, in whose prowess resides victory and in whose wrath abides death, needs must be full of all energy (*i.e.*, all effulgent). (11)

तं यस्तु द्वेष्टि संमोहात्स विनश्यत्यसंशयम्।

तस्य ह्याशु विनाशाय राजा प्रकुरुते मनः॥१२॥

मुक्ता०ः—तं राजानमज्ञतया यो द्वेष्टि तस्याप्रीतिमुत्पादयति स निश्चितं राजक्रोधान्नश्यति। यस्मात्तस्य विनाशाय शीघ्रं राजा मनो नियुङ्क्ते॥१२॥

He, who, out of folly, incurs the enemity of the king, certainly meets his doom; speedily does the king resolves his destruction. (12)

तस्माद्धर्मं यमिष्टेषु स व्यवस्येन्नराधिपः।

अनिष्टं चाप्यनिष्टेषु तं धर्मं न विचालयेत्॥१३॥

मुक्ता०ः—यतः सर्वतेजोमयो नृपतिस्तस्मादपेक्षितेषु यमिष्टं शास्त्रानुष्ठेयं शास्त्रविरुद्धं निश्चित्य व्यवस्थापयत्यनपेक्षितेषु चानिष्टं तं नियमं नातिक्रामेत्॥१३॥

Hence, let not a man violate the gracious or ungracious command of the king which he might be pleased to make in respect of his friends or foes. (13)

तस्यार्थे सर्वभूतानां गोप्तारं धर्ममात्मजम्।
ब्रह्मतेजोमयं दण्डमसृजत्पूर्वमीश्वरः॥१४॥

मुक्ता०:—तस्य राज्ञः प्रयोजनसिद्धये सर्वप्राणिनां रक्षितारं धर्मस्वरूपं पुत्रं ब्रह्मणो यत्केवलं तेजस्तेन निर्मितं न पाञ्चभौतिकं दण्डं ब्रह्मा पूर्वं सृष्टवान्॥१४॥

For the achievement of his (king's) end, the lord (Brahmā) created, out of his own essence, his son, the punishing rod of sovereignty for the protection of all creatures. (14)

तस्य सर्वाणि भूतानि स्थावराणि चराणि च।
भयाद्भोगाय कल्पन्ते स्वधर्मान्न चलन्ति च॥१५॥

मुक्ता०:—तस्य दण्डस्य भयेन चराचराः सर्वे प्राणिनो भोगं कर्तुं समर्था भवन्ति, अन्यथा बलवता दुर्बलस्य धनदारादिग्रहणे तस्यापि तदपेक्ष्य बलिनेति कस्यापि भोगो न सिध्येत्, वृक्षादीनां स्थावरादीनां छेदने भोगासिद्धिः, तथा सतामपि नित्यनैमित्तिकस्वधर्मानुष्ठानमकरणे याम्ययातनाभयादेव॥१५॥

Out of fear of that (rod), all created things, whether mobile or unmobile, are enabled to enjoy their respective enjoyments and do not diviate from their specific duties in life. (15)

तं देशकालौ शक्तिं च विद्यां चावेक्ष्य तत्त्वतः।
यथार्हतः संप्रणयेन्नरेष्वन्यायवर्तिषु॥१६॥

मुक्ता०:—तं दण्डं देशकालौ दण्ड्यस्य च शक्तिं विद्यादिकं यस्मिन्नपराधे यो दण्डोऽर्हतीत्यादिकं शास्त्रानुसारेण तत्त्वतो निरूप्यापराधिषु प्रवर्तयेत्॥१६॥

In due consideration of the time, place, knowledge and specific nature of his offence he must inflict proper punishment on an offender. (16)

स राजा पुरुषो दण्डः स नेता शासिता च सः।
चतुर्णामाश्रमाणां च धर्मस्य प्रतिभूः स्मृतः॥१७॥

मुक्ता०:—स एव दण्डो वस्तुतो राजा तस्मिन् सति राजशक्तियोगात्। स एव पुरुषस्ततोऽन्ये स्त्रिय इव तद्विधेयत्वात्, स एव नेता तेन कार्याणि नीयन्ते प्राप्यन्ते, स एव शासिता शासनमाज्ञा तद्दातृत्वात्, स एव चतुर्णामप्याश्रमाणां यो धर्मस्तस्य संपादने प्रतिभूरिव प्रतिभूर्मुनिभिः स्मृतः॥१७॥

The rod of sovereignty is in fact the sovereign; he is said to be the leader and regulator (of society), the surety for the due discharge of their duties by (the members of) the four social orders. (17)

दण्डः शास्ति प्रजाः सर्वा दण्ड एवाभिरक्षति।

दण्डः सुप्तेषु जागर्ति दण्डं धर्मं विदुर्बुधाः॥१८॥

मुक्ता०:—यस्माद्दण्डः सर्वाः प्रजा आज्ञां करोति तस्मात्साधूक्तं शासितेति ज्ञेयम्। यस्मात्स एव प्रजा रक्षति ततो युक्तमुक्तं राजेति। निद्राणेष्वपि रक्षितृषु दण्ड एव जागर्ति तद्भयेनैव चौरादीनामप्रवृत्तेः। दण्डमेव धर्महेतुत्वाद्धर्मं जानन्ति। कारणे कार्योपचारः ऐहिकपारत्रिकदण्डभयादेव धर्मानुष्ठानात्॥१८॥

That rod of sovereignty governs the subjects, the rod of punishment protects all the subject people; it is the rod of punishment that wakes up by the side of those who are asleep, the erudite ones call punishment the embodiment of virtue. (18)

समीक्ष्य स धृतः सम्यक् सर्वा रञ्जयति प्रजाः।

असमीक्ष्य प्रणीतस्तु विनाशयति सर्वतः॥१९॥

मुक्ता०:—स दण्डः शास्त्रतः सम्यङ्निरूप्यापराधानुरूपेण देहधनादिषु धृतः सर्वाः प्रजाः सानुरागाः करोति। अविचार्यं तु लोभादिना प्रयुक्तः सर्वाणि बाह्यार्थपुत्रादीनि नाशयति। सर्वत इति द्वितीयार्थे तसिः॥१९॥

Punishment, justly inflicted after due deliberation, endears all subjects; unjustly, it destroys them all. (19)

यदि न प्रणयेद्राजा दण्डं दण्ड्येष्वतन्द्रितः।

शूले मत्स्यानिवापक्ष्यन्दुर्बलान्बलवत्तराः॥२०॥

मुक्ता०:—यदि राजाऽनलसो भूत्वा दण्डप्रणयनं न कुर्यात्तदा शूले कृत्वा मत्स्यानिव बलवन्तो दुर्बलानपक्ष्यन्। ॡङन्तस्य पचिधातो रूपमिदम्। बलिनोऽल्पबलानां हिंसामकरिष्यन्नित्यर्थः। "शूले मत्स्यानिवापक्ष्यन्" इत्येष मेधातिथिगोविन्दराजलिखितः पाठः। "जले मत्स्यानिवार्हिस्युः" इति च पाठान्तरम्। अत्र बलवन्तो दुर्बलान्हिंस्युरिति मत्स्यन्याय एव स्यादित्युक्तम्॥२०॥

When the king fails to unremittingly inflict punishments on offenders the powerful will torture the weak, like fishes fried on gird irons. (20)

अद्यात्काकः पुरोडाशं श्वा च लिह्याद्धविस्तथा।
स्वाम्यं च न स्यात्कस्मिंचित्प्रवर्त्तेताधरोत्तरम्॥२१॥

मुक्ता०:—यदि राजा दण्डं नाचरिष्यत्तदा यज्ञेषु सर्वथा हविरनर्हः काकः पुरोडाशमखादिष्यत्। तथा कुक्कुरः पायसादि हविरलेक्ष्यत्। न कस्यचित्कुत्र-चित्स्वाम्यमभविष्यत्। ततो बलिना तद्ग्रहणाद्ब्रह्मणादिवर्णानां च मध्ये यदधरं शूद्रादि तदेवोत्तरं प्रधानं प्रावर्तिष्यत॥२१॥

(Had there been no terror of punishment), crows would have drunk the *sacrificial porridge,* the dogs would have licked off sacrificial clarified butter, no one would have had the right of ownership in anything and the miscreants would have been paramount in society. (21)

सर्वो दण्डजितो लोको दुर्लभो हि शुचिर्नरः।
दण्डस्य हि भयात्सर्वं जगद्भोगाय कल्पते॥२२॥

मुक्ता०:—सर्वोऽयं लोको दण्डेनैव नियमितः सन्मार्गेऽवतिष्ठते। स्वभावविशुद्धो हि मानुषः कष्टेन लभ्यते। तथा सर्वमिदं जगद्दण्डस्यैव भयादावश्यकभोजनादिरूपेऽपि भोगे समर्थं भवति॥२२॥

Men are dominated by the fear of punishment, rare is the man who is moral for the sake of morality; it is the terror of punishment that enables all men to enjoy their earnings or possessions. (22)

देवदानगन्धर्वा रक्षांसि पतगोरगाः।
तेऽपि भोगाय कल्पन्ते दण्डेनैव निपीडिताः॥२३॥

मुक्ता०:—उक्तमपि दण्डस्य भोगसंपादकत्वं दार्ढ्यार्थं पुनरुच्यते-

इन्द्राग्निसूर्यवाय्वादयो देवास्तथा दानगन्धर्वराक्षसपक्षिसर्पा अपि जगदीश्वरपरमार्थ-भयपीडिता एव वर्षदानाद्युपकाराय प्रवर्तन्ते। तथाच श्रुतिः-"भयादस्याग्निस्तपति भयात्तपति सूर्यः। भयादिन्द्रश्च वायुश्च मृत्युर्धावति पञ्चमः" इति ॥२३॥

Even gods, and demons, *Gandharvas, Rākṣas*, and celestial serpents and birds, dominated by the fear of divine retribution, tend to discharge the irrespective duties (for the advancement of the universe). (23)

दुष्येयुः सर्ववर्णाश्च भिद्येरन्सर्वसेतवः।
सर्वलोकप्रकोपश्च भवेद्दण्डस्य विभ्रमात्॥२४॥

मुक्ता०ः—दण्डस्यानाचरणादनुचितेन वा प्रवर्तनात्सर्वे ब्राह्मणदिवर्णा इतरेतरस्त्रीगमनेन संकीर्येरन्, सर्वशास्त्रीयनियमाश्चतुर्वर्गफला उत्सीदेयुः, चौर्यसाहसादिना च परस्यापकारात्सर्वलोकसंक्षोभश्च जायेत॥२४॥

Extinction, or anomaly of, punishment will vitiate all the social orders, cause all bridges to be broken down, and create a panic among all ranks of the society. (24)

यत्र श्यामो लोहिताक्षो दण्डश्चरति पापहा।
प्रजास्तत्र न मुह्यन्ति नेता चेत्साधु पश्यति॥२५॥

मुक्ता०ः—यत्र देशे शास्त्रप्रमाणावगतः श्यामवर्णः लोहितनयनोऽधिष्ठातृदेवताको दण्डो विचरति तत्र प्रजा व्याकुला न भवन्ति। दण्डप्रणेता यदि विषयानुरूपं सम्यग्दण्डं जानाति॥२५॥

Subjects are not agitated in the country where stalks the blue-coloured, red-eyed rod of punishment,) if its wielder (king) fails not to see things in their true light. (25)

तस्याहुः संप्रणेतारं राजानं सत्यवादिनम्।
समीक्ष्यकारिणं प्राज्ञं धर्मकामार्थकोविदम्॥२६॥

मुक्ता०ः—तस्य दण्डस्य प्रवर्तयितारमभिषेकादिगुणयुक्तं नृपतिमवितथवादिनं समीक्ष्यकारिणं तत्त्वातत्त्वविचारोचितं प्रज्ञाशालिनं धर्मार्थकामानां ज्ञातारं मन्वादयोऽप्याहुः॥२६॥

Such a truthful, intelligent, inflictor of punishments, who is possessed of good deliberations and understands the principles of virtue, desire and wealth, men call the king. (26)

तं राजा प्रणयन्सम्यक् त्रिवर्गेणाभिवर्धते।
कामात्मा विषमः क्षुद्रो दण्डेनैव निहन्यते॥२७॥

मुक्ता०ः—तं दण्डं राजा सम्यक्प्रवर्तयन्धर्मार्थकामैर्वृद्धिं गच्छति। यः पुनर्विष्याभिलाषी विषमः कोपनःक्षुद्रश्छलान्वेषी नृपः स प्रकृतेनैव दण्डेनामात्यादिना कोपादधर्माद्वा विनश्यते॥२७॥

The three categories (of virtue, desire and wealth) of the sovereign, who justly and properly inflicts punishment, become augmented; while punishment destroys a self-seeking, sensuous, deceitful, and arrogant king. (27)

दण्डो हि सुमहत्तेजो दुर्धरश्चा कृतात्मभिः।
धर्माद्विचलितं हन्ति नृपमेव सबान्धवम्॥२८॥

मुक्ता०:—यतो दण्डः प्रकृष्टतेजःस्वरूपः स्वशास्त्रैरसंस्कृतात्मभिः दुःखेन ध्रियतेऽतो राजधर्मरहितं नृपमेव पुत्रबन्धुसहितं नाशयति॥२८॥

This mighty rod of punishment, which is too heavy to be borne by an uncultured king, will destroy, with his friends and relations, a sovereign, who has deviated from the path of virtue. (28)

ततो दुर्ग च राष्ट्रं च लोकं च सचराचरम्।
अन्तरिक्षगतांश्चैवमुनीन् देवांश्च पीडयेत्॥२९॥

मुक्ता०:—दोषाद्यनपेक्षया यो दण्डः क्रियते स बन्धुनृपनाशानन्तरं धन्यादिदुर्गराष्ट्रं देशं पृथिवीलोकं जङ्गमस्थावरसहितं "हविःप्रदानजीवना देवाः" इति श्रुत्या हविः प्रदानाभावोऽन्तरिक्षगतानृषीन्देवांश्च पीडयेदिति॥२९॥

After that (*i.e.*, after the complete ruin of an iniquitious king with his progeny etc.,) an unjustly inflicted punishment (will) lead to the destruction of his kingdom, forts and subjects, both mobile and immobile, and then proceed to oppress the gods and holy sages, who reside in heaven, (by making the offering of oblations to them impossible). (29)

सोऽसहायेन मूढेन लुब्धेनाकृतबुद्धिना।
न शक्यो न्यायतो नेतुं सक्तेन विषयेषु च॥३०॥

मुक्ता०:—स दण्डो मन्त्रिसेनापतिपुरोहितादिसहायरहितने मूर्खेण लोभवता शास्त्रासंस्कृतबुद्धिपरेण नृपतिना शास्त्रतो न प्रणेतुं शक्यते॥३०॥

Devoid of the co-operation of his allies (ministers, generals, priests etc.), foolish, greedy, uncultured, and attached to the pleasures of the senses, such a king becomes incapable of inflicting punishments in proper cases. (30)

शुचिना सत्यसन्धेन यथाशास्त्रानुसारिणा।

प्रणेतुं शक्यते दण्डः सुसहायेन धीमता॥३१॥

मुक्ता०:—अर्थादिशौचयुक्तेन सत्यप्रतिज्ञेन यथाशास्त्रव्यवहारिणा शोभनसहायेन तत्त्वज्ञेन कर्तुं शक्यत इति पूर्वोक्तदोषप्रतिपक्षे गुणा अनेन श्लोकेनोक्तः॥३१॥

A pure, truth-seeking, intelligent king, possessed of good allies (cohorts) and acting conformably to the teachings of the *Śāstra,* is alone capable of exercising the rod of punishment. (31)

स्वराष्ट्रे न्यायवृत्तः स्याद्भृशदण्डश्च शत्रुषु।

सुहृत्स्वजिह्मः स्निग्धेषु ब्राह्मणेषु क्षमान्वितः॥३२॥

मुक्ता०:—आत्मदेशे यथाशास्त्रव्यवहारी स्यात्। शत्रुविषयेषु तीक्ष्णदण्डो भवेत्। निसर्गस्नेहविषयेषु मित्रेष्वकुटिलः स्यान्न कार्यमित्रेषु। ब्राह्मणेषु च कृताल्पापराधेषु च क्षमावान्भवेत्॥३२॥

Let him be just and equitable in his own dominion, hard-hitting in respect of his enemies, straight in his dealings with his friends, and, forbearing to the peaceful *Brāhmaṇas.* (32)

एवंवृत्तस्य नृपतेः शिलोञ्छेनापि जीवतः।

विस्तीर्यते यशो लोके तैलबिन्दुरिवाम्भसि॥३३॥

मुक्ता०:—शिलोञ्छेनेति क्षीणकोशत्वं विवक्षितम्। क्षीणकोशस्यापि नृपतेरुक्ताचारवती जले तैलबिन्दुरिव कीर्तिर्लोके विस्तारमेति॥३३॥

The fame of a kind of such conduct, even if he lives on fares of poverty, shall expand in this world, like oil, drops on water. (33)

अतस्तु विपरीतस्य नृपतेरजितात्मनः।

संक्षिप्यते यशो लोके घृतबिन्दुरिवाम्भसि॥३४॥

मुक्ता०:—उक्ताचाराद्विपरीताचारवतो नृपतेरजितेन्द्रियस्य जले घृतबिन्दुरिव कीर्तिः लोके संकोचयति॥३४॥

The fame of a king of (contrary) conduct, who has not controlled his senses, shall contract in this world, like drops of clarified butter on water. (34)

स्वे स्वे धर्मे निविष्टानां सर्वेषामनुपूर्वशः।

वर्णानामाश्रमाणां च राजा सृष्टोऽभिरक्षिता॥३५॥

मुक्ता०:—क्रमेण स्वधर्मानुष्ठातॄणां ब्राह्मणादिवर्णानां ब्रह्मचार्याद्याश्रमाणां च विश्वसृजा राजा रक्षिता सृष्टः। तस्मात्तेषां रक्षणमकुर्वतो राज्ञः प्रत्यवायः स्वधर्मविरहिणां त्वरक्षणेऽपि न प्रत्यवाय इत्यस्य तात्पर्यार्थः॥३५॥

Of the members of all the (four) several castes in their order of enumeration, true to the duties of their respective orders, the king has been created the protector. (35)

तेन यद्यत्सभृत्येन कर्त्तव्यं रक्षता प्रजाः।

तत्तद्वोऽहं प्रवक्ष्यामि यथावदनुपूर्वशः॥३६॥

मुक्ता०:—वक्ष्यमाणावतारार्थोऽयं श्लोकः। तेन राज्ञा प्रजारक्षणं कुर्वता सामात्येन यद्यत्कर्तव्यं तत्तत्समग्रं युष्माकमभिधास्यामि॥३६॥

Now I shall enumerate to you in due order the duties of the king and his servants in protecting the subjects. (36)

ब्राह्मणान्पर्युपासीत प्रातरुत्थाय पार्थिवः।

त्रैविद्यवृद्धान्विदुषस्तिष्ठेत्तेषां च शासने॥३७॥

मुक्ता०:—प्रत्यहं प्रातरुत्थाय ब्राह्मणनृग्यजुःसामाख्यविद्यात्रयग्रन्थार्थाभिज्ञान्विदुष इति नीतिशास्त्राभिज्ञान्सेवेत तदाज्ञां कुर्यात्॥३७॥

A king, leaving his bed at early dawn, shall worship old *Brāhmaṇas*, well-versed in the three *Vedas,* and abide by their instructions. (37)

वृद्धांश्च नित्य सेवेत विप्रान्वेदविदः शुचीन्।

वृद्धसेवी हि सततं रक्षोभिरपि पूज्यते॥३८॥

मुक्ता०:—तांश्च ब्राह्मणान्वयस्तपस्यादिवृद्धानर्थतो ग्रन्थतश्च वेदज्ञान्बहिरन्तश्चार्थ-दानादिना शुचीन्नित्यं सेवेत। यस्माद्वृद्धसेवी सततं हिंस्त्रैराक्षसैरपि तैरपि तस्य हितं क्रियते। सुतरां मनुष्यैः॥३८॥

Daily he shall abide by the instructions of pure, old, and Veda-knowing Brāhmaṇas; a king, who acts according to the instructions of the old, is certainly and always worshipped even by Rākṣas. (38)

तेभ्योऽधिच्छेद्विनयं विनीतात्माऽपि नित्यशः।
विनीताऽत्मा हि नृपतिर्न विनश्यति कर्हिचित्॥३९॥

मुक्ता०:—सहजप्रज्ञया अर्थशास्त्रादिज्ञानेन च विनीतोऽप्यतिशयार्थं तेभ्यो विनयमभ्यसेत्। यस्माद्विनीतात्मा राजा न कदाचिन्नश्यति॥३९॥

Even though humble in spirit, he must learn humility from them (Brāhmaṇas), each day; a king, who is humble in spirit, can never be destroyed. (39)

बहवोऽविनयान्नष्टा राजानः सपरिच्छदाः।
वनस्था अपि राज्यानि विनयात्प्रतिपेदिरे॥४०॥

मुक्ता०:—करितुरगकोशादिपरिच्छदयुक्ता अपि राजानो विनयरहिता नष्टाः। बहवश्च वनस्था निष्परिच्छदा अपि विनयेन राज्यं प्राप्नुवन्॥४०॥

Many kings, with their progenies, have been destroyed through arrogance (hauteur); and kings, who had been exiled in forests, have regained their kingdoms, through humility. (40)

वेनो विनष्टोऽविनयान्नहुषश्चैव पार्थिवः।
सुदासो पैजवनश्चैव सुमुखो निमिरेव च॥४१॥

मुक्ता०:—उभयत्रैव श्लोकद्वयेन दृष्टान्तमाहवेनो नहुषश्च राजा पिजवनस्य च पुत्रः सुदानामा सुमुखो निमिश्चाविनयादनश्यन्॥४१॥

Vena, King *Nahuṣa, Sudāsa, Yāvani, Sumukha* and *Nimi* were destroyed through hauteur. (41)

पृथुस्तु विनयाद्राज्यं प्राप्तवान्मनुरेव च।
कुबेरश्च धनैश्वर्यं ब्राह्मण्यं चैव गाधिजः॥४२॥

मुक्ता०:—पृथुर्मनुश्च विनयाद्रज्यं प्रापतुः। कुबेरश्च विनयाद्धनाधिपत्यं लेभे। गाधिपुत्रो विश्वामित्रश्च क्षत्रियः संस्तेनैव देहेन ब्राह्मण्यं प्राप्तवान्। राज्यलाभावसरे ब्राह्मण्यप्राप्तिरप्रस्तुताऽपि विनयोत्कर्षार्थमुक्ता। ईदृशोऽयं शास्त्रानुष्ठाननिषिद्धवर्जनरूपो विनयः यदनेन क्षत्रियोऽपि दुर्लभं ब्राह्मण्यं लेभे॥४२॥

Through humility, *Pṛthu* and *Manu* regained their kingdoms; through humility *Kuvera* obtained wealth and opulence; and the son of *Gādhi* (Viśvāmitra), the status of a *Brāhmaṇa*. (42)

त्रैविद्येभ्यस्त्रयीं विद्यां दण्डनीतिं च शाश्वतीम्।
आन्वीक्षिकीं चात्मविद्यां वार्तारम्भांश्च लोकतः।।४३।।

मुक्ता०:—त्रिवेदीरूपविद्याविद्भ्यस्त्रिवेदीमर्थतो ग्रन्थतश्चाभ्यसेत्। ब्रह्मचर्यदशायामेव वेदग्रहणात्समावृत्तस्य च राज्याधिकारात् अभ्यासार्थोऽयमुपदेशः। दण्डनीतिं चार्थशास्त्र-रूपामर्थयोगक्षेमोपदेशिनीं पारम्पर्यागतत्वेन नित्यां तद्विद्भ्योऽधिगच्छेत्। तथा आन्वीक्षिकीं तर्कविद्यां भूतप्रवृत्तिप्रयुक्तपयोगिनीं ब्रह्मविद्यां चाभ्युदयव्यसनयोर्हर्षविषादप्रशमनहेतुं शिक्षेत। कृषिवाणिज्यपशुपालनादिवार्ता तदारम्भान्धनोपायार्थांस्तदभिज्ञकर्षकादिभ्यः शिक्षेत।।४३।।

From *Brāhmaṇas*, well-versed in the three *Vedas,* he must learn the three Vedas, the eternal principle of punishment, the science of reasoning, the science of self-knowledge, the principles of trade, agriculture, and cattle rearing and the science of wealth. (43)

इन्द्रियाणां जये योगं समातिष्ठेद्दिवानिशम्।
जितेन्द्रियों हि शक्नोति वशे स्थापयितुं प्रजाः।।४४।।

मुक्ता०:—चक्षुरादीनामिन्द्रियाणां विषयासक्तिवारणे सर्वकालं यत्नं कुर्यात्। यस्माज्जितेन्द्रियः प्रजा नियन्तुं शक्नोति न तु विषयोपभोगव्यग्रः। ब्रह्मचारिधर्मेषु सर्वपुरुषार्थोपादेयतयाऽभिहितोऽपीन्द्रियजयो राजधर्मेषु मुख्यत्वज्ञानार्थमनन्तरवक्ष्यमाण-व्यसननिवृत्तिहेतुत्वाच्च पुनरुक्तः।।४४।।

Day and night, he must be engaged in conquering his senses; a king, who has conquered his senses, is enabled to keep his subjects under control. (44)

दश कामसमुत्थानि तथाष्टौ क्रोधजानि च।
व्यसनानि दुरन्तानि प्रयत्नेन विवर्जयेत्।।४५।।

मुक्ता०:—दश कामसंभवानि अष्टौ क्रोधजानि वक्ष्यमाणव्यसनानि यत्नतस्त्यजेत्। दुरन्तानि दुःखावसानान्यादौ सुखयन्ति अन्ते दुःखानि कुर्वन्ति। यद्वा दुर्लभोऽन्तो येषां तानि दुरन्तानि। नहि व्यसनिनस्ततो निवर्तयितुं शक्यन्ते।।४५।।

Let him assiduously avoid the ten evil habits, which originate from desire (lust), as well as those eight, which result from anger, and which are sure to end in grief. (45)

वर्जनप्रयोजनमाह–

कामजेषु प्रसक्तो हि व्यसनेषु महीपतिः।
वियुज्यतेऽर्थधर्माभ्यां क्रोधजेष्वात्मनैव तु।।४६।।

मुक्ता०:–यस्मात्कामजनितेषु व्यसनेषु प्रसक्तो राजा धर्मार्थाभ्यां हीयते। क्रोधजेषु प्रसक्तः प्रकृतिकोपाद्देहनाशं प्राप्नोति।।४६।।

A king, addicted to vices resulting from desire (lust), becomes disassociated with virtue and wealth; addicted to those which result from anger, he meets his doom. (46)

तानि व्यसनानि नामतो दर्शयति–

मृगयाक्षो दिवा स्वप्नः परिवादः स्त्रियो मदः।
तौर्यत्रिकं वृथाढ्या च कामजो दशको गणः।।४७।।

मुक्ता०:–आखेटकाख्यो मृगवधो मृगया, अक्षो द्यूतक्रीडा, सकलकार्यविघातिनी दिवानिद्रा, परदोषकथनं, स्त्रीसंभोगः, मद्यपानजनितो मदः, तौर्यत्रिकं नृत्यगीतवादित्राणि, वृथाभ्रमणं एष दशपरिमाणो दशकः सुखेच्छाप्रभवो गणः।।४७।।

A hunting excursion, a game with dice, day-sleep, calumny, promiscuous intercourse (lit. a large concourse of wives), intoxication, singing, dancing, music, and idle rambling, these are the ten vices which originate from desire. (47)

पैशुन्यं साहसं द्रोहं ईर्ष्याऽसूयार्थदूषणम्।
वाग्दण्डजं च पारुष्यं क्रोधजोऽपि गुणोऽष्टकः।।४८।।

मुक्ता०:–पैशुन्यमविज्ञातदोषाविष्करणं, साहसं साधोर्बन्धनादिनिग्रहः, द्रोहश्छद्मवधः, ईर्ष्याऽन्यगुणासहिष्णुता, परगुणेषु दोषाविष्करणमसूया, अर्थदूषणमर्थानामपहरणं देयानामदानं च, वाक्पारुष्यमाक्रोशादि, दण्डपारुष्यं ताडनादि, एषोऽष्टपरिमाणो व्यसनगणः क्रोधाद्भवति।।४८।।

Deceit, or crookedness of temper, rashness, the seeking of other men's discomfiture, envy, the spirit of fault-finding, the robbing of other men's money or non-payment of just debts, use of abusive language, and battery, these are the eight vices which originate from anger. (48)

द्वयोरप्येतयोर्मूलं यं सर्वे कवयो विदुः।

तं यत्नेन जयेल्लोभं तज्जावेतावुभौ गणौ।।४९।।

मुक्ता०ः—एतयोर्द्वयोरपि कामक्रोधजव्यसनसङ्घयोः कारणं स्मृतिकारा जानन्ति तं यत्नतो लोभं त्यजेत्। यस्मादेतद्गणद्वयं लोभाज्जायते। क्वचिद्धनलोभतः क्वचित्प्रकारन्तरलोभन प्रवृत्तेः।।४९।।

Assiduosuly he must conquer that greed which all erudite men have described to the parent of these two sets of vices. (49)

पानमक्षाः स्त्रियश्चैव मृगया च यथाक्रमम्।

एतत्कष्टतमं विद्याच्चतुष्कं कामजे गणे।।५०।।

मुक्ता०ः—मद्यपानं, अक्षैः क्रीडा, स्त्रीसंभोगो, मृगया चेति क्रमपठितमेतच्चतुष्कं कामजव्यसनमध्ये बहुदोषत्वादतिशयेन दुःखहेतुं जानीयात्।।५०।।

Abuse of wine, gambling with dice, promiscuous sexual intercourse, and a hunting excursion, these four should be successively regarded as the most inverterate of vices originating from desire. (50)

दण्डस्य पातनं चैव वाक्पारुष्यार्थदूषणे।

क्रोधजेऽपि गणे विद्यात्कष्टमेतत्त्रिकं सदा।।५१।।

मुक्ता०ः—दण्डपातनं, वाक्पारुष्यं, अर्थदूषणं चेति क्रोधजेऽपि व्यसनगणे दोषबहुलत्वादतिशयितदुःखसाधनं मन्येत।।५१।।

Battery with a club, use of abusive language, and encroachment on other men's wealth, these three should be always regarded as the most inveterate of vices resulting from irascibility (anger). (51)

सप्तकस्यास्य वर्गस्य सर्वत्रैवानुषङ्गिणः।

पूर्वं पूर्वं गुरुतरं विद्याद्व्यसनमात्मवान्।।५२।।

मुक्ता०ः—अस्य पानादेः कामक्रोधसम्भवस्य सप्तपरिमाणस्य व्यसनवर्गस्य सर्वस्मिन्नेव राजमण्डले प्रायेणावस्थितस्य पूर्वपूर्वव्यसनमुत्तरात्कष्टतरं प्रशस्तात्मा राजा जानीयात्। तथाहि द्यूतात्पानं कष्टतरं, मद्यपानेन मत्तस्य संज्ञाप्रणाशाद्यथेष्टचेष्टया देहधनादिविरोध इत्यादयो दोषाः। द्यूते तु पाक्षिकीधनावाप्तिरप्यस्ति। स्त्रीव्यसनाद्द्यूतं

दुष्टम्। द्यूते हि वैरोद्भवादयो नीतिशास्त्रोक्ता दोषाः। मूत्रपुरीषवेगधारणाच्च व्याध्युत्पत्तिः। स्त्रीव्यसने पुनरपत्योत्पत्त्यादिगुणयोगोऽप्यस्ति। मृगयास्त्रीव्यसनयोः स्त्रीव्यसनं दुष्टम्। तत्रादर्शनकार्याणां कालातिपातेन धर्मलोपादयो दोषाः, मृगयायां तु व्यायामेनारोग्यादि-गुणयोगोऽप्यस्तीत्येवं कामजचतुष्कस्य पूर्वं पूर्वं गुरुदोषं, क्रोधजेष्वपि त्रिपु वाक्पारुष्याद्दण्डपारुष्यं दुष्टम्। अङ्गच्छेदादेरशक्यसमाधानत्वात्। वाक्पारुष्ये तु कोपानलो दानमानपानीयसेकैः शक्यः शमयितुम्। अर्थदूषणाद्वाक्पारुष्यं दोषवन्मर्मपीडाकरं, वाक्प्रहारस्य दुश्चिकित्स्यत्वात्। तदुक्तं न संरोहयति वाक्कृतम्। अर्थदूषणं तु प्रचुरतरार्थदानाच्छक्यसमाधानं, एवं क्रोधजनितस्यापि पूर्वंपूर्वं दुष्टतरं यत्नतस्त्यजेत्।।५२।।

A self-controlled king must know these seven concomitant evils (such as, the abuse of wine, gambling with dice, promiscuous intercourse, hunting excursion, assault, use of abusive language, and encroachment on other men's wealth) of the two (preceding) sets of vices as most heinous, each preceding one being more heinous than the one immediately following it in the list. (52)

व्यसनस्य च मृत्योश्च व्यसनं कष्टमुच्यते।
व्यसन्यधोऽधो व्रजति स्वर्यात्यव्यसनी मृतः।।५३।।

मुक्ता०:—यद्यपि मृत्युव्यसने द्वे अपीह लोके संज्ञाप्रणाशादिदुःखहेतुतया शास्त्रानुष्ठानविरोधितया च तुल्ये, तथापि व्यसनं कष्टतरं परत्रापि नरकपातहेतुत्वात्। तदाह व्यसन्यधोऽधो व्रजतीति। बहून्नरकान्गच्छतीत्यर्थः। अव्यसनी तु मृतः शास्त्रानुष्ठानप्रतिपक्षव्यसनाभावात्स्वर्गं गच्छति। एतेनातिप्रसक्तिर्व्यसनेषु निषिध्यते न तु तस्य सेवनमपि।।५३।।

Of vice and death, vice is more painful, in as much as a vicious man, after death, will sink down to lower and lower status, whereas a non-vicious man will ascend to heaven. (53)

मौलाच्छास्त्रविदः शूराँल्लब्धलक्षान्कुलोद्भवा।
सचिवान्सप्त चाष्टौ वा प्रकुर्वीत परीक्षितान्।।५४।।

मुक्ता०:—मौलान्पितृपितामहक्रमेण सेवकान्, तेषामपि द्रोहादिना व्यभिचारात् दृष्टादृष्टार्थशास्त्रज्ञान्विक्रन्तान्, लब्धलक्षान्लक्षादप्रच्युतशरीरशल्यादीनायुधविद इत्यर्थः। विशुद्धकुलभवान्देवतास्पर्शदिनियतानमात्यान्सप्ताष्टौ वा मन्त्रादौ कुर्वीत।।५४।।

He shall select seven or eight ministers of tested virtue and ability who would be conversant with the prices of lands, well versed in the *Śāstras*, valorous, and born of noble families, with unmissing aims in archery or in the use of arms. (54)

अपि यत्सुकरं कर्म तदप्येकेन दुष्करम्।

विशेषतोऽसहायेन किन्तु राज्यं महोदयम्॥५५॥

मुक्ता०:–सुखेनापि यत्क्रियते कर्म तदप्येकेन दुष्करं भवति। विशेषतो यन्महाफलं तत्कथमसहायेन क्रियते॥५५॥

Even a work, which may be easily accomplished, may appear difficult to an unaided man to accomplish; how can a kingdom, which involves so many mightly issues, be governed by a single, unaided person. (55)

तैः सार्धं चिन्तयेन्नित्यं सामान्यं संधिविग्रहम्।

स्थानं समुदयं गुप्तिं लब्धप्रशमनानि च॥५६॥

मुक्ता०:–सचिवैः सह सामान्यं मन्त्रेष्वगोपनीयं संधिविग्रहादि। तन्निरूपयेत्। तथा तिष्ठत्यनेनेति स्थानं दण्डकोशपुरराष्ट्रात्मकं चतुर्विधं चिन्तयेत्। दण्ड्यतेऽनेनेति दण्डो हस्त्यश्वरथपदातयस्तेषां पोषणं रक्षणादि तच्चिन्त्यम्। कोशोऽर्थनिचयस्तस्यायव्ययादि, पुरस्य रक्षणादि, राष्ट्रं देशस्तद्वासिमनुष्यपश्वादिधारणक्षमत्वादि चिन्तेयत्। तथा समुदयन्त्युत्पद्यन्तेऽस्मादर्था इति समुदयो धान्यहिरण्याद्युत्पत्तिस्थानं तन्निरूपयेत्। तथा गुप्तिं रक्षामात्मगतां राष्ट्रगतां, च स्वपरीक्षितमन्नाद्यमद्यात् "परीक्षिताः स्त्रियश्चैवं" (अ०७ श्लो०२१९) इत्यादिनात्मरक्षणं "राष्ट्रस्य संग्रहे नित्यम्" (अ०७ श्लो०११३) इत्यादिना राष्ट्ररक्षां च वक्ष्यति। लब्धस्य च धनस्य प्रशमनानि सत्पात्रे प्रतिपादनादीनि चिन्तयेत्। तथा च वक्ष्यति "जित्वा सम्पूजयेद्देवान्" (अ०७ श्लो०२०१) इत्यादि॥५६॥

With them he must deliberate on all general topics of treaty and war, on the maintenance of forces, on the state of the exchequer, on the capacity of the capital and the kingdom as regards the location and food-supply of their inmates, on ways and means, on the protection of his person and kingdom, and the distribution of revenue among its worthy recipients (public officers). (56)

तेषां स्वं स्वमभिप्रायमुपलभ्य पृथक् पृथक्।

समस्तानां च कार्येषु विदध्याद्धितमात्मनः॥५७॥

मुक्ता०:—तेषां सचिवानां रहसि निष्प्रतिपक्षतया हृदयगतभावज्ञानसंभवात्प्रत्येकमभिप्रायं समस्तानामपि युगपदभिप्रायं बुध्वा कार्ये यदात्मनो हितं तत्कुर्यात्।।५७।।

Having heard the several and independent opinions of these counsellors, let him carry that much of those opinions into practice which conduces to his welfare. (57)

सर्वेषां तु विशिष्टेन ब्राह्मणेन विपश्चिता।

मन्त्रयेत्परं मन्त्रं राजा षाड्गुण्यसंयुतम्।।५८।।

मुक्ता०:—एषामेव सर्वेषां सचिवानां मध्यादन्यतमेन धार्मिकत्वादिना विशिष्टेन ब्राह्मणेन सह संधिविग्रहादिवक्ष्यमाणगुणषट्कोपेतं प्रकृष्टं मन्त्रं निरूपयेत्।।५८।।

The king shall deliberate with the most erudite *Brāhmaṇa* among these councellors on the most important topic regarding the six predicatives of the kingdom (viz. treaty, war, expedition, etc.). (58)

नित्यं तस्मिन्समाश्वस्तः सर्वकार्याणि निक्षिपेत्।

तेन सार्धं विनिश्चित्य ततः कर्म समारभेत्।।५९।।

मुक्ता०:—सर्वदा तस्मिन्ब्राह्मणे संजातविश्वासो भूत्वा यानि कुर्यात्तानि सर्वकार्याणि समर्पयेत्। तेन सह निश्चित्य सर्वं कर्मारभेत्।।५९।।

Having been confident of his integrity, let him entrust all works to him (*i.e.* of the Brāhmaṇa premier) and undertake all works, after first having deliberated with him. (59)

अन्यानपि प्रकुर्वीत शुचीन्प्राज्ञानवस्थितान्।

सम्यगर्थसमाहर्तॄनमात्यान्सुपरीक्षितान्।।६०।।

मुक्ता०:—अन्यानप्यर्थदानादिना शुचीन्, प्रज्ञाशालिनः, सम्यग्धनार्जनशीलान्धर्मादिना परीक्षितान्कर्मसचिवान्कुर्यात्।।६०।।

Other councellors, pure, intelligent, affluent in wealth, and of tested virtue and comprehension, he shall also appoint. (60)

निर्वर्तेतास्य यावद्भिरितिकर्तव्यता नृभिः।

तावतोऽतन्द्रितान् दक्षान् प्रकुर्वीत विचक्षणान्।।६१।।

मुक्ता०:—अस्य राज्ञो यत्संख्याकैर्मनुष्यैः कर्मजातं सम्पद्यते तत्संख्याकान्मनुष्यानालस्यशून्यान्, क्रियासु सोत्साहान्, तत्कर्मज्ञांस्तत्र कुर्यात्।।६१।।

King shall appoint so many skillful, intelligent and hard-working officials, as may be considered necessary for the due discharge of their kingly duties. (61)

तेषामर्थे नियुञ्जीत शूरान् दक्षान् कुलोद्गतान्।
शुचीनाकरकर्मान्ते भीरूनन्तर्निवेशने॥६२॥

मुक्ता०:—तेषां सचिवानां मध्ये विक्रान्तांश्चतुरान् कुलांकुशनियमितान्, शुचीनर्थनिःस्पृहान् धनोत्पत्तिस्थाने नियुञ्जीत। अस्यैवोदाहरणं आकरकर्मान्त इति। आकरेषु सुवर्णाद्युत्पत्तिस्थानेषु, कर्मान्तेषु च इक्षुधान्यादिसंग्रहस्थानेषु, अन्तर्निवेशने भोजनशयनगृहान्तःपुरादौ भीरून्नियुञ्जीत। शूरा हि तत्र राजानं प्रायेणैकाकिनं स्त्रीवृतं वा कदाचिच्छत्रूपजापदूषिता हन्युरपि॥६२॥

Out of these he must appoint skillful, valorous men of noble parentage in protecting the wealth of the kingdom, and in supervising the mines (sources of revenue); and conscientious men he shall appoint in matters of domestic economy. (62)

दूतं चैव प्रकुर्वीत सर्वशास्त्रविशारदम्।
इङ्गिताकारचेष्टज्ञं शुचिं दक्षं कुलोद्गतम्॥६३॥

मुक्ता०:—दूतं च दृष्टादृष्टार्थशास्त्रज्ञं, इङ्गितज्ञमभिप्रायसूचकं वचनस्वरादि, आकारो देहधर्मादिमुखप्रसादवैवर्ण्यादिरूपः प्रीत्यप्रीतिसूचकः चेष्टा करास्फालनादिक्रिया कोपादिसूचिका तदीयतत्त्वज्ञं, अर्थदानस्त्रीव्यसनाद्यभावात्मकं शौचयुक्तं चतुरं कुलीनं कुर्यात्॥६३॥

An intelligent, pure-hearted man of noble family, efficient, well-versed in all the *Śāstras*, and capable of interpreting other men's feelings from their means and demeanours he shall appoint as an ambassador. (63)

अनुरक्तः शुचिर्दक्षः स्मृतिमान् देशकालवित्।
वपुष्मान् वीतभीर्वाग्मी दूतो राज्ञः प्रशस्यते॥६४॥

मुक्ता०:—जनेषु अनुरागवान् तेन प्रतिराजादेरपि अद्वेषविषयः, अर्थस्त्रीशौचयुक्तस्तेन धनस्त्रीदानादिनाऽभेद्यः दक्षश्चतुरस्तेन कार्यकालं नातिक्रामति। स्मृतिमान् तेन संदेशं न विस्मरति, देशकालज्ञः तेन देशकालौ ज्ञात्वा अन्यदपि संदिष्टं देशकालोचितमन्यथा कथयति, सुरूपः तेनादेयवचनः, विगतभयः, तेनाप्रियसंदेशस्यापि वक्ता, वाग्मी तेन संस्कृताद्युक्तिक्षमः, एवंविधो दूतो राज्ञः प्रशस्यो भवति॥६४॥

A person, handsome-looking intelligent, skillful, pure-hearted, devoted to his person, capable of judging the spirit of the place and time, fearless and eloquent, is recommended to be the ambassador of the king. (64)

अमात्ये दण्ड आयत्तो दण्डे वैनायिकी क्रिया।
नृपतौ कोशराष्ट्रे च दूते संधिविपर्ययौ।।६५।।

मुक्ता०:—अमात्ये सेनापतौ हस्त्यश्वरथपादाताद्यात्मको दण्ड आयत्तः। तदिच्छया तस्य कार्येषु प्रवृत्तेः। विनययोगाद्वैनयिकी यो विनयः स दण्ड आयत्तः। नृपतावर्थसंचयस्थानदेशावायत्तौ राज्ञा पराधीनौ न कर्तव्यौ। स्वयमेव चिन्तमीयं धनं ग्रामश्च। दूते संधिविग्रहावायत्तौ, तदिच्छया तत्प्रवृत्तेः।।६५।।

The forces of the realm, as well as the maintenance of its internal peace should be in the hands of the General (Amātya); the government and treasury in the hands of the king, and the declaration of war and treaty in the hands of the ambassador. (65)

दूत एव हि संधत्ते भिनत्त्येव च संहतान्।
दूतस्तत्कुरुते कर्म भिद्यन्ते येन मानवाः।।६६।।

मुक्ता०:—यस्माद्दूत एव हि भिन्नानां संधिसंपादने क्षमः। संहतानां च भेदने। तथा परदेशे दूतस्तत्कर्म करोति येन संहता भिद्यन्ते। तस्माद्दूते संधिविग्रहौ विपर्ययावायत्ताविति तदुक्तं तस्यैवायं प्रपञ्चः।।६६।।

The ambassador is fit to create or break an alliance; he does that, by which those who are not united are united in alliance, and those who are allies are severed from one another. (66)

स विद्यादस्य कृत्येषु निगूढेङ्गितचेष्टितैः।
आकारमिगितं चेष्टां भृत्येषु च चिकीर्षितम्।।६७।।

मुक्ता०:—स दूतोऽस्य प्रतिराजस्य कर्तव्ये आकारेङ्गितचेष्टां जानीयात्। निगूढा अनुचराः प्रतिपक्षनृपस्यैव परिजनास्तस्मिन्युक्तास्तत्सन्निधावपि तेषामिङ्गितचेष्टितैः भृत्येषु च क्षुब्धलुब्धापमानितेषु प्रतिराजस्य कर्तुमीप्सितं जानीयात्।।६७।।

He (the ambassador) shall ascertain from the gestures and demeanours of the intimate friends (associates) and relations (of a foreign king), as well as from those of his servants, the scope nature of his works and undertakings. (67)

बुद्ध्वा च सर्वं तत्त्वेन परराजचिकीर्षितम्।
तथा प्रयत्नमातिष्ठेद्यथात्मानं न पीडयेत्॥६८॥

मुक्ता०:—उक्तलक्षणदूतद्वारेण प्रतिपक्षराजस्य कर्तुमिष्टं सर्वं तत्त्वतो ज्ञात्वा तथा प्रयत्नं कुर्यात्। यथाऽऽत्मनः पीडा न भवति॥६८॥

Having ascertained the nature and scope of the works (of a foreign king), he shall so deport himself (in his realm) so as not to any wise imperil his personal safety. (68)

जाङ्गलं सस्यसंपन्नमार्यप्रायमनाविलम्।
रम्यमानतसामन्तं स्वाजीव्यं देशमावसेत्॥६९॥

मुक्ता०:—"अल्पोदकतृणो यस्तु प्रवातः प्रचुरातपः। स ज्ञेयो जाङ्गलो देशो बहुधान्यादिसंयुतः।" प्रचुरधार्मिकजनं रोगोपसर्गाद्यैरनाकुलं फलपुष्पतरुलतादिमनोहरं प्रणतसमीपवास्तव्याटाविकादिजनं सुलभकृषिवाणिज्याद्याजीवनमाश्रित्यावासं कुर्यात्॥६९॥

He, (the king) must live in a dry, fertile country, (enjoying much of sun light and bereft of swamps and jungles), containing large stores of food-grain and a large population of Āryan settlers, clear (free from disease and disturbing physical phenomena), beautiful with shady trees and creepers, bordered by (adjacent to the territories of his submissive vassals, and which offers means of livelihood (by trade or agriculture). (69)

धन्वदुर्गं महीदुर्गमब्दुर्गं वार्क्षमेव वा।
नृदुर्गं गिरिदुर्गं वा समाश्रित्य वसेत्पुरम्॥७०॥

मुक्ता०:—धन्वदु मरुवेष्टितं चतुर्दिशं पञ्चयोजनमनुदकं, महीदुर्गं पाषाणेन इष्टकेन वा विस्ताराद्द्वैगुण्योच्छ्रायेण द्वादशहस्तादुच्छ्रितेन युद्धार्थमुपरिभ्रमणयोग्येन सावरणगवाक्षादियुक्तेन प्राकारेण वेष्टितं, जलदुर्गमगाधोदकेन सर्वतः परिवृतं, वार्क्षदुर्गं बहिः सर्वतो योजनमात्रं व्याप्य तिष्ठन्महावृक्षकण्टकिगुल्मलताद्याचितं नृदुर्गं चतुर्दिगवस्थायि हस्त्यश्वरथयुक्तबहुपदातरक्षितं, गिरिदुर्गं पर्वतपृष्ठमतिदुरारोहं

संकोचकमार्गोपेतं अन्तर्नदीप्रस्रवणाद्युदकयुक्तं, बहुसस्योत्पन्नक्षेत्रवृक्षान्वितं, एतेषु दुर्गेषु मध्यादन्यतमं दुर्गमाश्रित्य पुरं विरचयेत्॥७०॥

He shall live by taking refuge either in a fort (girdled by deserts), or in a land-fort, or in a water-fort, or in a wood-fort, or in a fort composed of men (i.e. guarded by troops of soldiers). (70)

सर्वेण तु प्रयत्नेन गिरिदुर्गं समाश्रयेत्।

एषां हि बाहुगुण्येन गिरिदुर्गं विशिष्यते॥७१॥

मुक्ता०:—यस्मादेषां दुर्गाणां मध्यात् दुर्गगुणबहुत्वेन गिरिदुर्गमतिरिच्यते तस्मात्सर्वप्रयत्नेन तदाश्रयेत्। गिरिदुर्गे शत्रुदुरारोहत्वं महत्प्रदेशादल्पप्रयत्नप्रेरितशिलादिना बहुविपक्षसैन्यव्यापादनमित्यादयो बहवो गुणाः॥७१॥

By all endeavours let him take refuge in a hill-fortress; a hill-fort is the best of all forts for its many excellent features and advantages. (71)

त्रीण्याद्यान्याश्रितास्त्वेषां मृगगर्ताश्रयाऽप्सराः।

त्रीण्युत्तराणि क्रमशः प्लवगमनरामराः॥७२॥

मुक्ता०:—एषां दुर्गाणां मध्यात्प्रथमोक्तानि त्रीणि दुर्गाणि मृगादय आश्रिताः। तत्र धनुर्दुर्गं मृगैराश्रितं, महीदुर्गं गर्ताश्रितैर्मूषिकादिभिः, अब्दुर्गं जलचरैर्नक्रादिभिः, इतराणि त्रीणि वृक्षदुर्गादीनि वानरादय आसितास्तत्र वृक्षदुर्गं वानरैराश्रितं, नृदुर्गं मानुषैः, गिरिदुर्गं देवैः॥७२॥

Of these, the first three forms of forts are respectively inmated by quadrupeds, hole dwelling animals, and aquatic creatures, and the remaining three are respectively inmated by monkeys (quadrumanas), men and *deities*. (72)

यथा दुर्गाश्रितानेतान्नोपहिंसन्ति शत्रवः।

तथारयो न हिंसन्ति नृपं दुर्गसमाश्रितम्॥७३॥

मुक्ता०:—यथैतान्दुर्गवासिनो मृगादीन्व्याधादयः शत्रवो न हिंसन्ति एवं दुर्गाश्रितं राजानं न शत्रवः॥७३॥

As huntsmen cannot hurt these animals, while residing in these fortresses, so his enemies cannot assails a king who has taken refuge in any of them. (73)

एकः शतं योधयति प्राकारस्थो धनुर्धरः।

शतं दश सहस्राणि तस्माद्दुर्गं विधीयते॥७४॥

मुक्ता०:—यस्मादेको धानुष्कः प्राकारस्थः शत्रूणां शतं योधयति। प्राकारस्थं धानुष्कशतं च शत्रूणां दशसहस्राणि तस्माद्दुर्गं कर्तुमुपदिश्यते॥७४॥

Since from behind the battlement of a castle an archer can fight a hundred archers, and a hundred archers can fight a ten thousand archers, so the building of a castle is imperatively obligatory (on a king.) (74)

तस्यादायुधसंपन्नं धनधान्येन वाहनैः।

ब्राह्मणैः शिल्पिभिर्यन्त्रैर्यवसेनोदकेन च॥७५॥

मुक्ता०:—तद्दुर्गं खड्गाद्यायुधसुवर्णादिधनधान्यकरितुरगादिवाहनब्राह्मणभक्ष्यादि-शिल्पियन्त्रघासोदकसमृद्धं कुर्यात्॥७५॥

The fort should he equipped with weapons, money, food-grains, transport-animals, *Brāhmaṇas,* artisans, engines, forage and water. (75)

तस्य मध्ये सुपर्याप्तं कारयेद्गृहमात्मनः।

गुप्तं सर्वर्तुकं शुभ्रं जल वृक्षसमन्वितम्॥७६॥

मुक्ता०:—तस्य दुर्गस्य मध्ये पर्याप्तं पृथक्पृथक् स्त्रीगृहदेवागारायुधा-गाराग्निशालादियुक्तं परिखाप्राकाराद्यैर्गुप्तं सर्वर्तुकफलपुष्पादियोगेन सर्वर्तुकं सुधाधवलितं वाप्यादिजलयुक्तं वृक्षान्वितमात्मनो गृहं कारयेत्॥७६॥

Within this fort the king shall cause his palace to be built, commodious, secret, white, fit for all seasons of the year, and provided with trees and water. (76)

तदध्यास्योद्वहेद्भार्यां सवर्णां लक्षणान्विताम्।

कुले महति संभूतां हृद्यां रूपगुणान्विताम्॥७७॥

मुक्ता०:—तद्गृहमाश्रित्य समावर्णां शुभसूचकलक्षणोपेतां महाकुलप्रसूतां मनोहारिणीं सुरूपां गुणवतीं भार्यामुद्वहेत्॥७७॥

Residing therein, he must marry a wife, beautiful, accomplished possessed of commendable bodily features, born of noble parentage, and belonging to his own caste. (77)

पुरोहितं च कुर्वीत वृणुयादेव चर्त्विजम्।
तेऽस्य गृह्याणि कर्माणि कुर्युर्वैतानिकानि च॥७८॥

मुक्ता०:—पुरोहितं चाप्याथर्वणविधिना कुर्वीत। ऋत्विजश्च कर्माणि कर्तुं वृणुयात्। ते चास्य राज्ञो गृह्योक्तानि त्रेतासंपाद्यानि कर्माणि कुर्युः॥७८॥

He shall appoint a priest and a Ṛtvik, who will respectively perform his domestic sacrifices and the Vaitānika fire-*offerings*. (78)

यजेत राजा क्रतुभिर्विविधैराप्तदक्षिणैः।
धर्मार्थं चैव विप्रेभ्यो दद्याद्भोगान्धनानि च॥७९॥

मुक्ता०:—राजा नानाप्रकारान्बहुदक्षिणानश्वमेधादियज्ञान्कुर्यात्। ब्राह्मणेभ्यश्च स्त्रीगृह-शय्यादीन्भोगान्सुवर्णवस्त्रादीनि धनानि दद्यात्॥७९॥

The king shall institute various sacrifices, and pay honoraria to priests officiating at them; for the acquisition of virtue likewise he shall make gifts of money and articles of enjoyment to *Brāhmaṇas*. (79)

सांवत्सरिकमाप्तैश्च राष्ट्रादाहारयेद्बलिम्।
स्याच्चाम्नायपरो लोके वर्तेत पितृवन्नृषु॥८०॥

मुक्ता०:—राजा सत्कैरमात्यैर्वर्षग्राह्यं धान्यादिभागमानाययेत्, लोके च करादिग्रहणे शास्त्रनिष्ठः स्यात्, स्वदेशवासिषु नरेषु पितृवत्स्नेहादिना वर्तेत॥८०॥

At the end of the year, he shall collect revenue from men appointed to collect it (from his subjects); and he shall be like a father unto persons, true to the *Śāstra*, and residing in his dominion. (80)

अध्यक्षान् विविधान्कुर्यात्तत्र तत्र विपश्चितः।
तेऽस्य सर्वाण्यवेक्षेरन्नृणां कार्याणि कुर्वताम्॥८१॥

मुक्ता०:—तत्र तत्र हस्त्यश्वरथपदाताद्यर्थादिस्थानेष्वध्यक्षानवेक्षितॄन्विविधान्पृथक् पृथक् विपश्चितः कर्मकुशलान्कुर्यात्। तेऽस्य राज्ञस्तेषु हस्त्यश्वादिस्थानेषु मनुष्याणां कुर्वतां सर्वाणि कार्याणि सम्यक्कार्यार्थमवेक्षेरन्॥८१॥

And in those matters he will appoint efficient supervisors (agents?), who will superintend the works of men (appointed by the king). (81)

आवृत्तानां गुरुकुलाद्विप्राणां पूजको भवेत्।

नृपाणामक्षयो ह्येष निधिर्ब्राह्योऽभिधीयते॥८२॥

मुक्ता०:—गुरुकुलान्निवृत्तानामधीतवेदानां ब्राह्मणानां गार्हस्थ्यार्थिना नियमतो धनधान्येन पूजां कुर्यात्। यस्माद्योऽयं ब्राह्मो ब्राह्मणेषु स्थापितधनधान्यादिनिधिरिव निधिरक्षयो। ब्रह्मफलत्वादविनाशी राज्ञां शास्त्रेणोपदिश्यते॥८२॥

The king must be the worshipper (pecuniary helper) of *Brāhmaṇas*, returned from the houses of their preceptors. This (worship) is said to be the eternal treasure of a king in *Brahma*. (82)

न तं स्तेना न चामित्रा हरन्ति न च नश्यति।

तस्माद्राज्ञा निधातव्यो ब्राह्मणेष्वक्षयो निधिः॥८३॥

मुक्ता०:—अत एव तं ब्राह्मणस्थापितनिधिं न चौरा नापि शत्रवो हरन्ति, अन्यनिधिवद्भूम्यादिस्थापित: कालवशान्न नश्यति। स्थानभ्रान्त्या वाऽदर्शनमुपैति। तस्माद्योयमक्षयोऽनन्तफलो निधिरिव निधिर्धनौघ: स राज्ञा ब्राह्मणेषु निधातव्य:। तेभ्यो देय इत्यर्थ:॥८३॥

That (treasure), the thieves steal not, nor enemies destroy; hence a king should deposit that eternal treasure in *Brāhmaṇas*. (83)

न स्कन्दते न व्यथते न विनश्यति कर्हिचित्।

वरिष्ठमग्निहोत्रेभ्यो ब्राह्मणस्य मुखे हुतम्॥८४॥

मुक्ता०:—अग्नौ यद्धविर्हूयते तत्कदाचित्स्कन्दते स्रवत्यध: पतति, कदाचिद्व्यथते शुष्यति कदाचिद्दाहादिना नश्यति, ब्राह्मणस्य मुखे यद्धुतं "पाण्यास्यो हि द्विज: स्मृत:" इति ब्राह्मणहस्तदत्तमित्यर्थ:। तस्य नोक्ता दोषा:। तस्मादग्निहोत्रादिभ्य: श्रेष्ठं ब्राह्मणाय दानमित्यर्थ:॥८४॥

Oblations (food) cast in the mouths of *Brāhmaṇas* are superior (in respect of merit) to those offered in *Agnihotra* fire-offerings, in as much as they do not deteriorate nor wither, nor decay. (84)

सममब्राह्मणे दानं द्विगुणं ब्राह्मणब्रुवे।

प्राधीते शतसाहस्त्रमनन्तं वेदपारगे॥८५॥

मुक्ता०:—ब्राह्मणेतरक्षत्रादिविषये यद्दानं तत्समफलं यस्य देयद्रव्यस्य यत्फलं श्रुतं ततो नाधिकं न च न्यूनं भवति। यो ब्राह्मणः क्रियारहित आत्मानं ब्राह्मणं ब्रवीति स ब्राह्मणब्रुवः। तद्विषयदानं पूर्वापेक्षया द्विगुणफलम्। एवं प्राधीते प्रक्रान्ताध्ययने ब्राह्मणे लक्षगुणं फलम्। समस्तशाखाऽध्यायिन्यनन्तफलम्। "सहस्रगुणमाचार्ये" इति वा तृतीयपादस्य पाठः॥८५॥

A gift, made to a non-Brāhmaṇa, bears ordinary merit; those made to a degraded Brāhmaṇa, to a well-read one, and to a Veda-knowing Brāhmaṇa respectively bear double, hundred thousand and eternal merit. (85)

पात्रस्य हि विशेषेण श्रद्दधानतयैव च।

अल्पं वा बहु वा प्रेत्य दानस्य फलमश्नुते॥८६॥

मुक्ता०:—विद्यातपोवृत्तियुक्तया पात्रस्य तारतम्यमपेक्ष्य शास्त्रे तथेति प्रत्ययरूपाया श्रद्धायास्तारतम्यपात्रमासाद्य दानस्याल्पं महद्वाफलं परलोके लभ्यते॥८६॥

Through the difference of characters of its recipients, and the variation in the sincerity of feeling with which it is offered, a gift acquires a greater or lesser merit in the next world. (86)

समोत्तमाधमै राजा त्वाहूतः पालयन् प्रजाः।

न निवर्तेत संग्रामात्क्षात्रं धर्ममनुस्मरन्॥८७॥

मुक्ता०:—समबलेनाधिकबलेन हीनबलेन च राज्ञा युद्धार्थमाहूतो राजा प्रजारक्षणं कुर्वन्युद्धान्न निवर्तेत। क्षत्रियेण युद्धार्थमाहूतेनावश्यं योद्धव्यमिति क्षात्रं धर्मं स्मरन्॥८७॥

A king, protecting his subjects, if called by an equally powerful or more or less powerful adversary to battle, must not be reluctant to fight in consideration of his martial duties. (87)

संग्रामेष्वनिवर्तित्वं प्रजानां चैव पालनम्।

शूश्रूषा ब्राह्मणानां च राज्ञां श्रेयस्करं परम्॥८८॥

मुक्ता०:—युद्धेष्वपराङ्मुखत्वं प्रजानां च रक्षणं ब्राह्मणपरिचर्या एतद्राज्ञामतिशयितं स्वर्गादिश्रेयःस्थानम्॥८८॥

A non-reluctance to fight, the protection of subjects and serving the *Brāhmaṇas* are the most auspicious duties of kings. (88)

आहवेषु मिथोऽन्योऽन्यं जिघांसन्तो महीक्षितः।
युध्यमानाः परं शक्त्या स्वर्गं यान्त्यपराङ्मुखाः॥८९॥

मुक्ता०:—अतएव राजानो मिथः स्पर्धमाना युद्धेष्वन्योन्यं हन्तुमिच्छन्तः प्रकृष्टया शक्त्या संमुखीभूय युध्यमानाः स्वर्गं गच्छन्ति। यद्यपि युद्धस्य शत्रुजयधनलाभादिरूपं दृष्टमेव फलं न स्वर्गस्तथापि युद्धाश्रितापराङ्मुखत्वनियमस्य स्वर्गः फलमिति न दोषः॥८९॥

Of two kings, trying to kill each other with superior forces, the one, who does not turn his back on the battle-field, goes to heaven, after death. (89)

न कूटैरायुधैर्हन्याद्युध्यमानो रणे रिपून्।
न कर्णिभिर्नापि दिग्धैर्नाग्निज्वलिततेजनैः॥९०॥

मुक्ता०:—कूटान्यायुधानि बहिःकाष्ठादिमयान्यन्तर्गुप्तनिशितशस्त्राण्येतैः समरे युध्यमानः शत्रून्न हन्यात्। नापि कर्ण्याकारफलकैर्बाणैः। नापि विषाक्तैः। नाप्यग्निदीप्तफलकैः॥९०॥

Fighting, he must not kill his enemies in battle with hidden weapons, nor with barbed, poisoned, burning or fire-mouthed arrows. (90)

न च हन्यात्स्थलारूढं न क्लीबं न कृताञ्जलिम्।
न मुक्तकेशं नासीनं न तवास्मीति वादिनम्॥९१॥

मुक्ता०:—स्वयं रथस्थो रथं त्यक्त्वा स्थलारूढं न हन्यात्। तथा नपुंसकं, बद्धाञ्जलिं मुक्तकेशं, उपविष्टं, त्वदीयोऽहमित्येवंवादिनं न हन्यात्॥९१॥

Himself riding in a chariot, he must not kill an adversary, standing on the ground, nor one who is a eunuch, or prays for life, or surrenders himself. (91)

न सुप्तं न विसन्नाहं न नग्नं न निरायुधम्।
नायुध्यमानं पश्यन्तं न परेण समागतम्॥९२॥

मुक्ता०:—सुप्तं, मुक्तसन्नाहं, विवस्त्रं, अनायुधं, अयुध्यमानं, प्रेक्षकं, अन्येन सह युध्यमानं च न हन्यात्॥९२॥

Nor one who is asleep or unarmoured, nor one who is unarmed or stript of clothes, nor one who is a mere non-fighting onlooker, or is engaged with another. (92)

नायुधव्यसनप्राप्तं नार्तं नातिपरिक्षतम्।

न भीतं न परावृत्तं सतां धर्ममनुस्मरन्॥९३॥

मुक्ता०:—भग्नखड्गाद्यायुधं, पुत्रशोकादिनाऽऽर्तम, बहुप्रहारकुलं, भीतं, युद्धपराङ्मुखं, शिष्टक्षत्रियाणां धर्मं स्मरन्न हन्यात्॥९३॥

Nor one whose weapon is broken, or who is bemoaning the loss of a killed relation, or is seriously wounded; nor one who is afraid of life, or flying from the battle-field in consideration of his martial duties. (93)

यस्तु भीतः परावृत्तः संग्रामे हन्यते परैः।

भर्तुर्यद्दुष्कृतं किंचित्तत्सर्वं प्रतिपद्यते॥९४॥

मुक्ता०:—यस्तु योधो भीतः पराङ्मुखः सन्युद्धे शत्रुभिर्हन्यते स पोषणकर्तुः प्रभोर्यद्दुष्कृतं तत्सर्वं प्राप्नोति। शास्त्रप्रमाणके च सुकृतदुष्कृते यथाशास्त्रं संक्रमयोग्ये एव सिद्ध्यतः अतएवोपजीव्यशास्त्रेण बाधनात्र प्रतिपक्षानुमानादयोऽपि। एतच्च षष्ठे "प्रियेषु स्वेषु सुकृतम्" (अ०६ श्लो०७९) इत्यत्राविष्कृतमस्माभिः। "पराङ्मुखहतस्य स्यात्पापमेतद्विवक्षितम्। न त्वत्र प्रभुपापं स्यादिति गोविन्दराजकः॥ मेधातिथिस्त्वर्थ-वादमात्रमेतन्निरूपयन्। मन्ये नैतद्द्वयं युक्तं व्यक्तमन्वर्थवर्जनात्"। "अन्यदीय-पुण्यपापेऽन्यत्र संक्रमेते" इति शास्त्रप्रामाण्याद्वेदान्सूत्रकृता बादरायणेन निर्णीतोऽयमर्थ इति यथोक्तमेव रमणीयम्॥९४॥

Afraid of life, if one, while flying from the field of battle, is killed by the enemy, he acquires all the demerits of his master (employer). (94)

यच्चास्य सुकृतं किंचिदमुत्रार्थमुपार्जितम्।

भर्ता तत्सर्वमादत्ते परावृत्तहस्तस्य तु॥९५॥

मुक्ता०:—पराङ्मुखहतस्य यकिंचित्सुकृतं परलोकार्थमर्जितमनेनास्ति तत्सर्वं प्रभुर्लभते॥९५॥

All the merit, which such a run-away (from battle) might have acquired for heaven, his master will acquire in the event of his being killed during flight. (95)

रथाश्वं हस्तिनं छत्रं धनं धान्यं पशून्स्त्रियः।

सर्वद्रव्याणि कुप्यं च यो यज्जयति तस्य तत्॥९६॥

मुक्ता०:–राज्ञः स्वामिनः सर्वधनग्रहणे प्राप्ते तदपवादार्थमाह–

रथाश्वहस्तिछत्रवस्त्रादि, धनधान्यगवादि, दास्यस्त्रियः, सर्वाणि द्रव्याणि गुडलवणादीनि, कुप्यं च सुवर्णरजतव्यतिरिक्तं ताम्रादि धनं, यः पृथग्जित्वा सततं गृहमानयति तस्यैव तद्भवति। सुवर्णरजतभूमिरत्नाद्यनपकृष्टधनं तु राज्ञ एव समर्पणीयं एतदर्थमेवात्र परिगणनीयम्॥९६॥

A car, a horse, or an elephant, as well as paddy, wealth (money), women and all other articles, or any metal other than gold or silver, whatever one might have conquered (captured in war), would be his own. (96)

अत एवाह–

राज्ञश्च दद्युरुद्धारमित्येषा वैदिकी श्रुतिः।
राज्ञा न सर्वयोधेभ्यो दातव्यमपृथग्जितम्॥९७॥

मुक्ता०:–उद्धारं योद्धारो राज्ञे दद्युः। उद्ध्रियत इत्युद्धारः। जितधनादुत्कृष्टधनं सुवर्णरजतकुप्यादि राज्ञे समर्पणीयम्। करितुरगादि वाहनमपि राज्ञे देयम्। "वाहनं च राज्ञ उद्धारं च" इति गोतमवचनात्। उद्धारदाने च श्रुतिः "इन्द्रो वै वृत्रं हत्वा" इत्युपक्रम्य "स महान्भूत्वा देवता अब्रवीदुद्धारं समुद्धरत" इति। राज्ञा चापृथग्जितं संह जितं सर्वयोधेभ्यो यथापौरुषं संविभजनीयम्॥९७॥

"The residue shall go to the king" is the dictum of the Vedic law on the subject; a thing, which has not been captured by any particular man. (*i.e.*, all such articles), he (king) shall divide among all the soldiers. (97)

एषोऽनुपस्कृतः प्रोक्तो योधधर्मः सनातनः।
अस्माद्धर्मान्न च्यवेत क्षत्रियो घ्नन् रणे रिपून्॥९८॥

मुक्ता०:–अविगर्हित एषोऽनादिसर्गप्रवाहसंभवतया नित्यो योधधर्म उक्तः। युद्धे शत्रून्हिंसन्क्षत्रिय एतं धर्मं न त्यजेत्। युद्धाधिकारित्वात्क्षत्रियग्रहणम्। अन्योऽपि तत्स्थानपतितो न त्यजेत्॥९८॥

The eternal and commendable duty of a warrior is (thus) described; a Kṣatriya, while engaged in killing his adversaries in battle, must not deviate from this duty. (98)

अलब्धं चैव लिप्सेत लब्धं रक्षेत्प्रयत्नतः।
रक्षितं वर्धयेच्चैव वृद्धं पत्रिषु निःक्षिपेत्॥९९॥

मुक्ता०:—अजितं भूमिहिरण्यादि जेतुमिच्छेत्। जितं प्रयत्नतो रक्षेत्। रक्षितं च वाणिज्यादिना वर्धयेत्। वृद्धं च पात्रेभ्यो दद्यात्॥९९॥

(A king) must covet what has not been acquired, assiduously protect what has been acquired, augment what has been kept and protected, and distribute this augmented wealth among worthy recipients (i.e.,) spend it on worthy projects. (99)

एतच्चतुर्विधं विद्यात्पुरुषार्थप्रयोजनम्।
अस्य नित्यमनुष्ठानं सम्यकुर्यादतन्द्रितः॥१००॥

मुक्ता०:—एतच्चतुःप्रकारं पुरुषार्थो यः स्वर्गादिस्तत्प्रयोजनं यस्मादेवंरूपं जानीयात्। अतोऽलनसः सन्सर्वदाऽनुष्ठानं कुर्यात्॥१००॥

The preceding four acts he must regard as the highest good in his life; and hence, assiduously he must do them from day to day. (100)

अलब्धमिच्छेद्दण्डेन लब्धं रक्षेदवेक्षया।
रक्षितं वर्धयेद्वृद्ध्या वृद्धं दानेन निक्षिपेत्॥१०१॥

मुक्ता०:—अलब्धं यद्धस्त्यश्वरथपादातात्मके दण्डेन जेतुमिच्छेत्। जितं च प्रत्यवेक्षणेन रक्षेत्। रक्षितं च बुद्ध्युपायेन स्थलजलपथवाणिज्यादिना वर्धयेत्। वृद्धं शास्त्रीयविभागेन पात्रेभ्यो दद्यात्॥१०१॥

A king shall covet a thing ungained by means of force; keep the acquired wealth by giving due attention to its increase (*i.e.,* the acquired wealth with interest accrued thereon), and pay over the increase to worthy recipients. (101)

नित्यमुद्यतदण्डः स्यान्नित्यं विवृतपौरुषः।
नित्यं संवृतसर्वार्थो नित्यं छिद्रानुसार्यः॥१०२॥

मुक्ता०:—नित्यं हस्त्यश्वादियुद्धादिशिक्षाभ्यासो दण्डो यस्य स तथा स्यात्। नित्यं च प्रकाशीकृतमस्त्रविद्यादिना पौरुषं यस्य स तथा स्यात्। नित्यं संवृतं संवरणीयं मन्त्राचारचेष्टादिकं यस्य स तथा स्यात्। नित्यं च शत्रोर्व्यसनादिरूपच्छिद्रानुसंधानं तत्परः स्यात्॥१०२॥

Each day, he must maneuver his forces, each day, he must mainfest his prowess; each day, he must conceal the performances of incantationary rites; and each day, seek the week points (watch the discomfitures) of his enemies. (102)

नित्यमुद्यतदण्डस्य कृत्स्नमुद्विजते जगत्।
तस्मात्सर्वाणि भूतानि दण्डेनैव प्रसादयेत्।।१०३।।

मुक्ता०:—यस्मान्नित्योद्यतदण्डस्य जगदुद्विजेदिति तस्मात्सर्वप्राणिनो दण्डेनैवात्मसात्कुर्यात्।।१०३।।

The world is overwhelmed with the terror of a king, who daily maneuvers his forces; hence, he must bring to submission all the world with the (show of his) might. (103)

अमाययैव वर्तेत न कथंचन मायया।
बुद्ध्येतारिप्रयुक्तां च मायां नित्यं स्वसंवृतः।।१०४।।

मुक्ता०:—मायया छद्मतया अमात्यादिषु न वर्तते। तथा सति सर्वेषामविश्वसनीयः स्यात्। धर्मरक्षार्थं यथातत्त्वेनैव व्यवहरेत्। यत्नकृतात्मपक्षरक्षश्च शत्रुकृतां प्रकृतिभेदरूपां मायां चारद्वारेण जानीयात्।।१०४।।

Secret in his design, he must be straight-forward in his dealings, and never live by deceit; but he must be wise enough to understand the stratagem of his adversary. (104)

नास्य छिद्रं परो विद्याद्विद्याच्छिद्रं परस्य तु।
गूहेत्कूर्म इवाङ्गानि रक्षेद्विवरमात्मनः।।१०५।।

मुक्ता०:—तथा यत्नं कुर्याद्यथास्य प्रकृतिभेदादि छिद्रं शत्रुर्न जानाति। शत्रोस्तु प्रकृतिभेदादिकं चारैर्जानीयात्। कूर्मो यथा मुखचरणादीन्यङ्गान्यात्मदेहे गोपायत्येवं राज्याङ्गान्यमात्यादीनि दानसंमानादित्मसात्कुर्यात्। दैवाच्च प्रकृतिभेदादिरूपे छिद्रे जाते यत्नतः प्रतीकारं कुर्यात्।।१०५।।

He must not let his enemies know of his weak points, but he must learn them of his adversaries; like a tortoise hiding his limbs (within the cavity of its shell), he must conceal his own weaknesses (lit. holes). (105)

बकवच्चिन्तयेदर्थान् सिंहवच्च पराक्रमेत्।
वृकवच्चावलुम्पेत शशवच्च विनिष्पतेत्।।१०६।।

मुक्ता०:—यथा बको जले मीनमतिचञ्चलस्वभावमपि मत्स्यग्रहणादेकतानान्तःकरणश्चिन्तयत्येवं रहसि सुविहितरक्षस्यापि विपक्षस्य देशग्रहणादीनर्थांश्चिन्तयेत्। यथा च सिंहः प्रबलमतिस्थूलमपि दन्तीबलं हन्तुमाक्रमत्येवमल्पबलो बलवतोपक्रान्तः संश्रयाद्युपायान्तरासंभवे सर्वशक्त्या शत्रुं हन्तुमाक्रमेत्। यथा च वृकः पालकृतरक्षणमपि पशुं दैवात्पालानवधानमासाद्य व्यापादयत्येवं दुर्गाद्यवस्थितमपि रिपुं कथंचित्प्रमादमासाद्य व्यापादयेत्। यथा शशः वधोद्धुरविविधव्याधमध्यगतोऽपि कुटिलगतिरुत्प्लुत्यर्थिवान्तरं संश्रयितुमुपसर्पेत्॥१०६॥

(Patiently, and concealed) like a heron, he must watch his own interests (i.e., the discomfiture of a fishlike fickle adversary), attack his enemy (even if big like an elephant) with the courage and prowess of a lion, dart upon (his prey) like a leopard, and beat out a retreat (with the fleetness and subtility of) a hare. (106)

एवं विजयमानस्य येऽस्य स्युः परिपन्थिनः।
तानानयेद्वशं सर्वान्सामादिभिरुपक्रमैः॥१०७॥

मुक्ता०:—एवमुक्तप्रकारेण विजयप्रवृत्तस्य नृपतेर्ये विजयविरोधिनो भवेयुस्तान्सर्वान्सामदानभेददण्डैरुपायैर्वशमानयेत्॥१०७॥

Those, who will (dare) being the enemies of such a conquering king, he must bring under his control with the appliances of conciliation, etc. (107)

यदि ते तु न तिष्ठेयुरुपायैः प्रथमैस्त्रिभिः।
दण्डेनैव प्रसह्यैताञ्छनकैर्वशमानयेत्॥१०८॥

मुक्ता०:—ते च विजयविरोधिनो यद्याद्यैस्त्रिभिरुपायैर्न निवर्तन्ते तदा बलाद्देशोपमर्दादिना युद्धेन शनकैर्लघुगुरुदण्डक्रमेण दण्डेन वशीकुर्यात्॥१०८॥

If they do not stand (i.e., can not be conquered with) the application of the first three appliances (conciliation, buying off and division,) he must conquer them at once or gradually with his forces. (108)

सामादीनामुपायानां चतुर्णामपि पण्डिताः।
सामदण्डौ प्रशंसन्ति नित्यं राष्ट्राभिवृद्धये॥१०९॥

मुक्ता०:—चतुर्णामपि सामादीनामुपायानां मध्यात्सामदण्डावेव राष्ट्रवृद्ध्यर्थं पण्डिताः

प्रशंसन्ति। साम्नि प्रयासधनव्ययसैन्यक्षयादिदोषाभावाद्दण्डे तु तत्सद्भावेऽपि कार्यसिध्यतिशयात्।।१०९।।

Of the four expedients (of Government such as, conciliation, buying off, division and war), wise men recommend the adoption of conciliation and war for the advancement of the kingdom. (109)

यथोद्धरति निर्दाता कक्षं धान्यं च रक्षति।

तथा रक्षेन्नृपो राष्ट्रं हन्याच्च परिपन्थिनः।।११०।।

मुक्ता०:—यथा क्षेत्रे धान्यतृणादिकयोः सहोत्पन्नयोरपि धान्यानि लवनकर्ता रक्षति तृणादिकं चोद्धरति, एवं नृपती राष्ट्रे दुष्टान्हन्यान्नत्वदुष्टांस्तदीयसहजान्भ्रातृनपि निर्दातृदृष्टान्तादवसीयते। शिष्टसहितं च राष्ट्रं रक्षेत्।।११०।।

As a weeder weeds out the weeds and preserves the paddy plants in the field, so a king must protect the kingdom (loyal subjects) and destroy its enemies. (110)

मोहाद्राजा स्वराष्ट्रं यः कर्षयत्यनवेक्षया।

सोऽचिराद् भ्रश्यते राज्याज्जीविताच्च सबान्धवः।।१११।।

मुक्ता०:—यो राजा अनवेक्षया दुष्टशिष्टाज्ञानेन सर्वानेव स्वराष्ट्रीयजनाञ्छास्त्रीयधन-ग्रहणमारणादिकष्टेन पीडयति स शीघ्रमेव जनपदवैराख्यप्रकृतिकोपाधर्मैः राजा राज्याज्जीविताच्च पुत्रादिसहितो भ्रश्यते।।१११।।

A king, who has indiscriminately ploughed (the field of) his kingdom, shall be ousted there of; he shall meet destruction with his relations (progeny, etc.). (111)

शरीरकर्षणात्प्राणाः क्षीयन्ते प्राणिनां यथा।

तथा राज्ञामपि प्राणाः क्षीयन्ते राष्ट्रकर्षणात्।।११२।।

मुक्ता०:—यथा प्राणभृतामाहारनिरोधादिना शरीरशोषणात्प्राणाः क्षीयन्ते, एवं राज्ञामपि राष्ट्रपीडनात्प्रकृतिकोपादिना प्राणा विनश्यन्ति। तस्मात्स्वशरीरवद्राजा राष्ट्रं रक्षणीयमित्युक्तम्।।११२।।

As the vitality of a man ebbs away (on account of the aggravation of his bodily humours) through fasting (and such like depletory casuses), so the life of a king ebbs away through the enragement of his subjects. (112)

राष्ट्रस्य संग्रहे नित्यं विधानमिदमाचरेत्।

सुसंगृहतराष्ट्रो हि पार्थिवः सुखमेधते॥११३॥

मुक्ता०:—राष्ट्रस्य रक्षणे च वक्ष्यमाणमिममुपायमनुतिष्ठेत्। यस्मात्संरक्षितराष्ट्रो राजाऽनायासेन वर्धते ॥११३॥

The measure should be always adopted for the management of the state; a king whose kingdom is well-managed (well-ordered) attains happiness. (113)

द्वयोस्त्रयाणां पञ्चानां मध्ये गुल्ममधिष्ठितम्।

तथा ग्रामशतानां च कुर्याद्राष्ट्रस्य संग्रहम्॥११४॥

मुक्ता०:—द्वयोर्ग्रामयोर्मध्ये त्रयाणां वा ग्रामाणां पञ्चानां वा ग्रामशतानां गुल्मं रक्षितृपुरुषसमूहं सत्यप्रधानपुरुषाधिष्ठितं राष्ट्रस्य संग्रहं रक्षास्थानं कुर्यात्। अस्य लाघवगौरवापेक्षश्चोक्तविकल्पः॥११४॥

For the orderly management of the state, he shall appoint governing officers over each circle (gulma) of one hundred, two hundred, three hundred, or five hundred villages. (114)

ग्रामस्याधिपतिं कुर्याद्दशग्रामपतिं तथा।

विंशतीशं शतेशं च सहस्रपतिमेव च॥११५॥

मुक्ता०:—एकग्रामदशग्रामाद्यधिपतीन्कुर्यात्॥११५॥

He shall appoint a headman of each village, a headman over ten villages, a headman over twenty villages, a headman over hundred villages, and a head man over a thousand villages. (115)

ग्रामदोषान्समुत्पन्नान्ग्रामिकः शनकैः स्वयम्।

शसंद्ग्रामदशेशाय दशेशो विंशतीशिने॥११६॥

विंशतीशस्तु तत्सर्वं शतेशाय निवेदयेत् ।

शंसेदग्रामशतेशस्तु सहस्रपतये स्वयम्॥११७॥

मुक्ता०:—ग्रामधिपतिश्चौरादिदोषान्ग्रामे संजातानात्मना प्रतिकर्तुमक्षमोऽनुत्कृष्टतया स्वयं दशग्रामाधिपतये कथयेत्। एवं दशग्रामाधिपतयो विंशतिग्रामस्वाम्यादिभ्यः कथयेयुः। तथा च सति सम्यक् चौरादिकण्टकोद्धारो भवति॥११६॥११७॥

The governor of the village shall try all cases of offence occurring therein, cases which he is not competent to decide, he shall refer to the governor of ten villages. In cases of doubt or incompetency, the lord of ten villages shall refer to the lord of twenty villages; and the latter, to the lord of a hundred villages; and he too under similar circumstances, to the lord of a thousand villages. (116-117)

एकग्रामाधिकृतस्य वृत्तिमाह-

यानि राजप्रदेयानि प्रत्यहं ग्रामवासिभिः।

अन्नपानेन्धनादीनि ग्रामकस्तान्यवाप्नुयात्॥११८॥

मुक्ता०:—यान्यन्नपानेन्धनादीनि ग्रामवासिभिः प्रत्यहं राज्ञे देयानि न त्वब्दकरं "धान्यानामष्टमो भागः" (अ०७ श्लो०१३०) इत्यादिकं तानि ग्रामाधिपतिर्वृत्त्यर्थं गृह्णीयात्॥११८॥

The king's daily dues from the inmates of a village, (such as articles of food or drink, and fuel etc.,) the governor of the village shall receive (enjoy, each day). (118)

दशी कुलं तु भुञ्जीत विंशी पञ्चकुलानि च।

ग्रामं ग्रामशताध्यक्षः सहस्राधिपतिः पुरम्॥११९॥

मुक्ता०:—"अष्टगवं धर्महलं षङ्गवं जीवितार्थिनाम्। चतुर्गवं गृहस्थानां त्रिगवं ब्रह्मघातिनाम्" इति हारीतस्मरणात्। षड्गवं मध्यमं हलामिति तथाविधहलद्वयेन यावती भूमिर्वाह्यते तत्कुलमिति वदति तद्दशग्रामाधिपतिर्वृत्त्यर्थं भुञ्जीत। एवं विंशत्यधिपतिः पञ्च कुलानि, शताधिपतिर्मध्यमं ग्रामं, सहस्राधिपतिर्मध्यमं पुरम्॥११९॥

A governor of ten villages shall enjoy a *Kula* measure of land; a governor of twenty villages, five Kulas; a governor of a hundred villages shall enjoy a village; a governor of a thousand villages, a town. (119)

तेषां ग्राम्याणि कार्याणि पृथक्कार्याणि चैव हि।

राज्ञोऽन्यः सचिवः स्निग्धस्तानि पश्येदतन्द्रितः॥१२०॥

मुक्ता०:—तेषां ग्रामनिवासिप्रभृतीनां परस्परविप्रतिपत्तौ यानि ग्रामभवानि कार्याणि, कृताकृतानि च पृथक्कार्याणि, तान्यन्यो राज्ञो हितकृत्तन्नियुक्तोऽनलसः कुर्वीत॥१२०॥

Other confidential ministers of the king shall assiduously supervise the work of these village-governors and other works as well. (120)

नगरे नगरे चैकं कुर्यात्सर्वार्थचिन्तकम्।

उच्चैः स्थानं घोररूपं नक्षत्राणामिव ग्रहम्॥१२१॥

मुक्ता०:—प्रतिनगरमेकैकमुच्चैःस्थानं कुलादिना महान्तं प्रधानरूपं घोररूपं हस्त्यश्वासामग्र्या भयजनकं नक्षत्रादिमध्ये भार्गवादिग्रहवानिव तेजस्विनं, कार्यद्रष्टारं नगराधिपतिं कुर्यात्॥१२१॥

In each city the king shall appoint officers, mighty like the mighly planets, seen among the stars in the higher spaces of heaven, who will think of all matters relating to its government. (121)

सताननुपरिक्रामेत्सर्वानेव सदा स्वयम्।

तेषां वृत्तं परिणयेत्सम्यग्राष्ट्रेषु तच्चरैः॥१२२॥

मुक्ता०:—स नगराधिकृतस्तान्सर्वान्ग्रामाधिपत्यादीनसति प्रयोजने सर्वदा स्वयं स्वबलेनानुगच्छेत्। तेषां च नगराधिकृतपर्यन्तानां सर्वेषामेव यद्राष्ट्रे स्वचेष्टितं तत्तद्विषयनियुक्तैश्चरैः सम्यक्प्रजाः परिणयेदवगच्छेत्॥१२२॥

He (city governor) shall go out on tours, inspecting the works of headmen of villages, and of the works of these city-governors the king shall be cognisant through spies. (122)

राज्ञो हि रक्षाधिकृताः परस्वादायिनः शठाः।

भृत्या भवन्ति प्रायेण तेभ्यो रक्षेदिमाः प्रजाः॥१२३॥

मुक्ता०:—यस्माद्ये राज्ञो रक्षाधिकृतास्ते बाहुल्येन परस्वग्रहणशीला वञ्चकाश्च भवन्तितस्मात्तेभ्य इमाः स्वात्मीयाः प्रजा राजा रक्षेत्॥१२३॥

The king's servants, connected with the government of the realm, are often found to be exacting and deceitful; the king shall protect his subjects from (the exactions of) these officials. (123)

ये कार्मिकेभ्योऽर्थमेव गृह्णीयुः पापचेतसः।

तेषां सर्वस्वमादाय राजा कुर्यात्प्रवासनम्॥१२४॥

मुक्ता०:—ये रक्षाधिकृताः कार्यार्थिभ्य एव वाक्छलादिकमुद्भाव्य लोभादशास्त्रीय धनग्रहणं पापबुद्धयः कुर्वन्ति तेषां सर्वस्वं राजा गृहीत्वा देशन्निःसारणं कुर्यात्॥१२४॥

The king shall excommunicate from the country corrupt officials, who would receive undue gratifications from suitors (at their courts), and confiscate their goods as well. (124)

राजा कर्मसु युक्तानां स्त्रीणां प्रेष्यजनस्य च।

प्रत्यहं कल्पयेद्वृत्तिं स्थानं कर्मानुरूपतः॥१२५॥

मुक्ता०:—राजोपयुक्तकर्मनियुक्तानां स्त्रीणां दास्यादीनां कर्मकरजनस्य चोत्कृष्टमध्यमापकृष्टस्थानयोग्यानुरूपेण प्रत्यहं कर्मानुरूपेण वृत्तिं कुर्यात्॥१२५॥

Maids, messengers, and menials, engaged in the king's service, shall be daily paid their wages at rates varying according to the nature of their posts and services. (125)

पणो देयोऽवकृष्टस्य षडुत्कृष्टस्य वेतनम्।

षाण्मासिकस्तथाच्छादो धान्यद्रोणस्तु मासिकः॥१२६॥

मुक्ता०:—अवकृष्टस्य गृहादिसंमार्जकोदकवाहादेः कर्मकरस्य वक्ष्यमाणलक्षणः पणो भृतिरूपः प्रत्यहं दातव्यः। षाण्मासिकश्चाच्छादो वस्त्रयुगं दातव्यम्। "अष्टमुष्टिर्भवेत्किंचित्किंचिदष्टौ च पुष्कलम्। पुष्कलानि तु चत्वारि आढकः परिकीर्तितः॥ चतुराढको भवेद्द्रोणः" इति गणनया धान्यद्रोणश्च प्रतिमासं देयः। उत्कृष्टस्य तु भृतिरूपाश्च षट् पणा देयाः। अनयैव कल्पनया अनयैवातिदिशा मध्यमस्य पणत्रयं भृतिरूपं दातव्यम्। षाण्मासिकं च वस्त्रयुगत्रयं मासिकं च धान्यं द्रोणत्रयं देयम्॥१२६॥

One *Paṇa* (Ānnā) should be the daily wages of menial servants, and six Paṇas those of higher ones. Each menial should get one *Drona* of paddy, every month; and a higher servant, six Droṇas; each menial should obtain a cloth, every six month, while a higher servant should get six pieces get six pieces (three pairs). (126)

क्रयविक्रयमध्वानं भक्तं च सपरिव्ययम्।

योगक्षेमं च संप्रेक्ष्य वणिजो दापयेत्करान्॥१२७॥

मुक्ता०:—कियता मूल्येन क्रीतमिदं वस्त्रं, लवणादिद्रव्यं विक्रीयमाणं चात्र कियल्लभ्यते, कियद्दूरादनीतं, किमस्य वणिजो भक्तव्ययेन शाकसूपादिना परिव्ययेण लग्नं, किमस्यारण्यादौ चौरदिभ्यो रक्षारूपेण क्षेमप्रतिविधानेन गतं, कोऽस्येदानीं लाभयोग इत्येतदवेक्ष्य वणिजः करान्दायेत्॥१२७॥

Taking into consideration the bought-price as well as the sale-price of his goods, the cost of conveyance, the costs of his daily living, and other contingent expenses, as well as the cost of ensuring safety to his goods (Yoga-kṣema), the cost of policing the forests, rivers, hill-passes, etc., he shall levy taxes on merchants. (127)

यथा फलेन युज्येत राजा कर्ता च कर्मणाम्।
तथाऽवेक्ष्य नृपो राष्ट्रे कल्पयेत्सततं करान्॥१२८॥

मुक्ता०:—यथा राजाऽवेक्षणादिकर्मणः फलेन, यथा च वार्षिकवणिगादयः कृषिवाणिज्यादिकर्मणां फलेन संबध्यन्ते तथा निरूप्य राजा सर्वदा राष्ट्रे करान्गृह्णीयात्॥१२८॥

The king, after due deliberation, shall always impose (taxes on profits of traders and cultivators, as well as on those of the state. (128)

यथाल्पाल्पमदन्त्याद्यं वार्योकोवत्सषट्पदाः।
तथाल्पाल्पो ग्रहीतव्यो राष्ट्राद्राज्ञाब्दिकः करः॥१२९॥

मुक्ता०:—यथा जलौकोवत्सभ्रमराः स्तोकस्तोकानि रक्तक्षीरमधून्यदन्त्येव राज्ञा मूलधनमनुच्छिन्दताल्पोऽल्पो राष्ट्रदाब्दिकः करो ग्राह्यः॥१२९॥

As leeches, calves and bees, little by little, draw their respective sustenances, so the king shall draw his revenue from his realm, little by little, each year. (129)

पञ्चाशद्भाग आदेयी राज्ञा पशुहिरण्ययोः।
धान्यानामष्टमो भागः षष्ठो द्वादश एव वा॥१३०॥

मुक्ता०:—मूलादधिकयोः पशुहिरण्ययोः पञ्चाशद्भागो राज्ञा ग्रहीतव्यः। एवं धान्यानां षष्ठोऽष्टमो द्वादशो वा भागो राज्ञा ग्राह्यः। भूम्युत्कर्षापकर्षापेक्षया कर्षणादिक्लेशलाघवगौरवापेक्षश्चायं बह्वल्पग्रहणविकल्पः॥१३०॥

A fiftieth part of its value should be the tax on gold or animal; and a sixth, eighth or twelfth part of its value on food-grain, according to circumstances, should be collected by the king, each year, from his subjects. (130)

आददीताथ षड्भागं द्रुमांसमधुसर्पिषाम्।
गन्धौषधिरसानां च पुष्पमूलफलस्य च॥१३१॥

पत्रशाकतृणानां च चर्मणां वैदलस्य च।
मृण्मयानां च भाण्डानां सर्वस्याश्ममयस्य च॥१३२॥

मुक्ता०:—द्रुशब्दोऽत्र वृक्षवाचकः। वृक्षादीनां सप्तदशानामश्ममयान्तानां षष्ठो भागो लाभाद ग्रहीतव्यः॥१३१॥

He shall take a sixth part of profits derived from trees, honey, clarified butter, scents, cereals, saps, flowers, roots and fruits. (131)

As well as of that derived from leaves, Śākas, weeds, leather, bamboo-made articles, earthen vessels, and all kinds of stone-ware. (132)

म्रियमाणोऽप्याददीत न राजा श्रोत्रियात्करम्।
न च क्षुधाऽस्य संसीदेच्छ्रोत्रियो विषये वसन्॥१३३॥

मुक्ता०:—क्षीणधनोऽपि राजा श्रोत्रियब्राह्मणात्करं न गृह्णीयात्। न च तदीयदेशे वसन्श्रोत्रियो बुभुक्षयाऽवसादं गच्छेत्॥१३३॥

A king, event at the point of death, must not receive any revenue from a Śrotriya Brāhmaṇa; nor must he suffer a Śrotriya, living in his territory, to be oppressed with hunger. (133)

यस्य राज्ञस्तु विषये श्रोत्रियः सीदति क्षुधा।
तस्यापि तत्क्षुधा राष्ट्रमचिरेणैव सीदति॥१३४॥

मुक्ता०:—यस्य राज्ञो देशे श्रोत्रियः क्षुधावसन्नो भवति तस्य राष्ट्रमपि दुर्भिक्षादिभिः क्षुधया च शीघ्रमवसादं गच्छति॥१३४॥

The kingdom of a king, wherein a Śrotriya is overwhelmed with hunger, is soon consumed by that hunger. (134)

श्रुतवृत्ते विदित्वास्य वृत्तिं धर्म्यां प्रकल्पयेत्।
संरक्षेत्सर्वतश्चैनं पिता पुत्रमिवौरसम्॥१३५॥

मुक्ता०:—शास्त्रज्ञानानुष्ठाने ज्ञात्वा अस्य तदनुरूपां धर्मादनपेतां जीविकामुपकल्पयेत्। चौरादिभ्यश्चैनमौरसं पुत्रमिव पिता रक्षेत्॥१३५॥

Informed of his Vedic knowledge and holy rituals, the king shall provide for his proper means of subsistense; and like a son of his own loins, he shall protect him (Śrotriya) from thieves, etc. (135)

संरक्ष्यमाणो राज्ञाऽयं कुरुते धर्ममन्वहम्।
तेनायुर्वर्धते राज्ञो द्रविणं राष्ट्रमेव च॥१३६॥

मुक्ता०:—स च श्रोत्रियो राज्ञा सम्यग्रक्ष्यमाणो यं धर्मं प्रत्यहं करोति तेन राज्ञ आर्युर्धनराष्ट्राणि वर्धन्ते॥१३६॥

The religious rites which *Śrotriya*, protected by the king, performs every day, tend to increase the longevity, riches, and territories of the king. (136)

यत्किंचिदपि वर्षस्य दापयेत्करसंज्ञितम्।
व्यवहारेण जीवन्तं राजा राष्ट्रे पृथग्जनम्॥१३७॥

मुक्ता०:—राजा स्वदेशे शाकपर्णादिस्वल्पमूल्यवस्तुक्रयविक्रयादिना जीवन्तं निकृष्टजनं स्वल्पमपि कराख्यं वर्षेण दापयेत्॥१३७॥

The king shall levy a nominal tax on poor men, living by plying small trades in his kingdom. (137)

कारुकाञ्छिल्पिनश्चैव शूद्रांश्चात्मोपजीविनः।
एकैकं कारयेत्कर्म मासि मासि महीपतिः॥१३८॥

मुक्ता०:—कारुकान्सूपकारादीन् शिल्पिभ्य ईषदुत्कृष्टान्, शिल्पिनश्च लोहकारादीन्, शूद्रांश्च देहक्लेशोपजीविनो भारिकादीन् मासि मास्येकं दिनं कर्म कारयेत्॥१३८॥

The king shall cause each artisan, manufacturer, Śūdra and labourer, to work for him for a day, each month. (138)

नोच्छिन्द्यादात्मनो मूलं परेषां चातितृष्णया।
उच्छिन्दन् ह्यात्मनो मूलमात्मानं तांश्च पीडयेत्॥१३९॥

मुक्ता०:—प्रजास्नेहात्करशुल्कादेरग्रहणमात्मनो मूलच्छेदः, अतिलोभेन प्रचुरकरादिग्रहणं परेषां मूलोच्छेदः एतदुभयं न कुर्यात्। यस्माद् आत्मनो मूलमुच्छिद्य कोशक्षयादात्मानं पीडयेत्। पूर्वार्धात्परेषां चेत्यपि संबध्यते। परेषां मूलमुच्छिद्य तांश्च पीडयेत्॥१३९॥

Out of affection for his subjects, he must not bring about

his own ruin by forswearing to collect his revenue from them, nor cause their ruin by his greedy; by so bringing about his own ruin, he will become an oppressor of his own self, as well as of his subjects. (139)

तीक्ष्णश्चैव मृदुश्च स्यात्कार्यं वीक्ष्य महीपतिः।
तीक्ष्णश्चैव मृदुश्चैव राजा भवति संमतः॥१४०॥

मुक्ता०:—कार्यविशेषमवगम्य क्वचित्कार्ये तीक्ष्णः क्वचिन्मृदुश्च भवेन्न त्वैकरूपमालम्बेत यस्मादुक्तरूपो राजा सर्वेषामभिमतो भवति॥१४०॥

The king must be mild or sharp (hard) according to the exigency of each case. Endeared to all is the king who can be thus mild not hard. (140)

आमात्यमुख्यं धर्मज्ञं प्राज्ञं दान्तं कुलोद्गतम्।
स्थापयेदासने तस्मिन् खिन्नः कार्येक्षणे नृणाम्॥१४१॥

मुक्ता०:—स्वयं कार्यदर्शने खिन्नः श्रेष्ठामात्यं धर्मविदं प्राज्ञं जितेन्द्रियं कुलीनं तस्मिन्कार्यदर्शनस्थाने नियुञ्जीत॥१४१॥

Tired or incapable of personally attending to the affairs of the state, the king shall place in his own stead (*i.e.*, delegate his authority to) his wise, nobly born premier, who has controlled his senses. (141)

एवं सर्वं विधायेदमितिकर्त्तव्यमात्मनः।
युक्तश्चैवाप्रमत्तश्च परिरक्षेदिमाः प्रजाः॥१४२॥

मुक्ता०:—एवमुक्तप्रकारेण सर्वमात्मनः कार्यजातं संपाद्योद्युक्त प्रमादरहित आत्मीयाः प्रजा रक्षेत्॥१४२॥

An energetic sovereign, free from folly, thus formulating and ascertaining his duties, shall protect his subjects. (142)

विक्रोशन्त्यो यस्य राष्ट्राद् ह्रियन्ते दस्युभिः प्रजाः।
संपश्यतः सभृत्यस्य मृतः स न तु जीवति॥१४३॥

मुक्ता०:—यस्य राज्ञोऽमात्यादिसहितस्य पश्यत एव राष्ट्रादाक्रोशन्त्यः प्रजास्तस्करादिभिरपि ह्रियन्ते स मृत एव न तु जीवति। जीवनकार्याभावज्जीवनमपि तस्य मरणमेवेत्यर्थः॥१४३॥

The king, who with his ministers and officials, sees and suffers his subjects to be harassed by thieves and robbers, is a dead, and not living, king. (143)

क्षत्रियस्य परो धर्मः प्रजानामेव पालनम्।

निर्दिष्टफलभोक्ता हि राजा धर्मेण युज्यते॥१४४॥

मुक्ता०:—तस्मात् "अप्रमत्तः प्रजा रक्षेत्" इति पूर्वोक्तशेषं तदेव द्रढयति-धर्मान्तरेभ्यः श्रेष्ठं क्षत्रियस्य प्रजारक्षणमेव प्रकृष्टो धर्मः। यस्माद्यथोक्तलक्षण-फलकरादिभोक्ता राजा धर्मेण संबध्यते॥१४४॥

The highest duty of a Kṣatriya (king) is the protection of his subjects; a king, who enjoys the just and properly levied revenue (of his realm) becomes associated with (*i.e.*, acquires) virtue. (144)

उत्थाय पश्चिमे यामे कृतशौचः समाहितः।

हुताग्निर्ब्राह्मणांश्चार्च्य प्रविशेत्स शुभां सभाम्॥१४५॥

मुक्ता०:—स भूपो रात्रेः पश्चिमयाम उत्थाय कृतमूत्रपुरीषोत्सर्गादिशौचोऽनन्यमना कृताग्निहोत्रावसथ्यहोमो ब्राह्मणान्पूजयित्वा वास्तुलक्षणाद्युपेतां सभाममात्यादिदर्शनगृहं प्रविशेत्॥१४५॥

Having left his bed in the last watch of the night, and attended to the calls of nature, and carefully washed himself, he, after having cast oblations in the fire and worshipped the *Brāhmaṇas*, shall enter the auspicious hall of assembly. (145)

तत्र स्थितः प्रजाः सर्वाः प्रतिनन्द्य विसर्जयेत्।

विसृज्य च प्रजाः सर्वा मन्त्रयेत्सह मन्त्रिभिः॥१४६॥

मुक्ता०:—तस्यां सभायां स्थितो दर्शनार्थमागताः प्रजाः सर्वाः संभाषणदर्शनादिभिः प्रतिनन्द्य प्रस्थापयेत्। तांश्च प्रस्थाप्य मन्त्रिभिः सह संधिविग्रहादि चिन्तयेत्॥१४६॥

Seated in that (assembly-hall), he shall graciously speak to and (courteously) dismiss his subjects; and having dismissed them all, he shall deliberate with his ministers. (146)

गिरिपृष्ठं समारुह्य प्रसादं वा रहोगतः।

अरण्ये निःशलाके वा मन्त्रयेदविभावितः॥१४७॥

मुक्ता०:—पर्वतपृष्ठमारुह्य निर्जनवनगृहस्थितोऽरण्यदेशे वा विविक्ते मन्त्रभेदकारिभिरनुपलक्षितः। कर्मणामारम्भोपायः, पुरुषद्रव्यसंपत्, देशकालविभागः, विनिपातप्रतीकारः, कार्यसिद्धिरित्येवं पञ्चाङ्गं मन्त्रं चिन्तयेत्॥१४७॥

On the hill-top, in the solitary chamber of his palace, or in the dense solitude of a lonely forest where even birds cannot penetrate, he must deliberate (with his ministers without) letting his resolution being in any way detected (by them). (147)

यस्य मन्त्रं न जानंति समागम्य पृथग्जनाः।
स कृत्स्नां पृथिवीं भुङ्क्ते कोशहीनोऽपि पार्थिवः॥१४८॥

मुक्ता०:—यस्य राज्ञो मन्त्रिभ्यः पृथगन्ये जना मिलित्वाऽस्य मन्त्रं न जानन्ति स क्षीण कोशोऽपि सर्वां पृथिवीं भुनक्ति॥१४८॥

A king, whose counsels the vulgar can not detect, is enabled to enjoy the whole world, even if he be bereft to treasure. (148)

जडमूकान्धबधिरांस्तिर्यग्योनान्वयोतिगान्।
स्त्रीम्लेच्छव्याधितव्यङ्गान्मन्त्रकालेऽपसारयेत्॥१४९॥

मुक्ता०:—बुद्धिवाक्चक्षुःश्रोत्रविकलान् तिर्यग्योनिभवांश्च शुकसारिकादीन् अतिवृद्धस्त्रीम्लेच्छारोग्यङ्गहीनांश्च मन्त्रसमयेऽपसारयेत्॥१४९॥

He must avoid the (presence of) idiots, of dumb or deaf ones, of birds (such as parrots etc.), of extremely old men, of women, of Mlecchas (barbarous people), of sick folks, and of those who have got limbs in less. (149)

भिन्दन्त्यवमता मन्त्रं तिर्यग्योनास्तथैव च।
स्त्रियश्चैव विशेषेण तस्मात्तत्रादृतो भवेत्॥१५०॥

मुक्ता०:—यस्मात्-

एते जडादयोऽपि प्राचीनदुष्कृतवशेन प्राप्तजडादिभावा अधार्मिकतयैवावमानिता मन्त्रभेदं कुर्वन्ति। तथा शुकादयोऽतिवृद्धाश्च स्त्रिश्च विशेषेणास्थिरबुद्धितया मन्त्रं भिन्दन्ति। तस्मात्तदपसारणे यत्नवान्स्यात्॥१५०॥

It is fickleness, and parrots and women in special, who disclose the counsels of kings; hence, they should be studiously avoided at the time of deliberation. (150)

मध्यंदिनेऽर्धरात्रे वा विश्रान्तो विगतक्लमः।

चिन्तयेद्धर्मकामार्थान्सार्धं तैरेक एव वा॥१५१॥

मुक्ता०:—दिनमध्ये रात्रिमध्ये वा विगतचित्तखेदः शरीरक्लेशरहितश्च मन्त्रिभिः सह एकाकी वा धर्मार्थकामाननुष्ठातुं चिन्तयेत्॥१५१॥

Reposed and refreshed, either alone, or in their (i.e., minister's) company, he must ponder on (themes) of virtue, desire and wealth at midday, or at midnight. (151)

परस्परविरुद्धानां तेषां च समुपार्जनम्।

कन्यानां संप्रदानं च कुमाराणां च रक्षणम्॥१५२॥

मुक्ता०:—तेषां च धर्मार्थकामानां प्रायिकाविरोधवतां विरोधपरिहारेणार्जनोपायं चिन्तयेत्। दुहितॄणां च दानं स्वकार्यसिद्ध्यर्थं निरूपयेत्। कुमाराणां च पुत्राणां विनयाधाननीतिशिक्षार्थं रक्षणं चिन्तयेत्॥१५२॥

Acquisitions of virtue, desire and wealth, which do not conflict with one another, should be made; the daughters should be married; and sons, protected. (152)

दूतसंप्रेषणं चैव कार्यशेषं तथैव च।

अन्तः पुरप्रचारं च प्रणिधीनां च चेष्टितम्॥१५३॥

मुक्ता०:—दूतानां संगुप्तार्थलेखहारित्वादिना परराष्ट्रप्रस्थापनं चिन्तयेत्। तथा प्रारब्धकार्यशेषं समापयितुं चिन्तयेत्। स्त्रीणां चातिविषमचेष्टितत्वात्। तथाहि "शस्त्रेण वेणीविनिगूहितेन विदूरथं वै महिषी जघान। विषप्रदिग्धेन च नूपुरेण देवी विरक्ता किल काशिराजम्॥" इत्याद्यवगम्यात्मरक्षार्थं चान्तःपुरस्त्रीणां चेष्टितं सखीदास्यादिना निरूपयेत्। चराणां च प्रतिराजादिषु नियुक्तानां चरान्तरैश्चेष्टितमवधारयेत्॥१५३॥

The sending of *spies* (into the realm of his adversary), the execution of acts already undertaken, the contemplation of deportments, of the female inmates of the palace, as well as of the endeavours of his spies in foreign countries, should be made (by the king). (153)

कृत्स्नं चाष्टविधं कर्म पञ्चवर्गं च तत्त्वतः।

अनुरागापरागौ च प्रचारं मण्डलस्य च॥१५४॥

मुक्ता०:—अष्टविधं कर्म समग्रं चिन्तयेत्। तच्चोशनसोक्तम् "आदाने च विसर्गे च तथा प्रैषनिषेधयोः। पञ्चमे चार्थवचने व्यवहारस्य चेक्षणे॥ दण्डशुद्ध्योः

सदा युक्तस्तेनाष्टगतिको नृपः। अष्टकर्मा दिवं याति राजा शक्राभिपूजितः।।" तत्र आदानं करादीनां, विसर्गो भृत्यादिभ्यो धनदानं, प्रैषोऽमात्यादीनां दृष्टादृष्टानुष्ठानेषु, निषेधो दृष्टादृष्टविरुद्धक्रियासु, अर्थवचनं कार्यसंदेहे राजाज्ञयैव तत्र नियमात्, व्यवहारस्येक्षणं प्रजानामृणादिविप्रतिपत्तौ, दण्डः पराजितानां, शास्त्रोक्तधनग्रहणम्, शुद्धिः पापे कर्मणि जाते तत्र प्रायश्चितसंपादनम्। मेधातिथिस्तु "अकृतारम्भकृतानुष्ठानमनुष्ठितविशेषणं कर्मफलसंग्रहस्तथा सामदानदण्डभेदा एतदष्टविधं कर्म। अथवा वणिक्पथः, उदकसेतुबन्धनं, दुर्गकरणम्, कृतस्य संस्कारनिर्णयः, हस्तिबन्धनं, खनिखननं, शून्यनिवेशनं, दारुवनच्छेदनं च" इत्याह। तथा कापटिकोदास्थितगृहपतिवैदेहिकतापसव्यञ्जनात्मकं पञ्चविधं चारवर्गं पञ्चवर्गशब्दवाच्यं तत्त्वतश्चिन्तयेत्। तत्र परमर्मज्ञः प्रगल्भच्छात्रः कपटव्यवहारित्वात्कापटिकस्तं वृत्यर्थिनमर्थमानाभ्यामुपगृह्य रहसि राजा ब्रूयात्, यस्य दुर्वृत्तं पश्यसि तत्तदानीमेव मयि वक्तव्यमिति। प्रव्रज्यारूढपतित उदास्थितः तं लोकेषु विदितदोषं प्रज्ञाशौचयुक्तं वृत्तर्थिनं कृत्वा रहसि राजा पूर्ववद्ब्रूयात्। बहुत्पत्तिकमठे स्थापयेत्प्रचुरसस्योत्पत्तिकं भूम्यन्तरं च तद्वृत्यर्थमुपकल्पयेत्। स चान्येषामपि प्रव्रजितानां राजा चारकर्मकारिणां ग्रासाच्छादनादिकं दद्यात्। कर्षकः क्षीणवृत्तिः प्रज्ञाशौचयुक्तो गृहपतिव्यञ्जनस्तमपि पूर्ववदुक्त्वा स्वभूमौ कारयेत्। मुण्डो जटिलो वा वृत्तिकामस्तापसव्यञ्जनः सोऽपि क्वचिदाश्रमे वसन्बहुमुण्डजटिलान्तरे कपटशिष्यगणवृतो गुप्तराजोपकल्पितवृत्तिस्तापस्यं कुर्यात्। मासद्विमासान्तरितं प्रकाशं बदरादिमुष्टिमश्नीयात्, रहसि च राजोपकल्पितमाहारं कल्पयेत्। शिष्याश्चास्यातीतानागतज्ञानादिकं ख्यापयेषुः। ते च बहुलोकवेष्टनमासाद्य सर्वेषां विश्वसनीयत्वात्सर्वकार्यमकार्यं च पृच्छन्ति अन्यस्य कुक्रियादिकं कथयन्त्येवंरूपं पञ्चवर्गं यथावच्चिन्तयेत्। एवं पञ्चवर्गं प्रकल्प्य तेनैव पञ्चवर्गद्वारेण प्रतिराजस्यात्मीयानां चामात्यादीनां चानुरागविरागौ ज्ञात्वा तदनुरूपं चिन्तयेत्। वक्ष्यमाणस्य राजमण्डलस्य प्रचारं कः संध्यार्थी को वा विग्रहार्थीत्यादिकं चिन्तयेत्। तं च ज्ञात्वा तदनुगुणं चिन्तयेत्।।१५४।।

His entire eight-fold duty, his five-fold espionage (Varga) love and aversion of his subjects, and the usages of his country he must ponder on. (154)

मध्यमस्य प्रचारं च विजिगीषोश्च चेष्टितम्।

उदासीनप्रचारं च शत्रोश्चैव प्रयत्नतः।।१५५।।

मुक्ता०ः—अरिविजिगीषोर्यो भूम्यनन्तरः संहतयोरनुग्रहसमर्थो निग्रहे चासंहतयोः समर्थः स मध्यमस्तस्य प्रचारं चिन्तयेत्। तथा प्रज्ञोत्साहगुणप्रकृतिसमर्थो विजिगीषुस्तस्य चेष्टितं चिन्तयेत्। तथा विजीगीषुमध्यमानां संहतानामनुग्रहे समर्थो निग्रहे चासंहतानां

समर्थ · उदासीनस्तस्य प्रचारं चिन्तयेत्। शत्रोश्च त्रिविधस्यापि सहजस्याकृत्रिमस्य भूम्यनन्तरस्य च पूर्वापेक्षया प्रयत्नः प्रचारं चिन्तयेत्॥१५५॥

He must assiduously watch the expansion of a *Madhyama* or *Udāsīna* sovereign, and the movements of a Vijigīṣu king (lit. of a king bent on conquest *i.e.*, the central monarch). (155)

एताः प्रकृतयोमूलं मण्डलस्य समासतः।
अष्टौ चान्याः समाख्याता द्वादशैव तु ताः स्मृताः॥१५६॥

मुक्ता०:—एता मध्यमाद्याश्चतस्रः प्रकृतयः संक्षेपेण मण्डलमूलं अपरासामभिधास्यमानप्रकृतीनाममात्यादीनां मूलमित्युच्यते। अन्याश्चाष्टौ समाख्याताः। तद्यथाअग्रतोऽरिभूमीनां मित्रं, अरिमित्रं, मित्रमित्रं अरिमित्रमित्रं चेत्येवं चतस्रः प्रकृतयो भवन्ति। पश्चाच्च पार्ष्णिग्राहः, आक्रन्दः, पार्ष्णिग्राहासारः, आक्रन्दासार इति चतस्रः एवमष्टौ प्रकृतयो भवन्ति। पूर्वोक्ताभिश्च मध्यमारिविजिगीषूदासीनशत्रुरूपाभिः मूलप्रकृतिभिः सह द्वादशैताः प्रकृतयः स्मृताः॥१५६॥

These four sovereigns (Prakṛtis) collectively from the basis of the circle of sovereignty (Maṇḍalam, balance of power). Together with the eight other Prakṛtis, they are twelve in number, and constitute (consitute elements of the state and allies, etc.) (156)

अमात्यराष्ट्रदुर्गार्थदण्डाख्याः पञ्च चापराः।
प्रत्येकं कथिता ह्येताः संक्षेपेण द्विसप्ततिः॥१५७॥

मुक्ता०:—आसां मूलप्रकृतीनां चतसृणामष्टानां शाखाप्रकृतीनामुक्तानामेकैकस्याः प्रकृतेरमात्यदेशदुर्गकोशदुर्गदण्डाख्याः पञ्च द्रव्यप्रकृतयो भवन्ति। एताश्च पञ्च द्वादशानां प्रत्येकं भवन्त्यो द्वादशगुणजाताः षष्टिरेव द्रव्यप्रकृतयो भवन्ति। तथा मूलप्रकृतिभिश्चतसृभिः शाखाप्रकृतिश्चाष्टाभिः सह संक्षेपतो द्विसप्तातिप्रकृतयो मुनिभिः कथिताः॥१५७॥

Each of these twelve Prakṛtis (sovereigns, allies) has five Prakṛtis (essential constituents of the state) of their own such as, ministers, government, forts, treasury, and punishment (administration of justice), thus forming seventy two in all. (157)

अनन्तरमरिं विद्यादरिसेविनमेव च।
अरेरनन्तरं मित्रमुदासीनं तयोः परम्॥१५८॥

मुक्ता०:–विजिगीषोर्नृपस्यानन्तरितं चतुर्दिशमप्यरिप्रकृतिं विजानीयात्। तथा तत्सेविनमप्यरिमेव विद्यात्। अरेरनन्तरं विजिगीषोर्नृपस्यैकान्तरं मित्रप्रकृतिं विद्यात्। तयोश्चारिमित्रयो: परं विजिगीषोरुदासीनप्रकृतिं विद्यात्। आसामेव प्रकृतीनामग्रपश्चाद्भाव-भेदेन व्यपदेशभेद:। अत्राग्रवर्तिनोऽरिव्यपदेश एव। पश्चाद्वर्तिनस्त्वरित्वेऽपि पार्ष्णिग्राहव्यपदेश:।।१५८।।

The king, whose realm adjoins that of his own, (2) he must reckon as his adversary (Ari), as well as him who is the ally of that adversary; him a whose realm is contiguous to that of his foe as his ally (Mitram); and him who is other than these two (foe and ally) as indifferent (Udāsīna). (158)

तान्सर्वानभिसंदध्यात्सामादिभिरुपक्रमै:।

व्यस्तैश्चैव समस्तैश्च पौरुषेण नयेन च।।१५९।।

मुक्ता०:–तान्सर्वान्नृपतीन्सामदानभेददण्डैरूपायैर्यथासंभवं व्यस्तै: समस्तैर्वशी-कुर्यात्। अथवा पौरुषेण दण्डेनैव केवलेन नयेन साम्नैव वा केवलेनात्मवशान्कुर्यात्। तथा चोक्तम् "सामदण्डौ प्रशंसन्ति नित्यं राष्ट्राभिवृद्धये"।।१५९।।

With the expedient measures of state-craft such as, conciliation, division (breach-making among allies), etc., either jointly or severally applied, or with prowess or diplomacy, he must bring these (sovereigns) under his control. (159)

संधिं च विग्रहं चैव यानमासनमेव च।

द्वैधीभावं संश्रयं च षड्गुणांश्चिन्तयेत्सदा।।१६०।।

मुक्ता०:–तत्रोभयानुग्रहार्थं हस्त्यश्वरथहिरण्यादिनिबन्धनेनावाभ्यामन्यस्योप-कर्तव्यमिति नियमबन्ध: संधि:, वैरं विग्रहाचरणाद्याधिक्येन, यानं शत्रुं प्रतिगमनम्, उपेक्षणम् आसनम्, स्वार्थसिद्धये बलस्य द्विधाकरणं द्वैधीभाव:, शत्रुपीडितस्य प्रबलतर राजान्तराश्रयणं संश्रय:, एतान्गुणानुपकारकान्सर्वदा चिन्तयेत्। यद्गुणाश्रयणे सत्यात्मन उपचय: परस्यापचयस्तं गुणमाश्रयेत्।।१६०।।

He must constantly ponder on the six political expedients of treaty, war, military expedition, toleration (*i.e.*, waiting for opportunity), dividing the army and attacking the enemy in detachments, and making alliance with a more powerful king (when attacked by an enemy). (160)

आसनं चैव यानं च सधिं विग्रहमेव च।

कार्यं वीक्ष्य प्रयुञ्जीत द्वैधं संश्रयमेव च॥१६१॥

मुक्ता०:–संध्यादिगुणानां नैरपेक्ष्येणानुष्ठानमनन्तरमुक्तं तदुचितानुष्ठानार्थोऽयमारम्भः। आत्मसमृद्धिपरहान्यादिकं कार्यं वीक्ष्य संधायासनं विगृह्य वा यानं द्वैधीभावसंश्रये च केनचित्संधिं केनचिद्विग्रहमित्यादिकमनुतिष्ठेत्॥१६१॥

According to circumstances, he (the king) must take recourse to the expedients of toleration, treaty, war, guerilla skirmishes (Dvaidhi), or alliance with a more powerful sovereign. (161)

संधिं तु द्विविधं विद्याद्राजा विग्रहमेव च।

उभे यानासने चैव द्विविधः संश्रयः स्मृतः॥१६२॥

मुक्ता०:–संध्यादीन्षडेव गुणान्द्विप्रकाराञ्ज्ञानीयादित्युत्तरविवक्षार्थम्॥१६२॥

Of twofold nature is treaty, of twofold nature is war, of twofold nature is expedition, of twofold nature is toleration (waiting for opportunity) and of twofold nature is an alliance with a more powerful ally. (162)

समानयानकर्मा च विपरीतस्तथैव च।

तदात्वायतिसंयुक्तः संधिर्ज्ञेयो द्विलक्षणः॥१६३॥

मुक्ता०:–तात्कालिकफललाभार्थमुत्तरकालीनफललाभार्थं वा यत्र राजान्तरेण सहान्यं प्रति यानादि कर्म क्रियते स समानयानकर्मा संधिः। यः पुनस्त्वमत्र याहि अहमत्र यास्यामीति सांप्रतिकोत्तरकालीनफलार्थितयैव क्रियते सोऽसमानयानकर्मेत्येवं द्विप्रकारः संधिर्ज्ञातव्यः॥१६३॥

A treaty entered into by two sovereigns, for offensive (and defensive) purposes for the time being, is called *Samāna-yānakarmā;* while the one, which is entered into for a prospective benefit and which takes effect in some future time, is called *Viparīta*. These are the two forms of treaty. (163)

स्वयंकृतश्च कार्यार्थमकाले काल एव वा।

मित्रस्य चैवापकृते द्विविधो विग्रहः स्मृतः॥१६४॥

मुक्ता०:–शत्रुजयरूपप्रयोजनार्थं शत्रोर्व्यसनादिकमाकलय्य वक्ष्यमाणमार्गशीर्षादि–

कालादन्यदा यथोक्तकाल एव वा स्वयंकृत इत्येको विग्रहः। अपकृतमपकारः मित्रस्यापकारे राजान्तरेण कृते मित्ररक्षणार्थमपरो विग्रह इत्येवं द्विविधो विग्रहः। गोविन्दराजेन तु "मित्रेण चैवापकृते" इति पठितं व्याख्यातं च-यः परस्य शत्रुः स विजिगीषोर्मित्रं तेनापकारे क्रियमाणे व्यसनिनि शत्राविति। "तस्माल्लिखितपाठार्थौ वृद्धेगोविन्दराजतः। मेधातिथिप्रभृतिभिर्लिखितौ स्वीकृतौ मया।।"।।१६४।।

A war, whether declared in the proper or improper season, by a king for his own good, and a war so declared by him for the protection of his ally (illustrate) the two kinds of war. (164)

एकाकिनश्चात्ययिके कार्ये प्राप्ते यदृच्छया।
संहतस्य च मित्रेण द्विविधं यानमुच्यते।।१६५।।

मुक्ता०:—आत्ययिकं कार्यं शत्रोर्व्यसनादिकं तस्मिन्नकस्माज्जाते शक्तस्यैकाकिनो यानमशक्तस्य मित्रसहितस्येत्येवं यानं द्विविधमभिधीयते।।१६५।।

Twofold is the nature of a military expedition (campaigning) according as it is undertaken at will by a king alone (on the sudden discomfiture of his enemy) or in combination with an ally. (165)

क्षीणस्य चैव क्रमशो दैवात्पूर्वकृतेन वा।
मित्रस्य चानुरोधेन द्विविधं स्मृतमासनम्।।१६६।।

मुक्ता०:—प्राग्जन्मार्जितेन दुष्कृते ऐहिकेन वा पूर्वकृतेन क्रमशः क्षीणहस्त्यश्वकोशादिकस्य समृद्धस्यापि वा मित्रानुरोधेन तत्कार्यरक्षार्थमित्येवं द्विविधमासनं मुनिभिः स्मृतम्।।१६६।।

Two fold is the nature of *Āsanam* (toleration of, or bearing with, the rising supremacy of his enemy, according as it is either made by a king on account of the loss of his forces through his past follies or as the effect of sin of his former birth; or as it is resorted to by a capable or powerful sovereign at the request (and for the welfare) of his ally. (166)

बलस्य स्वामिनश्चैव स्थितिः कार्यार्थसिद्धये।
द्विविधं कीर्त्यते द्वैधं षाड्गुण्यगुणवेदिभिः।।१६७।।

मुक्ता०:—साध्यस्वप्रयोजनसिध्यर्थं बलस्य हस्त्यश्वादेः सेनाधिपत्याधिष्ठितस्य एकत्र शत्रुनृपोपद्रववारणार्थमवस्थानमन्यत्र दुर्गदेशे राज्ञः कतिचिद्बलाधिष्ठितस्यावस्थानमेवं संध्यादिगुणषट्कोपकारज्ञैः द्विविधं द्वैधं कीर्त्यते।।१६७।।

Twofold is the nature of the division of the army, accordingly as it is made for the achievement of the object (of the war), or for the protection of the sovereign. This is what has been said by experts on the six expedients of state-craft. (167)

अर्थसंपादनार्थं च पीड्यमानस्य शत्रुभिः।
साधुषु व्यपदेशार्थं द्विविधः संश्रयः स्मृतः।।१६८।।

मुक्ता०:—शत्रुभिः पीड्यमानस्य शत्रुपीडानिवृत्त्याख्यप्रयोजनसिद्ध्यर्थम्, असत्यमपि वा तत्काले पीडायां भाविशत्रुपीडनशङ्क्या अमुकमयं महाबलं नृपतिमाश्रित इति सर्वत्र व्यपदेशोत्पादनार्थं बलवन्तमुपाश्रयणमेवं द्विविधः संश्रयः स्मृतः।।१६८।।

Twofold is said to be the nature of alliance with a more powerful ally, according as it is made by (a sovereign) hardly pressed by his enemy at the time, or only as a pretext to intimidate his future and intending invaders. (168)

यदावगच्छेदायत्यामाधिक्यं ध्रुवमात्मनः।
तदात्वे चाल्पिकां पीडां तदा संधिं समाश्रयेत्।।१६९।।

मुक्ता०:—यदा युद्धोत्तरकाले निश्चितमात्मन आधिक्यं जानीयात्तदात्वे तत्कालेऽल्पधनाद्युपक्षयः तदा त्वल्पमङ्गीकृत्यापि संधिमाश्रयेत्।।१६९।।

A sovereign, when he shall find that, at the cost of an inconsiderable pain or loss for the present, he can purchase his permanent superiority in future, must then enter into a treaty even at the cost of that little pain or loss (payment of money). (169)

यदा प्रकृष्टा मन्येत सर्वास्तु प्रकृतीर्भृशम्।
अत्युच्छ्रितं तथात्मानं तदा कुर्वीत विग्रहम्।।१७०।।

मुक्ता०:—यदाऽमात्यादिकाः सर्वाः प्रकृतीर्दानसंमानाद्यैरतीव तुष्टा मन्येत आत्मानं च हस्त्यश्वकोशादिशक्तित्रयेणोपचितं तदा विग्रहमाश्रयेत्।।१७०।।

A king, when he shall find his subjects and allies fully

contented (with his gifts and honours, etc.,) and himself in a very exalted position in respect of his forces (*i.e.*, at the head of a spirited and well-equipped army), shall then declare war (with his adversary). (170)

यदा मन्येत भावेन हृष्टं पुष्टं बलं स्वकम्।

परस्य विपरीतं च तदा यायाद्रिपुं प्रति॥१७१॥

मुक्ता०:—यदाऽऽत्मीयममात्यादिसैन्यं हर्षयुक्तं धनादिना पुष्टं तत्त्वतो जानीयात् शत्रोश्चामात्यादिबलं विपरीतं तदा तं लक्षीकृत्य यायात्॥१७१॥

When he shall find his forces exhilarated and largely augmented and those of his adversary in a contrary condition, then the king must go out campagning against him. (171)

यदा तु स्यात्परिक्षीणो वाहनेन बलेन च।

तदासीत् प्रयत्नेन शनकैः सान्त्वयन्नरीन्॥१७२॥

मुक्ता०:—यदा पुनर्वाहनेन हस्त्यश्वादिना बलेन चामात्यादिविपत्त्यादिपरिक्षीणो भवेत्तदा शनैः शनैः सामोपदाप्रदानादिना शत्रून्प्रसान्त्वयन्प्रयत्नेनासमाश्रयेत्॥१७२॥

Having lost his forces and transport animals, he shall gradually conciliate his enemy, and enter into defensive alliance with a more powerful ally. (172)

मन्येतारिं यदा राजा सर्वथा बलवत्तरम्।

तदा द्विधा बलं कृत्वा साधयेत्कार्यमात्मनः॥१७३॥

मुक्ता०:—यदा राजा सर्वप्रकारेण बलीयांसमशक्यसंधानं च शत्रुं बुध्येद कतिचिद्बलसहितः स्वयं दुर्गमाश्रयेत्। बलैकदेशेन च शत्रुविरोधमाचरेत्। एवं द्विधा बलं कृत्वा मित्रसंग्रहादिकं स्वकार्यं साधयेत्॥१७३॥

The king, when he shall consider his adversary more powerful than his own self in every respect, then having divided his army into divisions, shall proceed to achieve his own purpose. (173)

यदा परबलानां तु गमनीयतमो भवेत्।

तदा तु संश्रयेत्क्षिप्रं धार्मिकं बलिनं नृपम्॥१७४॥

मुक्ता०:—यदा तु सैन्यानाममात्यादिप्रकृतिदोषादिनाऽतिशयेन ग्राह्यो भवति

बलं द्वैधं विधाय दुर्गाश्रयणेनापि नात्मरक्षाक्षमस्तदा शीघ्रमेव धार्मिकं बलवन्तं च राजानमाश्रयेत्।।१७४।।

The king, when he shall apprehend to be made a captive by the forces of his adversary, shall then enter into an alliance with (lit. place himself under the protection of) a virtuous, powerful sovereign (ally). (174)

निग्रहं प्रकृतीनां च कुर्याद्योऽरिबलस्य च।

उपसेवेत तं नित्यं सर्वयत्नैर्गुरुं यथा।।१७५।।

मुक्ता०:–कीदृशं तं बलवन्तमित्याह–

यासां दोषेणासौ गमनीयतमो जातस्तासां प्रकृतीनां, यस्माच्च शत्रुबलादस्यभयमुत्पन्नं तयोर्द्वयोरपि यः संश्रितो निग्रहक्षमस्तं नृपं सर्वयत्नैगुरुमिव नित्यं सेवेत।।१७५।।

Him (*i.e.* the ally), who is capable of punishing both the subjects (generals ministers, etc.,) through whose infidelity his capture was made possible) and the adversary, the king must daily and assidously worship as his preceptor. (175)

यदि तत्रापि संपश्येद्दोषं संश्रयकारितम्।

सुयुद्धमेव तत्रापि निर्विशङ्कः समाचरेत्।।१७६।।

मुक्ता०:–अगतिको हि गतिः संश्रयो नाम। तत्रापि यदि संश्रयकृतं दोषं पश्येत्तदा निःसंशयो भूत्वा शोभनमेव युद्धं तस्मिन्काले समाचरेत्। दुर्बलेनापि बलवतो जयदर्शनान्निहतस्य च स्वर्गप्राप्तेः।।१७६।।

If he detects any trachery in that ally, let him fearlessly wage an honourable war against him. (176)

सर्वोपायैस्तथा कुर्यान्नीतिज्ञः पृथिवीपतिः।

यथास्याभ्यधिका न स्युर्मित्रोदासीनशत्रवः।।१७७।।

मुक्ता०:–सर्वैः सामादिभिरूपायैर्नीतिज्ञो राजा तथा यतेत, यथाऽस्य मित्रोदासीन-शत्रवोऽभ्यधिका न भवन्ति। आधिक्ये हि तेषामसौ ग्राह्यो भवति। धनलोभेन मित्रस्यापि शात्रवापत्तेः।।१७७।।

By means of all political expedients, a king, well-versed in the laws of state-craft, shall so exert that, his allies, foes, and indifferent sovereigns may not acquire a higher supremacy than his own Self. (177)

आयतिं सर्वकार्याणां तदात्वं च विचारयेत्।

अतीतानां च सर्वेषां गुणदोषौ च तत्त्वतः॥१७८॥

मुक्ता०:—सर्वेषां कार्याणामल्पानां बहूनामप्यायतिमुत्तरकालं गुणं दोषं विचारयेत्। वर्तमानकालं च शीघ्रसंपादनाद्यर्थं विचारयेत्। अतीतानां च सर्वकार्याणां गुणदोषौ किमेषां कृतं विघटितं किं वावशिष्टमित्येवं यथावद्विचारयेत्॥१७८॥

He must rightly ponder on all works (of the state) in their relations to the past, present and future, as well as on the good or evil accruing therefrom. (178)

आयत्यां गुणदोषज्ञस्तदात्वे क्षिप्रनिश्चयः।

अतीते कार्यशेषज्ञः शत्रुभिर्नाभिभूयते॥१७९॥

मुक्ता०:—यस्मात्-

यः कार्याणामागामिकगुणदोषज्ञः स गुणवत्कार्यमारभते दोषवत्परित्यजति। यश्च वर्तमानकाले क्षिप्रमेवावधार्य कार्यं करोति अतीते कार्ये यः कार्यशेषज्ञः स तत्कार्यसमाप्तौ तत्फलं लभते। यस्मादेवंविधकालत्रयसावधानत्वान्न कदाचिच्छत्रुभिरभिभूयते॥१७९॥

A king, who can rightly and speedily ascertain the good or evil of all past, present, or future issues, suffers no discomfiture at the hands of his adversary. (179)

यथैनं नाभिसंदध्युर्मित्रोदासीनशत्रवः।

तथा सर्वं संविदध्यादेष सामासिको नयः॥१८०॥

मुक्ता०:—किं बहुना-

यथैनं राजानं मित्रादय उक्ता न बाधेरंस्तथा सर्वसंविधानं कुर्यात्। इत्येष सांक्षेपिको नयो नीतिः॥१८०॥

The king shall so arrange all matters that, neither his enemies and allies, nor indifferent kings (Udāsīnas) may deceive him (surprise him unprepared). This is the synopsis of the Law of state-craft. (180)

यदा तु यानमातिष्ठेदरिराष्ट्रं प्रति प्रभुः।

तदानेन विधानेन यायादरिपुरं शनैः॥१८१॥

मुक्ता०:—यदा पुनः शक्तः सन् शत्रुराष्ट्रं प्रति यात्रामारभेत्तदाऽनेन वक्ष्यमाणप्रकारेण शत्रुदेशमत्वरमाणो गच्छेत्॥१८१॥

When the lord (king) shall march on the capital of his adversary in a campaign, he shall slowly approach it by arranging all matters in the aforesaid manner. (181)

मार्गशीर्षे शुभे मासि यायाद्यात्रां महीपतिः।

फाल्गुनं वाथ चैत्रं वा मासौ प्रति यथाबलम्॥१८२॥

मुक्ता०:—यश्चतुरङ्गबलोपेतो राजा करिरथादिगमनविलम्बेन विलम्बितप्रयाणस्तथा हैमन्तिकसस्यबहुलं च परराष्ट्रं जिगमिषुः समुपगमनाय शोभने मार्गशीर्षे मासि यात्रां कुर्यात्। यः पुनरश्वबलप्रायो नृपतिः क्षीघ्रगतिर्वा सर्वस्यबहुलं परराष्ट्रं यियासुः स फाल्गुने चैत्रे वा मासि स्वबलयोग्यकालानतिक्रमेण यायात्। अत एवमन्वर्थव्यापारपरं संक्षेपेण याज्ञवल्क्यवचनम्। "यदा सस्यगुणोपेतं परराष्ट्रं तदा व्रजेत्" (अ०२ श्लो०३४८)॥१८२॥

In the auspicious month of *Mārgaśīrṣa* (November-December), or in the month of *Phālguna* (February-March), or in *Caitra* (March-April), the king, at the head of (the four divisions of) his army, shall march out (against his adversary). (182)

अन्येष्वपि तु कालेषु यदा पश्येद्ध्रुवं जयम्।

तदा यायाद्विगृह्यैव व्यसने चोत्थिते रिपोः॥१८३॥

मुक्ता०:—उक्तकालव्यतिरिक्तेषु यदाऽऽत्मनो निश्चितं जयमवगच्छेत्तद स्वबलयोग्यकाले ग्रीष्मादवपि हस्त्यश्वादिबलप्रायो विगृह्यैव यात्रां कुर्यात् शत्रोश्चामात्यादिप्रकृतिगोचरदण्डपारुष्यादिव्यसने जातेऽरिपक्षभूतायां तत्प्रकृतावप्युक्तकाल-दन्यत्रापि यायात्॥१८३॥

In seasons (months) other than the aforesaid ones, he (the king) shall break all treaties, march out with his forces against his adversary, if he will find the prospect of a sure victory, or the (internal) distress of his enemies' (realm), due to the infidelity of his ministers, (etc.). (183)

कृत्वा विधानं मूले तु यात्रिकं च यथाविधि।

उपगृह्यास्पदं चैव चारान्सम्यग्विधाय च॥१८४॥

संशोध्य त्रिविधं मार्गं षड्विधं च बलं स्वकम्।

सांपरायिककल्पेन यायादरिपुरं शनैः॥१८५॥

मुक्ता०:—मूले स्वीयदुर्गराष्ट्ररूपे पार्ष्णिग्राहसंविधानं प्रधानपुरुषाधिष्ठितरक्षार्थं सैन्यैकदेशस्थापनरूपं प्रतिविधानं कृत्वा यात्रोपयोगि च वाहनायुधवर्मयात्राविधानं यथाशास्त्रं कृत्वा परमण्डलगतस्य च येनास्यावस्थानं भवति तदुपगृह्य तदीयान्भृत्य-पक्षानात्मसात्कृत्वा चारांश्च कापटिकादीन्शत्रुदेशवार्ताज्ञापनार्थं प्रस्थाप्य सम्यक्तया जाङ्गलानूपाटविकविषयभेदेन त्रिविधं पन्थानं मार्गं शोधिततरुगुल्मादिच्छेदनिम्नोन्नतादि-समीकरणदिना संशोध्य तथा हस्त्यश्वरथपदातिसेनाकर्मकरात्मकं पड्विधं बलं यथोपयोगमाहारौषधसत्कारादिना संशोध्य सांपरायिकं संपरायः संग्रामस्तदुपचितविधिना शत्रुदेशमत्वरया गच्छेत्॥१८४॥१८५॥

Conformably to all rules which should be followed in respect of the protection of his own realm at the time of marching, and having won over the servants and officials of that part his enemies' territory wherein he intends to mobilise; and having stationed spies in due order. And having cleared the three kinds of ways, and purified the six kinds of his own forces, he (the king), fully equipped with all the amunitions of war, shall slowly march into the kingdom of his adversary. (184-185)

शत्रुसेविनि मित्रे च गूढे युक्ततरो भवेत्।

गतप्रत्यागते चैव स हि कष्टतरो रिपुः॥१८६॥

मुक्ता०:—यन्मित्रं गूढं कृत्वा शत्रुं सेवते, यश्च भृत्यादिः पूर्वं विरागाद्गतः पश्चादगतस्तयोः सावधानो भवेत्। यस्मात्तावतिशयेन दुर्निग्रहौ रिपुः॥१८६॥

An ally, who secretly serves the adversary, and who had once been openly in alliance with the enemy but has again been won over to his side, thus serving as a link between the two beligerents, should be regarded by a king as the more dreadful (treacherous) of the enemies. (186)

दण्डव्यूहेन तन्मार्गं यायात्तु शकटेन वा।

वराहमकराभ्यां वा सूच्या वा गरुडेन वा॥१८७॥

मुक्ता०:—दण्डाकृतिव्यूहरचनादि दण्डव्यूहः। एवं शकटादिव्यूहा अपि। तत्राग्रे बलाध्यक्षो मध्ये राजा पश्चात्सेनापतिः पार्श्वयोर्हस्तिनस्तत्समीपे घोटकास्ततः पदातय

इत्येवं कृतरचनो दीर्घः सर्वतः समविन्यासो दण्डव्यूहस्तेन तद्यातव्यं मार्गं सर्वतो भये सति यायात्। सूच्याकाराग्रः पश्चात्पृथुलः शकटव्यूहस्तेन पृष्ठते भये सति गच्छेत्। सूक्ष्ममुखपश्चाद्भागः पृथुमध्यो वराहव्यूहः। एष एव पृथुतरमध्यो गरुडव्यूहस्ताभ्यां पार्श्वयोर्भये सति व्रजेत्। वराहविपर्ययेण मकरव्यूहस्तेनाग्रे पश्चाच्चोभयत्र भये सति गच्छेत्। पिपीलिकापङ्क्तिरिवाग्रपश्चाद्भावेन संहतरूपतया यत्र यत्र सैनिकावस्थानं स शीघ्रप्रवीरपुरुषपमुखः सूचीव्यूहस्तेनाग्रतोभये सति यायात्।।१८७।।

With his forces drawn up in the array, known as *Daṇḍa Śakaṭa, Varāha, Makara, Sūci* or *Garuḍa-vyūha,* he shall march that way (*i.e.,* on the road to his objective). (187)

यतश्च भयमाशङ्केत्ततो विस्तारयेद्बलम्।

पद्मेन चैव व्यूहेन निविशेत सदा स्वयम्।।१८८।।

मुक्ता०:—यस्या दिशः शत्रुभयमाशङ्केत तस्यामेव बलं विस्तारयेत्समविस्तृत-परिमण्डलो मध्योपविष्टजिगीषुः पद्मव्यूहस्तेन पुरान्निर्गत्य सर्वदा कपटनिवेशनं कुर्यात्।।१८८।।

He shall extend the (front of his) forces in the quarter from whence he will apprehend any danger, and shall himself remain in the midst of the corps guarded by soldiers, drawn up in the array, known as *Padma Vyūha.* (188)

सेनापतिबलाध्यक्षौ सर्वदिक्षु निवेशयेत्।

यतश्च भयमाशङ्केत्प्राचीं तां कल्पयेद्दिशम्।।१८९।।

मुक्ता०:—हस्त्यश्वरथपदात्यात्मकस्याङ्गदशकस्यैकः पतिः कार्यः स च पत्तिक उच्यते। पत्तिकदशकस्यैकः पतिः सेनापतिरुच्यते। तद्दशकस्यैक सेनानायकः स एव च बलाध्यक्षः। सेनापतिबलाध्यक्षौ समस्तासु दिक्षु संघर्षयुद्धार्थं नियोजयेत्। यस्माश्च दिशो यदा भयमाशङ्केत्तदा तामग्रे दिशं कुर्यात्।।१८९।।

Let him place *Senāpati and Balādhyakṣas* in all quarters, first placing them in that quarter from whence the danger is apprehended. (189)

गुल्मांश्च स्थापयेदाप्तान् कृतसंज्ञान्समन्ततः।

स्थाने युद्धे च कुशलानभीरूनविकारिणः।।१९०।।

मुक्ता०:—गुल्मान्सैन्यैकदेशानाप्तपुरुषाधिष्ठितान् स्थानापसरणयुद्धार्थंकृतभेरीपटह-शङ्खादिसंकेतान् अवस्थानयुद्धयोः प्रवीणान्निर्भयानव्यभिचारिणः सेनापतिबलाध्यक्षान्दूरतः सर्वदिक्षु पारक्यप्रवेशवारणाय शत्रुचेष्टापरिज्ञानाय च नियोजयेत्।।१९०।।

He shall place piquets or patrols of trusted (Gulma) troops, to fall in at the sound of any particular instrument, expert in fighting as well as in covering the retreat, valorous and incorruptible, (for the purpose of guarding the entrance of hostile soldiers into the line.) (190)

संहतान्योधयेदल्पान्कामं विस्तारयेद्बहून्।
सूच्या वज्रेण चैवैतान् व्यूहेन व्यूह्य योधयेत्॥१९१॥

मुक्ता०:—अल्पान्योधान्संहतान्कृत्वा बहून्पुनर्यथेष्टं विस्तारयेत्। सूच्या पूर्वोक्तया वज्राख्येन व्यूहेन त्रिधा व्यवस्थितबलेन रचयित्वा योधान्योधयेत्॥१९१॥

He shall fight, placing the soldiers of lesser fighting capacities in compact squads, and placing the veterans in extended lines; drawing up his troops in the *Sūci* (needle) or *Vajra* (thunderbolt) array, he shall fight (the hostile army). (191)

स्यन्दनाश्वैः समे युद्ध्येदनूपे नौद्विपैस्तथा।
वृक्षगुल्मावृते चापैरसिचर्मायुधैः स्थले॥१९२॥

मुक्ता०:—समभूभागे रथाश्वेन युध्येत। तत्र तेन युद्धसामर्थ्यात्तथानुगतोदके नौकाहस्तिभिः। तरुगुल्मावृते धन्विभिर्गर्तकण्टकपाषाणादिरहितस्थले खड्गफलकुन्ताद्यैरायुधैर्युद्धेत॥१९२॥

On the even ground he shall engage his charioteers and cavalry, in swamps he shall engage his elephant riders, on the water he shall engage his flotilla, on grounds covered with trees and shrubs he shall engage his archers, and on the level ground he shall engage his bucklers and swordmen. (192)

कुरुक्षेत्रांश्च मत्स्यांश्च पञ्चालान् शूरसेनजान्।
दीर्घाल्लघूंश्चैव नरानग्रानीकेषु योजयेत्॥१९३॥

मुक्ता०:—कुरुक्षेत्रभवान्, मत्स्यान्विराटदेशनिवासिनः, पञ्चालान्कान्यकुब्जाहिच्छत्रोद्भवान्, शूरसेनजान्माथुरान्, प्रायेण पृथुशरीरशौर्याहंकारयोगान्सेनाग्रे योजयेत्। तथान्यदेशोद्भवानपि दीर्घलघुदेहान्मनुष्यान्युद्धाभिमानिनः सेनाग्र एव योजयेत्॥१९३॥

He shall fight placing in the front line of fighting such tall and light-limbed soldiers as men of *Kurukṣetra, Matsya, Pāñcāla* and *Sūrasena* countries. (193)

प्रहर्षयेद्बलं व्यूह्य तांश्च सम्यक्परीक्षयेत्।

चेष्टाश्चैव विजानीयादरीन् योधयतामपि॥१९४॥

मुक्ता०:—बलं रचयित्वा जये धर्मलाभः अभिमुखहतस्य स्वर्गप्राप्तिः पलायने तु प्रभुदुरितग्रहणं नरकगमनं चेत्याद्यर्थवादैर्युद्धार्थं प्रोत्साहयेत् तांश्च योधान्केनाभिप्रायेण हृष्यन्ति कुप्यन्ति वेति परीक्षयेत्। तथा योधानामरिभिः सह युध्यमानानामपि सोपध्यनुपधिचेष्टा बुद्धयेत॥१९४॥

Drawn up in the battle array, let him supervise and encourage his troops and ascertain their feeling towards the enemy. (194)

उपरुद्ध्यारिमासीत राष्ट्रं चास्योपपीडयेत्।

दूषयेचास्य सततं यवसान्नोदकेन्धनम्॥१९५॥

मुक्ता०:—दुर्गाश्रयमदुर्गाश्रयं वा रिपुमयुध्यमानमप्यावेष्ट्यासीत। अस्य च देशमुत्सादयेत्। तथा घासान्नोदकेन्धनानि सर्वदाऽस्यापद्रव्यसंमिश्रणादिना दूषयेत्॥१९५॥

Let him closely besiege the enemy and harass his territories; likewise he must constantly vitiate (envenom) its food stuffs, forage and water. (195)

भिन्द्याच्चैव तडागानि प्राकारपरिखास्तथा।

समवस्कन्दयेच्चैनं रात्रौ वित्रासयेत्तथा॥१९६॥

मुक्ता०:—शत्रोरुपजीव्यानि तडागादीनि नाशयेत्, तथा दुर्गप्राकारदीन्भिन्द्यात्, तत्परिखाश्च पूरणादिना निरुदकाः कुर्यात्। एवं च शत्रूशङ्कितमेव सम्यगवस्कन्दयेत्तथा शक्तिं गृह्णीयात्। रात्रौ च ढक्काकाहलिकादिशब्देन वित्रासयेत्॥१९६॥

Let him demolish fortwalls and cut down the banks of dykes and water tanks (of the enemies' country); safely encamped for the night, he must constantly harrow his enemy with terror. (196)

उपजप्यानुपजपेद्बुद्ध्येतैव च तत्कृतम्।

युक्ते च दैवे युद्ध्येत जयप्रेप्सुरपेतभीः॥१९७॥

मुक्ता०:—उपजापार्हान् रिपुवंश्यान् राज्यार्थिनः क्षुब्धानमात्यादींश्च भेदयेत्। उपजापेनात्मीयकृतां च तेषां चेष्टां जानीयात्। शुभग्रहदशादिना शुभफलयुक्ते दैवेऽवगते निर्भयो जयेप्सुर्युध्येत॥१९७॥

Having severed those (such as, ministers of the enemy who would be capable of being severed (from the cause of their master) and ascertained the intention of the enemy, he (the king), fearless and intending to win the victory shall fight his enemy on the auspicious moment (*i.e.,* watched by auspicious stars). (197)

साम्ना दानेन भेदेन समस्तैरथवा पृथक्।

विजेतुं प्रयततेतारीन्न युद्धेन कदाचन॥१९८॥

मुक्ता०:—प्रीत्यादरदर्शनहितकथनाद्यात्मकेन साम्ना हस्त्यश्वरथहिरण्यादीनां च दानेन तत्प्रकृतीनां तदनुयायिनां च राज्यार्थिना भेदेन। एतैःसमस्तैर्व्यस्तैर्वा यथासामर्थ्यमरीन्जेतुं यत्नं कुर्यान्न पुनः कदाचिद्युद्धेन॥१९८॥

With conciliation, payment and breach-making, severally or combinedly applied, he must endeavour to conquer his enemy; and never by fighting. (198)

अनित्यो विजयो यस्मादृश्यते युद्ध्यमानयोः।

पराजयश्च संग्रामे तस्माद्युद्धं विवर्जयेत्॥१९९॥

मुक्ता०:—यस्माद्युध्यमानयोर्बहुलबलत्वाद्यल्पबलत्वाद्यनपेक्षमेवानियमेनजय-पराजयौ दृश्येते तस्मात्सत्युपायान्तरे युद्धं परिहरेत्॥१९९॥

Since, doubious is victory in a battle between two belligerents; and since, defeat in battle is sometimes seen, let him accordingly avoid war. (199)

त्रयाणामप्युपायानां पूर्वोक्तानामसम्भवे।

तथा युद्ध्येत संपन्नो विजयेत रिपून्यथा॥२००॥

मुक्ता०:—पूर्वोक्तानां त्रयाणामपि सामादीनामुपायानामसाधकत्वे सति जयपराजय-संदेहेऽपि तथा प्रयत्नवान्सम्यग्युध्येत। तथा शत्रूञ्जयेत्। यतो जयेऽर्थलाभोऽभिमुखमरणे च स्वर्गप्राप्तिः। निःसंदिग्धे तु पराजये युद्धादपसरणं साधीयः। यथा वक्ष्यति "आत्मानं सततं रक्षेत्" (अ०७ श्लो०२१३) इति मेधातिथिगोविन्दराजौ॥२००॥

In cases when the three aforesaid expedients (of conciliation, etc.,) would be unavailing, let him, fully equipped, so fight his enemies that, victory might certainly wait on his banner. (200)

जित्वा संपूजयेद्देवान्ब्राह्मणांश्चैव धार्मिकान्।

प्रदद्यात्परिहारांश्च ख्यापयेदभयानि च॥२०१॥

मुक्ता०:—परराष्ट्रं जित्वा तत्र ये देवास्तान्धर्मप्रधानांश्च ब्राह्मणान्भूमिसुवर्णादिदानसम्मानादिभिः पूज्येत्। जितद्रव्यैकदेशदानादिनैव चेदं पूजनम्। तदाह याज्ञवल्क्यः- "नातः परतरो धर्मो नृपाणां यद्रणार्जितम्। विप्रेभ्यो दीयते द्रव्यं प्रजाभ्यश्चाभयं सदा" (अ०१ श्लो०३२३)। तथा देवब्राह्मणार्थं मयैतद्दत्तमिति तद्देशवासिनां परिहारान्दद्यात्। तथा स्वामिभक्त्या यैरस्माकमपकृतं तेषां मया क्षान्तमिदानीं निर्भयाः सन्तः सुखं स्वव्यापारमनुतिष्ठन्त्वित्यभयानि ख्यापयेत्॥२०१॥

Having won the victory, he must worship the *deities* and virtuous *Brāhmaṇas*, give gratuities to the inhabitants of the conquered country (for the advancement of the public weal), and declare a general pardon (amnesty). (201)

सर्वेषां तु विदित्वैषां समासेन चिकीर्षितम्।

स्थापयेत्तत्र तद्वंश्यं कुर्याञ्च समयक्रियाम्॥२०२॥

मुक्ता०:—येषां शत्रुनृपामात्यानां सर्वेषामेव संक्षेपतोऽभिप्रायं ज्ञात्वा तस्मिन्राष्ट्रे बलनिहतराजवंश्यमेव राज्येऽभिषेचयेत्। इदं कार्यं त्वया, इदं नेति तस्य तदमात्यानां च नियमं कुर्यात्॥२०२॥

Thus having ascertained the intention (of the ministers, etc., of the conquered king), he shall reinstate a scion of that family on the throne of the country, and determine (formulate) his duties and obligations. (202)

प्रमाणानि च कुर्वीत तेषां धर्म्यान् यथोदितान्।

रत्नैश्च पूजयेदेनं प्रधानपुरुषैः सह॥२०३॥

मुक्ता०:—तेषां च परकीयानां धर्मादनपेतानाचारान्देशधर्मतया शास्त्रेणाभ्युपेतान्प्रमाणीकुर्यात्। एनं चाभिषिक्तममात्यादिभिः सह रत्नादिदानेन पूजयेत्॥२०३॥

He shall verify their laws and usages, and glorify the (newly-appointed) king and his ministers with presents of gems. (203)

आदानमप्रियकरं दानं च प्रियकारकम्।

अभीप्सितानामर्थानां काले युक्तं प्रशस्यते॥२०४॥

मुक्ता०:—यद्यप्यभिलषितानां द्रव्याणां ग्रहणमप्रियकरं दानं च प्रियकारकमित्युत्सर्गस्तथापि समयविशेषे दानमादानं च प्रशस्यते। तस्मात्तस्मिन्काल एवं पूजयेत्।।२०४।।

Unpleasant is the non-giving (confiscation or withholding) of the desired objects (of individuals) and pleasant is their giving; but such withholding is recommended under certain circumstances. (204)

सर्वं कर्मेदमायत्तं विधाने दैवमानुषे।

तयोर्दैवमचिन्त्यं तु मानुषे विद्यते क्रिया।।२०५।।

मुक्ता०:—यत्किंचित्संपाद्यं तत्प्राग्जन्मार्जितसुकृतदुष्कृतरूपे कर्मणि दैवशब्दाभिधेये, तथेहलोकार्जितमानुषशब्दवाच्ये व्यापारे आयत्तं, तयोर्मध्ये दैवं चिन्तयितुमशक्यम्। मानुषे तु पर्यालोचनमस्ति। अतो मानुषद्वारेणैव कार्यसिद्धये यतितव्यम्।।२०५।।

All these works are contingent on the laws of men and gods; unthinkable (unscrutable) is the divine dispensation, while measures are possible in respect of human affairs. (205)

सह वापि व्रजेद्युक्तः संधिं कृत्वा प्रयत्नतः।

मित्रं हिरण्यं भूमिं वा संपश्यंस्त्रिविधं फलम्।।२०६।।

मुक्ता०:—एवमुपक्रमणीयेन शत्रुणा युद्धं कार्यम्। यदि वा स एव मित्रं तेन च दत्तं हिरण्यं भूम्येकदेशो वाऽर्पितं एतत्त्रयं यात्राफलम्। तेन सह संधिं कृत्वा यत्नवान्व्रजेत्।।२०६।।

Having found the three kinds of benefit such as, land or territory (ceded to him), gold and an ally (in the person of the conquered sovereign), let the king depart with his (forces and allies) after assiduously making the treaty. (206)

पार्ष्णिग्राहं च संप्रेक्ष्य तथाक्रन्दं च मण्डले।

मित्रादथाप्यमित्राद्वा यात्राफलमवाप्नुयात्।।२०७।।

मुक्ता०:—विजिषोररिं प्रति निर्यातस्य यः पृष्ठवर्ती नृपतिर्देशाक्रमणाद्यचरति स पार्ष्णिग्राहस्तस्य तथा कुर्वतो यो नियामकस्तस्यानन्तरो नृपतिः स आक्रन्दस्तावपेक्ष्य यातव्यम्। मित्रीभूतादमित्राद्वा यात्राफलं गृह्णीयात्। तावनपेक्ष्य गृह्णन्कदाचितत्कृतेन दोषेण गृह्यते।।२०७।।

Having judged the attitude of the hostile king in the rear of his realm (Pārṣṇigrāha), as well as that of one (Ākranda), whose conduct controls the action of the former, and from their amity or enemity, let him infer the success of the expedition. (207)

हिरण्यभूमिसंप्राप्तेया पार्थिवो न तथैधत।
यथा मित्रं ध्रुवं लब्ध्वा कृशमप्यायतिक्षमम्॥२०८॥

मुक्ता०:—सुवर्णभूमिलाभेन तथा राजा न वृद्धिमेति यथेदानीं कृशमप्यागामिकाले वृद्धियुतं स्थिरं मित्रं लब्ध्वा वर्धते॥२०८॥

With the acquisition of gold or territory a king does not prosper so much as with the acquisition of a true and steady ally, who can be powerful in future. (208)

धर्मज्ञं च कृतज्ञं च तुष्टप्रकृतिमेव च।
अनुरक्तं स्थिरारम्भं लघु मित्रं प्रशस्यते॥२०९॥

मुक्ता०:—धर्मज्ञं, कृतोपकारस्य स्मर्तृ, सानुरागमनुरक्तं, स्थिरकार्यारम्भं, प्रीतिमत्प्रकृतिकं यत्तन्मित्रमतिशयेन शस्यते॥२०९॥

An ally, virtuous, grateful, contented, devoted, and resolute in his undertakings, even if he be weak, is recommended (as worth-having). (209)

प्राज्ञं कुलीनं शूरं च दक्षं दातारमेव च।
कृतज्ञं धृतिमन्तं च कष्टमाहुररिं बुधाः॥२१०॥

मुक्ता०:—विद्वांस, महाकुलं, विक्रान्तं, चतुरं, दातारं, उपकारस्मर्तारं, सुखदुःखयोरेकरूपं शत्रुं दुरुच्छेदं पण्डिता वदन्ति। तेनैवंविधशत्रुणा सह संधातव्यम्॥२१०॥

An enemy, who is intelligent, well-born, valorous, efficient, grateful, munificent and possessed of a good comprehension, the wise call the most inveterate of foes. (210)

आर्यता पुरुषज्ञानं शौर्यं करुणवेदिता।
स्थौललक्ष्यं च सततमुदासीनगुणोदयः॥२११॥

मुक्ता०:—साधुत्वं पुरुषविशेषज्ञता, विक्रान्तत्वं, कृपालुत्वं, सर्वदा च स्थौललक्ष्यं

बहुप्रदत्वम्। अतएव "स्युर्वदान्यस्थूललक्ष्यदानशौण्डा बहुप्रदे" (अमरकोषे विशेष्यनिघ्ने श्लो०६) इत्याभिधानिकाः। स्थौललक्ष्यमर्थेऽसूक्ष्मदर्शित्वमिति तु मेधातिथिगोविन्द-राजयोः पदार्थकथनमनागमम्, एतदुदासीनगुणसामग्र्यं तस्मादेवंविधमुदासीनमाश्रित्योक्त-लक्षणेनाप्यरिणा सह योद्धव्यम्।।२११।।

Urbanity, with a knowledge of men, valour, generosity, and munificence in gifts, are the excellent traits in an *Udāsīna* (indifferent) sovereign ally; (and hence, the alliance of such a one should be always courted). (211)

क्षेम्यां सस्यप्रदां नित्यं पशुवृद्धिकरीमपि।

परित्यजेन्नृपो भूमिमात्मार्थमविचारयन्।।२१२।।

मुक्ता०:—अनामयादिकल्याणक्षमामपि, नदीमातृकतया सर्वदा सर्वसस्यप्रदामपि, प्रचुरतृणादियोगात्पशुवृद्धिकरीमपि भूमिमात्मरक्षार्थमविलम्बमानो राजा निजरक्षा-प्रकारान्तराभावात्परित्यजेत्।।२१२।।

A king, in consideration of his own safety (i.e., in the absence of any other means of self-protection), shall unhesitatingly give up a land (country), possessed of auspicious traits, fertile (*i.e.*, well-watered by rivers), and always affording excellent facilities for the rearing and increase of cattle. (212)

मुक्ता०:—यस्मात्सर्वविषयोऽयं धर्मः स्मर्यते-

आपदर्थं धनं रक्षेद्दारान् रक्षेद्धनैरपि।

आत्मानं सततं रक्षेद्दारैरपि धनैरपि।।२१३।।

आपन्निवारणार्थं धनं रक्षणीयम्। धनपरित्यागेनापि दारान्रक्षेत्। आत्मानं पुनः सर्वदा दारधनपरित्यागेनापि रक्षेत्। "सर्वत एवात्मानं गोपायीत" इति श्रुत्या शास्त्रीयमरणव्यतिरेकेणात्मरक्षेत्युपदेशात्।।२१३।।

Let him preserve money for (time of) distress, protect (his) wives at the sacrifice of wealth, and always protect himself at the cost of wealth and wives. (213)

सह सर्वाः समुत्पन्नाः प्रसमीक्ष्यापदो भृशम्।

संयुक्तांश्च वियुक्तांश्च सर्वोपायान् सृजेद्बुधः।।२१४।।

मुक्ता०:—कोशक्षयप्रकृतिकोशमित्रस्य व्यसनादिकाः सर्वा आपदो

युगपददतिशयेनात्पन्ना ज्ञात्वा न मोहमुपेयात्। अपि तु व्यस्तान्समस्तान्वा सामादीनुपायान्शास्त्रज्ञः संप्रयुञ्जीत॥२१४॥

Finding all dire distresses to be simultaneously present, let a wise man apply these expedients either severally or combinedly. (214)

उपेतारमुपेयं च सर्वोपायांश्च कृत्स्नशः।

एतत्त्रयं समाश्रित्य प्रयतेतार्थसिद्धये॥२१५॥

मुक्ता०ः—उपेतारमात्मानं, उपेयं प्राप्तव्यं, उपायाः, सामादयः सर्वे ते च परिपूर्णा एतत्त्रयमवलम्ब्य यथासामर्थ्यं प्रयोजनसिद्धये यत्नं कुर्यात्॥२१५॥

Considering his own self (his own capacity), the nature of the object to be obtained, and the expedients (to be applied for its realisation), he must proceed to achieve his own end. (215)

एवं सर्वमिदं राजा सह संमन्त्र्य मन्त्रिभिः।

व्यायम्याप्लुत्य मध्याह्ने भोक्तुमन्तः पुरं विशेत्॥२१६॥

मुक्ता०ः—एवममुक्तप्रकारेण सर्वराजवृत्तं मन्त्रिभिः सह विचार्य अनन्तरमायुधाभ्यासादिना व्यायामं कृत्वा मध्याह्ने स्नानादिकं माध्याह्निकं कृत्यं निर्वाह्य भोक्तुमन्तःपुरं विशेत्॥२१६॥

The king, having thus deliberated on all these subjects with his ministers and taken physical exercise, shall enter the seraglio to eat his meal at midday. (216)

तत्रात्मभूतैः कालज्ञैरहार्यैः परिचारकैः।

सुपरीक्षितमन्नाद्यमद्यान्मन्त्रैर्विषापहैः॥२१७॥

मुक्ता०ः—तत्रान्तःपुर आत्मतुल्यैर्भोजनकालवेदिभिरभेद्यैः सुपकारादिभिः कृतं सुष्ठु च परीक्षितं चकोरादिदर्शनेन। सविषमन्नं दृष्ट्वा चकोराक्षिणी रक्ते भवतः। विषापहैर्मन्त्रैर्जपितमन्नमद्यात्॥२१७॥

There he shall eat his meal, well-tested (as to its being free from poison) by trusted, incorruptible (lit. inseparable) cooks, who are acquainted with the hours of his meals, by consecrating it with Mantras of anntito virtues. (217)

विषघ्नैरगदैश्चास्य सर्वद्रव्याणि योजयेत्।

विषघ्नानि च रत्नानि नियतो धारयेत्सदा॥२१८॥

मुक्ता०:—विषनाशिभिरौषधैः सर्वाणि भोज्यद्रव्याणि योजयेत्। विषहरणानि च रत्नानि यत्नवान्सर्वदा धारयेत्॥२१८॥

All articles of his (royal) use should be protected with the admixture of anti-toxic drug-compounds (Agadas), and he must always bear on his person gems of venom-destroying properties. (218)

परीक्षिताः स्त्रियश्चैनं व्यजनोदकधूपनैः।

वेषाभरणसंशुद्धाः स्पृशेयुः सुसमाहिताः॥२१९॥

मुक्ता०:—स्त्रियश्च गूढचारद्वारेण कृतपरीक्षा गुप्तायुधग्रहणविषलिप्ताभरण-धारणशङ्क्या निरूपितवेषाभरणा अनन्यमनसः चामरस्नानपानाद्युदकधूपनैरेनं राजानं परिचरेयुः॥२१९॥

Respectful and well-dressed ladies, well-examined that they do not secrete and weapon or poison in the folds of their garments, shall fan him and carry his water goblets, and burn (fragrant) incense before him. (219)

एवं प्रयत्नं कुर्वीत यानशय्यासनाशने।

स्नाने प्रसाधने चैव सर्वालंकारकेषु च॥२२०॥

मुक्ता०:—एवंविधपरीक्षादिप्रयत्नं वाहनशय्यासनाशनस्नानानुलेपनेषु सर्वेषु चालङ्करणार्थेषु कुर्यात्॥२२०॥

Thus he must exercise caution in respect of his vehicles, beds, seats, baths, toilet, and all personal decorations. (220)

भुक्तवान् विहरेच्चैव स्त्रीभिरन्तःपुरे सह।

विहृत्य तु यथाकालं पुनः कार्याणि चिन्तयेत्॥२२१॥

मुक्ता०:—कृतभोजनश्च तत्रैवान्तःपुरे भार्याभिः सह क्रीडेत्। कालानतिक्रमेण च सप्तमे दिवसस्य भागे तत्र विहृत्याष्टमे भागे पुनः कार्याणि चिन्तयेत्॥२२१॥

Having eaten his meal, he must sport in the company of the ladies of the seraglio; and having reposed a little, he must again ponder on the affairs of the state. (221)

अलंकृतश्च संपश्येदायुधीयं पुनर्जनम्।

वाहनानि च सर्वाणि शस्त्राण्याभरणानि च॥२२२॥

मुक्ता०:—कृतालङ्कारः सन्नायुधजीविनं, वाहनानि हस्त्यश्वादीनि, सर्वाणि च शस्त्राणि खड्गादीनि, अलङ्काररचनादीनि च पश्येत्॥२२२॥

Decorated, he must inspect his troops, arsenals, animals of transport and conveyance, and all weapons and ornaments (*i.e.*, state jewels, etc.) (222)

संध्यां चोपास्य शृणुयादन्तर्वेश्मनि शस्त्रभृत्।

रहस्याख्यायिनां चैव प्रणिधीनां च चेष्टितम्॥२२३॥

गत्वा कक्षान्तरं त्वन्यत्समनुज्ञाप्य तं जनम्।

प्रविशेत्भोजनार्थं च स्त्रीवृतोऽन्तःपुरं पुनः॥२२४॥

मुक्ता०:—ततः संध्योपासनं कृत्वा तस्मात्प्रदेशात्कक्षान्तरं विविक्तप्रकोष्ठावकाशमन्यद् गत्वा गृहाभ्यन्तरे धृतशस्त्रो रहस्याभिधायिनां चराणां स्वव्यापारां शृणुयात्। ततस्तं चरं संप्रेष्य परिचारिकास्त्रीवृतः पुनर्भोक्तुमन्तरःपुरं विशेत्॥२२३॥२२४॥

Having performed his Sandhyā (prayer), he, armed with weapons, shall hear tables of wonder and the reports of his in inner chamber of the palace. Then having entered another chamber and directed them (spies) as to theri fresh undertaking he, surrounded by the ladies (of the palace) shall enter it again to take his (night) meal. (223-224)

तत्र भुक्त्वा पुनः किंचित्तूर्यघोषैः प्रहर्षितः।

संविशेत्तु यथाकालमुत्तिष्ठेच्च गतक्लमः॥२२५॥

मुक्ता०:—तत्रान्तःपुरे वादित्रशब्दैः श्रुतिसुखैः प्रहर्षितः पुनः किंचिद्भुक्त्वा नातितृप्तः कालानतिक्रमेण गतार्धप्रहरायां रात्रौ स्वप्यात्। ततो रात्रेः पश्चिमयामे च विश्रान्तः सन्नुत्तिष्ठेत्॥२२५॥

The having eaten, and been exhilarated for a while with the sounds of music, he shall go to bed and leave it, fully refreshed, at the proper time (*i.e.* at early dawn). (225)

एतद्विधानमातिष्ठेदरोगः पृथिवीपतिः।

अस्वस्थः सर्वमेतत्तु भृत्येषु विनियोजयेत्॥२२६॥

मुक्ता०ः—एतद्यथोक्तप्रकारप्रजारक्षणादिकं नीरोगो राजा स्वयमनुतिष्ठेत्। अस्वस्थः पुनः सर्वमेतद्योग्यश्रेष्ठामात्येषु समर्पयेत्॥२२६॥

The king (lit. lord of the world) shall observe these rules of conduct in health; and in disease he shall delegate these duties to his servants. (226)

इति मानवे धर्मशास्त्रे भृगुप्रोक्तायां संहिताया सप्तमोऽध्यायः॥७॥

इति श्री कुलूकभट्टकृतायां मन्वर्थमुक्तावल्यां

मनुवृत्तौ सप्तमोऽध्यायः।

अथ अष्टमोऽध्यायः

Chapter - VIII

व्यवहारान् दिदृक्षुस्तु ब्राह्मणैः सह पार्थिवः।
मन्त्रज्ञैर्मन्त्रिभिश्चैव विनीतः प्रविशेत्सभाम्॥१॥

मुक्ता०:—एवंविधविपक्षमहीद्भिय: प्रजानां रक्षणादवाप्तवृत्तिस्तासामेवेतरेतर-विवादजपीडापरिहारार्थं, ऋणादानाद्यष्टादशविवादे विरुद्धार्थार्थिप्रत्यर्थिवाक्य-जनितसंदेहहारी विचार एव व्यवहारः। तदाह कात्यायनः-"विनानार्थेऽवसंदेहे हरणं हार उच्यते। नानासंदेहहरणाद्व्यवहार इति स्मृतः"। तान्व्यवहारान्द्रष्टुमिच्छन्पृथिवी-पतिर्वक्ष्यमाणलक्षणलक्षितैर्ब्राह्मणैरमात्यैश्च सप्तमाध्यायोक्तपञ्चाङ्गमन्त्रैः सह विनीतो वावपाणिपादचापल्यविरहादनुद्धतः। अविनीते हि नृपे वादिप्रतिवादिनां प्रतिभाक्ष्यादसम्यगभिधाने तत्त्वनिर्णयो न स्यात्। तादृशो वक्ष्यमाणां सभां प्रविशेत्। व्यवहारदर्शनं चेदं प्रजानामितरेतरपीडायां तत्त्वनिर्णयेन रक्षणार्थं वक्ष्यमाणदृष्टा-दृष्टार्थकरणफलेनैव फलवत्॥१॥

Wishing to see (*i.e.,* attend to adjudications of) law suits, the king, in the company of Brāhmaṇas and ministers, versed in law (lit. judgement or deliberation), and in a gentle man, shall enter the assembly (court). (1)

तत्रासीनः स्थितों वाऽपि पाणिमुद्यम्य दक्षिणम्।
विनीतवेषाभरणः पश्येत्कार्याणि कार्यिणाम्॥२॥

मुक्ता०:—तस्यां च सभायां कार्यगौरवापेक्षायामुपविष्टो, लघुनि कार्ये उत्थितोऽपि वा। पाणिशब्दो बाहुपरः दक्षिणपाणिमुद्यम्यानुद्धतवेषालंकारः पूर्वत्रश्लोक इन्द्रियानौद्धत्यमुक्तं, तादृशः कार्याणि विचारयेत्॥२॥

Seated in, or staying at, that (assembly) in plain (*i.e.*, as opposed to gaudy or majestic) garments and ornament, he shall supervise the cases of suitors. (2)

प्रत्यहं देशदृष्टैश्च शास्त्रदृष्टैश्च हेतुभिः।
अष्टादशसु मार्गेषु निबद्धानि पृथक् पृथक्॥३॥

मुक्ता०:–तानि च ऋणादानादीनि कार्याण्यष्टादशसु व्यवहारमार्गेषु विषयेषु पठितानि देशजातिकुलव्यवहारावगतैः शास्त्रावगतैः साक्षिद्रव्यादिभिर्हेतुभिः पृथक्पृथक् प्रत्यहं विचारयेत्।।३।।

Each day, conformably to the rules of the *Śāstra* and usages of the country, he shall severally adjudicate (cases arising from) the eighteen sources of lawsuits (subjects of legal contest such as, the non-payment of a money debt, etc.). (3)

तेषामाद्यमृणादानं निक्षेपोऽस्वामिविक्रयः।
संभूय च समुत्थानं दत्तस्यानपकर्म च।।४।।
वेतनस्यैव चादानं संविदश्च व्यतिक्रमः।
क्रयविक्रयानुशयो विवादः स्वामिपालयोः।।५।।
सीमाविवादधर्मश्च पारुष्ये दण्डवाचिके।
स्तेयं च साहसं चैव स्त्रीसंग्रहणमेव च।।६।।
स्त्रीपुंधर्मो विभागश्च द्यूतमाह्वय एव च।
पदान्यष्टादशैतानि व्यवहारस्थिताविह।।७।।

मुक्ता०:–तान्येवाष्टादश गणयति–

तेषामष्टादशानां मध्ये आदाविह ऋणादानं विचार्यते। तस्य स्वरूपमुक्तं नारदेन–"ऋणं देयमदेयं च येन यत्र यथाच यत्। दानग्रहणधर्माश्च तदृणादानमुच्यते"। ततश्च स्वधनस्यान्यस्मिन्नर्पणरूपो निक्षेपः अस्वामिना च कृतो विक्रयः। संभूय वणिगादीनां क्रियानुष्ठानम्। दत्तस्य धनस्यापात्रबुध्या क्रोधादिना वा ग्रहणम्। कर्मकरस्य भृतेरदानम्। कृतव्यवस्थातिक्रमः। क्रयविक्रये च कृते पश्चात्तापाद्विप्रतिपत्तिः। स्वामिपशुपालयोर्विवादः। ग्रामादिसीमाविप्रतिपत्तिः। वाक्पारुष्यमाक्रोशनादि। दण्डपारुष्यं ताडनादि। स्तेयं निह्नवेन धनग्रहणम्। साहसं प्रसह्य धनहरणादि। स्त्रियाश्च परपुरुषसंपर्कः। स्त्रीसहितस्य पुंसो धर्मे व्यवस्था। पैतृकादिधनस्य च विभागः। अक्षादिक्रीडापण-व्यवस्थापनपूर्वकम्। पक्षिमेषादिप्राणियोधनम्। इत्येवमष्टादश एतानि व्यवहारप्रवृत्तेः स्थानानि समाह्वयस्य प्राणिद्यूतरूपत्वेन द्यूतावान्तरविशेषत्वा- दष्टादश-संख्योपपत्तिः।।४।।५।।६।।७।।

Of these (subjects of contention), the non-discharge of a debt, creation of a trust, sale of property by one other than its lawful owner, co-partnership transaction (mercantile causes), resumption of a gift, non-payment of his salary to a servant, non-performance of a promise or contract, non-delivery or non-claiming of a good bought or sold, dispute between a cowherd and an owner of cattle, dispute in respect of a boundary, assult and use of abusive language, theft, rash act (robbery), adultery, duties of husbands and wives, the division of an ancestral estate, gambling with dice, and wagers in respect of animal-fights, form the eighteen legs (subjects of law suits). (4-7)

एषु स्थानेषु भूयिष्ठं विवादं चरतां नृणाम्।
धर्मं शाश्वतमाश्रित्य कुर्यात्कार्यविनिर्णयम्।।८।।

मुक्ता०:—एष्वृणादानादिषु व्यवहारस्थानेषु बाहुल्येन विवादं कुर्वतां मनुष्याणामनादिपारंपर्यागतत्वेन नित्यं धर्ममवलम्ब्य कार्यनिर्णयं कुर्यात्। भूयिष्ठशब्देनान्यान्यपि विवादपदानि सन्तीति सूचयति। तानि च प्रकीर्णकशब्देन नारदाद्युक्तानि। अतएव नारदः-"न दृष्टं यच्च पूर्वेषु सर्वं तत्स्यात्प्रकीर्णकम्" इति।।८।।

In these matters of men, variously contesting with one another, he conformably to the eternal law, shall adjudicate. (8)

यदा स्वयं न कुर्यात्तु नृपतिः कार्यदर्शनम्।
तदा नियुञ्ज्याद्विद्वांसं ब्राह्मणं कार्यदर्शने।।९।।

मुक्ता०:—यदा कार्यान्तराकुलतया रोगादिना वा राजा स्वयं कार्यदर्शनं न कुर्यात्तदा तद्दर्शनार्थं कार्यदर्शनाभिज्ञं ब्राह्मणं नियुञ्जीत।।९।।

When the king can not himself attend to the adjudication of a law suit, he must delegate his authority to an erudite *Brāhmaṇa* for its decision. (9)

सोऽस्य कार्याणि संपश्येत्सभ्यैरेव त्रिभिर्वृतः।
सभामेव प्रविश्याग्र्यामासीनः स्थित एव वा।।१०।।

मुक्ता०:—स ब्राह्मणोऽस्य राज्ञो द्रष्टव्यानि कार्याणि त्रिभिर्ब्राह्मणैः सभायां साधुभिर्धार्मिकैः कार्यदर्शनाभिज्ञैर्वृतस्तामेव सभां प्रविश्योपविश्य स्थितो वा नतु चंक्रम्यमाणस्तस्य चित्तव्याक्षेपसंभवत्वात्तादृशऋणादानादीनि कार्याणि पश्येत्।।१०।।

He, the appointed Brāhmaṇa, accompanied by three other jurors, shall enter the assembly-room (court room); and there, either seated or standing, they shall witness these transactions. (10)

यस्मिन्देशे निषीदन्ति विप्रा वेदविदस्त्रयः।

राज्ञश्चाधिकृतो विद्वान् ब्रह्मणस्तां सभां विदुः॥११॥

मुक्ता०:—यस्मिंस्थाने ऋग्यजुःसामवेदिनस्त्रयोऽपि ब्राह्मणा अवतिष्ठन्ते, राज्ञाधिकृतश्च विद्वान्ब्राह्मण एव प्रकृतत्वादवतिष्ठते, तां सभां चतुर्मुखसभामिव मन्यन्ते॥११॥

(The assembly), wherein are present (seated) three Veda-knowing *Brāhmaṇas* and an official of the state (judge) is called a *Brahma assembly*. (11)

धर्मो विद्धस्त्वधर्मेण सभां यत्रोपतिष्ठते।

शल्यं चास्य न कृन्तन्ति विद्धास्तत्र सभासदः॥१२॥

मुक्ता०:—भाः प्रकाशस्तया सह वर्तत इति विद्वत्संहतिरेवात्र सभाशब्देनाभिमता। यत्र देशे सभां विद्वत्संहतिरूपां धर्मः सत्याभिधानजन्योऽनृताभिधानजन्येनाधर्मेणो पीडित आगच्छति अर्थिप्रत्यर्थिनोर्मध्ये एकस्य सत्याभिधानादपरस्य मृषावादात्ते च सभासदोऽस्य धर्मस्य पीडाकरत्वाच्छल्यमिवाधर्मं नोद्धरन्ति तदा ते एव तेनाधर्मशल्येन विद्धा भवन्ति॥१२॥

All the members of the tribunal, in which truth (or justice) is conquered by falsehood (or injustice) and falsehood is not pierced by the needle of justice, should be regarded as smitten with impiety. (12)

सभां वा न प्रवेष्टव्यं वक्तव्यं वा समञ्जसम्।

अब्रुवन्विब्रुवन्वापि नरो भवति किल्बिषी॥१३॥

मुक्ता०:—सभामवगम्य व्यवहारार्थं तत्प्रवेशो न कर्तव्यः। पृष्टश्चेत्तदा सत्यमेव वक्तव्यम्। अन्यथा तूष्णीमवतिष्ठमानो मृषा वा वदन्नुभयथापि सद्यः पापी भवति। मेधातिथिना तु "सभा वा न प्रवेष्टव्या" इति ऋज्वेव पठितम्॥१३॥

Rather one should not attend a tribunal, but once there, he must speak nothing but truth; by keeping silent or speaking falsehood in a tribunal, a man becomes guilty of vice. (13)

यत्र धर्मो ह्यधर्मेण सत्यं यत्रानृतेन च।

हन्यते प्रेक्षमाणानां हतास्तत्र सभासदाः॥१४॥

मुक्ता०:—यस्यां सभायामर्थिप्रत्यर्थिभ्यामधर्मेण धर्मो न दृश्यते। यत्र च साक्षिभिः सत्यमनृतेन नाश्यते सभासदां प्रेक्षमाणानांताननादृत्य ते प्रतीकारक्षमा न भवन्तीत्यर्थः। "षष्ठी चानादरे" (पा.सू. २/३/३८) इत्यनेन षष्ठी। तत्र त एव सभासदस्तेन पापेन हता भवन्ति॥१४॥

The members of a tribunal, wherein truth is killed by untruth, and virtue by vice, are killed by that (partial or prejudiced sight). (14)

धर्म एव हतो हन्ति धर्मो रक्षति रक्षतः।

तस्माद्धर्मो न हन्तव्यो मा नो धर्मो हतोऽवधीत्॥१५॥

मुक्ता०:—यस्माद्धर्म एवातिक्रान्त इष्टानिष्टाभ्यां सह नाशयति नार्थिप्रत्यर्थ्यादि। स एव नातिक्रान्तस्ताभ्यां सह रक्षति। तस्माद्धर्मो नातिक्रमणीयः। माऽस्मान् त्वत्सहितानतिक्रान्तो धर्मोऽवधीदिति सभ्यानामुत्पथप्रवृत्तस्य प्राड्विवाकस्य संबोधनमिदम्। अथवा नो निषेधेऽव्ययं नो हतो धर्मो मावधीत् न हन्त्येवेत्यभिप्रायः॥१५॥

Virtue (justice), killed, kills (in its turn); virtue (justice), preserved, protects (in its turn); hence, virtue should not be destroyed; may not killed virtue (*i.e.,* failure of justice) destroy us all. (15)

वृषो हि भगवान्धर्मस्तस्य यः कुरुते ह्यलम्।

वृषलं तं विदुर्देवास्तस्माद्धर्मं न लोपयेत्॥१६॥

मुक्ता०:—कामान्वर्षतीति वृषः वृषशब्देन धर्म एवाभिधीयत इति। अलंशब्दो वारणार्थः। यस्माद्धर्मस्य यो वारणं करोति तं देवा वृषलं जानन्ति न जातिवृषलं तस्माद्धर्मं नोच्छिद्यादिति धर्मव्यतिक्रमखण्डनार्थं वृषलशब्दार्थनिर्वचनम्॥१६॥

Virtue (justice) is the showerer; he, who impedes the (full working of virtue, is called Vṛṣala; hence, virtue should not be obliterated. (16)

एक एव सुहृद्धर्मो निधनेऽप्यनुयाति यः।

शरीरेण समं नाशं सर्वमन्यद्धि गच्छति॥१७॥

मुक्ता०:—धर्म एवैको मित्रं यो मरणेऽप्यभीष्टफलदानार्थमनुगच्छति यस्मादन्यत्सर्वं भार्यापुत्रादि शरीरेणैव सहादर्शनं गच्छति। तस्मात्पुत्रादिस्नेहापेक्षयापि धर्मो न हातव्यः।।१७।।

Virtue is the one true friend of man who follows him even after death; with the death of (his) body all other (friends) fall off. (17)

पादोऽधर्मस्य कर्तारं पादः साक्षिणमृच्छति।

पादः सभासदः सर्वान्पादो राजानमृच्छति।।१८।।

मुक्ता०:—दुर्व्यवहारदर्शनादधर्मसंबन्धी चतुर्थभागोऽर्थिनमधर्मकर्तारं प्रत्यर्थिनं वा गच्छति। परश्चतुर्थभागः साक्षिणमसत्यवादिनम्। अन्यपादः सभासदः सर्वानधर्मप्रवृत्त्यनिवारकान्व्याप्नोति। पादश्च राजानं व्रजति। सर्वेषां पापसम्बन्धो भवतीत्यत्र विवक्षितम्।।१८।।

A quarter part of the (sin of) injustice is attached to the person making the false complaint, a quarter part is attached to his false witnesses, a querter part is attached to the member of the tribunal, and another quarter part is attached to the king. (18)

राजा भवत्यनेनास्तु मुच्यन्ते च सभासदः।

एनो गच्छति कर्तारं निन्दार्हो यत्र निन्द्यते।।१९।।

मुक्ता०:—यस्यां पुनः सभायामसत्यवादी निन्दार्होऽर्थी प्रत्यर्थी वा सम्यक् न्यायदर्शनेन निन्द्यते तत्र राजा निष्पापो भवति। सभासदश्च पापेन न संबध्यन्ते। अर्थ्यादिकमेव कर्तारं पापमुपैति।।१९।।

The king becomes sinless, the members of the tribunal are absolved of the sin, and sin goes to its perpetrator, when the offender is rightly condemned (punished). (19)

जातिमात्रोपजीवी वा कामं स्याद्ब्राह्मणब्रुवः।

धर्मप्रवक्ता नृपतेर्न तु शूद्रः कथंचन।।२०।।

मुक्ता०:—ब्राह्मणजातिमात्रं यस्य विद्यते नतु ब्राह्मणकर्मानुष्ठानं वणिगादिवत्साक्ष्यादिद्वारेण स्फुटन्यायान्यायनिरूपणक्षमः, ब्राह्मणजातिरपि वा यस्य संदिग्धाऽऽत्मानं ब्राह्मणं ब्रवीति स वरम्। उक्तयोग्यब्राह्मणाभावे च क्वचित्कार्यदर्शने

नृपतेर्धर्मप्रवक्ता भवेन्न तु धार्मिकोऽपि व्यवहारज्ञोऽपि शूद्रः। ब्राह्मणे धर्मप्रवक्तेति विधानादेव शूद्रनिवृत्तिः सिद्धा पुनर्न तु शूद्र इति शूद्रनिषेधो योग्यब्राह्मणाभावे क्षत्रियवैश्ययोरभ्यनुज्ञानार्थः। अतएव कात्यायनः-"यत्र विप्रो न विद्वान्स्यात्क्षत्रियं तत्र योजयेत्। वैश्यं वा धर्मशास्त्रज्ञं शूद्रं यत्नेन वर्जयेत्"॥२०॥

The judical officer of a king must be a Brāhmaṇa, even if he be a mere Brāhmaṇa by birth (and bereft of the virtues of his order), or a mere professional adjudicator of issues, and not a *Śūdra* under any circumstances whatsoever. (20)

यस्मात्-

यस्य शूद्रस्तु कुरुते राज्ञो धर्मविवेचनम्।
तस्य सीदति तद्राष्ट्रं पङ्के गौरिव पश्यतः॥२१॥

मुक्ता०:—यस्य राज्ञो धर्मविवेचनं शूद्रः कुरुते तस्य पश्यत एव पङ्के गौरिव तद्राष्ट्रमवसन्न भवति॥२१॥

The realm of a king, whereina Śūdra official administers justice, is destroyed under his very eyes, like a cow merged in the mide. (21)

यद्राष्ट्रं शूद्रभूयिष्ठं नास्तिकाक्रान्तमद्विजम्।
विनश्यत्याशु तत्कृत्स्नं दुर्भिक्षव्याधिपीडितम्॥२२॥

मुक्ता०:—यद्राष्ट्रं शूद्रबहुलं बहुलपरलोकाभाववाद्याक्रान्तं द्विजशून्यं तत्सर्वं दुर्भिक्षरोगपीडितं सच्छीघ्रं विनश्यति। "अग्नौप्रास्ताहुतिः सम्यक्" (अ. ३श्लो. ७६) इत्यस्याभावेन वृष्टिविरहादुपजातदुर्भिक्षरोगाद्युपसर्गशान्त्यर्थकर्माभावाञ्च॥२२॥

The kingdom, wherein Śūdras abound and which is infested with an atheistic, non-Brāhmaṇa population, is soon destroyed in its entirety, stricken with famine and pestilence. (22)

धर्मासनमधिष्ठाय संवीताङ्गः समाहितः।
प्रणम्य लोकपालेभ्यः कार्यदर्शनमारभेत्॥२३॥

मुक्ता०:—धर्मदर्शनार्थमासन उपविश्य आच्छादितदेहोऽनन्यमना लोकपालेभ्यः प्रणामं कृत्वा कार्यदर्शनमनुतिष्ठेत्॥२३॥

Seated on the judicial seat, the king, with his body well-covered, and having bade obeisance to the lords of the quarters of heaven, shall commence to witness the affairs of the court (adjudications of law-suits). (23)

अर्थानर्थावुभौ बुद्ध्वा धर्माधर्मौ च केवलौ।
वर्णक्रमेण सर्वाणि पश्येत्कार्याणि कार्यिणाम्।।२४।।

मुक्ता०:—प्रजारक्षणोच्छेदाद्यात्मकावैहिकावर्थानर्थौ बुद्ध्वा परलोकार्थं धर्माधर्मौ केवलावनुरुध्य यथा विरोधो न भवति तथा कार्यार्थिनां कार्याणि पश्येत्। बहुवर्णमेलके तु ब्राह्मणादिक्रमेण पश्येत्।।२४।।

Bearing in mind the good (of the protection of subjects) and the evil (of their destruction), and piety (justice) and impiety (injustice) alone, (so that they may not clash with each other), the king shall attend to the (judicial) matters in court, and take up cases in preference to the castes of the suitors. (24)

बाह्यैर्विभावयेल्लिङ्गैर्भावमन्तर्गतं नृणाम्।
स्वरवर्णेङ्गिताकारैश्चक्षुषा चेष्टितेन च।।२५।।

मुक्ता०:—बाह्यैः स्वरादिलिङ्गैरित्यभिधानादेवावधारितव्यापारैः अर्थिप्रत्यर्थिनामन्तर्गतमभिप्रायं निरूपयेत्। स्वरो गद्गदादिः, वर्णः स्वाभाविकवर्णादन्यादृशो मुखकालिमादिः, इङ्गितमधोनिरीक्षणादिः, अकारो देहभवस्वेदरोमाञ्चादिः, चेष्टा हस्तास्फालनादिः।।२५।।

From external features such as, their meins, demeanours, tones of voice, gestures, and looks, he shall ascertain the inner feelings of men. (25)

आकारैरिङ्गितैर्गत्या चेष्टया भाषितेन च।
नेत्रवक्त्रविकारैश्च गृह्यतेऽन्तर्गतं मनः।।२६।।

मुक्ता०:—आकारादिभिः पूर्वोक्तैः गत्या स्खलत्पादादिकया अन्तर्गतमनोबुद्धिरूपेण परिणतमवधार्यते।।२६।।

From meins, gestures, movements, depotments, tones of voice, and expression of faces and eyes should be comprehended the inner mind. (26)

बालदायादिकं रिक्थं तावद्राजानुपालयेत्।
यावत्स स्यात्समावृत्तो यावच्चातीतशैशवः।।२७।।

मुक्ता०ः—अनाथबालस्वामिकं धनं पितृव्यादिभिरन्यायेन गृह्यमाणं तावद्राजा रक्षेत्। यावदसौ षट्त्रिंशदब्दादिकं ब्रह्मचर्यमित्याद्युक्तेन प्रकारेण गुरुकुलात्समावृत्तो न भवति तादृशस्यावश्यकबाल्यविगमात्। यस्त्वशक्त्यादिना बाल एव समावर्तते सोऽपि यावदतीतबाल्यो भवति तावत्तस्य धनं रक्षेत्। बाल्यं च षोडशवर्षपर्यन्तम्। "बाल आषोडशाद्वर्षात्" इति नारदवचनात्॥२७॥

The estates of friendless orphans the king shall keep in his custody for so long as they do not come up to age and marry. (27)

वशाऽपुत्रासु चैवं स्याद्रक्षणं निष्कुलासु च।
पतिव्रतासु च स्त्रीषु विधवास्वातुरासु च॥२८॥

मुक्ता०ः—वशासु वन्ध्यासु कृतदारान्तरपरिग्रहः स्वामी निर्वाहार्थोपकल्पित-धनो पायासु निरपेक्षः अपुत्रासु च स्त्रीषु, प्रोषितभर्तृकासु, निष्कुलासु सपिण्ड-रहितासु, साध्वीषु च स्त्रीषु, विधवासु, रोगिणीषु च यद्धनं तस्यापि बाल-धनस्येव राज्ञा रक्षणं कर्तव्यम्। अत्र चानेकशब्दोपादाने गोबलीवर्दन्यायेन पुनरुक्तिपरिहारः॥२८॥

So shall he protect the estates belonging to sterile or sonless women, to women who have not got any Sapiṇḍa relation (and whose husbands are absent in distant countries, to widows, and to chaste but sickly wives. (28)

जीवन्तीनां तु तासां ये तद्धरेयुः स्वबान्धवाः।
ताञ्छिष्याच्चौरदण्डेन धार्मिकः पृथिवीपतिः॥२९॥

मुक्ता०ः—वयमत्रानन्तराधिकारिणो रक्ष्याम इदं धनमित्यादिव्याजेन ये बान्धवास्तासां जीवन्तीनां तद्धनं गृह्णन्ति तान्वक्ष्यमाणचौरदण्डेन धार्मिको राजा दण्डयेत्॥२९॥

A virtuous king shall punish, like thieves, those of their male (relations) who might have attempted to rob them (of their estates) during their life-times. (29)

प्रणष्टस्वामिकं रिक्थं राजा त्र्यब्दं निधापयेत्।
अर्वाक् त्र्यब्दाद्धरेत्स्वामी परेण नृपतिर्हरेत्॥३०॥

मुक्ता०:—अज्ञातस्वामिकं धनं राजा कस्य किं प्रणष्टमित्येवं पटहादिना उद्धोष्य राजद्वारादौ रक्षितं वर्षत्रयं स्थापयेत्। वर्षत्रयमध्ये यदि धनस्वाम्यागच्छति तदा स एव गृह्णीयात्। तदूर्ध्वं तु नृपतिर्विनियुञ्जीत॥३०॥

For three years, the king shall hold in trust a property whose rightful owner cannot be ascertained; after three years, he shall confiscate it (by law of escheat.). (30)

ममेदमिति यो ब्रूयात्सोऽनुयोज्यो यथाविधि।

संवाद्य रूपसंख्यादीन् स्वामी तद्द्रव्यमर्हति॥३१॥

मुक्ता०:—मदीयं धनमिति यो वदति स किंरूपं किंसंख्याकं, कुत्र प्रणष्टं तद्धनमित्यादिविधानेन प्रष्टव्यः। ततो यदि रूपसंख्यादीन्सत्यान्वदति तदा स तत्र धनस्वमी तद्धनं ग्रहीतुमर्हति॥३१॥

"Saying it mine," he who shall claim such a treasure, must give its exact measure and description, and if they be found correct, the king shall make it over to him. (31)

अवेदयानो नष्टस्य देशं कालं च तत्त्वतः।

वर्णं रूपं प्रमाणं च तत्समं दण्डमर्हति॥३२॥

मुक्ता०:—नष्टद्रव्यस्य देशकालावस्मिन्देशेऽस्मिन्काले नष्टमिति, तथा वर्णं शुक्लादि, आकारं कटकमुकुटादि, परिमाणं च यथावदजानन्नष्ट-द्रव्यसमदण्डमर्हति॥३२॥

Failing to give the correct colour, size and description of the lost article which he has claimed, as well as the time and place of its loss, the king shall fine him its equal value in money. (32)

देशकालादिसंवादे पुनः-

आददीताथ षड्भागं प्रणष्टाधिगतान्नृपः।

दशमं द्वादशं वापि सतां धर्ममनुस्मरन्॥३३॥

मुक्ता०:—यदेतद्राज्ञा प्रणष्टद्रव्यं प्राप्तं तस्मात्षड्भागं दशमं द्वादशं वा रक्षादिनिमित्तं पूर्वेषां साधूनामयं धर्म इति जानन्राजा गृह्णीयात्। धनस्वामिनो निर्गुणसगुणत्वापेक्षश्चायं षड्भागादिग्रहणविकल्पः। अवशिष्टं स्वामिने समर्पयेत्॥३३॥

The king shall receive from the owner of a lost article in case of its recovery, a sixteenth or twelfth part of its value according to the superior, middling, or inferior status of its owner. (33)

प्रणष्टाधिगतं द्रव्यं तिष्ठेद्युक्तैरधिष्ठितम्।

यांस्तत्र चौरान्गृह्णीयात्तान्राजेभेन घातयेत्।।३४।।

मुक्ता०:–यद्द्रव्यं कस्यापि प्रणष्टं सत् राजपुरुषैः प्राप्तं रक्षायुक्तै रक्षितं कृत्वा स्थाप्यम्। तस्मिंश्च द्रव्ये यांश्चौरान्गृह्णीयात्तान्हस्तिना घातयेत्। गोविन्दराजस्तु "शतादभ्यधिके वधः" इति दर्शनादत्रापि शतसुवर्णस्य मौल्यादिकद्रव्यहरणे वधमाह। तन्न। तत्र संधिकृत्वा तु यच्चौर्यमिति यत्स्वाम्येऽपि प्रणष्टराजरक्षितद्रव्यहरणेनैव विशेषेण वधविधानाच्छतादभ्यधिके वध इत्यस्य विशेषोपदिष्टवधेतरविषयत्वात्।।३४।।

The king's official shall make over to the king all lost articles which might have come into their possessions, and the king shall cause all thieves caught (in his realm) to be (trampled down) killed by elephants. (34)

ममायमिति यो ब्रूयान्निधिं सत्येन मानवः।

तस्याददीत षड्भागं राजा द्वादशमेव वा।।३५।।

मुक्ता०:–यो मानुषः स्वयं निधिं लब्ध्वा, अन्येन वा निधौ प्राप्तै ममायं निधिरिति वदति सत्येन प्रमाणेन च स्वसंबन्धं बोधयति तस्य पुरुषस्य निर्गुणत्वसगुणत्वापेक्षया ततो निधानादष्टभागं वा राजा गृह्णीयात्। अवशिष्टं तस्यार्पयेत्।।३५।।

From the man, who shall truly claim a lost treasure as his own, the king shall realise a sixth or twelfth part of its value. (35)

अनृतं तु वदन्दण्ड्यः स्ववित्तस्यांशमष्टमम्।

तस्यैव वा निधानस्य संख्यायाल्पीयसीं कलाम्।।३६।।

मुक्ता०:–अस्वीयं स्वीयमिति ब्रुवन्स्वधनस्याष्टमं भागं दण्ड्यः। यद्वा तस्यैव निधेरत्यन्ताल्पभागं गणयित्वा येनावसादं न गच्छति विनयञ्च लभते तद्दण्ड्यः। अल्पीयसीमितीयसुन्नन्तनिर्देशात्पूर्वस्मादन्योऽयं दण्डः। विकल्पश्च निर्गुणसगुणापेक्षः।।३६।।

In the event of one's falsely claiming such a lost article, the king shall fine him an eighth part of its value, or a lesser fine in the case of doubt. (36)

विद्वांस्तु ब्राह्मणो दृष्ट्वा पूर्वोपनिहितं निधिम्।
अशेषतोऽप्याददीत सर्वस्याधिपतिर्हि सः॥३७॥

मुक्ता०ः- विद्वान्पुनर्ब्राह्मणः पूर्वमुपनिहितं निधिं दृष्ट्वा सर्वं गृह्णीयात्। न षड्भागं दद्यात्। यस्मात्सर्वस्य धनजातस्य प्रभुः। अतएवोक्तम् "सर्वं स्वं ब्राह्मणस्येदम्" (अ. १ श्लो. १००) इति। तस्मात्परनिहितविषयमेतद्वचनम्। तथाच नारदः- "परेण निहितं लब्ध्वा राजा ह्यपहरेन्निधिम्। राजगामी निधिः सर्वः सर्वेषां ब्राह्मणादृते॥" याज्ञवल्क्योऽप्याह-"राजा लब्ध्वा निधिं दद्याद्द्विजेभ्योऽर्धं द्विजः पुनः। विद्वानशेषमादद्यात्स सर्वस्य प्रभुर्यतः॥" (अ. २ श्लो. ३४) अतो यन्मेधातिथिगोविन्दराजाभ्यां "ममायमिति यो ब्रूयात्" (अ. ८ श्लो. ३५) इत्युक्तं, राजदेयार्थनिरासार्थं पित्रादिनिहितविषयत्वमेवास्य वचनस्य व्याख्यातं तदनार्षम्। नारदादिमुनिव्याख्याविपरीतं स्वकल्पितं। न मेधातिथिगोविन्दराजव्याख्यानमाद्रिये॥३७॥

An erudite Brāhmaṇa, having received a treasure previously given by another, shall take the whole of it, inasmuch as he is the lord of all (wealth). (37)

यं तु पश्येन्निधिं राजा पुराणं निहितं क्षितौ।
तस्माद्द्विजेभ्यो दत्त्वार्धमर्धं कोशे प्रवेशयेत्॥३८॥

मुक्ता०ः—यं पुनरस्वामिकं पुरातनं भूम्यन्तर्गतं निधिं राजा लभते तस्माद्ब्राह्मणेभ्योऽर्धं दत्त्वार्धमात्मीयधनागारे च प्रवेशयेत्॥३८॥

The king having found an old treasure, buried underneath the ground, shall give a half thereof to *Brāhmaṇas*, and half he shall deposit in his treasury. (38)

निधीनां तु पुराणानां धातूनामेव च क्षितौ।
अर्धभाग्रक्षणाद्राजा भूमेरधिपतिर्हि सः॥३९॥

मुक्ता०ः—निधीनां पुरातनानामस्वकीयानां विद्वद्ब्राह्मणेतरलब्धानां सुवर्णाद्युत्पत्तिस्थानानां चार्धहरो राजा। यस्मादसौ रक्षति, भूमेश्च प्रभुः॥३९॥

Of old treasures, and metals (and minerals, etc.) found underneath the soil, the king shall retain a moiety thereof, inasmuch as he is the owner and protector (of mines). (39)

दातव्यं सर्ववर्णेभ्यो राज्ञा चौरैर्हृतं धनम्।
राजा तदुपयुञ्जानश्चौरस्याप्नोति किल्बिषम्॥४०॥

मुक्ता०:—यद्धनं चौरैर्लोकानामपहृतं तद्राज्ञा चौरेभ्य आहृत्य धनस्वामिभ्यो देयम्। तद्धनं राजा स्वयमुपयुञ्जानश्चौरस्य पापं प्राप्नोति।।४०।।

The king shall recover from thieves all articles they have stolen, and make them over to their respective owners without any distinction of castes; a king, by enjoying such stolen articles, acquires the sin of a thief. (40)

जातिजानपदान्धर्मान् श्रेणीधर्मांश्च धर्मवित्।
समीक्ष्य कुलधर्मांश्च स्वधर्मं प्रतिपादयेत्।।४१।।

मुक्ता०:—धर्मान्ब्राह्मणादिजातिनियतान्याजनादीन् जानपदांश्च नियतदेशव्यवस्थि- तानान्नायाविरुद्धान्, "देशजातिकुलधर्माश्चाम्नायैरप्रतिषिद्धाः प्रमाणम्" इति गोतमस्मरणात्। श्रेणीधर्मांश्च वणिगादिधर्मान्प्रतिनियतकुलव्यवस्थितान्ज्ञात्वा तदविरुद्धान्राजा व्यवहारेषु तत्तद्धर्मान्व्यवस्थापयेत्।।४१।।

The king, cognisant of laws, and in consideration of the duties, of the (four) several orders of society, as well as of usages and customs of different localities, guilds, communities and families, (not incompatible with the doctrines of the Vedas) shall discharge his own duties (*i.e.*, enact and enforce laws, recognizing the valid authority of those customs and usages). (41)

यस्मात्-

स्वानि कर्माणि कुर्वाणा दूरे सन्तोऽपि मानवाः।
प्रिया भवन्ति लोकस्य स्वे स्वे कर्मण्यवस्थिताः।।४२।।

मुक्ता०:—जातिदेशकुलधर्मादीन्यात्मीयकर्माण्यनुतिष्ठन्तः, स्वे स्वे च नित्यनैमित्तिकादौ कर्मणि वर्तमानाः, दूरेऽपि सन्तः सांनिध्यनिबन्धनस्नेहाभावेऽपि लोकस्य प्रिया भवन्ति।।४२।।

Men, discharging their own specific duties, even if they happen to be remote, become endeared to the world for the fact of their being true to their respective works (duties). (42)

प्रासङ्गिकमिदमभिधाय पुनः प्रकृतमाह-

नोत्पादयेत्स्वयं कार्यं राजा नाप्यस्य पूरुषः।

न च प्रापितमन्येन ग्रसेदर्थं कथंचन॥४३॥

मुक्ता०:—राजा राजनियुक्तो वा धनलोभादिना कार्यमृणादिविवादं नोत्पादयेत्। तदाह कात्यायनः-"न राजा तु वशित्वेन धनलोभेन वा पुनः। स्वयं कर्माणि कुर्वीत नराणामविवादिनाम्॥" न चार्थिना प्रत्यर्थिना वावेदितं विवादं धनादिलोभेनोपेक्षेत॥४३॥

The king, or king's officials (judges, etc.) shall never fabricate a false case, (or institute a false law-suit) out of greed, nor put off (lit. be indifferent to) the hearing of a case for (illegal) gratifications. (43)

यथा नयत्यसृक्पातैर्मृगस्य मृगयुः पदम्।

नयेत्तथाऽनुमानेन धर्मस्य नृपतिः पदम्॥४४॥

मुक्ता०:—यथा मृगस्य शस्त्रहतस्य रुधिरपातैर्व्याधः पदं स्थानं प्राप्नोति तथानुमानेन इष्टप्रमाणेन वा धर्मस्य तत्त्वं निश्चिनुयात्॥४४॥

As a huntsman traces the wounded quarry to its lair by means of its blood-streaked foot-prints on the ground, so the king shall administer justice (*i.e.* adjudicate cases) by means of inference and positive proof. (44)

सत्यमर्थं च संपश्येदात्मानमथ साक्षिणः।

देशं रूपं च कालं च व्यवहारविधौ स्थितः॥४५॥

मुक्ता०:—व्यवहारदर्शनप्रवृत्तो राजा छलमपहाय सत्यं पश्येत्तथार्थं च। अर्श आदित्वान्मत्वर्थीयोऽच्। अर्थवन्तं गोहिरण्यादिधनविषयस्थं व्यवहारं पश्येत् न त्वहमननेनाक्षिनिकोचनेनोपहसित इत्यादिस्वल्पापराधम्, आत्मानं च तत्त्वनिर्णये स्वर्गादिफलभागिनं, साक्षिणः सत्यवादिनः, देशं कालं च देशकालोचितं स्वरूपं, व्यवहारस्वरूपं गुरुलघुतादिकं पश्येत्॥४५॥

The king, presiding over a tribunal, shall ascertain the truth and determine the correctness of the (allegation regarding) the subject of the suit, the correctness of the testimonies of witnesses, the description, time, and place (country) of the transaction (or incident) giving rise to the case, as well as its usages, and pronounce the true judgement in consideration of the merit he will acquire (in heaven by so doing). (45)

सद्भिराचरितं यत्स्याद्धार्मिकैश्च द्विजातिभिः।
तद्देशकुलजातीनामविरुद्धं प्रकल्पयेत्॥४६॥

मुक्ता०:–विद्वद्भिर्धर्मप्रधानैर्द्विजातिभिर्यद्दृश्यमानशास्त्रमनुष्ठितं तद्देशकुलजात्यविरुद्धमादाय व्यवहारनिर्णयं प्रकल्पयेत्॥४६॥

Whatever has been done by good men, or whatever has been done by virtuous Brāhmaṇas, should be regarded as valid, if they be not contrary to the law and usages of (their country), and the king shall give judgement in conformity therewith. (46)

एतत्सकलव्यवहारसाधारणं परिभाषात्मकमुक्तम्। संप्रतिऋणादान- मधिकृत्याह-

अधमर्णार्थसिद्ध्यर्थमुत्तमर्णेन चोदितः।
दापयेद्धनिकस्यार्थमधमर्णाद्विभावितम्॥४७॥

मुक्ता०:–अधमर्णार्थसिद्ध्यर्थं प्रयुक्तघनसिद्ध्यर्थं धनस्वामिना राजा बोधितो वक्ष्यमाणलेख्यादिप्रमाणप्रतिपादितं धनमुत्तमर्णस्याधमर्णं प्रदापयेत्। अधमर्णादुत्तमर्णाय दापयेदित्यर्थः॥४७॥

If a creditor makes an allegation (institutes a suit) against a debtor for the recovery of his money, the king, after the debt has been proved, shall cause money to be realised from the debtor, and make it over to the creditor. (47)

कथं दापयेदित्याह-

यैर्यैरुपायैरर्थं स्वं प्राप्नुयादुत्तमर्णिकः।
तैस्तैरुपायैः संगृह्य दापयेदधमर्णिकम्॥४८॥

मुक्ता०:–यैर्वक्ष्यमाणैरुपायैः संप्रयुक्तमर्थमुत्तमर्णो लभते तैस्तैरुपायैर्वशीकृत्य तमर्थं दापयेत्॥४८॥

By those means, by which the creditor can realise the amount of claim from the debtor, the king shall cause it to be realised from the debtor and make it over to the creditor. (48)

तानुपायानाह-

धर्मेण व्यवहारेण छलेनाचरितेन च।

प्रयुक्तं साधयेदर्थं पञ्चमेन बलेन च॥४९॥

मुक्ता०:–धर्मादिना प्रयुक्तमर्थं साधयेत्। तत्र धर्मानाह बृहस्पति:-"सुहृत्संबन्धिसंदिष्टैः साम्ना चानुगमेन च। प्रायेण वा ऋणी दाप्यो धर्म एष उदाहृतः॥" देये धनेऽधमर्णस्याविप्रतिपत्तौ व्यवहारेण। तथा च वक्ष्यति-"अर्थेऽपव्ययमानं तु" (अ. ८ श्लो० ५१) इति। मेधातिथिस्तु निःस्वो यः स व्यवहारेण दापयितव्यः। अन्यत्कर्मोपकरणं धनं दत्त्वा कृषिवाणिज्यादिना व्यवहारयितव्यः। तदुत्पन्नं धनं तस्मात्तु गृह्णीयादित्याह। छलादीनि त्रीण्याह बृहस्पति:-"छद्मना याचितं चार्थमानीय ऋणिकाद्बली। अन्याहृतादि वाहृत्य दाप्यते तत्र सोपधिः। दारपुत्रपशून्हत्वा कृत्वा द्वारोपवेशनम्। यत्रार्थी दाप्यतेऽर्थं स्वं तदाचरितमुच्यते। बध्वा स्वगृहमानीय ताडनाद्यैरुपक्रमैः। ऋणिको दाप्यते यत्र बलात्कारः प्रकीर्तितः"॥४९॥

By means of friendly pursuasion, by getting its payment assured by a bond or oath, by means of fraud, by arresting the person of his son, etc., or by employing force, which forms the fifth means, a creditor can realise the money from his debtor. (49)

यः स्वयं साधयेदर्थमुत्तमर्णोऽधमर्णिकात्।

न स राज्ञाऽभियोक्तव्यः स्वकं संसाधयन्धनम्॥५०॥

मुक्ता०:–य उत्तमर्णः संप्रतिपन्नमर्थमधमर्णात्स्वयं बलादिना साधयति स स्वीयं धनं सम्यक्साधयन्नस्मास्वनिवेद्य किमिति बलादिकं कृतवानसीति न राज्ञा निषेद्धव्यः॥५०॥

He, who will thus realise his money from his creditor, must not be indicted by the king for his having realised the same. (50)

अर्थेऽपव्ययमानं तु करणेन विभावितम्।

दापयेद्धनिकस्यार्थं दण्डलेशं च शक्तितः॥५१॥

मुक्ता०:–नाहमस्मै धारयामीति धनविषयेऽपह्नवानमधमर्णं करणेन लेख्यसाक्षिदिव्यादिना प्रतिपादितमर्थमुत्तमर्णस्य राजा प्रदापदायेत्। दण्डलेशं च "अपह्नवे तु द्विगुणम्" इति वक्ष्यमाणदशमभागदण्डान्यूनमपि दण्डं पुरुषशक्त्या दापयेत्॥५१॥

If a debtor does not admit the debt, and if that debt be subsequently proved in court (by means of documents, etc.,) the king shall recover and make over the debtal amount to the creditor, and impose a small fine upon the debtor according to his pecuniary circumstances. (51)

अपह्नवेऽधमर्णस्य देहीत्युक्तस्य संसदि।

अभियोक्तादिशेद्देश्यं करणं वान्यदुद्दिशेत्॥५२॥

मुक्ता०:—उत्तमर्णस्य धनं देहीति सभायं प्राड्विवाकेनोक्तस्याधमर्णस्य नास्मै धारयामित्यपलापे सति अभियोक्ताऽर्थी देश्यं धनप्रयोगदेशवर्तिसाक्षिणं निर्दिशेत्। प्रायेण साक्षिभिरेव स्त्रीमूर्खादिसाधारणऋणनिर्णयात्प्राक्साक्ष्युपन्यासः। अन्यद्वा करणं पत्रादि कथयेत्॥५२॥

In the event of the debtor not admitting the debt even after the tribunal has ordered him to pay it off, the complainant shall substantiate his claim with documents (and witnesses), and the king, after the proving of the debt, shall impose a fine upon the debtor for this fraudulent denial. (52)

अदेश्यं यश्च दिशति निर्दिश्यापह्नुते च यः।

यश्चाधरोत्तरानर्थान् विगीतान्नावबुध्यते॥५३॥

अपदिश्यापदेश्यं च पुनर्यस्त्वपधावति।

सम्यक् प्रणिहितं चार्थं पृष्टः सन्नाभिनन्दति॥५४॥

असंभाष्ये साक्षिभिश्च देशे संभाषते मिथः।

निरुच्यमानं प्रश्नं च नेच्छेद्यश्चापि निष्पतेत्॥५५॥

ब्रूहीत्युक्तश्च न ब्रूयादुक्तं च न विभावयेत्।

न च पूर्वापरं विद्यात्तस्मादर्थात्स हीयते॥५६॥

मुक्ता०:—अदेश्यं यत्र देशेऽधमर्णस्य ऋणग्रहणकाले सर्वदावस्थानं न संभवतीति। निर्दिश्यश्चादेशादिकं नैतन्मया निर्दिष्टमित्यपनयति। यश्च पूर्वोक्तानर्थान्स्वार्थान्स्वोक्तान्विरुद्धान्वावगच्छति। यश्च मम हस्तात्सुवर्णस्य पलमनेन गृहीतमिति निर्दिश्य मत्पुत्रहस्ताद्गृहीतमित्येवमादिना यः पुनरपसरति। यश्च सम्यक्प्रतिज्ञातमर्थं कस्मात्त्वया रात्रावसाक्षिकं दत्तमित्येवमादि प्राड्विवाकेन पृष्टः सन्न समाधत्ते। यश्च

संभाषणानर्हनिर्जनादिदेशे साक्षिभिः सहान्योन्यं संभाषते। यश्च भाषार्थस्थिरीकरणाय नितरामुच्यमानं प्राड्विवाकेन प्रश्नं नेच्छेत्। यश्च निष्पतेत् उक्तांश्च व्यवहारान्पुराऽनाख्याय यथा स्थानात्स्थानान्तरं गच्छेत्। यश्च ब्रूहीत्युक्तो न किंचिद्ब्रवीति। उक्तं साध्यं न प्रमाणेन प्रतिपादयति। पूर्वं साधनं, अपरं साध्यं, तद्यो न जानाति। असाधनमेव साधनत्वेन निर्दिशति। असाध्यमेव मानेन "शशशृङ्गकृतं धनुर्ज्ञेयम्" इत्यादि साध्यत्वेन निर्दिशति स तस्मात्साध्यादर्थाद्धीयते।।५३-५६।।

Or tries to amend a former statement by alleging a new and different fact, or who relevantly interrogated by the court, refuses to give any answer. Or consults with his witnesses in a solitary place where he should not so consult, or does not answer questions by the court, or hurriedly leaves the premises of the court. Or refuses, when asked (by the court to speak out or fails to prove his allegation, or understands not what is required to be proved and the means by which that proof can be established. In such cases creditors shall not be entitled to recover from debtors their claims. (54-56)

साक्षिणः सन्ति मेत्युक्त्वा दिशेत्युक्तो दिशेन्न यः।
धर्मस्थः कारणैरेतैर्हीनं तपमि निर्दिशेत्।।५७।।

मुक्ता०:—साक्षिणो मम विद्यन्त इत्युक्त्वा तान्निर्दिशेत्युक्तो यो न निर्दिशति तं पूर्वोक्तैरेभिः कारणैर्धर्मस्थः प्राड्विवाकः पराजितं कथयेत्। "ज्ञातारः सन्ति मेत्युक्त्वा" इति वा पाठः। अत्र छान्दसमिकारस्य पूर्वरूपत्वम्।।५७।।

And for these reasons the judge shall dismiss the suit of a plaintiff, who having alleged to have witnesses, shall fail to produce them in court, after being so directed by it to do. (57)

अभियोक्ता न चेद्ब्रूयाद्बध्यो दण्ड्यश्च धर्मतः।
नचेत्त्रिपक्षात्प्रब्रूयाद्धर्मं प्रति पराजितः।।५८।।

मुक्ता०:—योऽर्थी सन् राजस्थाने निवेद्य भाषायां न ब्रूयात्तदा विषयगौरवापेक्षया बध्यो लघुनि विषये दण्ड्यश्च धर्मतः स्यात्। प्रत्यर्थी पुनर्यदि पक्षत्रयमध्ये न ब्रूयात्तदा धर्मत एव पराजितः स्यान्न तु छलेन।।५८।।

A complainant who refuses to depose any thing in court after filing his written statement (plaint or complaint) shall be punished with death in a complaint of grave and serious nature, or with a lighter penalty (in a light case); and his case shall be dismissed if he refuses to answer for three weeks. (58)

यो यावन्निह्नुवीतार्थं मिथ्या यावति वा वदेत्।
तौ नृपेण ह्यधर्मज्ञौ दाप्यौ तद्द्विगुणं दमम्॥५९॥

मुक्ता०:—यः प्रत्यर्थी यत्परिमाणधनमपनयति, अर्थी वा यत्परिमाणधने मिथ्या वदति तावधार्मिकावपह्नुतमिथ्योक्तधनाद्द्विगुणं दण्डरूपं दापनीयौ। अधर्मज्ञाविति वचनाज्ज्ञानपूर्वापह्नवमिथ्योक्तिविषयमिदम्। प्रमादादिनापलापमिथ्यानियोगापह्नवे द्विगुणमिति शतदशमभागं वक्ष्यति॥५९॥

If a defendant fraudulently disowns a true debt, or if a plaintiff sets up a false claim, in court, the king shall fine them double the amount, so fraudently disowned or claimed. (59)

पृष्टोऽपव्ययमानस्तु कृतावस्थो धनैषिणा।
त्र्यवरैः साक्षिभिर्भाव्यो नृपब्राह्मणसन्निधौ॥६०॥

मुक्ता०:—धनार्थिनोत्तमर्णेन राजपुरुषापकर्षं कृताह्वानः प्राड्विवाकेन पृष्टः सन्यदा न धारयामीत्यपह्नवानो भवति तदा नृपत्यधिकृतब्राह्मणसमक्षं त्र्यवरैः साक्षिभिस्त्रयोऽवरा न्यूना येषां तैरर्थिना भावनीयः॥६०॥

If a debtor (defendant), interrogated by the judge denies the debt, then he shall have to prove his non indebtedness before the king and *Brāhmaṇas* with (the testimony at least) three witnesses. (60)

यादृशा धनिभिः कार्या व्यवहारेषु साक्षिणः।
तादृशान्संप्रवक्ष्यामि यथा वच्यमृतं च तैः॥६१॥

मुक्ता०:—धनिभिरुत्तमर्णादिभिः ऋणादानादिव्यवहारेषु यथाविधाः साक्षिणः कर्तव्यास्तथाविधान्वदिष्यामि। यथा च तैरपि सत्यं वक्तव्यं तमपि प्रकारं वक्ष्यामि॥६१॥

Now I shall discourse on witnesses by whom creaditors shall get their transactions attested and the mode in which they shall bear the true testimony. (61)

गृहिणः पुत्रिणो मौलाः क्षत्रविट्शूद्रयोनयः।
अर्थ्युक्ताः साक्ष्यमर्हन्ति न ये केचिदनापदि।।६२।।

मुक्ता०:—कृतदारपरिग्रहाः पुत्रवन्तस्तद्देशजाः क्षत्रियशूद्रवैश्यजातीया अर्थिनिर्दिष्टाः सन्तः साक्षित्वयोग्या भवन्ति। ते हि कृतपरिकरपुत्रभयात्तद्देशवासिना विरोधाच्च नान्यथा वदन्ति नतु ये केचिदृणादानादिव्यवहारेषु साक्षिणः स्युः। आपदि तु वाग्दण्डपारुष्यस्त्रीसंग्रहणादिषूक्तव्यतिरिक्ताः साक्षिणो भवन्ति।।६२।।

Kṣatriya, Vaiśya and *Śūdra* householder who are residents of the same village or town with the creditor, are fit to be witnesses. In times of distress any person may be a witness. (62)

आप्ताः सर्वेषु वर्णेषु कार्याः कार्येषु साक्षिणः।
सर्वधर्मविदोऽलुब्धा विपरीतांस्तु वर्जयेत्।।६३।।

मुक्ता०:—"क्षत्रविट्शूद्रयोनयः" (अ. ८. श्लो. ६२) इत्युक्तत्वात्ततो ब्राह्मणपरिग्रहार्थं सर्वेषु वर्णेष्वित्यभिधानम्। सर्ववर्णेषु मध्ये ये यथार्थावगतवादिनः सर्वधर्मज्ञा लोभरहितास्ते साक्षिणः कर्तव्याः। उक्तविपरीतांश्च वर्जयेत्।।६३।।

In all matters, trustworthy, non-avaricious men, who are conversant with all forms of virtue, should be made witnesses; and men of contrary characters should be avoided. (63)

नार्थसंबन्धिनो नाप्ता न सहाया न वैरिणः।
न दृष्टदोषाः कर्त्तव्या न व्याध्यार्त्ता न दूषिताः।।६४।।

मुक्ता०:—ऋणाद्यर्थसंबन्धिनोऽधमर्णाद्याः आप्ता मित्राणि, सहायास्तत्परिचारकाः, शत्रवः स्थानान्तरावगतकौटसाक्ष्याः, रोगपीडिता महापातकादिदूषिताः साक्षिणो न कर्तव्याः। लोभरागद्वेषस्मृतिभ्रंशादीनामन्यथाभिधानहेतूनां संभवात्।।६४।।

Persons having pecuniary relations with the parties (or having any interest in the transaction), or their relations, dependants cohorts, or enemies, as well as sick folks or persons degraded for any heinous crime, or those who have known to bear false witnesses, should not be made (*i.e.*, cited as) witnesses. (64)

न साक्षी नृपतिः कार्यो न कारुककुशीलवौ।
न श्रोत्रियो न लिङ्गस्यो न सङ्गेभ्यो विनिगर्तः॥६५॥

मुक्ता०:—प्रभुत्वात्साक्षिधर्मेण प्रष्टुमयोग्यत्वान्न राजा साक्षी कार्यः। कारुः सूपकारादिः, कुशीलवो नटादिः, तयोः स्वकर्मव्यग्रत्वात्प्रायेण धनलोभवत्त्वाच्चासाक्षित्वम्। श्रोत्रियोऽप्यध्ययनाग्निहोत्रादिकर्मव्यग्रतया न साक्षी। लिङ्गस्थो ब्रह्मचारी, सङ्गविनिर्गतः परिव्राजकस्तयोरपि स्वकर्मव्यग्रत्वाद्ब्रह्मनिष्ठत्वाच्चासाक्षित्वम्। श्रोत्रियग्रहणादध्ययनाग्निहोत्रादिव्यग्रेतरब्राह्मणस्यानिषेधः॥६५॥

The king, an artisan, a professional actor, a musician, a *Śrotriya Brāhmaṇa*, an ascetic, and a religious mendicant cannot be called as witnesses. (65)

नाध्यधीनो न वक्तव्यो न दस्युर्न विकर्मकृत्।
न वृद्धो न शिशुर्नैको नान्त्यो न विकलेन्द्रियः॥६६॥

मुक्ता०:—आध्यधीनोऽत्यन्तपरतन्त्रो गर्भदासो न वक्तव्यो विहितकर्मत्यागाल्लोकविगर्हितः। दस्युः क्रूरकर्मा "न क्रुद्धो नापि तस्करः" (अ. ८ श्लो. ६७) इति वक्ष्यमाणत्वात्। विकर्मकृन्निषिद्धकर्मकारी, एतेषां रागद्वेषादिसंभवात्। न वृद्धः, प्रायेण स्मृतिभ्रंशसंभवात्। न बालोऽप्राप्तव्यवहारत्वात्। नैको विनाशप्रवासशङ्क्या तस्य त्र्यवरैरिति विधानात्। अर्थप्रतिषेधसिद्धौ कस्यांचिदवस्थायां द्वयोरभ्यनुज्ञानार्थं निषेधवचनम्। अन्त्यश्चाण्डालादिः, धर्मानभिज्ञातत्वात्। विकलेन्द्रिय उपलब्धिवैकल्यान्न साक्षी कार्यः॥६६॥

A born dependant, a man of condemnable character, a highway robber, a miscreant, an infant, an old man or one deprived of any bodily organ (must not be cited as witness). (66)

नार्तो न मत्तो नोन्मत्तो न क्षुत्तृष्णोपपीडितः।
न श्रमार्त्तो न कामार्त्तो न क्रुद्धो नापि तस्करः॥६७॥

मुक्ता०:—आर्तो बन्धुविनाशादिना, मत्तो मद्यादिना, उन्मत्त उत्क्षेपभूतावेशादिना, क्षुधापिपासादिना पीडितः, श्रमार्तो वर्त्मगमनादिना खिन्नः, कामार्तः, उत्पन्नक्रोधः, चौरश्च न साक्षी कार्य इति सर्वत्र संबध्यते। तत्रार्तादिर्बुद्धिवैकल्यात्। चौरस्त्वधार्मिकत्वात्॥६७॥

A man in bereavement, an intoxicated person, one

affilicted with thirst or hunger, a fatigued, angry, or sexually excited person, and a thief (must not be made witnesses). (67)

स्त्रीणां साक्ष्यं स्त्रियः कुर्युर्द्विजानां सदृशा द्विजाः।

शूद्राश्च सन्तः शूद्राणामन्त्यानामन्त्ययोनयः॥६८॥

मुक्ता०:–स्त्रीणामन्योन्यव्यवहारे ऋणादानादौ स्त्रियः साक्षिण्यो भवन्ति। द्विजानां ब्राह्मणक्षत्रियविशां सदृशाः सजातीयाः साक्षिणः स्युः। एवं शूद्राः साधवः शूद्राणां, चाण्डालादीनां चाण्डालादयः साक्षिणो भवेयुः। एतञ्च सजातीयसाक्ष्यभिधानम्। उक्तलक्षणसजातीयसाक्ष्यसंभवे विजातीया अपि साक्षिणो भवन्ति। अतएव याज्ञवल्क्यः–"यथाजाति यथावर्णं सर्वे सर्वेषु वा स्मृताः (अ. २ श्लो. ६९)॥६८॥

Women shall be the witnesses of women (in money transactions etc.) and members of twice born orders shall be the witnesses of men of their respective orders; virtuous Śūdras shall be witnesses on behalf of *Śūdras* and members of vile orders, on behalf of men of their own castes. (68)

अनुभावी तु यः कश्चित्कुर्यात्साक्ष्यं विवादिनाम्।

अन्तर्वेश्मन्यरण्ये वा शरीरस्यापि चात्यये॥६९॥

मुक्ता०:–गृहाभ्यन्तरेऽरण्यादौ वा चौरादिकृतोपद्रवे देहोपघाते वातताय्यादिकृते यः कश्चिदुपलभ्यते स वादिनोरेव साक्षी भवति, नतु ऋणादानादिवदुक्तलक्षणोपेतः॥६९॥

Any one, who is aware of the acts of the litigants, done in a room or forest, or at the time of death, is competent to bear witness. (69)

स्त्रियाऽप्यसंभवे कार्यं बालेन स्थविरेण वा॥

शिष्येण बन्धुना वापि दासेन भृतकेन वा॥७०॥

मुक्ता०:–तदेवोदाहरणात्स्पष्टयति–

अन्तर्वेश्मादावुक्तसाक्ष्यभावे सति स्त्रीबालवृद्धशिष्यबन्धुदासकर्मकरा अपि साक्षिणः स्युः॥७०॥

In the absence of any other available evidence, a woman, an infant, an old man, a disciple, a friend, a slave, or a servant may bear testimony. (70)

नन्वस्थिरबुद्धित्वादीनां स्त्रीबालादिनां कथमत्रापि साक्षित्वमित्यत्राह-

बालवृद्धातुराणां च साक्ष्येषु वदतां मृषा।
जानीयादस्थिरां वाचमुत्सिक्तमनसां तथा।।७१।।

मुक्ता०:—बालवृद्धव्याधितानामुपप्लुतमनसां च साक्ष्येऽनृतं वदतामस्थिरा वाग्भवति। अतस्तामनुमानेन जानीयात्। यथोक्तम् "वाग्भिर्विभावयेल्लिङ्गैः" इति।।७१।।

The faltering speech is the indicator of an old man, infant, or a sick folk deposing any thing false; under these circumstances their real mind should be inferred from gestures and demeanours. (71)

साहसेषु च सर्वेषु स्तेयसंग्रहणेषु च।
वाग्दण्डयोश्च पारुष्ये न परीक्षेत साक्षिणः।।७२।।

मुक्ता०:—गृहदारादिषु साहसेष्वाचार्यस्त्रीसंग्रहणे वाग्दण्डपारुष्ये च गृहिण इत्युक्तसाक्षिपरीक्षा न कार्या। "स्त्रियाप्यसंभवे कार्यम्" (अ. ९ श्लो. ७०) इत्यस्यैवायमुदाहरणप्रपञ्चः।।७२।।

In all cases of violence, theft, kidnapping, or elopement of females, abuse, assault, or battery, witnesses (of aforesaid qualifications) should not be regarded and examined as the only competent witness. (72)

बहुत्वं परिगृह्णीयात्साक्षिद्वैधे नराधिपः।
समेषु तु गुणोत्कृष्टान् गुणिद्वैधे द्विजोत्तमान्।।७३।।

मुक्ता०:—साक्षिणां परस्परविरुद्धानां बहुभिर्यदुक्तं तदेव निर्णयार्थत्वेन राजा गृह्णीयात्। समेषु तु विरुद्धार्थाभिधायिषु गुणवतः प्रमाणीकुर्यात्। गुणवतामेव विप्रतिपत्तौ द्विजोत्तमान् द्विजेषु य उत्तमाः। क्रियावन्त इत्यर्थः। अतएव बृहस्पतिः-"गुणिद्वैधे क्रियायुक्ताः" इति।।७३।।

In cases of conflicting testimonies (lit. wherein witnesses contradict one another) the king shall cause the evidences of many witnesses to be taken down; in cases of equal number of testimonies (on each side, testimonies of witnesses of commendable qualifications will prevail, and in cases where their (qualified witnesses) number is equal, the testimonies of excellent Brāhmaṇas shall prevail. (73)

समक्षदर्शनात्साक्ष्यं श्रवणाच्चैव सिद्धयति।
तत्र सत्यं ब्रुवन्साक्षी धर्मार्थाभ्यां न हीयते।।७४।।

मुक्ता०:—गोविन्दराजस्तु गुणवतां विप्रतिपत्तौ द्विजोत्तमान्ब्राह्मणान्प्रमाणी-कुर्यादित्याह—

चक्षुर्ग्राह्ये साक्षाद्दर्शनात्, श्रोत्रग्राह्ये श्रवणात्साक्ष्यं सिध्यति। तत्र साक्षी सत्यं वदन्धर्मार्थाभ्यां न मुच्यते। सत्यवचनेन धर्मोपपत्तेर्दण्डाभावेऽर्थहान्यभावात्।।७४।।

The testimony of an eye-witness in respect of a fact which can be seen, or the hearing by a witness of a matter which can be heard, should be regarded as valid; a witness by speaking truth in respect thereof is not disassociated with virtue and wealth (and does not become liable to a fine or money penalty). (74)

साक्षी दृष्टश्रुतादन्यद्विब्रुवन्नार्यसंसदि।
अवाङ्नरकमभ्येति प्रेत्य स्वर्गाच्च हीयते।।७५।।

मुक्ता०:—साक्षी दृष्टश्रुतादन्यादृशं साधुसभायां वदन्नधोमुखो नरकं गच्छति। परलोके च कर्मान्तरजन्यस्वर्गरूपफलादानेन पापेन हीयते।।७५।।

A witness, who has spoken in the assembly of venerables (in court) any thing other than what he has actually seen or heard, shall be ousted of heaven, and fall headlong into hell, after death. (75)

यत्रानिबद्धोऽपीक्षेत श्वणुयाद्वापि किंचन।
दृष्टस्तत्रापि तद् ब्रूयाद्यथादृष्टं यथाश्रुतम्।।७६।।

मुक्ता०:—त्वमस्मिन्विषये साक्षी भवेत्येवमकृतोऽपि यत्किंचिदृणादानादि पश्यति वाक्पारुष्यादिकं वा शृणोति तत्रापि साक्षी स पृष्टः सन्यथोपलब्धं कथयेत्। अयं त्वकृतसाक्षी सामान्येन मनुनोक्तः। अस्य "ग्रामश्च प्राड्विवाकश्च राजा च" इत्यादिना नारदादिभिः षाड्विध्यमुक्तम्।।७६।।

A person (present in court) must depose truly as to what he has seen or heard, when asked, even though he may not have been cited as a witness (by any party to the suit). (76)

एकोऽलुब्धस्तु साक्षी स्याद्बह्वयः शुच्योऽपि न स्त्रियः।
स्त्रीबुद्धेरस्थिरत्वात्तु दोषैश्चान्येऽपि ये वृताः।।७७।।

मुक्ता०:—एकोऽलुब्ध इत्यत्राकारप्रश्लेषो द्रष्टव्यः। एकोऽपि साक्षी लोभादिरहितः स्यात्। अतएव व्यासः-"शुचिक्रियश्च धर्मज्ञः साक्षी यत्रानुभूतवाक्। प्रमाणमेकोऽपि भवेत्साहसेषु विशेषतः॥" मेधातिथिगोविन्दराजाभ्यां "एको लुब्धस्त्वत्साक्षी स्यात्" इति पठितं व्याख्यातं च-लोभात्मक एकः साक्षी न भवति। एवं चालुब्धो गुणवान्कस्यांचिदवस्थायामेकोऽपि भवतीति। स्त्रियः पुनरात्मशौचादियुक्ता बह्व्योऽप्यस्थिरबुद्धित्वादृणादानाद्यैः पर्यालोचितव्यवहारे साक्षिण्यो न भवन्ति। अपर्यालोचिते तु स्तेयवाग्दण्डपारुष्यादौ "स्त्रियाप्यसंभवे कार्यं" इति साक्षित्वमुक्तम्। अन्येऽपि ये स्तेयादिदोषैर्व्याप्तास्तेऽपि पर्यालोचितव्यवहारे साक्षिणो न स्युः॥७७॥

A single non-avaricious male witness should be regarded as enough and competent for testifying to a fact, while a host of virtuous women should not be regarded as competent witnesses owing to the fickleness of the female temperament. Likewise, those, who bear stigmas on their character (whether male or female), are not competent to be witnesses. (77)

स्वभावेनैव यद्ब्रूयुस्तद्ग्राह्यं व्यावहारिकम्।
अतो यदन्यद्विब्रूयुर्धर्मार्थं तदपार्थकम्॥७८॥

मुक्ता०:—यत्साक्षिणो भयादिव्यतिरेकेण स्वभावाद्यद्ब्रूयुस्तद्व्यवहारनिर्णयार्थं ग्राह्यम्। यत्पुनः स्वाभाविकादन्यत्कुतोऽपि कारणाद्वदन्ति तद्धर्मविषये निष्प्रयोजनं तन्न ग्राह्यम्॥७८॥

Whatever a witness has spontaneously (*i.e.,* voluntarily) alleged shall be taken congnisance for the adjudication of a case (by the court); his allegations of a contrary character (*i.e,* those made out of fear, or through inducement or pursuasion etc.,) should be rejected as worthless. (78)

सभान्तःसाक्षिणः प्राप्तानर्थिप्रत्यर्थिसन्निधौ।
प्राड्विवाकोऽनुयुञ्जीत विधिना तेन सान्त्वयन्॥७९॥

मुक्ता०:—सभामध्यं साक्षिणः संप्राप्तानर्थिप्रत्यर्थिसमक्षं राजाधिकृतो ब्राह्मणः प्रियोक्तिं रचयन्वक्ष्यमाणप्रकारेण पृच्छेत्॥७९॥

The presiding officer of the court (Prādviveka), shall interrogate the witnesses, present, in the presence of the complainant and defendant, courteously addressing (lit. consoling) them in the manner following. (79)

यद्द्वयोरनयोर्वेत्थ कार्येऽस्मिन्चेष्टितं मिथः।

तद्ब्रूत सर्वं सत्येन युष्माकं ह्यत्र साक्षिता॥८०॥

मुक्ता०ः—यद्द्वयोरर्थिप्रत्यर्थिनोरनयोः परस्परमस्मिन्कार्ये चेष्टितं जानीथ तत्सर्वं सत्येन कथयत। यतो युष्माकमत्र साक्षित्वम्॥८०॥

Speak truly what you know regarding the dealings between the plaintiff and the defendant which form the subject of the present suit you have been cited as a witness in this matter. (80)

सत्यं साक्ष्ये ब्रुवन्साक्षी लोकानाप्नोति पुष्कलान्।

इह चानुत्तमां कीर्तिं वागेषा ब्रह्मपूजिता॥८१॥

मुक्ता०ः—साक्षी साक्ष्ये कर्मणि सत्यं वदन्सन्नुत्कृष्टान्ब्रह्मलोकादीन्प्राप्नोति पुष्कलान्, इह लोकेषु चात्युत्कृष्टां ख्यातिं लभते। यस्मादेषा सत्यात्मिका वाक् चतुर्मुखेन पूजिता॥८१॥

A witness, who alleges truth in his deposition, attains the exalted regions after death and acquires an excellent fame in this life; this is a statement which Brahmā has approved of (lit. worshipped). (81)

साक्ष्येऽनृतं वदन्पाशैर्बद्ध्यते वारुणैर्भृशम्।

विवशः शतमाजातीस्तस्मात्साक्ष्यं वदेत्नृतम्॥८२॥

मुक्ता०ः—यस्मात्साक्षी मृषा वाचं कथयन्वरुणसंबन्धिभिः पाशैः सर्परज्जुभिर्जलोदरेण परतन्त्रीकृतः शतं जन्मानि यावदत्यर्थं पीड्यते। तस्मात्साक्ष्ये सत्यं ब्रूयात्॥८२॥

A witness, for giving false testimony, shall be oppressed, a captive, for a hundred existences, under water, tied with the serpent nooses of *Varuṇa* (water god), hence a witness must speak truth. (82)

सत्येन पूयते साक्षी धर्मः सत्येन वर्धते।

तस्मात्सत्यं हि वक्तव्यं सर्ववर्णेषु साक्षिभिः॥८३॥

मुक्ता०ः—यस्मात्सत्येन पूर्वार्जितादपि पापात्साक्षी मुच्यते धर्मश्चास्य सत्याभिधानेन वृद्धिमेति तस्मात्सर्ववर्णविषये साक्षिभिः सत्यं वक्तव्यम्॥८३॥

Truth purifies a witness, and it is Truth that augments virtue (justice); hence, witnesses of all castes must speak truth. (83)

आत्मैव ह्यात्मनः साक्षी गतिरात्मा तथाऽऽत्मनः।

मावमंस्थाः स्वमात्मानं नृणां साक्षिणमुत्तमम्॥८४॥

मुक्ता०:–यस्माच्छुभाशुभकर्मप्रतिष्ठा आत्मैवात्मनः शरणं तस्मादेवं स्वमात्मानं नराणां मध्यमादुत्तमं साक्षिणं मृषाभिधाने नावज्ञासीः॥८४॥

His Self (soul) is the witness to his own self (*i.e.* to all his acts); Self is the refuge of self; hence, by bearing false witness, one must not insult his own self, (the omniscient and esternal witness to all incidents. (84)

मन्यन्ते वै पापकृतो न कश्चित्पश्यतीति नः।

तांस्तु देवाः प्रपश्यन्ति स्वस्यैवान्तरपूरुषः॥८५॥

मुक्ता०:–पापकारिण एवं मन्यन्तेऽस्मानधर्मप्रवृत्तान्न कश्चित्पश्यतीति। तान्पुनर्वक्ष्यमाणा देवाः पश्यन्ति। स्वस्यान्तरपुरुषः पश्यति॥८५॥

Miscreants think that, there is none to witness their secret vices; the gods and their inner selves are the witnesses to their misdeeds. (85)

द्यौर्भूमिरापो हृदयं चन्द्रार्काग्नियमानिलाः।

रात्रिः संध्ये च धर्मश्च वृत्तज्ञाः सर्वदेहिनाम्॥८६॥

मुक्ता०:–द्युलोकपृथिवीजलहृदयस्थजीवचन्द्रादित्याग्नियमवायुरात्रिसंध्याद्वयधर्माः सर्वशरीरिणां शुभाशुभकर्मज्ञाः। दिवादीनां चाधिष्ठातृदेवतास्ति सा च शरीरिण्यैकत्रावस्थापिता तत्सर्वं जानातीत्यागमप्रामाण्याद्वेदान्तदर्शनं तदङ्गीकृत्येदमुक्तम्॥८६॥

The two worlds (Heaven and Earth), the water, the heart, the sun, the moon, the lord of Death, the wind-god, the night, the two junctures of the day and night, and virtue are cognisant of the thoughts of all creatures. (86)

देवब्राह्मणसान्निध्ये साक्ष्यं पृच्छेद्यतं द्विजान्।

उदङ्मुखान्प्राङ्मुखान्वा पूर्वाह्णे वै शुचिः शुचीन्॥८७॥

मुक्ता०:—प्रतिमादेवताब्राह्मणसन्निधाने शुचीन्द्विजातिप्रभृतीन्प्राङ्मुखानुदङ्मुखान्वा स्वयं प्रयतः प्राड्विवाकः पूर्वाह्णे काले यथातथ्यं साक्ष्यं पृच्छेत्॥८७॥

In the presence of the gods (divine images) and *Brāhmaṇas* let him, pure (in body and mind), question the pure *Brāhmaṇa* witnesses, with their faces turned towards the north or the east, about the truth, in the forepart of the day. (87)

ब्रूहीति ब्राह्मणं पृच्छेत्सत्यं ब्रूहीति पार्थिवम्।
गोबीजकाञ्चनैर्वैश्यं शूद्रं सर्वैस्तु पातकैः॥८८॥

मुक्ता०:—ब्रूहीत्येवं शब्दमुच्चार्य ब्राह्मणं पृच्छेत्। सत्यं ब्रूहीति पार्थिवं क्षत्रियं पृच्छेत्। गोबीजसुवर्णापहारे यत्पापं तद्भवतोऽनृताभिधाने स्यादित्येवं वैश्यम्। शूद्रं पुनः सर्वैर्वक्ष्यमाणपापैः संबध्यसे यदि मृषा वदसीति पृच्छेत्॥८८॥

He, (*i.e.*, the judge) shall say unto a Brāhmaṇa (witness) "speak," "speak truth" unto a Kṣatriya; by the sin of stealing a cow, gold or seeds he shall charge a Vaiśya witness to speak truth; and a Śūdra (witness) by all sins. (88)

ब्रह्मघ्नो ये स्मृता लोका ये च स्त्रीबालघातिनः।
मित्रद्रुहः कृतघ्नस्य ते ते स्युर्ब्रुवतो मृषा॥८९॥

मुक्ता०:—ब्राह्मणहन्तुः स्त्रीघातिनो बालघातिनश्च ये नरकादिलोका ऋषिभिः स्मृताः, ये च मित्रद्रोहादिकारिणः, ये चोपकर्तुरपकारिणस्ते तव मिथ्यावदतो भवेयुः॥८९॥

To regions, which are said to be reserved for killers of Brāhmaṇas and women, for infanticides, for the violators of friendship, and for the ungrateful go (the souls of) those who speak falsehood (after death). (89)

जन्मप्रभृति यत्किञ्चित्पुण्यं भद्र त्वया कृतम्।
तत्ते सर्वं शुनो गच्छेद्यदि ब्रूयास्त्वमन्यथा॥९०॥

मुक्ता०:—हे शुभाचार, यत्त्वया जन्मत आरभ्य किंचित्सुकृतं कृतं तत्सर्वं त्वदीयं कुक्कुरादिकं संक्रामति यदि त्वमसत्यं ब्रवीषि॥९०॥

O thou gentle one, may the (merits of) virtues, which

thou hast practised since thy birth, all go to the dogs, if thou speakest falsehood. (90)

एकोऽहमस्मीत्यात्मानं यत्त्वं कल्याण मन्यसे।

नित्यं स्थितस्ते हृद्येषः पुण्यपापेक्षिता मुनिः॥९१॥

मुक्ता०:–हे भद्र, एक एवाहमस्मि जीवात्मक इति यदात्मानं मन्यसे मैवं मंस्थाः। यस्मादेवं पापानां पुण्यानां च द्रष्टा मननान्मुनिः सर्वज्ञस्तव हृदये परमात्मा नित्यमवस्थितः। तथाच श्रुतिः–"द्वा सुपर्णा सयुजा सखाया समानं वृक्षं परिषस्वजाते। तयोरन्यः पिप्पलं स्वाद्वत्त्यनश्नन्नन्यो अभिचाकशीति"॥९१॥

Think not, O thou gentle one, that, "I am the soul, and nothing exists but my own self," for, the eternal witness to virtue and vice always dwelleth in the heart. (91)

यमो वैवस्वतो देवो यस्तवैष हृदि स्थितः।

तेन चेदविवादस्ते मा गङ्गां मा कुरून् गमः॥९२॥

मुक्ता०:–सर्वसंयमनाद्यमः परमात्मा वैवस्वत इति दण्डधारित्वात्, देवनाद्देवः, यस्तवैष हृदि तिष्ठति तेन सह यथार्थकथने यदि तवाविवादः यदा त्वन्मनोगतमसावन्यज्जानाति त्वं चान्यथा कथयसि तदान्तर्यामिणा सह विप्रतिपत्तिः स्यात्। एवं चात्र सत्याभिधानेनैव निःपापः कृतकृत्योऽसि। पापनिर्हरणार्थं मा गङ्गां मा च कुरुक्षेत्रं यासीः। मनूक्तमेवात्र गङ्गाकुरुक्षेत्रयोः साम्यं मत्स्यपुराणे व्यासेन स्फुटीकृतम्–"कुरुक्षेत्रसमा गङ्गा यत्र तत्रावगाहिता" इति। मेधातिथिगोविन्दराजौ तु विवस्वतः पुत्रो यो यमो दक्षिणदिक्पतिर्लोकतः कर्णगोचरीभूतत्वात्तव हृदये परिस्फुरति तेन सह यदि तवाधर्मकारित्वाद्विवादो नास्ति तदा मा गङ्गां मा कुरुक्षेत्रं यासीरिति व्याचक्षाते॥९२॥

If you quarrel not (by telling lies) with the Supreme self, the representative of the sun and Death, which is ensconced in the heart (*i.e.*, conscience), you need not go to the (sacred) Ganges or Kurukṣetra (for the expiation of sin). (92)

नग्नो मुण्डः कपालेन भिक्षार्थी क्षुत्पिपासितः।

अन्धः शत्रुकुलं गच्छेद्यः साक्ष्यमनृतं वदेत्॥९३॥

मुक्ता०:–यः साक्ष्यमसत्यं वदेत्स नग्नः कृतमुण्डनपरिभावोऽन्धः कर्परेणोपलक्षितः भिक्षार्थी शत्रुकुलं गच्छेत्॥९३॥

Bare-bodied, shaven-headed, blind, and oppressed with thirst and hunger, shall he go (to the doors of) his enemies for begging his food, who shall bear false witness. (93)

अवाक्शिरास्तस्यन्धे किल्बिषी नरकं व्रजेत्।
यः प्रश्नं वितथं ब्रूयात्पृष्टः सन् धर्मनिश्चये॥९४॥

मुक्ता०:—यो धर्मनिश्चयनिमित्तं पृष्टः सन्नसत्यं ब्रूयात्स पापवानधोमुखो महान्धकारे यो नरकस्तं गच्छति॥९४॥

In respect of ascertaining the truth (lit. virtue) the sinful one, who, being duty interrogated, shall speak falsehood, shall fall headlong into the hell of extreme darkness (Andhātāmiśram). (94)

अन्धो मत्स्यानिवाश्नाति स नरः कण्टकैः सह।
यो भाषतेऽर्थवैकल्यमप्रत्यक्षं सभां गतः॥९५॥

मुक्ता०:—यः सभां प्राप्तोऽर्थस्य तत्वार्थस्य वैकल्यमयथार्थाभिप्रायमप्रत्यक्षमनुपलब्धमुत्कोचादिसुखलेशेन कथयति स नरोऽन्ध इव सकण्टकान्मस्त्यान्भक्षयति सुखबुद्ध्या प्रवृत्तो दुःखमेव महल्लभते॥९५॥

He, who being summoned to court (lit. present in the tribunal) alleges distorted facts, or facts which he has not personally witnessed (in consideration of bribes offered to him); does not know that his conduct is like that of a blind man attempting to eat a fish with its bones. (95)

यस्य विद्वान् हि वदतः क्षेत्रज्ञो नाभिशङ्कते।
तस्मान्न देवाः श्रेयांसं लोकेऽन्यं पुरुषं विदुः॥९६॥

मुक्ता०:—यस्य वदतः सर्वज्ञोऽन्तर्यामी किमयं सत्यं वदत्युतानृतमिति न शङ्केत किंतु सत्यमेवायं वदतीति निर्विशङ्कः संपद्यते। तस्मादन्यं प्रशस्ततरं पुरुषं देवा न जानन्ति॥९६॥

A greater being than the Self of a man, which at the time of his deposing (in court) never apprehends that, he will speak falsehood, the gods know not in this world. (96)

यावतो बान्धवान् यस्मिन् हन्ति साक्ष्येऽनृतं वदन्।
तावतः संख्यया तस्मिन् शृणु सौम्यानुपूर्वशः॥९७॥

मुक्ता०ः—यस्मिन्पश्वादिनिमित्ते साक्ष्येऽनृतं वदन् यत्संख्याकान्पित्रादिबान्धवान्नरके योजयति तत्संख्याकान्क्रमेण परिगणनया मयोच्यमानान्साधो शृणु। अथवा यावतो बान्धवान्यस्मिन्हन्ति यावतां बान्धवानां हननफलं प्राप्नोति तावत्संख्याकाञ्छृणु। पक्षद्वयेऽप्यनृतनिन्दार्थमिदम्।।९७।।

O thou beloved one, hear me describe the specific kinds of falsehood and the numbers of his ancestors which one kills by telling lies. (97)

पञ्च पश्वनृते हन्ति दश हन्ति गवानृते।

शतमश्वानृते हन्ति सहस्रं पुरुषानृते।।९८।।

मुक्ता०ः—पशुविषयेऽनृते पञ्च बान्धवान्नरके योजयति पञ्चानां बान्धवानां हननफलं प्राप्नोति। एवं दश गोविषये, शतमश्वविषये सहस्रं पुरुषविषये। संख्यागौरवं चेदं प्रायश्चित्तगौरवार्थम्।।९८।।

By telling a lie in respect of an animal, one kills five (generations of) his ancestors; ten (generations of his ancestors, by telling a lie) in respect of a cow; a hundred (generations of his ancestors, by telling a lie) in respect of a horse; and thousand (generations of his ancestors by telling a lie) in respect of a person. (98)

हन्ति जातानजातांश्च हिरण्यार्थेऽनृतं वदन्।

सर्वं भूम्यनृते हन्ति मा स्म भूम्यनृतं वदीः।।९९।।

मुक्ता०ः—हिरण्यार्थेऽनृतं वदञ्जातानजातांश्च पुत्रप्रभृतीन्नरके योजयति एषां हननफलं प्राप्नोति। भूमिविषये चानृतं वदन्सर्वप्राणिनां हननफलं प्राप्नोति। तस्माद्भूविषयेऽनृतं मा वदीरिति विशिष्याभिधानम्।।९९।।

By telling a lie in respect of gold, one kills all his ancestors and unborn (descendants); by telling a lie in respect of a land one commits the sin of killing all creatures. Hence, one should not tell a lie for a land. (99)

अप्सु भूमिवदित्याहुः स्त्रीणां भोगे च मैथुने।

अब्जेषु चैव रत्नेषु सर्वेष्वश्ममयेषु च।।१००।।

मुक्ता०ः—वैदूर्यादिष्वनृतं ब्रुवतो भूमिवद्दोषमाह-

तडागकूपग्राह्योदकविषयेऽनृते स्त्रीणां च मैथुनाख्योपभोगविषये अब्जेषु च रत्नेषु च मुक्तादिषु पाषाणमयेषु वैदूर्यादिष्वनृते भूमिवद्दोषमाहु:।।१००।।

False evidence given in respect of waters (*i.e.,* tanks, ponds, etc.,) carnal knowledge of a woman, gems or any kind of stone-ware is as sinful as a lie spoken in respect of land. (100)

एतान् दोषानवेक्ष्य त्वं सर्वाननृतभाषणे।
यथाश्रुतं यथादृष्टं सर्वमेवाञ्जसा वद।।१०१।।

मुक्ता०:—एतानसत्यभाषणदोषानधिगम्य दृष्टश्रुतानतिक्रमेण सर्वमेवाञ्जसा तत्त्वतो ब्रूहि।।१०१।।

Considering these evils of giving false evidence (lit. speaking falsehood), you must speak what you have actually seen or heard. (101)

गोरक्षकान्वाणिजिकांस्तथा कारुकुशीलवान्।
प्रेष्यान्वार्धुषिकांश्चैव विप्रान् शूद्रवदाचरेत्।।१०२।।

मुक्ता०:—गोरक्षणजीविनो, वाणिज्यजीविन:, सूपकारादिकारुकर्मजीविन:, दासकर्मजीविन:, नटकर्मनृत्यगीतादिजीविन:, प्रतिषिद्धजीविनो ब्राह्मणान्प्रकृतसाक्ष्यदर्शने शूद्रवत्पृच्छेत्।।१०२।।

Brāhmaṇas, who live by tending cattle, as well as those (Brāhmaṇas) who are traders, artisans, professional actors or musicians, money-lenders, or are in the service (of any body), should be treated as Śūdras (if summoned to a court as witnessess). (102)

तद्वदन् धर्मतोऽर्थेषु जानन्नप्यन्यथा नर:।
न स्वर्गाच्च्यवते लोकाद्दैवीं वाचं वदन्ति ताम्।।१०३।।

मुक्ता०:—तदेतत्साक्ष्यमन्यथापि जानन्मनुष्यो धर्मेण दयादिना व्यवहारेष्वन्यथा वदन्स्वर्गलोकान्न भ्रश्यति। यस्माद्यदेतन्निमित्तविशेषेणासत्याभिधानं तां देवसंबन्धिनीं वाचं मन्वादयो वदन्ति।।१०३।।

A witness, who, out of compassion, has knowingly stated a fact otherwise than it is in reality, shall not be ousted of heaven therefor, since such a speech (statement) is called a divine allegation. (103)

शूद्रविट्क्षत्रविप्राणां यत्रर्तोक्तौ भवेद्वधः।

तत्र वक्तव्यमनृतं तद्धि सत्याद्विशिष्यते॥१०४॥

मुक्ता०ः—क्व पुनस्तदसत्यं वक्तव्यमित्यत आह-

यस्मिन्व्यवहारे सत्याभिधाने सति शूद्रवैश्यक्षत्रियब्राह्मणानां वधः सम्पद्यते तत्रासत्यं वक्तव्यम्। यस्मात् यस्मिन्विषयेऽनृतं यत्तत्प्राणरक्षणेन सत्याद्विशिष्यते। एतश्च प्रमादस्खलिताधर्मविषयत्वे न त्वत्यन्ताधार्मिकसंधिकारस्तेनादिविषये। तथा गौतमः-"नानृतवदने दोषो यज्जीवनं चेत्तदधीनं नतु पापीयसो जीवनम्" इति। नच "न जातु ब्राह्मणं हन्यात्सर्वपापेष्वपि स्थितम्" (अ. ८ श्लो. ३८०) इति मनुनैव वक्ष्यमाणत्वात्र ब्राह्मणवधप्रसक्तिरिति वाच्यम्। उग्रदण्डत्वाद्राज्ञः कथञ्चित्संभवात्। अत्र वचने शूद्रादिक्रमेणाभिधानं वधस्यामङ्गलत्वात्॥१०४॥

In cases where the allegation of truth would lead to the lawful execution (lit. death) of a Śūdra, Vaiśya, Kṣatriya or Brāhmaṇa, a witness is warranted to speak falsehood. In such a case a lie is greater than truth. (104)

वाग्दैवत्यैश्च चरुभिर्यजेरंस्ते सरस्वतीम्।

अनृतस्यैनसस्तस्य कुर्वाणा निष्कृतिं पराम्॥१०५॥

मुक्ता०ः—ते साक्षिणोऽनृताभिधायिनो वाग्देवताकैश्चरुभिः सरस्वतीं यजेरन्। तस्यानृताभिधानजनितपापस्य प्रकृष्टां शुद्धिं कुर्वाणाः। साक्षिबहुत्वापेक्षं चेदं न त्वेकस्यैव साक्षिणः कपिञ्जलन्यायेन चरुत्रयम्। यद्यपि वाग्देवताके चरौ वाक्शब्देनैव देवतात्वं न सरस्वतीशब्देन "विधिशब्दस्य मन्त्रत्वे भावः स्यात्" इति न्यायात्तथापि "वाग्वै सरस्वती" इति श्रुतेर्वाक्सरस्वत्योरेकार्थत्वात्सरस्वतीमित्युपसंहारः। अत्र प्रकरणे चेदं प्रायश्चित्ताभिधानं लाघवार्थम्। तत्र क्रियमाणे शूद्रविट्क्षत्रिय-ब्राह्मणवधविषयानृतवादिन इत्यपि वक्तव्यं स्यात्॥१०५॥

Such (false) witnesses shall worship the deity of Speech with offerings of sacrificial porridge, that being a good expiation for the sin of speaking such lies. (105)

कूष्माण्डैर्वापि जुहुयात् घृतमग्नौ यथाविधि।

उदित्यृचा वा वारुण्या त्र्यृचेनाब्दैवतेन वा॥१०६॥

मुक्ता०ः—कूष्माण्डमन्त्रा यजुर्वेदिका "यद्देवा देवहेडनम्" इत्येवमादयस्तैर्मन्त्रदेवतायै घृतमग्नौ जुहुयात्। यथाविधि परिस्तरणादि त्वात्मधर्मेण

स्वगृह्योक्तेन। "उदुत्तमं वरुणपाशम" इत्येतया वरुणदेवताकया "आपो हि ष्ठा:" इति तृचेन वाग्देवताकेन जुहुयात्। घृतमग्नाविति सर्वत्रानुषङ्गः॥१०६॥

Or muttering the Kūṣmāṇḍa Mantra, or the three Ṛcās running as Uditi, or the three Ṛcās sacred to Varuṇa, he shall duly cast libations of clarified butter in the sacrificial fire. (106)

त्रिपक्षादब्रुवन्साक्ष्यमृणादिषु नरोऽगदः।

तत्‍ऋणं प्राप्नुयात्सर्वं दशबन्धं च सर्वतः॥१०७॥

मुक्ता०:–अव्याधितः साक्षी ऋणादानादिव्यवहारे त्रिपक्षपर्यन्तं यदि साक्ष्यं न वदेत्तदा तद्विवादास्पदं सर्वमृणमुत्तमर्णस्य दद्यात्, तस्य च सर्वस्यर्णस्य दशमं भागं राज्ञो दण्डं दद्यात्॥१०७॥

A witness in health (i.e., not incapacitated by disease or sickness), having refused to depose in respect of a money-debt in court, shall pay the equal amount of the debt to the creditor and a tenth part thereof to the king. (107)

यस्य दृश्येत सप्ताहादुक्तवाक्यस्य साक्षिणः।

रोगोऽग्निर्ज्ञातिमरणमृणं दाप्यो दमं च सः॥१०८॥

मुक्ता०:–यस्य साक्षिण उक्तसाक्ष्यस्य सप्ताहमध्ये व्याध्यग्निदाहसंनिहित-पुत्रादिज्ञातिमरणानामन्यतमं भवति दैवसूचितमिथ्याभिदोषत्वादृणमुत्तमर्णस्य दण्डं च राज्ञा दाप्यः॥१०८॥

The witness, who, within a week of his deposition in court, is found to be punished with a disease, or with the death of a relation, or with the burning of his house by fire shall be liable to pay the debt (*i.e.,* the amount in claim) and a fine to the king. (108)

असाक्षिकेषु त्वर्थेषु मिथो विवदमानयोः।

अविन्दंस्तत्त्वतः सत्यं शपथेनापि लम्भयेत्॥१०९॥

मुक्ता०:–अविद्यमानसाक्षिकेषु व्यवहारेषु परस्परं विवदमानयोस्तत्त्वत-श्छलादिव्यतिरेकेण सत्यमलभमानः प्राड्विवाको वक्ष्यमाणेन शपथेन सत्यमुन्नयेत्॥१०९॥

In a suit without witnesses, the truth should be ascertained by causing the contending parties (litigants) to swear or affirm on oath. (109)

महर्षिभिश्च देवैश्च कार्यार्थं शपथाः कृताः।

वसिष्ठश्चापि शपथं शेषे वै यवने नृपे॥११०॥

मुक्ता०:—सप्तर्षिभिर्देवैश्चेन्द्रादिभिः संदिग्धकार्यनिर्णयार्थं शपथाः कृताः वसिष्ठोऽप्यनेन पुत्रशतं भक्षितमिति विश्वामित्रेणाक्रुष्टः स्वपरिशुद्धये पिजवनापत्ये सुदासि राजनि शपथं चकार। अनेकार्थत्वाद्धातूनां शपिरपि करोत्यर्थः॥११०॥

The gods and great sages have sworn for determining the truth (in suspicious cases); *Vaśiṣtha* swore in the court of king *Paijavana* (of yore). (110)

न वृथा शपथं कुर्यात्स्वल्पेऽप्यर्थे नरो बुधः।

वृथा हि शपथं कुर्वन् प्रेत्य चेह च नश्यति॥१११॥

मुक्ता०:—स्वल्पेऽपि कार्ये न वृथा शपथं पण्डितः कुर्यात्। वृथा शपथं कुर्वन्परलोक इह लोके नरकप्राप्त्याऽकीर्तिप्राप्त्या च नाशं प्राप्नोति॥१११॥

A wise man shall never wantonly swear for a small thing; by unnecessarily swearing a man is destroyed both in this world and the next. (111)

कामिनीषु विवाहेषु गवां भक्ष्ये तथेन्धने।

ब्राह्मणाभ्युपपत्तौ च शपथे नास्ति पातकम्॥११२॥

मुक्ता०:—वृथाशपथप्रतिप्रसवार्थमाह-

बहुभार्यस्य नान्यामहं कामये त्वमेव मत्प्रेयसीत्येवंविशिष्टः सुरतलाभार्थं कामिनीविषये, विवाहविषये च मयान्या न वोढव्येत्यादौ, गवार्थं घासाद्युपहारे च, अग्नौ होमार्थमिन्धनाद्युपहारे, ब्राह्मणरक्षार्थमङ्गीकृतधनादौ वृथा शपथे पापं न भवति॥११२॥

A swear (falsely made by a husband of many wives as to his preference to one of them, present at the time), as well as that made in respect of a matrimonial (negotiation) in respect of forage for cattle, in respect of fuel, or the one made for the advancement of a Brāhmaṇa does not entail any sin. (112)

सत्येन शापयेद्विप्रं क्षत्रियं वाहनायुधैः।

गोबीजकाञ्चनैर्वैश्यं शूद्रं सर्वैस्तु पातकैः॥११३॥

मुक्ता०:—ब्राह्मणं सत्यशब्दोच्चारणेन शापयेत्। क्षत्रियं वाहनायुधं मम निष्फलं स्यादित्येवम्। वैश्यं गोबीजकाञ्चनानि च मम निष्फलानि स्युरित्येवम्। शूद्रं च सर्वाणि मे पातकानि स्युरित्येवं शापयेत्॥११३॥

A Brāhmaṇa shall be caused to swear by truth; a Kṣatriya, by his weapons and riding animals; a Vaiśya, by his cattle and seed-grains; and a Śūdra, by the sin of all the crimes, (113)

अग्निं वाहारयेदेनमप्सु चैनं निमज्जयेत्।

पुत्रदारस्य वाप्येनं शिरांसि स्पर्शयेत्पृथक्॥११४॥

मुक्ता०:—कार्यगौरवलाघवापेक्षया-

अग्निसन्निभं पञ्चाशत्पलिकमष्टाङ्गुलमयःपिण्डं हस्तद्वयविन्यस्तसप्ताश्वत्थपत्रं शूद्रादिकं सप्त पदानि पितामहाद्युक्तविधानादाहारयेत्। जलौकादिरहितजले चैनं निमज्जयेत्। अशेषेतिकर्तव्यता स्मृत्यन्तरे ज्ञेया। पुत्राणां दाराणां च पृथक् शिरस्येनं स्पर्शयेत्॥११४॥

Or he (Śūdra) shall be caused to carry fire in his hands, or to be drowned in water, or to swear by touching the head of his son or wife. (114)

यमिद्धो न दहत्यग्निरापो नोन्मज्जयन्ति च।

न चार्तिमृच्छति क्षिप्रं स ज्ञेयः शपथे शुचिः॥११५॥

मुक्ता०:—यं प्रदीप्तोऽग्निर्न दहति, आपश्च यं नोर्ध्वं नयन्ति, न चार्तिमेव महतीं प्राप्नोति स शपथे विशुद्धो ज्ञेयः॥११५॥

Him, whom a well-kindled fire burns not, nor water can drown, nor disease does strike, should be speedily pronounced innocent in an ordeal. (115)

अत्र प्रकृतमर्थवादमाह-

वत्सस्य ह्यभिशस्तस्य पुरा भ्रात्रा यवीयसा।

नाग्निर्ददाह रोमापि सत्येन जगतः स्पृशः॥११६॥

मुक्ता०:—यस्मात्पूर्वकाले वत्सनाम्न ऋषेर्न त्वं ब्राह्मणः शूद्रापत्योऽसीत्येवं कनीयसा वैमात्रेयेणाभिक्रुष्टस्य नैतदेवमिति स यथार्थमग्निं प्रविष्टस्याग्निः सर्वस्य जगतः शुभाशुभकर्तव्ये चारभूतः सत्येन हेतुना रोमैकमपि वह्निर्न दग्धवान्॥११६॥

Of Vatsa, who was accused (of his Śūdra origin) by his younger (step) brother of yore, the fire, in congnisance of the good of the world, did not burn the hair, on account of the truth of his assertion. (116)

यस्मिन्यस्मिन्विवादे तु कौटसाक्ष्यं कृतं भवेत्।
तत्कार्यं निवर्त्तेत कृतं चाप्यकृतं भवेत्॥११७॥

मुक्ता०:—यस्मिन्यस्मिन्व्यवहारे साक्षिभिरनृतमुक्तमिति निश्चितं भवेत्तत्कार्यमसमाप्तं प्राड्विवाकः पुनरपि निवर्तयेत्। यदपि च दण्डसमाप्तिपर्यन्ततां नीतं तदपि पुनः परीक्षेत॥११७॥

In all litigations (*i.e.*, partly heard or adjudicated suits) in which false evidence would be subsequently detected, all orders and proceedings must stay, and whatever has been done (in connection therewith) must be regarded as undone. (117)

वक्ष्यमाणविशेषार्थं लोभादीन्पृथङ्निर्दिशति–

लोभान्मोहाद्भयान्मैत्रात्कामात्क्रोधात्तथैव च।
अज्ञानाद्बालभावाच्च साक्ष्यं वितथमुच्यते॥११८॥

मुक्ता०:—लोभेन, विपरीतज्ञानेन, भयेन, स्नेहेन, कामेन, क्रोधेन, अज्ञानेन, अनवधानेन साक्ष्यमसत्यमुच्यते॥११८॥

False evidence is said (to emanate) from greed, ignorance, fright, friendship, desire, anger, foolishness, and juvenile fickleness. (118)

एषामन्यतमे स्थाने यः साक्ष्यमनृतं वदेत्।
तस्य दण्डविशेषांस्तु प्रवक्ष्याम्यनुपूर्वशः॥११९॥

मुक्ता०:—एषां लोभादीनां मध्यादन्यतमस्मिन्निमित्ते सति यो मिथ्या साक्ष्यं कथयेत्तस्य दण्डविशेषाणि क्रमशो वदिष्यामि॥११९॥

I shall enumerate in due order the punishments to the indicted on a witness who gives false evidence under circumstances (*i.e.* out of reasons) other than these. (119)

लोभात्सहस्त्रं दण्ड्यस्तु मोहात्पूर्वं तु साहसम्।
भयाद्द्वौ मध्यमौ दण्डौ मैत्रात्पूर्वं चतुर्गुणम्॥१२०॥

मुक्ता०:–लोभेन मिथ्याभिधाने सति वक्ष्यमाणपणानां सहस्त्रं दण्डयः, मोहेन प्रथमं साहस वक्ष्यमाणम्, भयेन च वक्ष्यमाणौ मध्यमसाहसौ, मैत्रात्प्रथमसाहसं चतुर्गुणम्॥१२०॥

For giving false evidence out of greed, out of mental agitation, out of terror, or out of affection one shall be respectively punished with a fine of a thousand, two hundred and fifty, one thousand, and a thousand Paṇas. (120)

कामाद्दशगुणं पूर्वं क्रोधात्तु त्रिगुणं परम्।
अज्ञानाद्द्वेशते पूर्णे बालिश्याच्छतमेव तु॥१२१॥

मुक्ता०:–स्त्रीसंभोगरूपकामानुरोधेन मिथ्या वदन्प्रथमसाहसं दशगुणं दण्ड्यः। क्रोधेन तु परं मध्यमसाहसं त्रिगुणं वक्ष्यमाणं, अज्ञानत्वाद्द्वे शते, बालिश्यादनवधानात्पणशतमेव दण्ड्य इति सर्वत्रानुषङ्गः॥१२१॥

For giving false evidence out of lust (*i.e.*, sexual obligation) one shall be punished with a fine of two thousand and five hundred *Paṇas;* for giving false evidence out of anger or spite the penalty shall be a fine of three thousand *Paṇas;* for giving false evidence out of ignorance one shall be punished with a fine of two hundred Panas, while the penalty for giving false evidence through inadvertance shall be a fine of a hundred Paṇas. (121)

एतानाहुः कौटसाक्ष्ये प्रोक्तान्दण्डान्मनीषिभिः।
धर्मस्याव्यभिचारार्थमधर्मनियमाय च॥१२२॥

मुक्ता०:–सत्यरूपधर्मस्यापरिलोपार्थमसत्यरूपाधर्मस्य च वारणार्थमेतान्कौटसाक्ष्यविषये पूर्वैर्मुनिभिरुक्तान्दण्डान्मन्वादय आहुः। एतच्च सकृत्कौटसाक्ष्ये॥१२२॥

For guarding against the failure of justice, and for repressing crime, wiseman have laid down these penalties for giving false evidence. (122)

भूयोभूय: कौटसाक्ष्यकरणेतु-

कौटसाक्ष्यं तु कुर्वाणांस्त्रीन्वर्णान्धार्मिको नृपः।
प्रवासयेद्दण्डयित्वा ब्राह्मणं तु विवासयेत्॥१२३॥

मुक्ता०:—क्षत्रियादींस्त्रीन्वर्णान्कौटसाक्ष्यात्पूर्वोक्तेन दण्डयित्वा धार्मिको राजा स्वराष्ट्राद्विवासयेत्। ब्राह्मणं तु धनदण्डव्यतिरेकेण स्वराष्ट्रान्नि:सारयेत्। "न जातु ब्राह्मणं हन्यात्सर्वपापेष्ववस्थितम्। राष्ट्रादेनं बहि: कुर्यात्समग्रधनमक्षतम्॥" (अ. ८ श्लो. ३८०) इति धनसहितनिर्वासनस्याभिधास्यमानत्वात्। गोविन्दराजस्तु ब्राह्मणं पुन: पूर्वदण्डेन दण्डयित्वा नग्नं कुर्यादिति व्याचष्टे। मेधातिथिस्तु ब्राह्मणस्य विवासस्त्वं वासोऽपहरणं गृहभङ्गो वेत्याचष्टे॥१२३॥

A virtuous sovereign shall punish false witnesses of the three social orders in the aforesaid manner and banish them from the country; while he shall simply exile a false witness of the Brāhmaṇa caste from the realm (without punishing him with a money-penalty). (123)

दश स्थानानि दण्डस्य मनुः स्वायंभुवोऽब्रवीत्।
त्रिषु वर्णेषु यानि स्युरक्षतो ब्राह्मणो व्रजेत्॥१२४॥

मुक्ता०:—हैरण्यगर्भो मनुर्दश दण्डस्थानान्युक्तवान्। यानि क्षत्रियादिवर्णत्रयविषये भवन्ति। ब्राह्मण: पुनर्महत्यपराधेऽक्षतशरीरो देशान्निस्सार्यते॥१२४॥

Unhurt even in those ten places (limbs), on which the self-origined *Manu* has directed that punishment should be inflicted, a *Brāhmaṇa* of fender shall be banished from the country. (124)

उपस्थमुदरं जिह्वा हस्तौ पादौ च पञ्चमम्।
चक्षुर्नासा च कर्णौ च धनं देहस्तथैव च॥१२५॥

मुक्ता०:—लिङ्गादीन्येतानि दश दण्डस्थानानि, अतस्तत्तदङ्गेनापराधे सति अपराधलाघवगौरवापेक्षया तत्तदङ्गताडनवेदनादि कर्तव्यम्। अल्पापराधे यथाश्रुतं धनदण्ड:। देहदण्डो मारणं महापातकादौ॥१२५॥

The reproductive organ, the tongue, hands, legs which (stand) fifth (in the list), the eye, the nose, the ears, property and body (are the ten places of punishment.) (125)

अनुबन्धं परिज्ञाय देशकालौ च तत्त्वतः।

सारापराधौ चालोक्य दण्डं दण्ड्येषु पातयेत्॥१२६॥

मुक्ता०ः—पुनःपुनरिच्छातोऽपराधकरणमपेक्ष्य ग्रामारण्यादिचापराधिस्थानं रात्र्यादिकं वापराधस्यापेक्ष्य सारं चापराधकारिणो धनशरीरादिसामर्थ्यमपराधं च गुरुलघुभावेन चालोक्य दण्डनीयेषु दण्डं कुर्यात्। एतच्चाभिहिताभिधास्यमानदण्डशेषभूतम्॥१२६॥

Considering the wilful repetition (*i.e.*, wilful and repeated perpetration) of a crime by (an offender), as well as the time, place, and circumstances of its perpetration, the light or serious nature of the offence committed, and the bodily strength (and pecuniary circumstances of the offender to bear the penalty), punishment should be inflicted on an offender. (126)

अधर्मदण्डनं लोके यशोघ्नं कीर्तिनाशनम्।

अस्वर्ग्यं च परत्रापि तस्मात्तत्परिवर्जयेत्॥१२७॥

मुक्ता०ः—जीवतः ख्यातिर्यशः मृतस्य ख्यातिः कीर्तिः, यस्मादनुबन्धाद्यनपेक्ष्य दण्डनमिह लोके यशोनाशनं मृतस्य च कीर्तिनाशनं परलोके च धर्मान्तरार्जितस्वर्गप्रतिबन्धकं तस्मात्तत्परित्यजेत्॥१२७॥

An unlawful punishment destroys fame and renown and shuts out the heaven in the next world; hence, (the king) shall withold an illegal punishment. (127)

अदण्डयान्दण्डयन्राजा दण्डयांश्चैवाप्यदण्डयन्।

अयशो महदाप्नोति नरकं चैव गच्छति॥१२८॥

मुक्ता०ः—राजा दण्डानर्हान्धनलोभादिना दण्डयन्, दण्डार्हांश्चानुरागादिनोत्सृजन्महतीमख्यातिं प्राप्नोति नरकं च व्रजति॥१२८॥

By punishing those who should not be punished, and by not punishing those who ought to be punished, the king acquires a great infamy and goes to hell, after death. (128)

वाग्दण्डं प्रथमं कुर्याद्धिग्दण्डं तदनन्तरम्।

तृतीयं धनदण्डं तु वधदण्डमतः परम्॥१२९॥

मुक्ता०ः—न साधु कृतवानसि मैवं भूयः कार्षीरित्येवं वाङ्निर्भर्त्सनं प्रथमापराधे

गुणवतः कुर्यात्। तथापि यदि नोपशाम्यति तदा धिग् जाल्म माजीव हानिस्ते पापस्य भूयादित्येवमादि तस्य कार्यम्। तदापि यद्यसन्मार्गान्न निवर्तते तदा धनदण्डमस्य तृतीयं कुर्यात्। एवमपि चेन्नावतिष्ठते तदातः परं वधदण्डं ताडनाद्यङ्गच्छेदरूपं तस्य कुर्यान्न मारणम्।।१२९।।

A first offender should be let off with a warning, a second offender (*i.e.*, one who has committed the same offence for the second time) should be let off with a strong censure; one, who has committed the same offence for the third time, should be punished with a fine; while death (corporeal punishment, or mutilation of a limb) should be the penalty for one who has committed the same crime for the fourth time. (129)

वधेनापि यदा त्वेतान्निग्रहीतुं न शक्नुयात्।
तदैषु सर्वमप्यैतत्प्रयुञ्जीत चतुष्टयम्।।१३०।।

मुक्ता०ः—यतो वक्ष्यति "वधेनापि यदा त्वेतान्" (अ. श्लो. १३०) इति। व्यस्तेनाङ्गच्छेदेनापि दण्ड्यान्वशे कर्तुं न शक्नुयात्तदा एतेषु सर्वं वाग्दण्डादिचतुष्टयं कुर्यात्।।१३०।।

In cases where corporeal punishment would not prove sufficiently deterrent all, these four forms of penalty should be simultaneously inflicted on the offender. (130)

लोकसंव्यवहारार्थं याः संज्ञाः प्रथिता भुवि।
ताम्ररूप्यसुवर्णानां ताः प्रवक्ष्याम्यशेषतः।।१३१।।

मुक्ता०ः—ताम्ररूप्यसुवर्णानां याः पणादिसंज्ञाः क्रयविक्रयादिलोकव्यवहारार्थं पृथिव्यां प्रसिद्धास्ता दण्डाद्युपयोगार्थं साकल्येन कथयिष्यामि।।१३१।।

Now I shall enumerate the measures of copper, silver, and gold as they are known in daily use (*i.e.* barter or exchange by men), and by which names they are current in the world. (131)

जालान्तरगते भानौ यत्सूक्ष्मं दृश्यते रजः।
प्रथमं तत्प्रमाणानां त्रसरेणुं प्रचक्षते।।१३२।।

मुक्ता०:—गवाक्षविवरप्रविष्टसूर्यरश्मिषु यत्सूक्ष्मं रजो दृश्यते तद्दृश्यमानपरिमाणानां प्रथमं त्रसरेणुं वदन्ति॥१३२॥

The smallest particle of dust, which is seen to float in a ray of sun-beam, admitted through a hole in the window, is called a Tasrarenu. (132)

त्रसरेणवोऽष्टौ विज्ञेया लिक्षैका परिमाणतः।

ता राजसर्षपस्तिस्त्रस्ते त्रयो गौरसर्षपः॥१३३॥

मुक्ता०:—अष्टौ त्रसरेणवो लिक्षैका परिमाणेन ज्ञेया। तास्तिस्रो लिक्षाराजसर्षपो ज्ञेयः। ते राजसर्षपास्त्रयो गौरसर्षपो ज्ञेयः॥१३३॥

Eight such *Tasra-reṇus* make a Likṣa; three Likṣas make a Rāja-Sarṣapah; and three Rāja-Sarṣapas make one Gaura Sarṣapah. (133)

सर्षपाः षट् यवो मध्यस्त्रियवं त्वेककृष्णलम्।

पञ्चकृष्णलको माषस्ते सुवर्णस्तु षोडश॥१३४॥

मुक्ता०:—गौरसर्षपाः षट् मध्यो न स्थूलो नापि सूक्ष्मो यवो भवति। त्रिभिर्यवैः कृष्णलं रक्तिकेति प्रसिद्धम्। पञ्चभिः कृष्णलैर्माषः। षोडश माषा सुवर्णः स्यात्। पुंलिङ्गश्चायं परिमाणवचनः॥१३४॥

Six (Gaura) Sarṣpas make one Yavamadhya, and three Yava-(madhyas) make one Kṛṣṇalam (Ratti); five Kṛṣṇalakas make one Māṣa, and sixteen Māṣas make one Suvarṇa weight of a (Gold mohur). (134)

पलं सुवर्णाश्चत्वारः पलानि धरणं दश।

द्वे कृष्णले समधृते विज्ञेयो रौप्यमाषकः॥१३५॥

मुक्ता०:—चत्वारः सुवर्णाः पलं स्यात्। दश पलानि धरणम्। कृष्णलद्वयं समं कृत्वा तुलया धृतं रूप्यमाषको बोद्धव्यः॥१३५॥

Four Suvarṇas make one *Palam,* ten Palas make one Dharaṇam; two Kṛṣṇalas of equal weight make one Raupya-māṣaka. (135)

ते षोडश स्याद्धरणं पुराणश्चैव राजतः।

कार्षापणस्तु विज्ञेयस्ताम्रिकः कार्षिकः पणः॥१३६॥

मुक्ता०:–ते षोडश रूप्यमाषका रौप्यधरणं पुराणश्च राजतो रजतसम्बन्धी स्यात्। कार्षिकस्ताम्रमय: कार्षापण: पण इति विज्ञेय:। कार्षिकश्च शास्त्रीयपलचतुर्थभागो बोद्धव्य:। अतएव "पलं कर्षचतुष्टयम्" (अमरकोषे वैश्यवर्गे श्लो. ८६) इत्याभिधानिक:।।१३६।।

Sixteen such Raupa (silver) māṣakas make one Dharaṇam; or Raupa (silver) purāṇam, one *Kārṣika* (eighty Rattis or a quarter Palam) of copper is called a Paṇah or *Kārṣāpaṇah.* (136)

धरणानि दश ज्ञेय: शतमानस्तु राजत:।

चतु:सौवर्णिको निष्को विज्ञेयस्तु प्रमाणत:।।१३७।।

मुक्ता०:–दश रूप्यधरणानि रौप्यशतमानो ज्ञातव्य:। चतुर्भि: सुवर्णैर्निष्क: प्रमाणेन बोद्धव्य:।।१३७।।

Ten Dharaṇams make one Raupya (silver), Sātamana and four Suvarṇas make one *Niṣka.* (137)

पणानां द्वे शते सार्धे प्रथम: साहस: स्मृत:।

मध्यम: पञ्च विज्ञेय: सहस्त्रं त्वेव चोत्तम:।।१३८।।

मुक्ता०:–पञ्चाशदधिके द्वे पणशते प्रथमसाहसो मन्वादिभि: स्मृत:। पणपञ्चशतानि मध्यमसाहसो ज्ञेय:। पणसहस्त्रं तूत्तमसाहसो ज्ञेय:।।१३८।।

Two hundred and fify Paṇas constitute, What is called *Prathama Sāhasa;* five hundred Paṇas, *Madhyama Sāhasa*; and a thousand Paṇas, *Uttamasāhasa.* (138)

ऋणे देये प्रतिज्ञाते पञ्चकं शतमर्हति।

अपह्नवे तद्द्विगुणं तन्मनोरनुशासनम्।।१३९।।

मुक्ता०:–मयोत्तमर्णस्य धनं देयमिति सभायामधमर्णेनोक्ते सत्यधमर्ण: पणशतात्पञ्च पणा इत्येवं दण्डमर्हति। यदा तु सभायामपि न किञ्चिदस्मै धारयामीत्येवमपलपति तदा पणशताद्दशपणा इत्येवं दण्डमर्हति। इत्येवं मनुस्मृतौ दण्डप्रकार:।।१३९।।

In the event of the debtor acknowledging his debt to the creditor, the king shall fine him at the rate of five *Paṇas* for each hundred Paṇas of the debtal amount; while in the case of his falsely denying the debt (the king shall fine him) double the amount (*i.e.*, ten Paṇas for each hundred Paṇas of the amount in claim). This is the injunction of *Manu*. (139)

वसिष्ठविहितां वृद्धिं सृजेद्वित्तविवर्धिनीम्।
अशीतिभागं गृह्णीयान्मासाद्वार्धुषिकः शते॥१४०॥

मुक्ता०:–वसिष्ठेनोक्तां वृद्धिं धर्म्यत्वाद्धनवृद्धिकरीं वृद्धिजीवी गृह्णीयात्। तामेव दर्शयति। शते प्रयुक्तेऽशीतिभागं प्रतिमासं वृद्धिं गृह्णीयात्॥१४०॥

A money-lending creditor shall charge interest (on the money lent and advanced on a mortgage) at the rate fixed by *Vaśiṣtha*, i.e. an eightieth part of each hundred per mensum. (140)

द्विकं शतं वा गृह्णीयात्सतां धर्ममनुस्मरन्।
द्विकं शतं हि गृह्णानो न भवत्यर्थकिल्विषी॥१४१॥

मुक्ता०:–साधूनामयं धर्म इति मन्यमानः पणशते प्रयुक्ते पणद्वयं वा प्रतिमासं गृह्णीयात्। यस्मात् द्विकं शतं हि गृह्णानो वृद्धिधनग्रहणे किल्बिषी न भवति॥१४१॥

Conformably to the practice of virtuous men, let him take interest at the rate of two *Paṇas* for each hundred Paṇas per mensum; by charging interest at the rate of two Paṇas for a hundred Paṇas per mensum, a man does not commit any sin. (141)

द्विकं त्रिकं चतुष्कं च पञ्चकं च शतं समम्।
मासस्य वृद्धिं गृह्णीयाद्वर्णानामनुपूर्वशः॥१४२॥

मुक्ता०:–ब्राह्मणादिवर्णानां क्रमेण द्विकं त्रिकं चतुष्कं पञ्चकं शतसममितो नाधिकं मासस्यसम्बन्धिनीं वृद्धिं गृह्णीयात्। नन्वशीतिभागो लघु, द्विकशतग्रहणं गुरु, कथमिमौ ब्राह्मणस्य लघुगुरुकल्पौ विकल्पेताम्। अत्र मेधातिथिगोविन्दराजौ तु पूर्ववृद्धया निर्वाहासम्भवे द्विकशतपरिग्रह इति व्याचक्षाते। इदंतु वदामः-सबन्धकेष्वशीतिभागग्रहणं बन्धकरहिते तु द्विकशतवृद्धिपरिग्रहः। तदाह याज्ञवल्क्यः "अशीतिभागो वृद्धिः स्यान्मासि मासि सबन्धके। वर्णक्रमाच्छतं द्वित्रिचतुःपञ्चकमन्यथा॥" (अ. २ श्लो. ३७) वेदान्तोद्गीतमहसो मुनेर्व्याख्यानमाद्रिये। तद्विरुद्धं स्वबुध्या च निबद्धमधुनातनैः॥१४२॥

Interests shall be respectively charged from the members of the (four) social orders in the order of their enumeration at the rates of two, three, four and five Paṇas for a hundred Paṇas, per mensum. (142)

न त्वेवाधौ सोपकारे कौसीदीं वृद्धिमाप्नुयात्।

न चाधेः कालसंरोधान्निसर्गोऽस्ति न विक्रयः॥१४३॥

मुक्ता०:—भूमिगोधनादौ भोगार्थं बन्धके दत्ते धनप्रयोगभवामनन्तरोक्तां वृद्धिमुत्तमर्णो न लभते। कलासंरोधाच्चिरकालावस्थानाद्द्विगुणीभूतमूलधनप्रवेशेऽपि न निसर्गोऽन्यस्मै दानं, न वान्यतो विक्रयः। मेधातिथिगोविन्दराजौ तु आधेश्चिरकालावस्थानेऽपि न निसर्गो नान्यत्र बन्धकेनार्पणमिति व्याचक्षाते। अत्र तु सर्वदेशीयशिष्टाचारविरोधः बन्धकीकृतभूम्यादेरन्यत्राधीकरणसमाचारात्॥१४३॥

No interest shall accrue when the debtor will borrow money by assigning the use of the mortgaged property to the creditor; and the mortgaged premises, for being long held in mortgage, shall not be considered as any thing other than a mortgage, and as such, incapable of being sold. (143)

न भोक्तव्यो बलादाधिर्भुञ्जानो वृद्धिमुत्सृजेत्।

मूल्येन तोषयेच्चैनमाधिस्तेनोऽन्यथा भवेत्॥१४४॥

मुक्ता०:—गोप्याधिविषयं वचनमिदम्। वस्त्रालङ्कारादिर्गोप्याधिर्बलान्न भोक्तव्यः भुञ्जानोवृद्धिमुत्सृजेत्प्राङ्मूल्येनात्रैनं तोषयेत्। यद्वा भोगेनासारतामाधौ नीते सारावस्थाधिमूल्यदानेन स्वामिनं तोषयेदन्यथा बन्धकचौरः स्यात्॥१४४॥

A creditor, forcibly enjoying a mortgaged property which ought not to be so enjoyed, shall remit the interest on the money (lent and advanced) and satisfy the debtor with the price thereof; in default whereof he shall be punished as a stealer of the mortgaged property (article). (144)

आधिश्चोपानिधिश्चोभौ न कालात्ययमर्हतः।

अवहार्यौ भवेतां तौ दीर्घकालमवस्थितौ॥१४५॥

मुक्ता०:—आधिर्बन्धकः, उपनिधीयत इत्युपनिधिः प्रीत्या भोगार्थमर्पितं द्रव्यम्। नारदस्मृतिलक्षितौ च निक्षेपोपनिधी तादेवात्रोपनिधिशब्देन गृह्येते। एतावाध्युपनिधी चिरकालावस्थितावपि न कालात्ययमर्हतः। यदैव स्वामिना प्रार्थितौ तदैव तस्यावहार्यौ समर्पणीयावित्यर्थः॥१४५॥

An article held in trust or under a mortgage, should be returned to its owner on demand without the least delay; even after the long continuance of such an article in trust or mortgage, its return or reconveyance to its owner must not be withheld. (145)

संप्रीत्या भुज्यमानानि न नश्यन्ति कदाचन।

धेनुरुष्ट्रो वहन्नश्वो यश्च दम्यः प्रयुज्यते।।१४६।।

मुक्ता०:–"यत्किंचिद्दश वर्षाणि" (अ. ८ श्लो. १४७) इत्यनन्तरं भोनेन स्वत्वहानिं वक्ष्यति तदपवादार्थमिदम्। दृष्यमाना गौरुष्ट्रोऽश्वश्च वहन्दमनार्थं च प्रयुक्तो बलीवर्दादिः एते प्रीत्यान्येन तु भुज्यमानाः कदाचिदपि स्वामिनो न नश्यन्ति। प्रदर्शनार्थमिदं प्रीत्योपभुज्यमानं न नश्यतीति विवक्षितम्। सामान्योपक्रमं चेदं विशेषाभिधनमिति नपुंसकलिङ्गता।।१४६।।

It may be necessary to make use, out of amity, by a person of a cow, horse or camel, made over to him to be tamed or broken to harness, but such an use will not extinguish the right of its owner in the animal. (146)

यत्किञ्चिद्दशवर्षाणि सन्निधौ प्रेक्षते धनी।

भुज्यमानं परैस्तूष्णीं न स तल्लब्धुमर्हति।।१४७।।

मुक्ता०:–यत्किंचिद्धनजातं समक्षमेव प्रीत्यादिव्यतिरेकेण परैर्दश वर्षाणि भुज्यमानं स्वामी प्रेक्षते मा भुङ्क्ष्वेत्यादिप्रतिशेधोक्तिं न रचयति नासौ तल्लब्धुं योग्यो भवति। तस्य तत्र स्वाम्यं निवर्तत इति भावः।।१४७।।

If the owner of a small property (money), knowingly connives at its possession and enjoyment by another for ten years, he shall not be competent to recover or claim it back as his own after the lapse of that period. (147)

अजडश्चेदपोगण्डो विषये चास्य भुज्यते।

भग्नं तद्व्यवहारेण भोक्ता तद्द्रव्यमर्हति।।१४८।।

मुक्ता०:–जडो बुद्धिविकलः। न्यूनषोडशवर्षः पोगण्डः। तथाच नारद–"बाल आषोडशाद्वर्शात्पोगण्डश्चापि शब्दितः"। स धनस्वामी यदि जडः पोगण्डश्च न भवति तदीयदर्शनविषये च तद्धनं भुज्यते तदा स्वामिनो व्यवहारेण नष्टं ततो भोक्तुरेव तद्धनं भवति।।१४८।।

If the owner of such a property be not an idiot or a minor, an uninterrupted possession thereof by a person (holding it in adverse possession) will create his right of ownership therein. (148)

आधिः सीमा बालधनं निक्षेपोपनिधिः स्त्रियः।

राजस्वं श्रोत्रियस्वं च न भोगेन प्रणश्यति॥१४९॥

मुक्ता०:—बन्धः, ग्रामादिमर्यादा, बालधनं, निक्षेपः "वासनस्थमनाख्याय समुद्रं यन्निधीयते" इति नारदोक्त उपनिधिलक्षणः, दास्यादिस्त्रियः, राजश्रोत्रियधनानि, उक्तेन दशवर्षभोगेन न स्वामिनो नश्यन्ति न भोक्तुः स्वत्वं भजन्ते॥१४९॥

Enjoyment of a mortgaged article, of a boundary land, of a minor's property, of a trust property, of a (sealed) deposit, or of a woman, does not extinguish the right of ownership. (149)

यः स्वामिनाऽननुज्ञातमाधिं भुङ्क्तेऽविचक्षणः।

तेनार्धवृद्धिर्भोक्तव्या तस्य भोगस्य निष्कृतिः॥१५०॥

मुक्ता०:—यो वृद्ध्या दत्तं बन्धं स्वाम्यनुज्ञाव्यतिरेकेण मूर्खो निह्नवेन भुङ्क्ते तेन तस्य भोगस्य संशुद्ध्यर्थमर्धवृद्धिर्भोक्तव्या। बलभोगेन तु भोक्तव्ये बलादधिभुञ्जाने सति सर्ववृद्धित्याग एवोक्तः॥१५०॥

A foolish mortgagee, who without the consent of its owner (the mortgager) has enjoyed (the mesne profits of ?) a mortgaged property, shall have to remit a moity of interest to him by way of compensation. (150)

कुसीदवृद्धिर्द्वैगुण्यं नात्येति सकृदाहृता।

धान्ये सदे लवे वाह्ये नातिक्रामति पञ्चताम्॥१५१॥

मुक्ता०:—वृद्ध्या धनप्रयोगः कुसीदं तत्र या वृद्धिः सकृद्गृहीता सा द्वैगुण्यं नातिक्रामति मूलवृद्धिर्द्विगुणैव भवति। प्रतिदिनप्रतिमासादिग्राह्येति तात्पर्यम्। धान्ये पुनर्वृद्ध्यादिप्रयुक्ते, सदे वृक्षफले, लूयत इति लव ऊर्णालोम तस्मिन्, वाहनीये च बलीवर्दादौ प्रयुक्ते चिरेणापि कालेन मूलधान्यादिना सह पञ्चगुणतां नातिक्रामेदिति॥१५१॥

Principal and interest, simultaneously recovered at one time, must not double the amount (originally lent and advanced); in respect of paddy, fruit, wool and animals of conveyance five times the quantity or number (originally lent) may be recovered, and not more. (151)

कृतानुसारादधिका व्यतिरिक्ता न सिद्ध्यति।

कुसीदपथमाहुस्तं पञ्चकं शतमर्हति॥१५२॥

मुक्ता०:—कृता या वृद्धिर्द्विकं त्रिकमिति शास्त्रेण वर्णक्रमेणोक्ता तस्याः शास्त्रानुसारादधिका व्यतिरिक्ता कृता। अतोऽन्या वृद्धिरकृतेत्यर्थः। किन्तु कृतापि वृद्धिर्वर्णक्रमेण द्विकत्रिकशतादिरूपैर्या मासे ग्राह्या। तथाच विष्णुः-"वृद्धिं दद्युरकृता अपि वत्सरातिक्रमे यथाभिहिता वर्णक्रमेण" द्विकत्रिकादिनेत्यर्थः। किं त्वकृतवृद्धावपि विशेषान्तरमाह। कुत्सितात्प्रसरत्ययं पन्था इति कुसीदपथः अयमधमर्णो यच्छूद्रविषयोक्तं पञ्चकं शतं द्विजातेरपि गृह्णातीत्येवं कुत्सितपन्थाः पूर्वोक्ताद्धर्म्यवृद्धिकरादपकृष्ट इत्येवं मन्वादय आहुः। इयं चाकृता वृद्धिरुद्धारविषये याचनादूर्ध्वं बोद्धव्या तदाह कात्यायनः-"प्रीतिदत्तं न वर्धेत यावन्न प्रतियाचितम्। याच्यमानं नदत्तंचेद्वर्धते पञ्चकं शतम्"॥१५२॥

A rate of interest other than what has been laid down in the *Śāstra* (in respect of the members of a certain caste), if agreed upon (by them), must not be held as valid, in other instances interest may be charged at the rate of five percent (as sanctioned by *Manu*). (152)

नातिसांवत्सरीं वृद्धिं न चादृष्टां पुनर्हरेत्।

चक्रवृद्धिः कालवृद्धिः कारिता कायिका च या॥१५३॥

मुक्ता०:—ममैकस्मिन्मासि मासद्वये मासत्रये वा गते तस्य वृद्धिं विगणय्यैकदा दातव्येत्येवंविधनियमपूर्वकवृद्धिग्रहणमुत्तमर्णः संवत्सरपर्यन्तं कुर्यात्। नातिक्रान्ते संवत्सरे नियमस्य वृद्धिं गृह्णीयात्। न च शस्त्राददृष्टामुक्तधर्म्यद्विकत्रिकशताद्यधिकां गृह्णीयात्। अधर्मत्वबोधनार्थो निषेधः। चक्रवृद्ध्यादिचतुष्टयीं चाशास्त्रीयां न गृह्णीयात्। तासां स्वरूपमाह बृहस्पतिः-"कायिका कायसंयुक्ता मासग्राह्या च कालिका। वृद्धेर्वृद्धिश्चक्रवृद्धिः कारिता ऋणिना कृता"। तत्र चक्रवृद्धिः स्वरूपेणैवं गर्हिता। कालावृद्धिस्तु द्विगुणाधिकग्रहणेन कायिका चातिवाहदोहादिला कारिता ऋणिकेन यानापत्काल एवोत्तमर्णपीडया कृता। चतस्रोऽपि वृद्धीरशास्त्रीया न गृह्णीयात्। तथा च बृहस्पतिः-"भागो यद्द्विगुणादूर्ध्वं चक्रवृद्धिश्च गृह्यते। पूर्णे च सोदयं पश्चाद्वार्धुष्यं तद्विगर्हितम्"। कात्यायनः-"ऋणिकेन कृता वृद्धिरधिका संप्रकल्पिता। आपत्कालकृता नित्यं दातव्या कारिता तथा। अन्यथा कारिता वृद्धिर्न दातव्या कथञ्चन"॥१५३॥

A creditor shall not recover from a debtor interest accrued due on money advanced by him, not later than a year, nor at rates disallowed by the *Śāstra* such as, *Cakravṛddhi* (compound interest), *Kālavṛdhi, Kārita* and *Kāyika*. (153)

ऋणं दातुमशक्तो यः कर्तुमिच्छेत्पुनः क्रियाम्।

स दत्त्वा निर्जितां वृद्धिं करणं परिवर्तयेत्॥१५४॥

मुक्ता०:—योऽधमर्णो धनदानासाभर्थ्यात्पुनर्लेख्यादिक्रियां कर्तुमिच्छेत्स निर्जितामुत्तमर्णः स्वत्वतयात्मसात्कृतां वृद्धिं दत्त्वा करणं लेख्यं पुनः कुर्यात्॥१५४॥

A debtor, incapable of discharging his debt and willing to renew the bond, must pay off the whole amount of interest accrued due thereon and execute a fresh one in the favour of the creditor. .(154)

अदर्शयित्वा तत्रैव हिरण्यं परिवर्तयेत्।

यावती संभवेद्वृद्धिस्तावतीं दातुमर्हति॥१५५॥

मुक्ता०:—यदि दैवगत्या वृद्धिहिरण्यमपि समये दातुं न शक्नोति तदा तद्गृहीत्वैव तत्रैव पुनः क्रियमाणे लेख्यादौ वृद्धिहिरण्यादिशेषमारोपयेत्। यत्प्रमाणं चक्रवृद्धिधनं तदानीं सम्भवति तद्दातुमर्हति॥१५५॥

Failing to pay off the whole amount of interest, he shall add up the principal and the balance of interest, and execute a bond (in favour of the creditor) entering therein the consolidated amount as the principal. (155)

चक्रवृद्धिं समारूढो देशकालव्यवस्थितः।

अतिक्रामन्देशकालौ न तत्फलमवाप्नुयात्॥१५६॥

मुक्ता०:—चक्रवृद्धिशब्देनात्र चक्रवच्छकटादिभररूपा वृद्धिरभिमता। चक्रवृद्धिमाश्रित उत्तमर्णो देशकालव्यवस्थितो यदि वाराणसीपर्यन्तं लवणादि शकटेन वहामि तदा ममेदं यद्धनं दातव्यमिति वेतनरूपदेशव्यवस्थितिः। यदि मांस यावद्वहामि तदा मासं यद्धनं दातव्यमिति कालव्यवस्थितिः। एवमभ्युपगतदेशकालनियमस्थौ देशकालौ दैवादपूरयन्शकटादिना वहन् लाभरूपफलं सकलं न प्राप्नोति॥१५६॥

A (carrier) who has stipulated to carry (a thing) for a certain time, or for a certain distance (lit. place) in consideration of fares, charged at the rate of compound interest, shall not be entitled to it (compound interest), if he fails to carry it for that much time or distance. (156)

अपितु-

समुद्रयानकुशला देशकालार्थदर्शिनः।
स्थापयन्ति तु यां वृद्धिं सा तत्राधिगमं प्रति॥१५७॥

मुक्ता०:—स्थलपथजलपथयाने निपुणा इयद्देशपर्यन्तमियत्कालपर्यन्तमूह्यमाने सति एतावाँल्लाभो ग्रहीतुं युक्त इत्येवं दशेलाभधनज्ञा वणिगादयो यां वृद्धिं तथाविषये चावस्थापयन्ति सैव तत्र व्यवस्था तत्राधिगमं धनप्राप्ति प्रति प्रमाणम्॥१५७॥

In such cases, the rates of interest on fares, which traders by land or sea (lit., seafaring merchants), conversant with the laws of time, place and fares, might have thought fit to lay down and fix, shall prevail. (157)

यो यस्य प्रतिभूस्तिष्ठेद्दर्शनायेह मानवः।
अदर्शयन्स तं तस्य प्रयच्छेत्स्वधनादृणम्॥१५८॥

मुक्ता०:—यो मनुष्यो यस्य दर्शनाय प्रतिभूस्तिष्ठेत् धनदानकाले ममायमधमर्णो दर्शनीय इति स तं तस्मिन्काल उत्तमर्णस्यादर्शयंस्तद्धनं दातुं यतेत॥१५८॥

He, who stands surety for the appearance of a debtor (in court), is bound to discharge the debt with his own money, if he fails to make the debtor enter appearance. (158)

प्रातिभाव्यं वृथादानमाक्षिकं सौरिकं च यत्।
दण्डशुल्कावशेषं च न पुत्रो दातुमर्हति॥१५९॥

मुक्ता०:—प्रतिभूत्वेन यद्देयं धनं तत्प्रातिभाव्यं, वृथादानं परिहासनिमित्तं पण्डादिभ्यो देयत्वेन पित्राङ्गीकृतं, द्यूतनिमित्तं सुरानिमित्तं च, दण्डं यद्देयं दण्डं, शुल्कं घट्टादिदेयं तदवशेषं च पितृसम्बन्धिनं पितरि मृते पुत्रो दातुं नार्हति॥१५९॥

A son is not bound to discharge the gambling debt of his father, or the unrecovered balance of a fine imposed upon him, nor to pay off the money, due from him for standing surety for another (money recognisance) or a gift made by him to a unworthy person. (159)

दर्शनप्रातिभाव्ये तु विधिः स्यात्पूर्वचोदितः।
दानप्रतिभुवि प्रेते दायादानपि दापयेत्॥१६०॥

मुक्ता०:—सुरानिमित्तं च यद्देयं दण्डं प्रातिभाव्यं न पुत्रो दातुमर्हतीति योऽयं पूर्णोपदेशः स दर्शनप्रतिभुवः पितुर्देयो ज्ञेयः। दानप्रतिभुवि तु पितरि मृते पुत्रं ऋणं दापयेत्॥१६०॥

The rule in respect of one's standing a surety for the appearance of another has been stated above; in the event of the death of one who has stood a surety for goods, his heirs shall pay off the recognisance-money. (160)

अदातरि पुनर्दाता विज्ञातप्रकृतावृणम्।
पश्चात्प्रतिभुवि प्रेते परीप्सेत्केन हेतुना॥१६१॥

मुक्ता०:—अदातरि दानप्रतिभुवोऽन्यस्मिन्दर्शनप्रतिभुवि प्रत्ययप्रतिभुवि वा विज्ञातप्रातिभाव्यकारणमूलशोधनोचितधनग्रहणं यस्य तस्मिन्मृते दातोत्तमर्णः पश्चात्केन हेतुना धनं प्राप्नुमिच्छेत्॥१६१॥

(If it be asked) why should the heir of a person who has entered into a recognisance for the appearance of another or for (the delivery of) goods, pay the recognisance money, (the answer is) that, on the death of one who has stood such a surety on having received a proper sum of money from the debtor (or the defendant) his heirs are bounnd to refund it to him (*i.e.* debtor). (161)

निरादिष्टधनश्चेत्तु प्रतिभूः स्यादलंघनः।
स्वधनादेव तद्दद्यान्निरादिष्ट इति स्थितिः॥१६२॥

मुक्ता०:—प्रतिभुवो मृतत्त्वात्तत्पुत्रस्य चादानप्रतिभूत्वेनादातृत्वादित्याशंक्याह-

असौ दर्शनप्रतिभूः प्रत्ययप्रतिभूर्वा यदि निरादिष्टधनोऽधमर्णेन निसृष्टधनो यावता धनेनासौ प्रतिभूस्तच्छोधनपर्याप्तधनस्तदात्मधनादेव तद्धनं निरादिष्टोऽत्र निरादिष्टधनपुत्रो लक्षणयोच्यते। ऋणमुत्तमर्णाय दद्यादिति शास्त्रसम्प्रदायः॥१६२॥

In the event of the surety having received enough money from the debtor to pay off his recognizance, his heirs shall pay it back to the debtor out of their own funds. (162)

मत्तोन्मत्तार्ताध्यधीनैर्बालेन स्थविरेण वा।
असंबद्धकृतश्चैव व्यवहारो न सिद्ध्यति॥१६३॥

मुक्ता०:—मद्यादिना मत्तः, उन्मतो, व्याध्यादिपीडितोऽपहतोऽस्वतन्त्र-बालवृद्धैरस्वतत्रन्त्वेन पितृभ्रातृनियुक्तादिव्यतिरेकेण कृत ऋणादानव्यवहारो न सिद्धयति।।१६३।।

An act (money-transaction), done by an insane, intoxicated or diseased person, or by an infant or old man, or by one, not duly authorized in that behalf, can never be valid. (163)

सत्या न भाषा भवति यद्यपि स्यात्प्रतिष्ठिता।

बहिश्चेद्भाष्यते धर्मान्नियताद्व्यावहारिकात्।।१६४।।

मुक्ता०:—इदं मयानुष्ठेयमित्येवमादिका भाषा लेख्यादिना स्थिरीकृतापि यदि शास्त्रीयधर्मात्पारम्पर्यात्सद्व्यवहाराच्च बहिर्भाष्यते सा सत्या न भवति तदर्थो नानुष्ठेयः।।१६४।।

A deed of agreemennt or contract, (containing provisions) contrary to law (Dharma) and confirmed usages, if it be executed by one, must not be held as valid. (164)

योगाधमनविक्रीतं योगदानप्रतिग्रहम्।

यत्र वाप्युपधिं पश्येत्तत्सर्वं विनिवर्तयेत्।।१६५।।

मुक्ता०:—योगशब्दश्छलवाची। छलेन ये बन्धकविक्रयदानप्रतिग्रहाः क्रियन्ते न तत्त्वतोऽन्यत्रापि निक्षेपादौ यत्र छद्म जानीयात्। वस्तुतो यत् निक्षेपादि न कृतं तत्सर्वं निवर्तते।।१६५।।

A mortgage, sale, gift, acceptance, or trust, if found to be fraudulently done shall abate, and all proceedings made under it should be regarded as unmade. (165)

ग्रहीता यदि नष्टः स्यात्कुटुम्बार्थे कृतो व्ययः।

दातव्यं बान्धवैस्तत्स्यात्प्रविभक्तैरपि स्वतः।।१६६।।

मुक्ता०:—ऋणग्रहीता यदि मृतः स्यात्तेन पूर्वविभक्ताविभक्त सर्वभ्रातृ-कुटुम्बसम्वर्धनार्थं-तदृणव्ययः कृतस्तदा तदृणं विभक्तैरविभक्तैश्च स्वधनाद्दातव्यम्।।१६६।।

If one dies after having made a debt for (the maintenance of the) family, then all the members of that family, whether joint or divided, shall discharge that debt out of their own funds. (166)

कुटुम्बार्थेऽध्यधीनोऽपि व्यवहारं यमाचरेत्।
स्वदेशे वा विदेशे वा तं ज्यायान्न विचालयेत्॥१६७॥

मुक्ता०:—तद्देशस्थे देशान्तरस्थे वा स्वामिनि स्वामिसम्बन्धिकुटुम्बव्ययनिमित्तं दासोऽपि यदृणादानादि कुर्यात्स्वामी तत्तथाप्यनुमन्येत॥१६७॥

A debt, contracted by a slave for the maintenance of his master's family, the master, whether residing in that or in a distant land, is bound to acknowledge and approve as one contracted by himself. (167)

बलाद्दत्तं बलाद्भुक्तं बलाद्यच्चापि लेखितम्।
सर्वान्बलकृतानर्थानकृतान्मनुरब्रवीत्॥१६८॥

मुक्ता०:—बलाद्दत्तमप्रतिग्राह्यादि, बलाद्भुक्तं भूम्यादि, बलाल्लेखितं चक्रवृद्धिपत्रादि। प्रदर्शनं चैतत्। सर्वान्बलकृतान्व्यवहारान्निवर्तनीयान्मनुराह॥१६८॥

Anything given, or written (executed) through the application of force, or forcibly enjoyed, (as well as) all acts done under force, should be considered as undone; this is what *Manu* has said. (168)

त्रयः परार्थे क्लिश्यन्ति साक्षिणः प्रतिभूः कुलम्।
चत्वारस्तूपचीयन्ते विप्र आढयो वणिङ्नृपः॥१६९॥

मुक्ता०:—साक्षिणः, प्रतिभूः, कुलं च धर्मार्थव्यवहारद्रष्टारस्त्रय एते परार्थं क्लेशमनुभवन्ति तस्माद्बलेन साक्ष्यं प्रातिभाव्यं व्यवहारेक्षणं च नाङ्गीकारयितव्याः। चत्वारः पुनः ब्राह्मणोत्तमर्णवणिग्राजानः परार्थं दानफलोपादानऋण-द्रव्यार्पणविक्रयव्यवहारेक्षणरूपं कुर्वाणा धनोपचयं प्राप्नुवन्ति। तस्माद्विप्रो दातारं, आढ्योऽधमर्णं, वणिक् क्रेतारं, राजा व्यवहर्तारं बलेन न प्रवर्तयेत्। पूर्वश्लोकाभिहितबलनिषेधस्यैवायं प्रपञ्चः॥१६९॥

A witness, a surety, and an umpire are the three persons who suffer pain for the sake of others; and a king, a capitalist (lit. rich man), a *Brāhmaṇa* and a merchant are the four (persons) to whose thriving do the others contribute. (169)

अनादेयं नाददीत परिक्षीणोऽपि पार्थिवः।
न चादेयं समृद्धोऽपि सूक्ष्ममप्यर्थमुत्सृजेत्॥१७०॥

मुक्ता०:—क्षीणधनोऽपि राजा नाग्राह्यमर्थं गृह्णीयात्। समृद्धोऽपि स्वल्पमपि ग्राह्यं धनं न त्यजेत्।।१७०।।

A king, even in direct need, must not take what ought not to be taken; even when most affluent in wealth he must not give the veriest trifle of what ought not to be given. (170)

अनादेयस्य चादानादादेयस्य च वर्जनात्।
दौर्बल्यं ख्याप्यते राज्ञः स प्रेत्येह च नश्यति।।१७१।।

मुक्ता०:—अग्राह्यग्रहणाच्छास्त्रीयग्राह्यपरित्यागाच्च राज्ञः पौरैरसामर्थ्यं ख्याप्यते। ततश्च स प्रेत्याधर्मेण नरकादिभोगादिहाकीर्त्या विनश्यति।।१७१।।

By taking what ought not to be taken, and by giving what ought not to be given, the weakness of a king is proclaimed; he perisheth both here and hereafter. (171)

स्वादानाद्वर्णसंसर्गात्त्वबलानां च रक्षणात्।
बलं संजायते राज्ञः स प्रेत्येह च वर्धते।।१७२।।

मुक्ता०:—न्यायधनग्रहणाद्वर्णानां सजातीयैः शास्त्रीयपरिणयनादिसम्बन्धात्। यद्वा वर्णसंसर्गाद्वर्णसंकरादित्यत्रापि रक्षणादिति योजनीयम्। प्रजानां दुर्बलानां बलवद्भयोपि रक्षणात्सामर्थ्यमुपजायते नृपस्य। ततश्चासाविहलोकपरलोकयोश्च वर्धते।।१७२।।

By receiving his just dues, by preventing the intermixture of castes, and by protecting the weak, the stength of a king is augmented; he thrives both in this world and the next. (172)

तस्माद्यम इव स्वामी स्वयं हित्वा प्रियाप्रिये।
वर्तेत याम्यया वृत्त्या जितक्रोधो जितेन्द्रियः।।१७३।।

मुक्ता०:—तस्माद्यम इव राजा वशीकृत क्रोधो जितेन्द्रिय स्वकीयेऽपि प्रियाप्रिये परित्यज्य यमस्य चेष्टया सर्वत्र साम्यरूपया वर्तेत।।१७३।।

Hence, the king shall conquer his anger and senses; and forswearing personal love and derison, he shall be, like unto death, impartial to all. (173)

यत एवम्—

यस्त्वधर्मेण कार्याणि मोहात्कुर्यान्नराधिपः।

अचिरात्तं दुरात्मानं वशे कुर्वन्ति शत्रवः॥१७४॥

मुक्ता०:—यः पुनर्नृपतिर्लोभादिव्यवहाराद्धर्मेण व्यवहारादर्शनादीनि कार्याणि कुरुते तं दुष्टचित्तं प्रकृतिपौरविरागात्क्षिप्रमेव शत्रवो निगृह्णन्ति॥१७४॥

The bad-souled king, who fails to administer even hundred justice out of greed or folly, his enemies soon do subjugate. (174)

कामक्रोधौ तु संयम्य योऽर्थान् धर्मेण पश्यति।

प्रजास्तमनुवर्तन्ते समुद्रमिव सिन्धवः॥१७५॥

मुक्ता०:—यो राजा राजद्वेषौ विहाय धर्मेण कार्याणि निरूपयति तं राजानं प्रजा भजन्ते समुद्रमिव नद्यः। नद्यो यथा समुद्रान्न निवर्तन्ते तेनैवैकतां यान्ति प्रजा अपि तस्मान्नृपा (न्ननिवर्तन्ते तम) नुवर्तिन्यस्तदेकताना भवन्तीति साम्यम्॥१७५॥

Him, who, with his anger and desire fully controlled, administers justice (lit. adjudicates cases), do the subjects fondly follow, like the rivers, following the sea. (175)

यः साधयन्तं छन्देन वेदयेद्धनिकं नृपे।

स राज्ञा तच्चतुर्भागं दाप्यस्तस्य च तद्धनम्॥१७६॥

मुक्ता०:—योऽधमर्णो राजवल्लभोऽहमिति गर्वादुत्तमर्णं स्वेच्छया धनं साधयन्तं नृपे निवेदयेत्स राज्ञा ऋणचतुर्थभागं दण्डयः तस्य तद्धनं दापनीयम्॥१७६॥

If a debtor lodges a complaint against a creditor, endeavouring to realise his just money from the former, the king shall punish the debtor with a fine, equivalent to a quarter part of the debtal amount, and realise, and make over to the creditor, his just dues. (176)

कर्मणापि समं कुर्याद्धनिकायाधमर्णिकः।

समोऽवकृष्टजातिस्तु दद्याच्छ्रेयांस्तु तच्छनैः॥१७७॥

मुक्ता०:—समानजातिरपकृष्टजातिश्चाधमर्णो धनाभावे सति स्वजात्यनुरूपकर्म-करणेनापि समं कुर्यात्। निवृत्तोत्तमर्णाधमर्णव्यपदेशतया धनिकसममात्मानं कुर्यात्। समजातिरत्र ब्राह्मणेतरः "कर्मणा क्षत्रविट्शूद्रान्समानजातीयान् हीनांस्तु दापयेत्" इति कात्यायनेन विशेषितत्वात्। श्रेयान्पुनरुत्कृष्टजातिर्न कर्म कारयितव्यः किंतु शनैः शनैर्यथासम्भवं तद्धनं दद्यात्॥१७७॥

If the debtor be of the same caste with the creditor or belongs to a caste inferior to that of the creditor, he shall pay off the debt by bodily work (compatible with his social order); while a debtor, belonging to a caste superior to that of the creditor, shall repay his debt by easy instalments. (177)

अनेन विधिना राजा मिथो विवदतां नृणाम्।
साक्षिप्रत्ययसिद्धानि कार्याणि समतां नयेत्॥१७८॥

मुक्ता०:—अनेन प्रोक्तप्रकारेण परस्परं विवदमानानामर्थिप्रत्यर्थिनां साक्ष्यादिप्रमाणेन निर्णीतार्थानि कार्याणि विप्रतिपत्तिखण्डनेन राजा समीकुर्यात्॥१७८॥

Conformably to the aforesaid rules, the king shall deside law-suits between the parties thereto with the help of witnensses, and testimonies, etc. (178)

कुलजे वृत्तसंपन्ने धर्मज्ञे सत्यवादिनि।
महापक्षे धनिन्यार्ये निक्षेपं निक्षिपेद्बुधः॥१७९॥

मुक्ता०:—सत्कुलप्रसूते, सदाचारवति, धर्मवेदिनि, सत्याभिधायिनि, बहुपुत्रादिपरिजने, ऋजुप्रकृतौ मनुष्ये, व्यभिचाराभावान्निक्षेपं स्थापयेत्॥१७९॥

A wise man shall deposit money in trust with a high-born, good charactered, virtuous, truthful and opulent person with a large family (of sons and relations). (179)

यो यथा निक्षिपेद्धस्ते यमर्थं यस्य मानवः।
स तथैव ग्रहीतव्यो यथा दायस्तथा ग्रहः॥१८०॥

मुक्ता०:—यो मनुष्यो येन प्रकारेण मुद्रारहितं समुद्रं वा ससाक्षिकमसाक्षिकं वा यमर्थं सुवर्णादि यस्य हस्ते निक्षिपेत्सोऽर्थस्तेन निक्षेप्त्रा तथैव ग्राह्यो यस्माद्येन प्रकारेण समर्पणं तेनैव प्रकारेण ग्रहणं न्याय्यम्। समुद्रस्थापितसुवर्णादेर्निक्षेप्ता स्वयमेव मुद्रां भित्त्वा यदा वदति ममेदं तुलयित्वा समर्पयेत्यभिधानं दण्डाद्यर्थम्॥१८०॥

In the same manner, in which a man will deposit any money in the hand of another, will it be returned to him on demand. As the deposit is, the refund is. (180)

यो निक्षेपं याच्यमानो निक्षेप्तुर्न प्रयच्छति।
स याच्यः प्राड्विवाकेन तन्निक्षेप्तुरसन्निधौ॥१८१॥

मुक्ता०:—यः पुरुषो देहि मे निक्षिप्तं हिरण्यादि द्रव्यमित्येवं निक्षेप्त्राप्रार्थ्यमानस्तस्य यदा न समर्पयति तदा निक्षेप्त्रा ज्ञापिते प्राड्विवाकेन तस्य निक्षेप्तुरसन्निधौ याचनीयः॥१८१॥

On the deposit-holder failing to refund the trust (lit. deposit) money to the depositor on demand, the latter shall apply to the judge, and the judge, at the back of the depositor, shall demand the money of the trustee. (181)

किं कृत्वा किं चायनीय इत्याह–

साक्ष्यभावे प्रणिधिभिर्वयोरूपसमन्वितैः।
अपदेशैश्च संन्यस्य हिरण्यं तस्य तत्त्वतः॥१८२॥

मुक्ता०:—प्रथमनिक्षेपे साक्ष्यभावे स्वकीयसभ्यैश्चारपुरुषैरतिक्रान्तबाल्यैः सौम्यादिभिर्नृपोप- द्रवादिव्याजाभिधायिभिर्हिरण्यानि तत्त्वेन तत्र निक्षेपयित्वा तैरेव चारपुरुषैः स निक्षेपधारी प्राड्विवाकेन चारपुरुषनिक्षिप्तसुवर्णं याच्यः॥१८२॥

In the absence of any witness in such a transaction, the judge, for the determination of truth, shall cause a handsome looking attendant (officer of the court) disguised so as to conceal his identity, to deposit gold with the alleged (deposit-holder) and to demand the same of him. (182)

स यदि प्रतिपद्येत यथान्यस्तं यथाकृतम्।
न तत्र विद्यते किंचिद्यत्परैरभियुज्यते॥१८३॥

मुक्ता०:—स निक्षेपधारी यथान्यस्तं समुद्रं वा यथाकृतं कटकमुकुटाकारेण रचितं यदि तथैव प्रतिपद्येत सत्यमस्ति गृह्यतामिति तदा परेण पूर्वनिक्षेप्त्रा प्राड्विवाकवेदिना यन्निक्षिप्तमित्यभियुज्यते तत्र न किञ्चिदस्तीति ज्ञातव्यम्॥१८३॥

If the holder of such a deposit can return the gold in the same form and in the same condition (*i.e.,* sealed or unsealed) in which it was originally deposited, it shall be presumed that he does not hold the deposit as alleged by the complainant (plaintiff). (183)

तेषां न दद्याद्यदि तु तद्धिरण्यं यथाविधि।
उभौ निगृह्य दाप्यः स्यादिति धर्मस्य धारणा॥१८४॥

मुक्ता०ः—तेषां चारपुरुषाणां यन्निक्षिप्तं हिरण्यं यथान्यस्तं यदि तन्न दद्यात्तदा द्वावपि निक्षेपौ ज्ञापकचारसम्बन्धिनौ संपीड्य दापनीयः स्यादित्येवंरूपो धर्मस्य धारणा निश्चयः। "यो निक्षेपम्" (अ. ४ श्लो. १८१-८४) इत्यादिश्लोकचतुष्टयस्य चेदृश एव पाठक्रमो मेधातिथिभोजदेवादिभिर्निश्चितः। गोविन्दराजेन तु "साक्ष्यभावे प्रणिधिभिः" (अ. ४ श्लो. १८२) इति श्लोकोऽन्त एव पठितः तदा च नार्थसंगतिः न वा वृद्धाम्नायादरः॥१८४॥

But if he fails to return the deposit (gold) by his attendant in its original form and condition, the judge shall recover from him both the deposits (i.e., gold and the article or money alleged to be deposited by the plaintiff). This is the decision of law. (184)

निक्षेपोपनिधी नित्यं न देयौ प्रत्यनन्तरे।

नश्यतो विनिपाते तावनिपाते त्वनाशिनौ॥१८५॥

मुक्ता०ः—निक्षिप्यत इति निक्षेपः। मुद्राङ्कितमगणितं वा यन्निधीयते स उपनिधिः। ब्राह्मणपरिव्राजकवदुपदेशभेदः। तौ निक्षेपोपनिधी निक्षेप्तर्युपनिधातरि जीवति प्रत्यनन्तरे तदीयपुत्रादौ तदनन्तरे तद्धनाधिकारिणि कदाचिन्न निक्षेपधारिणा देयौ। यतस्तस्य पुत्रादेरपि पितुरसमर्पणविनाशे तौ निक्षेपोपनिधी नश्यतः। पुत्रादेः पितुश्च पुनरविनाशे समर्पणे च कदाचिदविनाशिनौ स्यातां, तस्मादनर्थसंदेहान्न देयौ॥१८५॥

One shall not give an article, mortgaged to or deposited with him, his heir, inasmuch as either in his life-time or after his demise (such a giving) may lead to the probable destruction of such a pledge or deposit article. (185)

स्वयमेव तु यो दद्यान्मृतस्य प्रत्यनन्तरे।

न स राज्ञा नियोक्तव्यो न निक्षेप्तुश्च बन्धुभिः॥१८६॥

मुक्ता०ः—निक्षेप्तुर्मृतस्य निक्षेपधारी तद्धनाधिकारिणि पुत्रादौ तदनभ्यर्थितः स्वयमेव यः समर्पयति स राज्ञा निक्षेप्तुः पुत्रादिभिर्वान्यदपि त्वयि निक्षिप्तमस्तीति नाक्षेप्तव्यः॥१८६॥

If after the demise of the depositor, the holder of the deposit, out of his own motion, returns the deposit article to his (depositor's lawful) heir, the relations of the depositor shall not be competent to bring an action him (*i.e.*, the holder of the deposit) in the king's court (on the allegation of the existence of more such deposits with him). (186)

यदि कथञ्चिद्भ्रान्तिः स्यात्तदा-

अच्छलेनैव चान्विच्छेत्तमर्थं प्रीतिपूर्वकम्।
विचार्य तस्य वा वृत्तं साम्नैव परिसाधयेत्॥१८७॥

मुक्ता०:—तत्रस्थे धनान्तरसद्भावलक्षणवाक्छलादिपरिहारेणैव प्रीतिपूर्वकं निश्चिनुयान्नतु झटिति दिव्यादिदानेन। तस्य निक्षेपधारिणः शीलमवेक्ष्य धार्मिकोऽयमिति ज्ञात्वा सामप्रयोगेण निश्चिनुयात्॥१८७॥

On the institution of such a suit (lit. after the filing of such a complaint), the king, forswearing all duplicity, shall endeavour to recover the deposit article with amicable means; and in consideration of the character of the deposit-holder he shall achieve his end with concilliatory appliances. (187)

निक्षेपेष्वेषु सर्वेषु विधिः स्यात्परिसाधने।
समुद्रे नाप्नुयात्किञ्चिद्यदि तस्मान्न संहरेत्॥१८८॥

मुक्ता०:—सर्वेषु निक्षेपेष्वपक्रियमाणेष्वेष "साक्ष्यभावे" (अ. ८ श्लो. १८२) इत्यादिपूर्वोक्तविधिर्निर्णयसिद्धौ स्यात्। मुद्रितादौ पुनस्तस्य निक्षेपधारी यदि प्रतिमुद्रादिना न किमप्यपहरेत्तदा तस्मिन्नपि तेन किं दूषणं प्राप्नुयात्॥१८८॥

This rule holds good in respect of realising all kinds of deposit articles; if the deposit-holder returns a sealed deposit article with the seal intact, or does not take anything out of it, he shall not be indictable. (188)

चौरैर्हृतं जलेनोढमग्निना दग्धमेव वा।
न दद्याद्यदि तस्मात्स न संहरति किंचन॥१८९॥

मुक्ता०:—चौरैर्मुषितं, उदकेन देशान्तरं प्रापितं, अग्निना वा दग्धं निक्षेपं निक्षेपधारी न दद्यात्। यदि स्वयं तस्मान्न किंचिदप्यपहरति॥१८९॥

A deposit-holder is not linable to make good the deposit article in the case of its being stolen by thief or in the event of its destruction by water or fire. (189)

निक्षेपस्यापहर्तारमनिक्षेप्तारमेव च।
सर्वैरुपायैरन्विच्छेच्छपथैश्चैव वैदिकैः॥१९०॥

मुक्ता०:—निक्षेपस्यापह्नोतारमनिक्षिप्य याचितारं सर्वैः सामदिभिरुपायैर्वैदिकैश्च शपथैरग्निहरणादिभिर्नृपो निरूपयेत्।।१९०।।

(The king shall) examine the stealer of a deposit-article as well as the one who fraudulently demands an article that has never been deposited as a trust, by means of all the aforesaid expedients (of concilliatory measures, etc.,) as well as by means of ordeals mentioned in the *Vedas*. (190)

यो निक्षेपं नार्पयति यश्चानिक्षिप्य याचते।

तावुभै चौरवच्छास्यौ दाप्यौ वा तत्समं दमम्।।१९१।।

मुक्ता०:—निक्षिप्तधनं यो न समर्पयति यश्चानिक्षिप्तं प्रार्थयति तौ द्वौ सुवर्णमुक्तादौ महति विषये चौरवद्दण्ड्यौ। स्वल्पविषये ताम्रादौ तत्समं दण्डनीयौ।।१९१।।

He who refuses to give back a deposit article, and he who demands an article without having kept it as a deposit, both of them should be punished as thieves, and the value of such an article should be recovered (from either of them). (191)

निक्षेपस्यापहर्तारं तत्समं दापयेद्दमम्।

तथोपनिधिहर्तारमविशेषेण पार्थिवः।।१९२।।

मुक्ता०:—निक्षेपापहारिणं निक्षिप्तसमधनं दण्डयेत्। समशिष्टत्वादनिक्षिप्य याचितारमपि। नच पुनरुक्तिः। महत्यपराधे ब्राह्मणेतरस्य चौरवदिति पूर्वश्लोकेन शारीरदण्डस्यापि प्राप्तौ तन्निवृत्त्यर्थमिदम्, दापयेदिति धनदण्डनियमात्। नचानेन पूर्वश्लोकवैयर्थ्यम्। अस्य प्रथमापराधविषयत्वात्पूर्वोक्ते चाभ्यासे चौरोक्तमहासाहसादिधनदण्डावरोधकत्वात्। उपनिधिर्मुद्रादिचिह्नितं निहितधनं तस्यापहर्तारं कथितविशेषणं राजा दण्डयेत्।।१९२।।

The stealer of a deposit article shall be punished with a fine equal in value to that of the article deposited with him and the king shall punish a stealer of a pledged article with a fine, equal to its value, without any distinction of caste or person. (192)

उपधाभिश्च यः कश्चित्परद्रव्यं हरेन्नरः।

ससहायः स हन्तव्यः प्रकाशं विविधैर्वधैः।।१९३।।

मुक्ता०:–राजा त्वयि रुष्टस्तस्मात्त्वां रक्षामि मम धनं देहि धनधान्यादिलोभोपकरणं वानृतमभिधाय छद्मभिर्यः परद्रव्यं गृह्णाति स छद्मधनसहकारिसहितो बहुजनसमक्षं करचरणशिरश्छेदादिभिर्नानाप्रकारैर्वधोपायैः राज्ञा हन्तव्यः॥१९३॥

He, who on a false pretext robs another of his money, shall be punished, together with his abettor, with any of the various corporeal punishments (mentioned before). (193)

निक्षेपो यः कृतो येन यावांश्च कुलसन्निधौ।
तावानेव स विज्ञेयो विब्रुवन्दण्डमर्हति॥१९४॥

मुक्ता०:–यः सुवर्णादिर्यावत्परपरिमितो येन साक्षिसमक्षं निक्षेपः कृतस्तत्र परिमाणादिविप्रतिपत्तौ साक्षिवचनात्तावानेव विज्ञातव्यः। विप्रतिपत्तिं कुर्वन्नप्येतदुक्तानुसारेण दण्डं दाप्यः॥१९४॥

An article (such as gold, etc.,) deposited with a man in the presence of a witness, should be returned to the depositor (on demand) in the same quantity or measure in which it was deposited; and such a witness, deposing falsely to its (orginal measure or quantity), shall be liable to punishment. (194)

मिथो दायः कृतोयेन गृहीतो मिथ एव वा।
मिथ एव प्रदातव्यो यथा दायस्तथा ग्रहः॥१९५॥

मुक्ता०:–रहसि येन निक्षेपोऽर्पितो निक्षेपधारिणा च रहस्येव गृहीतः स निक्षेपो रहस्येव प्रत्यर्पणीयः न प्रत्यर्पणे साक्ष्यपेक्षा। यस्माद्येनैव प्रकारेण दानं तेनैव प्रकारेण प्रत्यर्पणं दातव्यमिति श्रवणान्निक्षेपधारिणोऽयं नियमविधिः। "यो यथा निक्षिपेद्धस्ते" (अ. ८ श्लो. १८०) इति तु निक्षेप्तुर्नियमार्थं, ग्रहीतव्य इति श्रवणात्। अतो न पौनरुक्त्यम्॥१९५॥

An article, which has been deposited and received in secret, should be secretly returned (to its depositor on demand); like the deposit is the taking back. (195)

निक्षिप्तस्य धनस्यैवं प्रोत्योपनिहितस्य च।
राजा विनिर्णयं कुर्यादक्षिण्वन्न्यासधारिणम्॥१९६॥

मुक्ता०:–राज्ञा निक्षिप्तस्य धनस्यामुद्रस्य मुद्रादियुतस्य वोपनिधिरूपस्य

तथा प्रीत्या कतिचित्कालं भोगार्थमर्पितस्यानेनोक्तप्रकारेण न्यस्तधनधारिणमपीडयन्निर्णयं कुर्यात्।।१९६।।

The king, without any wise oppressing the deposit-holder, shall ascertain the fact whether the article is actually a deposit, or a pledge, or a deposit out of love or affection. (196)

विक्रीणीते परस्य स्वं योऽस्वामी स्वाम्यसंमतः।
न तं नयेत साक्ष्यं तु स्तेनमस्तेनमानिनम्।।१९७।।

मुक्ता०:—अस्वामी यः स्वामिना चाननुमतः परकीयं द्रव्यं विक्रीणीते वस्तुतश्चौरमचौरमात्मानं मन्यमानं तं साक्षित्वं न कारयेत्। न कुत्रचिदपि प्रमाणीकुर्यादित्यर्थः।।१९७।।

The king shall never accept the testimony of him, who, without having any right of ownership in it, sells an article without the consent of its rightful owner, and who although a thief in reality, does not consider himself as such. (197)

अवहार्यो भवेच्चैव सान्वयः षट्शतं दमम्।
निरन्वयोऽनपसरः प्राप्तः स्याच्चौरकिल्बिषम्।।१९८।।

मुक्ता०:—एष परस्वविक्रयी यदि स्वामिनो भ्रात्रादिरूपत्वेन सान्वयः संबन्धी भवति तदा षट् पणशतान्यवहार्यो दण्डनीयः। यदि पुनः स्वामिनः संबन्धी न भवति, अनपसरश्च स्यात्, अपसरत्यनेनास्मात्सकाशाद्धनमित्यपसरः प्रतिग्रहक्रयादिः स यस्य स्वामिसंबन्धिपुत्रादेः सकाशान्नास्ति तदा चौरसंबन्धि पापं प्राप्नोति। तद्वद्दण्डनीय इत्यर्थः।।१९८।।

Such a person, who is equally culpable as a thief, if he happens to belong to the family of the rightful owner, should be punished with a fine of six hundred Paṇas; otherwise he shall be held guilty as a thief and punished with the penalty for theft. (198)

अस्वामिना कृतो यस्तु दायो विक्रय एव वा।
अकृतः स तु विज्ञेयो व्यवहारे यथा स्थितिः।।१९९।।

मुक्ता०:—अस्वामिना यत्कृतं यद्दत्तं विक्रीतं वा तदकृतमेव बोद्धव्यम्। व्यवहारे यथा मर्यादा तथा कृतं न भवतीत्यर्थः।।१९९।।

A sale or mortgage of a thing by a person other than its right and lawful owner, as well as all acts done by him (in connection therewith) must be regarded as invalid (lit. not done). This is the decision of Law. (199)

संभोगो दृश्यते यत्र दृश्येतागमः क्वचित्।
आगमः कारणं तत्र न संभोग इति स्थितिः॥२००॥

मुक्ता०:—यस्मिन्वस्तुनि संभोगो विद्यते क्रयादिरूपस्त्वागमो नास्ति तत्र प्रथमपुरुषगोचर आगम एव प्रमाणं न संभोग इति शास्त्रमर्यादा॥२००॥

In the case where possession (of property by one) is evidenced, but not the means (right or little) under which he has come by it, the title will determine the right of ownership therein and not the possession. This is the decision of law. (200)

विक्रयाद्यो धनं किञ्चिद्गृह्णीयात्कुलसन्निधौ।
क्रयेण स विशुद्धं हि न्यायतो लभते धनम्॥२०१॥

मुक्ता०:—विक्रीयतेऽस्मिन्निति विक्रयदेशो विक्रयः ततो यत्क्रेयधनं किंचिद्व्यवहर्तृसमूहसभक्षं क्रीयतेऽनेनेति क्रयो मूल्यं तेन यस्माद्गृह्णीयात्। अतो न्यायत एवास्वामिविक्रेतृसकाशात्क्रयणाद्विशुद्धं धनं लभते॥२०१॥

At a public auction, the man, who purchases a property (lit. wealth) for a (good) value in the presence of legally competent witnesses, is said to lawfully come by it, since (a good) value or consideration purifies the property *i.e.* removes any defect in its title after the sale. (201)

अथ मूलमनाहार्यं प्रकाशक्रयशोधितः।
अदण्डयो मुच्यते राज्ञा नाष्टिको लभते धनम्॥२०२॥

मुक्ता०:—अथ मूलमस्वामी विक्रेता मरणाद्देशान्तरादिगमनादिना वा हर्तुं शक्यते प्रकाशक्रयेण चासौ निश्चितस्तदा दण्डानर्ह एव क्रेता राज्ञा मुच्यते। नष्टधनस्वामी च यदस्वामिना विक्रीतं द्रव्यं तत्क्रेतुर्हस्ताल्लभ्यते। अत्र च विषयोऽर्धमूल्यं क्रेतुर्दत्त्वा स्वधनं स्वामिना ग्राह्यम्। तदाह बृहस्पतिः—"वणिग्वीथीपरिगतं विज्ञातं राजपूरुषैः। अविज्ञाताश्रयात्क्रीतं विक्रेता यत्र वा मृतः॥ स्वामी दत्त्वार्धमूल्यं तु प्रगृह्णीयात्स्वकं धनम्। अर्थद्वयोरपहृतं तत्र स्याद्व्यवहारतः"॥२०२॥

If the auction-purchaser (vendor of an article or property), on his failure to produce (lit. show) the vendor, can prove (the fact of his purchasing the same at a public (lit, open auction and) its consequent purity for its being so purchased, he shall not be punishale for purchasing it from one who is not its rightful owner; but the rightful owner of the article in such a case shall have it back on payment of half the consideration to the purchaser. (202)

नान्यदन्येन संसृष्टरूपं विक्रयमर्हति।
न चासारं न च न्यूनं न दूरेण तिरोहितम्॥२०३॥

मुक्ता०:–कुङ्कुमादि द्रव्यं कुसुम्भादिना मिश्रीकृत्य न विक्रेतव्यम्। नचासारं सारमित्यभिधाय। न च तुलादिना न्यूनम्। न परोक्षावस्थितम्। न रागादिना स्थगितरूपम्। अत्रास्वामिविक्रयसादृश्यादस्वामिविक्रये दण्ड एव स्यात्॥२०३॥

An article (of one species) mixed with another of a different (species), a pithless substance, an article weighing less than its surface or manifest weight, and an article that is under a cover or lies at a distance, must not be sold. (203)

अन्यां चेद्दर्शयित्वान्या वोढुः कन्या प्रदीयते।
उभे ते एकशुल्केन वहेदित्यब्रवीन्मनुः॥२०४॥

मुक्ता०:–शुल्कदेयां शुल्कव्यवस्थाकाले निरवद्यां दर्शयित्वा यदि सावद्या वराय दीयते तदा द्वे अपि कन्ये तेनैवैकेन शुल्केनासौ वरः परिणयेदिति मनुराह। शुल्कग्रहणपूर्वककन्याया दानस्य विक्रयरूपत्वादर्थक्रयविक्रयसाधर्म्येणा-स्यात्राभिधानम्॥२०४॥

If by showing a (more handsome) bride (at the time of fixing the dowry) another (of more homely features) is given in marriage, than the bridegroom shall be entitled to marry both of them on payment of that (single dowry); this is what *Manu* has said. (204)

नोन्मत्ताया न कुष्ठिन्या न च या स्पृष्टमैथुना।
पूर्वं दोषानभिख्याप्य प्रदाता दण्डमर्हति॥२०५॥

मुक्ता०:–उन्मत्तायास्तथा कुष्ठवत्या या चानुभूतमैथुना तस्या ब्राह्मणादिविवाहात्पूर्वमुन्मादादीन्दोषान्वरस्य कथयित्वा दण्डार्हो न भवति। तेनाकथने दण्ड इति गम्यते। "यस्तु दोषवतीं कन्यां" (अ. ८ श्लो. २२४) इति वक्ष्यति॥२०५॥

He who gives away in marriage an insane girl, on one who is not virgin, or is afflicted with any form of cutaneous affections, without informing (the bridegroom) of her such disqualification shall be liable to punishment. (205)

ऋत्विग्यदि वृतो यज्ञे स्वकर्म परिहापयेत्।

तसय कर्मानुरूपेण देयोऽंशः सह कर्तृभिः॥२०६॥

मुक्ता०:—अथ संभूयसमुत्थानमाह—

यज्ञे कृतवरण ऋत्विक् यदि किंचित्कर्म कृत्वा व्याध्यादिना कर्म त्यजति तदा तस्येतरर्त्विग्भिः पर्यालोच्य कृतानुसारेण दक्षिणांशो देयः॥२०६॥

If a *Ṛttvik* (priest) duly appointed to officiate at a religious sacrifice, abandons his office, the institutors of the rite shall be bound to pay him his honorarium (Dakṣiṇā) proportionate to the work he has performed. (206)

दक्षिणासु च दत्तासु स्वकर्म परिहापयन्।

कृत्स्नमेव लभेतांशमन्येनैव च कारयेत्॥२०७॥

मुक्ता०:—माध्यंदिनसवनादौ दक्षिणाकाले दक्षिणासु दत्तासु व्याध्यादिना कर्म परित्यजन्न तु शाठ्यात्स कृत्स्नमेव दक्षिणाभागं लभेत॥ कर्मशेषं प्रकृतमन्येन कारयेत्॥२०७॥

Having officiated as a priest at a sacrifice till the payment of the honorarium (*i.e.*, nearly up to the completion of the rite), if he is compelled to abandon his office, he shall be entitled to the entire amount of *Dakṣiṇā,* and to get the remaining rites done by another. (207)

यस्मिन्कर्मणि यास्तु स्युरुक्ताः प्रत्यङ्गदक्षिगाः।

स एव ता आददीत भजेरन्सर्व एव वा॥२०८॥

मुक्ता०:—यस्मिन्कर्मण्याधानादौ अङ्गमङ्गं प्रति या दक्षिणा यत्संबन्धेन श्रुताः स्युः स एव ता आददीत न तत्तद्भागमात्रं सर्वे विभज्य गृह्णीरन्निति संशयः॥२०८॥

The query is whether in respect of a religious rite, for the performance of each part whereof a separate *Dakṣiṇā* (honorarium) has been sanctioned by the *Śāstra,* persons who have respectively performed those parts shall each obtain a Dakṣiṇā, or shall they aportion among themselves the entire Dakṣiṇā (paid in one lump sum at the close of the sacrifice. (208)

रथं हरेत चाध्वर्युर्ब्रह्माधाने च वाजिनम्।

होता वापि हरेदश्वमुद्गाता चाप्यनः क्रये॥२०९॥

मुक्ता०:–अत्र सिद्धान्तमाह–

केषांचिच्छाखिनामाधानेऽध्वर्यवे रथो देयत्वेनाम्नायते, ब्रह्मणे वेगवानश्वः, होत्रे चाश्वः, उद्गात्रे सोमक्रयवहनशकटम्, अतो व्यवस्थाम्नानसामर्थ्याद्या दक्षिणा यत्सवन्धत्वेन श्रूयते स एव तामाददीत॥२०९॥

(Among the followers of certain branches of the *Vedas* the practice is that) the *Adhvaryu* shall obtain a chariot, the *Brahma* shall receive a swift-going horse, the *Hotā* shall obtain a horse, and the *Udgātā* (chanter of the *Sāmaveda* shall obtain the cart in which the *Soma plants* have been carried. (209)

संप्रतिपत्तिविधाने दक्षिणाविभागमाह–

सर्वेषामर्धिनो मुख्यास्तदर्धेनार्धिनोऽपरे।

तृतीयिनस्तृतीयांशाश्चतुर्थांशाश्च पादिनः॥२१०॥

मुक्ता०:–"तं शतेन दीक्षयति" इति श्रूयते। तत्र सर्वेषां षोडशानामृत्विजां मध्ये ये मुख्या ऋत्विजो होत्रध्वर्युब्रह्मोद्गातारः समग्रदक्षिणायास्तेऽर्धहरा अष्टचत्वारिंशद्गोभाजो भवन्ति। अतएव कात्यायनेन "यद्द्वादशाद्येभ्यः" इति प्रत्येकं द्वादशगोदानं विहितम्। यद्यपि तस्यार्धं पञ्चाशद्भवति तथापीह न्यूनार्धग्रहणेनापि इमेऽर्धिन उच्यन्ते सामीप्यात्। अपरे मैत्रावरुणप्रतिप्रस्थातृब्राह्मणाच्छंसिप्रस्तोतारस्ते मुख्यर्त्विग्गृहीतदक्षिणार्धग्रहणेनार्धिन उच्यते। तृतीयिनोऽच्छावाङ्नेष्ट्रग्नीत्प्रतिहर्तारस्ते मुख्यर्त्विग्गृहीतस्य तृतीयमंशं लभन्ते। पादिनस्तु ग्रावस्तुदुन्नेतृपोतृसुब्रह्मण्या एते मुख्यर्त्विग्गृहीतस्य चतुर्थमंशं लभन्ते। एतच्च "षट् षट् द्वितीयेभ्यश्चतस्रश्चतस्रश्च तृतीयेभ्यस्तिस्रस्तिस्रश्चतुर्थेभ्यः" इति सूत्रयता कात्यायनेन स्फुटीकृतम्॥२१०॥

In a Jyotiṣṭoma sacrifice the Dakṣiṇā (which consists of a hundred kine should be distributed among the sixteen priests as follows, viz.) the (four) principal priests (Hotā, Adhvaryu, Brahma and Udgātā) shall each receive a Dakṣiṇā of a dozen kine, those known as *Maitrāvaruṇa, Pratistotā, Brahmanancchansi* and Prastotā shall each receive a half of the Dakṣiṇā of the former (*i.e.* six kine each); the priests of the third set (Acchāvak, *Nashtri*, A nidhra and Pratihartā) shall each have a third part of the Dakṣiṇā (of a principal priest, *i.e.,* four kine each), and the priests of the fourth set (Grāvastut, Unnita, Pota and Subrahmaṇya) shall each have a quarter part of the Dakṣiṇā of a principal priest (*i.e,* they shall have three kine eact. (210)

संभूय स्वानि कर्माणि कुर्वद्भिरिह मानवैः।
अनेन विधियोगेन कर्तव्यांशप्रकल्पना॥२११॥

मुक्ता०:—मिलित्वा गृहनिर्माणादीनि स्वकर्माणि लोके स्थपतिसूत्रधार्यादिभिश्च मनुष्यैः कुर्वद्भिरनेन यज्ञदक्षिणाविधिनाश्रयणेन विज्ञानव्यापाराद्यपेक्षया भागकल्पना कार्या॥२११॥

The shares of several men, jointly doing a work in this world, should be respectively determined by applying the above-said principle (of division of Dakṣiṇā. (211)

इदानीं दत्तानपकर्माह-

धर्मार्थं येन दत्तं स्यात्कस्मैचिद्याचते धनम्।
पश्चाच्च न तथा तत्स्यान्न देयं तस्य तद्भवेत्॥२१२॥

मुक्ता०:—येन यागादिकर्मार्थं कस्मैचिद्याचमानाय धनं दत्तं प्रतिश्रुतं वा, पश्चाच्च तद्धनमसौ यागार्थं न विनियुञ्जीत तदा तद्दत्तमपि धन ग्राह्यं प्रतिश्रुतं च न देयम्। यदाह गौतमः-"प्रतिश्रुत्याप्यधर्मसंयुक्ताय न दद्यात्"॥२१२॥

One, who has given, or has promised to give a small sum of money to a person for a religious rite, shall get back the money or withhold the gift in the event of the latter's failure to perform the same. (212)

यदि संसाधयेत्तत्तु दर्पाल्लोभेन वा पुनः।
राज्ञा दाप्यः सुवर्णं स्यात्तस्य स्तेयस्य निष्कृतिः॥२१३॥

मुक्ता०:—यदि तद्दत्तमसौ गृहीत्वा लोभादहंकाराद्वा न त्यजति, प्रतिश्रुतं वा धनं बलेन गृह्णाति तदा तस्य चौर्यपापस्य संशुद्ध्यर्थं राज्ञा स्वर्णं दण्डं दापनीयो भवति॥२१३॥

If the supplicant, out of greedor foolishness, fails to refund the money to the giver, the king shall fine him a *Suvarṇa* (gold mohur) for the theft. (213)

दत्तस्यैषोदिता धर्म्या यथावदनपक्रिया।
अत ऊर्ध्वं प्रवक्ष्यामि वेतनस्यानपक्रियाम्॥२१४॥

मुक्ता०:—एतद्दत्तस्याप्रतिपादनं धर्मादनपेतं तदुक्तम्। अतोऽनन्तरं भृतेरसमर्पणादिकं वक्ष्यामि॥२१४॥

Thus is described the law relating to malefeasance in respect of trusts or deposits; now I shall discourse on (the law relating to) non-payment of wages (to servants, etc.). (214)

भृतो नार्तो न कुर्याद्योदर्पात्कर्म यथोदितम्।
स दण्ड्यः कृष्णलान्यष्टौ न देयं चास्य वेतनम्॥२१५॥

मुक्ता०:—यो भृतिपरिक्रीतो व्याध्यपीडितो यथानिरूपितं कर्माहंकारान्न कुर्यात्सकर्मानुरूपेण सुवर्णादिकृष्णलान्यष्टौ दण्डनीयः। वेतनं चास्य न देयम्॥२१५॥

A servant, working for a stipulated pay, if he refuses to do, without being sick or indisposed, the work agreed upon out of insolence or impertinence, shall be punished with a fine of eight *Kṛṣṇalas* of gold; and the wages shall not be paid to him. (215)

आर्तस्तु कुर्यात्स्वस्थः सन्यथाभाषितमादितः।
स दीर्घस्यापि कालस्य तल्लभेतैव वेतनम्॥२१६॥

मुक्ता०:—यदा व्याध्यादिपीडया कर्म न करोति स्वस्थःसन् यादृग्भाषितं तादृक्कर्म कुर्याद्वेतनं च चिरकालादपि लभेतैव॥२१६॥

(But) if he had been really ill and if after recovery he resumes his work as originally agreed upon, he shall be entitled to his pay, due to him for howsoever long a period. (216)

यथोक्तमार्तः सुस्थो वा यस्तत्कर्म न कारयेत्।
न तस्य वेतनं देयमल्पोनस्यापि कर्मणः॥२१७॥

मुक्ता०:—यत्कर्म यथाभावितं पीडितोऽन्येन न कारयेत्सुस्थो वा न कुर्यान्नापि कारयेत् तस्यकिंचिच्छेषस्य कृतस्य कर्मणोपि वेतनं न देयम्॥२१७॥

He, who fails (to get the stipulated work done by others), when ill, or refuses to do it himself when well, shall get no wages, even if a very small part of the work is left undone. (217)

एष धर्मोऽखिलेनोक्तो वेतनादानकर्मणः।

अत ऊर्ध्वं प्रवक्ष्यामि धर्मं समयभेदिनाम्॥२१८॥

मुक्ता०:—एषा व्यवस्था वेतनादानाख्यकर्मणो निःशेषेणोक्ता। अतोऽनन्तरं संविद्व्यतिक्रमकारिणां दण्डादिव्यवस्थां वदिष्यामि॥२१८॥

Thus the law relating to the payment of wages has been fully set forth, now I shall discourse on the law relating to breach of promise or contract. (218)

यो ग्रामदेशसंघानां कृत्वा सत्येन संविदम्।

विसंवदेन्नरो लोभात्तं राष्ट्राद्विप्रवासयेत्॥२१९॥

मुक्ता०:—ग्रामदेशशब्दाभ्यां तद्वासिनो लक्ष्यन्ते। सङ्घो वणिगादिसमूहः इदमस्माभिः कर्तव्यं परिहार्यमित्येवंरूपं संकेतं सत्यादिशपथेन कृत्वा तन्मध्ये यो नरो लोभादिना निष्क्रामेत्तं राजा राष्ट्रान्निर्वासयेत्॥२१९॥

Him, who having promised an oath to abide by the rules of the guild or assembly of his village or country, breaks that promise (*i.e.*, transgresses the rules) out of greed, (the king) should banish from the country. (219)

निगृह्य दापयेच्चैनं समयव्यभिचारिणम्।

चतुःसुवर्णान् षण्णिष्कांश्छतमानं च राजतम्॥२२०॥

मुक्ता०:—अथ चैनं संविद्व्यतिक्रमकारिणं निबोध्य चतुरः सुवर्णान्षण्णिष्कान्प्रत्येकं चतुःसुवर्णपरिमितान् राजतं च शतमानं विंशत्यधिकरक्तिकाशतत्रयपरिमाणं त्रयमेतद्विषयलाधवगौरवापेक्षया समन्वितं व्यस्तं वा राजा दण्डं दापयेत्॥२२०॥

Having thus punished the breaker of promise, (the king shall impose upon him) a fine of four *Suvarṇas* or six *Niṣkas,* or one hundred silver coins. (220)

एतद्दण्डविधिं कुर्याद्धार्मिकः पृथिवीपतिः।

ग्रामजातिसमूहेषु समयव्यभिचारिणाम्॥२२१॥

मुक्ता०:—ग्रामेषु ब्राह्मणजातिसमूहेषु संविद्व्यतिक्रमकारिणामेतद्दण्डविधिं धर्मप्रधानो राजानुतिष्ठेत्॥२२१॥

A virtuous king shall adopt this law of penalty (*i.e.*, inflict these penalties on) in respect of persons who have violated their compacts with their caste-guilds or village-assemblies. (221)

क्रीत्वा विक्रीय वा किञ्चिद्यस्येहानुशयो भवेत्।
सोऽन्तर्दशहात्तद्द्रव्यं दद्याच्चैवाददीत वा॥२२२॥

मुक्ता०:—क्रीत्वा विक्रीय वा किंचिद्द्रव्यं विनश्वररूपं स्थिरार्थं भूमिताम्रपट्टादि यस्य लोके पश्चात्तापो जायते न साधु मया क्रीतमिति स क्रीतं दशाहमध्ये प्रत्यर्पयेत्। विक्रीत वा गृह्णीयात्॥२२२॥

He, who, having purchased or sold an article repents his sale or purchase, must return it (to the seller or purchaser) within ten days of the sale or bargain. (222)

परेण तु दशाहस्य न दद्यान्नापि दापयेत्।
आददानो ददच्चैव राज्ञा दण्डयः शतानि षट्॥२२३॥

मुक्ता०:—दशाहादूर्ध्वं क्रीतं न त्यजेत्। नापि विक्रीतं विक्रयिको बलेन दापयेत्। विक्रीतं बलेन गृह्णन्परित्यजन्राज्ञा षट् शतानि पणान् दण्ड्यः॥२२३॥

After the expiry of ten days such an article must not be given or taken; for giving or taking it (after the lapse of ten days) the king shall punish the giver or the taker, with a fine of six hundred *Paṇas*. (223)

यस्तु दोषवतीं कन्यामनाख्याय प्रयच्छति।
तस्य कुर्यान्नृपो दण्डं स्वयं षण्णवतिं पणान्॥२२४॥

मुक्ता०:—नोन्मत्ताया इति सामान्येनोक्तं दण्डविशेषाभिधानार्थमिदम्। उन्मादादिदोषानकथयित्वा दोषवतीं कन्यां वराय यः प्रयच्छति तस्य राजा स्वयमादरेण षण्णवतिं पणान्दण्डं कुर्यात्। अनुशयप्रसंगेनैतत्कन्यागतमुच्यते॥२२४॥

He, who gives a faulty girl in marriage without mentioning the defect, let the king punish with a fine of ninety-six *Paṇas*. (224)

अकन्येति तु यः कन्यां ब्रूयात्द्वेषेण मानवः।
स शतं प्राप्नुयात्दण्डं तस्या दोषमदर्शयन्॥२२५॥

मुक्ता०:—नेयं कन्या क्षतयोनिरियमिति यो मनुष्यो द्वेषेण ब्रूयात्तस्या उक्तदोषमविभावयन्पणशतं राजा दण्डं प्रकल्पयेत्॥२२५॥

He, who, out of spite, calls a virgin, unvirgin, shall be fined a hundred *Paṇas*, on his failure, to substantiate his statement. (225)

युक्तश्चास्याकन्येति वादिनो दण्ड: यस्मात्-

पाणिग्रहणिका मन्त्राः कन्यास्वेव प्रतिष्ठिताः।
नाकन्यासु क्वचिन्नृणां लुप्तधर्मक्रिया हि ताः॥२२६॥

मुक्ता०:—"अर्यमणं नु देवं कन्या अग्निमयक्षत" इत्येमवादयो वैवाहिका मनुष्याणां मन्त्राः कन्याशब्दश्रवणात्कन्यास्वेव व्यवस्थिता:। नाकन्याविषये क्वचिच्छास्त्रे धर्मविवाहसिद्धये व्यवस्थिता असमवेतार्थत्वात्। अतएवाह। ता: क्षतयोनयो वैवाहिकमन्त्रैः संस्क्रियमाणा अपि यस्मादपगतधर्मविवाहादिशालिन्यो भवन्ति। नासौ धर्म्यो विवाह इत्यर्थ:। नतु क्षतयोनेर्वैवाहिकमन्त्रहोमादिनिषेधकमिदम्। "या गर्भिणी संस्क्रियते" (अ. ९ श्लो. १७३) तथा "वोढुः कन्यासमुद्भवम्" (अ. ९ श्लो. १७२) इति क्षतयोनेरपि मनुनैव विवाहसंस्कारस्य वक्ष्यमाणत्वात्। देवलेन तु-"गान्धर्वेषु विवाहेषु पुनर्वैवाहिको विधि:। कर्तव्यश्च त्रिभिर्वर्णैः समयेनाग्निसाक्षिक:" इति। गान्धर्वेषु विवाहेषु होममन्त्रादिविधिरुक्त:। गान्धर्वश्चोपगमनपूर्वकोऽपि भवति। तस्य क्षत्रियविषये सुधर्मत्वं मनुनोक्तम्। अत: सामान्यविशेषन्यायादितरविषयोऽयं क्षतयोनिविवाहस्याधर्मत्वोपदेश:॥२२६॥

Nuptial Mantras are related to (lit. established on) virgins, and they are never applicable in respect of unvirgined brides, inasmuch as they stand outside the pale of (lit. are bereft of) all religious rites. (226)

पाणिग्रहणिका मन्त्रा नियतं दारलक्षणम्।
तेषां निष्ठा तु विज्ञेया विद्वद्भिः सप्तमे पदे॥२२७॥

मुक्ता०:—वैवाहिका मन्त्रा नियतं निश्चितं भार्यात्वे निमित्तम्, मन्त्रैयथाशास्त्रप्रयुक्तैर्भार्यात्वेन निष्पत्तेः। तेषां तु मन्त्राणां "सखा सप्तपदी भव" इति मन्त्रेण कल्पनया सप्तमे पदे दत्ते भार्यात्वनिष्पत्ते: शास्त्रज्ञैर्निष्पत्तिर्विज्ञेया। एवंच सप्तपदीदानात्प्राग्भार्यात्वानिष्पत्ते: सत्यनुशये जह्यान्नोर्ध्वम्॥२२७॥

The nuptial Mantras impart the status of a wife, and rite

of *Saptapadi* (walking seven steps), gone through by the bride, completes the creation of wifehood. (227)

यस्मिन्यस्मिन्कृते कार्ये यस्येहानुशयो भवेत्।

तमनेन विधानेन धर्मे पथि निवेशयेत्॥२२८॥

मुक्ता०:—न केवलं क्रय एव अन्यत्रापि यस्मिन्यस्मिन्सबन्धित्वेनादौ कार्ये यस्य पश्चात्तापो जायते तमनेन दशाहविधिना धर्मादनपेते मार्गे नृपः स्थापयेत्॥२२८॥

In whatsoever transaction (*i.e.*, not only in a sale, or purchase, or payment of wages), him, who shall have any cause of complaint, the king shall give this equitable relief in accordance with the abovesaid rules. (228)

पशुषु स्वामिनां चैव पालानां च व्यतिक्रमे।

विवादं संप्रवक्ष्यामि यथावद्धर्मतत्त्वतः॥२२९॥

मुक्ता०:—गवादिपशुविषये स्वामिनां पालानां व्यतिक्रमे जाते विवादं सम्यग्धर्म्यं यथा तथा व्यवस्थया वक्ष्यामि॥२२९॥

Now I shall duly discourse (on the law relating to) disputes between owners and keepers of cattle, arising out of their (respective) short-comings (*i.e.,* negligence, or omissions). (229)

दिवा वक्तव्यता पाले रात्रौ स्वामिनि तद्गृहे।

योगक्षेमेऽयथा चेत्तु पालो वक्तव्यतामियात्॥२३०॥

मुक्ता०:—दिवा पशूनां पालहस्तन्यस्तानां योगक्षेमविषये पालस्य गर्हणीयता। रात्रौ पुनः पालप्रत्यर्पितानां स्वामिगृहस्थितानां स्वामिनो दोषः। अन्यथा तु यदि रात्रावपि पालहस्तगता भवन्ति तत्र दोष उत्पन्ने पाल एव गर्हणीयतां प्राप्नोति॥२३०॥

The keeper of an animal, made over to him for tending, shall be answerable for any injury done to it during the day, while its owner shall be answerable for an injury done to it in his house during the night; but if the terms of tending be otherwise (*i.e.* for the day and night) the keeper shall be answerable for injuries done to it both in the day and night. (230)

गोपः क्षीरभृतो यस्तु स दुह्याद्दशतो वराम्।

गोस्वाम्यनुमते भृत्यः सा स्यात्पालेऽभृते भृतिः॥२३१॥

मुक्ता०:—यो गोपालाख्यो भृत्यः क्षीरेण न भक्तादिना स्वस्वाम्यनुज्ञया गोभ्यः

श्रेष्ठामेकां गां भृत्यर्थं दुह्यात्सा भक्तादिरहिते गोपाले भृतिः स्यात्। एवं चैकगवीक्षीरदानेन दश गाः पालयेदित्युक्तम्।।२३१।।

A cowherd, who has agreed, to take milk in lieu of his wages, shall milch with the consent of the owner, best one among (each group of) ten cows. In the absence of a stipulation for any other form of wages, this should be held as the (standard) wages of cow-keepers. (231)

नष्टं विनष्टं कृमिभिः श्वहतं विषमे मृतम्।
हीनं पुरुषकारेण प्रदद्यात्पाल एव तु।।२३२।।

मुक्ता०:—नष्टं दृष्टिपथातीतं, कृमिभिर्नाशितं, श्वभिः खादितं हतं, विवरादिपातमृतम्। प्रदर्शनं चैतत् पालसंबन्धिरक्षकाख्यपुरुषव्यापाररहितं मृतं पलायितं गवादि, पशुपाल एव तु स्वामिने दद्यात्।।२३२।।

If an animal strays out of sight, or is killed by a reptile or, by falling into a pit (lit. uneven ground) through the wilful negligence of the keeper of his duties, the keeper shall be bound to make good its loss (to the owner of the beast). (232)

विघुष्य तु हृतं चौरैर्न पालो दातुमर्हति।
यदि देशे च काले च स्वामिनः स्वस्य शंसति।।२३३।।

मुक्ता०:—चौरैः पुनः पटहादि विघुष्य हृतं पालो दातुं नार्हति। विघुष्येति चौराणां बहुत्वं प्रबलत्वकथनपरम्। संनिहिते देशे हरणकालानन्तरमेवात्मीयस्वामिनः कथयति।।२३३।।

If a beast be stolen by a gang of thieves, who have perpetrated the crime with the beat of drum, the keeper of the flock shall not be liable to make good its loss if he informs its owner of the fact at the proper time and place. (233)

कर्णौ चर्म च वालांश्च बस्तिं स्नायुं च रोचनाम्।
पशुषु स्वामिनां दद्यान्मृतेष्वङ्गानि दर्शयेत्।।२३४।।

मुक्ता०:—स्वयं मृतेषु पशुषु कर्णचर्मलाङ्गूलप्रवालान्नाभेरधोभागस्नायुरोचनाः स्वामिनां दद्यात्। अन्यानि च चिह्नानि शृङ्गखुरादीनि दर्शयेत्।।२३४।।

If a beast dies a natural death, its keeper shall cut off its ears, skin, hairs, bladder, sinews, gall-stones, or other bodily appendages which may testify to its natural death, and show them to its owner (for his better conviction). (234)

अजाविके तु संरुद्धे वृकैः पाले त्वनायति।

यां प्रसह्य वृको हन्यात्पाले तत्किल्बिषं भवेत्॥२३५॥

मुक्ता०:—अजाश्चाविकाश्चाजाविकं "गवाश्वप्रभृतीनि च" (पा. सू. २/४/११) इति द्वन्द्वैकवद्भावः। तस्मिन्नजाविके वृकैः परिवृते सति पालेऽनागच्छति यामजामेडकां वा वने वृको हन्यात्स पालस्य दोषः स्यात्॥२३५॥

In the absence of the flock-keeper, if a wolf attacks the flock and carries away a beast, the flock-keeper shall be answerable for, and liable to make good the loss of, that animal to its owner. (235)

तासां चेदवरुद्धानां चरन्तीनां मिथो वने।

यामुत्प्लुत्य वृको हन्यान्न पालस्तत्र किल्बिषी॥२३६॥

मुक्ता०:—तासामजाविकानां पालेन नियमितानां संघीभूय वनेचरन्तीनां यत्नाद्यदि कश्चित्कुतश्चिदुत्प्लुत्यालक्षितो यां कांचिद्धन्यान्न पालस्तत्र दोषभाक्॥२३६॥

But if a wolf darts upon and kills one of the animals, grazing in flocks in a wood in his presence, the *flock keeper* shall not be answerable (for the death of that animal to its owner). (236)

धनुःशतं परीहारो ग्रामस्य स्यात्समन्ततः।

शम्यापातास्त्रयो वापि त्रिगुणो नगरस्य तु॥२३७॥

मुक्ता०:—चतुर्हस्तो धनुः। शम्या यष्टिस्तस्याः पातः प्रक्षेपो ग्रामसमीपे सर्वासु दिक्षु चत्वारि हस्तशतानि, त्रीन्वा यष्टिप्रक्षेपान्यावत्पशुप्रचारार्थं सस्यवपनादिसंरोधपरिहारकार्यः। नगरसमीपे पुनरयं त्रिगुणः कर्तव्यः॥२३७॥

A strip of land to the extent of four hundred cubits, or to the width of three large sticks at the outskirt of a village should be set apart for pasturage; a ground of thrice as much measure should be kept reserved for the purpose at the outskirt of a town or city. (237)

तत्रापरिवृतं धान्यं विहिंस्युः पशवो यदि।
न तत्र प्रणयेद्दण्डं नृपतिः पशुरक्षिणाम्॥२३८॥

मुक्ता०:—तस्मिन्परिहारस्थाने यदि केनचिददत्तावृतिकं धान्यमुप्यते तच्चेत्पशवो भक्षेयुस्तत्र पशुपालानं नृपो दण्डं न कुर्यात्॥२३८॥

If the cattle graze on and destroy the crops standing on an unfenced ground, adjoining the pasture-land, the king shall inflict no penalty on the cattle-keepers (for such destructions of crops). (238)

वृतिं तत्र प्रकुर्वीत यामुष्ट्रो न विलोकयेत्।
छिद्रं च वारयेत्सर्वं श्वसूकरमुखानुगम्॥२३९॥

मुक्ता०:—तत्र परिहारस्थाने क्षेत्रे वृतिं कण्टकादिमयीं तथाविधामुच्छ्रितां कुर्यात्। यामपरपार्श्वे उष्ट्रो न विलोकयेत्, तस्यां च यत्किंचिच्छिद्रं श्वसूकरमुखप्रवेशयोग्यं तत्सर्वमावृणुयात्॥२३९॥

Such a land (*i.e.* the one adjoining or close to the pasture ground) should be enclosed with a fence or enclosure over which a camel would not be able to see and too dense to allow a dog or a hog to thurst its nose or snout into it. (239)

पथि क्षेत्रे परिवृते ग्रामान्तीयेऽथवा पुनः।
सपालः शतदण्डार्हो विपालांवारयेत्पशून्॥२४०॥

मुक्ता०:—वर्त्मसमीपग्रामसमीपवर्तिनि वा परिहारस्थे क्षेत्रे दत्तवृतौ सपालः पशुः पालानिवारितो द्वारादिना कथंचित्प्रविष्टो यदा भक्षयति तदा पणशतं दण्ड्यः। पशोश्च दण्डासंभवात्पाल एव दण्ड्यः। विपालान्पुनर्भक्षणप्रवृत्तान्क्षेत्ररक्षको निवारयेत्॥२४०॥

If a flock of cattle, attended by its keeper, trespasses on an enclosed field near the road side, or at the outskirt of a village, or close to a pasture ground (and grazes upon the growing crop), the king shall fine him a hundred Paṇas; the owner of the field is bound to keep them off, if the cattle, unattended by the keepers, attempt to enter upon it. (240)

क्षेत्रेष्वन्येषु तु पशुः सपादं पणमर्हति।
सर्वत्र तु सदो देयः क्षेत्रिकस्येति धारणा॥२४१॥

मुक्ता०:—वर्त्मग्रामान्तव्यतिरिक्तेषु पशुर्भक्षयन्सपादं पणं दण्डमर्हति। अत्रापि पाल एव दण्ड्यः। सर्वत्र क्षेत्रे पशुभक्षितं फलं स्वामिने पालेन स्वामिना वा यथापराधं दातव्यमिति निश्चयः॥२४१॥

If the cattle trespass and graze on fields other than those described above, the keeper shall be punished with a fine of one *Paṇa* and a quarter; but under all circumstances he shall be liable to make good the loss to the owner of the field. (241)

अनिर्दशाहां गां सूतां वृषान्देवपशूंस्तथा।
सपालान्वा विपालान्वा न दण्ड्यान्मनुरब्रवीत्॥२४२॥

मुक्ता०:—प्रसृतां गामनिर्गतदशाहां तथा च चक्रशूलाङ्कितोत्सृष्टवृषान्हरिहरादिप्रतिमासंबन्धिपशून्पालसहितान्पालरहितान्वा सस्यभक्षणप्रवृत्तान्मनुरदण्ड्यानाह। उत्सृष्टवृषाणामपि गर्भार्थं गोकुले पालैर्धारणात्सपालत्वसंभवः॥२४२॥

No penalty exists in respect of the destruction of a crop by a cow within ten days of her parturition, or by a bull branded with the sign of a discus or trident, or by a bull, dedicated to a *deity*, whether attended by the cowherd or otherwise. This is the decision of *Manu*. (242)

क्षेत्रियस्यात्यये दण्डो भागाद्दशगुणो भवेत्।
ततोऽर्धदण्डो भृत्यानामज्ञानात्क्षेत्रिकस्य तु॥२४३॥

मुक्ता०:—क्षेत्रकर्षकस्यात्मपशुसस्यभक्षणेऽयथाकालं वपनादौ वापराधे सति यावतो राजभागस्य तेन हानिः कृता ततो दशगुणदण्डः स्यात्। क्षेत्रिकाविदिते भृत्यानामुक्तापराधे क्षेत्रिकस्यैव दशगुणार्धदण्डः। क्षेत्रसस्यप्रसङ्गाच्चेदमुक्तम्॥२४३॥

In the event of the destruction of the crop through the negligence or omission of the owner of the field, he shall be punished with a fine of ten times the measure of grain payable (as revenue) to the king (in respect of that field); and half of the above fine shall be the penalty when the loss will occur through acts of the owner's servants and without his knowledge. (243)

एतद्विधानमातिष्ठेद्धार्मिकः पृथिवीपतिः।
स्वामिनां च पशूनां च पालानां च व्यतिक्रमे॥२४४॥

मुक्ता०:—स्वामिनां पालानां चारक्षणादपराधे पशूनां च सस्यभक्षणरूपे व्यतिक्रमे धर्मप्रधानो भूपतिरेतत्पूर्वोक्तं कर्तव्यमनुतिष्ठेत्॥२४४॥

Conformably to these rules the virtuous king shall settle disputes between keepers and owners of animals, arising out of their respective omissions or shortcomings. (244)

सीमां प्रति समुत्पन्ने विवादे ग्रामयोर्द्वयोः।
ज्येष्ठे मासि नयेत्सीमां सुप्रकाशेषु सेतुषु॥२४५॥

मुक्ता०:—द्वयोर्ग्रामयोर्मर्यादां प्रति विप्रतिपत्तावुत्पन्नायां ज्येष्ठे मासि ग्रीष्मरवितापसंशुष्कतृणत्वात्प्रकटीभूतेषु सीमालिङ्गेषु राजा सीमां निश्चिनुयात्॥२४५॥

In a dispute as to boundaries between two villages, the boundary should be determined in the month of *Jaiṣtha* (May-June) after the border embankments have become fully apparent (on the recedence of water). (245)

सीमावृक्षांश्च कुर्वीत न्यग्रोधाश्वत्थकिंशुकान्।
शाल्मलीन्सालतालांश्च क्षीरिणश्चैव पादपान्॥२४६॥

मुक्ता०:—न्यग्रोधादीन्वृक्षान्क्षीरिण उदुम्बरादींश्चिरस्थायित्वात्सीमालिङ्ग-भूतान्कुर्वीत॥२४६॥

Tree such as the *Nyagrodṣa, Aṣvattha, Kiṅśuka, Śālmali, Sāla, Tala, and Kṣeri* should be made (*i.e.* planted to demarcate) boundaries. (246)

गुल्मान्वेणूंश्च विविधाञ्छमीवल्लीस्थलानि च।
शरान्कुब्जकगुल्मांश्च तथा सीमा न नश्यति॥२४७॥

मुक्ता०:—गुल्मान्प्रकाण्डरहितान्वेणूंश्च प्रचुरकण्टकत्वाल्पकण्टकत्वादिभेदेन नानाप्रकारान्सीमावृक्षान्वल्लीर्लताः स्थानानि कृत्रिमोन्नतभूभागान् शरान् कुब्जकगुल्मांश्च प्रचुराल्पभोगत्वेनादरार्थं पृथङ्निर्दिष्टान्सीमालिङ्गभूतान्कुर्यात्। एवं कृते सीमा न नश्यति॥२४७॥

Boundaries, demarcated by shrubs, bamboos, various kinds of *Śamis*, creepers, mud-pillars, or Kuvjaka plants are never obliterated. (247)

तडागान्युदपानानि वाप्यः प्रस्रवणानि च।

सीमासंधिषु कार्याणि देवतायतनानि च॥२४८॥

मुक्ता०:—तडागकूपदीर्घिकाजलनिर्गममार्गदेवगृहाणिं सीमारूपेषु ग्रामद्वय-संधिस्थानेषु कर्तव्यानि। एतेषु सीमानिर्णयाय विख्याप्य कृतेषूदकाद्यर्थिजना अपि श्रुतिपरंपरया चिरकालेऽपि साक्षिणो भवन्ति॥२४८॥

At the meeting of boundaries, tanks, ponds, fountains or reservoirs of water should be made, or divine temples should be erected. (248)

उपच्छन्नानि चान्यानि सीमालिङ्गानि कारयेत्।

सीमाज्ञाने नृणां वीक्ष्य नित्यं लोके विपर्ययम्॥२४९॥

मुक्ता०:—सीमानिर्णये सर्वदास्मिल्लोके मनुष्याणां विभ्रममज्ञानं दृष्ट्वाभिहितव्यतिरिक्तानि गूढानि वक्ष्यमाणानि सीमाचिह्नानि कारयेत्॥२४९॥

Considering the blunders committed by men in determining or ascertaining boundaries, other hidden signs of boundary-demarcation should be made. (249)

अश्मनोऽस्थीनि गोवालांस्तुषान्भस्म कपालिकाः।

करीषमिष्टकाङ्गारांश्छर्करा वालुकास्तथा॥२५०॥

यानि चैवंप्रकाराणि कालाद्भूमिर्न भक्षयेत्।

तानि सन्धिषु सीमायाम प्रकाशानि कारयेत्॥२५१॥

मुक्ता०:—प्रस्तरास्थिगोवालतुषभस्मकर्पटिकाशुष्कगोमयपक्वेष्टकाङ्गारपाषाण-कर्परसिकता अन्यान्यप्येवंप्रकाराणि कालाञ्जनकार्पासास्थिप्रभृतीनि यानि चिरकालेनापि भूमिरात्मसात्र करोति तानि ग्रामयोः संधिषु सीमायां "प्रक्षिप्य कुम्भेष्वेतानि सीमान्तेषु निधापयेत्" इति बृहस्पतिवचनात्स्थूलपाषाणव्यतिरिक्तानि कुम्भेषु कृत्वा प्रच्छन्नानि भूमौ निखाय धारयेत्॥२५०॥२५१॥

Stones, bones, cow's hairs, husks of paddy, ashes, bits of broken pottery, dried cow-dung cakes, bricks, charcoals, broken bits of baked clay and sands. (Or in other words) all things which the earth may not consume in course of time should be buried underneath the soil for the purpose of fixing the boundaries. (250-251)

एतैर्लिङ्गैर्नयेत्सीमां राजा विवदमानयोः।

पूर्वभुक्त्या च सततमुदकस्यागमेन च॥२५२॥

मुक्ता०:—विवदमानयोर्ग्रामयोः प्रागुक्तैरेतैरुक्तचिह्नै राजा सीमामुन्नयेत्। वसतोः पुनरविच्छिन्नया भुक्तया सीमानिर्णयो नतु त्रिपुरुषादिकतया। तस्य "आधिः सीमा" इति पर्युदस्तत्वात्। ग्रामद्वयसंधिस्थनद्यादिप्रवाहेण च पारावारग्रामयोः सीमां निश्चिनुयात्॥२५२॥

The king shall lay down the boundary between the two contending (villages) by the abovesaid demarcating substances, having determined it by previous possession and (the existence of) water-courses. (252)

यदि संशय एव स्याल्लिङ्गानामपि दर्शने।

साक्षिप्रत्यय एव स्यात्सीमावादविनिर्णयः॥२५३॥

मुक्ता०:—यदि प्रच्छन्नप्रकाशलिङ्गदर्शनेऽपि प्रच्छन्नाङ्गातुषादिकुम्भा अमी स्थानान्तरं नीत्वा निखाता नायं सीमातरुर्न्यग्रोधः स नष्ट इत्यादि समस्त एव यदि संदेहः स्यात्तदा साक्षिप्रमाण एव सीमाविवादनिश्चयो भवेत्॥२५३॥

In the case where the existence of boundary-marks would give rise to suspicion the testimony of witnesses would settle the dispute as to the boundary. (253)

ग्रामीयककुलानां च समक्षं सीम्नि साक्षिणः।

प्रष्टव्याः सीमलिङ्गानि तयोश्चैव विवादिनोः॥२५४॥

मुक्ता०:—ग्रामिकजनसमूहानां ग्रामद्वयस्थनियुक्तयोर्वादिप्रतिवादिनोश्च समक्षं सीमाविषये सीमालिङ्गसंदेहे लिङ्गानि साक्षिणः प्रष्टव्याः॥२५४॥

He (*i.e.* the king) shall interrogate the witnesses as to the boundary marks in the presence of the disputants and the inmates of the same village. (254)

ते पृष्टास्तु यथा ब्रूयुः समस्ताः सीम्नि निश्चयम्।

निबन्धीयात्तथा सीमां सर्वांस्तांश्चैव नामतः॥२५५॥

मुक्ता०:—ते पृष्टाः साक्षिणः समस्ता न द्वैधेन सीमाविषयेण येन प्रकारेण निश्चयं ब्रूयुस्तेन प्रकारेणाविस्मरणार्थं पत्रे सीमां लिखेत्। तांश्च सर्वानेव साक्षिणो नामविभागतो लिखेत्॥२५५॥

Statements made by the witnesses regarding the determination of boundaries, together with their names, the king shall cause to be entered into the boundary paper (record). (255)

शिरोभिस्ते गृहीत्वोर्वी स्रग्विणो रक्तवाससः।

सुकृतैः स्वैः शापिताः स्वैर्नयेयुसस्ते समञ्जसम्।।२५६।।

मुक्ता०:–ते साक्षिण इति सामान्यश्रवणेऽपि "रक्तस्रग्वाससः सीमां नवेयुः" (अ. २ श्लो. १५२) इति याज्ञवल्क्यवचनाद्रक्तपुष्पमालाधारिणो लोहितवाससो मस्तके मृल्लोष्ठानि गृहीत्वा यदस्माकं सुकृतं तन्निष्फलं स्यादित्येवमात्मीयैः सुकृतैः शापिताः सन्तस्तां सीमां यथाशक्ति निर्णयेयुः।।२५६।।

The witnesses, clad in red garments, decked with garlands of red flowers round their necks, and carrying loose earth on their heads, shall swear as to the correctness of the boundary by their respective good deeds. (256)

यथोक्तेन नयन्तस्ते पूयन्ते सत्यसाक्षिणः।

विपरीतं नयन्तस्तु दाप्या स्युर्द्विशतं दमम्।।२५७।।

मुक्ता०:–ते सत्यप्रधाना साक्षिणः शास्त्रोक्तेन विधानेन निर्णयस्था निष्पापा भवन्ति। अतथ्येन तु निश्चिन्वन्तः प्रत्येकं पणशतद्वयं दण्डं दाप्या भवेयुः।।२५७।।

Their true testimony shall purify these truthful witnesses, but the king shall punish each of them with a fine of two hundred *Paṇas,* if they give false evidence. (257)

साक्ष्यभावे तु चत्वारो ग्रामाः सामन्तवासिनः।

सीमाविनिर्णयं कुर्युः प्रयता राजसन्निधौ।।२५८।।

मुक्ता०:–ग्रामद्वयसंबन्धिसीमाविवादसाक्ष्यभावे चतुर्दिशं समन्तभवाः सामन्तास्तद्वासिनश्चत्वारो ग्रामवासिनः साक्षिधर्मेण राजसमक्षं सीमानिर्णयं कुर्युः।।२५८।।

In the absence of witnesses, four persons, living at the four angles of the village (Samantas), shall assiduously determine the boundary in the presence of the king. (258)

सामन्तानामभावे तु मौलानां सीम्नि साक्षिणाम्।

इमानप्यनुयुञ्जीत पुरुषान्वनगोचरान्।।२५९।।

मुक्ता०:—साक्षिधर्मेण राजसमक्षमनुभवेन निर्णयमकुर्वतां ग्रामवासिनां ग्रामनिर्माणकालादारभ्य मौलानां पुरुषक्रमेण तद्ग्रामस्थानां सीमासाक्षिणामभाव इमान्वक्ष्यमाणान्संनिहितवनचारिणः पृच्छेत्।।२५९।।

व्याधाञ्छाकुनिकान्गोपान्कैवर्तान्मूलखानकान्।

व्यालग्राहानुञ्छवृत्तीनन्यांश्च वनचारिणः।।२६०।।

मुक्ता०:—लुब्धकान्, पक्षिवधजीविनः, गोपालान्, मत्स्यजीविनो, मूलोत्पाटनजीविनः, सर्पग्राहिणः, शिलोञ्छवृत्तीनन्यांश्च फलपुष्पेन्धनाद्यर्थं वनव्यवहरिणः पृच्छेत्। एते हि स्वप्रयोजनार्थं तेन ग्रामेण सर्वदा वनं गच्छेयुस्तद्ग्रामसीमाभिज्ञाः संभवन्ति।।२६०।।

In the absence of *Samantas*, persons who are the members of old-established families in the village shall be cited as witnesses, and in case where even they would be unavailable the foresters, (such as trappers, fowlers, cowherds, Kaivartas (fishermen), herb-collectors, snakecatchers, and grain-pickers) shall be interrogated. (259-260)

ते पृष्टास्तु यथा ब्रूयुः सीमासंधिषु लक्षणम्।

तत्तथा स्थापयेद्राजा धर्मेण ग्रामयोर्द्वयोः।।२६१।।

मुक्ता०:—ते व्याधादयः पृष्टाः सीमारूपेषु ग्रामसंधिषु येन प्रकारेण चिह्नं ब्रूयुस्तत्तेनैव प्रकारेण राजा द्वयोर्ग्रामयोः सीमां व्यवस्थापयेत्।।२६१।।

Interrogated by him whatever they will say as to the mode of demarcating the boundary between the two villages the king shall lay down the boundary in accordance therewith. (261)

क्षेत्रकूपतडागानामारामस्य गृहस्य च।

सामन्तप्रत्ययो ज्ञेयः सीमासेतुविनिर्णयः।।२६२।।

मुक्ता०:—एकग्रामेऽपि क्षेत्रकूपतडागोद्यानगृहाणां सीमासेतुविवादे समस्तदेशवासिसाक्षिप्रमाणक एव मर्यादाचिह्ननिश्चयो विज्ञेयो न व्याधादिप्रमाणकः।।२६२।।

In demarcating the boundaries of a field, well, pond, orchard, or a house, the testimony of a man, living in the neighbourhood and cognisant thereof, shall be taken. (262)

सामन्ताश्चेन्मृषा ब्रूयुः सेतौ विवदतां नृणाम्।

सर्वे पृथक्पृथग्दण्ड्या राज्ञा मध्यमसाहसम्॥२६३॥

मुक्ता०:—सीमाचिह्ननिमित्तं विवदमानानां मनुष्याणां यदि सामन्ता देशवासिनो मिथ्या ब्रुयुस्तदा ते सर्वे प्रत्येकं राज्ञा मध्यमसाहसं दण्डनीयाः। एवं चासामन्तरूपाणां पूर्वोक्तद्विशतो दमो ज्ञेयः॥२६३॥

The king shall punish each of these witnesses with a fine of *Madhyama Sāhasa* (five hundred Paṇas), if they give false evidence in respect of the boundary. (263)

गृहं तडागमारामं क्षेत्रं वा भीषया हरन्।

शतानि पञ्च दण्ड्यः स्यादज्ञानाद्द्विशतो दमः॥२६४॥

मुक्ता०:—गृहतडागोद्यानक्षेत्राणामन्यतमं मारणबन्धनादिभयकथनपूर्वमाक्रम्य हरणे पञ्च पणशतानि दण्डनीयः स्यात्स्वत्वभ्रान्त्या हरतो द्विशतो दमः॥२६४॥

For having wrongfully taken possession of a house, or orchard by intimidation, one shall be punished with a fine of five hundred *Paṇas*, for having unknowingly taken possession thereof one shall be punished with a fine of two hundred Paṇas. (264)

सीमायामविषह्यायां स्वयं राजैव धर्मवित्।

प्रदिशेद्भूमिमेतेषामुपकारादिति स्थितिः॥२६५॥

मुक्ता०:—लिङ्गसाक्ष्याद्यभावे सीमायां परिच्छेत्तुमशक्यायां राजैव धर्मज्ञः पक्षपातरहितो ग्रामद्वयमध्यवर्तिनीं विवादविषयां भूमिं येषामेव ग्रामवासिनामुपकारातिशयो भवति यद्व्यतिरेकेण च महाननिर्वाहस्तेषामेव दद्यादिति शास्त्रव्यवस्था॥२६५॥

In the case where it will be impossible to (rightly) demarcate the boundary, the king shall go to the spot in person and allot the lands (in dispute) to such (of the disputants) to whom they may be most useful. (265)

एषोऽखिलेनाभिहितो धर्मः सीमाविनिर्णये।

अत ऊर्ध्वं प्रवक्ष्यामि वाक्यारुष्यविनिर्णयम्॥२६६॥

मुक्ता०:—एष सीमानिश्चयो धर्मो निःशेषेणोक्तः, अत ऊर्ध्वं वाक्पारुष्यं वक्ष्यामि। दण्डपारुष्याद्वाक्पारुष्यप्रवृत्तेः पूर्वमभिधानम्। अनुक्रमश्रुत्यां तु "पारुष्ये दण्डवाचिके" (अ. ८ श्लो. ६) इति दण्डशब्दस्याल्पस्वरत्वात्पूर्वनिर्देशः॥२६६॥

Thus the law (*i.e.*, procedure) relating to boundary disputes has been laid down in its entirety; henceforth I shall discourse on the law relating to the use of abusive language. (266)

शतं ब्राह्मणमाक्रुश्य क्षत्रियो दण्डमर्हति।
वैश्येऽप्यर्धशतं द्वे वा शूद्रस्तु वधमर्हति॥२६७॥

मुक्ता०:—द्विजस्य चौरेत्याक्षेपरूपं परुषमुक्त्वा क्षत्रियः पणशतं दण्डमर्हति। एवं सार्धशतं द्वे वा शते लाघवगौरवापेक्षया वैश्यः। शूद्रोऽप्येवं ब्राह्मणाक्रोशे ताडनादिरूपं वधमर्हति॥२६७॥

For having used any abusive language to a *Brāhmaṇa*, a *Kṣatriya* shall be punished with a fine of one hundred *Paṇas;* wheras for the same offence a *Vaiśya* shall be punished with a fine of one hundred and fifty or two hundred Paṇas; and a *Śūdra,* with a corporal punishment (flogging, etc.). (267)

पञ्चाशद्ब्राह्मणो दण्ड्यः क्षत्रियस्याभिशंसने।
वैश्ये स्यादर्धपञ्चाशच्छूद्रे द्वादशको दमः॥२६८॥

मुक्ता०:—ब्राह्मणः क्षत्रियस्योक्तरूपाक्षेपे कृते पञ्चाशत्पणान्दण्डयः। वैश्ये शूद्रे च यथोक्ताक्रोशे कृते पञ्चविंशतिर्द्वादशः पणाः क्रमेण ब्राह्मणस्य दण्डः स्यात्॥२६८॥

For having used abusive language to a *Kṣatriya* a *Brāhmaṇa* shall be punished with a fine of fiftty Paṇas; while for having used abusive language to a Vaiśya or Śūdra he shall be punished with a fine of twenty-five or twelve Paṇas. (268)

समवर्णे द्विजातीनां द्वादशैव व्यतिक्रमे।
वादेष्ववचनीयेषु तदेव द्विगुणं भवेत्॥२६९॥

मुक्ता०:—द्विजातीनां समानजातिविषये यथोक्ताक्रोशे कृते द्वादशपणो दण्डः। अवचनीयेषु पुनराक्रोशवादेषु मातृभगिन्याद्यश्लीलरूपेषु तदेवेति नपुंसकनिर्देशात् "शतं ब्राह्मणमाक्रुश्य" (अ. ८ श्लो. २६७) इत्यादि यदुक्तं तदेव द्विगुणं दण्डरूपं भवेत्॥२६९॥

In the case of abusive language among members of the twiceborn castes, the offender shall be punished with a fine of twelve *Paṇas,* while in the event of filthy language being used the offender shall be punished with a fine of double value (twenty four Paṇas). (269)

एकजातिर्द्विजातीस्तु वाचा दारुणया क्षिपन्।

जिह्वायाः प्राप्नुयाच्छेदं जघन्यप्रभवो हि सः।।२७०।।

मुक्ता०:—शूद्रो द्विजातीन्पातकाभियोगिन्या वाचाक्रुश्य जिह्वाच्छेदं लभेत्। यस्मादसौ पादाख्यान्निकृष्टाङ्गाज्जातः।।२७०।।

If a *Śūdra* uses any offensive language to a member of the twice-born caste (Brāhmaṇa), his tongue shall be slipped off, inasmuch as he (Śūdra) has originated from a vile place (of the body of Supreme Brahma). (270)

नामजातिग्रहं त्वेषामभिद्रोहेण कुर्वतः।

निक्षेप्योऽयोमयः शङ्कुर्ज्वलन्नास्ये दशाङ्गुलः।।२७१।।

मुक्ता०:—अभिद्रोह आक्रोशः। ब्राह्मणादीनां रे त्वं यज्ञदत्त ब्राह्मणापसद इत्याक्रोशेन नामजात्यादिग्रहणं कुर्वतो लोहकीलोऽग्निना प्रदीप्तो दशाङ्गुलो मुखेषु क्षेप्तव्यः।।२७१।।

If a *Śūdra* abuses a member of the twice-born order by mentioning his name and caste, a burning log to the length of ten fingers shall be inserted into his mouth. (271)

धर्मोपदेशं दर्पेण विप्राणामस्य कुर्वतः।

तप्तमासेचयेत्तैलं वक्त्रे श्रोत्रे च पार्थिवः।।२७२।।

मुक्ता०:—कथंचिद्धर्मलेशमवगम्यायं ते धर्मोऽनुष्ठेय इति ब्राह्मणस्याहंकारादुपदिशतोऽस्य शूद्रस्य मुखे कर्णयोश्च ज्वलत्तैलं राजा प्रक्षेपयेत्।।२७२।।

If a Śūdra insolently gives any religious or moral advice to a *Brāhmaṇa,* the king shall cause hot oil to be poured into his mouth and ears. (272)

श्रुतं देशं च जातिं च कर्म शारीरमेव च।

वितथेन ब्रुवन्दर्पाद्दाप्यः स्याद्द्विशतं दमम्।।२७३।।

मुक्ता०:—समानजातिविषयमिदं दण्डलाघवान्न तु शूद्रस्य द्विजात्याक्षेपविषयम्। न त्वयैतच्छ्रुतं, न भवान् तद्देशजातो, न तवेयं जातिर्न तव शरीरसंस्कारमुपनयनादिकर्म

कृतमित्यहंकारेण मिथ्या ब्रुवन्द्विशतं दण्डं दाप्यः स्यात्। वितथेनेति तृतीयाविधाने "प्रकृत्यादिभ्य उपसंख्यानम्" इति तृतीया।।२७३।।

For having cast unjust aspersions on one's learning, country, caste, deeds, or bodily features, the king shall punish the offender with a fine of two hundred *Paṇas*. (273)

काणं वाप्यथवा खञ्जमन्यं वापि तथाविधम्।

तथ्येनापि ब्रुवन्दाप्यो दण्डं कार्षापणावरम्।।२७४।।

मुक्ता०:–एकाक्षिविकलं पादविकलमन्यमपि वा तथाविधं हस्ताद्यङ्गविकलं सत्येनापि काणादिशब्देन ब्रुवन्नत्यन्ताल्पं तदा कार्षापणं दण्डं दाप्यः।।२७४।।

For having taunted a man for his physical deformity (lit. for having called a lame man, lame, and a blind man blind) or for having committed a similar offence out of insolence, the king shall punish the offender with a fine of one *Karṣā paṇam* (sixteen Paṇas). (274)

मातरं पितरं जायां भ्रातरं तनयं गुरुम्।

आक्षारयञ्छतं दाप्यः पन्थानं चाददद्गुरोः।।२७५।।

मुक्ता०:–"आक्षारितः क्षारितोऽभिशप्तः" (अमरकोषे विशेष्यनिघ्ने श्लो. ४३) इत्याभिधानिकाः। मात्रादीन्पातकादिनाभिशपन्, गुरोश्च पन्थानमत्यजन्दण्ड्यः। भार्यादीनां गुरुलघुपापाभिशापेन दण्डसाम्यं समाधेयम्। मेधातिथिस्तु आक्षारणं भेदनमित्युक्त्वा मातृपुत्रपित्रादीनां परस्परभेदनकर्तुरयं दण्डविधिरिति व्याख्यातवान्।।२७५।।

For having used abusive language to his mother, father, wife, brother, or son, and for not having given way to his preceptor, the king shall punish the offender with a fine of one hundred Paṇas. (275)

ब्राह्मणक्षत्रियाभ्यां तु दण्डः कार्यो विजानता।

ब्राह्मणे साहसः पूर्वः क्षत्रिये त्वेव मध्यमः।।२७६।।

मुक्ता०:–ब्राह्मणक्षत्रियाभ्यां परस्परं पतनीयाक्रोशे कृते दण्डशास्त्रज्ञेन राज्ञा दण्डः कार्यः। दण्डमेव विशेषेणाह–ब्राह्मण इति। ब्राह्मणे क्षत्रियाक्रोशिनि प्रथमसाहसः कार्यः। ब्राह्मणाक्रोशिनि पुनः क्षत्रिये मध्यमसाहसः।।२७६।।

In the case where a *Brāhmaṇa* has used abusive language to a *Kṣatriya*, and vice versa, the king shall punish the Brāhmaṇa with a fine of the *Prathama Sāhasa* class (one hundred Paṇas) and the *Kṣatriya* with a fine of the *Madhyama Sāhasa* class (two hundred and fifty Paṇas). (276)

विट्शूद्रयोरेवमेव स्वजातिं प्रति तत्त्वतः।

छेदवर्जं प्रणयनं दण्डस्येति विनिश्चयः॥२७७॥

मुक्ता०:—वैश्यशूद्रयोरन्योन्यजातिं प्रति पतनीयाक्रोशे ब्राह्मणक्षत्रियवद्वैश्ये शूद्राक्रोशिनि प्रथमसाहसः। शूद्रे वैश्याक्रोशिनि मध्यमसाहस इत्येवंरूपं दण्डस्य प्रणयनं जिह्वाच्छेदरहितं यथावत्कर्तव्यमिति शास्त्रनिश्चयः। एवंच "एकजातिर्द्विजातींस्तु" (अ. ८ श्लो. २७०) इति प्रागुक्तजिह्वाच्छेदो वैश्ये निवारितो ब्राह्मणक्षत्रियाक्रोशविषय एवावतिष्ठते॥२७७॥

For such a (quarrel) having occurred between a *Vaiśya* and a *Śūdra,* the Vaiśya shall be punished with a fine of the Prathama Sāhasa class, and the Śūdra, without having had his tongue clipped off, shall be punished with a fine of the Madhyama Sāhasa class. This is the decision of law in respect of punishment (for these offences). (277)

एष दण्डविधिः प्रोक्तो वाक्पारुष्यस्य तत्त्वतः।

अत ऊर्ध्वं प्रवक्ष्यामि दण्डपारुष्यनिर्णयम्॥२७८॥

मुक्ता०:—एषोऽनन्तरोक्तो वाक्पारुष्यस्य यथावद्दण्डविधिरुक्तः, अनन्तरं ताडनादेर्दण्डपारुष्यस्य निर्णयं वक्ष्यामि॥२७८॥

Verily thus the punishment for the use of abusive language has been described. Now I shall discourse on the law relating to assault or battery. (278)

येन केनचिदङ्गेन हिंस्याच्चेच्छ्रेष्ठमन्त्यजः।

छेत्तव्यं तत्तदेवास्य तन्मनोरनुशासनम्॥२७९॥

मुक्ता०:—अन्त्यजः शूद्रो येन केनचित्करचरणादिनाङ्गेन साक्षाद्दण्डादिनाऽव्यवहितेन द्विजातिं प्रहरेत्तदेवाङ्गमस्य छेत्तव्यमित्ययं मनोरुपदेशः। मनुग्रहणमादरार्थम्॥२७९॥

The limb with which a member of a vile caste shall

assault a member of a superior caste shall be cut off. This is the injunction of *Manu*. (279)

अस्यैवोत्तरत्र प्रपञ्चः-

पाणिमुद्यम्य दण्डं वा पाणिच्छेदनमर्हति।

पादेन प्रहरन्कोपात्पादच्छेदनमर्हति॥२८०॥

मुक्ता०:—प्रहर्तुं पाणिं दण्डं वोद्यम्य पाणिच्छेदं लभते। पादेन कोपात्प्रहरणे पादच्छेदं प्राप्नोति॥२८०॥

If a member of a vile caste raises his hand against, or assaults, a member of a superior caste with his hand, his hand shall be cut off by way of punishment; if he commits the same offences with his leg out of anger, his leg shall be cut off. (280)

सहासनमभिप्रेप्सुरुत्कृष्टस्यापकृष्टजः।

कट्यां कृताङ्को निर्वास्यः स्फिचं वास्यावकर्तयेत्॥२८१॥

मुक्ता०:—ब्राह्मणेन सहासनोपविष्टः शूद्रः कट्यां तप्तलोहकृतचिह्नोऽपदेशो निर्वासनीयः। स्फिचं वास्य यथा न म्रियते तथा छेदयेत्॥२८१॥

If a vile person attempts to sit on the same seat or cushion with a man of superior caste, the king shall punish him by branding his waist and exiling him from the country, or by lopping off his hips. (281)

अवनिष्ठीवतो दर्पाद्द्वावोष्ठौ छेदयेन्नृपः।

अवमूत्रयतो मेढ्रमवशर्धयतो गुदम्॥२८२॥

मुक्ता०:—दर्पेण श्लेष्मणा ब्राह्मणानपमानयतः शूद्रस्य राजा द्वावोष्ठौ छेदयेत्। मूत्रप्रक्षेपेणापमानयतो मेढ्रम्। शर्धनं कुत्सितो गुदशब्दस्तेनावमानयतो दर्पान्न प्रमादाद्गुदं छेदयेत्॥२८२॥

If any one insolently spits on the person (of a Brāhmaṇa) the king shall cause his lips to be cut off; if any one urinates or passes flatus (out of insolence) on the person of a *Brāhmaṇa*, the king shall cause his penis or rectum to be cut off. (282)

केशेषु गृह्णतो हस्तौ छेदयेदविचारयन्।

पादयोर्दाढिकायां च ग्रीवायां वृषणेषु च॥२८३॥

मुक्ता०:—दर्पादित्यनुवर्तते। अहंकारेण केशेषु ब्राह्मणं गृह्णतः शूद्रस्य पीडास्य जाता न जाता वेत्यविचारयन्हस्तौ छेदयेत्। पादयोः स्मश्रुणि व ग्रीवायां वृषणे च हिंसार्थं गृह्णतो हस्तद्वयच्छेदमेव कुर्यात्॥२८३॥

If any body pulls him (Brāhmaṇa) by the hair or beard, the king shall cause his (offender's) hand or leg to be cut off; if any body pushes him (Brāhmaṇa) by the neck the king shall cuase his testes to be severed. (283)

त्वग्भेदकः शतं दण्ड्यो लोहितस्य च दर्शकः।

मांसभेत्ता तु षण्णिष्कान्प्रवास्यस्त्वस्थिभेदकः॥२८४॥

मुक्ता०:—चर्ममात्रभेदकृत्समानजातिर्न शूद्रो ब्राह्मणस्य दण्डलाघवं पणशतं दण्डनीयः। तथा रक्तोत्पादकोऽपि पणशतमेव दण्ड्यः। मांसभेदी षण्निष्कान्दाप्यः। अस्थिभेदकस्तु देशान्निर्वास्यः॥२८४॥

A breaker of skin or rawer of blood (on the body of one of his own caste) shall be punished with a fine of one hundred *Paṇas,* a piecrcer of flesh, with a fine of six *Niṣkas;* and breaker of bone with exile. (284)

वनस्पतीनां सर्वेषामुपभोगं यथायथा।

तथातथा दमः कार्यो हिंसायामिति धारणा॥२८५॥

मुक्ता०:—वृक्षाद्युद्भिदां सर्वेषां येन येन प्रकारेण उपभोगः फलपुष्पपत्रादिना उत्तममध्यमरूपो भवति तथातथा हिंसायामप्युत्तमसाहसादिर्दण्डो विधेय इति निश्चयः। तथा च विष्णुः-फलोपभोगद्रुमच्छेदी तूत्तमं साहसं, पुष्पोपभोगद्रुमच्छेदी मध्यं, वल्लीगुल्मलताच्छेदी कार्षापणशतं, तृणच्छेद्येकं कार्षापणं च पण एव मनुनाप्युक्तो वेदितव्यः॥२८५॥

Any one injuring the factors by which the trees and vegetables may be used and enjoyed (such as fruits, flowers, etc.,) shall be punished with penalties determined according to the gravity of lightness of his offence. (285)

मनुष्याणां पशूनां च दुःखाय प्रहृते सति।

यथायथा महत्दुःखं दण्डं कुर्यात्तथातथा॥२८३॥

मुक्ता०:—मनुष्याणां पशूनां पीडोत्पादनार्थं प्रहारे कृते सति यथा - यथा पीडाधिक्यं तथा - तथा दण्डमप्यधिकं कुर्यात्। एवं च मर्मस्थानादौ त्वग्भेदनादिषु कृतेषु "त्वग्भेदक: शतं दण्ड्य:" (अ. ८ श्लो. १८४) इत्युक्तादप्यधिको दण्डो दु:खविशेषापेक्षया कर्तव्य:।।२८६।।

If men or beasts are grieviously hurt, let (the offender) be punished with a punishment proportionate to the greviousness of the hurt. (286)

अङ्गावपीडनायां च व्रणशोणितयोस्तथा।

समुत्थानव्ययं दाप्य: सर्वदण्डमथापि वा।।२८७।।

मुक्ता०:—अङ्गानां करचरणादीनां व्रणशोणितयोश्च पीडनायां सत्यां समुत्थानव्ययं यावता कालेन पूर्वावस्थाप्राप्ति: समुथानसंबन्धो भवति तावत्कालेन पथ्यौषधादिना यावन्व्ययो भवति तमसौ दापनीय:। अथ तं व्ययं पीडोत्पादको न दातुमिच्छति, तदा य: समुत्थानव्ययो यश्च दण्डस्त्वेनं दण्डत्वेन राज्ञा दाप्य:।।२८७।।

In (a case of assault attended with) the injury of a limb or organ, or with a wound or bleeding, the king shall cause the assaulter to pay to the assaulted person the costs of the medical treatment necessary for his cure; in default whereof he shall be punished with a fine, double of such costs in value. (287)

द्रव्याणि हिंस्याद्यो यस्य ज्ञानतोऽज्ञानतोऽपि वा।

स तस्योत्पादयेत्तुष्टिं राज्ञो दद्याच्च तत्समम्।।२८८।।

मुक्ता०:—द्रव्याण्यनुक्तविशेषदण्डानि कटकानि ताम्रघटादीनि यो यस्य ज्ञानादज्ञानाद्वा नाशयेत्स तस्य द्रव्यान्तरादिना तुष्टिमुत्पादयेत्, राज्ञश्च विनाशितद्रव्यसमं दण्डं दद्यात्।।२८८।।

For having knowingly or unknowingly done any mischief to another's property (or goods), the offender shall satisfy the injured party by paying off its price or by replacing the same and also he shall pay fine of equal value to the king. (288)

चर्मचार्मिकभाण्डेषु काष्ठलोष्ठमयेषु च।

मूल्यात्पञ्चगुणो दण्ड: पुष्पमूलफलेषु च।।२८९।।

मुक्ता०:—चर्मणि चर्मघटितवरत्रादौ चर्मकाष्ठमृत्तिकानिर्मितेषु च भाण्डेषु पुष्पमूलफलेषु परस्य नाशितेषु मूल्यात्पञ्चगुणो दण्डो राज्ञो देय:। स्वामिनश्च तुष्टिरुत्पादनीयैव।।२८९।।

For having knowingly or unknowingly destroyed a leather, or a leathern article, a wooden or earthen vessel, or a flower, bulb or fruit, (belonging to another) one shall pay a penalty of five times its value. (289)

यानस्य चैव यातुश्च यानस्वामिन एव च।

दशातिवर्तनान्याहु: शेषे दण्डो विधीयते।।२९०।।

मुक्ता०:—यानस्य रथादेर्यातु: सारथ्यादेर्यानस्वामिनश्च यस्य तद्यानं तेषां छिन्ननास्यादीनि दश निमित्तानि दण्डमतिक्रम्य वर्तन्ते। एषु निमित्तेषु सत्सु प्राणिमारणे द्रव्यनाशे च प्रकृते यानस्वामिनां दण्डो न भवतीति मन्वादय आहु:। एतद्व्यतिरिक्तनिमित्ते च पुनर्दण्डोऽनुष्ठीयते।।२९०।।

Except under the ten circumstances (hereunder mentioned) the carman, passenger and the owner of a car shall be liable to punishment. (290)

छिन्ननास्ये भग्नयुगे तिर्यक्प्रतिमुखागते।

अक्षभङ्गे च यानस्य चक्रभङ्गे तथैव च।।२९१।।

छेदने चैव यन्त्राणां योक्त्ररश्म्योस्तथैव च।

आक्रन्दे चाप्यपैहीति न दण्डं मनुरब्रवीत्।।२९२।।

मुक्ता०:—नासायां भवं नास्यम्। शरीरावयवत्वाद्यत्। सा चेह बलीवर्दनाससंबन्धिनी रज्जु:। छिन्ननास्यरज्जौ बलीवर्दादिके, भग्नयुगाख्ये काष्ठे, रथादौ भूमिवैषम्यादिना तिरश्चीनं वा गते, तथा चक्रान्त:प्रविष्टाक्षकाष्ठभङ्गे यन्त्राणां चर्मबन्धनानां छेदने, योक्त्रस्य पशुग्रीवारज्ज्वा:, रश्मे: प्रहरणस्य च छेदने, अपसरापसरेत्युच्चै:शब्दे सारथ्यादिना कृते च यानेन प्राणिर्हिंसाद्रव्यविनाशयो: कृतयो: सारथ्यादेद्रण्डो नास्तीति मनुराह।।२९१।।२९२।।

If a mischief happens to any beast or person (on the road) on the breaking of the nose-rope (of a bullock yoked to a bullock cart), on the breaking of the shaft (of a horse car), on account of the uneven nature of the ground, on the breaking of a wheel or its spoke, on the breaking of the straps, reins, or headrope, or even after being loudly warned of the danger, (the carman, or carowner etc.) shall not be liable to punishment. This is what *Manu* has said (on the subject). (291-292)

यत्रापवर्तते युग्यं वैगुण्यात्प्राजकस्य तु।

तत्र स्वामी भवेद्दण्ड्यो हिंसायां द्विशतं दमम्॥२९३॥

मुक्ता०:—यत्र सारथेरकौशलाद्यानमन्यथा व्रजति तत्र हिंसायामशिक्षितसारथ्यनियोगस्वामी द्विशतं दण्डं दाप्यः स्यात्॥२९३॥

If for the inefficiency of the driver any mischief (or accident) happens (to a person or beast), the owner of the car shall be punished with a fine of two hundred *Paṇas* (for having employed an unskillful carman). (293)

प्राजकश्चेद्भवेदाप्तः प्राजको दण्डमर्हति।

युग्यस्थाः प्राजकेऽनाप्ते सर्वे दण्ड्याः शतं शतम्॥२९४॥

मुक्ता०:—यदि सारथिः कुशलः स्यात्तदा सारथिरेवोक्तद्विशतं दमं वक्ष्यमाणं च "मनुष्यमारणे" (अ. ८ श्लो. २९६) इत्यादिकं दण्डमर्हति न स्वामी। अकुशले तु तस्मिन्सारथिस्वामिव्यतिरिक्ता अन्येऽपि यानारूढा अकुशलसारथिकयानारोहणात्सर्वे प्रत्येकं शतं शतं दण्ड्याः॥२९४॥

If the driver (carman) be an efficient one, he alone shall be liable to a fine of two hundred Paṇas; otherwise the riders, car owner etc, shall be each liable to a fine of one hundred Paṇas. (294)

स चेत्तु पथि संरुद्धः पशुभिर्वा रथेन वा।

प्रमापयेत्प्राणभृतस्तत्र दण्डोऽविचारितः॥२९५॥

मुक्ता०:—स चेत्प्राजकः संमुखागतैः प्रचुरगवादिभि रथान्तरेण वा संरुद्धः स्वरथगमनानवधानात्प्रत्यक्सर्पणाक्षमः संकटेऽपि स्वरथतुरगान्प्रेरयन्, तुरगै रथेन वा रथावयवैर्वा प्राणिनो व्यापादयति तत्राविचारितो दण्डः कर्तव्य एव॥२९५॥

If for being obstructed in his way by beasts or carts, a charioteer, while driving his chariot, happens to kill any creature, he shall be summarily punished (for that rash act.) (295)

सकृदपराधे कीदृश इत्याह–

मनुष्यमारणे क्षिप्तं चौरवत्किल्बिषं भवेत्।
प्राणभृत्सु महत्स्वर्धं गोगजोष्ट्रहयादिषु॥२९६॥

मुक्ता०:–तत्र मनुष्यमारणे प्राजकस्यानवधानाद्यानेन कृतं शीघ्रमेव चौरदण्डोत्तमसाहसं भवेन्न तु मारणरूपः। "प्राणभृत्सु महत्स्वर्धम्" इति श्रवणात्। गोगजादिषु महत्सु प्राणिषु मारितेषु उत्तमसाहसस्यार्धं पञ्चशतपणो दण्डो भवेत्॥२९६॥

For thus having killed a man, he shall be summarily punished with the penalty for theft (*i.e.* with a fine of one thousand *Paṇas* and not with the punishment for man-slaughter), while the penalty shall be half as much (i.e., five hundred Paṇas) if he chances to kill a large quadruped such as, a cow, elephant, horse or camel). (296)

क्षुद्रकाणां पशूनां तु हिंसायां द्विशतो दमः।
पञ्चाशत्तु भवेद्दण्डः शुभेषु मृगपक्षिषु॥२९७॥

मुक्ता०:–क्षुद्रकाणां पशूनां जातितो विशेषापदिष्टेतरेषां वनचरादीनां वयसा च किशोरादीनां मारणे द्विशतो दण्डः स्यात्। शुभेषु मृगेषु रुरुपृषतादिषु पक्षिषु च शुकहंससारसादिषु पक्षिषु हतेषु पञ्चाशद्दण्डो भवेत्॥२९७॥

Two hundred *Paṇas* shall be the penalty for killing small beasts under the circumstances, while that in respect of killing an auspicious beast (such as, deer) or bird (such as a parrot, etc.,) is fifty Paṇas. (297)

गर्दभाजाविकानां तु दण्डः स्यात्पञ्चमाषिकः।
माषिकस्तु भवेद्दण्डः श्वसूकरनिपातने॥२९८॥

मुक्ता०:–गर्दभच्छागैडकादीनां पुनर्मारणे पञ्चरूप्यमाषकपरिमाणो दण्डः स्यात्। नचात्र हैरण्यमाषग्रहणं, उत्तरोत्तरलघुदण्डाभिधानात्। श्वसूकरमारणेषु पुना रौप्यमाषपरिमाणो दण्डः स्यात्॥२९८॥

Five *Māṣas* (of silver) is the penalty for (thus) killing as ass, goat or lamb, while a *Māṣa* of silver is the penalty for killing a dog or a hog (under the circumstances). (298)

भार्या पुत्रश्च दासश्च प्रेष्यो भ्राता च सोदरः।
प्राप्तापराधास्ताड्याः स्यू रज्ज्वा वेणुदलेन वा॥२९९॥

मुक्ता०:—भार्यापुत्रादय: कृतापराधा रज्ज्वा वातिलघुवेणुशलाकया ताड्या भवेयु:। शिक्षार्थं ताडनविधानादत्र दण्डापवाद:॥२९९॥

A wife, son, servant, disciple, or uterine brother, found guilty of an offence, should be punished with a chord or with (a foliated) bamboo stick. (299)

पृष्ठस्तु शरीरस्य नोत्तमाङ्गे कथंचन।

अतोऽन्यथा तु प्रहरन्प्राप्त: स्याच्चौरकिल्बिषम्॥३००॥

मुक्ता०:—रज्ज्वादिभिरपि देहस्य पृष्ठेदेशे ताडनीया: नतु शिरसि। उक्तव्यतिरेकेण प्रहरणे वाग्दण्डधनदण्डरूपं चौरदण्डं प्राप्नुयात्॥३००॥

They shall be chastised on the lower parts of their bodies, and never upon the upper limbs. For having flogged them in any other fashion one shall be liable to punishment for theft. (300)

ऐषोऽखिलेनाभिहितो दण्डपारुष्यनिर्णय:।

स्तेनस्यात: प्रवक्ष्यामि विधि दण्डविनिर्णये॥३०१॥

मुक्ता०:—एष दण्डपारुष्यनिर्णयो नि:शेषेणोक्त:। अत ऊर्ध्वं चौरदण्डविनिर्णये विधानं वक्ष्यामि॥३०१॥

Thus the law relating to assult and battery has been fully set forth; now I shall discourse on the law relating to theft. (301)

परमं यत्नमातिष्ठेत्स्तेनानां निग्रहे नृप:।

स्तेनानां निग्रहादस्य यशो राष्ट्रं च वर्धते॥३०२॥

मुक्ता०:—चौराणां नियमने राजा परममुत्कृष्टं यत्नं कुर्यात्। यस्माच्चौरनिग्रहाद्राज्ञ: ख्यातिर्निरुपद्रवतया राष्ट्रं च वृद्धिमेति॥३०२॥

The king shall assiduously endeavour to repress the thieves in his kingdom; by repressing theft the fame and kindgom of a king are augmented. (302)

अभयस्य हि यो दाता स पूज्य: सततं नृप:।

सत्रं हि वर्धते तस्य सदैवाभयदक्षिणम्॥३०३॥

मुक्ता०:—हिरवधारणे। चौराणां नियमनेन यो नृपति: साधूनामभयं ददाति स

एव पूज्यः पूर्वेषां श्लाघ्यो भवति। सत्रं गवायनादिक्रतुविशेषः यद्यस्मात्सत्रमिव सत्रं तदभयदानाच्चौरनिग्रहरूपाभयदक्षिणं सर्वदैव तस्य वृद्धिमेति। अन्यद्धि नियतकालीनं नियतदक्षिणं च, एतत्सर्वकालीनमभयदक्षिणं चेति वाक्यं व्यतिरेकालंकारः॥३०३॥

Always worshipped is the king who grants protection from thieves (to his honest subjects); verily augmenteth his sacrifice (of sovereignty) which grants perpetual protection (to his subjects) as its Dakṣiṇās honorarium. (303)

सर्वतो धर्मषड्भागो राज्ञो भवति रक्षतः।

अधर्मादपि षड्भागो भवत्यस्य ह्यरक्षतः॥३०४॥

मुक्ता०:—प्रजा रक्षतो राज्ञः सर्वस्य भृतिदातुर्वणिगादेर्भृत्यदातुश्च श्रोत्रियादेः सकाशाद्धर्मषड्भागो भवति। अरक्षतश्चाधर्मादपि लोकेन कृतात्षड्भागः स्यात्। तस्माद्यत्नतः स्तेननिग्रहेण राजा रक्षणं कुर्यात्। न च भृतिक्रीतत्वाद्राज्ञो धर्मषड्भागो न युक्त इति वाच्यम्। भृत्या धर्मषड्भागेन च परिक्रीतत्यस्य शास्त्रीयत्वात्॥३०४॥

The king receives a sixth part of the religious merit of his subjects whom he in every way protecteth, and a sixth part of their sins if he fails to properly protect them. (304)

यदधीते यद्यजते यद्ददाति यदर्चति।

तस्य षड्भागभाग्राजा सम्यग्भवति रक्षणात्॥३०५॥

मुक्ता०:—यः कश्चिज्जपयागदानदेवतार्चादीनि करोति तस्य राजा पालनेन षड्भागं प्राप्नोति॥३०५॥

Whatever *Vedic studies* do his subjects do, whatever sacrifices do they perform, whatever gifts they make, and whatever prayers they offer to the *deity,* through his properly protecting them he enjoyeth a sixth part of the merit thereof. (305)

रक्षन्धर्मेण भूतानि राजा वध्यांश्च घातयन्।

यजतेऽहरहर्यज्ञैः सहस्रशतदक्षिणैः॥३०६॥

मुक्ता०:—भूतानि सर्वाणि स्थावरजङ्गमादीनि यथाशास्त्रं दण्डप्रणयनरूपेण धर्मेण रक्षन्, वध्यांश्च स्तेनादींस्ताडयन्, प्रत्यहं लक्षगोदक्षिणैर्यज्ञैर्यजते॥ तज्जन्यं पुण्यं प्राप्नोतीति भावः॥३०६॥

By lawfully protecting his subjects, and by punishing those who deserve punishment, the king acquires the merit of a sacrifice which is performed daily with a *Dakṣiṇā* of a hundred thousand cows. (306)

योऽरक्षन्बलिमादत्ते करं शुल्कं च पार्थिवः।

प्रतिभागं च दण्डं च स सद्यो नरकं व्रजेत्॥३०७॥

मुक्ता०:—यो राजा रक्षामकुर्वन् बलिं, धान्यादेः षड्भागं, ग्रामवासिभ्यः प्रतिमासं वा भाद्रपौषनियमेन ग्राह्यं शुल्कं स्थलजलपथादिना वणिज्याकारितेभ्यो नियतस्थानेषु द्रव्यानुसारेण ग्राह्यं दानमिति प्रसिद्धं, प्रतिभागं फलकुसुमशाकतृणाद्युपायनं, प्रतिदिनग्राह्यं दण्डं व्यावहारादौ गृह्णाति स मृतः सन्सद्य एव नरकं याति॥३०७॥

The king, who without protecting his subjects realises from them a sixth part of the produce of their fields, revenue, duties, royalties and fines, goes to hell after death. (307)

अरक्षितारं राजानं बलिशड्भागहारिणम्।

तमाहुः सर्वलोकस्य समग्रमलहारकम्॥३०८॥

मुक्ता०:—यो राजा न रक्षत्यथ च धान्यादिषड्भागं बलिरूपं गृह्णाति, तं सर्वलोकानां सकलपापहारिणं मन्वादय आहुः॥३०८॥

The wise have called such a king, who realises a sixth part (of the agricultural products of his subjects without giving them the safety of life and property, as the filth-taker of all. (308)

अनपेक्षितमर्यादं नास्तिकं विप्रलुम्पकम्।

अरक्षितारमत्तारं नृपं विद्यादधोगतिम्॥३०९॥

मुक्ता०:—लङ्घितशास्त्रमर्यादं परलोकाभावशालिनमनुचितदण्डादिना धनग्राहिणं रक्षणरहितं करबल्यादेर्भक्षितारं राजानं नरकगामिनं जानीयात्॥३०९॥

A law-breaking, avaricious, non-protecting, oppressive, king who sucks up the life blood of his subjects (*i.e.*, squeezes out their substance by means of unjust and oppressive taxes) should be regarded as one (already) doomed to a vile existence (after death). (309)

अधार्मिकं त्रिभिर्न्यायैर्निगृह्णीयात्प्रयत्नतः।

निरोधनेन बन्धेन विविधेन वधेन च॥३१०॥

मुक्ता०:—अधार्मिकं चौरादिकमपराधापेक्षया त्रिभिरुपायैः प्रयत्नेन नियमयेत्। तानाह–कारागारप्रवेशनेन, निगडादिबन्धनेन, करचरणच्छेदनादिनानाप्रकारहिंसनेन॥३१०॥

By the three lawful expedients of imprisonment, enchainment and various forms of corporeal punishment (such as the mutilation of a limb, etc.) let him assiduously repress the miscreants. (310)

निग्रहेण हि पापानां साधूनां संग्रहेण च।

द्विजातय इवेज्याभिः पूयन्ते सततं नृपाः॥३११॥

मुक्ता०:—पापशालिनां निग्रहेण, साधूनां संग्रहेण, द्विजातय इव महायज्ञादिभिः सर्वकालं नृपतयः पवित्रीभवन्ति, तस्मादधार्मिकान्निगृह्णीयात्साधूंश्चानुगृह्णीयात्॥३११॥

By repressing the wrong doers and encouraging the virtuous, kings are constantly purified as *Brāhmaṇas* are purified by the performance of religious sacrifices. (311)

क्षन्तव्यं प्रभुणा नित्यं क्षिपतां कार्यिणां नृणाम्।

बालवृद्धातुराणां च कुर्वता हितमात्मनः॥३१२॥

मुक्ता०:—कार्यार्थिप्रत्यर्थिनां दुःखेनाक्षेपोक्तिं रचयतां तथा बालवृद्धव्याधितानामाक्षिपता वक्ष्यमाणमात्मीयमुपकारमिच्छता प्रभुणा क्षमणीयम्॥३१२॥

A king, seeking his own welfare shall always tolerate the calumnious remarks made by suitors, defendants, infants, old men and sick folks regarding himself. (312)

यः क्षिप्तो मर्षयत्यार्त्तैस्तेन स्वर्गे महीयते॥

यस्त्वैश्वर्यान्न क्षमते नरकं तेन गच्छति॥३१३।

मुक्ता०:—दुःखितैराक्षिप्तः सहते यस्तेन स्वर्गलोके पूजां लभते। प्रभुत्वदर्पान्न सहते यः स तेन नरकं गच्छति॥३१३॥

He who bears with ill-reports (adverse criticisms) made by the aggrieved is glorified in heaven; he who out of pride of wealth can not tolerate such criticisms goes to hell for that. (313)

राजा स्तेनेन गन्तव्यो मुक्तकेशेन धावता।

आचक्षाणेन तत्स्तेयमेवंकर्मास्मि शाधि माम्॥३१४॥

स्कन्धेनादाय मुसलं लगुडं वापि खादिरम्।
शक्तिं चोभयतस्तीक्ष्णामायसं दण्डमेव वा॥३१५॥

मुक्ता०:—यद्यपि "सूवर्णस्तेयकृद्विप्रः" (अ. ११ श्लो. ९९) इत्यादि प्रायश्चित्तप्रकरणे वक्ष्यति तथापि सुवर्णस्तेयं प्रति राजदण्डरूपतामस्य दण्डप्रकरणे दर्शयितुं पाठः। ब्राह्मणसुवर्णस्य चौरेण मुक्तकेशेन वेगाद्गच्छता मया ब्राह्मणसुवर्णमपहृतमिति संख्यापयता मुसलाख्यमायुधं खादिरमयं वा दण्डमुभयतस्तीक्ष्णां शक्तिं लोहमयं वा दण्डं स्कन्धे गृहीत्वा राजसमीपं गन्तव्यं ततो ब्राह्मणसुवर्णहार्यहमतोऽनेन मुसलादिना मां व्यापादयेत्येवं राज्ञे वक्तव्यम्॥३१४॥३१५॥

A thief, with his hairs dishevelled, must run to the king, confessing his own guilt and asking him to punish his self. Carrying a cudgel, or a club of catechu wood, or a sharp spear, or an iron rod on his shoulder. (314-315)

शासनाद्वा विमोक्षाद्वा स्तेनः स्तेयाद्विमुच्यते।
अशासित्वा तु तं राजा स्तेनस्याप्नोति किल्बिषम्॥३१६॥

मुक्ता०:—सकृन्मुसलादिप्रहारेण प्राणपरित्याजनान्मृतककल्पस्य जीवतोऽपि परित्यागाद्वा स चौरस्तस्मात्पापात्प्रमुच्यते। अतएव याज्ञवल्क्यः-"मृतकल्पः प्रहारार्तो जीवन्नपि विशुद्ध्यति" (अ. ३ श्लो. २४८) इति। तं पुनस्तेनं करुणादिभिरहत्वास्तेनस्य यत्पापं तद्राजा प्राप्नोति॥३१६॥

Killed, or alive after being punished by the king, a thief is exonerated from his crime; but the king who lets off a thief without punishment himself acquires the guilt of theft. (316)

अन्नादे भ्रूणहा मार्ष्टि पत्यौ भार्यापचारिणी।
गुरौ शिष्यश्च याज्यश्च स्तेनो राजनि किल्बिषम्॥३१७॥

मुक्ता०:—ब्रह्महा यस्तत्संबन्धि योऽन्नमत्ति तस्मिन्नसौ स्वपापं संक्रामयति। भ्रूणहान्नभोक्तुः पापं भवतीत्येतदत्र विवक्षितं नतु ब्रह्मघ्नः पापं नश्यति। तथा भार्या व्यभिचारिणी जारपतिं क्षममाणे भर्तरि पापं संश्लेषयति। शिष्यश्च संध्याग्निकार्याद्यकरणजन्यं पापं गुरौ सहमाने न्यस्यति। याज्यश्च विधिमतिक्रामन्याजके क्षममाणे पापं निक्षिपति। स्तेनश्च राजन्युपेक्षमाणे पापं समर्पयति। तस्माद्राज्ञा स्तेनो निग्रहीतव्यः॥३१७॥

The sin of a foeticide is transferred to the person who partakes of his food, the husband of a faithless wife obtain the sin of her adultery, the sin of the disciple is contaminated to his preceptor, and the sin of a *Yajamāna* (institutor of a religious rite) is transmitted to the priest officiating at the ceremony. (317)

राजभिःकृतदण्डास्तु कृत्वा पापानि मानवाः।

निर्मलाः स्वर्गमायान्ति सन्तः सुकृतिनो यथा॥३१८॥

मुक्ता०:–सुवर्णस्तेयादीनि पापानि कृत्वा पश्चाद्राजभिर्विहितदण्डा मनुष्याः सन्तः प्रतिबन्धकदुरिताभावात्पूर्वार्जितपुण्यवशेन साधवः सुकृतकारिण इव स्वर्गं गच्छन्ति। एवं प्रायश्चित्तवद्दण्डस्यापि पापक्षयहेतुत्वमुक्तम्॥३१८॥

After having committed crimes, men, punished by the king, become free from impurity and go to heaven after death as honest and virtuous men do. (318)

यस्तु रज्जुं घटं कूपाद्धरेद्भिन्द्याञ्च यः प्रपाम्।

स दण्डं प्राप्नुयान्माषं तच्च तस्मिन्समाहरेत्॥३१९॥

मुक्ता०:–कूपसमीपे रज्जुघटयोर्जलोद्धारणाय धृतयो रज्जुं घटं वा हरेत्। यो वा पानीयदानगृहं विदारयेत्स सौवर्णं माषं दण्डं प्राप्नुयात्। "यन्निर्दिष्टं तु सौवर्णं माषं तत्र प्रकल्पयेत्" इति कात्यायनवचनात्। तञ्च रज्ज्वादि तस्मिन्कूपे समर्पयेत्॥३१९॥

He who has stolen a pitcher from a well, or broken down a water house shall be punished with a fine of one Māṣa and liable to return the stolen good to its owner. (319)

धान्यं दशभ्यः कुम्भेभ्यो हरतोऽभ्यधिकं वधः।

शेषेऽप्येकादशगुणं दाप्यस्तस्य च तद्धनम्॥३२०॥

मुक्ता०:–द्विपलशतं द्रोणो विंशतिद्रोणश्च कुम्भः, दशसंख्येभ्यः कुम्भेभ्योऽधिकं धान्यं हरतो वधः। स च हर्तृस्वामिगुणवत्तापेक्षया ताडनाङ्गच्छेदमारणात्मको ज्ञेयः। शेषे पुनरेकस्मादारभ्य दश कुम्भपर्यन्तहरणे निह्नुतैकादशगुणं दण्डं दाप्यः। स्वामिनश्चापहृतं दाप्यः॥३२०॥

For having stolen paddy of more than ten *Kumbha* measures a person shall be punished with death (corporeal punishment or mutilation of a limb); for having stolen paddy of a lesser measure he shall be punished with a fine of eleven times the quantity of the stolen paddy, which should be restored to the owner. (320)

तथा धरिममेयानां शतादभ्यधिके वधः।

सुवर्णरजतादीनामुत्तमानां च वाससाम्॥३२१॥

मुक्ता०:—यथा धान्येन वध उक्तस्तथा तुलापरच्छिेद्यानां सुवर्णरजतादीनामुत्कृष्टानां च वाससां पट्टादीनां पलशताधिकेऽपहृते वधः कर्तव्य एव। विषयसमीकरणं चात्र देशकालापहर्तृद्रव्यस्वामिजातिगुणापेक्षया परिहरणीयम्। एवमुत्तरत्रापि ज्ञेयम्॥३२१॥

Capital punishment should be inflicted on a thief for having stolen a tula weight of gold or silver or precious (silk) cloths, weighing more than a hundred palas. (321)

पञ्चाशतस्त्वभ्यधिके हस्तच्छेदनमिष्यते।

शेषे त्वेकादशगुणं मूल्याद्दण्डं प्रकल्पयेत्॥३२२॥

मुक्ता०:—पूर्वोक्तानां पञ्चाशदूर्ध्वं शतं यावदपहारे कृते हस्तच्छेदनं मन्वादिभिरभिहितम्। शेषेष्वेकपलादारभ्य पञ्चाशत्पलपर्यन्तापहारे अपहृतगुणादेकादशगुणं दण्डं दाप्यः॥३२२॥

Mutilation of a hand should be the punishment for stealing the abovesaid articles, numbering more than fifty and less than one hundred. For stealing less than fifty (pieces of cloth) the penalty should be eleven times their value. (322)

पुरुषाणां कुलीनानां नारीणां च विशेषतः।

मुख्यानां चैव रत्नानां हरणे वधमर्हति॥३२३॥

मुक्ता०:—महाकुलजातानां मनुष्याणां विशेषेण स्त्रीणां महाकुलप्रसूतानां श्रेष्ठानां च रत्नानां वज्रवैदूर्यादीनामपहारे वधमर्हति॥३२३॥

Death should be the punishment for stealing jewels and precious gems belonging to high born ladies and men. (323)

महापशूनां हरणे शस्त्राणामौषधस्य च।

कालमासाद्य कार्यं च दण्ड राजा प्रकल्पयेत्॥३२४॥

मुक्ता०:—महतां पशूनां हस्त्यश्वादिगोमहिष्यादीनां तथा खड्गादीनां शस्त्राणां कल्याणघृतादेश्चौषधस्य च दुर्भिक्षादिरूपं कालं कार्यं प्रयोजनं च सदसद्विनियोगरूपं निरूप्य राजा ताडनाङ्गच्छेदवधरूपं दण्डं प्रकल्पयेत्॥३२४॥

For stealing large quadrupeds, weapons, and medicines, the king shall inflict proper punishments in consideration of the hardness of the time and the gravity of the offence or otherwise. (324)

गोषु ब्राह्मणसंस्थासु छुरिकायाश्च भेदने।
पशूनां हरणे चैव सद्यः कार्योऽर्धपादिकः॥३२५॥

मुक्ता०:—ब्राह्मणसंबन्धिनीनां गवामपहारे वन्ध्यायाश्च गोर्वाहनार्थं नासाच्छेदने पशूनां चाजैडकानां दण्डभूयस्त्वाद्यागाद्यर्थानां हरणेऽनन्तरमेव छिन्नार्थपादिकः कार्यः॥३२५॥

Half of the leg of a thief should be cut away for having stolen and threaded the nose of a Brāhmaṇa's cow, or for robbing an animal intended to be immolated in a sacrifice. (325)

सूत्रकार्पासकिण्वानां गोमयस्य गुडस्य च।
दध्नः क्षीरस्य तक्रस्य पानीयस्य तृणस्य च॥३२६॥
वेणुवैदलभाण्डानां लवणानां तथैव च।
मृण्मयानां च हरणे मृदो भस्मन एव च॥३२७॥
मत्स्यानां पक्षिणां चैव तैलस्य च घृतस्य च।
मांसस्य मधुनश्चैव यच्चान्यत्पशुसंभवम्॥३२८॥
अन्येषां चैवमादीनामद्यानामोदनस्य च।
पक्वान्नानां च सर्वेषां तन्मूल्याद्द्विगुणो दमः॥३२९॥

मुक्ता०:—ऊर्णादिसूत्रकार्पासिकस्य च किण्वस्य सुराबीजद्रव्यस्य च सूक्ष्मवेणुखण्डनिर्मितजलाहरणभाण्डादीनां, यदप्यन्यत्पशुसंभवं च मृगचर्मखड्गश्रृङ्गादि, अन्येषामप्येवंविधानामसारप्रायाणां मनःशिलादीनां, मद्यानां द्वादशानां, पक्वान्नानामोदनव्यतिरिक्तानामप्यपूपमोदकादीनां च कार्पासादिशब्दार्थानां प्रसिद्धानां चापहारे कृते मूल्याद्द्विगुणो दण्डः कार्यः॥ (३२६-३२९)

For the theft of cotton threads, cotton, enzyme, cow-dung, tracle, milk-curd, thickened milk, whey, cordials or hays. (Or of) bamboo made vessels, salts, earthen vessels, earth and ashes as well. (Or of all kinds) of fish, birds, oil clarified butter, meat, honey, or any other animal produce. Or of other articles, wines, intoxicating drugs, articles of food, or confection, the penalty shall be a fine double the value of the article, stolen. (326-329)

पुष्पेषु हरिते धान्ये गुल्मवल्लीनगेषु च।
अन्येष्वपरिपूतेषु दण्डः स्यात्पञ्चकृष्णलः॥३३०॥

मुक्ता०:—पुष्पेषु, हरिते क्षेत्रस्थे धान्ये, गुल्मलतावृक्षेष्वपरिवृतेषु अनपावृतवृक्षेषु, वक्ष्यमाणश्लोके धान्यादिषु निर्देशात्परिपवनसंभवाच्च धान्येषु, अन्येषु समर्थपुरुषभारहार्येषु हृतेषु देशकालाद्यपेक्षया सुवर्णस्य रौप्यस्य वा पञ्चकृष्णलमाषपरिमाणो दण्डः स्यात्॥३३०॥

For the theft of green paddy, or a shrub or creeper, or of any other kind of unthreshed grains shall be a fine of five *Kṛṣṇalas*. (330)

परिपूतेषु धान्येषु शाकमूलफलेषु च।
निरन्वये शतं दण्डः सान्वयेऽर्धशतं दमः॥३३१॥

मुक्ता०:—निष्पुलाकीकृतेषु वृक्षेषु, धान्येषु, शाकादिषु चापहृतेषु अन्वयो द्रव्यस्वामिनां संबन्धः, येन सह कश्चिदपि संबन्धो नास्त्येकग्रामवासादिस्तत्र शतं दण्ड्यः। सान्वये तु पञ्चाशत्पणो देयः। खलस्थेषु च धान्येष्वयं दण्डस्तत्र हि परिपूर्यते। गृहेष्वेकादशगुणो दण्डः प्रागुक्तः॥३३१॥

For the theft of threshed paddy, *Śākas*, edible roots or bulbs, or fruits by one who is not realted to their owner the punishment shall be a fine of one hundred *Paṇas*, whereas the fine shall be fifty Paṇas, if the offender is found to be a relation of the owner. (331)

स्यात्साहसं त्वन्वयवत्प्रसभं कर्म यत्कृतम्।
निरन्वयं भवेत्स्तेयं हृत्वाऽपव्ययते च यत्॥३३२॥

मुक्ता०:—यद्धान्यापहारादिकं कर्म द्रव्यस्वामिसमक्षं बलाद्धृतं तत्साहसं स्यात्, सहो बलं तद्भवं साहसम्। अत इह स्तेयदण्डो न कार्यः। एतदर्थः स्तेयप्रकरणेऽस्य पाठः। यत्पुनः स्वामिपरोक्षापहृतं तत्स्तेयं भवेत्। यच्च हृत्वाऽपह्नुते तदपि स्तेयमेव॥३३२॥

The forcible taking or carrying away of a thing (with the

knowledge and in the presence of the owner) constitutes what is called Sāhasa (robbery), taking away of a thing in the absence of its owner constitutes *Steyam,* and the hiding of a thing after having stolen it is called Cauryam. (332)

यस्त्वेतान्युपक्लप्तानि द्रव्याणि स्तेनयेन्नरः।

तमाद्यं दण्डयेद्राजा यश्चाग्निं चोरयेद्गृहात्॥३३३॥

मुक्ता०:—यः पुनरेतानि सूत्रादिद्रव्याण्युपभोगार्थं कृतसंस्काराणि मनुष्यश्चोरयेत्, यश्च वेताग्निं गृह्याग्निं वाग्निगृहाच्चोरयेत्तं राजा प्रथमं साहसं दण्डयेत्। अग्निस्वामिनश्चाधानोपक्षयो दातव्यः। गोविन्दराजस्तु लौकिकाग्निमपि चोरयतो दण्ड इत्याह तदयुक्तम्। अल्पापराधे गुरुदण्डस्यान्याय्यत्वात्॥३३३॥

Him, who has stolen any of the abovesaid articles made suitable for human use or has rubbed the sacred fire from the fire-chamber, the king shall punish with a fine of the *Prathams Sāhasa* class (*i.e.*, one hundred Paṇas). (333)

येन येन यथाङ्गेन स्तेनो नृषु विचेष्टते।

तत्तदेव हरेतस्य प्रत्यादेशाय पार्थिव॥३३४॥

मुक्ता०:—येन येनाङ्गेन हस्तपादादिना येन प्रकारेण संधिच्छेदादिना चौरो मनुष्येषु विरुद्धं धनापहारादिकं चेष्टते तस्य तदेवाङ्गं प्रसङ्गनिवारणाय राजा छेदयेत्। तत्र धनस्वाम्युत्कर्षापेक्षयायमङ्गच्छेदः॥३३४॥

With whatsoever limb of his body one shall attempt to commit theft, the king, for checking the recrudescence of that crime, shall cause that limb to be cut off. (334)

पिताऽऽचार्यः सुहृन्माता भार्या पुत्रः पुरोहितः।

नादण्ड्यो नाम राज्ञोऽस्ति यः स्वधर्मे न तिष्ठति॥३३५॥

मुक्ता०:—पित्राचार्यमित्रभ्रातृमातृपत्नीपुत्रपुरोहितानां मध्यात्स्वधर्मे यो नावतिष्ठते स राज्ञोऽदण्डनीयो नास्ति, अपितु दण्डनीय एव॥३३५॥

A father, preceptor, relation, mother, wife, son or priest, who fails to discharge his specific duties, should be punished by the king. (335)

कार्षापणं भवेद्दण्डयो यत्रान्यः प्राकृतो जनः।

तत्र राजा भवेद्दण्डयः सहस्रमिति धारणा॥३३६॥

मुक्ता०:—यत्रापराधे राजव्यतिरिक्तो जनः कार्षापणं दण्डनीयो भवेत्तस्मिन्नपराधे राजा पणसहस्रं दण्डनीय इति निश्चयः। स्वार्थदण्डं त्वप्सु प्रवेशयेद्ब्राह्मणेभ्यो वा दद्यात्। "ईशो दण्डस्य वारुणः" (अ. ९ श्लो. ३४५) इति वक्ष्यमाणत्वात्॥३३६॥

For the offence for which an ordinary person would be punished with a fine of one *Kārṣāpaṇam,* a penalty of one thousand Kārṣāpaṇam should be inflicted on the king, if he is found guilty there of. This is the conclusion. (336)

अष्टापाद्यं तु शूद्रस्य स्तेये भवति किल्बिषम्।
षोडशैव तु वैश्यस्य द्वात्रिंशत्क्षत्रियस्य च॥३३७॥
ब्राह्मणस्य चतुःषष्टिः पूर्णं वापि शतं भवेत्।
द्विगुणा वा चतुःषष्टिस्तद्दोषगुणविद्धि सः॥३३८॥

मुक्ता०:—'तद्दोषगुणविद्धि स' इति सर्वत्र संबध्यते। यस्मिंस्तेये यो दण्ड उक्तःस स्तेयगुणदोषज्ञस्य शूद्रस्याष्टभिरापाद्यते गुण्यत इत्यष्टगुणः कर्तव्यः। षोडशगुणो गुणदोषज्ञस्यवैश्यस्य, द्वात्रिंशद्गुणस्तथाविधक्षत्रियस्य, चतुःषष्टिगुणो गुणदोषविदुषो ब्राह्मणस्य शतगुणो वाष्टाविंशत्यधिकशतगुणो वा गुणातिशयापेक्षया ब्राह्मणस्यैव॥३३७॥३३८॥

For having committed theft, a *Śūdra*, cognisant of the law, shall be punished with a fine eight times the usual one in value; a *Vaiśya* with a fine sixteen times; a *Kṣatriya*, with a fube thirty-two times; and a *Brāhmaṇa* with a fine sixty-four, hundred, or hundred and twenty-eight times the usual one in value. (337-338)

वानस्पत्यं मूलफलं दार्वग्नयर्थं तथैव च।
तृणं च गोभ्यो ग्रासार्थमस्तेयं मनुरब्रवीत्॥३३९॥

मुक्ता०:—"वीरुद्वनस्पतीनां पुष्पाणि स्ववदादंदीत फलानि चापरिवृतानां" इति गोतमवचनादपरिवृतवानस्पत्यादीनां मूलफलं, होमीयाग्न्यर्थं च दारु, गोग्रासार्थं च तृणं परकीयमस्तेयं मनुराह। तस्मान्न दण्डो नाप्यधर्मः॥३३९॥

The taking of fruits and roots of trees, fuel wood for fire and hays for catttle, if they belong to others, does not constitute theft. (339)

योऽदत्तादायिनो हस्ताल्लिप्सेत ब्राह्मणो धनम्।

याजनाध्यापनेनापि यथा स्तेनस्तथैव सः॥३४०॥

मुक्ता०:—अदत्तादायिनश्चौरस्य हस्ताद्यो ब्राह्मणो याजनाध्यापनप्रतिग्रहैरपि परकीयधनं ज्ञात्वा लब्धुमिच्छेत्स चौरवच्चौरतुल्यो ज्ञेयः अतः स इव दण्ड्यः॥३४०॥

A *Brāhmaṇa* if he wishes to take even his just fees for teaching (a pupil) or performing a religious sacrifice) from the hand of one whom he knows to be a thief (and which money he knows to have been obtained by theft) shall be liable to punishment as a thief. (340)

द्विजोऽध्वगः क्षीणवृत्तिर्द्वाविक्षू द्वे च मूलके।

आददानः परक्षेत्रान्न दण्डं दातुमर्हति॥३४१॥

मुक्ता०:—द्विजातिः पथिकः क्षीणपाथेयो द्वाविक्षुदण्डौ द्वे वा मूलके परकीयक्षेत्राद्गृह्णन् दण्डदानयोग्यो न भवति॥३४१॥

For having taken two pieces of sugarcane and two edible roots from anothers fields, and indigent, way-faring Brāhmaṇa, shall not be liable to punishment. (341)

असंदितानां संदाता संदितानां च मोक्षकः।

दासाश्वरथहर्ता च प्राप्तः स्याच्चोरकिल्बिषम्॥३४२॥

मुक्ता०:—अबद्धानामश्वादीनां परकीयानां यो दर्पेण बन्धयिता, बद्धानां मन्दुरादौ मोचयिता यो दासाश्वरथापहारी स चौरदण्डं प्राप्नुयात्। स च गुरुलघ्वपराधानुसारेण मारणाङ्गच्छेदनधनाद्यपहाररूपो बोद्धव्यः॥३४२॥

Wrongful detainers of stray cattle, as well as those who let loose the horses tied to their posts in a stable and those who rob slaves, horses and chariots should be punished as thieves (lit. are guilty of theft). (342)

अनेन विधिना राजा कुर्वाणः स्तेननिग्रहम्।

यशोऽस्मिन्प्राप्नुयाल्लोके प्रेत्य चानुत्तमं सुखम्॥३४३॥

मुक्ता०:—अनेनोक्तविधानेन राजा चौरनियमनं कुर्वाण इह लोके ख्यातिं परलोके चोत्कृष्टसुखं प्राप्नुयात्॥३४३॥

A king, by thus repressing the thieves (in his realm) acquires renown in this world and enjoys, perfect felicity, in the next. (343)

इदानीं साहसमाह–

ऐन्द्रं स्थानमभिप्रेप्सुर्यशश्चाक्षयमव्ययम्।

नोपेक्षेत क्षणमपि राजा साहसिकं नरम्॥३४४॥

मुक्ता०:—सर्वाधिपत्यलक्षणं पदं ख्यातिं चाविनाशिनीमनुपक्षयां चातिशयेन प्राप्तुमिच्छन्राजाबलेन गृहदाहधनग्रहणकारिणं मनुष्यं क्षणमपि नोपेक्षेत॥३४४॥

Wishing to attain the status of Indra (king of the deities) and an eternal fame, let the king show not the least indulgence for a moment to a robber. (344)

वाग्दुष्टात्तस्कराच्चैव दण्डेनैव च हिंसतः।

साहसस्य नरः कर्ता विज्ञेयः पापकृत्तमः॥३४५॥

मुक्ता०:—वाक्पारुष्यकृताच्चोराच्च दण्डपारुष्यकारिणश्च मनुष्यात्साहसकृन्मनुष्योऽतिशयेन पापकारी बोद्धव्यः॥३४५॥

A robber should be regarded as a worse miscreant than a thief, assaulter of foul-mouthed person. (345)

साहसे वर्तमानं तु यो मर्षयति पार्थिवः।

स विनाशं व्रजत्याशु विद्वेषं चाधिगच्छति॥३४६॥

मुक्ता०:—यो राजा साहसे वर्तमानं क्षमते स पापकृतामुपेक्षणादधर्मबुद्ध्या विनश्यति अपक्रियमाणराष्ट्रतया जनविद्वेषं च गच्छति॥३४६॥

The king who tolerates (the depredations of a robber soon incurs the ill will (of his subjects) and meets his doom. (346)

न मित्रकधारणाद्राजा विपुलाद्वा धनागमात्।

समुत्सृजेत्साहसिकान्सर्वभूतभयावहान्॥३४७॥

मुक्ता०:—मित्रवाक्येन बहुधनप्राप्त्या वा सर्वभूतभयजनकान्साहसिकान् राजा न त्यजेत्॥३४७॥

Let not a king, out of feelings of friendship, or in consideration of a large pecuniary gain, let off unpunished robbets, who are the dread of all creatures. (347)

शस्त्रं द्विजातिभिर्ग्राह्यं धर्मो यत्रोपरुध्यते।

द्विजातीनां च वर्णानां विपप्लवे कालकारिते॥३४८॥

आत्मनश्च परित्राणे दक्षिणानां च संगरे।

स्त्रीविप्राभ्युपपत्तौ च घ्नन्धर्मेण न दुष्यति॥३४९॥

मुक्ता०:—ब्राह्मणादिभिस्त्रिभिर्वर्णैः खड्गाद्यायुधं ग्रहीतव्यम्। यस्मिन्काले वर्णानामाश्रमिणां च साहसकारादिभिर्धर्मः कर्तुं न दीयते। तथा त्रैवर्णिकानामराजकेषु राष्ट्रेषु परचक्रागमनादिकालजनिते स्त्रीसङ्करादौ प्राप्ते तथात्मरक्षार्थं दक्षिणाधनगवाद्यपहारनिमित्ते च संग्रामे स्त्रीब्राह्मणरक्षार्थं च धर्मयुद्धेनानन्यगतिकतया परान् हिंसन्न दोषभाग्भवति। परमारणेऽप्यत्र साहसदण्डो न कार्यः॥३४८॥३४९॥

When (the practice of) virtue is obstructed (by tyranny), when the eternal division of castes is any wise jeopardised, Brāhmaṇas may wield arms (for the preservation of law). He, who destroys life (commits man-slaughter) for the defence of his life and property, in a just and fair fight, or for the protection of women and Brāhmaṇas, does not become thereby morally condemnable. (348-349)

गुरुं वा बालवृद्धौ वा ब्राह्मणं वा बहुश्रुतम्।

आततायिनमायान्तं हन्यादेवाविचारयन्॥३५०॥

मुक्ता०:—गुरुबालवृद्धबहुश्रुतब्राह्मणानामन्यतमं वधोद्यतमागच्छन्तं विद्यावित्तादिभिरुत्कृष्टं पलायनादिभिरपि स्वनिस्तरणाशक्तौ निर्विचारं हन्यात्। अतएवोशनाः–"गृहीतशस्त्रमाततायिनं हत्वा न दोषः"। कात्यायनश्च भृगुशब्दोल्लेखेन मनूक्तश्लोकमेव व्यक्तं व्याख्यातवान्–"आततायिनि चोत्कृष्टे तपः स्वाध्यायजन्मनः। वधस्तत्र तु नैव स्यात्पापं हीने वधो भृगुः॥" मेधातिथिगोविन्दराजौ तु "स्त्रीविप्राभ्युपपत्तौ च घ्नन्धर्मेण न दुष्यति" (अ. ८ श्लो. ३४९) इति पूर्वस्यायमनुवादः। गुर्वादिकमपि हन्यात्किमुतान्यमपीति व्याचक्षाते॥३५०॥

A preceptor, old man, infant, *Brāhmaṇa*, or vastly erudite person, coming as an *Ātatāyin*, must be killed without the least hesitation. (350)

नाततायिवधे दोषो हन्तुर्भवति कश्चन।

प्रकाशं वाऽप्रकाशं वा मन्युस्तं मन्युमृच्छति॥३५१॥

मुक्ता०:—जनसमक्षं रहसि वा वधोद्यतस्य मारणे हन्तुर्न कश्चिदप्यधर्मदण्डः प्रायश्चित्ताख्यो दोषो भवति। यस्माद्धन्तृगतो मन्युः क्रोधाभिमानिनी देवता हन्यमानगतं

क्रोधं विवर्धयति। साहसे चापराधगौरवापेक्षया मारणाङ्गच्छेदनधनग्रहणादयो दण्डाः कार्याः।।३५१।।

By killing an Ātatāyin the killer acquires no demerit, inasmuch as it is anger that kills anger in fact in such a case. (351)

परदाराभिमर्शेषु प्रवृत्तान्नॄन्महीपतिः।
उद्वेजनकरैर्दण्डैश्छिन्नयित्वा प्रवासयेत्।।३५२।।

मुक्ता०:—इदानीं स्त्रीसंग्रहणमाह-

परदारसंभोगाय प्रवृत्तान्मनुष्यगणानुद्वेजनकरैर्दण्डैर्नासौष्ठकर्तनादिभिरङ्कयित्वा देशान्निःसारयेत्।।३५२।।

The king, having clumsily mutilated their persons, shall cause the defilers of other men's wives to be banished from the country. (352)

तत्समुत्थो हि लोकस्य जायते वर्णसंकरः।
येन मूलहरोऽधर्मः सर्वनाशाय कल्पते।।३५३।।

मुक्ता०:—यस्मात्परदाराभिगमनात्संभूतो वर्णस्य संकरः संपद्यते। येन वर्णसंकरेण विशुद्धपत्नीकयजमानाभावात् "अग्नौ प्रास्ताहुतिः सम्यगादित्यमुपतिष्ठति" (अ. ३ श्लो. ७६) अस्याभावे सति वृष्ट्याख्यजगन्मूलविनाशोऽधर्मो जगन्नाशाय संपद्यते।।३५३।।

Since it is through such men that hybridisation of castes is effected; and intermixture of castes is the primal cause of vice which leads to universal destruction. (353)

परस्य पत्न्या पुरुषः संभाषां योजयन् रहः।
पूर्वमाक्षारितो दोषैः प्राप्नुयात्पूर्वसाहसम्।।३५४।।

मुक्ता०:—तत्स्त्रीप्रार्थनादिदोषैः पूर्वमुत्पन्नाभिरपवादप्रार्थनाभिशापादिभिः पुरुषः उचितकारणव्यतिरेकेण परभार्यया संभाषणं कुर्वन्प्रथमसाहसं दण्डं प्राप्नुयात्।।३५४।।

A man, who is known to have held incests with other men's wives before, if found coversing in solitude with another's wife, should be punished with a fine of the *Prathama Sāhasa* class (*i.e.* one hundred Paṇas). (354)

यस्त्वनाक्षारितः पूर्वमभिभाषेत कारणात्।

न दोषं प्राप्नुयात्किञ्चिन्न हि तस्य व्यतिक्रमः॥३५५॥

मुक्ता०:—यः पुनः पूर्वं तत्स्त्रीप्रार्थनाभिशापरहितः केनचित्कारणेन जनसमक्षमभिभाषणं कुर्यान्न स पुनर्दण्ड्यत्वादिदोषं प्राप्नुयात्। तस्मान्न कश्चित्तस्यापराधोऽस्ति॥३५५॥

But a man, who is not impeached with an act of previous incest, if found conversing in solitude with another's wife for any just reason, shall not be liable to punishment, inasmuch as there is not delinquency of his part. (355)

परस्त्रीयं योऽभिवदेत्तीर्थेऽरण्ये वनेऽपि वा।

नदीनां वापि संभेदे स संग्रहणमाप्नुयात्॥३५६॥

मुक्ता०:—तीर्थाद्यरण्यवनादिकं निर्जनदेशोपलक्षणमात्रम्। यः पुरुषः परस्त्रियमुदकावतरणमार्गेऽरण्ये ग्रामाद्बहिर्गुल्मलताकीर्णे निर्जने देशे वने बहुवृक्षसंतते नदीनां संगमे पूर्वमनाक्षारितोऽपि कारणादपि संभाषेत स संग्रहणं सहस्रपणदण्डं वक्ष्यमाणं प्राप्नुयात्। सम्यग्गृह्यते ज्ञायते येन परस्त्रीसंभोगाभिलाष इति संग्रहणम्॥३५६॥

If one accosts, and converses with another's wife in a lonely wood or forest, or at a holy pool or confluence of rivers he shall be guilty of the offence of adultery punishable with a fine of one thousand *Paṇas*. (356)

उपचारक्रिया केलिः स्पर्शो भूषणवाससाम्।

सह खट्वासनं चैव सर्वं संग्रहणं स्मृतम्॥३५७॥

मुक्ता०:—स्रग्गन्धानुलेपनप्रेषणाद्युपचारकरणं, केलिः परिहासालिङ्गनादिः, अलंकारवस्त्राणां स्पर्शनमेकखट्वासनमित्येतत्सर्वं संग्रहणं मन्वादिभिः स्मृतम्॥३५७॥

Sending presents of scents and flower-garlands to another's wife, cutting jokes with, or embracing her, touching her ornaments and catching hold of her wearing apparel, and eating, or sharing the same bed-stead, with her are acts which are said to constitute *Strisamgraha* (adultery with another's wife). (357)

स्त्रियं स्पृशेददेशे यः स्पृष्टो वा मर्षयेत्तया।

परस्परस्यानुमते सर्वं संग्रहणं स्मृतम्॥३५८॥

मुक्ता०:—यः स्प्रष्टुमनुचिते स्तनजघनादिदेशे स्त्रियं स्पृशेत्तया वा वृषणादिके स्पृष्टः क्षमते, तदान्योन्याङ्गीकरणे सर्वं संग्रहणं मन्वादिभिः स्मृतम्।।३५८।।

A woman who tolerates being touched at her private (lit. untouchable) parts by a man, and a man who tolerates being similarly touched by her are said to be guilty of adultery by mutual consent. (358)

अब्राह्मणः संग्रहणे प्राणान्तं दण्डमर्हति।

चतुर्णामपि वर्णानां दारा रक्ष्यतमाः सदा।।३५९।।

मुक्ता०:—अब्राह्मणोऽत्र शूद्रः, दण्डभूयस्त्वात्। ब्राह्मण्यामनिच्छन्त्यामुत्तमं संग्रहणं प्राणान्तं दण्डं प्राप्नोति। चतुर्णामपि ब्राह्मणादीनां वर्णानां धनपुत्रादीनामतिशयेन दाराः सर्वदा रक्षणीयाः। तेन प्रसङ्गनिवृत्त्यर्थमुत्कृष्टसंग्रहणादपि सर्ववर्णैर्भार्या रक्षणीया।।३५९।।

A non-Brāhmaṇa (Śūdra), found guilty of adultery, shall be punished with death, inasmuch as it is incumbent on men of all the four castes to protect their wives above (all other possessions). (359)

भिक्षुका बन्दिनश्चैव दीक्षिताः कारवस्तथा।

संभाषणं सह स्त्रीभिः कुर्युरप्रतिवारिताः।।३६०।।

मुक्ता०:—भिक्षाजीविनः, स्तुतिपाठकाः, यज्ञार्थकृतदीक्षकाः, सूपकारादयः, भिक्षादिस्वकार्यार्थं गृहिस्त्रीभिः सह संभषणमनिवारिताः कुर्युः। एवं चैषां संग्रहणाभावः।।३६०।।

Beggars, professional panegyrists, men initiated in a sacrifice, and artisans (such as cooks, etc.,) may, if not otherwise forbidden, speak with othe men's wives (while alone). (360)

न संभाषां परस्त्रीभिः प्रतिषिद्धः समाचरेत्।

निषिद्धो भाषमाणस्तु सुवर्णं दण्डमर्हति।।३६१।।

मुक्ता०:—स्वामिना निषिद्धः स्त्रीभिः संभाषणं न कुर्यात्। प्रतिषिद्धः संभाषणमाचरन्नाज्ञः षोडशमाषात्मकसुवर्णदानयोग्यो भवति।।३६१।।

Forbidden to speak with another's wife, one must not converse with her. For thus conversing inspite of the warning the offender shall be liable to a fine of one Suvarṇa (gold Moha). (361)

नैष चारणदारेषु विधिर्नात्मोपजीविषु।

सञ्जयन्ति हि ते नारीर्निगूढाश्चारयन्ति च।।३६२।।

मुक्ता०:–"परिस्त्रियं योऽभिवदेत्" (अ. ८ श्लो. ३५६) इत्यादिसंभाषणनिषेधविधिर्नटगायनादिदारेषु नास्ति। तथा "भार्या पुत्रः स्वका तनुः" (अ. ४ श्लो. १८४) इत्युक्तत्वाद्भार्यैवात्माऽनयोपजीवन्ति धनलाभाय तस्या जारं क्षमन्ते ये तेषु, नटादिव्यतिरिक्तेष्वपि ये दारास्तेष्वप्येवं निषेधविधिर्नास्ति। यस्माच्चारणा आत्मोपजीविनश्च परपुरुषानानीय तैः स्वभार्यां संश्लेषयन्ते। स्वयमागतांश्च परपुरुषान्प्रच्छन्ना भूत्वा स्वाज्ञानं विभावयन्तो व्यवहारयन्ति।।३६२।।

The rule does not hold good in respect of wives of *Cāraṇas* (professional actors or musicians), *Ātmopajīvins,* and of those who sell their wive's embraces for money, inasmuch as they deck out their wives for the embrace of others, or lie concealed to help them (to carry on their obnoxious trade.) (362)

किञ्चिदेव तु दाप्यः स्यात्संभाषां ताभिराचरन्।

प्रैष्यासु चैकभक्तासु रहः प्रव्रजितासु च।।३६३।।

मुक्ता०:–निर्जनदेशे चारणात्मोपजीविभिः स्त्रीभिः संभाषणं कुर्वन्स्वल्पदण्डलेश राज्ञा दाप्यः, तासामपि परदारत्वात्। तथा दासीभिरवरुद्धाभिर्बौद्धाभिर्ब्रह्मचारिणीभिः संभाषां कुर्वन्किंचिद्दण्डमात्रं दाप्यः स्यात्।।३६३।।

For having conversed with the above said females, maid-servants, and false female ascetics (nuns) in solitude, the offender shall be liable to pay a very small fine. (363)

योऽकामां दूषयेत्कन्यां स सद्यो वधमर्हति।

सकामां दूषयंस्तुल्यो न वधं प्राप्नुयान्नरः।।३६४।।

मुक्ता०:–यस्तुल्यजातिरनिच्छन्तीं कन्यां गच्छति स तत्क्षणादेव ब्राह्मणेतरो लिङ्गच्छेदनादिकं वधमर्हति। इच्छन्तीं पुनर्गच्छन्वधार्हो मनुष्यो न भवति।।३६४।।

He, who defiles a maid, not amatively disposed, should

be punished (with the mutilation of his reproductive organ), but for having visited an amorous maid of his own caste one shall not be liable to corporeal punishment. (364)

कन्यां भजन्तीमुत्कृष्टं न किञ्चिदपि दापयेत्।
जघन्यं सेवमानां तु संयतां वासयेद्गृहे॥३६५॥

मुक्ता०:—कन्यां संभोगार्थमुत्कृष्टजातिपुरुषं सेवमानां स्वल्पमपि दण्डं न दापयेत्। हीनजातिं पुनः सेवमानां यत्नात्स्थापयेत्। यथा वा निवृत्तकामा स्यात्॥३६५॥

For sharing the bed of a man of superior caste, a maid must not pay any fine, for having carnally known a man of inferior caste she should be kept incarcerated in the house. (365)

उत्तमां सेवमानस्तु जघन्यो वधमर्हति।
शुल्कं दद्यात्सेवमानः समामिच्छेत्पिता यदि॥३६६॥

मुक्ता०:—हीनजातिरुत्कृष्टामिच्छन्हीमनिच्छन्तीं वागच्छत्यपेक्षयाङ्गच्छेदन-मारणात्मकं वधमर्हति। समानजातीयां पुनरिच्छन्तीं गच्छन्यदि पिता मन्यते तदा पितुः शुल्कानुरूपमर्थं वा दद्यान्न च दण्ड्यः। सा च कन्या तेनैव वोढव्या॥३६६॥

For having visited a woman of superior caste a man of inferior caste must be punished with death; but if for having visited a girl of his own caste, the father of the girl asks for a money compensation (lit., duty) he shall have to pay it to the father. (366)

अभिषह्य तु यः कन्यां कुर्याद्दर्पेण मानवः।
तस्याशु कर्त्ये अङ्गुल्यौ दण्डं चार्हति षट्शतम्॥३६७॥

मुक्ता०:—यो मनुष्यः प्रसह्य बलात्कारेण समानजातीयां गमनवर्जमहंकारेणाङ्गुलिप्रक्षेपमात्रेणैव नाशयेत्तस्य शीघ्रमेवाङ्गुलिद्वयच्छेदः कर्तव्यः। षट्पणशतानि चायं दण्डयः स्यात्॥३६७॥

The fingers of him who forcibly ruptures the hymen of a virgin therewith shall be clipped off, and he shall be further liable to pay a fine of six hundred *Paṇas*. (367)

सकामां दूषयंस्तुल्यो नाङ्गुलिच्छेदमाप्नुयात्।
द्विशतं तु दमं दाप्यः प्रसङ्गविनिवृत्तये॥३६८॥

मुक्ता०:—समानजातिरिच्छन्तीं कन्यामङ्गुलिप्रक्षेपमात्रेण नाशयन्नाङ्गुलिच्छदेमाप्नोति। किंत्वतिप्रसक्तिनिवारणाय द्विशतं दण्डं दाप्यः।।३६८।।

A man, found guilty of destroying the virginity of an amorous girl of his own caste with his fingers, shall have his fingers clipped off; and for checking the recrudescence of the crime, the offender shall be punished with a fine of two hundred Paṇas. (368)

कन्यैव कन्यां या कुर्यात्तस्याः स्याद्द्विशतो दमः।
शुल्कं च द्विगुणं दद्याच्छिफाश्चैवाप्नुयाद्दश।।३६९।।

मुक्ता०:—या कन्यैव पराभङ्गुलिप्रक्षेपेण नाशयेत्तस्य द्विशतो दण्डः स्यात्। कन्याशुल्कं च द्विगुणं कन्यापितुर्दद्याच्छिफाःप्रहारांश्च दश प्राप्नुयात्।।३६९।।

A girl committing the same offence upon another girl shall be punished with stripes and a fine of two hundred *Paṇas*; she shall be further liable to pay a compensation of double value (four hundred Paṇas) to the father of (the deflowered girl). (369)

या तु कन्यां प्रकुर्यात्स्त्री सा सद्यो मौण्ड्यमर्हति।
अङ्गुल्योरेव वा छेदं खरेणोद्वहनं तथा।।३७०।।

मुक्ता०:—या पुनः कन्यामङ्गुलिप्रक्षेपेण स्त्री नाशयेत्सा तत्क्षणादेव शिरोमुण्डनं, अनुबन्धापेक्षयाङ्गुल्योरेव छेदंन, गर्दभेण च राजमार्गे वहनमर्हति।।३७०।।

A woman found guilty of committing the same offence on the person of a girl shall have her head shaved and fingers clipped off; and thus (mutilated) she shall be perambulated on an ass (round the town). (370)

भर्तारं लङ्घयेद्या तु स्त्री ज्ञातिगुणदर्पिता।
तां श्वभिः खादयेद्राजा संस्थाने बहुसंस्थिते।।३७१।।

मुक्ता०:—या स्त्री प्रबलधनिकपित्रादिबान्धवदर्पेण सौन्दर्यादिगुणदर्पेण च पतिं पुरुषान्तरोपगमनाल्लङ्घयेत्तां राजा बहुजनाकीर्णे देशे श्वभिर्भक्षयेत्।।३७१।।

A wife, who out of pride of personal beauty and opulent relationship, has made transgressions against her husband, the king shall cause to be devoured by ferocious dogs in a well-crowded locality. (371)

पुमांसं दाहयेत्पापं शयने तप्त आयसे।
अभ्यादध्युश्च काष्ठानि तत्र दह्येत पापकृत्।।३७२।।

मुक्ता०:—अनन्तरोक्तं जारं पापकारिणं पुरुषमयोमयशयने प्रज्ज्वलिते राजा दाहयेत्। तव शयने वध्यघातिनः काष्ठानि निःक्षिपेयुर्यावत्पापकारी दग्धः स्यात्।।३७२।।

The king shall cause the male miscreant (adulterer) to be laid down on a hot bed of iron and the public executioners shall cast logs of wood in the fire-bed till his body is consumed to ashes. (372)

संवत्सराभिशस्तस्य दुष्टस्य द्विगुणो दमः।
व्रात्यया सह संवासे चाण्डाल्या तावदेव तु।।३७३।।

मुक्ता०:—परस्त्रीगमनेन दुष्टस्य पुंसोऽदण्डितस्य च संवत्सरातिक्रमेणाभिशस्तस्य पूर्वदण्डाद्द्विगुणो दमः कार्यः। तथा व्रात्यजायागमने यो दण्डः परिकल्पितः चाण्डाल्या, सह निर्देशाच्चाण्डालीगमनरूपः, तथा चाण्डालीगमने यो दण्डः "सहस्रं त्वन्त्यजस्त्रियम्" (अ. ८ श्लो. ३८५) इति, संवत्सरे त्वतीते यदि तामेव व्रात्यजायां तामेव चाण्डालीं पुनर्गच्छति तदा द्विगुणः कर्तव्यः। एतत्पूर्वस्यैवोदाहरणद्वयं व्रात्यजायागमनेऽपि चाण्डालीगमनदण्डप्रदर्शनार्थम्। सर्वस्यैव तु पूर्वाभिशस्तदण्डितस्य संवत्सरातिक्रमे पुनस्तामेव गच्छतः पूर्वाद्द्विगुणो दण्डो बोद्धव्यः।।३७३।।

A person, found guilty of adultery within one year of his having been punished for the same offence, shall be liable to double the penalty; for sexually visiting a girl of unconsecrated caste (Vrātya) the penalty is the same as that for carnally knowing a *Cāṇḍāla* woman. (373)

शूद्रो गुप्तमगुप्तं वा द्वैजातं वर्णमावसन्।
अगुप्तमङ्गसर्वस्वैर्गुप्तं सर्वेण हीयते।।३७४।।

मुक्ता०:—भर्त्रादिभी रक्षितामरक्षितां वा द्विजातिस्त्रियं यदि शूद्रो गच्छेत्तदा रक्षितां रक्षारहितां गच्छंल्लिङ्गसर्वस्वाभ्यां वियोजनीयः। अत्राङ्गविशेषाश्रवणेऽपि आर्यस्त्र्यभिगमने लिङ्गोद्धारः। "सर्वस्वहरणं गुप्तां चेद्वधोऽधिकः" इति गोतमवचनाल्लिङ्गच्छेदः। रक्षितां तु गच्छञ्छरीरधनहीनः कर्तव्यः।।३७४।।

For having sexually visited a woman of any twiceborn caste, whether protected or unprotected by her husband, a

Śūdra shall be punished with the mutilation of his reproductive organ and a confiscation of all his goods and estates in the first named instance (*i.e.*, for knowing an unprotected twice-born woman), and in the last named case he shall pay the penalty with his life and all his goods and estates will be escheated to the sovereign. (374)

वैश्यः सर्वस्वदण्डः स्यात्संवत्सरनिरोधतः।

सहस्त्रं क्षत्रियो दण्ड्यो मौण्ड्यं मूत्रेण चार्हति॥३७५॥

मुक्ता०:—वैश्यस्य गुप्तब्राह्मणीगमने संवत्सरबन्धादनन्तरं सर्वस्वग्रहणरूपो दण्डः कार्यः। क्षत्रियागमने तु "वैश्यश्चेत्क्षत्रियाम्" (अ. ८ श्लो. ३८२) इति वक्ष्यति। क्षत्रियो गुप्तब्राह्मणीगमने सहस्रं दण्डनीयः। खरमूत्रेण चास्य मुण्डनं कर्तव्यम्॥३७५॥

A *Vaiśya*, found guilty of carnally knowing a protected *Brāhmaṇa* woman, shall be punished with imprisonment for one year, after which all his estates will be escheated to the king. A *Kṣatriya*, found guilty of the same offence, shall punished with a fine of one thousand Paṇas and his head shall be shaved with urine. (375)

ब्राह्मणीं यद्यगुप्तां तु गच्छेतां वैश्यपार्थिवौ।

वैश्यं पञ्चशतं कुर्यात्क्षत्रियं तु सहस्त्रिणम्॥३७६॥

मुक्ता०:—अरक्षितां तु ब्राह्मणीं यदि वैश्यक्षत्रियौ गच्छतस्तदा वैश्यं पञ्चशतदण्डयुक्तं कुर्यात्। क्षत्रियं पुनः सहस्रदण्डोपतम्। वैश्ये चायं पञ्चशतदण्डः शूद्राभ्रमादिना निर्गुणजातिमात्रोपजीविब्राह्मणीगमनविषयः। तदितरब्राह्मणीगमने वैश्यस्यापि सहस्रं दण्ड एव॥३७६॥

A Vaiśya and a Kṣatriya found guilty of carnally knowing an unprotected Brāhmaṇa woman shall be respectively liable to pay five hundred and one thousand Paṇas (to the king). (376)

उभावपि तु तावेव ब्राह्मण्या गुप्तया सह।

विप्लुतौ शूद्रवद्दण्ड्यौ वा कटाग्निना॥३७७॥

मुक्ता०:—तावेवोभावपि क्षत्रियवैश्यौ ब्राह्मण्या रक्षितया सह कृतमैथुनौ शूद्रवत्सर्वेण

हीयेते इति दण्ड्यौ। तद्वा कटेनावेष्ट्य दग्धव्यौ। तत्र "वैश्यं लोहितदर्भैः क्षत्रियं शरपत्रैर्वावेष्ट्य" इति वसिष्ठोक्तो विशेषो ग्राह्यः। पूर्वं "सहस्रं क्षत्रियो दण्ड्यो" "वैश्यः सर्वस्वम्" इत्युक्तत्वादयं प्राणान्तिकदण्डो गुणवद्ब्राह्मणीगमनविषयो बोद्धव्यः॥३७७॥

Either of them, found guilty of carnal knowledge of a protected *Brāhmaṇa* woman shall be punished as a *Śūdra* guilty of the same offence and burnt in a hay fire. (377)

सहस्रं ब्राह्मणो दण्ड्यो गुप्तां विप्रां बलाद् व्रजन्।

शतानि पञ्च दण्ड्यः स्यादिच्छन्त्या सह संगतः॥३७८॥

मुक्ता०ः—रक्षितां विप्रां ब्राह्मणो बलेनोपगच्छन्सहस्रं दण्ड्यः स्यात्। इच्छन्त्या पुनः सकृन्मैथुने पञ्च शतानि दण्डनीयो भवेत्॥३७८॥

For having forcibly ravished a protected Brāhmaṇa woman, a Brāhmaṇa shall be punished with a fine of one thousand *Paṇas*, for having known such a Brāhmaṇa woman with her knowledge and consent he shall be punished with a fine of five hundred Paṇas. (378)

मौण्डयं प्राणान्तिको दण्डो ब्राह्मणस्य विधीयते।

इतरेषां तु वर्णानां दण्डः प्राणान्तिको भवेत्॥३७९॥

मुक्ता०ः—ब्राह्मणस्य वधदण्डस्थाने शिरोमुण्डनं दण्डः शास्त्रेणोपदिश्यते। क्षत्रियादीनां पुनरुक्तेन घातेन दण्डो भवति॥३७९॥

In respect of a Brāhmaṇa a death sentence must be commuted to one of shaving the hair of his head; death-sentences may be passed on members of all other castes. (379)

न जातु ब्राह्मणं हन्यात्सर्वपापेष्वपि स्थितम्।

राष्ट्रादेनं बहिः कुर्यात्समग्रधनमक्षतम्॥३८०॥

मुक्ता०ः—ब्राह्मणं सर्वपापकारिणमपि कदाचिन्न हन्यादपि तु सर्वस्वयुक्तमक्षतशरीरं राष्ट्रान्निर्वासयेत्॥३८०॥

Let him (king) not kill a Brāhmaṇa even if he be found guilty of all the crimes; he must banish him (Brāhmaṇa) from the realm unhurt and with all his possessions. (380)

न ब्राह्मणवधाद्भूयानधर्मो विद्यते भुवि।
तस्मादस्य वधं राजा मनसापि न चिन्तयेत्॥३८१॥

मुक्ता०:—ब्राह्मणवधान्महान्पृथिव्यामधर्मो नास्ति। तस्माद्राजा सर्वपापकारिणो ब्राह्मणस्य मनसापि वधं न चिन्तयेत्॥३८१॥

A more heinous sin exists not in this world than murdering (killing) a Brāhmaṇa; let not a king even think of such a project in his mind. (381)

वैश्यश्चेत्क्षत्रियां गुप्तां वैश्यां वा क्षत्रियो व्रजेत्।
यो ब्राह्मण्यामगुप्तायां तावुभौ दण्डमर्हतः॥३८२॥

मुक्ता०:—रक्षितां क्षत्रियां यदि वैश्यो गच्छेत्क्षत्रियो वा यदि रक्षितां वैश्यां तदा तायेर्ब्राह्मण्यामगुप्तायां गमने यौ दण्डावुक्तौ "वैश्यं पञ्चशतं कुर्यात्क्षत्रियं तु सहस्रणम्" (अ. ८ श्लो. ३७६) इति द्वावेव दण्डौ वैश्यक्षत्रिययोर्भवतः। अयं च वैश्यस्य रक्षितक्षत्रियागमने पञ्चशतरूपो दण्डो लघुत्वाद्गुणवद्वैश्यस्य निर्गुणजातिमात्रोपजीविक्षत्रियायाः शूद्राभ्रान्त्यादिगमनविषयो बोद्धव्यः। क्षत्रियस्य रक्षितवैश्यायां ज्ञानतो युक्तः सहस्रं दण्डः॥३८२॥

If a *Vaiśya* is found guilty of the carnal knowledge of a protected *Kṣatriya* woman, or if a Kṣatriya is found guilty of visiting the bed of a protected Vaiśya woman, either of them must be punished with the penalty laid down for the carnal knowledge of an unprotected *Brāhmaṇa* woman. (382)

सहस्त्रं ब्राह्मणो दण्डं दाप्यो गुप्ते तु ते व्रजन्।
शूद्रायां क्षत्रियविशोः सहस्त्रो वै भवेद्दमः॥३८३॥

मुक्ता०:—क्षत्रियावैश्ये रक्षिते ब्राह्मणो व्रजन्सहस्रं दण्डं दापनीयः। शूद्रायां रक्षितायां क्षत्रियवैश्ययोर्गमने सहस्रमेव दण्डः स्यात्॥३८३॥

For having visited the bed of a protected Vaiśya or Kṣatriya woman a Brāhmaṇa shall be punished with a fine of one thousand *Paṇas;* a Vaiśya or a Kṣatriya, guilty of the carnal knowledge of a protected *Śūdra* woman, shall be fined one thousand Paṇas. (383)

क्षत्रियायामगुप्तायां वैश्ये पञ्चशतं दमः।
मूत्रेण मौण्ड्यमिच्छेत्तु क्षत्रियो दण्डमेव वा॥३८४॥

मुक्ता०:—अरक्षितक्षत्रियागमने वैश्यस्य पञ्चशतानि दण्डः स्यात्। क्षत्रियस्य त्वरक्षितागमने गद्रर्भमूत्रेण मुण्डनं पञ्चशतरूपं वा दण्डमाप्नुयात्॥३८४॥

For having carnally known an unprotected Kṣatriya woman, a Vaiśya shall be punished with a fine of five hundred *Paṇas; a Kshatriya,* guilty of the same offence, shall have the hair of his head shaved with (ass's) urine, or he shall pay a fine of five hundred Paṇas. (384)

अगुप्ते क्षत्रियावैश्ये शूद्रां वा ब्राह्मणो व्रजन्।

शतानि पञ्च दण्ड्यः स्यात्सहस्त्रं त्वन्त्यजस्त्रियम्॥३८५॥

मुक्ता०:—अरक्षितां क्षत्रियां वैश्यां शूद्रां वा ब्राह्मणो गच्छन्पञ्चशतानि दण्ड्यः स्यात्। अन्ते भवोऽन्त्यजः यस्मादधमो नास्ति चाण्डालादिस्तस्यस्त्रियं गच्छन्सहस्रं दण्ड्यः॥३८५॥

For, having visited the bed of an unprotected Kṣatriya, *Vaiśya, or Śūdra* woman, a *Brāhmaṇa* shall be punished with a fine of five hundred Paṇas; for having gone unto a vile caste woman, he shall be liable to a fine of one thousand Paṇas. (385)

यस्य स्तेनः पुरे नास्ति नान्यस्त्रीगो न दुष्टवाक्।

न साहसिकदण्डघ्नौ स राजा शक्रलोकभाक्॥३८६॥

मुक्ता०:—यस्य राज्ञो राष्ट्रे चौरः, परदारगामी, परूषवादी, गृहदाहादिसाहसकारी, दण्डपारुष्यकर्ता च नास्ति स राजा शक्रपुरं याति॥३८६॥

The king in whose realm there exists not a thief, a defiler of another's wife, a foul-mouthed person, a robber, or an assaulter attain the region of *Indra* (the king of the celestials). (386)

एतेषां निग्रहो राज्ञः पञ्चानां विषये स्वके।

साम्राज्य कृत्सजात्येषु लोके चैव यशस्करः॥३८७॥

मुक्ता०:—एतेषां स्तेनादीनां पञ्चानां स्वराष्ट्रे निग्रहः समानजातीयेषु राजसु मध्ये राजा साम्राज्यकृदिह लोके च यशस्करो भवति॥३८७॥

The repression of these five kinds (of miscreants) by a king in his own realm grants him suzerainty over his compeers (contemporary sovereigns) and a high fame in this world. (387)

ऋत्विजं यस्त्यजेद्याज्यो याज्यं चर्त्विक्त्यजेद्यदि।
शक्तं कर्मण्यदुष्टं च तयोर्दण्डः शतं शतम्।।३८८।।

मुक्ता०:—यो याज्यः ऋत्विजं कर्मानुष्ठानसमर्थमतिपातकादिदोषरहितमृत्विग्वा याज्यमदुष्टं त्यजति तयोः शतं शतं दण्डः कार्य इति दण्डप्रसङ्गादिदमुक्तम्।।३८८।।

Either of the Yajamāna (institutor of a religious ceremony who unjustly renounces a priest, capable of performing that sacrifice), or the priest who renounces a Yajamāna, not in any way defiled or degraded, should be liable to pay a fine of one hundred *Paṇas.* (388)

न माता न पिता न स्त्री न पुत्रस्त्यागमर्हति।
त्यजन्नपतितानेतान् राज्ञा दण्ड्यः शतानि षट्।।३८९।।

मुक्ता०:—मातृपितृभार्यापुत्रास्त्यागमपोषणशुश्रूषणाद्यकरणात्मकं नार्हन्ति। तस्मादेतान्पा तकादिरहितान्परित्यजन्नेकैकपरित्यागे राज्ञा षट् शतानि दण्ड्यः।।३८९।।

It is not proper (for a man) to desert his mother, father, wife, or son; having deserted any of them, not in any way degraded, the king shall punish him, with a fine of six hundred Paṇas. (389)

आश्रमेषु द्विजातीनां कार्ये विवदतां मिथः।
न विब्रूयान्नृपो धर्मं चिकीर्षन्हितमात्मनः।।३९०।।

मुक्ता०:—द्विजातीनां गार्हस्थ्याद्याश्रमविषये कार्येऽयं शास्त्रार्थो नायं शास्त्रार्थ इति परस्परं जातविवादानां राजा स्वीयहितं चिकीर्षुरयं शास्त्रार्थ इति सदृशान्विशेषेण न ब्रूयात्।।३९०।।

In a dispute among *Brāhmaṇas* regarding the proper interpretation of a procedure of ritual (lit., domestic sacrifice) the king, for the reason of his own welfare, shall reain from passing any decisive opinion on the subject. (390)

यथार्हमेतानभ्यर्च्य ब्राह्मणैः सह पार्थिवः।
सान्त्वेन प्रशमय्यादौ स्वधर्मं प्रतिपादयेत्।।३९१।।

मुक्ता०:—यो यादृशीं पूजामर्हति तं तथा पूजयित्वा अन्यैर्ब्राह्मणैः सह प्रथमं प्रीत्या अपगतकोपं कृत्वा तत एषां यः स्वधर्मस्तं बोधयेत्।।३९१।।

In such a case the king having properly honoured the Brāhmaṇa (disputants) and appeased their anger by conciliatory words must proceed to give the proper interpretation of their duties with the help of (other) Brāhmaṇas (of his court). (391)

प्रातिवेश्यानुवेश्यौ च कल्याणे विंशतिद्विजे।
अर्हावभोजयन्विप्रो दण्डमर्हति माषकम्।।३९२।।

मुक्ता०:—निरन्तरगृहवासी प्रातिवेश्यः तदन्तरगृहवास्यनुवेश्यः, यस्मिन्नुत्सवे विंशतिरन्ये ब्राह्मणा भोज्यन्ते तत्र प्रातिवेश्यानुवेश्यौ "प्रातिवेश्यब्राह्मणातिक्रमकारी च" इति विष्णुवचनाद्ब्राह्मणौ भोजनार्हावभोजयन्ब्राह्मण उत्तरत्र हैरण्यादिग्रहणादिह रौप्यमाषं दण्डमर्हति।।३९२।।

In connection with an auspicious rite in which it is necessary to feed twenty Brāhmaṇas, if a *Brāhmaṇa* feeds others in exclusion of his neighbours and the inmates of his house, he shall be liable to pay a fine of one Māṣa (of silver to the king). (392)

श्रोत्रियः श्रोत्रियं साधुं भूतिकृत्येष्वभोजयन्।
तदन्नं द्विगुणं दाप्यो हिरण्यं चैव माषकम्।।३९३।।

मुक्ता०:—विद्याचारवांस्तथाविधमेव गुणवन्तं विभवकार्येषु विवाहादिषु प्रकृतत्वात्प्रातिवेश्यानुवेश्यावभोजयन् तदन्नं भोजितादि्द्वगुणमन्नं दाप्यो हिरण्यमाषकं च राज्ञः।।३९३।।

A *Śrotriya* (i.e., Veda-knowing) Brāhmaṇa failing to feed a virtuous Śrotriya (neighbour or inmate of his house) on the occasion of a rite of prosperity (lit., that which confers progeny and prosperity such as, marriage, etc.) shall give him twice as much food, and a fine of one *Māṣa* (of gold to the king). (393)

अन्धो जडः पीठसर्पी सप्तत्या स्थविरश्च यः।
श्रोत्रियेषूपकुर्वंश्च न दाप्याः केनचित्करम्।।३९४।।

मुक्ता०:—अन्धो बधिरः पङ्गुः संपूर्णसप्ततिवर्षः। सप्तत्येति "प्रकृत्यादिभ्य उपसंख्यानम्" इति तृतीया। श्रोत्रियेषु धनधान्यशुश्रूषादिनोपकारकाः केनचिदपि क्षीणकोशेनापि राज्ञा त्वनुग्राह्याः करं न दापनीयाः॥३९४॥

A blind or lame man, an idiot, one above seventy years of age, and one who does any benefit to a Veda-knowing *Brāhmaṇa* must be exempted from paying any tax (or revenue to the king). (394)

श्रोत्रियं व्याधितार्तौ च बालवृद्धावकिञ्चनम्।
महाकुलीनमार्यं च राजा संपूजयेत्सदा॥३९५॥

मुक्ता०:—विद्याचारवन्तं ब्राह्मणं रोगिणं पुत्रवियोगादिदु:खितं बालवृद्धदरिद्र-महाकुलप्रसूतोदारचरितान् राजा दानमानहितकरणैः संपूजयेत्सदा॥३९५॥

Let the king always do honour to (*i.e.* provide for) a *Śrotriya*, sick man, invalid, or infant, as well as to the indigent, high-born and the revered. (395)

शाल्मलीफलके श्लक्ष्णे नेनिजयान्नेजकः शनैः।
न च वासांसि वासोभिर्निर्हरेन्न च वासयेत्॥३९६॥

मुक्ता०:—शाल्मल्यादिवृक्षसंबन्धिफलके अपरुषे रजकः शनै शनैर्वासांसि प्रक्षालयेन्न परकीयैर्वस्त्रैरन्यवस्त्राणि नयेन्न चान्यवासांस्यन्यपरिधानार्थं दद्यात्। यद्येवं कुर्यात्तदासौ दण्ड्यः स्यात्॥३९६॥

A washerman must gently wash the clothes on a smooth-board of *Śālmali* (Bombax Malabaricum) plank, he must not mix one's clothes with another's, nor give one's clothes to another for use or wearing. (396)

तन्तुवायो दशपलं दद्यादेकपलाधिकम्।
अतोऽन्यथा वर्तमानो दाप्यो द्वादशकं दमम्॥३९७॥

मुक्ता०:—तन्तुवायो वस्त्रनिर्माणार्थं दश पलानि सूत्रं गृहीत्वा पिष्टभक्ष्याद्यनुप्रवेशादेकादशपलं वस्त्रं दद्यात्। यदि ततो न्यूनं दद्यात्तदा द्वादश पणान् राज्ञा दाप्यः स्वामिनश्च तुष्टिः कर्तव्यैव॥३९७॥

For each ten *Palam* weight of cotton thread given to a weaver, he must return eleven Palam weight of manufactured cloth; otherwise he shall be liable to pay a fine of twelve *Paṇas*. (397)

शुल्कस्थानेषु कुशलाः सर्वपण्यविचक्षणाः।
कुर्युरर्धं यथापण्यं ततो विंश नृपो हरेत्॥३९८॥

मुक्ता०:—स्थलजलपथव्यवहारतो राजग्राह्यो भागः शुल्कम्। तस्यावस्थानेषु ये कुशलास्तथा सर्वपण्यानां सारासारज्ञास्ते पण्येषु यमर्धं मूल्यमनुरूपं कुर्युस्ततो लाभधनाद्विंशतिभागं राजा गृह्णीयात्॥३९८॥

At toll stations or customs houses, the king shall receive a twentieth part of the profit on the price of an article, determined by men, expert in fixing the prices of commodities. (398)

राज्ञः प्रख्यातभाण्डानि प्रतिषिद्धानि यानि च।
तानि निर्हरतो लोभात्सर्वहारं हरेन्नृपः॥३९९॥

मुक्ता०:—राज्ञः संबन्धितया यानि विक्रेयद्रव्याणि प्रख्यातानि राजोपयोगीनि हस्त्यश्वादीनि च तद्देशोद्भवानि च प्रतिषिद्धानि च। यथा दुर्भिक्षे धान्यं देशान्तरं न नेयमिति तानि लोभाद्देशान्तरं नयतो वणिजः सर्वहरणं राजा कुर्यात्॥३९९॥

The king shall confiscate all the goods (estates etc.,) of him, who, out of greed, shall attempt to sell a commodity which is the king's monopoly, or to export commodities which are forbidden to be exported (contra-bands) to foreign countries. (399)

शुल्कस्थानं परिहरन्नकाले क्रयविक्रयी।
मिथ्यावादी च संख्याने दाप्योऽष्टगुणमत्ययम्॥४००॥

मुक्ता०:—शुल्कमोषणायोत्पथेन गच्छति। अकाले रात्र्यादौ वा क्रयविक्रयं करोति। शुल्कखण्डनार्थं विक्रेयद्रव्यस्याल्पां संख्यां वक्ति। राजदेयमपलपितमष्टगुणं दण्डरूपतया दाप्यः॥४००॥

For having avoided the public highway or sold his goods in the night, or given out a lesser number (*i.e.*, a false mainfest of) of his goods with a view to defraud the toll duties or customs, one shall be liable to pay a fine eight times the value of the defrauded duties. (400)

आगमं निर्गमं स्थानं तथा वृद्धिक्षयावुभौ।

विचार्य सर्वपण्यानां कारयेत्क्रयविक्रयौ।।४०१।।

मुक्ता०:–कियतो दूरादागतमिति देशान्तरीयद्रव्यस्यागमनं, कियद्दूरं नीयत इति स्वदेशोद्भवस्य निर्गमं, कियत्कालस्थितं कियन्मूल्यं लभत इति स्थितं, तथा कियती वृद्धिरित्यत्र कर्मकाराणां भक्ताच्छादनादिना कियानपक्षय इत्येवं विचार्य, तथा वणिजां क्रेतॄणां यथा पीडा न भवति तथा सर्वपण्यानां क्रयविक्रयौ कारयेत्।।४०१।।

In consideration of the distance from which an article has come or to which it shall be despatched, and for which periods must it be kept in stock and what prices it will obtain there by, and the expenditures to be incurred under these heads. the king shall fix the prices of articles of merchandise. (401)

पञ्चरात्रे पञ्चरात्रे पक्षे पक्षेऽथवा गते।

कुर्वीत चैषां प्रत्यक्षमर्घसंस्थापनं नृपः।।४०२।।

मुक्ता०:–आगमनिर्गमोपाययोगादेः पञ्चरात्रे पण्यानामनियतत्वादस्थिरार्घादीनां पञ्चरात्रे गते स्थिरप्रायार्घाणां पक्षे पक्षे गते वणिजामर्घविदां प्रत्यक्षं नृपतिराप्तपुरुषैर्व्यवस्थां कुर्यात्।।४०२।।

At the end of each fifth day, or at the close of each fortnight, the king in the presence of the appraisers of prices and in consideration of their stock in the market shall lay down the prices of commodities. (402)

तुलामानं प्रतीमानं सर्वं च स्यात्सुलक्षितम्।

षट्सु षट्सु च मासेषु पुनरेव परीक्षयेत्।।४०३।।

मुक्ता०:–तुलामानं सुवर्णादीनां परिच्छेदार्थं यत्क्रियते प्रतिमानं प्रस्थद्रोणादि तत्सर्वं स्वनिरूपितं यथा स्यात्। षट्सु षट्सु मासेषु गतेषु पुनस्तत्सर्वं सभ्यपुरुषैर्नृपतिः परीक्षयेत्।।४०३।।

Weights and measures of trade let the king personally determine and lay down, and let him examine those weights and measures at the end of each six months. (403)

पणं यानं तरेदाप्यं पौरुषोऽर्धपणं तरे।
पादं पशुश्च योषिञ्च पादार्धं रिक्तकः पुमान्।।४०४।।

मुक्ता०:—"भाण्डपूर्णानि यानानि" (अ. ८ श्लो. ४०५) इति वक्ष्यति। तेन रिक्तशकटादि यानं तरविषये पणं दाप्यम्। एवं पुरुषभारोऽर्धपणं तरपण्यं दाप्यः। पशुश्च गवादिः पणचतुर्थभागं, भाररहितो मनुष्यः पणाष्टभागं दापनीयः।।४०४।।

The freight for taking a vehicle across a ferry is one Paṇa, that for taking a load, which can be carried by a man, across a ferry is half a Paṇa, the freight for taking a beast or a woman across a ferry is a quarter Paṇa, and that for taking a man without luggage is one-eighth Paṇa (lit. half of the latter amount). (404)

भाण्डपूर्णानि यानानि तार्यं दाप्यानि सारतः।
रिक्तभाण्डानि यत्किञ्चित्पुमांसश्चापरिच्छदाः।।४०५।।

मुक्ता०:—पण्यद्रव्यपूर्णानि शकटादीनि द्रव्यगतोत्कर्षापेक्षया तरं दाप्यानि। द्रव्यरहितानि च गोणीकम्बलादीनि यत्किंचित्स्वल्पं तार्यं दाप्यम्। अपरिच्छदा दरिद्रा उक्तपदार्थदानापेक्षया यत्किंचिद्दापनीयाः।।४०५।।

Ferry rates in respect of vehicles, full of goods of merchandise, should be determined according to the preciousness or otherwise of those commodities, those in respect of indigent persons and empty sacks and guny bags must be very small. (405)

दीर्घाध्वनि यथादेशं यथाकालं तरो भवेत्।
नदीतीरेषु तद्विद्यात्समुद्रे नास्ति लक्षणम्।।४०६।।

मुक्ता०:—पूर्वं पारावारे तरणार्थमुक्तम्। इदानीं नदीमार्गे दूराध्वनि गन्तव्ये प्रबलवेगस्थिरोदकनद्यादिदेशग्रीष्मवर्षादिकालापेक्षया तरमूल्यं कल्पनीयम्। एतञ्च नदीतीरे बोद्धव्यम्। समुद्रे तु वाताधीनपोतगमनत्वात्स्वायत्तत्वाभावे तरपण्यविशेषज्ञापकं नदीवद्दिवयोजनादिकं नास्ति। ततस्तत्रोचितमेव तरपण्यं ग्राह्यम्।।४०६।।

The hire of a boat should be proportionate to the distance of the journey and must be determined in consideration of the nature of the season and the current of the river. No rule exists in determing freights of sea-going vessels. (406)

गर्भिणी तु द्विमासादिस्तथा प्रव्रजितो मुनिः।

ब्राह्मणा लिङ्गिनश्चैव न दाप्यास्तारिकं तरे॥४०७॥

मुक्ता०:—संजातगर्भा स्त्री मासद्वयादूर्ध्वं, तथा प्रव्रजितो भिक्षुर्मुनिर्वानप्रस्थो, ब्राह्मणाश्च लिङ्गिनो ब्रह्मचारिणः तरमूल्यं तरे न दाप्याः॥४०७॥

Pregnant women till during the second month of gestation, sages who have taken the vow of asceticism, *Brāhmaṇas,* Brahmacārins (religious students) are exempted from paying ferry-tolls. (407)

यन्नावि किञ्चिद्दाशानां विशीर्येतापराधतः।

तद्दाशैरेव दातव्यं समागम्य स्वतोंऽशतः॥४०८॥

मुक्ता०:—नौकारूढानां यत्किंचिन्नाविकापराधेन नष्टं द्रव्यं तन्नाविकैरेव मिलित्वा यथाभागं दातव्यम्॥४०८॥

Whatever loss the passengers of a boat might sustain through the fault of the crew, the crew must make that good out of their respective shares (in freights). (408)

एष नौयायिनामुक्तो व्यवहारस्य निर्णयः।

दाशापराधतस्तोये दैविके नास्ति निग्रहः॥४०९॥

मुक्ता०:—नाविकापराधाद्यदुदके नष्टं तन्नाविकैरेव दातव्यम्। पूर्वोक्तमनूदितं "दैविके नास्ति निग्रहः" इति विधातुं नौयायिनामेष व्यवहारस्य निर्णय उक्तः। दैवोपजातवातादिना नौभङ्गेन धनादिनाशे नाविकानां न दण्डः॥४०९॥

Thus the law relating to boatmen has been set forth; any thing lost in water through the fault of the crew must be made good by them, who are not liable for any things destroyed by an act of providence. (409)

वाणिज्यं कारयेद्वैश्यं कुसीदं कृषिमेव च।

पशूनां रक्षणं चैव दास्यं शूद्रं द्विजन्मनाम्॥४१०॥

मुक्ता०:—वाणिज्यं कुसीदकृषिपशुरक्षणानि वैश्यं कारयेत्। शूद्रं च राजा द्विजातीनां दास्यं कारयेत्। अकुर्वाणौ वैश्यशूद्रौ राज्ञो दण्ड्यावित्येव-मर्थोऽयमिहोपदेशः॥४१०॥

The king shall cause a *Vaiśya* (i.e. members of the

Vaiśya caste), to carry on trade, money-lending, agriculture and cattle rearing; and a *Śūdra,* to serve the *Brāhmaṇas.* (410)

क्षत्रियं चैव वैश्यं च ब्राह्मणो वृत्तिकर्शितौ।

बिभृयादानृशंस्येन स्वानि कर्माणि कारयन्।।४११।।

मुक्ता०:—ब्राह्मणः क्षत्रियवैश्यौ भृत्यभावेन पीडितौ करुणया स्वानि कर्माणि रक्षणकृष्यादीनि कारयन् ग्रासाच्छादनादीना पोषयेत्। एवं बलवान्ब्राह्मणस्तावुपगतावबिभ्रन् राज्ञा दण्डनीय इति प्रकरणसामर्थ्याद्गम्यते।।४११।।

A *Brāhmaṇa* shall lovingly support a *Vaiśya* and a *Kṣatriya*, incapable of maintaining themselves, by engaging them in their proper works or professions. (411)

दास्यं तु कारयँल्लोभाद्ब्राह्मणः संस्कृतान्द्विजान्।

अनिच्छतः प्राभवत्याद्राज्ञा दण्ड्यः शतानि षट्।।४१२।।

मुक्ता०:—प्रभवतो भावः प्राभवत्यम्। ब्राह्मणः कृतोपनयनान्द्विजातीननिच्छतः प्रभुत्वन लोभाद्दास्यकर्म पादधावनादि कारयन् षट् शतानि दण्ड्यः।।४१२।।

For having compelled an initiated *Brāhmaṇa* to serve as a servant inspite of his disinclination for such service, a Brāhmaṇa shall be punished by the king with a fine of six hundred *Paṇas*. (412)

शूद्रं तु कारयेद्दास्यं क्रीतमक्रीतमेव वा।

दास्यायैव हि सृष्टोऽसौ ब्राह्मणस्य स्वयंभुवा।।४१३।।

मुक्ता०:—शूद्रं पुनर्भक्तादिभृतमभृतं वा दास्यं कारयेत्। यस्मादसौ ब्राह्मणस्य दास्यायैव प्रजापतिना सृष्टः।।४१३।।

A *Śūdra*, whether a slave purchased or otherwise, must be employed in service, inasmuch as it is for serving the Brāhmaṇa that he has been created by the self-begotten one. (413)

न स्वामिना निसृष्टोऽपि शूद्रो दास्याद्विमुच्यते।

निसर्गजं हि तत्तस्य कस्तस्मात्तदपोहति।।४१४।।

मुक्ता०:—यस्मादसौ ध्वजाहृतत्वादिना दासत्वं गतः स तेन त्यक्तः स्वदास्याभावेऽपि शूद्रो ब्राह्मणस्य दास्यान्न विमुच्यते। तस्माद्दास्यं शूद्रस्य सहजम्।

कः शूद्रत्वजातिमिव दास्यमपनयति। अदृष्टार्थमप्यवश्यं शूद्रेण ब्राह्मणादिद्विजशुश्रूषा कर्तव्येत्येवपरमेतत्। अन्यथा वक्ष्यमाणदास्यकरणपरिगणनमनर्थकं स्यात्।।४१४।।

Even set at liberty by his master, a Śūdra cannot be liberated from service; service is his vocation by nature; who shall emancipate him from that? (414)

ध्वजाहृतो भक्तदासो गृहजः क्रीतदत्त्रिमौ।

पैत्रिको दण्डदासश्च सप्तैते दासयोनयः।।४१५।।

मुक्ता०:—संग्रामस्वामिसकाशाज्जितो, भक्तलोभाद्युपगतदास्यो भक्तदासः, तथा दासीपुत्रः, मूल्येन क्रीतः, अन्येन दत्तः, पित्रादिक्रमागतः, दण्डादिधनशुद्ध्यर्थं स्वीकृतदास्यभावः, इत्येतानि सप्त ध्वजाहृतत्वादीनि दासत्वकारणानि।।४१५।।

A captive of war, a slave for maintenacnce, the son of a female slave, one purchased for money, a slave obtained as a present, a hereditary one, and one condemned to slavery for any offence, these are the seven kinds of slave (lit., sources of slavery). (415)

भार्या पुत्रश्च दासश्च त्रय एवाधनाः स्मृताः।

यत्तेसमधिगच्छन्ति यस्य ते तस्य तद्धनम्।।४१६।।

मुक्ता०:—पुत्रभार्यादासास्त्रयोऽमी निर्धना एव मन्वादिभिः स्मृताः। यस्माद्यद्धनं तेऽर्जयन्ति यस्य ते भार्यादयस्तस्य तद्धनं भवति। एतच्च भार्यादीनां पारतन्त्र्यप्रदर्शनार्थपरम्। अध्यग्न्यादेः षड्विधस्य स्त्रीधनस्य वक्ष्यमाणत्वात् धनसाध्यादृष्टार्थकर्मोपदेशार्थं च भार्यादीनां पत्न्यधिकरणे पत्न्यर्थेऽपि यागाधिकारस्योक्तत्वात्। स्त्रीपुंसयोर्मध्ये एकधने चानुमतिद्वारेण स्त्रिया अपि कर्तृत्वात्।।४१६।।

A wife, a son, and a slave can never acquire any property for themselves; whatever they earn go to him to whom they belong. (416)

विस्त्रब्धं ब्राह्मणः शूद्राद्द्रव्योपादानमाचरेत्।

न हि तस्यास्ति किञ्चित्स्वं भर्तृहार्यधनो हि सः।।४१७।।

मुक्ता०:—निर्विचिकित्समेव प्रकृताद्दासशूद्राद्धनग्रहणं कुर्याद्ब्राह्मणः। यतस्तस्य किंचिदपि स्वं नास्ति। यस्माद्भर्तृग्राह्यधनोऽसौ। एवं चापदि बलादपि दासाद्ब्राह्मणो धनं गृह्णन्न राज्ञा दण्डनीय इत्येवमर्थमेतदुच्यते।।४१७।।

Let a *Brāhmaṇa* unhesitatingly appropriate to himself

whatever (his) *Śūdra* (slave) has earned, inasmuch as nothing can belong to the latter, he being himself an enjoyable good of the Brāhmaṇa. (417)

वैश्यशूद्रौ प्रत्यनेन स्वानि कर्माणि कारयेत्।
तौ हि च्युतौ स्वकर्मभ्यः क्षोभयेतामिदं जगत्॥४१८॥

मुक्ता०:—वैश्यं कृष्यादीनि शूद्रं च द्विजातिशुश्रूषादीनि कर्माणि यत्नतो राजा कारयेत्। यस्मात्तौ स्वकर्मभ्ययुतावशास्त्रीयोपार्जितधनग्रहणमदादिना जगदाकुलीकुर्याताम् ॥४१८॥

Let (the king) assiduously cause the *Vaiśyas* and *Śūdras* faithfully discharge their proper and specific duties; since their non-performance tends to oppress (disturb) the whole world (*i.e.*, social economy). (418)

अहन्यहन्यवेक्षेत कर्मान्तान्वाहनानि च।
आयव्ययौ च नियतावाकरान्कोशमेव च॥४१९॥

मुक्ता०:—प्रत्यहं तदधिकृतद्वारेण प्रारब्धदृष्टार्थकर्मणां निष्पत्तिं नृपतिर्निरूपयेत्। तथा हस्तश्वादीनि किमद्य प्रविष्टं किं निःसृतमिति, सुवर्णरत्नोत्पत्तिस्थानानि, भाण्डागारं चावेक्षेत। व्यवहारदर्शनासक्तोऽपि राजा धर्मान्न परित्यजेदिति दर्शयितुमुक्तस्यापि पुनर्वचनम्॥४१९॥

At the close of his duties, let the king regularly supervise his income, expenditure, treasures and mines, each day. (419)

एवं सर्वानिमान् राजा व्यवहारान्समापयन्।
व्यपोह्य किल्बिषं सर्वं प्राप्नोति परमा गतिम्॥४२०॥

मुक्ता०:—एवमुक्तप्रकारेणैतान्सर्वानृणादानादीन्व्यवहारांस्तत्त्वतो निर्णयेनान्तं नयन्पापं सर्वमपहाय स्वर्गादिप्राप्तिरूपामुत्कृष्टां गतिं लभते॥४२०॥

A king by observing these rules (lit., fulfilling these duties) becomes exonerated from all sin and acquires an exalted status (after death). (420)

इति मानवे धर्मशास्त्रे भृगुप्रोक्तायां संहितायामष्टमोऽध्यायः॥

इति श्रीकुल्लूकभट्टविरचितायां मन्वर्थमुक्तावल्यामष्टमोऽध्यायः॥८॥